Springers Handbuch der
Betriebswirtschaftslehre 2

Springer-Verlag Berlin Heidelberg GmbH

Ralph Berndt · Claudia Fantapié Altobelli
Peter Schuster (Hrsg.)

Springers Handbuch der Betriebswirtschaftslehre 2

Mit 94 Abbildungen
und 14 Tabellen

Springer

Prof. Dr. Ralph Berndt
Universität Tübingen
Lehrstuhl für Absatzwirtschaft
Nauklerstraße 47
D-72074 Tübingen

Prof. Dr. Claudia Fantapié Altobelli
Universität der Bundeswehr Hamburg
Institut für Marketing
Holstenhofweg 85
D-22039 Hamburg

Prof. Dr. Peter Schuster
Fachhochschule Schmalkalden
Postfach 182
D-98564 Schmalkalden

ISBN 978-3-540-64829-1

Die Deutsche Bibliothek - CIP-Einheitsaufnahme
Springers Handbuch der Betriebswirtschaftslehre / Hrsg.: Ralph Berndt ... - Berlin; Heidelberg;
New York; Barcelona; Hongkong; London; Mailand; Paris; Singapur; Tokio: Springer 2 (1998)
ISBN 978-3-540-64829-1   ISBN 978-3-642-58957-7 (eBook)
DOI 10.1007/978-3-642-58957-7
Dieses Werk ist urheberrechtlich geschützt. Die dadurch begründeten Rechte, insbesondere die der Übersetzung, des Nachdrucks, des Vortrags, der Entnahme von Abbildungen und Tabellen, der Funksendung, der Mikroverfilmung oder der Vervielfältigung auf anderen Wegen und der Speicherung in Datenverarbeitungsanlagen, bleiben, auch bei nur auszugsweiser Verwertung, vorbehalten. Eine Vervielfältigung dieses Werkes oder von Teilen dieses Werkes ist auch im Einzelfall nur in den Grenzen der gesetzlichen Bestimmungen des Urheberrechtsgesetzes der Bundesrepublik Deutschland vom 9. September 1965 in der jeweils geltenden Fassung zulässig. Sie ist grundsätzlich vergütungspflichtig. Zuwiderhandlungen unterliegen den Strafbestimmungen des Urheberrechtsgesetzes.

© Springer-Verlag Berlin Heidelberg 1998
Ursprünglich erschienen bei Springer-Verlag Berlin Heidelberg New York 1998

Die Wiedergabe von Gebrauchsnamen, Handelsnamen, Warenbezeichnungen usw. in diesem Werk berechtigt auch ohne besondere Kennzeichnung nicht zu der Annahme, daß solche Namen im Sinne der Warenzeichen- und Markenschutz-Gesetzgebung als frei zu betrachten wären und daher von jedermann benutzt werden dürften.

Umschlaggestaltung: Erich Kirchner, Heidelberg
SPIN 10689717   42/2202-5 4 3 2 1 0 - Gedruckt auf säurefreiem Papier

Vorwort

Im Jahre 1996 erschien Springers Handbuch der Volkswirtschaftslehre, im Rahmen dessen die wesentlichen Entwicklungen auf den wichtigsten Gebieten der Volkswirtschaftslehre aufgezeigt werden.
In Ergänzung hierzu liegt nun Springers Handbuch der Betriebswirtschaftslehre vor. Ziel ist es, einen Überblick über den aktuellen Stand der Betriebswirtschaftslehre zu geben. Die Breite des Faches wie auch die Fülle neuer Erkenntnisse und Forschungsansätze innerhalb der einzelnen betriebswirtschaftlichen Teildisziplinen bewirken, daß sich die Wissenschaftler dieses Faches zunehmend auf Schwerpunkte konzentrieren müssen. Als Autoren wurden daher namhafte Vertreter der einzelnen Teildisziplinen der Betriebswirtschaftslehre gewonnen, welche sich in den in diesem Handbuch behandelten Teilgebieten sowohl durch ihr Schrifttum als auch durch ihre Lehrtätigkeit ausgewiesen haben. Dabei ist in bewußter Weise ein Methodenpluralismus angestrebt; alle methodischen Vorgehensweisen sind in jeweils angemessener Weise berücksichtigt worden.

Die Breite des Faches macht es unmöglich, in einem einzigen Werk alle Teilbereiche der Betriebswirtschaftslehre zu behandeln; aus diesem Grunde mußte das Spektrum der Beiträge auf die wichtigsten Teilgebiete beschränkt werden. Um die Übersichtlichkeit zu erhöhen wurden dabei die einzelnen Kapitel zu inhaltlich zusammenhängenden Teilen zusammengefaßt.

Das Handbuch der Betriebswirtschaftslehre umfaßt zwei Bände. Inhalte des ersten Bandes sind die Grundlagen der Betriebswirtschaftslehre (Gegenstand der Betriebswirtschaftslehre, Unternehmen und Umwelt sowie Unternehmenskonstitution), die Unternehmensführung (Planung/ Entscheidung/ Kontrolle, Organisation sowie Personalmanagement) und die Realgüterwirtschaft (Beschaffung, Produktion, Marketing und Logistik).

Gegenstand des zweiten Bandes sind die Kapitalwirtschaft (Investition und Finanzierung), die Informationswirtschaft (interne Unternehmensrechnung, externe Unternehmensrechung, Wirtschaftsprüfung, Wirtschaftsinformatik sowie Umwelt- und Marktinformationen) sowie zwei aktuelle Einzelprobleme der Betriebswirtschaftslehre, das Innovations- und das Umweltmanagement.

Springers Handbuch der Betriebswirtschaftslehre wendet sich zum einen an Dozenten und Studenten der Betriebswirtschaftslehre (insbes. des Grundstudiums) sowie an alle Interessierte (Praktiker, Dozenten und Studierende anderer Fachrichtungen u.a.), die sich einen Überblick über die Betriebswirtschaftslehre verschaffen wollen. Bei den einzelnen Beiträgen wurde dabei darauf geachtet, daß das gesamte Spektrum wie auch aktuelle Weiterentwicklungen innerhalb der einzelnen Teildisziplinen in angemessener Weise verdeutlicht wurden. Weiterführende Literaturhinweise am Ende eines jeden Kapitels ermöglichen es dem Leser, einzelne Aspekte zu vertiefen.

Über eine positive Aufnahme des Handbuchs würden sich Herausgeber und Autoren sehr freuen.

Tübingen, Hamburg und Niederaula

im Juli 1998
Ralph Berndt
Claudia Fantapié Altobelli
Peter Schuster

Springers Handbuch der Betriebswirtschaftslehre 2

Vorwort der Herausgeber   V

Teil 4: Kapitalwirtschaft

11 Investition   1
Uwe Götze

1 Investitionen als Gegenstand der Betriebswirtschaftslehre   2
2 Beurteilung der Vorteilhaftigkeit von Investitionen   6
3 Beurteilung zeitbezogener Investitionsalternativen   24
4 Modelle für Programmentscheidungen   30
5 Berücksichtigung der Unsicherheit   35
6 Investitionsmanagement   42
Literaturverzeichnis   48

12 Finanzierung   51
Peter Nippel

1 Einführung   52
2 Externe Finanzierung   57
3 Interne Finanzierung   68
4 Analyse grundlegender Aspekte der Finanzierung   71
5 Finanzierungspolitik   95
Literaturverzeichnis   97

Teil 5: Informationswirtschaft

13 Interne Unternehmensrechnung   99
Peter Schuster

1 Einleitung   100
2 Verrechnungstechnische Grundlagen der Kosten- und Leistungsrechnung 102
3 Anwendung der Informationen aus der Kosten- und Leistungsrechnung 127
4 Mängel und Weiterentwicklungsmöglichkeiten der Kosten- und
  Leistungsrechnung   143
Literaturverzeichnis   146

14 Externe Unternehmensrechnung und Jahresabschluß 149
Ralf Ewert und Gerald Schenk

1 Einführung und Aufbau des Beitrags	151
2 Funktionen von Bilanzen aus kapitalmarktorientierter Sicht	152
3 Zur Struktur der handelsrechtlichen Bilanzierungsregeln	160
4 Der handelsrechtliche Einzelabschluß	161
5 Der handelsrechtliche Konzernabschluß	189
6 Ausblick	196
Literaturverzeichnis	198

15 Wirtschaftsprüfung und Revision 199
Dirk Hachmeister

1 Grundlagen	201
2 Institutionelle Rahmenbedingungen für Jahresabschlußprüfungen	206
3 Bemerkungen zur Durchführung von Jahresabschlußprüfungen	226
Literaturverzeichnis	241

16 Wirtschaftsinformatik 245
Jörg Becker und Roland Holten

1 Grundlagen und Überblick	246
2 Management der Ressource Information	247
3 Daten- und Prozeßmanagement	256
4 Informationssytem-Architekturen	279
5 Entwicklung und Einführung von Anwendungssystemen	296
Literaturverzeichnis	301

17 Umwelt- und Marktinformationen 305
Claudia Fantapié Altobelli

1 Der Informationsbedarf in der Betriebswirtschaftslehre	306
2 Die Erhebung von Umwelt- und Marktinformationen	308
3 Die Verarbeitung von Umwelt- und Marktinformationen	327
4 Die Vorhersage von Umwelt- und Marktentwicklungen	343
Literaturverzeichnis	352

Teil 6: Einzelprobleme der Betriebswirtschaftslehre

18 Innovationsmanagement   355

Erich Staudt und Bernd Kriegesmann

1 Begriffliche Grundlagen   356
2 Das Management von Innovationen   363
3 Bewertung von Innovationen   381
Literaturverzeichnis   386

19 Umweltmanagement   389

Harald Dyckhoff

1 Umweltmanagement als Teil der Betriebswirtschaft   390
2 Grundlagen des betrieblichen Umweltmanagement   399
3 Umweltorientierung der Unternehmenspolitik   407
4 Strategisches Umweltmanagement des Unternehmens   413
5 Taktisches und operatives Umweltmanagement der Bereiche   422
Literaturverzeichnis   428

Autorenverzeichnis   433

Index   435

Springers Handbuch der Betriebswirtschaftslehre 1

Teil 1: Grundlagen der Betriebswirtschaftslehre

1 Gegenstand der Betriebswirtschaftslehre
Werner Neus

2 Unternehmen und Umwelt
Matthias Sander

3 Unternehmenskonstitution
Rudolf Federmann

Teil 2: Führung

4 Planung, Entscheidung und Kontrolle
Rüdiger von Nitzsch

5 Organisation
Margit Osterloh und Jetta Frost

6 Personalmanagement
Walter A. Oechsler

Teil 3: Realgüterwirtschaft

7 Beschaffung
Udo Koppelmann

8 Produktion
Hans-Otto Günther

9 Marketing
Ralph Berndt

10 Logistik
Gerhard Wäscher

11 Investition

Uwe Götze

Inhaltsverzeichnis

1 Investitionen als Gegenstand der Betriebswirtschaftslehre	2
2 Beurteilung der Vorteilhaftigkeit von Investitionen	6
2.1 Modell- und Verfahrensüberblick	6
2.2 Dynamische Modelle bei vollkommenem Kapitalmarkt	9
2.3 Methode der vollständigen Finanzpläne	19
2.4 Einbeziehung von Steuern	22
3 Beurteilung zeitbezogener Investitionsalternativen	24
3.1 Nutzungsdauer- und Ersatzzeitpunktentscheidungen	24
3.2 Investitionszeitpunktentscheidungen	28
4 Modelle für Programmentscheidungen	30
5 Berücksichtigung der Unsicherheit	35
6 Investitionsmanagement	42
Literaturverzeichnis	48

1 Investitionen als Gegenstand der Betriebswirtschaftslehre

Investitionsbegriff

Der betriebswirtschaftliche Investitionsbegriff wird aus verschiedenen Blickwinkeln betrachtet (Lücke 1991, S. 151 f.), wobei sich vor allem eine zahlungs- und eine vermögensorientierte Sichtweise durchgesetzt haben.

Nach dem zahlungsbestimmten Investitionsbegriff ist eine Investition durch einen Zahlungsstrom gekennzeichnet, der mit Auszahlungen beginnt und in späteren Zahlungszeitpunkten Einzahlungen bzw. Einzahlungen und Auszahlungen erwarten läßt (Schneider 1992, S. 20). Eine zahlungsorientierte Betrachtung liegt vielen Verfahren der Investitionsbeurteilung zugrunde. Es ist aber darauf hinzuweisen, daß Investitionen häufig bedeutende Wirkungen aufweisen, die keine Zahlungen darstellen und sich auch nur schwer in Zahlungen transformieren lassen (z.B. die Nutzeffekte von Forschungs- und Entwicklungsvorhaben).

Ausgangspunkt des vermögensbestimmten Investitionsbegriffs ist die Bilanz. Gemäß diesem Begriff wird die Umwandlung von Kapital in Vermögen bzw. die Kapitalverwendung als Investition angesehen und von der Finanzierung als Kapitalbereitstellung abgegrenzt (Sierke 1990, S. 74). Eine Investition ist danach "eine für eine längere Frist beabsichtigte Bindung finanzieller Mittel in materiellen oder immateriellen Objekten, mit der Absicht, diese Objekte in Verfolgung einer individuellen Zielsetzung zu nutzen" (Kern 1974, S. 8).

Erscheinungsformen von Investitionen

Investitionen treten in Unternehmen in einer Vielzahl unterschiedlicher Erscheinungsformen auf. Eine Systematisierung dieser Erscheinungsformen ist anhand verschiedener Kriterien möglich (Kern 1974, S. 10 ff.).

Beispielsweise kann nach dem Kriterium "Investitionsobjekt" zwischen Finanz- und Realinvestitionen unterschieden werden. Finanzinvestitionen liegen bei einer Kapitalbindung in finanziellen Anlageformen wie beispielsweise Einlagen bei Banken, Obligationen, Investmentzertifikate, Immobilienfondsanteile oder Beteiligungen vor. Sie haben entweder spekulativen oder anlageorientierten Charakter. Realinvestitionen lassen sich in materielle bzw. güterwirtschaftliche und immaterielle bzw. Potentialinvestitionen untergliedern. Bei Potentialinvestitionen werden - zum Beispiel durch Aus- und Weiterbildung, Werbung sowie Forschung und Entwicklung - immaterielle Güter erzeugt. Dabei kann es sich um Wissens- oder Mitarbeiterpotentiale im Unternehmen sowie Potentiale des Unternehmens bei externen Personen oder Institutionen (z.B. Firmen-Goodwill) handeln. Güterwirtschaftliche Investitionen hingegen dienen der Bereitstellung von materiellen Gütern, vor allem von Betriebsmitteln wie Grundstücke, Gebäude, Maschinen, Fahrzeuge und EDV-Geräte.

Insbesondere für güterwirtschaftliche Investitionen ist eine weitere Differenzierung nach dem Kriterium des Investitionsanlasses möglich. Sie führt zur Unterscheidung zwischen Errichtungsinvestitionen zur Aufnahme der Tätigkeit eines Unternehmens an einem Standort, Ergänzungsinvestitionen (Erweiterungs-, Rationalisierungs- und Sicherungsinvestitionen) sowie laufenden Investitionen (Ersatzinvestitionen sowie Großreparaturen und Überholungen). Während sich die bisher aufgeführten Differenzierungen von Investitionsarten vor allem zur Charakterisierung und eindeutigen Abgrenzung konkreter Investitionsprobleme nutzen lassen, können wirtschaftliche Kriterien zur zielgerichteten Gestaltung des Vorgehens bei der Vorbereitung von Investitionsentscheidungen dienen. Zu diesen zählen:

- die Erfaßbarkeit und der Verlauf der Mengen- und Wertströme, die durch eine Investition hervorgerufen werden,
- die Höhe der Anschaffungsauszahlung bzw. -kosten,
- nicht quantitativ meßbare Konsequenzen wie Flexibilität der Nutzung, Betriebssicherheit, Qualität der gefertigten Produkte, Abfallvermeidung,
- die Determiniertheit und Länge der Nutzungsdauer,
- die Anzahl und Art von Nachfolgeobjekten,
- die Interdependenzweite, d.h. das Ausmaß von Verflechtungen mit anderen Investitionsobjekten und anderen Unternehmensaktivitäten (Finanzierung, Produktion, Absatz, Personalbereitstellung etc.), sowie
- das Ausmaß an Unsicherheit.

Unterschiede können des weiteren hinsichtlich der Ebene der Unternehmensführung bestehen, der Investitionsprobleme zuzuordnen sind. Strategische Investitionen sind beispielsweise mit Standortverlagerungen sowie markt- und/oder produktbezogenen Wachstumsstrategien (der Marktdurchdringung, Produktentwicklung, Marktentwicklung oder Diversifikation (Ansoff 1957, S. 113 ff.)) verbunden. Für derartige Investitionen gilt tendenziell, daß

- ihnen eine hohe Bedeutung für die Existenz des Unternehmens zukommt,
- ein erheblicher Ressourceneinsatz erforderlich ist und die Folgen der Entscheidungen nur mit hohem Aufwand rückgängig gemacht werden können,
- sie nur selten wiederholt werden und daher zumeist innovativen Charakter aufweisen,
- mehrere Ziele zu berücksichtigen sind,
- sie langfristige Wirkungen aufweisen,
- es sich um komplexe Alternativen handelt, die sequentiell realisiert werden, sich auf große Teile des Unternehmens beziehen und viele Interdependenzen mit anderen Unternehmensbereichen aufweisen,
- die Unsicherheit hoch ist,
- ein schlecht-strukturiertes Planungsproblem vorliegt, bei dem nur wenig differenzierte, detaillierte und präzise Planungen möglich sind.

Für nicht-strategische Investitionen wie Ersatzinvestitionen bei Bürogeräten oder im Fuhrpark treffen eher die gegenteiligen Ausprägungen dieser Merkmale zu. Die aufgeführten wirtschaftlichen Eigenschaften beeinflussen die Menge und Art der Informationen, die für eine fundierte Vorbereitung von Investitionsentscheidungen beschafft und verarbeitet werden sollten. Sie sind daher den Überlegungen zur Gestaltung der investitionsbezogenen Führungsaktivitäten einschließlich der Durchführung von Investitionsrechnungen zugrunde zu legen.

Investitionsprozeß

Der zeitliche Ablauf der Investitionstätigkeit läßt sich auf einzelne Investitionen bezogen in ein idealtypisches Phasen-Schema untergliedern, das aus der Planungsphase, der Realisations- bzw. Erstellungsphase sowie der Nutzungs- bzw. Betriebsphase besteht (Spielberger 1983, S. 16, Borer 1978, S. 32 ff.). Die Planungsphase umfaßt die Entscheidung über die Durchführung einer Investition und alle Vorgänge, die dieser zeitlich vorgelagert sind. Der darauffolgenden Realisationsphase des Investitionsprozesses kann zunächst eine detaillierte Projektplanung zugeordnet werden, die der Vorbereitung der Projekterrichtung dient. Es folgt die eigentliche Projekterrichtung, die in der Anschaffung oder Herstellung der Investition besteht und der sich auch etwaige Montage- und Vorbereitungstätigkeiten, wie beispielsweise Probeläufe, Ausbildung des Bedienungspersonals etc., zurechnen lassen. Mit der Inbetriebnahme des Objektes beginnt die Nutzungsphase. In ihrem Verlauf soll das Objekt Beiträge zur Zielerreichung des Unternehmens leisten. Mit fortschreitender Zeitdauer werden Überlegungen zur Beendigung der Nutzung zweckmäßig. Diese können zur Verlängerung der Nutzung in unveränderter oder veränderter Form oder aber zur Desinvestition führen, mit der der Investitionsprozeß für das betrachtete Objekt endet. Während der Nutzungsphase werden unter Umständen Wartungs- und Reparaturarbeiten erforderlich, die ihrerseits den Charakter von Investitionen annehmen können.

Investitionsrechnung als Instrument des Investitionsmanagements

In den verschiedenen Phasen des Investitionsprozesses fallen jeweils bestimmte Führungsaufgaben im Unternehmen an. Dabei steht in der Planungsphase die Vorbereitung von Entscheidungen über die Durchführung und Auswahl von Investitionsobjekten im Vordergrund. Das Instrument, das hierfür vorrangig Verwendung findet, ist die Investitionsrechnung, d.h. die Bildung und Auswertung von investitionsbezogenen Entscheidungsmodellen.

Bei einem Entscheidungsmodell handelt es sich um die vereinfachte Abbildung einer Entscheidungssituation. Die charakteristischen Elemente von Entscheidungsmodellen sind Ziele (Zielgrößen und Präferenzrelationen), Alternativen, (Umwelt) Zustände sowie Ergebnisfunktionen (Bamberg/Coenenberg 1996, S. 14 ff.). Eine Klassifizierung von Entscheidungsmodellen kann - wie Abbildung 1 zeigt - anhand der Ausprägungen dieser Modellelemente sowie der Erfassung des Zeitaspektes erfolgen.

Beispielsweise lassen sich bezüglich der Zielebene Modelle, die nur eine Zielgröße berücksichtigen, von solchen abgrenzen, die mehrere Zielgrößen einbeziehen.

Hinsichtlich der Alternativen kann unter anderem die Zahl der gleichzeitig realisierbaren Handlungen unterschiedlich gestaltet werden. Bei Modellen für Einzelentscheidungen wird eine Handlung mit der Unterlassensalternative verglichen und/oder ein Vorteilhaftigkeitsvergleich zwischen mehreren einander ausschließenden Handlungen vorgenommen. In Modellen für Programmentscheidungen wird die Möglichkeit der simultanen Realisierung mehrerer Handlungen einbezogen. Bei diesen handelt es sich um Investitionen und eventuell auch um Maßnahmen in anderen Bereichen des Unternehmens (Finanzierung, Produktion etc.).

Unterschiede hinsichtlich der Art der Alternativen treten auch bei Einzelentscheidungen auf. Sehr häufig bestehen die Alternativen in der Durchführung oder Nicht-Durchführung bestimmter Investitionen, es ist dann deren absolute oder relative Vorteilhaftigkeit zu beurteilen. Aber auch unterschiedliche Nutzungszeiträume von Investitionen oder Investitionszeitpunkte stellen potentielle Alternativen von Investitionsmodellen für Einzelentscheidungen dar.

Kriterium	Ausprägungen						
Ziele	ein Ziel				mehrere Ziele		
Alternativen	Einzelentscheidung				Programmentscheidung		
	absolute Vorteilhaftigkeit	relative Vorteilhaftigkeit	Nutzungsdauer	Investitionszeitpunkt			
(Un)Sicherheit	Sicherheit				Unsicherheit		
					Ungewißheit	Risiko	Unschärfe
Zeit	statisch				dynamisch		
					einstufig	mehrstufig	
						starr	flexibel

Abb. 1: Merkmale von Entscheidungsmodellen

Des weiteren läßt sich hinsichtlich der Zahl der Umweltzustände zwischen Sicherheits- und Unsicherheitssituationen differenzieren. Sicherheit ist gegeben, wenn nur ein Umweltzustand als möglich erachtet wird. Falls mehrere Umweltzustände zu berücksichtigen sind, besteht entweder eine Risiko- oder eine Ungewißheitssituation. Bei einer Risikosituation liegen Wahrscheinlichkeiten für das Eintreffen der Umweltentwicklungen vor, bei einer Ungewißheitssituation nicht (Kruschwitz 1995, S. 251). Unsicherheiten hinsichtlich der Umweltzustände lassen sich zudem in Form "Unscharfer Mengen" (Fuzzy Sets) erfassen. Analoge Differenzierungen sind auch hinsichtlich der Ergebnisfunktionen möglich.

In bezug auf den Zeitaspekt können Modellarten gemäß der Zahl und Art der berücksichtigten Zeitabschnitte und Handlungszeitpunkte unterschieden werden. Modelle, in denen explizit nur ein Zeitabschnitt Berücksichtigung findet, werden als statisch, solche, in die mehrere Zeitabschnitte eingehen, als dynamisch bezeichnet. Dynamische Modelle lassen sich weiter danach untergliedern, ob Aktionen nur zu einem Zeitpunkt oder zu mehreren Zeitpunkten möglich sind. Im ersten Fall liegen einstufige, im zweiten mehrstufige Modelle vor. Falls Aktionen in mehreren Zeitpunkten realisiert werden können, läßt sich bei Risiko- und Ungewißheitssituationen zwischen starren und flexiblen Modellen differenzieren. Bei flexiblen Modellen werden die Folgeentscheidungen in Abhängigkeit von den bis zum Entscheidungszeitpunkt eingetretenen Umweltzuständen getroffen, bei starren ist dies nicht der Fall.

Im folgenden werden zunächst Modelle für Einzelentscheidungen behandelt, und zwar differenziert hinsichtlich Vorteilhaftigkeitsentscheidungen und zeitbezogenen Entscheidungen. Danach wird auf Modelle für Programmentscheidungen sowie die Einbeziehung der Unsicherheit eingegangen.

Die Investitionsrechnung stellt ein wichtiges Instrument investitionsbezogener Führungshandlungen dar. Die investitionsbezogenen Managementaufgaben, bei denen sie genutzt werden kann, werden im letzten Abschnitt beschrieben.

2 Beurteilung der Vorteilhaftigkeit von Investitionen

2.1 Modell- und Verfahrensüberblick

In Abschnitt 2 werden Modelle und Verfahren erörtert, die sich zur Beurteilung der absoluten und/oder der relativen Vorteilhaftigkeit von Investitionen eignen:

- Absolute Vorteilhaftigkeit liegt vor, wenn eine Investition der Unterlassensalternative vorzuziehen ist.
- Relative Vorteilhaftigkeit ist gegeben, falls ein Investitionsobjekt von mehreren einander ausschließenden Investitionsobjekten das vorziehenswürdigste ist.

In die Vorteilhaftigkeitsanalyse können grundsätzlich eine oder mehrere Zielgröße(n) einbezogen werden. Modelle mit mehreren Zielgrößen werden bei der Nutzwertanalyse, dem Analytischen Hierarchieprozeß, der Multi-Attributiven Nutzentheorie sowie Outranking-Verfahren gebildet und ausgewertet (Schneeweiß 1991, Zimmermann/Gutsche 1991, Götze/Bloech 1995, S. 135 ff.). Diese universell zur Vorbereitung von Mehrzielentscheidungen anwendbaren Verfahren sollen hier nicht weiter erörtert werden; stattdessen wird auf die speziell für Investitionsentscheidungen entwickelten Modelle und Verfahren eingegangen, denen nur eine monetäre oder aus monetären Werten abgeleitete Zielgröße zugrunde liegt. Diese können statische oder dynamische Modelle bzw. Verfahren darstellen.

Bei *statischen Modellen* wird entweder eine bestimmte Periode der Nutzungsdauer bzw. Laufzeit betrachtet, die als repräsentativ für den gesamten Nutzungszeitraum angesehen werden kann, oder eine hypothetische "Durchschnittsperiode", deren Werte aus den Daten des gesamten Planungszeitraums gewonnen werden. Als Zielgröße finden bei den statischen Modellen Erfolgsgrößen oder auf diesen basierende Kriterien Verwendung: Kosten, Gewinn, Rentabilität oder Amortisationszeit. Entsprechend wird differenziert zwischen den Modellen der Kostenvergleichsrechnung, der Gewinnvergleichsrechnung, der Rentabilitätsvergleichsrechnung sowie der statischen Amortisationsrechnung.

Bei Modellen der *Kostenvergleichsrechnung* beispielsweise wird das Ziel der Kostenminimierung zugrunde gelegt. Da das Kostenziel ein Unterziel des Gewinnziels darstellt, wird für die Leistungen der Investitionsalternativen angenommen, daß sie identisch oder nicht entscheidungsrelevant sind. Wegen der langfristigen Wirkungen von Investitionen haben auch die einzubeziehenden Kosten, bei denen es sich insbesondere um Personalkosten, Materialkosten, Abschreibungen, Zinsen, Steuern, Gebühren, Beiträge sowie Kosten für Fremdleistungen handeln kann, langfristigen Charakter. Die Höhe dieser Kosten wird für jede Investitionsalternative für die repräsentative Periode oder als Durchschnittsgröße bezogen auf den Planungszeitraum ermittelt, wobei die relevanten Kosteneinflußgrößen, z.B. die erwartete(n) Produktionsmenge(n), berücksichtigt werden sollten. Die Addition aller Kostenkomponenten führt zu den für die zu treffende Entscheidung relevanten Gesamtkosten einer jeden Alternative.

Eine Beurteilung der absoluten Vorteilhaftigkeit anhand dieser Kosten ist allerdings nicht in allen Entscheidungssituationen sinnvoll (Kern 1974, S. 121). Falls Erweiterungs- oder Errichtungsinvestitionen vorliegen, läßt sich die absolute Vorteilhaftigkeit nur unter Einbeziehung von Leistungen beurteilen. Bei einer Rationalisierungsinvestition hingegen können die Kosten mit denen der Unterlassensalternative verglichen werden. Die relative Vorteilhaftigkeit läßt sich mit Hilfe eines Kostenvergleichs bei allen Investitionsarten einschätzen, falls die oben zu den Leistungen angegebene Annahme zutrifft. Unter Beachtung dieser Einschränkungen gelten die folgenden Vorteilhaftigkeitsregeln (Kern 1974, S. 122 f.):

– Ein Investitionsobjekt ist absolut vorteilhaft, falls seine Kosten geringer sind als die der Unterlassensalternative.
– Ein Investitionsobjekt ist relativ vorteilhaft, falls seine Kosten geringer sind als die eines jeden anderen zur Wahl stehenden Objektes.

Statische Modelle sind mit dem Nachteil verbunden, daß zeitliche Unterschiede im Anfall der Kosten und Leistungen, beispielsweise bei den Zinsen aufgrund einer Abnahme der Kapitalbindung mit zunehmender Nutzungszeit, nicht berücksichtigt werden. Im folgenden werden daher statische Modelle für Vorteilhaftigkeitsentscheidungen nicht weiter erörtert.

Bei *dynamischen Modellen* werden die Investitionsobjekte durch die Ein- und Auszahlungen charakterisiert, die bei ihrer Realisation im Zeitablauf erwartet werden. Es wird explizit einbezogen, daß diese Zahlungen in verschiedenen Zeitpunkten anfallen. Da der Wert der Zahlungen auch vom Zahlungszeitpunkt abhängt (Zeitpräferenz), können diese bei der Auswertung nicht unmittelbar zusammengefaßt werden, dazu sind vielmehr finanzmathematische Transformationen (z.B. Auf- oder Abzinsung) erforderlich. Dies sind die wesentlichen Merkmale, die die dynamischen von den statischen Modellen unterscheiden (Heinhold 1987, S. 75).

Die dynamischen Modelle bzw. Verfahren zur Vorteilhaftigkeitsbeurteilung lassen sich - neben den in Abschnitt 1.4 vorgenommen Untergliederungen - auch im Hinblick auf den Kapitalmarkt in zwei Gruppen einteilen. Bei den Modellen der ersten Gruppe wird die Existenz eines vollkommenen Kapitalmarktes unterstellt. Es liegt dann ein einheitlicher Kalkulationszinssatz vor, mit dem Zahlungen auf- oder abgezinst werden können. Bei den Modellen der zweiten Gruppe hingegen wird angenommen, daß für die Anlage und die Aufnahme finanzieller Mittel unterschiedliche Zinssätze existieren. Die verschiedenen Verfahren zur Auswertung von Modellen beider Gruppen unterscheiden sich vor allem hinsichtlich der berücksichtigten Zielgröße. Die folgende Abbildung vermittelt einen Überblick über die dynamischen Verfahren zur Vorteilhaftigkeitsbeurteilung.

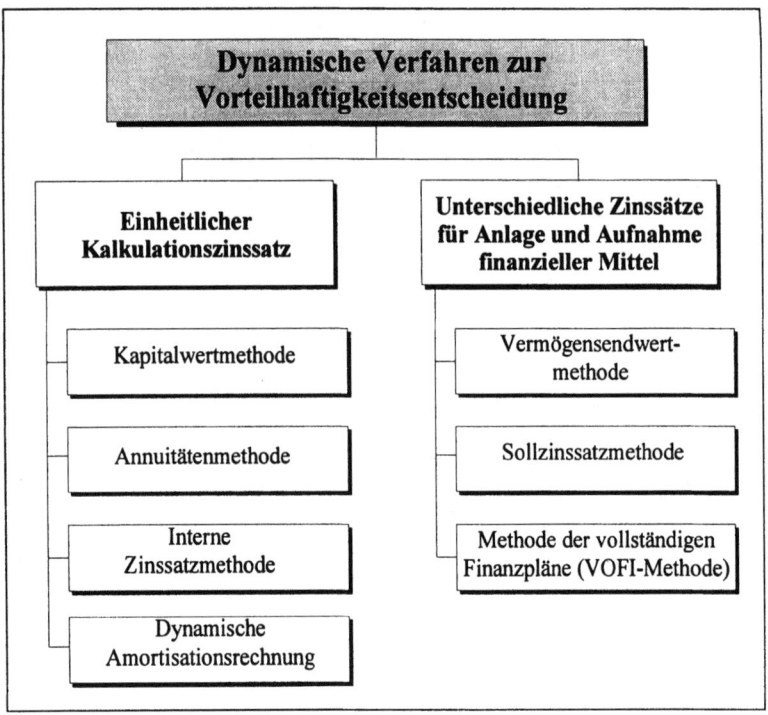

Abb. 2: Dynamische Verfahren zur Vorteilhaftigkeitsbeurteilung

In den nachfolgenden Abschnitten werden die Modelle der ersten Gruppe sowie die Methode der vollständigen Finanzpläne als Beispiel für ein Verfahren der zweiten Gruppe behandelt. Für diese Modelle gelten in ihrer Grundform jeweils die folgenden Annahmen (die in ähnlicher Form auch für die statischen Modelle zutreffen):

- Es existiert nur eine relevante Zielgröße;
- Für die Modelldaten und -verknüpfungen liegt eine Sicherheitssituation vor;
- Es bestehen mit Ausnahme des gegenseitigen Ausschlusses keine Beziehungen der Investitionsobjekte untereinander;
- Die Nutzungsdauer der Investitionsobjekte ist vorgegeben;
- Alle relevanten Wirkungen der Investitionsalternativen lassen sich diesen isoliert zuordnen und in Form von Ein- und Auszahlungen spezifischer Höhe, die bestimmten diskreten und äquidistanten Zeitpunkten zugerechnet sind, prognostizieren. Dies bedingt unter anderem, daß Entscheidungen in anderen Unternehmensbereichen, z.B. dem Finanzierungs- oder dem Produktionsbereich, nicht simultan mit der Investitionsentscheidung zu treffen sind.

Zukünftige Investitionen werden in der Regel nicht explizit berücksichtigt. Des weiteren wird bei der Beurteilung der relativen Vorteilhaftigkeit davon ausgegangen, daß die Alternativen hinsichtlich ihrer Art, des Kapitaleinsatzes und der Nutzungsdauer vergleichbar sind. Dies erfordert strenggenommen gleiche Werte für den Kapitaleinsatz und die Nutzungsdauer bei allen berücksichtigten Investitionsalternativen. Falls diese Voraussetzungen nicht gegeben sind, kann die Vergleichbarkeit durch Einbeziehung zusätzlicher Aktivitäten zum Ausgleich von Kapitaleinsatz- und Nutzungsdauerdifferenzen oder durch zusätzliche Annahmen hergestellt werden. Im Hinblick auf diese Annahmen sowie diejenigen zur Verzinsung zukünftiger Investitionen und zum Kapitalmarkt treten zwischen einigen Verfahren Unterschiede auf, die deren Eignung zur Vorteilhaftigkeitsbeurteilung beeinflussen.

2.2 Dynamische Modelle bei vollkommenem Kapitalmarkt

Kapitalwertmethode

Bei der Kapitalwertmethode werden Investitionsalternativen bezüglich der monetären Zielgröße "Kapitalwert" beurteilt, d.h. der Summe aller auf einen Zeitpunkt ab- bzw. aufgezinsten Ein- und Auszahlungen, die durch die Realisation eines Investitionsobjektes verursacht werden (Busse von Colbe/Laßmann 1990, S. 47). Zur Auf- oder Abzinsung von Zahlungen dient der auf einem vollkommenen Kapitalmarkt vorliegende einheitliche Kalkulationszinssatz, zu dem finanzielle Mittel in beliebiger Höhe angelegt oder aufgenommen werden können.

Der Kapitalwert wird häufig auf den Beginn des Planungszeitraums bezogen, d.h. auf den Zeitpunkt unmittelbar vor den ersten Zahlungen. Er stellt dann die Summe aller auf diesen Zeitpunkt abgezinsten Zahlungen, die durch ein Investitionsobjekt bewirkt werden, und damit einen Barwert dar. Auch hier wird diese Definition gewählt.

Bei den nachstehenden Ausführungen wird davon ausgegangen, daß der Kalkulationszinssatz (i) für alle Perioden des Planungszeitraums gleich hoch ist. Der Kapitalwert (KW) läßt sich dann gemäß der folgenden Gleichung aus den Einzahlungen (e_t) und Auszahlungen (a_t) ableiten, die den einzelnen Zeitpunkten (t, t = 0,...,T) des Planungszeitraums zugeordnet sind:

$$KW = \sum_{t=0}^{T}(e_t - a_t) \cdot (1+i)^{-t}$$

Die einer Investition zugeordneten Zahlungen setzen sich aus einer oder mehreren Anschaffungsauszahlung(en), dem oder den Liquidationserlös(en) und den Rückflüssen, d.h. der Differenz aus laufenden Einzahlungen (z.B. aus Umsatzvorgängen) und laufenden Auszahlungen, zusammen. Für die Rückflüsse wird oftmals angenommen, daß sie am Periodenende anfallen.

Der Kapitalwert läßt sich als Geldvermögenszuwachs interpretieren, den ein Investitionsobjekt bezogen auf den Beginn des Planungszeitraums unter Berücksichtigung von Zinswirkungen (auf der Grundlage des Kalkulationszinssatzes) erbringt. Dies gilt unabhängig von der Art der Finanzierung (Eigen- o. Fremdfinanzierung). Der Investor kann diesen Geldvermögenszuwachs beispielsweise nutzen, indem er im Zeitpunkt t = 0 einen Kredit in Höhe des Kapitalwertes aufnimmt und diesen Betrag für Konsumzwecke nutzt. Der "Konsumkredit" läßt sich aus den Einzahlungsüberschüssen des Investitionsobjekts verzinsen und tilgen. Außerdem reichen die Einzahlungsüberschüsse des Investitionsobjektes aus, um das eingesetzte Kapital zu verzinsen und wiederzugewinnen (ter Horst 1980, S. 61 f. sowie generell zu Interpretationsmöglichkeiten des Kapitalwertes Kruschwitz 1995, S. 86 ff.).

Aus der Interpretation des Kapitalwertes als Geldvermögenszuwachs lassen sich die folgenden Vorteilhaftigkeitsregeln für Investitionsobjekte ableiten (Busse von Colbe/Laßmann 1990, S. 47, ter Horst 1980, S. 62 und S. 86):
- Ein Investitionsobjekt ist absolut vorteilhaft, falls sein Kapitalwert größer ist als Null.
- Ein Investitionsobjekt ist relativ vorteilhaft, falls sein Kapitalwert größer ist als der eines jeden anderen zur Wahl stehenden Objektes.

Bei der Kapitalwertmethode werden neben den in Abschnitt 2.1 aufgeführten einige weitere Annahmen getroffen. So wird mit der sogenannten Wiederanlageprämisse unterstellt, daß freiwerdende oder nicht benötigte finanzielle Mittel zum Kalkulationszinssatz (re)investiert werden (Lücke 1991, S. 413, ter Horst 1980, S. 59 f.). Diese mit der Existenz eines vollkommenen Kapitalmarktes verbundene Annahme ist eine Voraussetzung für die Unabhängigkeit des Kapitalwertes von der Art der Finanzierung, da bei der Finanzierung mit eigenen finanziellen Mitteln in der Regel zukünftige Einzahlungsüberschüsse angelegt werden (können). Gemäß dieser Annahme erfolgt beim Kapitalwertmodell bei der Beurteilung der absoluten Vorteilhaftigkeit implizit ein Vergleich mit der Anlage zum Kalkulationszinssatz (Betge 1991, S. 33, Veit/Walz/Gramlich 1990, S. 56), die bei Verwendung eigener finanzieller Mittel die Unterlassensalternative darstellt.

Des weiteren wird für zukünftige Investitionen, die mit dem oder den derzeit zur Wahl stehenden Objekt(en) konkurrieren, von einer Verzinsung zum Kalkulationszinssatz ausgegangen. Damit wird die Frage, wann investiert werden sollte, aus den Überlegungen ausgeschlossen.

Über eine Annahme kann auch das bei der Beurteilung der relativen Vorteilhaftigkeit auftretende Problem gelöst werden, daß verschiedene Objekte unterschiedliche Kapitalbindungen zu Beginn oder während der Nutzung und/oder unterschiedliche Nutzungsdauern aufweisen. Zum Ausgleich dieser Unterschiede können grundsätzlich konkrete Investitionen oder Finanzierungsmaßnahmen in die Berechnungen einbezogen werden. Dies wird häufig allerdings relativ aufwendig sein. Vereinfachend wird daher bei der Standardanwendung der Kapitalwertmethode hinsichtlich der Kapitalbindungsdifferenzen zwischen Investitionsobjekten unterstellt, daß ein Ausgleich dieser Differenzen durch eine Anlage bzw. Aufnahme zum Kalkulationszinssatz erfolgt. Der Kapitalwert der zum Ausgleich der Kapitalbindungsdifferenzen bestimmten - fiktiven - Investitions- oder Finanzierungsmaßnahmen ist aufgrund dieser Annahme Null; die Kapitalbindungsdifferenzen können daher vernachlässigt werden. Die gleiche Argumentation läßt sich auf die Problematik von Folgeinvestitionen anwenden, die aufgrund von Unterschieden bei der Kapitalbindung oder der Nutzungsdauer ggf. zu unterschiedlichen Zeitpunkten durchgeführt werden können. Dies hat keinerlei Einfluß auf die relative Vorteilhaftigkeit der Alternativen, wenn unterstellt wird, daß sich zukünftige Investitionen zum Kalkulationszinssatz verzinsen und dementsprechend einen Kapitalwert von Null aufweisen.

Wie erwähnt, wird bei der Kapitalwertmethode die Existenz eines vollkommenen Kapitalmarkts unterstellt, auf dem zu jedem Zeitpunkt Finanzmittel zu einem einheitlichen Kalkulationszinssatz in beliebiger Höhe aufgenommen bzw. angelegt werden können (Schmidt/Terberger 1997, S. 91 ff., Perridon/Steiner 1997, S. 476). Bei einem vollkommenen Kapitalmarkt können Investitions- und Finanzierungsmaßnahmen getrennt beurteilt werden (FISHER-Separationseigenschaft) (Fisher 1930, Franke/Hax 1995, S. 155). Ein derartiger Kapitalmarkt existiert aber in der Realität nicht, unter anderem sind die Zinssätze für die Anlage und die Aufnahme finanzieller Mittel in der Regel unterschiedlich. Zusätzlich stellt sich das Problem, einen geeigneten Kalkulationszinssatz zu bestimmen. Dieses ist besonders bedeutend, da - wie bei der Darstellung der Interne Zinssatz Methode noch ausgeführt - die Höhe des Kapitalwertes vom Kalkulationszinssatz erheblich beeinflußt wird.

Der Kalkulationszinssatz hat aufgrund der Annahmen des Kapitalwertmodells vor allem zwei Funktionen zu erfüllen: zum einen soll mit seiner Hilfe Vergleichbarkeit zwischen den Alternativen hergestellt, zum anderen sollen die gegenwärtigen und zukünftigen Investitionsmöglichkeiten erfaßt werden (Perridon/Steiner 1997, S. 87).

Um Vergleichbarkeit der Alternativen zu erreichen, sind die Finanzierungskosten zu berücksichtigen, da diese in den Nettozahlungen der Investitionsobjekte nicht erfaßt sind. Ein Ansatz zur Bestimmung des Kalkulationszinssatzes ist daher die Ableitung aus den Finanzierungskosten, indem bei Verwendung eigener Mittel die bei deren alternativer Anlage erzielbare Verzinsung, bei Fremdfinanzierung ein Fremdkapitalkostensatz und bei Mischfinanzierungen ein gewichteter Mittelwert aus Eigen- und Fremdkapitalkosten herangezogen wird (Busse von Colbe/Laßmann 1990, S. 53 f.). Gegen die Ableitung des Kalkulationszinssatzes aus den Finanzierungskosten spricht aber, daß häufig nicht bekannt ist, wie einzelne Investitionsobjekte finanziert werden, daß es schwierig ist, die Verzinsung alternativer Anlagen zu ermitteln, und daß die Verzinsung der zukünftigen Investitionsmöglichkeiten nicht immer mit den Finanzierungskosten übereinstimmen wird (Perridon/Steiner 1997, S. 88).

Der Vergleich von Investitionsobjekten kann auch mit Hilfe von Opportunitätskosten erfolgen. Hierbei sind die Verzinsungen alternativer Investitionsobjekte bei der Bemessung des Kalkulationszinssatzes zugrunde zu legen. Allerdings ist in der Regel nicht bekannt, welches Investitionsobjekt durch das betrachtete Objekt aus dem Investitionsprogramm des Unternehmens verdrängt wird und damit die relevante Alternative darstellt. Dies läßt sich exakt nur mit Hilfe einer Simultanplanung des Investitionsprogramms ermitteln (Abschnitt 4), bei der bereits eine Vorteilhaftigkeitsbeurteilung der betrachteten Investitionsobjekte erfolgt.

Die zweite Funktion des Kalkulationszinssatzes besteht in der Erfassung gegenwärtiger und zukünftiger Investitionsmöglichkeiten, die zum Ausgleich von Kapitalbindungs- und Nutzungsdauerdifferenzen geeignet sind. Auch zur Erfüllung dieser Funktion könnte die Verzinsung der besten verdrängten Investitionsmöglichkeit herangezogen werden. Dabei stellt sich allerdings ebenfalls das oben angesprochene Problem.

Zusammenfassend ist festzustellen, daß ein "richtiger" Kalkulationszinssatz, der die beiden obengenannten Funktionen erfüllt, nicht existiert. Somit ist ein Kalkulationszinssatz zu wählen, der es erlaubt, der Erfüllung dieser Funktionen möglichst nahe zu kommen. Abschließend sei darauf hingewiesen, daß es sinnvoll sein kann, für unterschiedliche Perioden verschiedene Zinssätze bzw. Abzinsungsfaktoren zu wählen (Kruschwitz 1995, S. 329 ff.); hierzu wird unter anderem die "marktzinsorientierte Investitionsrechnung" diskutiert (Rolfes 1993, Adam/ Schlüchtermann/Hering 1994, Kruschwitz/Röhrs 1994). Außerdem existieren Ansätze, mit denen das mit einer Investition verbundene Risiko im Kalkulationszinssatz erfaßt werden soll (Abschnitt 5).

Die beim Kapitalwertmodell getroffenen Annahmen beeinträchtigen dessen Realitätsnähe sowie die Aussagekraft der mit ihm erzielten Ergebnisse. Sie sollten daher bei der Entscheidungsvorbereitung auf Basis von Kapitalwerten beachtet werden. Es ist zu prüfen, inwieweit sie mit der Realität übereinstimmen und welche Auswirkungen etwaige Abweichungen mit sich bringen. Durch Modifikation des Modells bzw. Wahl anderer Modelle lassen sich einzelne Annahmen aufheben. Dies wird in den nachfolgenden Abschnitten hinsichtlich des vollkommenen Kapitalmarktes, der Wiederanlage und des Ausgleichs von Kapitalbindungs- und Nutzungsdauerdifferenzen (Abschnitt 2.3), der vorgegebenen Nutzungsdauer (Abschnitt 3.1), der Vernachlässigung alternativer Investitionszeitpunkte (Abschnitt 3.2), der nicht-simultanen Bestimmung von Finanzierungsentscheidungen (Abschnitt 4) sowie der Sicherheit (Abschnitt 5) gezeigt. Zudem wird auf die Einbeziehung von Steuern in das Kapitalwertmodell eingegangen (Abschnitt 2.4). Vorher sollen jedoch die weiteren Modelle zur Investitionsbeurteilung bei vollkommenem Kapitalmarkt erörtert werden.

Annuitätenmethode

Die Annuitätenmethode geht von einem Modell aus, das - mit Ausnahme der Zielgröße - dem der Kapitalwertmethode entspricht. Bei dieser Zielgröße handelt es sich um die Annuität, d.h. die Folge gleich hoher Zahlungen, die in jeder Periode des Betrachtungszeitraums anfallen. Sie kann als Betrag interpretiert werden, den ein Investor bei Durchführung eines Projekts in jeder Periode entnehmen kann. Die Annuität eines Investitionsobjektes ist dem Kapitalwert des gleichen Objektes äquivalent, d.h. beide Größen lassen sich gemäß den Regeln der Finanzmathematik ineinander überführen.

Bei der Berechnung der Annuität werden die Zahlungen der Zahlungsfolge in der Regel jeweils auf das Periodenende bezogen (nachschüssige Zahlungen). Davon wird auch im folgenden ausgegangen und zudem Identität zwischen dem Betrachtungszeitraum (der Laufzeit der Annuität) und der Nutzungsdauer des jeweiligen Objektes unterstellt. Die Annuität (Ann) eines Investitionsobjekts läßt sich berechnen, indem der Kapitalwert (KW) des Objekts mit dem - vom Kalkulationszinssatz (i) und der Nutzungsdauer (T) abhängigen - Wiedergewinnungsfaktor multipliziert wird:

$$Ann = KW \cdot \frac{(1+i)^T \cdot i}{(1+i)^T - 1}$$

Die Vorteilhaftigkeitskriterien lauten bei der Annuitätenmethode (Kern 1974, S. 168, ter Horst 1980, S. 65):
- Ein Investitionsobjekt ist absolut vorteilhaft, falls seine Annuität größer als Null ist.
- Ein Investitionsobjekt ist relativ vorteilhaft, falls seine Annuität größer ist als die eines jeden anderen zur Wahl stehenden Objektes.

Die Methode führt - wie aus der oben angegebenen Formel ableitbar ist - bei Beurteilung der absoluten Vorteilhaftigkeit zum gleichen Resultat wie die Kapitalwertmethode. Dies gilt bei der Einschätzung der relativen Vorteilhaftigkeit auch, falls die zu vergleichenden Objekte die gleiche Nutzungsdauer aufweisen, da in diesem Fall die Wiedergewinnungsfaktoren identisch sind. Trifft dies nicht zu, kann es zu unterschiedlichen Einschätzungen kommen. Es ist dann bei der Annuitätenmethode eine zusätzliche Prämisse bezüglich der Nachfolgeobjekte der zu vergleichenden Investitionsobjekte erforderlich. Gilt beispielsweise die Annahme des Kapitalwertmodells in seiner Grundform, daß zukünftig Investitionen getätigt werden, die eine Verzinsung zum Kalkulationszinssatz erbringen, sollte anstelle der Annuitäten- die Kapitalwertmethode eingesetzt werden. Kann man hingegen von einer unendlichen identischen Wiederholung der Investitionsobjekte ausgehen, ist diese Annahme des Kapitalwertmodells in der Regel unzutreffend, und es sollte die Annuitätenmethode in Verbindung mit der Kapitalwertmethode angewendet werden. Es läßt sich dann mit Hilfe der Formel für den Barwert einer ewigen Rente aus der Annuität eines Objektes (und aller Folgeinvestitionen) der Kapitalwert für eine unendliche Kette identischer Objekte berechnen.

Die Beurteilung der Annuitätenmethode gleicht weitgehend der der Kapitalwertmethode. Es wird das gleiche Modell analysiert, so daß die Modellannahmen und auch die erforderlichen Daten übereinstimmen. In vielen Situationen kann auf die Berechnung einer Annuität verzichtet werden, da das Verfahren zum gleichen Ergebnis führt wie die Kapitalwertmethode. Lediglich zur Bestimmung des Kapitalwerts bei einer unendlichen Investitionskette ist die Annuität notwendig.

Interne Zinssatz Methode

Auch die Interne Zinssatz Methode geht weitgehend von der Modellsituation aus, die bei der Kapitalwertmethode unterstellt wird. Es wird lediglich die Prämisse bezüglich des Ausgleichs von Kapitalbindungs- und Nutzungsdauerdifferenzen modifiziert und eine andere Zielgröße betrachtet: der Interne Zinssatz. Bei diesem handelt es sich um den Zinssatz, der - als Kalkulationszinssatz verwendet - zu einem Kapitalwert von Null führt (ter Horst 1980, S. 70). Der Interne Zinssatz stellt die Verzinsung bzw. Rentabilität des in dem betrachteten Investitionsobjekt zu den verschiedenen einbezogenen Zeitpunkten jeweils gebundenen Kapitals dar (Blohm/Lüder 1995, S. 90). Bei Fremdfinanzierung beispielsweise ermöglichen die Nettozahlungen des Investitionsobjektes gerade die Tilgung des eingesetzten Kapitals und die Leistung der Zinszahlungen, die bei einer Verzinsung des gebundenen Kapitals zum Internen Zinssatz anfallen (Götze/Bloech 1995, S. 97).

Für die Interne Zinssatz Methode gelten die folgenden Vorteilhaftigkeitskriterien, wobei einschränkend darauf hinzuweisen ist, daß die Anwendung der Methode nicht in allen Entscheidungssituationen sinnvoll ist (Lücke 1991, S. 404, Eilenberger 1997, S. 168, Busse von Colbe/Laßmann 1990, S. 112 ff.):

- Ein Investitionsobjekt ist absolut vorteilhaft, wenn sein Interner Zinssatz größer ist als der Kalkulationszinssatz.
- Ein Investitionsobjekt ist relativ vorteilhaft, wenn sein Interner Zinssatz größer ist als der eines jeden anderen zur Wahl stehenden Objektes.

Das Verhältnis zwischen den Ergebnissen der Kapitalwertmethode und der Interne Zinssatz Methode ist abhängig von der Zahlungsreihe der Investition. Die folgenden Ausführungen konzentrieren sich auf *isoliert durchführbare Investitionen*. Eine derartige Investition liegt dann vor, wenn die Einzahlungsüberschüsse während des gesamten Planungszeitraums lediglich zur Verzinsung (mit dem Internen Zinssatz) und zur Amortisation des gebundenen Kapitals dienen. Es werden dann im Planungszeitraum keine Reinvestitionen vorgenommen, so daß die Investition "isoliert durchführbar" und der Interne Zinssatz unabhängig von dem Zinssatz ist, zu dem freiwerdende Mittel angelegt werden können (Kilger 1977, S. 77). Bei einer isoliert durchführbaren Investition ist der Wert des auf der Basis des Internen Zinssatzes ermittelten investitionsspezifischen Vermögens in jedem Zeitpunkt des Planungszeitraums kleiner gleich Null. Dies ist der Fall, wenn die folgenden Voraussetzungen erfüllt sind (Blohm/Lüder 1995, S. 91, Witten/Zimmermann 1977, S. 102 ff.):

- Die Summe aller Nettozahlungen ist größer gleich Null:

$$\sum_{t=0}^{T} N_t \geq 0 \quad .$$

- Die Summe aller anfallenden Nettozahlungen ist für die Zeitpunkte t = 0, ..., t* *jeweils* kleiner gleich Null, wobei t* den Zeitpunkt bezeichnet, in dem der letzte Auszahlungsüberschuß auftritt:

$$\sum_{\tau=0}^{t} N_\tau \leq 0 \qquad \text{für t = 0, ..., t*}.$$

Diese Eigenschaften sind auch bei einer Normalinvestition erfüllt, d.h. bei einer Investition, deren Zahlungsreihe nur *einen* Vorzeichenwechsel aufweist.

In Abbildung 3 ist der Kapitalwertverlauf in Abhängigkeit vom Kalkulationszinssatz bei zwei isoliert durchführbaren Investitionen A und B dargestellt. Es zeigt sich, daß bei diesem Investitionstyp die Ergebnisse von Kapitalwertmethode und Interne Zinssatz Methode in bezug auf die absolute Vorteilhaftigkeit übereinstimmen, da der Kapitalwert immer dann positiv ist, wenn der Interne Zinssatz größer ist als der Kalkulationszinssatz (Busse von Colbe/Laßmann 1990, S. 113 f.). Beim Vorteilhaftigkeitsvergleich zwischen mehreren einander ausschließenden Objekten hingegen können sich bei den beiden Verfahren unterschiedliche Beurteilungen ergeben. Hier wäre bei Anwendung der Kapitalwertmethode und dem gegebenen Kalkulationszinssatz (i) Objekt A vorzuziehen (es gilt $KW_A > KW_B$), in bezug auf die Internen Zinssätze Objekt B (es gilt $r_B > r_A$), das Objekt mit der geringeren Anschaffungsauszahlung (A_0). Die Frage, welches Verfahren vorzuziehen ist, wird im folgenden noch aufgegriffen.

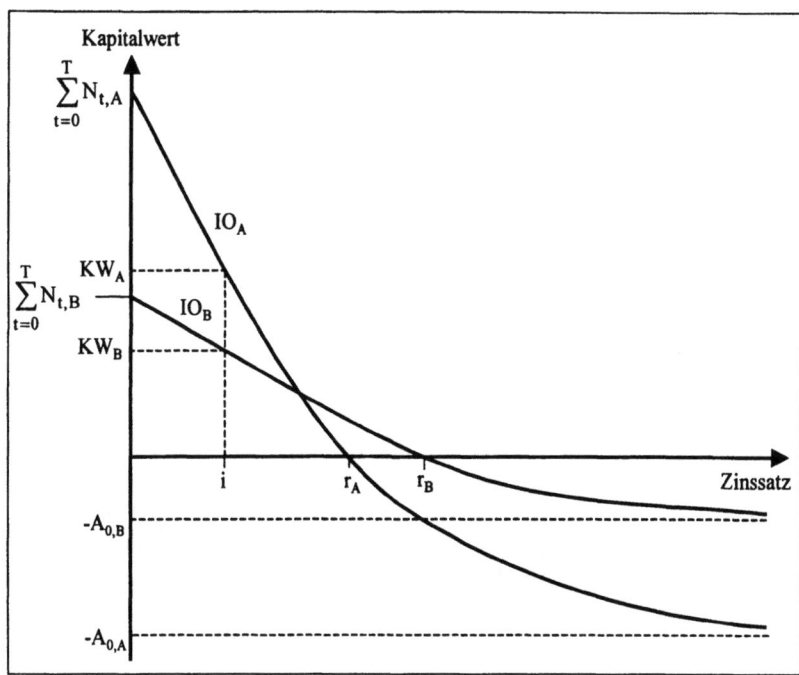

Abb. 3: Kapitalwertverlauf in Abhängigkeit vom Kalkulationszinssatz bei isoliert durchführbaren Investitionen

Aus Abbildung 3 kann auch abgeleitet werden, daß bei einer isoliert durchführbaren Investition *ein* positiver Interner Zinssatz vorliegt, falls die Summe der Einzahlungen größer ist als die der Auszahlungen. Bei nicht isoliert durchführbaren Investitionen, sog. *zusammengesetzten Investitionen*, können hingegen mehrere positive oder negative Interne Zinssätze existieren, wodurch es schwierig wird, die Ergebnisse der Interne Zinssatz Methode zu interpretieren. Außerdem ist es möglich, daß kein Interner Zinssatz vorliegt (Hax 1985, S. 17). Zudem ist bei zusammengesetzten Investitionen eine Annahme bezüglich der Reinvestition freiwerdender Mittel erforderlich. Im Gegensatz zum Kapitalwertmodell wird bei der Berechnung der Internen Zinssätze (implizit) unterstellt, daß eine Anlage zum Internen Zinssatz möglich ist (Schmidt/Terberger 1997, S. 148, Schultz/Wienke 1990, S. 1081). Dies ist in der Regel unrealistisch, so daß die Interne Zinssatz Methode bei diesem Investitionstyp - zumindest ohne Berücksichtigung von konkreten Ergänzungsinvestitionen oder einer modifizierten Prämisse - nicht zur Beurteilung der absoluten Vorteilhaftigkeit angewendet werden sollte (Hax 1985, S. 37, Kilger 1977, S. 93 f.).

Der Interne Zinssatz (r) wurde als der Zinssatz definiert, bei dem der Kapitalwert gleich Null ist. Es gilt daher:

$$KW = \sum_{t=0}^{T}(e_t - a_t) \cdot (1+r)^{-t} = 0$$

Der Interne Zinssatz läßt sich nur in Sonderfällen in der obigen Formel isolieren und damit exakt ermitteln, z.b. wenn der Betrachtungszeitraum nur bis zu drei Perioden umfaßt. Falls derartige Sonderfälle nicht vorliegen, müssen zur Bestimmung des Internen Zinssatzes Näherungsverfahren angewendet werden. Zu diesen Verfahren zählt - neben dem NEWTON'schen Verfahren (Betge 1991, S. 43 ff.) und einem von BOULDING entwickelten Näherungsverfahren (Boulding 1936, S. 215 ff., Kern 1974, S. 176 ff.) - ein Inter- bzw. Extrapolationsverfahren, dessen Anwendung bei einer isoliert durchführbaren Investition im folgenden beschrieben werden soll. Bei diesem Verfahren wird zunächst für einen Zinssatz (i_1) der Kapitalwert (KW_1) bestimmt. Ist dieser positiv (negativ), wird ein höherer (geringerer) Zinssatz (i_2) gewählt und auch für diesen der Kapitalwert (KW_2) berechnet. Die Zinssätze und die zugehörigen Kapitalwerte lassen sich dann zur näherungsweisen Ermittlung des Internen Zinssatzes verwenden. Es wird eine Interpolation (falls jeweils ein positiver und ein negativer Kapitalwert vorliegen) oder eine Extrapolation (falls beide Kapitalwerte das gleiche Vorzeichen aufweisen) durchgeführt. Eine Formel, mit deren Hilfe sowohl die Interpolation als auch die Extrapolation vorgenommen werden kann, läßt sich mit Hilfe von Abbildung 4 herleiten, wobei in dieser Abbildung und bei der nachfolgenden Erläuterung auf die bei einer Interpolation vorliegende Situation Bezug genommen wird.

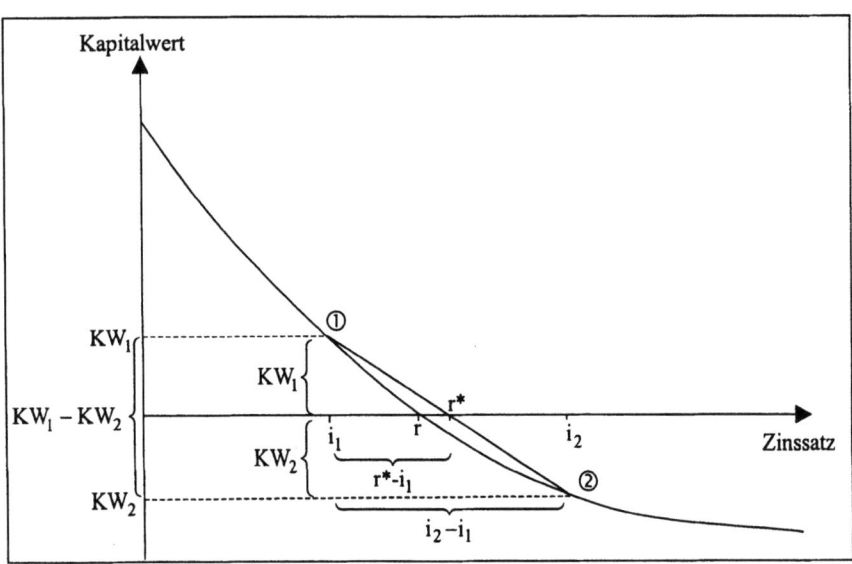

Abb. 4: Interpolation zur Bestimmung des Internen Zinssatzes

In Abbildung 4 wird der Interne Zinssatz durch den Schnittpunkt von Kapitalwertfunktion und Abszisse repräsentiert. Dieser Punkt kann durch den Schnittpunkt der Verbindungsgeraden zwischen den beiden ermittelten Kapitalwertpunkten (1 und 2) und der Abszisse (Punkt r*) angenähert werden. Dazu dient eine Formel, die auf den Strahlensätzen beruht. Es gilt:

$$\frac{r^* - i_1}{i_2 - i_1} = \frac{KW_1}{KW_1 - KW_2}$$

$$r^* - i_1 = \frac{KW_1}{KW_1 - KW_2} \cdot (i_2 - i_1)$$

$$r^* = i_1 + \frac{KW_1}{KW_1 - KW_2} \cdot (i_2 - i_1)$$

$$r \approx i_1 + \frac{KW_1}{KW_1 - KW_2} \cdot (i_2 - i_1).$$

Die Güte der mittels Interpolation berechneten Näherungslösung ist abhängig vom Abstand zwischen den Zinssätzen i_1 und i_2 sowie den Abweichungen der Kapitalwerte KW_1 und KW_2 von Null. Zur Ermittlung einer guten Näherungslösung kann es erforderlich sein, mehrere Zinssätze heranzuziehen und die Kapitalwerte für diese zu berechnen, um zwei für die Interpolation geeignete Zinssätze zu identifizieren. Geeignet sind zwei Zinssätze, wenn der Abstand zwischen ihnen sowie die Abweichung der zugehörigen Kapitalwerte von Null relativ gering sind. Auch eine ermittelte Näherungslösung kann als Kalkulationszinssatz verwendet und für weitere Interpolationen genutzt werden. Mit einem entsprechenden Vorgehen läßt sich eine beliebig genaue Annäherung an den Internen Zinssatz vornehmen.

Die Anwendbarkeit der Interne Zinssatz Methode ist nicht auf die Beurteilung von Investitionsobjekten beschränkt. Die Methode ist auch dazu geeignet, die Effektivverzinsung von Finanzierungsmaßnahmen zu berechnen. Der Interne Zinssatz der Zahlungsreihe eines Finanzierungsobjekts gibt dessen Effektivverzinsung an (Däumler 1992, S. 102 ff.). Bei seiner Berechnung mittels der oben angegebenen Interpolationsformel sollte beachtet werden, daß bei Finanzierungsobjekten in der Regel ein anderer Kapitalwertverlauf in Abhängigkeit vom Kalkulationszinssatz vorliegt als bei einem isoliert durchführbaren Investitionsobjekt, der Kapitalwert steigt hier mit zunehmendem Kalkulationszinssatz.

Wie erwähnt, sind im Hinblick auf die relative Vorteilhaftigkeit Ergebnisunterschiede zwischen Kapitalwert- und Interne Zinssatz Methode denkbar. Da der Interne Zinssatz die Verzinsung des eingesetzten Kapitals angibt, werden - positive Kapitalwerte vorausgesetzt - Objekte mit relativ geringer Kapitalbindung bei dieser Methode tendenziell besser eingeschätzt als bei der Kapitalwertmethode. Dies ist mit der bei der Interne Zinssatz Methode getroffenen Annahme verbunden, daß Kapitalbindungsdauerdifferenzen durch Investitionen ausgeglichen werden, die sich zum Internen Zinssatz der Investition mit der geringeren Kapitalbindung verzinsen, und analoges für Nutzungsdauerdifferenzen gilt. Damit wird unter anderem impliziert, daß eine Anlage von finanziellen Mitteln in einer Höhe realisierbar ist, die von den Internen Zinssätzen anderer Investitionsmöglichkeiten abhängt. Da der Interne Zinssatz aber für das jeweilige Investitionsobjekt spezifisch ist, ist diese Annahme in der Regel unrealistisch (Busse von Colbe/Laßmann 1990, S. 115 f., Copeland/Weston 1992, S. 32). Die Internen Zinssätze von Investitionen sind aus diesem Grund - zumindest ohne Berücksichtigung konkreter Ergänzungsinvestitionen oder eine anderweitige Modifikation der Prämisse zum Ausgleich von Kapitalbindungs- und Nutzungsdauerdifferenzen - nicht zum Vorteilhaftigkeitsvergleich geeignet (zu einer Modifikation dieser Annahme sowie der Wiederanlageprämisse Busse von Colbe/Laßmann 1990, S. 118 ff.). Der Vollständigkeit halber sei aber darauf hingewiesen, daß hinsichtlich der relativen Vorteilhaftigkeit unter bestimmten Annahmen Ergebnisgleichheit zwischen Kapitalwert- und Interne Zinssatz Methode erzielt werden kann, indem Interne Zinssätze nicht für die zur Wahl stehenden Investitionsobjekte, sondern für die Differenzinvestitionen bestimmt werden (zu den Annahmen und Vorteilhaftigkeitsregeln Hax 1985, S. 41, Blohm/Lüder 1995, S. 98 ff., Götze/Bloech 1995, S. 98 f.). Bei diesen handelt es sich um fiktive Investitionen, deren Zahlungsreihe sich als Differenz der Zahlungsreihen zweier Investitionsobjekte ergibt.

In bezug auf das Verhältnis zwischen Kapitalwertmethode und Interne Zinssatz Methode ist abschließend zu erwähnen, daß der Interne Zinssatz als ein kritischer Zinssatz für die absolute Vorteilhaftigkeit einer Investitionsalternative angesehen werden kann, falls die Kapitalwertmethode angewendet und die Annahme "Sicherheit der Daten" aufgehoben wird. In der Unternehmenspraxis ist der Interne Zinssatz trotz der mit ihm verbundenen Probleme relativ beliebt (Kruschwitz 1995, S. 91).

Dynamische Amortisationsrechnung

Mit der dynamischen Amortisationsrechnung wird im Rahmen des Kapitalwertmodells die Amortisationszeit bestimmt, d.h. der Zeitraum, in dem das für eine Investition eingesetzte Kapital aus den Einzahlungsüberschüssen des Objektes wiedergewonnen wird.

Die Amortisationszeit stellt vor allem einen Maßstab für das mit einer Investition verbundene Risiko dar. Sie kann als kritischer Wert für die Nutzungsdauer in einem Kapitalwertmodell interpretiert werden. Es erscheint allerdings nicht sinnvoll, die absolute und die relative Vorteilhaftigkeit von Investitionsalternativen allein anhand der Amortisationszeit zu beurteilen, da in diesem Fall die nach Ende der Amortisationszeit auftretenden Wirkungen der Alternativen außer acht blieben. Die Amortisationszeit ist eher als ergänzendes Kriterium verwendbar. Die unter Berücksichtigung dieser Einschränkung geltenden Vorteilhaftigkeitsregeln lauten (Schulte 1986, S. 106 und S. 130):

– Ein Investitionsobjekt ist absolut vorteilhaft, falls seine Amortisationszeit geringer ist als ein vorzugebender Grenzwert.
– Ein Investitionsobjekt ist relativ vorteilhaft, falls seine Amortisationszeit geringer ist als die eines jeden anderen zur Wahl stehenden Objektes.

Die dynamische Amortisationsrechnung führt bei der absoluten wie auch der relativen Vorteilhaftigkeit nicht notwendigerweise zu den gleichen Resultaten wie die Kapitalwertmethode. Bezüglich der absoluten Vorteilhaftigkeit ist es vom vorgegebenen Grenzwert sowie den Zahlungen in den letzten Zahlungszeitpunkten abhängig, ob Ergebnisunterschiede auftreten. Gleiche Resultate ergeben sich, falls als Grenzwert das Nutzungsdauerende gewählt wird. Bei der relativen Vorteilhaftigkeit können Unterschiede aufgrund der Zahlungen nach dem Amortisationszeitpunkt entstehen.

Die Bestimmung der dynamischen Amortisationszeit läßt sich vornehmen, indem schrittweise für jede Periode der Nutzungsdauer - beginnend mit der ersten Periode - der kumulierte Barwert der Nettozahlungen berechnet wird. Dieser kumulierte Barwert entspricht dem Kapitalwert in Abhängigkeit von der Nutzungszeit. Solange dieser Wert negativ ist, ist die Amortisationszeit noch nicht erreicht. Wird der Wert erstmals positiv (gleich Null), dann ist die Amortisationszeit überschritten (erreicht). Falls der erste nicht-negative Wert ungleich Null ist, liegt die Amortisationszeit innerhalb der betrachteten Periode. Durch Interpolation kann dann näherungsweise der Anteil der Periode, der für die Amortisation noch benötigt wird, bestimmt werden. Bei dieser schrittweisen Berechnung der Amortisationszeit werden allerdings etwaige risikomindernde Liquidationserlöse, die während der Nutzungsdauer der Investitionsobjekte erzielt werden können, vernachlässigt.

2.3 Methode der vollständigen Finanzpläne

Die Methode der vollständigen Finanzpläne (VOFI-Methode) zählt zu den Verfahren, bei denen von einem unvollkommenen Kapitalmarkt ausgegangen wird. Sie soll hier als einziges Beispiel für derartige Verfahren behandelt werden, da sie weitergehende Möglichkeiten der Realitätsabbildung eröffnet als die anderen Verfahren. Die Methode basiert auf einem Konzept von HEISTER (Heister 1962), das von GROB weiterentwickelt worden ist (Grob 1984, Grob 1989, Grob 1990a). Für das Verfahren ist charakteristisch, daß in einem vollständigen Finanzplan "die einem Investitionsobjekt bzw. einer Geldanlage zurechenbaren Zahlungen einschließlich der monetären Konsequenzen finanzieller Dispositionen in tabellarischer Form dargestellt werden" (Grob 1989, S. 5).

Bei der VOFI-Methode werden demgemäß nicht nur die Zahlungsreihe eines Investitionsobjektes (die sog. originären Zahlungen), sondern auch die auf finanzielle Dispositionen hinsichtlich des Objektes zurückzuführenden Zahlungen (die sog. derivativen Zahlungen) explizit berücksichtigt. Dadurch können die Prämissen zur Finanzmittelaufnahme und -anlage sowie zum Ausgleich von Unterschieden bei der Kapitalbindung und der Nutzungsdauer transparent gemacht werden, die in anderen Modellen, wie denen der Kapitalwert- oder Interne Zinssatz Methode, nur implizit enthalten sind. Außerdem lassen sich im Hinblick auf die Finanzmittelanlage und -aufnahme differenzierte Annahmen einbeziehen, vor allem kann erfaßt werden,

- inwieweit eine Finanzierung durch Fremd- und Eigenkapital (eigene finanzielle Mittel) erfolgt,
- inwieweit in bestimmten Zeitpunkten Schulden aus Einzahlungsüberschüssen getilgt und Auszahlungsüberschüsse aus vorhandenem Guthaben finanziert werden (Kontenausgleich),
- daß die Anlage des dem Investitionsobjekt zu Beginn des Planungszeitraums zugerechneten Eigenkapitals, die sog. Opportunität, mit einer anderen Rendite (zum sog. Opportunitätskostensatz) erfolgt als die Reinvestition zukünftiger Finanzmittelüberschüsse (z.B. zum Habenzinssatz für kurzfristige Finanzanlagen), und
- daß verschiedene Fremdfinanzierungsobjekte mit unterschiedlichen Verzinsungen, Tilgungsverläufen und Laufzeiten existieren (Konditionenvielfalt).

Als Zielgröße können bei der VOFI-Methode der (Vermögens-)Endwert, der Anfangswert, Zwischenwerte, Entnahmen oder spezifische Rentabilitäten zugrunde gelegt werden. Im folgenden wird aufgrund seiner hohen Anschaulichkeit der Endwert verwendet (zu im Rahmen der VOFI-Methode ermittelten Rentabilitäten Grob 1990b). Dieser stellt die Höhe des Guthabens bzw. Kreditstandes am Ende des Nutzungs- bzw. Anlagezeitraums dar; er läßt sich direkt aus dem vollständigen Finanzplan ablesen. Für die VOFI-Methode gelten dann die folgenden Vorteilhaftigkeitsregeln (Grob 1989, S. 11).

- Ein Investitionsobjekt ist absolut vorteilhaft, wenn sein Endwert größer ist als der der Opportunität.
- Ein Investitionsobjekt ist relativ vorteilhaft, wenn sein Endwert größer ist als der eines jeden anderen zur Wahl stehenden Objektes.

GROB regt an, zur Erstellung vollständiger Finanzpläne standardisierte Tabellen zu nutzen. Abbildung 5 zeigt eine Tabelle, die für den Fall der Konditionenvielfalt vorgeschlagen wird.

Diese Tabelle enthält im ersten Tabellenteil die relevanten Zahlungen, die sich aus der Zahlungsreihe des Investitionsobjektes, den zugeordneten eigenen Finanzmitteln (Eigenkapital) und deren Veränderung, der Aufnahme, Tilgung und Zinszahlung von vier typischen Kreditformen sowie der Durchführung, Auflösung und Zinszahlung einer Geldanlage zusammensetzen. Der vollständige Finanzplan ist stets ausgeglichen, d.h. der Saldo aller Zahlungen ist in jedem Zeitpunkt Null. Im zweiten Tabellenteil sind die Kredit- und Guthabenstände sowie der daraus resultierende Bestandssaldo verzeichnet. Dieser entspricht am Ende des Planungszeitraums dem Endwert.

Die Aufstellung des vollständigen Finanzplans und die Endwertberechnung für ein Investitionsobjekt können vorgenommen werden, indem zunächst für t = 0 die Anschaffungsauszahlung des Investitionsobjektes und das diesem für den Zeitpunkt zugerechnete Eigenkapital eingesetzt werden. Darüber hinaus werden die aufzunehmenden Kreditbeträge oder ein anzulegender Überschuß vorgegeben bzw. berechnet sowie Kredit- und Anlagestände erfaßt. Für t = 1 und jeden folgenden Zeitpunkt werden jeweils die Nettozahlungen des Investitionsobjektes eingetragen, die Zinszahlungen berechnet, finanzielle Dispositionen bezüglich der Kreditaufnahme oder -tilgung sowie der Durchführung oder Auflösung von Geldanlagen getroffen und die Kredit- und Guthabenstände bestimmt (Grob 1990a, S. 63 f.).

Der für die Beurteilung der absoluten Vorteilhaftigkeit erforderliche Endwert der Opportunität läßt sich entweder ebenfalls mit Hilfe eines vollständigen Finanzplans oder durch Aufzinsung des Eigenkapitals mit dem Opportunitätskostensatz berechnen. Im Hinblick auf die relative Vorteilhaftigkeit stellt sich - wie bei den anderen Verfahren - die Frage, inwieweit die Objekte bei voneinander abweichenden Anschaffungsauszahlungen und Nutzungsdauern vergleichbar sind und wie ggf. Vergleichbarkeit herbeigeführt werden kann. Die Finanzierung der Anschaffungsauszahlungen und ihre finanziellen Auswirkungen werden bei der VOFI-Methode explizit einbezogen. Unterschiedliche Anschaffungsauszahlungen beeinträchtigen daher nur dann die Vergleichbarkeit von Investitionsobjekten, wenn sie bei mindestens einem der einander ausschließenden Objekte geringer sind als das zugerechnete Eigenkapital, so daß das mit dem Verzicht auf anderweitige Nutzung des Eigenkapitals verbundene Opfer unterschiedlich hoch ist. In diesem Fall ist eine Annahme über eine Ergänzungsinvestition zum Ausgleich der Differenz des beanspruchten Eigenkapitals zu treffen (beispielsweise Geldanlage zum Opportunitätskostensatz). Nutzungsdauerdifferenzen müssen in jedem Fall ausgeglichen werden, da Endwerte, die sich auf verschiedene Zeitpunkte beziehen, nicht vergleichbar sind. Zum Ausgleich sollte das Kapital, das nach Beendigung der Nutzung der Investition(en) mit kürzerer Nutzungsdauer verfügbar ist, (jeweils) mit einem individuell abzuschätzenden Zinssatz über die Nutzungsdauerdifferenz aufgezinst werden (Grob 1989, S. 12 f.).

	t=0	t=1	t=2	t=3	...
Zahlungsreihe					
Eigenkapital					
- Entnahme					
+ Einlage					
Kredit mit Ratentilgung					
+ Aufnahme					
- Tilgung					
- Sollzinsen					
Kredit mit Endtilgung					
+ Aufnahme					
- Tilgung					
- Sollzinsen					
Kredit mit Annuitätentilgung					
+ Aufnahme					
- Tilgung					
- Sollzinsen					
Kontokorrentkredit					
+ Aufnahme					
- Tilgung					
- Sollzinsen					
Geldanlage pauschal					
- Anlage					
+ Auflösung					
+ Habenzinsen					
Finanzierungssaldo					
Bestandsgrößen					
Kreditstand					
Ratentilgung					
Endtilgung					
Annuitätentilgung					
Kontokorrent					
Guthabenstand pauschal					
Bestandssaldo					

Quelle: Grob 1990a, S. 61 f.
Abb. 5: VOFI-Tabelle bei Konditionenvielfalt

Bei der VOFI-Methode wird zudem im Gegensatz zur Kapitalwertmethode nicht unterstellt, daß freiwerdende Mittel zum Kalkulationszinssatz angelegt werden. Im

Standardfall wird von einer kurzfristigen Anlage zum Habenzinssatz ausgegangen, eine Modifikation ist problemlos möglich. Die Annahmen bezüglich der Anlage freiwerdender Mittel und des Vorteilhaftigkeitsvergleichs werden bei der VOFI-Methode offengelegt. Die hohe Transparenz ist ein wesentlicher Vorteil gegenüber den anderen Verfahren der dynamischen Investitionsrechnung.

Ein zweiter Vorteil besteht hinsichtlich der Abbildungsmöglichkeiten des Kapitalmarktes. Während bei der Kapitalwertmethode ein vollkommener Kapitalmarkt unterstellt wird, lassen sich bei der VOFI-Methode nicht nur Unterschiede zwischen Soll- und Habenzinssatz, sondern auch Eigenfinanzierung, Konditionenvielfalt bei der Fremdfinanzierung und differenzierte Zinssätze für die Anlage eigener Mittel (vor allem für die Opportunität und kurzfristige Geldanlagen) einbeziehen. Es ist dabei allerdings zu fordern, daß dem(n) Investitionsobjekt(en) die Finanzierungsmaßnahmen explizit zugeordnet werden können. Inwieweit dies der Fall ist, hängt vom jeweiligen Investitionsobjekt ab; bei strategischen Investitionen (wie vielen Direktinvestitionen) oder Investitionen in Immobilien beispielsweise dürfte oftmals eine entsprechende objektspezifische Finanzierung vorliegen. Schwierigkeiten kann des weiteren die Prognose der Zinssätze für zukünftige Finanzierungs- und Anlagemöglichkeiten bereiten. Eine Erweiterung des hier beschriebenen Vorgehens der VOFI-Methode stellt die Berücksichtigung von Steuern dar. Hierauf wird im folgenden Abschnitt eingegangen.

2.4 Einbeziehung von Steuern

Steuerzahlungen können sich auf die Vorteilhaftigkeit von Investitionsobjekten auswirken. Dies gilt insbesondere im Hinblick auf die Durchführung von Auslandsinvestitionen, die Wahl zwischen Kauf und Leasing von Investitionsobjekten oder die Anschaffung von Wohnimmobilien durch Privatpersonen. Es wird daher in vielen Situationen sinnvoll sein, Steuern in der Investitionsrechnung zu berücksichtigen, wobei vor allem gewinn- bzw. ertragsabhängige Steuern relevant sind.

Auf der Grundlage der *Kapitalwertmethode* ist ein Standardmodell für die Erfassung der Steuern entwickelt worden, dem die folgenden Annahmen zugrunde liegen (Blohm/Lüder 1995, S. 123 ff.):

- Das Unternehmen hat auf den Gewinn einer Periode eine Steuer zu zahlen, die am Ende der Periode anfällt und deren Höhe proportional zum Gewinn ist.
- Das Unternehmen erwirtschaftet unabhängig von der Durchführung des Investitionsobjektes in jeder Periode einen Gewinn. Dessen Höhe ist ausreichend, um einen sofortigen Verlustausgleich in den Perioden zu ermöglichen, in denen durch das jeweils betrachtete Investitionsobjekt Verluste entstehen.
- Sollzinsen mindern vollständig den steuerpflichtigen Gewinn; Habenzinsen erhöhen diesen dementsprechend.
- Alle durch ein Investitionsobjekt verursachten Ein- bzw. Auszahlungen sind - mit Ausnahme der Anschaffungsauszahlung(en) und des Liquidationserlöses - zugleich Erträge bzw. Aufwendungen. Die Anschaffungsauszahlung führt erst in nachfolgenden Zeitpunkten in Form von Abschreibungen zu Aufwendungen.

Die Kapitalwertberechnung erfordert in diesem Fall im Vergleich zu einer Situation ohne Steuern zwei zusätzliche Schritte. Zum einen ist die ursprüngliche Zahlungsreihe um die Zahlungen zu modifizieren, die aufgrund der Besteuerung anfallen. Diese ergeben sich bei Gültigkeit der oben aufgeführten Annahmen durch Multiplikation des Steuersatzes mit der auf das Investitionsobjekt zurückzuführenden Gewinnveränderung in einer Periode. Diese Gewinnveränderung resultiert aus den erfolgswirksamen Nettozahlungen vor Steuern (alle Zahlungen mit Ausnahme der Anschaffungsauszahlungen und des Liquidationserlöses) berichtigt um den Abschreibungsbetrag des Investitionsobjektes. Zum anderen muß auch der Kalkulationszinssatz verändert werden, da bei dessen Bestimmung eine Orientierung an den Erträgen alternativer Anlagen sowie den Finanzierungsaufwendungen erfolgt und diese jeweils zu einer Veränderung der Steuerzahlungen führen. Unter den gegebenen Annahmen kommt es zu zusätzlichen Steuerzahlungen bzw. Steuerminderungen in Höhe des Produktes aus Zinsen und Steuersatz. Es ist daher ein angepaßter Kalkulationszinssatz anzusetzen, der sich aus dem ursprünglichen Zinssatz verringert um das Produkt aus diesem und dem Steuersatz ergibt.

Die Berücksichtigung von Steuern verändert die Höhe des Kapitalwerts gegenüber einer Situation ohne Steuern und eventuell auch die absolute und/oder relative Vorteilhaftigkeit von Investitionsobjekten. Beispielsweise kann der Fall auftreten, daß ein Objekt bei Einbeziehung von Steuern absolut vorteilhaft ist (Kapitalwert größer Null), für das dies ohne Erfassung von Steuern nicht gilt (Kapitalwert kleiner Null). Dies wird auch als Steuerparadoxon bezeichnet (Lücke 1991, S. 364, Schneider 1992, S. 246 ff.).

Es ist darauf hinzuweisen, daß die Berücksichtigung der Steuern in diesem Modell in erheblich vereinfachter Form erfolgt. So wird unterstellt, daß nur eine Steuer auf den Gewinn erhoben wird und eine proportionale Beziehung zwischen dieser und dem Gewinn vorliegt. In der Realität wird aber eine differenzierte Besteuerung des Gewinnes bzw. Ertrages vorgenommen, bei der mehrere Steuerarten auftreten (Einkommensteuer, Körperschaftsteuer, Gewerbeertragsteuer). Der jeweilige Steuersatz ist von der Gewinnhöhe und -verwendung abhängig und damit nicht konstant; zudem können sich die Bemessungsgrundlagen unterscheiden. Die Ermittlung *eines* Steuersatzes für das hier dargestellte Modell erscheint daher problematisch (Lüder 1977, S. 120 ff. sowie zu einem Überblick über weitere Varianten der Berücksichtigung gewinn- bzw. ertragsabhängiger Steuern im Kapitalwertmodell Volpert 1989, S. 25 ff.).

Mit relativ geringem Aufwand und hoher Transparenz können gewinnabhängige Steuern bei der *VOFI-Methode* differenzierter berücksichtigt werden (Götze 1998, S. 179 ff. sowie unter Einbeziehung von Substanzsteuern Poerschke/Götze 1996, S. 39 ff.). Dazu wird die VOFI-Tabelle um je eine Zeile für durch das Objekt bewirkte zusätzliche Steuerzahlungen sowie Minderungen der Steuerzahlungen erweitert. Die Höhe dieser Veränderungen der Steuerzahlungen läßt sich für jeden Zeitpunkt in Nebenberechnungen ermitteln, die getrennt für die Gewerbeertrag- und die Körperschaftsteuer vorgenommen werden, nachdem die originären Zahlungen sowie die langfristig disponierten Zahlungen zur Finanzmittelanlage und -aufnahme erfaßt sind. In diesen Nebenrechnungen wird für jeden Zeitpunkt und jede Steuerart von einer Basisbemessungsgrundlage ausgegangen, die sich bei Verzicht auf die Realisation der Investition ergeben würde. Auf dieser Grundlage können anschließend die bei Durchführung der Investition erwarteten Bemessungsgrundlagen und Steuerzahlungen sowie die Veränderungen der Steuerzahlungen ermittelt werden (Kruschwitz 1995, S. 112 ff.). Dabei sind allerdings eine

Reihe von Prämissen zu treffen, z.b. zum Zeitpunkt der Steuerzahlung, zu den steuerlichen Auswirkungen zukünftiger Maßnahmen der Finanzmittelbeschaffung und -anlage sowie zu den Basisbemessungsgrundlagen.

3 Beurteilung zeitbezogener Investitionsalternativen

3.1 Nutzungsdauer- und Ersatzzeitpunktentscheidungen

Vor allem bei güterwirtschaftlichen Investitionen stellt sich häufig die Frage nach der Länge der Nutzungsdauer, d.h. des Zeitraumes zwischen der Inbetriebnahme und dem Ende der Nutzung. Dieser Zeitraum ist aus rechtlichen, technischen oder wirtschaftlichen Gründen begrenzt. So kann technischer Fortschritt eine Veralterung der Investitionsobjekte bewirken, Entwicklungen auf den relevanten Absatz- und Beschaffungsmärkten können zu einer wirtschaftlichen Überholung führen, und es kann Verschleiß durch Gebrauch verursacht werden oder unabhängig von diesem auftreten. Diese Effekte beeinflussen die wirtschaftliche Nutzungsdauer von Objekten, d.h. die Nutzungsdauer, bei der die Unternehmensziele optimal erfüllt werden. Sie ist in der Regel kürzer als die technische Nutzungsdauer, die dann beendet ist, wenn ein Betriebsmittel seine Funktion nicht mehr erfüllen kann.

Entscheidungen zur (wirtschaftlichen) Nutzungsdauer sind in zwei Situationen zu treffen. Zum einen ist *vor* Beginn der Nutzung festzulegen, wie lange das Objekt genutzt werden soll. Diese sogenannte Ex-ante-Entscheidung bzw. Nutzungsdauerentscheidung im engeren Sinn ist unter anderem erforderlich, um bei der Vorteilhaftigkeitsbeurteilung (Abschnitt 2) die zum Betrachtungszeitpunkt als wirtschaftlich prognostizierte Nutzungsdauer zugrunde legen zu können. Zum anderen ist *nach* Nutzungsbeginn erstmalig oder erneut zu erwägen, wie lange die Nutzung eines Betriebsmittels ausgedehnt werden sollte (Ex-post-Entscheidung bzw. Ersatzzeitpunktentscheidung). Eine erneute Überlegung ist sinnvoll, da die bei einer Nutzungsdauerentscheidung im engeren Sinn verwendeten Daten zumeist nicht unverändert eintreten. Eine ermittelte optimale Nutzungsdauer sollte daher in der Folgezeit überprüft und eventuell revidiert werden.

Zur Nutzungsdauer- und Ersatzzeitpunktbestimmung ist eine Vielzahl von Modellen entwickelt worden, die sich im Hinblick auf die Zielgröße (vor allem Kapitalwert, Rentabilität oder Kosten), die Zahl der einbezogenen Nachfolgeobjekte (kein, endlich viele oder unendlich viele) sowie deren Art (mit dem betrachteten Objekt identisch oder nicht) unterscheiden. Im folgenden werden Kapitalwertmodelle betrachtet, für die neben den allgemeinen Annahmen des Kapitalwertmodells in seiner Grundform - mit Ausnahme der gegebenen Nutzungsdauer - gilt, daß

– die wirtschaftliche Nutzungsdauer der Anlagen isoliert planbar und die Instandhaltungspolitik vorgegeben ist,
– sich für die einzelnen Perioden der Nutzungsdauer einer Anlage Liquidationserlöse angeben lassen, die jeweils am Periodenende anfallen und im Zeitablauf abnehmen,
– die Leistungsfähigkeit allmählich nachläßt, so daß die Rückflüsse im Zeitablauf sinken, nachdem sie in den ersten Perioden der Nutzung eventuell ein Maximum durchlaufen haben.

Nutzungsdauerbestimmung für eine Investition ohne Nachfolgeobjekt

Zunächst wird ein Investitionsobjekt betrachtet, nach dessen Nutzung keine Nachfolgeinvestition erfolgt, deren Verzinsung vom Kalkulationszinssatz abweicht. Dies kann beispielsweise dann der Fall sein, wenn die mit der betrachteten Anlage hergestellten Produkte nach dem Nutzungsdauerende nicht mehr abgesetzt werden können oder sollen. Bei einer derartigen einmaligen Investition ist die Nutzungsdauer optimal, bei der der Kapitalwert des Investitionsobjektes am höchsten ist.

Diese Nutzungsdauer läßt sich auf zwei Wegen bestimmen. Bei dem ersten wird für jede Nutzungsdaueralternative n ermittelt, welcher Kapitalwert sich bei ihrer Wahl ergibt (Kapitalwertberechnung). Für diesen Kapitalwert (KW_n) gilt:

$$KW_n = -A_0 + \sum_{t=1}^{n} R_t \cdot q^{-t} + L_n \cdot q^{-n}$$

mit: A_0 = Anschaffungsauszahlung
R_t = Rückfluß im Zeitpunkt t
L_n = Liquidationserlös bei einer Nutzungsdauer von n Perioden

Es kann dann die Nutzungsdaueralternative identifiziert werden, deren Kapitalwert maximal ist.

Der zweite Weg besteht darin, daß mittels Ermittlung eines sogenannten zeitlichen Grenzgewinns festgestellt wird, in welcher Weise sich der Kapitalwert bei Verlängerung der Nutzungsdauer um eine Periode verändert (Grenzgewinnbetrachtung). Der zeitliche Grenzgewinn setzt sich aus zwei Komponenten zusammen, die beide durch die Verlängerung der Nutzung um eine Periode t bewirkt werden: es kann ein zusätzlicher Rückfluß (R_t) erwirtschaftet werden, anstelle des Liquidationserlöses der Periode t-1 (L_{t-1}) wird eine Periode später ein geringerer Liquidationserlös (L_t) erzielt. Wird der Liquidationserlös der Vorperiode durch Aufzinsung auf den Zeitpunkt t bezogen ($q \cdot L_{t-1}$), läßt sich der zeitliche Grenzgewinn der Periode t (G_t) wie folgt bestimmen (Busse von Colbe/Laßmann 1990, S. 134, Kruschwitz 1995, S. 155 f.):

$$G_t = R_t + L_t - q \cdot L_{t-1}$$

Zur Bestimmung der optimalen Nutzungsdauer kann, beginnend mit der ersten Periode, sukzessive für die einzelnen Perioden geprüft werden, ob der zeitliche Grenzgewinn positiv ist, d.h. der Rückfluß der nächsten Periode die Minderung des Liquidationserlöses und die Zinsen auf den Liquidationserlös der Vorperiode übersteigt. Wenn dies gilt, sollte die Nutzungsdauer der Anlage um eine Periode ausgedehnt werden. Falls der Kapitalwert in Abhängigkeit von der Nutzungsdauer lediglich ein Maximum durchläuft, befindet sich das Ende der wirtschaftlichen Nutzungsdauer am Ende der Periode t - 1, wenn die darauffolgende Periode t die erste ist, deren zeitlicher Grenzgewinn negativ ist. Ob der Kapitalwert in Abhängigkeit von der Nutzungsdauer lediglich ein Maximum durchläuft, läßt sich überprüfen, indem für alle nachfolgenden Perioden bis zum Ende der Nutzungsdauer die Grenzgewinne berechnet werden. Falls bei einer dieser Perioden ein positiver

Grenzgewinn auftritt, existieren mehrere lokale Kapitalwertmaxima. Die optimale Nutzungsdauer kann dann durch Vergleich der zugehörigen Kapitalwerte identifiziert werden.

Die Eignung der dargestellten Modellvariante hängt vornehmlich davon ab, inwieweit die Annahme gerechtfertigt ist, daß nach Nutzungsdauerende der betrachteten Investition keine Nachfolgeinvestition vorgenommen wird. Da die Tätigkeit von Unternehmen in der Regel auf Dauer angelegt ist, dürfte diese Annahme nur in Ausnahmefällen gerechtfertigt sein.

Nutzungsdauerbestimmung für ein Objekt mit Nachfolgeobjekten

Alternativ kann unterstellt werden, daß die optimale Nutzungsdauer einer Investition zu bestimmen ist, für die eine endliche oder unendliche Anzahl identischer oder nicht-identischer Nachfolgeobjekte vorgesehen ist. Diese Objekte sollen jeweils nach Ende der Nutzung der vorherigen Investition eingesetzt werden, so daß eine Kette von Objekten vorliegt. Die Identität der Investitionsobjekte bezieht sich auf die ihnen zugeordneten Zahlungsreihen.

Bei *einem* identischen Nachfolgeobjekt besteht die Investitionskette aus einer Grund- und einer Folgeinvestition (zweigliedrige Investitionskette). Für die Grund- wie auch für die Folgeinvestition gilt, daß die Nutzungsdauer optimal ist, bei der der Kapitalwert der Investitionskette maximal wird.

Da die Folgeinvestition kein Nachfolgeobjekt aufweist, läßt sich ihre Nutzungsdauer in der oben beschriebenen Weise bestimmen. Bei der Berechnung der Nutzungsdauer der Grundinvestition (n_1) ist hingegen im Vergleich zur Nutzungsdauerbestimmung ohne Nachfolgeobjekte eine weitere - tendenziell nutzungsdauerverkürzende - Komponente zu berücksichtigen, die aus der zeitlichen Verbundenheit der Grund- und der Folgeinvestition resultiert. Je länger die Grundinvestition eingesetzt wird, desto später beginnt die Nutzung der Folgeinvestition. Damit wird auch der durch die Folgeinvestition bewirkte Geldvermögenszuwachs in Höhe des maximalen Kapitalwertes, der sich auf deren Nutzungsdauerbeginn bezieht, erst später verfügbar.

Eine Kapitalwertberechnung kann bei einer zweigliedrigen Investitionskette vorgenommen werden, indem für alle Nutzungsdaueralternativen der Grundinvestition der Kapitalwert der Investitionskette (KW_G) berechnet wird. Dieser setzt sich aus dem Kapitalwert der Grundinvestition (KW_1) und dem auf den Beginn des Planungszeitraums abgezinsten Kapitalwert der Folgeinvestition (KW_{2max}) zusammen.

$$KW_G = KW_1(n_1) + KW_{2max} \cdot q^{-n_1}$$

Es läßt sich dann die kapitalwertmaximale Nutzungsdauer der Grundinvestition identifizieren.

Bei der Grenzgewinnbetrachtung ist die Verzinsung des Kapitalwertes der Folgeinvestition ebenfalls zu berücksichtigen. Damit es vorteilhaft ist, die Nutzungsdauer der Grundinvestition um eine Periode auszudehnen, muß deren Grenzgewinn höher sein als die Verzinsung des maximalen Kapitalwertes der Folgeinvestition über eine Periode ($i \cdot KW_{2max}$). Falls nur ein Maximum des Kapitalwertes der Investitionskette in Abhängigkeit von der Nutzungsdauer der ersten Anlage existiert, befindet sich das Ende der wirtschaftlichen Nutzungsdauer der Grundinvestition am Ende der Periode t - 1, wenn die darauffolgende Periode t die erste ist, deren zeitlicher Grenzgewinn geringer ist als die Verzinsung des maximalen Kapitalwertes der Folgeinvestition über eine Periode.

Wie angedeutet ist die Nutzungsdauer eines Objektes mit Nachfolger tendenziell kürzer als die eines Objektes ohne solchen. Generell gilt, daß in einer endlichen Investitionskette aus identischen Objekten die optimale Nutzungsdauer der einzelnen Objekte mit zunehmender Anzahl von Nachfolgeobjekten tendenziell abnimmt. Dieser Sachverhalt wird auch als "Katteneffekt" oder "Gesetz der Ersatzinvestition" bezeichnet (Baer-Kemper 1981, S. 39 ff., Kruschwitz 1995, S. 159).

Anders verhält es sich, wenn von einer unendlichen identischen Wiederholung der Grundinvestition ausgegangen wird. Bei einer derartigen unendlichen Kette identischer Objekte hat jedes Objekt unendlich viele Nachfolger. Die im Grenzgewinn zu berücksichtigenden Zinsen auf den Kapitalwert der Nachfolger sind daher für alle Objekte der Kette gleich hoch. Daraus läßt sich ableiten, daß die optimale Nutzungsdauer aller Anlagen in einer unendlichen Kette identischer Objekte gleich lang ist (Kistner/Steven 1992, S. 332). Es ist also die für alle Objekte identische Nutzungsdauer zu bestimmen, bei der der Kapitalwert der unendlichen Kette am höchsten ist.

Der Kapitalwert einer unendlichen Zahlungsreihe kann gemäß der Formel für den Kapitalwert einer ewigen Rente bestimmt werden, indem deren Annuität durch den Kalkulationszinssatz dividiert wird. Damit ist der Kapitalwert der unendlichen Kette genau dann maximal, wenn deren Annuität maximal ist. Da alle Objekte identisch sind, stimmt die Annuität der Kette mit der eines einzelnen Objektes überein. Optimal ist daher die Nutzungsdauer, die zu einer maximalen Annuität einer Anlage führt; sie maximiert gleichzeitig den Kapitalwert der unendlichen Kette (Busse von Colbe/Laßmann 1990, S. 142). Zur Ermittlung dieser Nutzungsdauer sind Annuitäten für alle Nutzungsdaueralternativen zu berechnen und zu vergleichen.

Die zuletzt unterstellte Annahme bezüglich der Nachfolgeobjekte dürfte häufig sinnvoll sein (Kruschwitz 1995, S. 159, Voigt 1993, S. 1022 f.). Zum einen wird ein Unternehmen in der Regel ohne eine explizit formulierte zeitliche Begrenzung betrieben, so daß die vereinfachende Annahme eines unendlichen Planungszeitraums nicht abwegig erscheint. Zum anderen existieren zumeist weder bezüglich der Länge des Planungszeitraums noch hinsichtlich der Eigenschaften der Nachfolgeobjekte verwertbare Informationen. Falls entsprechende Informationen vorliegen, lassen sich aber auch Modelle mit nicht-identischen Nachfolgeobjekten bei einem endlichen (Kruschwitz 1995, S. 159 ff.) oder unendlichen Planungszeitraum (Baer-Kemper 1981, S. 130 ff., Swoboda 1992, S. 106 ff.) formulieren und auswerten.

Bestimmung des optimalen Ersatzzeitpunktes

Bei der Ermittlung des optimalen Ersatzzeitpunktes für eine vorhandene Anlage können ebenfalls verschiedene Annahmen hinsichtlich der oder des Nachfolgeobjekte(s) getroffen werden. Im folgenden ist unterstellt, daß nach dem Ersatz eine unendliche Kette identischer Ersatzobjekte realisiert wird (zum Vorgehen bei einer anderen Annahme Götze/Bloech 1995, S. 218 ff.).

Die Ersatzüberlegung beginnt in der Regel mit einer Vorteilhaftigkeitsanalyse, bei der bestimmt wird, welche Anlage sich am besten für den Ersatz eignet. Dabei ist die Anlage auszuwählen, bei welcher der Kapitalwert einer unendlichen Kette maximal ist. Wenn die für den Ersatz vorgesehene Anlage bekannt ist, läßt sich der optimale Ersatzzeitpunkt ermitteln, d.h. der Zeitpunkt, bei dem der Gesamtkapitalwert aus der bereits vorhandenen Anlage und der unendlichen Kette neuer Anlagen maximal ist.

Dieser optimale Ersatztermin kann wiederum sowohl mit Hilfe der Kapitalwertberechnung als auch mit der Grenzgewinnbetrachtung bestimmt werden. Beim ersten Weg werden für alle möglichen Ersatztermine Gesamtkapitalwerte berechnet, so daß sich über deren Vergleich der optimale Ersatzzeitpunkt identifizieren läßt. Die Grenzgewinnbetrachtung basiert auf dem Vergleich der Grenzgewinne der alten Anlage mit der maximalen Annuität der neuen Anlage. Die alte Anlage sollte weiter genutzt werden, solange ihr Grenzgewinn höher ist als die Annuität der neuen Anlage, da sie in diesem Fall höhere Beiträge zum Kapitalwert leistet. Demgemäß befindet sich der optimale Ersatzzeitpunkt am Ende der Periode t - 1, wenn die darauffolgende Periode t die erste ist, in der der Grenzgewinn der alten Anlage geringer ist als die maximale Annuität der neuen Anlage (Baer-Kemper 1981, S. 94, Swoboda 1992, S. 112). Es ist bei dieser Aussage allerdings unterstellt, daß nach der erstmaligen Erfüllung des Kriteriums durch die alte Anlage keine Grenzgewinne erzielt werden, die höher sind als die maximale Annuität der neuen Anlage.

3.2 Investitionszeitpunktentscheidungen

Die Frage, wann Unternehmen Investitionen durchführen sollten, kann sich nicht nur bei Ersatzinvestitionen stellen, sondern auch im Hinblick auf die Errichtung oder Erweiterung von Produktionskapazitäten, Investitionsmaßnahmen der Forschung und Entwicklung, den Kauf von Unternehmen(seinheiten) sowie die Durchführung von Finanzinvestitionen. Die Investitionszeitpunkte können sich in erheblichem Maße auf den Erfolg der Investitionen auswirken. Während es bei bestimmten Aktivitäten, insbesondere der Forschung und Entwicklung, häufig generell als positiv angesehen wird, möglichst frühzeitig zu handeln, um früh in einen Markt eintreten zu können (Pfeiffer/Weiß 1994, S. 279 ff.), wird bei vielen anderen Investitionen eine derartige eindeutige Aussage nicht möglich sein.

Die Realisierbarkeit und Güte eines Investitionszeitpunktes wird durch eine Vielzahl von Einflußgrößen bestimmt. Dazu zählen vor allem die Umwelt- und Unternehmensfaktoren, die die Höhe der investitionszeitpunktabhängigen Ein- und Auszahlungen (Anschaffungsauszahlungen, die verschiedenen Komponenten der Rückflüsse, Liquidationserlöse) in spezifischen Zeitpunkten bestimmen.

Diese Größen umfassen Merkmale der Investitionen, die in den potentiellen Investitionszeitpunkten durchgeführt werden können (die Nutzungsdauer, die Wiederholung bzw. mögliche Nachfolgeinvestitionen, die sukzessive Realisierbarkeit, die Spezifität, d.h. das Ausmaß der Bindung an einen bestimmten Verwendungszweck, die Revidierbarkeit und die Aufschiebbarkeit). Relevant sind ferner die Interdependenzen zwischen verschiedenen Investitionsobjekten, die unter anderem darin bestehen, daß gegenwärtige Investitionen die Entscheidungsgrundlage für zukünftige Investitionen verändern. Durch eine heutige Investition kann eine zukünftige, an sich vorteilhafte Investition nicht realisierbar oder unvorteilhaft werden (Nippel 1995, S. 372 ff.). Dies gilt beispielsweise, falls beide für den gleichen Verwendungszweck vorgesehen sind und ein Wechsel nicht möglich oder sinnvoll ist.

Aus den Einflußbereichen resultieren einige Effekte, die für oder gegen bestimmte Investitionszeitpunkte sprechen. Durch eine frühzeitige Investition sind möglicherweise Vorreitervorteile wie hohes Ansehen, die Sicherung bestimmter Marktpositionen und Vertriebskanäle, der erleichterte Zugang zu spezifischen Ressourcen, der Aufbau außerbetrieblicher Barrieren (z.B. durch Patente) sowie die Realisation überdurchschnittlicher Lern- bzw. Erfahrungseffekte erreichbar. Mit einer frühzeitigen Investition sind aber gegebenenfalls auch Vorreiternachteile in Form zusätzlicher Kosten bzw. Auszahlungen (z.B. für die Errichtung einer Infrastruktur, die Erschließung von Rohstoffquellen oder die Bereitstellung von Betriebsmitteln) und Risiken (aufgrund der unsicheren Nachfrage und der Gefahr, daß sich Faktorkosten oder -qualitäten verändern, technologische Sprünge auftreten, die die Vorreiterrolle irrelevant werden lassen, oder kostengünstige Nachahmungen realisiert werden) verbunden (Porter 1989, S. 246 ff.).

Eine wesentliche Einflußgröße auf optimale Investitionszeitpunkte ist der technische Fortschritt, der zwischen den potentiellen Investitionszeitpunkten erwartet wird. Im Hinblick auf die Vorteilhaftigkeit von Ersatzinvestitionen wurde herausgearbeitet, daß bereits realisierter und in den aktuellen Investitionsobjekten verfügbarer technischer Fortschritt tendenziell ersatzfördernd wirkt, zukünftig erwarteter technischer Fortschritt hingegen ersatzhemmend (Voigt 1993, S. 1026, Lücke 1991, S. 376).

Weitere Einflußfaktoren auf den optimalen Investitionszeitpunkt stellen die Unsicherheit sowie der erwartete Informationszugang dar. Diese Einflußgrößen lassen sich vor allem mit Hilfe des in Abschnitt 5 beschriebenen Entscheidungsbaumverfahrens erfassen.

Im folgenden soll die Bestimmung optimaler Investitionszeitpunkte bei einem Kapitalwertmodell unter der Annahme der Sicherheit erörtert werden. Es wird angenommen, daß eine Investition in verschiedenen Zeitpunkten realisiert werden kann und dabei Kapitalwerte aufweist, die ungleich Null sind. Für die Investitionsbeurteilung ist in einem derartigen Fall entscheidend, ob die Zahlungsreihe der Investition vom Investitionszeitpunkt abhängig ist oder nicht. Falls die Zahlungen vom Investitionszeitpunkt unabhängig sind und zu einem positiven Kapitalwert führen, dann sollte die Investition so früh wie möglich realisiert werden, damit dieser Kapitalwert möglichst früh verfügbar ist (Swoboda 1992, S. 80). Entsprechend gilt für eine Investition mit negativem Kapitalwert, deren Durchführung sich nicht vermeiden läßt, daß sie so weit wie möglich nach hinten verschoben werden sollte. Auf die Beurteilung der absoluten Vorteilhaftigkeit hat dies keinen Einfluß.

Sind die Zahlungen vom Investitionszeitpunkt abhängig, wie dies häufig der Fall sein dürfte, können diese Regeln nicht herangezogen werden. Sinken die auf den jeweiligen Investitionszeitpunkt bezogenen Kapitalwerte bei späterer Realisation, sollte die Investition - falls überhaupt - möglichst früh realisiert werden.

Steigen diese Kapitalwerte, sind die mit den verschiedenen (Zeit-)Alternativen verbundenen Zahlungen explizit in ein (erweitertes) Kapitalwertkalkül einzubeziehen, um den optimalen Investitionszeitpunkt bestimmen zu können. Dies sei anhand einer Situation veranschaulicht, bei der die Wahl besteht, entweder im gegenwärtigen Zeitpunkt (t = 0) oder eine Periode später (t = 1) eine Investition zu realisieren. Es sind demgemäß zwei Investitionsobjekte zu berücksichtigen, das gegenwärtig (in t = 0) realisierbare (im folgenden mit dem Index 0 gekennzeichnet) sowie das zukünftig (in t = 1) beschaffbare (Index 1). Für diese Investitionsobjekte können jeweils Zahlungsreihen formuliert werden, die sich voneinander unterscheiden sollen; die Problematik möglicher Nachfolgeinvestitionen wird vernachlässigt (zu möglichen Annahmen hinsichtlich der Nachfolgeobjekte Abschnitt 3.1). Die beiden Investitionen sollen für sich betrachtet absolut und relativ vorteilhaft sein.

Es wird nun weiterhin angenommen, daß nach einer Investition in t = 0 im Zeitpunkt t = 1 keine Desinvestition des angeschafften Objektes möglich ist, so daß die Investition in t = 1 nicht realisiert werden kann. Begründen läßt sich eine derartige Annahme mit einer sehr hohen Spezifität, die sich in einem relativ geringen Liquidationserlös oder hohen Auszahlungen für Demontage etc. äußert. Es sind dann die auf t = 0 bezogenen Kapitalwerte bei einer Investition in t = 0 bzw. in t = 1 miteinander zu vergleichen. Eine Investition in t = 0 ist vorteilhaft, falls ihr Kapitalwert größer ist als der auf den Beginn des Planungszeitraums abgezinste Kapitalwert bei Investition in t = 1:

$$KW_0 > q^{-1} \cdot KW_1$$

Dieses Kriterium zeigt auch, daß in einem derartigen Fall die Beurteilung der Vorteilhaftigkeit aktueller Investitionsalternativen in modifizierter Form vorzunehmen ist. Bei Einbeziehung zukünftiger Investitionen ist das Standardkriterium für die absolute Vorteilhaftigkeit von Investitionen (Kapitalwert größer als Null) nicht mehr ausreichend. Für die Vorteilhaftigkeit einer Investition in t = 0 muß hier gemäß dem obigen Kriterium vielmehr gelten, daß der Kapitalwert der gegenwärtigen Investition nicht nur positiv ist, sondern auch größer als der abgezinste Kapitalwert der zukünftigen Investition, um den Verzicht auf diese zu kompensieren. Wird diese Bedingung nicht erfüllt, sollte eine zur Zeit zur Wahl stehende Investition trotz positiven Kapitalwertes nicht realisiert werden.

Bei der bisherigen Analyse ist hinsichtlich der Einflußgröße Spezifität unterstellt worden, daß diese bei der aktuellen Investition sehr hoch und damit eine anderweitige Verwendung nicht möglich ist. Diese Annahme läßt sich modifizieren, indem eine Desinvestitionsmöglichkeit in t=1 zugelassen wird (Götze 1996, S. 347 ff.). Eine zusätzliche Möglichkeit der Modellerweiterung stellt die Einbeziehung mehrerer Investitionszeitpunkte dar.

4 Modelle für Programmentscheidungen

Zwischen verschiedenen Investitionsobjekten sowie diesen und anderen Entscheidungsobjekten im Unternehmen existieren vielfältige Interdependenzen, die sich vollständig nur im Rahmen einer Simultan- bzw. Programmplanung erfassen lassen. Bei der Investitionsprogrammplanung wird gleichzeitig die Art und die Zahl unterschiedlicher Investitionsobjekte ausgewählt, die realisiert werden sollen. Außerdem können auch andere Handlungen des Unternehmens determiniert werden, wobei sich aufgrund der engen Verknüpfung mit dem Investitionsbereich vor allem Finanzierungs- und/oder Produktionsalternativen anbieten. Die zur Investitionsprogrammplanung einsetzbaren Modelle lassen sich daher unter anderem hinsichtlich der Einbeziehung von Alternativen aus dem Finanzierungs- und dem Produktionsbereich unterscheiden in (Blohm/Lüder 1995, S. 287 ff., Götze/Bloech 1995, S. 241 ff.):

- Modelle zur Festlegung des optimalen Investitionsprogramms bei vorgegebenem Produktionsprogramm für die einzelnen Investitionsobjekte und vorgegebenem Kapitalbudget,
- Modelle zur simultanen Festlegung des optimalen Investitionsprogramms und des optimalen Finanzierungsprogramms bei vorgegebenem Produktionsprogramm für die einzelnen Investitionsobjekte sowie
- Modelle zur simultanen Bestimmung des optimalen Investitionsprogramms und des optimalen Produktionsprogramms bei gegebenen finanziellen Mitteln oder gleichzeitiger Optimierung der Finanzierung.

Daneben können zusammen mit dem Investitionsprogramm beispielsweise der Einsatz absatzpolitischer Instrumente, die Personalpolitik, die Produktionsstandorte oder die Steuerpolitik bestimmt werden. Im folgenden wird beispielhaft auf die beiden ersten Modellgruppen eingegangen.

Modell zur Bestimmung des optimalen Investitionsprogramms bei gegebenen finanziellen Mitteln und gegebenem Produktionsprogramm

In Unternehmen sind Entscheidungssituationen denkbar, bei denen dem Gesamtunternehmen oder einem Teilbereich ein begrenztes Budget für Investitionszwecke zur Verfügung steht. Es sind dann die Investitionsobjekte auszuwählen, die unter Einhaltung des Budgets zu einer optimalen Zielerreichung führen. Über die Verwendung dieser Objekte existieren bereits Vorstellungen, z.B. in Form eines geplanten Produktionsprogramms.

Für diese Entscheidungssituation soll nun ein Modell mit der Zielgröße "Gesamtkapitalwert des Investitionsprogramms" dargestellt werden. Aufgrund der Zielgröße Kapitalwert gelten für dieses Modell die Annahmen der Grundform des Kapitalwertmodells, abgesehen davon, daß finanzielle Mittel nicht unbegrenzt zum Kalkulationszinssatz aufgenommen werden können und die zur Wahl stehenden Investitionsobjekte sich nicht grundsätzlich gegenseitig ausschließen, wobei allerdings über die Konkurrenz um die finanziellen Mittel indirekte Zusammenhänge bestehen. Des weiteren wird für das hier beschriebene Modell davon ausgegangen, daß die Investitionsobjekte unabhängig voneinander sowie nur in einer Einheit realisierbar sind und das Investitionsprogramm nur für den Beginn des Planungszeitraums zu bestimmen ist. Außerdem soll nur für den Beginn des Planungszeitraums sicherzustellen sein, daß das Kapitalbudget durch die Anschaffungsauszahlungen der realisierten Objekte nicht überschritten wird.

Zur Modellformulierung werden die nachstehend aufgeführten Variablen und Parameter genutzt.

Variablen:

x_j = Binärvariablen, deren Wert angibt, ob ein Investitionsobjekt j
($j = 1,...,J$) realisiert wird ($x_j = 1$) oder nicht ($x_j = 0$)

Parameter:

KW_j = Kapitalwert des Investitionsobjektes j
A_{0j} = Anschaffungsauszahlung des Investitionsobjektes j
KB = Höhe des Kapitalbudgets

Das Modell setzt sich dann wie folgt zusammen:

Zielfunktion:

$$\sum_{j=1}^{J} KW_j \cdot x_j \Rightarrow \max!$$

Budgetbedingung:

$$\sum_{j=1}^{J} A_{0j} \cdot x_j \leq KB$$

Projektnebenbedingungen:

$x_j \in \{0; 1\}$, für $j = 1,...,J$

Es handelt sich um ein spezifisches Modell der Ganzzahligen Linearen Optimierung, dessen Optimallösung mit einer vollständigen Enumeration oder durch Branch and Bound Verfahren bestimmt werden kann.

In manchen Situationen können Modifikationen des Modells sinnvoll sein, um die Abbildung der Realität zu verbessern, z.B. indem die Möglichkeit einer teilweisen oder mehrmaligen Durchführung einer Investition, Beziehungen zwischen Investitionsobjekten wie der gegenseitige Ausschluß oder die Notwendigkeit einer gemeinsamen Realisation sowie zukünftige Investitionen einbezogen werden. Die Aktivitäten des Finanzierungsbereichs gehen in dieses Modell in Form eines vorgegebenen Kapitalbudgets und Kalkulationszinssatzes ein. Dies ist der grundlegende Unterschied zu den nachfolgend angesprochenen Modellen der simultanen Investitions- und Finanzierungsplanung.

Modelle zur Simultanplanung von Investition und Finanzierung

Für eine Simultanplanung von Investition und Finanzierung spricht, daß zwischen dem Investitions- und dem Finanzierungsbereich entscheidungsrelevante Zusammenhänge bestehen. So ist die Vorteilhaftigkeit der Aufnahme finanzieller Mittel von den vorhandenen Investitionsmöglichkeiten abhängig. Die Vorteilhaftigkeit von Investitionsalternativen wiederum wird durch die Finanzierungsmöglichkeiten und die mit diesen verbundenen Finanzierungskosten bestimmt. Diese Interdependenzen können in Modellen zur Simultanplanung von Investition und Finanzierung berücksichtigt werden. Für derartige Modelle gelten - mit Ausnahme des vorgegebenen Finanzierungsprogramms - weitgehend die in Abschnitt 2.1 für die Modelle für Vorteilhaftigkeitsentscheidungen formulierten Prämissen (z.T. in modifizierter Form). Außerdem sollen die Investitions- und Finanzierungsobjekte sich nicht gegenseitig ausschließen und grundsätzlich unabhängig voneinander realisiert werden können. Für alle einbezogenen Zeitpunkte des Planungszeitraums wird die Liquidität gefordert.

Im folgenden soll ein von DEAN vorgestelltes statisches Modell zur simultanen Investitions- und Finanzierungsplanung dargestellt werden (Dean 1964). Es handelt sich um ein relativ einfaches Modell, das besonders geeignet erscheint, den grundsätzlichen Ansatz der simultanen Investitions- und Finanzierungsplanung zu veranschaulichen. Zusätzlich zu den oben angesprochenen Prämissen gilt für dieses Modell in der Grundform, daß

- nur eine relevante Periode vorliegt, zu deren Beginn und Ende die Zahlungen anfallen, die die Investitions- und Finanzierungsobjekte charakterisieren, und
- die Investitions- und Finanzierungsobjekte bis zu einem gegebenen Gesamtumfang (Anschaffungsauszahlung bzw. maximale Kredithöhe) durchführbar und beliebig teilbar sind.

Im Modell wird die Zielsetzung berücksichtigt, den (Vermögens-)Endwert des gesamten Investitions- und Finanzierungsprogramms zu maximieren. Dieser ergibt sich am Ende der betrachteten Periode als Saldo der Einzahlungen aus der Investitionstätigkeit und der Auszahlungen, die durch die Finanzierungsobjekte verursacht werden. Es wird demgemäß davon ausgegangen, daß in diesem Zeitpunkt bei Investitionsobjekten Einzahlungen (Einzahlungsüberschüsse) vorliegen, während bei Finanzierungsobjekten Zins- und Tilgungszahlungen zu leisten sind (negative Nettozahlungen). Zu Beginn der betrachteten Periode ist zu gewährleisten, daß die zur Durchführung der Investitionen benötigten Finanzmittel durch entsprechende Finanzierungsmaßnahmen bereitgestellt werden. Zur Modellformulierung werden die nachstehend aufgeführten Variablen und Parameter verwendet.

Variablen:
x_j = Umfang der Realisierung des Investitionsobjektes j (j = 1,...,J)
y_i = Umfang der Inanspruchnahme des Finanzierungsobjektes i (i = 1,...,I)
Parameter:
a_{jt} = Nettozahlung je Einheit des Investitionsobjektes j im Zeitpunkt t (t = 0,1)
d_{it} = Nettozahlung je Einheit des Finanzierungsobjektes i im Zeitpunkt t (t = 0,1)
Das Modell setzt sich dann wie folgt zusammen:

Zielfunktion (bezogen auf t = 1):

$$\sum_{j=1}^{J} a_{j1} \cdot x_j + \sum_{i=1}^{I} d_{i1} \cdot y_i \Rightarrow \max!$$

Finanzierungsbedingung in t = 0:

$$\sum_{j=1}^{J} a_{j0} \cdot x_j + \sum_{i=1}^{I} d_{i0} \cdot y_i = 0$$

Projektbedingungen:

$0 \leq x_j \leq 1$, für j = 1,...,J und $0 \leq y_i \leq 1$, für i = 1,...,I

Die optimale Lösung dieses Modells läßt sich unter anderem auf graphischem Wege bestimmen. Dazu werden eine Kapitalbedarfs- und eine Kapitalangebotsfunktion gemeinsam in einem Diagramm abgebildet. Die Kapitalbedarfsfunktion gibt auf der Basis der zur Wahl stehenden Investitionsobjekte an, wieviel Kapital bei bestimmten Zinssätzen in Anspruch genommen wird. Um dies zu ermitteln, ist eine Rangfolge der Objekte gemäß ihrer Verzinsung zu bilden, der Kapitalbedarf einzelner Objekte entspricht deren Anschaffungsauszahlung. Die Kapitalangebotsfunktion stellt analog dazu das gesamte Kapitalangebot zinssatzabhängig dar. Aus dem Schnittpunkt von Kapitalbedarfs- und -angebotskurve läßt sich das optimale Investitions- und Finanzierungsprogramm ableiten. Der Zinssatz, bei dem sich die Funktionen schneiden, bildet eine Vorteilhaftigkeitsschwelle für die Investitions- und Finanzierungsobjekte (endogener oder kritischer Zinssatz). Dies soll die nachfolgende Abbildung anhand eines Beispiels veranschaulichen.

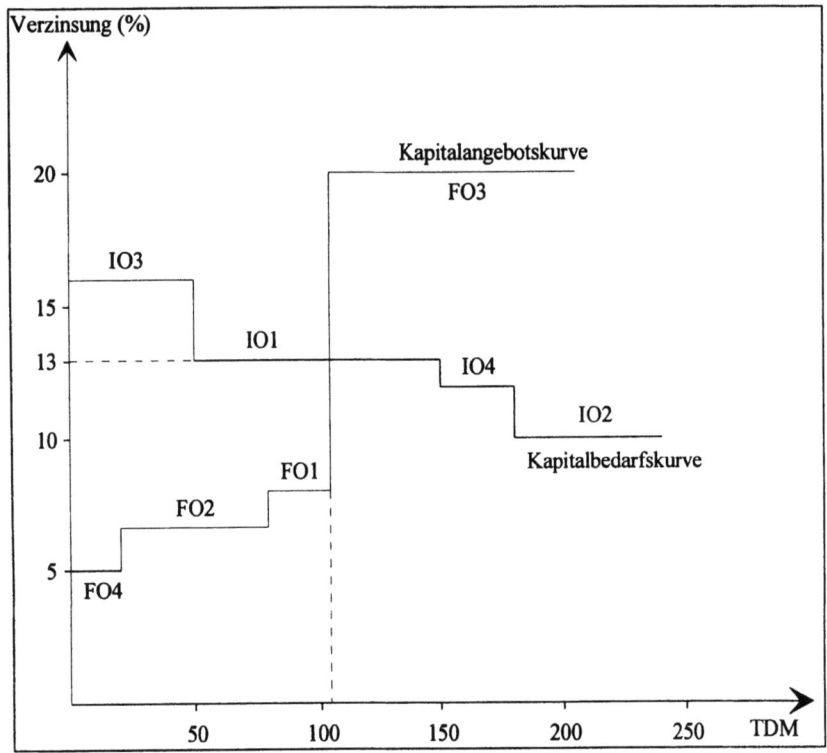

Abb. 6: Graphische Optimierung im Modell von DEAN

Für das optimale Programm muß gelten, daß sich Kapitalbedarf und -angebot ausgleichen, da zum einen das Investitionsprogramm zu finanzieren ist und zum anderen eine höhere Kreditaufnahme unwirtschaftlich wäre. Unter Berücksichtigung der Prioritäten von Investitions- und Finanzierungsobjekten werden nun - beginnend mit dem Investitionsobjekt mit höchster Priorität - schrittweise so lange Investitionsobjekte in das Optimalprogramm aufgenommen, wie deren Verzinsung höher ist als die der zu realisierenden Finanzierungsobjekte. Dies ist bis zum

Schnittpunkt von Kapitalangebots- und Kapitalbedarfskurve der Fall, so daß sich aus diesem Schnittpunkt das optimale Investitions- und Finanzierungsprogramm ableiten läßt (Kruschwitz 1995, S. 188). Es sind alle Investitions- und Finanzierungsobjekte zu realisieren, die sich links vom Schnittpunkt befinden. Im Beispiel sind die Finanzierungsobjekte 4, 2 und 1 sowie Investitionsobjekt 3 und zum Teil Investitionsobjekt 1 Bestandteile des Optimalprogramms. Der endogene oder kritische Zinssatz beträgt 13 %. Er läßt sich insbesondere zur Beurteilung von Objekten heranziehen, die nach der Bestimmung eines optimalen Investitions- und Finanzierungsprogramms zusätzlich in die Betrachtung aufgenommen werden.

Wird die in vielen Fällen realitätsfremde Prämisse aufgehoben, daß die Investitionsobjekte beliebig teilbar sind, kann die optimale Lösung nicht mehr ohne weiteres anhand einer Graphik ermittelt werden, da sich keine eindeutige Rangfolge bilden läßt. Das Optimalprogramm läßt sich dann mittels einer vollständigen oder begrenzten Enumeration oder anderer Verfahren der Ganzzahligen Linearen Optimierung berechnen.

Das Modell von DEAN ist ein relativ einfaches Modell zur simultanen Investitions- und Finanzierungsplanung, das die Realität in mehrfacher Hinsicht unvollkommen abbildet (Schmidt/Terberger 1997, S. 173 ff.). Komplexere Modelle, die unter anderem einen mehrperiodigen Betrachtungszeitraum sowie Handlungsmöglichkeiten in mehreren Zeitpunkten einbeziehen, sind von WEINGARTNER und HAX entwickelt worden (Weingartner 1963, Hax 1964). Allerdings läßt sich auch mit diesen Modellen die Realität nicht exakt erfassen, außerdem können Probleme bei der Informationsbeschaffung und der Ermittlung der Optimallösung einer Anwendung entgegenstehen. Aus finanzierungstheoretischer Sicht wird die Kombination der Annahme eines unvollkommenen Kapitalmarkts und sicherer Erwartungen kritisiert (Schmidt/Terberger 1997, S. 173 ff.).

5 Berücksichtigung der Unsicherheit

Investitionen sind vor allem aufgrund ihrer langfristigen Wirkungen häufig mit erheblichen Unsicherheiten verbunden, die das Risiko einer unbefriedigenden Zielerreichung nach sich ziehen. Da sie sich erheblich auf den Unternehmenserfolg auswirken können, sollten die Unsicherheiten in die Entscheidungsvorbereitung einbezogen werden. Dazu lassen sich zum einen die allgemeinen Regeln und Kriterien der Entscheidungstheorie nutzen, mit denen bei mehreren möglichen Zielwerten verschiedener Alternativen eine Entscheidung getroffen werden kann (zur Beschreibung Bamberg/Coenenberg 1996, S. 66 ff.). Zum anderen werden einige Methoden speziell für die Vorbereitung von Investitionsentscheidungen unter Unsicherheit vorgeschlagen. Dazu zählen für Investitionseinzelentscheidungen vor allem das Korrekturverfahren, die Sensitivitätsanalyse, die Risikoanalyse und das Entscheidungsbaumverfahren (zu Ansätzen zur Berücksichtigung der Unsicherheit bei Programmentscheidungen Blohm/Lüder 1995, S. 321 ff., Götze/ Bloech 1995, S. 377 ff.). Diese Verfahren werden im folgenden überblickartig dargestellt und kurz beurteilt.

Korrekturverfahren

Beim Korrekturverfahren werden einige der Ausgangsdaten einer Investitionsrechnung, bei denen es sich z.b. um wahrscheinlichste Werte oder Erwartungswerte handeln kann, um Risikozuschläge oder -abschläge verändert. Beispielsweise kann beim Kapitalwertmodell zur Vorteilhaftigkeitsbestimmung eine Erhöhung des Kalkulationszinssatzes oder der laufenden Auszahlungen erfolgen oder eine Verringerung der laufenden Einzahlungen oder der Nutzungsdauer. Dadurch soll gewährleistet werden, daß der Zielfunktionswert der dann durchzuführenden Investitionsrechnung in der Realität mit großer Wahrscheinlichkeit erreicht oder übertroffen wird. Das Korrekturverfahren weist den Nachteil auf, daß die Unsicherheit zumeist nur summarisch erfaßt wird und nicht hinsichtlich der einzelnen Eingangsdaten differenziert. Gegebenenfalls werden Größen korrigiert, die selbst nicht (besonders) unsicher sind. Als weitere Kritikpunkte sind die Subjektivität bei der Bestimmung der Korrekturen sowie die Beschränkung auf negative Korrekturen zu nennen. Die Auswirkungen der Unsicherheit können nicht offengelegt werden (Blohm/Lüder 1995, S. 250, Kruschwitz 1995, S. 272).

Eine theoretisch fundierte Anpassung zur Berücksichtigung der Unsicherheit bzw. des Risikos wird für den Kalkulationszinssatz vorgeschlagen. Bei dieser werden ausgehend vom Capital Asset Pricing Model risikoangepaßte Kalkulationszinssätze bestimmt (zur Beschreibung des Vorgehens Kruschwitz 1995, S. 343 ff.). Allerdings wird bei diesem Modell die Gültigkeit einiger Annahmen vorausgesetzt, die in der Realität nicht erfüllt sind, so daß auch dieser Ansatz nur bedingt geeignet erscheint (zur Kritik beispielsweise Hering 1995, S. 191 ff., Adam 1997, S. 344 f., zu einem heuristischen Algorithmus, mit dem bei Unsicherheit für eine Bereichssteuerung geeignete Kalkulationszinssätze hergeleitet werden können, Hering 1995, S. 223 ff.).

Sensitivitätsanalyse

Mit Sensitivitätsanalysen wird bei Modellen für Einzelentscheidungen versucht, Zusammenhänge zwischen den Eingangsdaten der Modellrechnungen und den Zielfunktionswerten von Alternativen zu identifizieren. Vor allem die folgenden Fragestellungen sollen mittels einer Sensitivitätsanalyse beantwortet werden (Blohm/Lüder 1995, S. 251 ff.):
- Wie verändert sich der Zielfunktionswert bei vorgegebenen Variationen einer Inputgröße oder mehrerer Inputgrößen?
- Welchen Wert darf eine Inputgröße bzw. welche Wertekombinationen dürfen mehrere Inputgrößen annehmen, wenn ein vorgegebener Zielfunktionswert mindestens erreicht werden soll?

Die Durchführung einer Sensitivitätsanalyse basiert auf der Konstruktion eines Entscheidungsmodells und der Ermittlung von Daten für dieses. Es sind dann die Art und die Anzahl der zu untersuchenden Inputgrößen sowie Bezugszeiträume für die Analyse festzulegen, wobei sich eine Vielzahl von Wahlmöglichkeiten ergibt. Im folgenden soll das Vorgehen für ein Kapitalwertmodell zur Beurteilung der absoluten Vorteilhaftigkeit und die isolierte Analyse einer Inputgröße beschrieben werden (zur Sensitivitätsanalyse bei der VOFI-Methode Götze 1998,

S. 192 f., zur Untersuchung mehrerer Größen und zur Sensitivitätsanalyse bei Beurteilung der relativen Vorteilhaftigkeit Götze/Bloech 1995, S. 326 ff.).

Bei systematischen Inputvariationen (Fragestellung 1) sind zunächst die alternativen Werte der Inputgrößen zu determinieren. Auf dieser Basis können dann jeweils spezifische Zielfunktionswerte berechnet werden, wobei für die nicht analysierten Größen jeweils Konstanz unterstellt wird. Aus den Ergebnissen wird deutlich, wie empfindlich die Zielgröße auf Veränderungen einzelner Inputgrößen reagiert und wie bedeutend diese Inputgrößen damit für die Entscheidung sind. Daraus resultieren Hinweise für Planungs- und Kontrollaktivitäten bezüglich der Inputgrößen und der Faktoren, die diese beeinflussen. Zudem lassen sich die Aussagen bei der Entscheidungsfindung bezüglich eines Investitionsobjektes nutzen, da abgeschätzt werden kann, welcher Wert einer Inputgröße zu einem Kapitalwert führt, der eine Vorteilhaftigkeitsgrenze für die Entscheidung(salternative) darstellt. Der Abstand des Werts vom ursprünglichen Wertansatz - z.B. dem erwarteten oder wahrscheinlichsten Wert - und die Wahrscheinlichkeit einer entsprechenden Abweichung sind Anhaltspunkte für die Vorteilhaftigkeit der Alternative bzw. die Gefahr einer Fehlentscheidung (Busse von Colbe/Laßmann 1990, S. 162).

Direkt ermittelt werden entsprechende "kritische Werte oder Wertekombinationen" für Inputgrößen bei der zweiten Fragestellung der Sensitivitätsanalyse (Kilger 1965, S. 338 ff.). Bei Beurteilung der absoluten Vorteilhaftigkeit eines Investitionsobjekts lassen sich kritische Werte oder Wertekombinationen für fast alle Inputgrößen bestimmen, indem die Zielfunktion mit dem vorgegebenen Zielfunktionswert gleichgesetzt wird, eine Auflösung nach der unsicheren Inputgröße oder den unsicheren Inputgrößen erfolgt und die als konstant angenommenen Werte der anderen Inputgrößen eingesetzt werden. Nicht möglich ist dies in bezug auf den Kalkulationszinssatz und die Nutzungsdauer, da beide Größen in der Kapitalwertformel nicht isoliert werden können. Die kritischen Werte für den Kalkulationszinssatz bzw. die Nutzungsdauer entsprechen dem Internen Zinssatz bzw. der dynamischen Amortisationszeit, deren Ermittlung in Abschnitt 2 dargestellt wurde. Eine Besonderheit ergibt sich bei der Berechnung kritischer Werte, falls Veränderungen in mehreren Perioden analysiert werden und eine Inputgröße in diesen Perioden unterschiedliche Werte annimmt. Es läßt sich dann mit Hilfe eines Variationsparameters die durchschnittlich zulässige Abweichung von den ursprünglichen Werten berechnen (ter Horst 1980, S. 135 f.).

Sensitivitätsanalysen lassen sich zur Auswertung von Modellen für Einzelentscheidungen flexibel einsetzen, der mit ihnen verbundene Aufwand ist relativ gering. Ihre Resultate vermitteln einen Einblick in die Struktur eines Modells und erlauben die Analyse der Einflüsse unsicherer Modelldaten. Allerdings beinhalten Sensitivitätsanalysen keine Entscheidungsregel. Es bleibt dem Entscheidungsträger überlassen, wie er auf der Grundlage der Resultate einer Sensitivitätsanalyse eine Alternative auswählt. Ein Nachteil der Sensitivitätsanalyse ist, daß für die Werte der jeweils nicht analysierten Größen Konstanz unterstellt wird. Diese Annahme dürfte häufig nicht realistisch sein, da sich die Werte nur selten unabhängig voneinander verändern. Außerdem werden über die Wahrscheinlichkeiten von Abweichungen keine Aussagen getroffen. Diese Nachteile werden bei der im folgenden betrachteten Risikoanalyse vermieden.

Risikoanalyse

Für die Risikoanalyse ist charakteristisch, daß die möglichen Ausprägungen unsicherer Inputgrößen in Form von Wahrscheinlichkeitsverteilungen dargestellt werden. Unter Berücksichtigung der Zusammenhänge zwischen den einzelnen Inputgrößen sowie den Inputgrößen und der Zielgröße wird für deren mögliche Ausprägungen ebenfalls eine Wahrscheinlichkeitsverteilung abgeleitet. Diese läßt sich als Basis für die Entscheidungsfindung unter Berücksichtigung der Unsicherheit analysieren. Die Durchführung einer Risikoanalyse kann in die folgenden Schritte untergliedert werden (Diruf 1972, S. 823 ff., sowie zu einer ähnlichen Schrittfolge Hertz 1964, S. 95 ff.):

- Formulierung eines Entscheidungsmodells,
- Ermittlung von Wahrscheinlichkeitsverteilungen für die als unsicher anzusehenden Inputgrößen,
- Einbeziehung stochastischer Abhängigkeiten zwischen den unsicheren Inputgrößen,
- Berechnung einer Wahrscheinlichkeitsverteilung für die Zielgröße und
- Interpretation der Resultate.

Im ersten Schritt sind unter anderem die Inputgrößen auszuwählen, deren Ausprägungen aufgrund der bestehenden Unsicherheit in Form einer Wahrscheinlichkeitsverteilung dargestellt werden sollen. Bei den Wahrscheinlichkeitsverteilungen für die einzelnen Inputgrößen kann es sich um diskrete oder um kontinuierliche Verteilungen handeln. Die Bestimmung von Wahrscheinlichkeitsverteilungen ist ein problematischer Schritt, der vor allem aufgrund der Einmaligkeit vieler Investitionen in der Regel nur mittels subjektiver Schätzungen vorgenommen werden kann.

Stochastische Abhängigkeiten zwischen unsicheren Inputgrößen können zum einen mit Hilfe von Korrelationskoeffizienten für die Entwicklungen von jeweils zwei Inputgrößen erfaßt werden. Zum anderen ist es möglich, mehrere Wahrscheinlichkeitsverteilungen für eine Inputgröße zu definieren, deren Werteverlauf von dem einer anderen Inputgröße abhängig ist. Für bestimmte Werte(bereiche) der unabhängigen Inputgröße gilt dann jeweils eine sog. bedingte Verteilung der abhängigen Inputgröße.

Der vierte Schritt der Risikoanalyse läßt sich auf simulative Art vornehmen. Es wird eine Vielzahl von Rechenläufen durchgeführt, wobei in jedem Lauf mit Hilfe der Ziehung von Zufallszahlen eine Stichprobenauswahl aus den Wahrscheinlichkeitsverteilungen der Inputgrößen erfolgt, bei der die Auswahl von Werten entsprechend ihrer Eintrittswahrscheinlichkeit vorgenommen wird. Mit den unter Berücksichtigung stochastischer Abhängigkeiten bestimmten Ausprägungen der unsicheren und den Werten der sicheren Inputgrößen wird ein Zielfunktionswert berechnet; nach einer Vielzahl von Läufen ergibt sich eine Verteilung für die Zielfunktionswerte. Die Zahl der Läufe eines Simulationsvorgangs sollte so groß sein, daß die Gesamtheit der zufällig gezogenen Stichprobenwerte als repräsentativ angesehen werden kann.

Als Basis für die Auswertung werden die in den einzelnen Läufen berechneten Zielfunktionswerte verschiedenen festzulegenden Häufigkeitsklassen zugeordnet und relative Häufigkeiten ermittelt. Diese bilden die Grundlage für die Bestimmung einer Wahrscheinlichkeitsverteilung, einer Verteilungsfunktion, eines Risikoprofils und/oder signifikanter Kennzahlen wie Erwartungswert, Standardabweichung, Varianz, Konfidenzintervalle und Verlustwahrscheinlichkeit für die Zielgröße. Die Abbildung 7 zeigt beispielhaft eine Verteilungsfunktion für die mit einem Objekt erzielbaren Kapitalwerte.

Aus der Verteilungsfunktion lassen sich die extremen Ausprägungen der Zielgröße ableiten. Die Lage und die Form der Verteilungsfunktion erlauben zudem Rückschlüsse auf die durchschnittlichen Zielfunktionswerte sowie die Streuung der Zielfunktionswerte. Die Funktionsverläufe und die Kennzahlen können als Entscheidungshilfen genutzt werden; sie zeigen vor allem das mit einer Investition verbundene Risiko auf. So läßt sich aus jedem Punkt der Verteilungsfunktion ableiten, mit welcher Wahrscheinlichkeit ein bestimmter Kapitalwert höchstens erreicht wird. Die Verlustwahrscheinlichkeit gibt an, mit welcher Wahrscheinlichkeit eine Alternative nicht absolut vorteilhaft ist. Bei einer Verlustwahrscheinlichkeit von Null liegt stochastische Dominanz einer Alternative gegenüber der Unterlassensalternative vor, die Alternative ist dann in jedem Fall absolut vorteilhaft. Auch zur Beurteilung der relativen Vorteilhaftigkeit von Investitionen läßt sich die Risikoanalyse verwenden. Mittels der oben angesprochenen Vorgehensweise können dazu für jede Alternative eine Wahrscheinlichkeitsverteilung, eine Verteilungsfunktion und/oder die genannten Kennzahlen berechnet und verglichen werden. Mit Hilfe der Verteilungsfunktionen läßt sich zudem feststellen, ob eine stochastische Dominanz vorliegt.

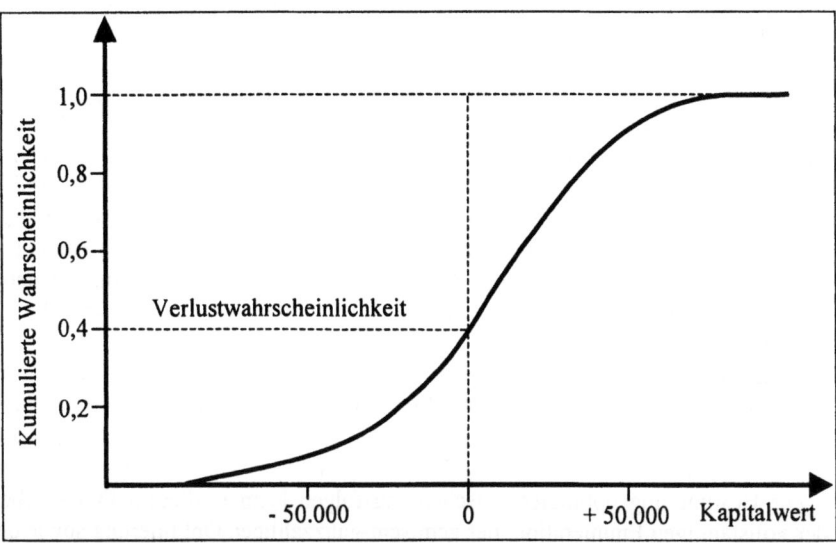

Abb. 7: Verteilungsfunktion des Kapitalwertes eines Investitionsobjektes

Die Risikoanalyse erlaubt es, unter Berücksichtigung einer relativ großen Zahl von Einflußfaktoren, unterschiedlichen Datenkonstellationen und deren Wahrscheinlichkeiten sowie stochastischen Abhängigkeiten zwischen den Inputgrößen für eine Investition eine Wahrscheinlichkeitsverteilung für die Werte der Zielgröße zu bestimmen. Damit liefert sie eine gute Basis für die Entscheidungsfindung. Eine Entscheidungsregel beinhaltet das Verfahren ebenfalls nicht. In den Fällen, in denen keine stochastische Dominanz gegeben ist, muß der Entscheidungsträger unter Berücksichtigung seiner (Un)Sicherheitspräferenz auf der Basis der Verteilung(en) eine Auswahl vornehmen.

Probleme bereitet allerdings die Bestimmung der Eingangsdaten, vor allem der Wahrscheinlichkeitsverteilungen und der stochastischen Abhängigkeiten. Ein weiterer Nachteil der Risikoanalyse ist, daß sie in der hier dargestellten Ausgangsform keinerlei Aussagen bezüglich des Einflusses einzelner Inputgrößen auf das Ergebnis zuläßt. Um diese zu erhalten, ist eine Verbindung der Risikoanalyse mit der Sensitivitätsanalyse erforderlich (Götze 1993).

Entscheidungsbaumverfahren

Mit Hilfe des Entscheidungsbaumverfahrens läßt sich unter Berücksichtigung von unterschiedlichen möglichen Umweltzuständen und deren Eintrittswahrscheinlichkeiten sowie von Folgeentscheidungen, die im Falle des Eintritts bestimmter Umweltzustände zu treffen sind, eine optimale Entscheidung für den Beginn des Planungszeitraums ermitteln. Die dem Verfahren zugrundeliegenden Modelle bzw. das entsprechende planerische Vorgehen werden auch als "flexibel" bezeichnet (Hax/Laux 1972, S. 319 ff.).

Ein entsprechendes mehrstufiges Entscheidungsproblem kann - wie die Abbildung 8 zeigt - durch einen ungerichteten Graphen, einen sog. Entscheidungsbaum, dargestellt werden. Die Festlegung der Struktur dieses Entscheidungsbaumes, d.h. die Bestimmung des Planungszeitraums und seiner Untergliederung sowie der Entscheidungsalternativen und der möglichen Zustände in den einzelnen Zeitpunkten, kann als Grundlage oder erster Schritt des Entscheidungsbaumverfahrens angesehen werden. Hinsichtlich der Umweltzustände und der Alternativen wird beim Entscheidungsbaumverfahren davon ausgegangen, daß nur eine endliche Anzahl eintreten bzw. gewählt werden kann. Den Umweltzuständen werden Eintrittswahrscheinlichkeiten zugeordnet. Nach der Bildung des Entscheidungsbaumes sind die weiteren entscheidungsrelevanten Daten zu ermitteln. Dabei handelt es sich beispielsweise um Anschaffungsauszahlungen, Nutzungsdauern, Rückflüsse und Liquidationserlöse für alle Entscheidungsalternativen und die jeweils möglichen Umweltzustände.

Als Zielgröße wird bei der Anwendung des Entscheidungsbaumverfahrens in der Investitionsrechnung zumeist der Erwartungswert des Kapitalwertes verwendet (Blohm/Lüder 1995, S. 281). Optimal ist dann die zustandsabhängige Entscheidungsfolge, die den maximalen Erwartungswert des Kapitalwertes aufweist.

Zur Bestimmung optimaler Entscheidungsfolgen kann in diesem Fall - neben der vollständigen Enumeration, der gemischt-ganzzahligen Optimierung sowie der dynamischen Optimierung - das auf dem Optimalitätsprinzip der dynamischen Optimierung beruhende Rollback-Verfahren von MAGEE verwendet werden (Magee 1964, S. 132, Magee 1964, S. 91). Beim Rollback-Verfahren wird zunächst der späteste Zeitpunkt betrachtet, in dem Entscheidungen zu fällen sind. Die in diesem Zeitpunkt möglichen Entscheidungssituationen kommen jeweils durch eine spezifische Abfolge von Entscheidungen und Zufallsereignissen zustande. Für jede Entscheidungssituation wird auf der Basis der Umweltzustände,

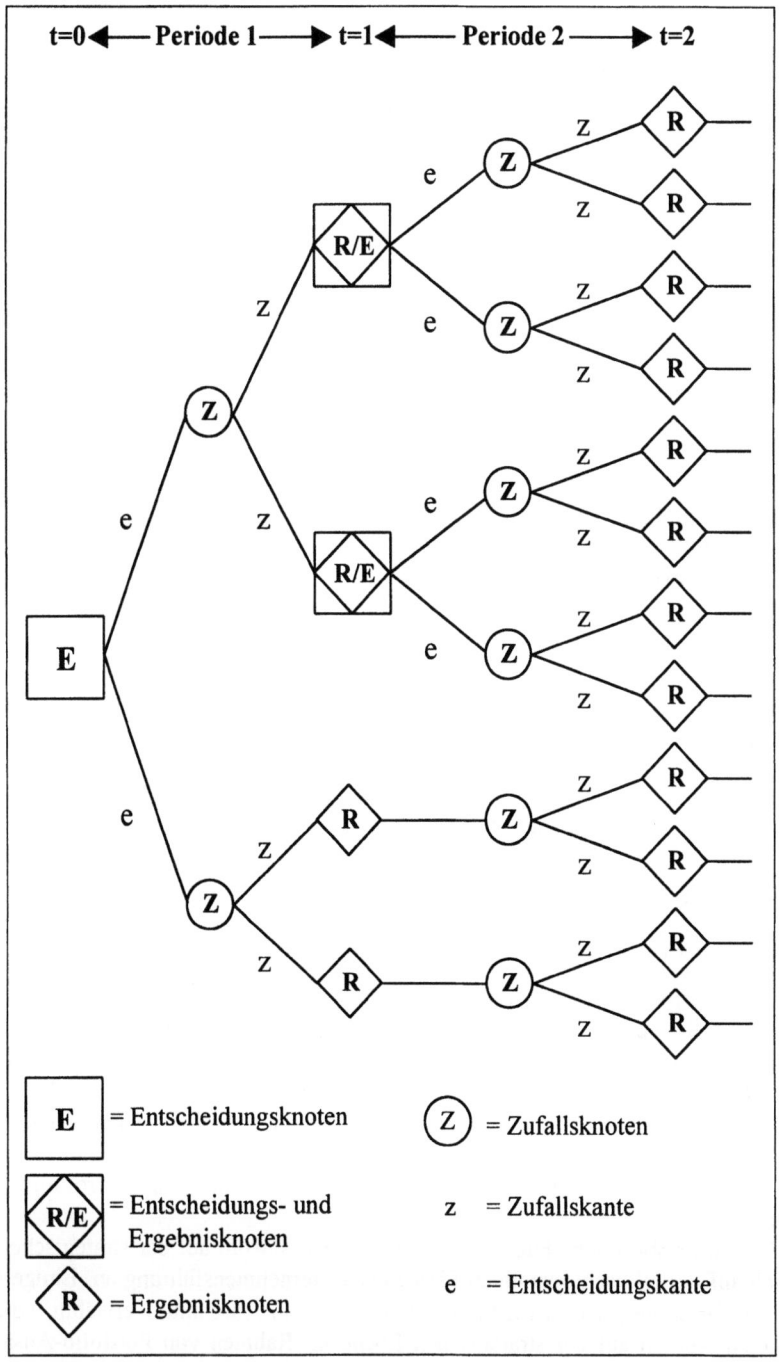

Quelle: modifiziert übernommen von Blohm/Lüder 1995, S. 280.
Abb. 8: Formalstruktur eines Entscheidungsbaumes

die im weiteren Verlauf des Planungszeitraums eintreten können, und der darauf basierenden Daten die erwartungswertmaximale Alternative bestimmt und ausgewählt. Nur sie geht in die weiteren Untersuchungen ein. Anschließend wird für die Entscheidungsknoten des vorletzten Entscheidungszeitpunkts unter Berücksichtigung der ggf. zuvor ausgewählten Handlungen und der diesen zugeordneten Erwartungswerte des Kapitalwertes jeweils die optimale Alternative ermittelt und festgelegt. Die sukzessive Fortsetzung dieser Vorgehensweise führt zur Auswahl der optimalen Alternative zu Beginn des Planungszeitraums.

Das Entscheidungsbaumverfahren ist zur Auswertung flexibler Modelle prädestiniert. Mit dem Verfahren lassen sich Unsicherheiten sowie bis zu bestimmten Zeitpunkten erwartete Informationszugänge erfassen. Es ist beispielsweise zur Bestimmung optimaler Investitionszeitpunkte unter Berücksichtigung dieser Einflußgrößen geeignet (Götze 1996, S. 349 f.).

Bei der hier vorgestellten Grundform des Verfahrens gehen allerdings in die Entscheidung nur die erwarteten Werte ein und nicht auch die Höhe möglicher Abweichungen von diesen. Gemäß dem BERNOULLI-Prinzip setzt dies Risikoneutralität beim Entscheidungsträger voraus (Blohm/Lüder 1995, S. 285, Perridon/ Steiner 1997, S. 132 sowie zur Einbeziehung abweichender Risikoeinstellungen Bamberg 1993, Sp. 892 ff.).

Probleme ergeben sich, falls eine größere Anzahl von Entscheidungen, Entscheidungsalternativen und möglichen Umweltzuständen relevant ist. Der Entscheidungsbaum weist dann einen relativ großen Umfang auf, so daß neben der Berechnung der Optimallösung auch die Datenermittlung erschwert wird. Daraus resultiert die Forderung nach Begrenzung der Zahl erfaßter Umweltzustände. Eine Alternative zum Entscheidungsbaumverfahren stellen auf der Optionspreistheorie basierende Ansätze dar, bei denen Investitionen als (Real)Optionen interpretiert werden (Dixit/Pindyck 1993, S. 6 ff., Brealey/Myers 1991, S. 483 ff.).

6 Investitionsmanagement

Funktionen des Investitionsmanagements im Überblick

Da Investitionen eine erhebliche Bedeutung für den Erfolg von Unternehmen haben, fällt ihre Gestaltung in den Aufgabenbereich der Unternehmensführung bzw. des Managements. Das Investitionsmanagement soll die Investitionstätigkeiten des Unternehmens so lenken, daß sie zu einer bestmöglichen Erfüllung der Unternehmensziele führen. Dazu sind neben personenbezogenen Funktionen (Menschenführung) vor allem die sachaufgabenbezogenen Funktionen der Planung, der Kontrolle, der Information, der Organisation und des Controlling wahrzunehmen.

Investitionsbezogene Führungsaufgaben fallen sowohl auf der strategischen als auch auf der taktisch/operativen Ebene der Unternehmensführung an. Einige Beispiele für strategische Investitionen sind bereits in Abschnitt 1 erwähnt worden. Zudem werden auf der strategischen Ebene im Rahmen von Portfolio-Ansätzen Investitions- oder Desinvestitionsstrategien für Unternehmen gewählt, aus denen dann konkrete Investitionen oder Desinvestitionen abzuleiten sind. Bei Verwendung des Shareholder Value-Konzeptes zur Strategiebeurteilung wird der "Shareholder Value" aus erwarteten zukünftigen Einzahlungsüberschüssen berechnet

(Bühner 1994, S. 35 ff.). Dieser kann als spezifischer Kapitalwert interpretiert werden; die Strategien werden als Investitions- bzw. Desinvestitionsobjekte aufgefaßt. Auf der taktisch/operativen Führungsebene sind neben laufenden Investitionen auch die Aktivitäten der Realisations- und Nutzungsphase zielgerecht zu gestalten.

Ein Investitionsmanagement erfolgt sowohl für das Gesamtunternehmen als auch für Geschäfts- und Funktionsbereiche. Die Führung des Gesamtunternehmens muß den Mittelfluß zwischen Geschäftsbereichen (bzw. strategischen Geschäftseinheiten) lenken und/oder eine Verteilung der für Investitionen verfügbaren Mittel auf die verschiedenen Geschäfts- und/oder Funktionsbereiche vornehmen. Zur Lenkung des Finanzmittelflusses kann auf der strategischen Ebene die oben angesprochene Portfolio-Methode dienen; die Verteilung von Mitteln auf Geschäfts- oder Funktionsbereiche stellt ein spezifisches Simultanplanungsproblem dar (Abschnitt 4). Besonders schwierig ist die Lenkung der Finanzmittel, falls Unternehmenseinheiten in anderen Ländern existieren; es sind dann Auslandsinvestitionen bzw. -desinvestitionen zu beurteilen (zu den Besonderheiten Götze 1998).

Generell besteht für die Führung des Gesamtunternehmens in der Regel das Problem, daß sie über weniger Informationen verfügt als die Führungsinstanzen von Geschäfts- oder Funktionsbereichen. Es ist zu befürchten, daß diese Instanzen ihren Informationsvorteil ausnutzen, um eigene, von den Zielen des Gesamtunternehmens abweichende Interessen durchzusetzen, z.B. indem Investitionsvorhaben zu günstig dargestellt werden. Durch Einsatz von Anreizsystemen und/oder Kontrollen kann versucht werden, eine unverfälschte und vollständige Informationsweitergabe zu erreichen und damit dieses spezifische Principal-Agent-Problem zu lösen. Des weiteren können die Manager der Geschäfts- oder Funktionsbereiche über Anreize zur Entwicklung einer hohen Anzahl erfolgversprechender Investitionsideen motiviert werden (Husmann 1996, Ewert/Wagenhofer 1997, S. 505 ff.).

Durch die Führung des Gesamtunternehmens sind zudem Investitionsaktivitäten zu koordinieren, an denen mehrere Geschäfts- oder Funktionsbereiche beteiligt sind. Dies ist beispielsweise bei der Entwicklung und Einführung neuer Produkte notwendig, bei der spezifische Investitionsprobleme auftreten, da die Vorteilhaftigkeit von Produktideen und Produkten zu beurteilen sowie die optimale Dauer des Lebenszyklus und der optimale Einführungszeitpunkt zu bestimmen sind (Abschnitte 2, 3.1 und 3.2). Außerdem können im Rahmen eines Life Cycle Costing Methoden der Investitionsrechnung eingesetzt werden, um erfolgversprechende Varianten der Produkt- und Preisgestaltung zu identifizieren. Beispielsweise ist es denkbar, daß durch höheren Mitteleinsatz in der Entwicklungs- und Einführungsphase in späteren Lebenszyklusphasen die Auszahlungen gesenkt oder die Einzahlungen erhöht werden. Auch kann erwogen werden, ein Produkt gegenüber einem Ausgangszustand aufwendiger zu gestalten, wenn die dadurch für den Kunden entstehende Erhöhung der Anschaffungsauszahlung durch eine Senkung der beim Betrieb anfallenden Auszahlungen überkompensiert wird. Alternativen, bei denen derartige Wechselwirkungen zwischen Auszahlungen bzw. Ein- und Auszahlungen entstehen, lassen sich mit Methoden der Investitionsrechnung bewerten (Troßmann 1998, S. 542 ff.).

Auf der Führungsebene von Geschäfts- oder Funktionsbereichen können entsprechende Führungsaufgaben anfallen, falls diese wiederum untergeordnete Unternehmensbereiche umfassen. Außerdem sind dort konkrete Investitionsprojekte zu planen und zu kontrollieren. Auf die Führungsaufgaben Planung und Kontrolle sowie das damit verbundene Controlling soll aufgrund deren besonderer Relevanz im folgenden näher eingegangen werden.

Investitionsplanung

Investitionsplanungen sind nicht nur in der Planungs-, sondern auch in allen anderen Phasen des Investitionsprozesses erforderlich. So muß in der Realisationsphase eine relativ exakte Planung der Durchführung erfolgen. In der Nutzungsphase ist die Art der weiteren Nutzung ebenso zu planen wie die Beendigung der Nutzung.

Planungen laufen idealtypisch in bestimmten Phasen ab, in denen Informationen in unterschiedlicher Form verarbeitet werden. Im Rahmen der *Zielbildung* wird ein System von Handlungsnormen für die Investitionstätigkeit erarbeitet. Ziele haben im Rahmen des Investitionsplanungsprozesses zwei Aufgaben. Zum einen bedingen sie, welche Probleme wahrgenommen werden und beeinflussen damit auch die Suche nach Lösungsmöglichkeiten. Zum anderen bilden sie einen Bewertungsmaßstab. Bei der Zielbildung müssen die relevanten Ausgangsziele des Unternehmens erfaßt, operationalisiert, mit Präferenzen versehen und in ihrem Verhältnis zueinander geordnet werden. Beispielsweise ist zu klären, ob allein eine monetäre Größe zur Bewertung von Investitionsalternativen herangezogen werden soll und welche Größe hierfür geeignet ist (z.B. Kapitalwert, Annuität oder Interner Zinssatz). Außerdem muß festgelegt werden, welche Präferenz in bezug auf die Art, die Höhe, die Zeitpunkte und die Sicherheit der Zielerreichung besteht.

Eine *Problemerkenntnis und -analyse* ist bei der Planung notwendig, falls die zu lösenden Probleme, d.h. die Abweichungen zwischen dem erwünschten Zustand und der Ist-Situation oder der prognostizierten Situation, nicht eindeutig abgegrenzt und geordnet sind. Diese Phase umfaßt Analysen der relevanten Bereiche des Unternehmens und der Umwelt, zudem werden in der Regel Prognosen der Entwicklungen in diesen Bereichen erforderlich.

In einer weiteren Phase des Planungsprozesses wird eine *Alternativensuche* vorgenommen. Die verschiedenen Investitionsmöglichkeiten sollten so definiert werden, daß sie sich gegenseitig ausschließen. Sie stellen häufig komplexe Handlungsbündel dar, die sich aus bestimmten Ausprägungen verschiedener Entscheidungsvariablen (Maßnahmen, Ressourcen, Termine, Personen) zusammensetzen. Im Rahmen der Alternativensuche ist die Menge der Alternativen zu bestimmen, die im Entscheidungszeitpunkt zur Verfügung stehen. Zur Identifikation erfolgversprechender Alternativen können unter anderem Kreativitätstechniken genutzt werden.

Anschließend sind die durch die relevanten Alternativen verursachten Konsequenzen zu prognostizieren. Dies bildet die Grundlage für die *Bewertung* der Alternativen, d.h. die Zuordnung von Zielerreichungsgraden, sowie die *Entscheidung*, die Auswahl einer Alternative. Bei dieser sollte auch das jeweils mit den Alternativen verbundene Risiko berücksichtigt werden.

Im Rahmen des skizzierten Planungsprozesses können Investitionsrechnungen in mehreren Phasen eingesetzt werden, vor allem zur Alternativensuche sowie zur Bewertung und Entscheidung. Bei einer Entscheidungsfindung auf der Grundlage von Modellergebnissen sollten allerdings die Modellannahmen beachtet werden, da sie die Aussagekraft der Resultate einschränken.

Investitionskontrolle

Investitionskontrollen werden durchgeführt, um zukünftige Prognosen und Entscheidungen zu verbessern, Manipulationen zu vermindern sowie notwendige Korrektur- und Anpassungsmaßnahmen zu identifizieren (Lüder 1969, S. 54 ff.). Sie können sich auf die Beanspruchung von Ressourcen durch die einzelnen Investitionsobjekte und auf die durch die Investitionsobjekte erbrachten Leistungen bzw. geschaffenen Potentiale beziehen. Zudem lassen sich die relevanten Umweltentwicklungen kontrollieren.

Kontrollen können in verschiedenen Formen vorgenommen werden, die sich unter anderem hinsichtlich der verwendeten Plan- und Vergleichsgrößen voneinander unterscheiden. Plangrößen können entweder Soll-Größen darstellen oder sogenannte Wird-Größen, d.h. Prognosen für planungsrelevante Faktoren. Bei Vergleichsgrößen kann es sich um Soll-Größen, Wird-Größen oder Ist-Größen handeln. Mögliche Kontrollarten sind unter anderem der Soll-Wird-Vergleich (Planfortschrittskontrolle), der Wird-Ist-Vergleich (Prämissenkontrolle) sowie der Soll-Ist-Vergleich (Ergebniskontrolle).

Diese Kontrollarten lassen sich schwerpunktmäßig jeweils in bestimmten Phasen des Investitionsprozesses einsetzen. Planfortschritts- und Prämissenkontrollen sind vor allem während der Realisations- und der Nutzungsphase des Prozesses relevant. Bei Planfortschrittskontrollen wird die vorgegebene Soll-Größe (z.B. der angestrebte Kapitalwert) mit der aktuellen Prognose der Zielerreichung verglichen. Die Prämissenkontrolle besteht im Vergleich der Planannahmen bezüglich bestimmter Faktoren (z.B. der Nachfragemengen nach den mit einem Investitionsobjekt hergestellten Produkten oder der mit diesen erzielten Preise) mit den realisierten Werten dieser Faktoren. Beide Kontrollarten ermöglichen frühzeitige Reaktionen auf veränderte Planungsgrundlagen. Bei einer Ergebniskontrolle wird die realisierte Ausprägung einer Zielgröße dem Planziel gegenübergestellt. In der Realisationsphase läßt sich diese Kontrollart z.B. bezüglich der Anschaffungsauszahlungen vornehmen. Ihr wesentliches Einsatzgebiet liegt in der Nutzungsphase; sie kann sich während dieser Phase und an deren Ende beispielsweise auf die mit einer Investition verbundenen Ein- und Auszahlungen beziehen und Abweichungen sowie deren Ursachen identifizieren. Dies dient unter anderem der Verbesserung zukünftiger Planungen.

Neben diesen Kontrollarten, die auf einer Gegenüberstellung vorgegebener Plan- und Vergleichsgrößen basieren, sollte auch eine allgemeine Überwachungskontrolle durchgeführt werden. Dabei handelt es sich um eine ungerichtete Kontroll- bzw. Beobachtungsaktivität, mit der Chancen und Risiken des Unternehmens (hervorgerufen beispielsweise durch die Verfügbarkeit neuer Technologien) möglichst frühzeitig erkannt werden sollen.

Investitionscontrolling

Über das "Controlling" existieren in der Unternehmenspraxis und Literatur eine Vielzahl unterschiedlicher Auffassungen. Dabei reicht die Spannweite der dem Controlling zugeordneten Funktionsinhalte von der Durchführung vergangenheitsorientierter Soll-Ist-Vergleiche bis zur weitgehenden Gleichsetzung von Controlling und Management. In jüngster Zeit scheint sich in der betriebswirtschaftlichen Theorie die Auffassung durchzusetzen, daß das Controlling ein Subsystem des Führungssystems darstellt, dem es obliegt, durch Koordination und Informationsversorgung den anderen Führungssubsystemen, d.h. dem Zielbildungssystem, dem Planungssystem, dem Kontrollsystem, dem Informationssystem, dem Organisationssystem sowie dem Personalführungssystem, eine möglichst effektive Ausführung ihrer Funktionen zu ermöglichen (Küpper/Weber/Zünd 1990, S. 282). Die Koordinationsaufgabe des Controlling bezieht sich auf das Führungssystem. Sie wird in den Mittelpunkt der Controlling-Funktionen gerückt, da sie von anderen Führungsteilsystemen kaum wahrgenommen wird.

Das Investitionscontrolling hat Koordinationsaufgaben vor allem
- innerhalb der Investitionsplanung und -kontrolle sowie zwischen diesen Teilsystemen,
- zwischen dem investitionsbezogenen Informationssystem sowie der Investitionsplanung und -kontrolle,
- zwischen Investitionsplanung und -kontrolle sowie Planungs- und Kontrollprozessen in anderen Unternehmensbereichen,
- zwischen dem investitionsbezogenen Informationssystem und dem Informationssystem des Gesamtunternehmens sowie
- zwischen den investitionsbezogenen Führungsteilsystemen und der Organisation und Personalführung im Unternehmen

zu erfüllen (Küpper 1991, S. 171 ff.). Mit der Koordination innerhalb der Investitionsplanung soll gesichert werden, daß die Interdependenzen Berücksichtigung finden, die zwischen verschiedenen Objekten bestehen. Im Rahmen dieser Koordinationsaufgabe sind bei dezentraler Planung Investitionsbudgets, Investitionsziele, Kalkulationszinssätze und Mindestwerte für Zielgrößen zu vereinbaren und den einzelnen Unternehmensbereichen vorzugeben. Die Abstimmung zwischen dem investitionsbezogenen Informationssystem sowie der Investitionsplanung und -kontrolle soll gewährleisten, daß dieser die benötigten Informationen sowie geeignete Instrumente zur Informationsverarbeitung bereitgestellt werden. Die Koordination mit der Organisation und der Personalführung kann die Bildung von Anreizsystemen, die Verteilung von Kompetenzen, die Regelung des Ablaufes von Investitionsprozessen sowie die Einrichtung von Projektteams umfassen. Generell sind in zeitlicher Hinsicht die Führungsaktivitäten in verschiedenen Phasen des Investitionsprozesses aufeinander abzustimmen.

Die skizzierten Koordinationsaufgaben müssen in zwei Formen erfüllt werden. Die systembildende Koordination dient der Schaffung von Strukturen, die eine geeignete Basis für die zielgerechte Abstimmung der Führungsaktivitäten bilden (z.B. eines geeigneten Planungssystems). Die systemkoppelnde Koordination bezweckt die laufende Abstimmung der Führungssubsysteme im Rahmen gegebener Strukturen (beispielsweise durch Initiierung und inhaltliche Abgrenzung von Investitionsplanungen oder Ausarbeiten von Investitionsbudgets).

Zur Wahrnehmung dieser Koordinationsaufgaben kann das Investitionscontrolling Entscheidungsmodelle (vor allem zur Programmplanung), integrierte Planungs- und Kontrollrechnungen (Investitionsrechnungen in Verbindung mit Anlagenbau- oder Projektkostenrechnungen) sowie Kennzahlen nutzen. Letztere eignen sich zur Vorgabe von Zielen sowie zur Gewinnung von Informationen über die Intensität und Güte von Führungsaktivitäten (Küpper 1997, S. 415 ff.).

Literaturverzeichnis

Adam, D. (1997), Investitionscontrolling, 2. Aufl., München 1997
Adam, D.; Schlüchtermann, J.; Hering, T. (1994), Zur Verwendung marktorientierter Kalkulationszinsfüße in der Investitionsrechnung, in: ZfB, 64. Jg., 1994, S. 115 - 119
Ansoff, H.I. (1957), Strategies for Diversification, in: HBR, Vol. 35, 1957, S. 113 - 124
Baer-Kemper, P. (1981), Die Auswirkungen des Ketteneffektes in der Investitionstheorie auf Nutzungsdauer- und Ersatzzeitpunktplanung bei Gewinn- und Rentabilitätsmaximierung, Diss., Göttingen 1981
Bamberg, G.; Coenenberg, A.G. (1996), Betriebswirtschaftliche Entscheidungslehre, 9. Aufl., München 1996
Betge, P. (1991), Investitionsplanung. Methoden, Modelle, Anwendungen, Wiesbaden 1991
Blohm, H.; Lüder, K. (1995), Schwachstellen im Investitionsbereich des Industriebetriebs und Wege zu ihrer Beseitigung, 8. Aufl., München 1995
Borer, D. (1978), Innerbetriebliche Investitionskontrolle in Theorie und Praxis, Bern, Stuttgart 1978
Boulding, K.E. (1936), Time and Investment, in: Economica, Vol. 3, 1936, S. 196 - 220
Brealey, R.A.; Myers, S.C. (1991), Principles of Corporate Finance, 4. Aufl., New York u.a. 1991
Bühner, R. (1994), Unternehmerische Führung mit Shareholder Value, in: Bühner, R. (Hrsg.), Der Shareholder Value Report, Landsberg/Lech 1994, S. 9-75
Busse von Colbe, W.; Laßmann, G. (1990), Betriebswirtschaftstheorie, Bd. 3: Investitionstheorie, 3. Aufl., Berlin, Heidelberg u.a. 1990
Copeland, T.E.; Weston, J.F. (1992), Financial Theory and Corporate Policy, Reading u.a. 1992
Däumler, K.W. (1992), Grundlagen der Investitions- und Wirtschaftlichkeitsrechnung, 7. Aufl., Herne, Berlin 1992
Dean, J. (1964), Capital Budgeting, Top Management Policy on Plant, Equipment and Product Development, 7. Aufl., New York, London 1964
Diruf, G. (1972), Die quantitative Risikoanalyse. Ein OR-Verfahren zur Beurteilung von Investitionsprojekten, in: ZfB, 42. Jg., 1972, S. 821 - 832
Eilenberger, G. (1997), Betriebliche Finanzwirtschaft, 6. Aufl., München, Wien 1997
Ewert, R.; Wagenhofer, A. (1997), Interne Unternehmensrechnung, 3. Aufl., Berlin u.a. 1997
Fisher, I. (1930), Theory of Interest, New York 1930
Franke, G.; Hax, H. (1995), Finanzwirtschaft des Unternehmens und Kapitalmarkt, 3. Aufl., Berlin, Heidelberg u.a. 1995
Götze, U. (1993), Sensitive Risikoanalyse zur Vorbereitung von Investitionsentscheidungen bei Unsicherheit, in: Bloech, J.; Götze, U.; Sierke, B.R.A. (Hrsg.), Managementorientiertes Rechnungswesen, Wiesbaden 1993, S. 201 - 227
Götze, U. (1996), Ansätze zur Bestimmung optimaler Investitionszeitpunkte, in: ZP, Bd. 7, 1996, S. 337 - 363
Götze, U. (1998), Beurteilung von Direktinvestitionen mit der Methode der vollständigen Finanzpläne, in: Bogaschewsky, R.; Götze, U. (Hrsg.), Unternehmensplanung und Controlling, Heidelberg 1998, S. 165 - 199
Götze, U.; Bloech, J. (1995), Investitionsrechnung. Modelle und Analysen zur Beurteilung von Investitionsvorhaben, 2. Aufl., Berlin u.a. 1995
Grob, H.L. (1984), Investitionsrechnung auf der Grundlage vollständiger Finanzpläne - Vorteilhaftigkeitsanalyse für ein einzelnes Investitionsobjekt, in: WISU, 13. Jg., 1984, S. 6 - 13
Grob, H.L. (1989), Investitionsrechnung mit vollständigen Finanzplänen, München 1989

Grob, H.L. (1990a), Einführung in die Investitionsrechnung - Eine Fallstudiengeschichte -, Hamburg 1990

Grob, H.L. (1990b), Das System der VOFI-Rentabilitätskennzahlen bei Investitionsentscheidungen, in: ZfB, 60. Jg., 1990, S. 179 - 192

Hax, H. (1964), Investitions- und Finanzplanung mit Hilfe der linearen Programmierung, in: ZfbF, 16. Jg., 1964, S. 430 - 446

Hax, H. (1985), Investitionstheorie, 5. Aufl., Würzburg, Wien 1985

Hax, H.; Laux, H. (1972), Flexible Planung - Verfahrensregeln und Entscheidungsmodelle für die Planung bei Ungewißheit, in: ZfbF, 24. Jg., 1972, S. 318 - 340

Heinhold, M. (1987), Investitionsrechnung: Studienbuch, 4. Aufl., München, Wien 1987

Heister, M. (1962), Rentabilitätsanalyse von Investitionen, Köln, Opladen 1962

Hering, T. (1995), Investitionstheorie aus der Sicht des Zinses, Wiesbaden 1995

Hertz, D.B. (1964), Risk Analysis in Capital Investment, in: HBR, Vol. 42, 1964, S. 95 - 106

Husmann, C. (1996), Investitions-Controlling - Ansätze zur Überwindung von Informationsasymmetrien im Entscheidungsprozeß über Investitionen in dezentralisierten Industrieunternehmen, Bergisch Gladbach 1996

Kern, W. (1974), Investitionsrechnung, Stuttgart 1974

Kilger, W. (1965), Kritische Werte in der Investitions- und Wirtschaftlichkeitsrechnung, in: ZfB, 35. Jg., 1965, S. 338 - 353

Kilger, W. (1977), Zur Kritik am internen Zinsfuß, in: Lüder, K. (Hrsg.), Investitionsplanung, München 1977, S. 73 - 94

Kistner, K.-P.; Steven, M. (1992), Optimale Nutzungsdauer und Ersatzinvestitionen, in: WiSt, 21. Jg., 1992, S. 327 - 333

Kruschwitz, L. (1995), Investitionsrechnung, 6. Aufl., Berlin, New York 1995

Kruschwitz, L.; Röhrs, M. (1994), Debreu, Arrow und die marktzinsorientierte Investitionsrechnung, in: ZfB, 64. Jg., 1994, S. 655 - 665

Küpper, H.-U. (1991), Gegenstand, theoretische Fundierung und Instrumente des Investitions-Controlling, in: ZfB-Ergänzungsheft 3, 1991, S. 167 - 192

Küpper, H.-U. (1997), Controlling: Konzeption, Aufgaben und Instrumente, 2. Aufl., Stuttgart 1997

Küpper, H.-U.; Weber, J.; Zünd, A. (1990), Zum Verständnis und Selbstverständnis des Controlling, in: ZfB, H. 3, 60. Jg., 1990, S. 281 - 293

Lücke, W. (Hrsg.) (1991), Investitionslexikon, 2. Aufl., München 1991

Lüder, K. (1969), Investitionskontrolle, Wiesbaden 1969

Lüder, K. (1977), Die Beurteilung von Einzelinvestitionen unter Berücksichtigung von Ertragsteuern, in: Lüder, K. (Hrsg.), Investitionsplanung, München 1977, S. 118 - 142

Magee, J.F. (1964), Decision Trees for Decision Making, in: HBR, Vol. 42, No. 4, 1964, S. 126 - 138

Magee, J.F. (1964), How to Use Decision Trees in Capital Investment, in: HBR, Vol. 42, No. 5, 1964, S. 79 - 96

Nippel, P. (1995), Investitionsplanung bei unsicherem, zukünftigem technischen Fortschritt, in: ZP, Bd. 6, 1995, S. 371 - 388

Perridon, L.; Steiner, M. (1997), Finanzwirtschaft der Unternehmung, 9. Aufl., München 1997

Pfeiffer, M.; Weiß, E. (1994), Technologieorientierte Wettbewerbsstrategien, in: Corsten, H. (Hrsg.), Handbuch Produktionsmanagement, Strategie - Führung - Technologie - Schnittstellen, Wiesbaden 1994

Poerschke, G.; Götze, U. (1996), Beurteilung von Investitionen in Windkraftanlagen, Arbeitsbericht 3/1996 des Institutes für Betriebswirtschaftliche Produktions- und Investitionsforschung, Göttingen 1996

Porter, M.E. (1989), Wettbewerbsvorteile. Spitzenleistungen erreichen und behaupten, Frankfurt, New York 1989

Rolfes, B. (1993), Marktzinsorientierte Investitionsrechnung, in: ZfB, 63. Jg., 1993, S. 691 - 713

Schmidt, R.H.; Terberger, E. (1997), Grundzüge der Investitions- und Finanzierungstheorie, 4. Aufl., Wiesbaden 1997

Schneeweiß, C. (1991), Planung. Systemanalytische und entscheidungstheoretische Grundlagen, Berlin u.a. 1991

Schneider, D. (1992), Investition, Finanzierung und Besteuerung, 7. Aufl., Wiesbaden 1992

Schulte, K.-W. (1986), Wirtschaftlichkeitsrechnung, 4. Aufl., Heidelberg, Wien 1986

Schultz, R.; Wienke, R. (1990), Interner Zins und Annuität als subsidiäre Zielgrößen des Kapitalwerts, in: ZfB, 60. Jg., 1990, S. 1065 - 1090

Sierke, B.R.A. (1990), Investitions-Controlling im Controlling-System - Darstellung eines integrierten Ansatzes mit Hilfe ausgewählter linearer Dekompositionsverfahren, Diss., Korbach 1990

Spielberger, M. (1983), Betriebliche Investitionskontrolle - Grundprobleme und Lösungsansätze, Würzburg, Wien 1983

Swoboda, P. (1992), Investition und Finanzierung, 4. Aufl., Göttingen 1992

ter Horst, K.W. (1980), Investitionsplanung, Stuttgart, Berlin u.a. 1980

Troßmann, E. (1998), Investition, Stuttgart 1998

Veit, T.; Walz, H.; Gramlich, D. (1990), Investitions- und Finanzplanung, 3. Aufl., Heidelberg 1990

Voigt, K.-I. (1993), Berücksichtigung und Wirkung des technischen Fortschritts in der Investitionsplanung, in: ZfB, 63. Jg., 1993, S. 1017 - 1046

Volpert, V. (1989), Kapitalwert und Ertragsteuern, Wiesbaden 1989

Weingartner, H.M. (1963), Mathematical Programming and the Analysis of Capital Budgeting Problems, Englewood Cliffs 1963

Witten, P.; Zimmermann, H.-G. (1977), Zur Eindeutigkeit des internen Zinssatzes und seiner numerischen Bestimmung, in: ZfB, 47. Jg., 1977, S. 99 - 114

Zimmermann, H.-J.; Gutsche, L. (1991), Multi-Criteria-Analyse, Berlin, Heidelberg u.a. 1991

12 Finanzierung

Peter Nippel

Inhaltsverzeichnis

1 Einführung	52
1.1 Die zahlungsorientierte Sichtweise	52
1.2 Finanzwirtschaftliche Entscheidungen	54
2 Externe Finanzierung	57
2.1 Emission von Finanzierungstiteln	57
2.2 Finanzierungsarten und Typen von Finanzierungstiteln	58
2.2.1 Beteiligungsfinanzierung und Beteiligungstitel	58
2.2.2 Kreditfinanzierung und Forderungstitel	61
2.2.3 Mischformen	64
2.3 Märkte für Finanzierungstitel	65
3 Interne Finanzierung	68
4 Analyse grundlegender Aspekte der Finanzierung	71
4.1 Intertemporaler Tausch	72
4.2 Risikoteilung und Risikotransformation	74
4.3 Informationsasymmetrien und Vertragsunvollständigkeiten	84
5 Finanzierungspolitik	95
Literaturverzeichnis	97

1 Einführung

1.1 Die zahlungsorientierte Sichtweise

Ausgangspunkt der Auseinandersetzung mit Fragen der Finanzierung ist die Betrachtung der Zahlungen zwischen einem Unternehmen und seiner Umwelt. Diese Zahlungen resultieren daraus, daß das Unternehmen auf verschiedenen Märkten tätig ist. Im Rahmen einer groben Systematisierung lassen sich diese unterscheiden in Märkte für Güter und Dienstleistung einerseits und den Kapitalmarkt andererseits. Die Abbildung 1 macht deutlich, daß das Unternehmen in beide Märkte als ein Marktteilnehmer eingebettet ist.

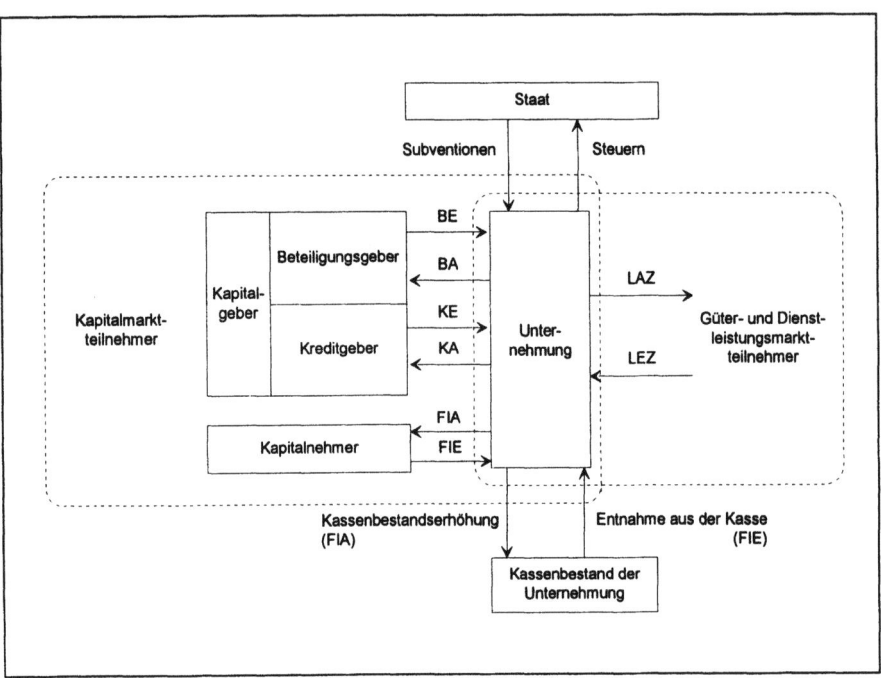

Abb.1: Ein- und Auszahlungen des Unternehmens (in Anlehnung an Schemmann 1970, S. 23)

Die Tätigkeit des Unternehmens auf diesen Märkten beinhaltet den Abschluß von Kauf- oder Lieferverträgen und Finanzierungsverträgen, wodurch Zahlungen zu einem oder mehreren Zeitpunkten hervorgerufen werden. So sind beispielsweise für die Beschaffung von Produktionsfaktoren inklusive der menschlichen Arbeit Auszahlungen zu tätigen. (Der Arbeitsmarkt wird hier nicht als gesondertes Segment herausgestellt.) Diese Auszahlungen werden als *Leistungsauszahlungen* (*LAZ*) bezeichnet, weil sie im Hinblick auf die im Unternehmen zu erfolgende Leistungserstellung, das heißt die Produktion von Gütern und Dienstleistungen getätigt werden. Den Leistungsauszahlungen stehen *Leistungseinzahlungen* (*LEZ*) insbesondere aus dem Absatz dieser Güter und Dienstleistungen gegenüber. Aber auch die Veräußerung von Vermögensgegenständen, die in der Vergangenheit vom Unternehmen zum Beispiel als in der Produktion einzusetzende Potentialfaktoren (vgl. den Beitrag „Produktion") angeschafft wurden, führt zu einer Leistungseinzahlung. Man spricht in diesem Zusammenhang auch von einer Desinvestition oder Vermögensumschichtung.

Der Saldo aus Leistungsein- und -auszahlungen, der *Leistungssaldo*, kann positiv oder auch negativ sein. Negativ ist er immer dann, wenn die Leistungsauszahlungen die Leistungseinzahlungen übersteigen, zum Beispiel weil größere Auszahlungen für die Beschaffung von Produktionsfaktoren oder gar den Aufbau neuer Unternehmensbereiche (allgemein: Investitionen) getätigt werden.

Neben den Leistungsein- und -auszahlungen sind die Zahlungen zwischen dem Unternehmen und (anderen) Kapitalmarktteilnehmern zu berücksichtigen. Individuen (oder Institutionen), die freiwillig Zahlungen an das Unternehmen leisten, ohne dafür im Gegenzug Güter oder Dienstleistungen zu erhalten, bezeichnet man als Kapitalgeber. Man unterscheidet zwischen Beteiligungs- oder Eigenkapitalgebern auf der einen Seite und Kredit- oder Fremdkapitalgebern andererseits. (Nach welchen Kriterien diese Unterscheidung erfolgt, die in der Realität nicht in jedem Einzelfall zweifelsfrei möglich ist, wird später verdeutlicht.) Die Kapitalgeber leisten Zahlungen an das Unternehmen, d.h., sie stellen Kapital zur Verfügung, weil sie erwarten, im Gegenzug dafür in zukünftigen Zeitpunkten Zahlungen vom Unternehmen zu erhalten.

Das Unternehmen kann aber nicht nur als Kapitalnehmer, sondern auch selbst als Kapitalgeber auftreten. Dies ist dann der Fall, wenn sie zum Beispiel einen Kredit an ein anderes Unternehmen (oder auch eine Privatperson) vergibt oder Eigenkapital zur Verfügung stellt, indem sie beispielsweise Aktien anderer Unternehmen erwirbt. Auch der Erwerb von Schuldtiteln eines Staates (zum Beispiel Bundesanleihen) oder die Anlage von Geldern bei einer Bank ist in diesem Zusammenhang zu nennen. Man spricht in all diesen Fällen von einer Finanzinvestition des Unternehmens. Eine solche Finanzinvestition bedingt zunächst eine Auszahlung des Unternehmens, eine sogenannte *Finanzinvestitionsauszahlung (FIA)*. Diese Auszahlungen führen in späteren Zeitpunkten zu Einzahlungen des Unternehmens, sogenannten *Finanzinvestitionseinzahlungen (FIE)*. Dabei handelt es sich entweder um Zinsen, Dividenden, die Rückzahlung des angelegten Geldbetrages oder auch den Verkaufserlös von Wertpapieren, wie zum Beispiel Schuldverschreibungen oder Aktien. Auch der Saldo der Finanzinvestitionsein- und auszahlungen kann positiv oder negativ sein, je nachdem, in welchem Umfang neue Finanzinvestitionen getätigt werden.

Auch wenn das Unternehmen den Bestand an Zahlungsmitteln erhöht, der in der „Kasse" gehalten wird, kann von einer Finanzinvestition gesprochen werden. Hierbei erfolgt eine Geldanlage, die sich mit einem Zinssatz von null verzinst. Wird auf einen Kassenbestand zurückgegriffen, um Auszahlungen zum Beispiel für die Beschaffung von Rohstoffen zu tätigen, mindert sich der Kassenbestand entsprechend. Diese Minderung kann als Einzahlung aus der (teilweisen) Auflösung der Finanzinvestition „Kassenhaltung" interpretiert werden.

Neben den bisher genannten Zahlungen zwischen dem Unternehmen und anderen Marktteilnehmern sind noch die Zahlungen an den Staat in Form von Steuern zu berücksichtigen. Diesen Steuern stehen eventuell erhaltene Subventionen gegenüber. Der Saldo aus Steuerzahlungen und erhaltenen Subventionen sei mit T

bezeichnet. Betrachtet man nun alle Ein- und Auszahlungen eines beliebigen Zeitpunkts t, so gilt zwingend, daß deren Saldo stets gleich null ist.

$$LEZ_t - LAZ_t + FIE_t - FIA_t + KE_t - KA_t + BE_t - BA_t - T_t = 0. \quad (1)$$

Hierbei bezeichnen KE_t die Einzahlungen von Kreditgebern, KA_t die Auszahlungen an Kreditgeber in einem Zeitpunkt t sowie BE_t die Einzahlungen von Beteiligungsgebern und BA_t die Auszahlungen an Beteiligungsgeber im Betrachtungszeitpunkt t. Die tatsächlichen Ein- und Auszahlungen gleichen sich immer genau aus, wenn man - wie oben erläutert - die Verringerung oder Erhöhung des Kassenbestands als Ein- bzw. Auszahlung des Unternehmens interpretiert. Auszahlungen können nur dann getätigt werden, wenn ausreichende Zahlungsmittel zur Verfügung stehen. Diese Zahlungsmittel müssen dem Unternehmen in Form von Einzahlungen zufließen. Nur die Zahlungsmittel, die dem Unternehmen zufließen (und sei es aus der Auflösung eines Kassenbestands) können verausgabt werden. Umgekehrt gilt auch, daß alle zufließenden Einzahlungen zwingend zu gleich hohen Auszahlungen im gleichen Zeitpunkt führen. Sollten keine entsprechend hohen Auszahlungen im Leistungsbereich oder an Kapitalgeber erfolgen, so wird ein Ausgleich durch Auszahlungen für Finanzinvestitionen (zu denen auch die Kassenhaltung zu zählen ist) getätigt.

Daß sich realisierte Ein- und Auszahlungen stets ausgleichen, bedeutet nicht, daß das Unternehmen nicht *insolvent* - also zahlungsunfähig - sein kann. Zahlungsunfähig ist das Unternehmen, wenn sie nicht in der Lage ist, alle Auszahlungen zu tätigen, zu denen sie vertraglich oder rechtlich verpflichtet ist. Wenn sie diesen *Zahlungsverpflichtungen* nicht nachkommen kann, fallen die *tatsächlichen* Auszahlungen geringer aus, nämlich in Höhe der insgesamt verfügbaren Einzahlungen.

Weiterhin ist zu berücksichtigen, daß viele Ein- und Auszahlungen eines Unternehmens in einem intertemporalen Kontext zu sehen sind. Das heißt, daß die zukünftigen Konsequenzen „heutiger" Ein- oder Auszahlungen zu berücksichtigen sind. So wurde bereits angesprochen, daß Kapitalgeber Zahlungen an das Unternehmen in der Erwartung leisten, in Zukunft im Gegenzug selbst Zahlungen aus dem Unternehmen zu erhalten. Auf der anderen Seite tätigt das Unternehmen viele Ausgaben nur deshalb, weil damit gerechnet wird, daß diese zu höheren Einzahlungen in der Zukunft führen (Investitionen).

Unter Berücksichtigung des Ausgleichs aller Zahlungen in allen Zeitpunkten und des intertemporalen Kontextes sind alle finanzwirtschaftlichen Entscheidungen zu treffen. Diese werden im folgenden Abschnitt beschrieben.

1.2 Finanzwirtschaftliche Entscheidungen

Finanzwirtschaftliche Entscheidungen im Unternehmen können allgemeingültig dadurch charakterisiert werden, daß sie Zahlungen zwischen dem Unternehmen und ihrer Umwelt beeinflussen. Prinzipiell beeinflußbar sind Ein- und Auszahlungen aller im vorangegangen Abschnitt erläuterten Arten. Jedoch kann nicht jede einzelne Zahlung Gegenstand finanzwirtschaftlicher Entscheidungen sein. Zu unterscheiden ist zunächst zwischen disponiblen und nicht (mehr) disponiblen Zahlungen. Im wesentlichen nicht (mehr) disponibel sind solche Auszahlungen, zu denen das Unternehmen aufgrund von Vertragsbeziehungen oder gesetzlichen Regelungen verpflichtet ist. Dies gilt zum Beispiel für die Zahlungen, die an die Lieferanten bereits bezogener Güter oder Dienstleistungen zu leisten sind, für die Zahlungen an die Arbeitnehmer in Form von Löhnen und Gehältern oder für Zins- und Tilgungszahlungen für in der Vergangenheit aufgenommene Kredite. Zu den aufgrund von gesetzlichen Regelungen zu leistenden Zahlungen zählen zum Beispiel die Steuern.

Werden solche Auszahlungen, zu denen das Unternehmen verpflichtet ist, nicht geleistet, so hat dies negative Konsequenzen, die bis hin zu der Auflösung des Unternehmens gehen können. Ganz allgemein ist mit Sanktionen zu rechnen, die dazu führen, daß die genannten Zahlungen nur dann nicht in voller Höhe getätigt werden, wenn es aufgrund zu geringer Einzahlungen unvermeidlich ist.

Die Einzahlungen müssen aber nicht nur die Auszahlungen decken, zu denen das Unternehmen verpflichtet ist, sondern auch diejenigen Auszahlungen, die sie freiwillig tätigt. Freiwillig werden Auszahlungen vorgenommen, wenn die Verantwortlichen im Unternehmen damit rechnen, auf diese Art und Weise in zukünftigen Zeitpunkten „hinreichend hohe" Einzahlungen zu erwirtschaften. Ein *Zahlungsstrom*, der mit einer Auszahlung beginnt, kennzeichnet eine Investition. Entscheidungen über Investitionen machen einen wesentlichen Teil der finanzwirtschaftlichen Entscheidungen aus (vergleiche dazu den Beitrag „Investitionen").

Die nicht (mehr) disponiblen wie auch die disponiblen Auszahlungen, die insbesondere im Zusammenhang mit der Durchführung von Investitionsprojekten getätigt werden, müssen durch Einzahlungen gedeckt sein. Die Einzahlungen eines Zeitpunktes resultieren zum Teil ebenfalls aus in der Vergangenheit begründeten Vertragsbeziehungen. So erhält das Unternehmen zum Beispiel Zahlungen für bereits gelieferte oder (in Form von Vorauszahlung) noch zu liefernde Güter und Dienstleistungen. Darüber hinaus können aber auch Einzahlungen durch finanzwirtschaftliche Entscheidungen generiert werden. Dies kennzeichnet *Finanzierungsentscheidungen* i.e.S. Eine Einzahlung wird zum Beispiel dadurch generiert, daß das Unternehmen einen (zusätzlichen) Kredit aufnimmt oder Kapitalgeber dazu bewegt, weiteres Beteiligungskapital zur Verfügung zu stellen (Kapitalerhöhung).

Wenn die bereits mit dem Unternehmen in Verbindung stehenden Kapitalgeber oder auch „neue" Kapitalgeber Zahlungen an das Unternehmen leisten, spricht man von externer Finanzierung oder Außenfinanzierung. Eine andere Möglichkeit, Einzahlungen zu generieren, besteht darin, Vermögensgegenstände zu veräußern oder Finanzinvestitionen (Geldanlagen) aufzulösen. Beispielsweise kommt es zu einer Einzahlung, wenn das Unternehmen eine Maschine, eine komplette Produktionsstätte, einen Teil des Fuhrparks oder andere Aktiva veräußert. Die Auflösung einer Bankeinlage oder der Verkauf von Wertpapieren führt ebenso zu einer Einzahlung wie auch - nach hier verfolgter Sichtweise - die Reduktion des Kassenbestands. Diese Maßnahmen lassen sich der sogenannten internen Finanzierung oder auch Innenfinanzierung zuordnen.

Ebenfalls zur internen Finanzierung zählt man den Verzicht auf prinzipiell mögliche Auszahlungen an die Beteiligungsgeber des Unternehmens. Sieht man zunächst einmal von weitergehenden rechtlichen Restriktionen ab, so könnte prinzipiell der gesamte Überschuß der Einzahlungen des Unternehmens über die rechtlich oder vertraglich verbindlich festgelegten Auszahlungen ausgeschüttet werden. Wird weniger Geld ausgeschüttet, so steht ein entsprechend höherer Teil der Einzahlungen für Investitionszwecke im Unternehmen zur Verfügung.

In allen Fällen der internen Finanzierung wird also auf Mittel zurückgegriffen, die dem Unternehmen selbst zur Verfügung stehen, entweder in Form von Vermögensbeständen oder von Einzahlungen aus dem Leistungs- oder Finanzinvestitionsbereich. Ausführlicher werden die externe und die interne Finanzierung noch in den Abschnitten 2 und 3 behandelt.

Genau wie Investitionsentscheidungen sich auf Zahlungen in der Zukunft auswirken, besitzen auch Finanzierungsentscheidungen diese Eigenschaft. Wenn Kapitalgeber Zahlungen an das Unternehmen leisten, tun sie dies in der Regel nur dann, wenn sie in der Zukunft mit genügend hohen (Rück-) Zahlungen aus dem Unternehmen rechnen können. Aber auch bei der internen Finanzierung ergeben sich Konsequenzen auf zukünftige Zahlungen. Wenn z.B. ein Vermögensgegenstand veräußert wird oder eine Bankeinlage des Unternehmens aufgelöst wird, mindert dies die Einzahlungen in der Zukunft. Einerseits fallen keine Zahlungen mehr aus der Nutzung des Vermögensgegenstands oder in Form von Zinsen auf den angelegten Geldbetrag an. Andererseits kann auch der Verkaufserlös nicht ein zweites Mal in der Zukunft realisiert werden.

Somit ist bei Finanzierungsentscheidungen (wie auch bei Investitionsentscheidungen) nicht über einzelne Zahlungen, sondern über *Zahlungsströme* zu entscheiden. An Zahlungsströmen muß auch die Beurteilung von finanzwirtschaftlichen Entscheidungen ansetzen. Beurteilungsgrundlage können nur die Interessen einer oder mehrerer Gruppen von an dem Unternehmen beteiligten Personen sein. Die Interessen von Arbeitnehmern, Kreditgebern und Lieferanten sind auf die Erfüllung der ihnen vertraglich zugesicherten Zahlungsversprechen ausgerichtet. Die dadurch begründeten Zahlungsansprüche können durch finanzwirtschaftliche Entscheidungen nicht berührt werden. Auswirkungen derartiger Entscheidungen ergeben sich per saldo nur im Hinblick auf die Zahlungen, die zwischen dem Unternehmen und ihren Beteiligungs- oder Eigenkapitalgebern fließen. Daher sollten die finanzwirtschaftlichen Entscheidungen an den Interessen der Beteiligungsgeber ausgerichtet werden. Es gilt den Zahlungsstrom der Beteiligungsgeber zu optimieren. Wann dieser Zahlungsstrom als optimal gelten kann, ist jedoch eine schwierige Frage. Denn es sind zukünftige Zahlungen zu bewerten, die zudem i.d.R. unsicher sind. Im allgemeinen kann die Beurteilung eines solchen Zahlungsstroms nur auf der Basis subjektiver Präferenzen erfolgen. Eine präferenzunabhängige Beurteilung ist nur unter bestimmten Bedingungen möglich. Dies ist der Fall, wenn auf das *Marktwertkriterium* zur Bewertung von Zahlungsströmen und damit zur Beurteilung von finanzwirtschaftlichen Entscheidungen zurückgegriffen werden kann. (Zum Marktwertkriterium vgl. Breuer 1997.) Wie der Marktwert eines Zahlungsstroms zu interpretieren ist, wird später noch ausführlicher erläutert.

Zunächst wird im Abschnitt 2 die externe Finanzierung und im Abschnitt 3 die interne Finanzierung aus zahlungsorientierter Sicht behandelt. Abschnitt 4 ist der Analyse der grundlegenden Aspekte der Finanzierung, die bei der Betrachtung jeder Finanzierungsbeziehung zu berücksichtigen sind, gewidmet. Den Abschluß bildet ein kurzer Abschnitt (5) zur Finanzierungspolitik, im Rahmen dessen auch noch einmal die Zielsetzung für finanzwirtschaftliche Entscheidungen kurz diskutiert wird. Insbesondere die Abschnitte 4 und 5 können als Ausgangspunkt für eine intensivere Beschäftigung mit der neueren Finanzierungstheorie angesehen werden.

2 Externe Finanzierung

2.1 Emission von Finanzierungstiteln

Bei der externen Finanzierung leisten Kapitalgeber Zahlungen an das Unternehmen. (In seltenen Fällen findet auch eine Übertragung von Sachgütern statt, die als Zahlung des Preises, der für den Erwerb dieser Güter aufzuwenden wäre, interpretiert werden kann.) Mit ihrer Zahlung erwerben die Kapitalgeber verschiedene Rechte und zum Teil auch Pflichten, die man in *unmittelbar* und *nur mittelbar zahlungsbezogene Rechte* (und Pflichten) unterteilen kann. Ein Bündel derartiger Rechte und Pflichten, das ein Kapitalgeber im Gegenzug zur Bereitstellung von Kapital erhält, bezeichnet man als *Finanzierungstitel* (vgl. Hax 1993, S. 407).

Unmittelbar zahlungsbezogen ist zum Beispiel das Recht, in Zukunft eine der Höhe und dem Zeitpunkt nach genau definierte Zahlung von dem Unternehmen verlangen zu können. Aber auch das Recht auf einen Anteil an einer zukünftigen unsicheren Gewinnausschüttung gehört zu den unmittelbar zahlungsbezogenen Rechten von Kapitalgebern.

Zu den mittelbar zahlungsbezogenen Rechten zählt zum Beispiel das Recht, an der Unternehmensleitung mitzuwirken. Dieses Recht bezieht sich nicht unmittelbar auf die Zahlungen, die dem Inhaber zufließen, es ermöglicht ihm jedoch, über die im Unternehmen zu treffenden Entscheidungen auf die ihm (zukünftig) zufließenden Zahlungen Einfluß zu nehmen. Ebenfalls mittelbar zahlungsbezogen ist das Recht, regelmäßig bestimmte Informationen von der Unternehmensleitung zu erhalten. Diese Informationen kann der Empfänger in weitere Entscheidungen einfließen lassen. So kann zum Beispiel ein Kreditgeber eventuell seinen Kredit kündigen, wenn die Informationen aus dem Unternehmen dies vorteilhaft erscheinen lassen. Damit ändert sich der Zahlungsstrom, der dem Kreditgeber zufließt.

Zu den Pflichten, die ein Kapitalgeber bei Leistung einer Zahlung an das Unternehmen möglicherweise eingeht, gehört insbesondere, unter bestimmten Umständen in zukünftigen Zeitpunkten weitere Zahlungen leisten zu müssen.

Ein Finanzierungstitel als Bündel von Rechten und Pflichten, das ein Kapitalanleger erwirbt, ist ein abstraktes Gut. Nur bestimmte Finanzierungstitel sind in einem Wertpapier verbrieft und damit „greifbar" (z.B. Aktien).

Im Rahmen der externen Finanzierung kommt es zur *Emission von Finanzierungstiteln* durch das Unternehmen. Ausgegeben werden die Finanzierungstitel an die Kapitalgeber im Gegenzug dazu, daß diese eine Zahlung an das Unternehmen leisten. Mithin kann diese Zahlung als Kaufpreis eines Finanzierungstitels interpretiert werden.

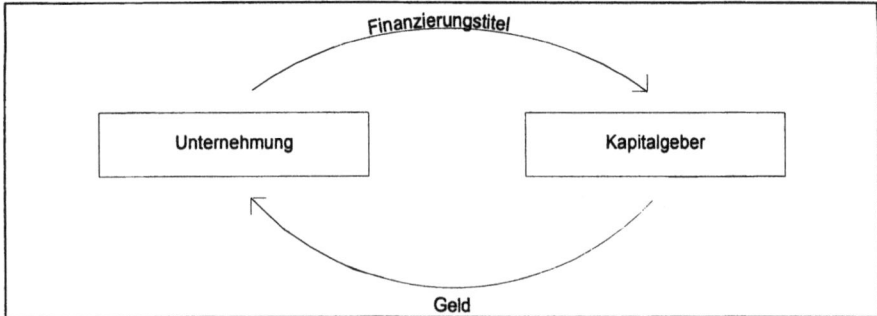

Abb.2: Emission eines Finanzierungstitels

Damit erscheint die externe Finanzierung ganz ähnlich jeder anderen Markttransaktion, bei der ein Gut gegen Geld getauscht wird. Stärker ausgeprägt als bei den meisten anderen Gütern ist bei einem Finanzierungstitel jedoch die Unsicherheit des (potentiellen) Käufers im Hinblick auf den Wert des Titels. Dieser Wert hängt insbesondere von den dem Inhaber in Zukunft zufließenden Zahlungen ab. Diese sind unsicher, wobei der potentielle Käufer die zukünftigen Zahlungen möglicherweise weniger gut prognostizieren kann als die Unternehmensleitung selbst. Man spricht in diesem Zusammenhang von *Qualitätsunsicherheit*. Außerdem kann die Höhe der Zahlungen, die dem Inhaber eines Finanzierungstitels in den zukünftigen Zeitpunkten zufließen, auch von in der Zwischenzeit noch zu treffenden Entscheidungen der Unternehmensleitung abhängen. Welche Entscheidungen getroffen werden, ist ebenfalls unsicher und kann aus verschiedenen Gründen nicht in allen Einzelheiten im voraus verbindlich festgelegt werden. Mithin existiert eine sogenannte *Verhaltensunsicherheit*. Der potentielle Käufer eines Finanzierungstitels kann und muß sich jedoch im voraus Gedanken machen, welche für ihn als Kapitalgeber relevanten zukünftigen Entscheidungen der Unternehmensleitung zu erwarten sind. Seine diesbezügliche Prognose wird er in die Entscheidung einfließen lassen, welchen Preis er für den Finanzierungstitel zu zahlen bereit ist. Die Problematik der Qualitäts- und Verhaltensunsicherheit in Finanzierungsbeziehungen wird ausführlicher in Abschnitt 4.3 behandelt.

2.2 Finanzierungsarten und Typen von Finanzierungstiteln

2.2.1 Beteiligungsfinanzierung und Beteiligungstitel

Eine Beteiligungsfinanzierung kommt dadurch zustande, daß Kapitalgeber eine Zahlung an das Unternehmen leisten und im Gegenzug dazu einen „Anteil an dem Unternehmen" erhalten. Dieser Anteil determiniert sowohl die unmittelbar als auch die nur mittelbar zahlungsbezogenen Rechte des Beteiligungsgebers.

Die unmittelbar zahlungsbezogenen Rechte des Beteiligungsgebers beziehen sich auf die Ausschüttungen des Unternehmens. In einem beliebigen Zeitpunkt t könnte an die Gesamtheit aller Beteiligungsgeber prinzipiell die gesamte Differenz zwischen den Einzahlungen des Unternehmens und den Auszahlungen, zu denen sie aufgrund vertraglicher oder (steuer-) rechtlicher Regelungen verpflichtet ist, ausgeschüttet werden. Eine Ausschüttung in dieser Höhe würde jedoch bedeuten, daß beispielsweise keine neuen Rohstoffe und Vorprodukte beschafft und auch keine weiteren Investitionen durchgeführt würden. Dies ist in aller Regel nicht sinnvoll. Daher wird zumeist weniger an die Beteiligungsgeber ausgeschüttet als der oben beschriebene Maximalbetrag. Tatsächlich ausgeschüttet wird die Differenz zwischen allen Einzahlungen des Unternehmens und den Auszahlungen, zu denen das Unternehmen verpflichtet ist oder die als sinnvoll erachtet werden. Dabei kann ein Teil der Auszahlungen auch dadurch erzwungen sein, daß der ausschüttbare Geldbetrag durch gesetzliche Regelungen (Ausschüttungssperren) beschränkt ist. So orientiert sich der Betrag, der an Beteiligungsgeber ausgeschüttet werden darf, bei Kapitalgesellschaften im wesentlichen am Gewinn des Unternehmens. Dieser kann kleiner sein als der Einzahlungsüberschuß, weil auch nichtzahlungswirksame Aufwendungen (z.B. Abschreibungen) den Gewinn schmälern. Die Differenz muß in das Unternehmen investiert werden, der entsprechende Geldbetrag stellt also eine erzwungene Investitionsauszahlung dar. Ob es sich dabei um eine Realinvestition, eine Investition im Finanzinvestitionsbereich oder in die Kasse handelt, spielt keine Rolle.

Generell gilt, daß die Nettozahlung an die Beteiligungsgeber eines Unternehmens dem Saldo aller übrigen Ein- und Auszahlungen entspricht. Diesen Saldo bezeichnet man als das *Residuum*. Für das Residuum RS_t in einem (zukünftigen) Zeitpunkt t gilt:

$$RS_t = LEZ_t - LAZ_t + FIE_t - FIA_t + KE_t - KA_t - T_t$$
$$= BA_t - BE_t.$$

Das Residuum ist gleich der Differenz zwischen den Auszahlungen BA_t an die Beteiligungsgeber und den Einzahlungen BE_t von den gleichen oder neuen Beteiligungsgebern. Die Auszahlung BA_t wird i.d.R. *nach Maßgabe der Beteiligungsquoten* auf die Beteiligungsgeber des Unternehmens (die auch als Anteilseigner oder Eigenkapitalgeber bezeichnet werden) aufgeteilt. Man bezeichnet die Zahlungen an die Beteiligungsgeber als Gewinnausschüttungen oder Dividenden, da die Höhe der tatsächlichen Ausschüttung BA_t zumeist vom Gewinn des Unternehmens abhängt. Eine Rückzahlung des anfangs bereitgestellten Kapitals ist i.d.R. nicht vorgesehen. Daher reißt der Strom der Zahlungen an die Beteiligungsgeber nur dann endgültig ab, wenn das Unternehmen aufgelöst wird. Dann fallen letztmals Einzahlungen an, insbesondere in Form des Verkaufserlöses der Aktiva des Unternehmens. Die obige Definition der Zahlungen an die Beteiligungsgeber beinhaltet eine Beteiligung auch an einem solchen Liquidationserlös des Unternehmens. Im Liquidationszeitpunkt ist BA_t positiv, wenn der Liquidationserlös die Verbindlichkeiten des Unternehmens übersteigt, d.h. größer ist als die vom Unternehmen noch zwingend zu leistenden Auszahlungen.

Die Tatsache, daß die (Netto-) Zahlungen an die Beteiligungsgeber dem Residuum entsprechen, macht vor allem deutlich, daß sie ex ante unsicher sind. Denn sowohl die meisten zukünftig von dem Unternehmen zu erwirtschaftenden Einzahlungen als auch viele Auszahlungen sind unsicher. Die Höhe zukünftiger Auszahlungen hängt einerseits von Zufallsvariablen wie zum Beispiel den Preisen von Rohstoffen, andererseits auch von Entscheidungen der Unternehmensleitung ab. In diesem Zusammenhang ist zum Beispiel relevant, welche Anstrengungen die Unternehmensleitung bei der Senkung (allgemeiner: der Kontrolle) der Kosten unternimmt und welchen Erfolg sie dabei hat, oder in welche Projekte sie in Zukunft investieren wird. Daß auch Einzahlungen einerseits von Zufallsvariablen und andererseits von Entscheidungen des Unternehmens abhängen, ist unmittelbar klar. So spielt insbesondere die zukünftige Entwicklung der Nachfrage nach den von dem Unternehmen angebotenen Gütern und Dienstleistungen als exogene Zufallsvariable eine Rolle. Daneben ist zum Beispiel von Bedeutung, in welchem Umfang Anstrengungen bei der Suche nach vorteilhaften Investitionsmöglichkeiten unternommen werden.

Im Zusammenhang damit, daß die Höhe zukünftiger Residuen (und damit die Höhe der Zahlungen an die Beteiligungsgeber) auch von zukünftigen Entscheidungen im Unternehmen abhängt, sind auch solche Rechte von Beteiligungsgebern bedeutsam, die nicht unmittelbar zahlungsbezogen sind. Zu diesen Rechten zählen *Mitwirkungs-, Kontroll- und Informationsrechte.*

Beteiligungsgeber sind berechtigt, in mehr oder weniger starkem Umfang an der Unternehmensleitung mitzuwirken. Dabei reicht das Spektrum von der unmittelbaren Leitung des Unternehmens durch den oder die Beteiligungsgeber selbst bis hin zu der Position von Aktionären, die nur über bestimmte Entscheidungen in der Hauptversammlung abstimmen können. Durch das Recht, bei der Unternehmensleitung mitwirken zu können, haben die Beteiligungsgeber die Möglichkeit sicherzustellen, daß Entscheidungen unter Berücksichtigung ihrer Interessen an zukünftigen Residuen getroffen werden. Wenn eine Mitwirkung nur rudimentär möglich ist, weil die Unternehmensleitung (wie bei Aktiengesellschaften) in den Händen angestellter Manager liegt, gewinnt die Kontrolle und damit ein Kontrollrecht der Beteiligungsgeber an Bedeutung. In einer Aktiengesellschaft kann (sollte) zum Beispiel durch die Vertreter der Beteiligungsgeber im Aufsichtsrat Kontrolle über das Management ausgeübt werden. Damit Kontrolle überhaupt sinnvoll ausgeübt werden kann, bedarf es Informationen über die Unternehmensführung. Daher beinhalten Beteiligungstitel zumeist auch entsprechende Informationsrechte.

Bevor Beteiligungsgeber mit Zahlungen aus dem Unternehmen rechnen und sonstige Rechte ausüben können, müssen sie selbst eine Zahlung in Form des Kaufpreises für die Beteiligungstitel an das Unternehmen leisten. Solche Zahlungen bezeichnet man auch als Einlagen; sie erfolgen immer dann, wenn das Unternehmen neue Beteiligungstitel emittiert und der Erwerb dieser Titel aus Sicht der Kapitalgeber vorteilhaft erscheint. Beteiligungstitel werden erstmals bei Gründung des Unternehmens emittiert, später können weitere Beteiligungstitel am Kapitalmarkt angeboten werden, wenn zusätzliches Beteiligungskapital aufgenommen werden soll. Zu beachten ist dabei, daß die Summe aller Anteile stets 1 (100 %) beträgt, so daß die Emission neuer Beteiligungstitel Einfluß auf den Anteil der bisherigen Beteiligungsgeber haben kann. Wenn beispielsweise neue Beteiligungstitel emittiert werden, die einen Anteil von $\alpha > 0$ an dem Unternehmen beinhalten, so sinkt der Anteil des oder der bisherigen Beteiligungsgeber von 1 auf $1 - \alpha$, es sei denn, die neuen Beteiligungstitel werden ausschließlich von den bisherigen Beteiligungsgebern erworben. Da sich die Aufnahme neuen Beteiligungskapitals negativ auf den Anteil der bisherigen Beteiligungsgeber auswirken kann und die ihnen zukünftig zufließenden Ausschüttungen sich nach ihrem Anteil richten, kann eine Emission neuer Beteiligungstitel für die bisherigen Beteiligungsgeber nachteilig sein. Daraus erklärt sich die Regel, daß eine solche Finanzierungsmaßnahme zumeist nur mit Zustimmung (oder gar nur auf Initiative) der bisherigen Beteiligungsgeber erfolgen darf. Bei Unternehmen in der Rechtsform der Aktiengesellschaft ist zudem den bisherigen Beteiligungsgebern in der Regel das Recht einzuräumen, bei der Emission neuer Beteiligungstitel (hier: Aktien) diese bevorrechtigt zu kaufen. Dieses Bezugsrecht stellt sicher, daß jeder Beteiligungsgeber seinen Anteil an dem Unternehmen unverändert beibehalten kann. Das Bezugsrecht ist veräußerbar, womit auch andere Kapitalanleger die Möglichkeit haben, neu emittierte Beteiligungstitel des Unternehmens zum Emissionspreis zu erwerben.

Anders als bei dem Erwerb von neuen Beteiligungstiteln kann es aber auch zu unfreiwilligen Zahlungen der (bisherigen) Beteiligungsgeber an das Unternehmen kommen. Dies gilt insbesondere für Personengesellschaften, bei denen die Beteiligungsgeber auch mit ihrem privaten Vermögen für die Verbindlichkeiten des Unternehmens haften. Beteiligungsgeber von Personengesellschaften müssen weitere Zahlungen an das Unternehmen leisten, wenn deren sonstige Einzahlungen nicht ausreichen, die vertraglich festgelegten Zahlungen an Dritte zu begleichen. Bei Kapitalgesellschaften (insbesondere also GmbHs und Aktiengesellschaften) haften die Beteiligungsgeber hingegen nicht mit ihrem Privatvermögen, sondern nur mit ihrer Einlage. Das heißt, wenn sie den vollen Kaufpreis für ihre Finanzierungstitel gezahlt haben, können sie nicht gezwungen werden, in Zukunft weitere Zahlungen an das Unternehmen zu leisten. Für die Begleichung von Auszahlungen stehen dem Unternehmen in der Rechtsform der Kapitalgesellschaft daher nur solche Einzahlungen zur Verfügung, die sie selbst erwirtschaftet oder zu denen sie Kapitalgeber im Zusammenhang mit der Emission weiterer Finanzierungstitel bewegen kann.

In bestimmten Fällen existieren verschiedene Typen von Beteiligungstiteln ein und desselben Unternehmens, die sich im Hinblick auf die Ausgestaltung der unmittelbar zahlungsbezogenen Rechte wie auch der Mitwirkungs-, Kontroll- und Informationsrechte unterscheiden. So gibt es zum Beispiel bei der Kommanditgesellschaft zwei Kategorien von Beteiligungsgebern: Kommanditisten und Komplementäre. Komplementäre haften im Gegensatz zu den Kommanditisten auch mit ihrem Privatvermögen und haben das Recht, das Unternehmen zu leiten. Kommanditisten dagegen haben zwar weitgehende Kontroll- und Informationsrechte, sind jedoch nicht direkt an der Unternehmensleitung beteiligt. Bei Aktiengesellschaften kann man zwischen Stamm- und Vorzugsaktien unterscheiden. Nur erstere besitzen ein Stimmrecht auf der Hauptversammlung, letztere dafür einen in der einen oder anderen Art und Weise bevorzugten Dividendenanspruch. (Eine detaillierte Beschreibung der Vielzahl und Ausgestaltungen von in der Realität beobachtbaren Beteiligungstiteln muß hier schon allein aus Platzgründen unterbleiben, vergleiche dazu z.B. Wöhe/ Bilstein 1994.)

2.2.2 Kreditfinanzierung und Forderungstitel

Grundlegendes Merkmal der Kreditfinanzierung ist, daß die Kapitalgeber im Gegenzug zur Bereitstellung des Kreditkapitals einen *fixen Zahlungsanspruch*, eine Forderung erwerben. Das heißt, sie haben Anspruch auf Zahlungen aus dem Unternehmen in zukünftigen Zeitpunkten, die in ihrer Höhe und im Hinblick auf den Termin vertraglich festgelegt sind. Somit ist der Zahlungsanspruch der Kreditgeber nicht von der Höhe der Einzahlungen des Unternehmens abhängig. Zeitpunkt und Höhe der an einen Kreditgeber zu leistenden Zahlungen werden durch die im Kreditvertrag vereinbarten unmittelbar zahlungsbezogenen Rechte determiniert. Diese setzen sich gemeinhin aus dem Recht auf (periodische) Zinszahlungen und dem Anspruch auf die Tilgung des Kredits zu einem bestimmten Zeitpunkt oder innerhalb einer bestimmten Frist zusammen. Derartige Rechte kennzeichnen einen *Forderungstitel*.

Sonderformen von Forderungstiteln sind zum Beispiel sogenannte Null-Kupon-Anleihen (Zero-bonds) und variabel verzinsliche Kredite. Bei Null-Kupon-Anleihen erfolgt keine explizite Zinszahlung, statt dessen ist nur für einen zukünftigen Zeitpunkt die Zahlung eines Betrags an den Kreditgeber vorgesehen, der (deutlich) größer ist als der anfangs zur Verfügung gestellte Kreditbetrag. Dieser Betrag, der am Ende der Laufzeit vom Unternehmen an den Kreditgeber zu zahlen ist, kann als Tilgung plus Zinsen und Zinseszinsen interpretiert werden. Bei variabel verzinslichen Krediten richtet sich die von dem Unternehmen zu leistende Zinszahlung nach einer Referenzgröße, die *nicht* von der Unternehmensleitung beeinflußt werden kann. In Frage kommen hier insbesondere Zinssätze, die als Durchschnitt der an bestimmten Märkten im jeweiligen Zeitpunkt beobachtbaren Zinsen berechnet werden. Auch im Falle der Vereinbarung variabler Zinssätze sind die Zahlungsansprüche der Kreditgeber also nicht von den Zahlungen abhängig, die von dem Unternehmen erwirtschaftet werden.

Kreditgeschäfte und damit die bei einer Kreditaufnahme emittierten Forderungstitel lassen sich anhand verschiedener Kriterien systematisieren. So kann zum Beispiel die Laufzeit, der Kreditgeber (Privatperson, Bank oder eine andere Institution, z.B. Lieferant) oder die Frage der Verbriefung der Ansprüche des Kreditgebers in einem Wertpapier herangezogen werden, um nur einige Kriterien zu nennen. (Zu einer detaillierteren Beschreibung verschiedener Kreditformen vgl. wieder Wöhe/Bilstein 1994.) Ebenfalls zur Unterscheidung verschiedener Kreditformen bieten sich die nicht unmittelbar zahlungsbezogenen Rechte der Kreditgeber an. Diese sind stets im Zusammenhang mit der Tatsache zu sehen, daß das Unternehmen als Kreditnehmer prinzipiell insolvent werden kann. Insolvenz bezeichnet den Fall, daß die Einzahlungen, einschließlich der Zahlungen, zu denen Kapitalgeber in Verbindung mit der Emission neuer Finanzierungstitel bewegt werden können, nicht ausreichen, um die vereinbarten Zahlungen an bereits vorhandene Kreditgeber leisten zu können.

Ohne die Gefahr einer Insolvenz wäre die Kreditfinanzierung grundsätzlich unproblematisch. Kann eine Insolvenzgefahr jedoch nicht gänzlich ausgeschlossen werden - wovon in der Realität zumeist auszugehen ist - so besteht ein Bedarf an Kreditsicherheiten im weitesten Sinne. Zunächst muß ein Kapitalgeber vor der Bereitstellung eines Kreditbetrags abschätzen können, wie hoch die Insolvenzgefahr ist, d.h. mit welcher Wahrscheinlichkeit er die im Kreditvertrag zu vereinbarenden Zahlungen (pünktlich) erhält und wie hoch eventuelle Ausfälle sein werden. Dazu benötigt er Informationen aus dem Unternehmen. Diese Informationen fließen in die Kreditvergabeentscheidung ein. So kann auf die Kreditvergabe verzichtet werden, wenn auf der Basis der verfügbaren Informationen das Insolvenzrisiko als „hoch" eingeschätzt wird (Risikovermeidung), oder der Kreditgeber fordert einen entsprechend hohen Zinssatz, mit dem er sich für ein tatsächlich oder vermeintlich hohes Insolvenzrisiko entschädigen läßt (Risikoabgeltung). Die Notwendigkeit zur Einschätzung der Insolvenzgefahr entfällt, wenn eine Regelung gefunden wird, aufgrund derer der Kreditgeber sicher sein kann, daß unabhängig vom Erfolg des Unternehmens stets ausreichende Mittel zur Begleichung seiner Forderung zur Verfügung stehen. Dies erreicht man insbesondere durch die Stellung von Sicherheiten aus dem Schuldnervermögen (Realsicherheiten) und durch haftungserweiternde Maßnahmen. Bei Stellung von Sicherheiten aus dem Schuldnervermögen werden bestimmte Teile des Vermögens des Kreditnehmers für die Begleichung der Zahlungen an den Kreditgeber reserviert. Der Kreditgeber weiß damit, daß im schlimmsten Fall der Vermögensgegenstand (z.B. eine Immobilie, eine Maschine oder ein Fahrzeug) veräußert werden könnte und der Veräußerungserlös zur Begleichung seiner Forderung herangezogen werden kann. Zu den haftungserweiternden Maßnahmen zählt insbesondere die Abgabe einer Bürgschaft durch eine Person oder Institution. Der Bürge verpflichtet sich, die Zahlungsansprüche des Kreditgebers zu erfüllen, wenn und insoweit das Unternehmen dazu nicht in der Lage ist. Damit stellt sich für einen potentiellen Kreditgeber das möglicherweise geringere Problem, den zukünftigen Wert der Realsicherheiten bzw. die Zahlungsfähigkeit des Bürgen abzuschätzen. Da im Falle der Insolvenz des Unternehmens der Rückgriff auf Realsicherheiten oder auf einen Bürgen zumeist nicht ganz unproblematisch und kostenlos möglich ist, sollten Kreditgeber bei ihrer Kreditvergabeentscheidung diese Möglichkeiten jedoch nicht zu sehr in den Vordergrund stellen.

Sicherheiten erfüllen neben der Herabsetzung des Informationsbedarfs bei einer Kreditvergabeentscheidung aber auch noch andere wesentliche Aufgaben. Um diese zu verdeutlichen, ist zu berücksichtigen, daß viele zukünftige Ein- und Auszahlungen des Unternehmens nach erfolgter Kreditvergabe noch durch Entscheidungen der Unternehmensleitung (oder anderer Unternehmensangehöriger) beeinflußt werden können. Damit kann insbesondere auch die Insolvenzgefahr und der zu erwartende Zahlungsausfall im Insolvenzfall durch unternehmerische Entscheidungen beeinflußt werden. Sicherheiten dienen in diesem Zusammenhang einerseits dazu, die Vermögensposition von Kreditgebern gegenüber zukünftigen Entscheidungen im Unternehmen zu immunisieren und andererseits, durch das Setzen von Anreizen auf Entscheidungen einzuwirken. So wird zum Beispiel der Leiter eines Unternehmens in der Rechtsform einer Kapitalgesellschaft, der als Bürge mit seinem Privatvermögen für die Kreditverbindlichkeiten haftet, größere Hemmungen haben, solche Entscheidungen zu treffen, durch die das Insolvenzrisiko steigt.

Zu den Sicherheiten im weitesten Sinne zählen auch alle anderen nicht unmittelbar zahlungsbezogenen Rechte von Kreditgebern. Auch Kreditgeber können sich das Recht auf Mitsprache bei bestimmten Entscheidungen im Unternehmen einräumen lassen. Dies dient dem Zweck, Entscheidungen zu verhindern, die ihre Position negativ beeinflussen würden. Im Zusammenhang mit einem Recht auf (regelmäßige) Information durch die Unternehmensleitung kann auch ein Kündigungsrecht von Interesse sein. Dieses ermöglicht es einem Kreditgeber, sich rechtzeitig aus seinem Engagement zurückzuziehen, wenn die Situation des Unternehmens dies aus seiner Sicht erfordert.

Derartige Rechte von Kreditgebern sind aus Sicht anderer an dem Unternehmen Beteiligter nicht unbedingt unproblematisch. Sie schränken die Flexibilität für zukünftige Entscheidungen ein, verhindern damit möglicherweise vorteilhafte Entscheidungen oder stürzen das Unternehmen sogar in eine „Krise", zum Beispiel dadurch, daß ein Kredit gekündigt wird. (Womit nicht ausgeschlossen ist, daß diese Krise unvermeidbar ist und durch die Kreditkündigung nur vorverlegt wird). Zu berücksichtigen ist jedoch, daß eine Kreditfinanzierung oftmals nur dann überhaupt zustande kommt, wenn den Kreditgebern solche nicht unmittelbar zahlungbezogenen Rechte eingeräumt werden. Insofern liegen diese Rechte ex ante auch im Interesse des Kreditnehmers.

2.2.3 Mischformen

Neben den idealtypischen Grundformen von Beteiligungs- und Forderungstiteln existieren auch solche Finanzierungstitel, die nicht eindeutig der einen oder anderen Kategorie zugeordnet werden können. Dazu zählen einerseits Finanzierungstitel, die zunächst als reine Forderungstitel in Erscheinung treten, darüber hinaus aber ein *Gestaltungsrecht* für den Inhaber beinhalten. Das Gestaltungsrecht besteht in der Option, den Forderungstitel in einen Beteiligungstitel umzuwandeln oder zusätzlich einen neu zu emittierenden Beteiligungstitel zu erwerben. Das zuerst genannte Gestaltungsrecht kennzeichnet eine Wandelschuldverschreibung, das zuletzt genannte eine Optionsanleihe. Andererseits existieren auch Finanzierungstitel, die von vornherein sowohl Komponenten der Kredit- als auch der Beteiligungsfinanzierung enthalten. Hierzu zählen insbesondere Genußscheine, Gewinnschuldverschreibungen und die stille Beteiligung.

Eine Optionsanleihe setzt sich aus einer „normalen" Anleihe, also einem verbrieften Forderungstitel, und einem sogenannten Optionsschein zusammen. Der Optionsschein, der auch von der Anleihe getrennt und isoliert veräußert werden kann, verbrieft das Recht, einen Beteiligungstitel des Unternehmens, welche die Optionsanleihe emittiert hat, in einem bestimmten zukünftigen Zeitpunkt oder -raum zu einen festgelegten Preis zu kaufen. Wird dieses Recht ausgeübt, entsteht ein neuer Beteiligungstitel. Der Käufer einer Optionsanleihe hat somit die Möglichkeit, zusätzlich zu der Position eines Kreditgebers zukünftig die eines Beteiligungsgebers einzunehmen. Dies allein ist jedoch keine Besonderheit. Die Möglichkeit (in Zukunft) die Position eines Beteiligungsgebers einzunehmen hat insbesondere bei einer Aktiengesellschaft, deren Beteiligungstitel in Aktien verbrieft sind und an einer Börse gehandelt werden, jeder Kreditgeber. Jeder kann (in Zukunft) Aktien kaufen. Der Erwerb von Beteiligungstiteln über die Ausübung des Optionsrechts aus einer Optionsanleihe weist jedoch in zweierlei Hinsicht Besonderheiten auf. Zum einen kommt es zur Emission *neuer* Beteiligungstitel, wenn das Optionsrecht ausgeübt wird, worauf die Unternehmensleitung keinen Einfluß nehmen kann. Zum anderen ist der Preis, zu dem die neuen Beteiligungstitel von den Optionsinhabern erworben werden können, im voraus in den Optionsbedingungen festgelegt. Ex post kann dieser „Ausübungspreis" höher oder niedriger sein als der aktuelle Börsenkurs des Beteiligungstitels. Ausgeübt wird die Option, wenn der Ausübungspreis geringer ist als der Börsenkurs, womit dem Inhaber der Option ein Gewinn in Höhe der Differenz zufließt. Die Chance, einen solchen Gewinn zu erzielen führt dazu, daß die im Optionsschein verbriefte Option einen

Wert hat, d.h. ein potentieller Käufer wäre bereit, hierfür einen positiven Preis zu zahlen. Dieser Optionswert fällt den Erwerbern einer Optionsanleihe aber zu, ohne daß sie hierfür eine besondere Zahlung leisten müßten. Daher werden sie bereit sein, eine vergleichsweise geringe Verzinsung des eingesetzten Kapitals im Rahmen der Anleihe-Komponente hinzunehmen. Tatsächlich beobachtet man, daß Optionsanleihen üblicherweise mit einer geringeren Nominalverzinsung als „normale" Anleihen ausgestattet sind. Daraus auf einen Vorteil für das emittierende Unternehmen zu schließen, ist jedoch voreilig. Wenn den Käufern das Optionsrecht ohne Zahlung eines gesonderten Preises zufällt, so steht dem der Verzicht des Unternehmens auf den Erlös eines solchen Preises gegenüber. Für diesen Verzicht wird sie durch die geringere Verzinsung entschädigt. Als vorteilhaft kann allerdings angesehen werden, daß der geringere Zinssatz zu geringeren fixen Zahlungsverpflichtungen des Unternehmens führt. Damit steht in den zukünftigen Zeitpunkten ein größerer Teil der Einzahlungen des Unternehmens für andere Zwecke als zur Begleichung der Zahlungsansprüche von Kreditgebern zur Verfügung.

Wandelschuldverschreibungen weisen eine wesentliche Gemeinsamkeit mit Optionsanleihen auf. Der Inhaber einer Wandelschuldverschreibung hat ebenfalls das Recht (nicht jedoch die Pflicht), in einem zukünftigen Zeitpunkt oder -raum eine bestimmte Anzahl neu zu emittierender Beteiligungstitel zu einem im voraus festgelegten Preis zu erwerben. Dieser Preis ist im Gegensatz zum Fall der Optionsanleihe jedoch nicht (allein) ein zu zahlender Geldbetrag, sondern die Anleihe selbst. Das heißt, die Anleihe wird gegen einen (oder mehrere) Beteiligungstitel umgetauscht, gewandelt. Außerdem kann eine Zuzahlung vorgesehen sein, so daß der Preis für den oder die neuen Beteiligungstitel sich aus der Anleihe und einem Geldbetrag zusammensetzt. In jedem Fall geht die Anleihe unter, die Position des Kapitalgebers wandelt sich komplett von der eines Kreditgebers (mit einem Gestaltungsrecht) zu der eines Beteiligungsgebers, wenn das Optionsrecht ausgeübt wird.

Bei stillen Beteiligungen, Gewinnschuldverschreibungen und insbesondere bei Genußscheinen existieren vielfältige Gestaltungsmöglichkeiten, durch welche Elemente der typischen Kredit- als auch der Beteiligungsfinanzierung miteinander verknüpft werden können. So besitzen die Inhaber von Genußscheinen oder Gewinnschuldverschreibungen einen Anspruch auf Zahlungen, die in ihrer Höhe von dem durch den Gewinn des Unternehmens gemessenen Erfolg des Unternehmens, und damit (auch) von unsicheren Ein- und Auszahlungen abhängen. (Zu den unterschiedlichen Ausgestaltungen von Genußscheinen und deren Analyse vgl. Kakuschke 1996.) Dies ist typisch für die Position von Beteiligungsgebern. Daneben steht jedoch das Recht auf Rückzahlung des eingesetzten Kapitals, die Kapitalüberlassung erfolgt also wie bei der Kreditfinanzierung nur befristet. Allerdings kann sich der Anspruch auf Kapitalrückzahlung auch reduzieren, wenn das Unternehmen Verluste hinnehmen muß (Verlustbeteiligung). Damit ist eine größere Nähe zur Beteiligungsfinanzierung gegeben.

2.3 Märkte für Finanzierungstitel

Erstmals gehandelt wird ein jeder Finanzierungstitel im Zeitpunkt seines Entstehens, und zwar zwischen dem emittierenden Unternehmen als Verkäufer und einem Kapitalgeber als Käufer. Dieser Handel stellt eine Transaktion dar, die dem sogenannten *Primärmarkt* zuzuordnen ist (vgl. Abb.2). Auch bereits existierende Finanzierungstitel können gehandelt werden. Dabei ist das emittierende Unternehmen zumeist nicht mehr beteiligt. Der Handel mit bereits existierenden Finanzierungstiteln findet auf dem sogenannten *Sekundärmarkt* zwischen dem bisherigen Inhaber und einem anderen Kapitalanleger statt.

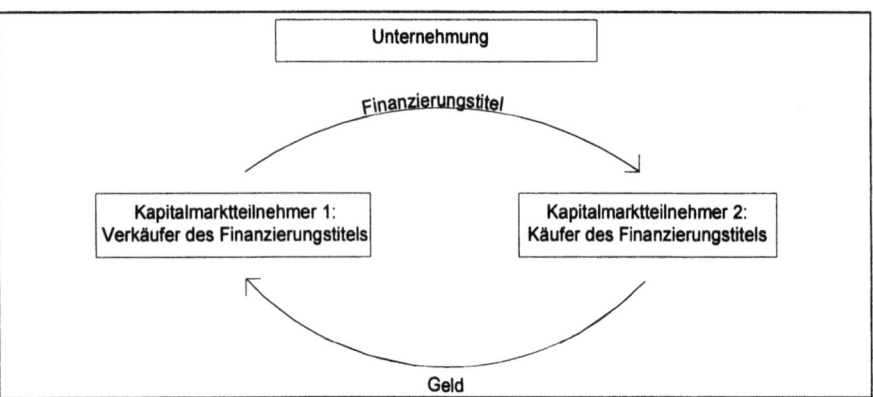

Abb.3: Sekundärmarkttransaktion

Prinzipiell kann zwar jeder Finanzierungstitel auf dem Sekundärmarkt gehandelt werden, jedoch ist diese Handelbarkeit je nach Art und Ausgestaltung des zu betrachtenden Titels unterschiedlich ausgeprägt. Grundvoraussetzung für einen Handel ist zunächst, daß ein Käufer gefunden wird. Dies ist nahezu problemlos bei Finanzierungstiteln, die in Form von Wertpapieren auf hochorganisierten Märkten (Börsen) gehandelt werden. Problematischer ist es, einen Käufer für Finanzierungstitel zu finden, die nur sporadisch gehandelt werden, wie z.b. Anteile an Personengesellschaften. In solchen Fällen kann insbesondere auch die Einigung auf einen für beide Seiten akzeptablen Preis Schwierigkeiten bereiten. Daher (aber nicht nur deshalb) wird eine Beteiligung an einer Personengesellschaft nur dann in Erwägung gezogen, wenn ein dauerhaftes Engagement geplant ist.

Die Existenz eines Sekundärmarkts ist sowohl für Kapitalgeber als auch für die Emittenten von Finanzierungstiteln, also Unternehmen, von Bedeutung. Durch die Möglichkeit, Finanzierungstitel am Sekundärmarkt zu veräußern, können die Kapitalgeber ihre Rechte (und Pflichten) gegenüber dem Unternehmen wieder gegen Zahlungsmittel eintauschen. Dabei wird dem Unternehmen jedoch kein Kapital entzogen. Zwar beendet ein Kapitalgeber seine durch den Erwerb eines Finanzierungstitels begründete Beziehung zu dem Unternehmen, an seine Stelle tritt jedoch ein anderer Kapitalmarktteilnehmer.

Die Kapitalbereitstellung durch einen einzelnen Kapitalgeber kann somit kurzfristigerer Natur sein als die Nutzung des Kapitals durch das Unternehmen. In diesem Sinne ermöglicht der Sekundärmarkt eine *Fristentransformation*. Desweiteren können sich Kapitalanleger über den Handel am Sekundärmarkt ein Bündel von Finanzierungstiteln, ein Portefeuille, zusammenstellen und bei Bedarf umstrukturieren. Durch die Portefeuillebildung kann der Kapitalanleger Einfluß auf die ihm insgesamt in Zukunft zufließenden Zahlungen nehmen. Dies ist vor allem deshalb von Interesse, weil die zukünftigen Zahlungen an Inhaber von Finanzierungstiteln oftmals unsicher, d.h. risikobehaftet sind, und diese Risiken bei der Portefeuillebildung teilweise „wegdiversifiziert" werden können. Die Erklärung dieses Phänomens und die Beschreibung des für einen Anleger optimalen Portefeuilles ist Gegenstand der *Portefeuille-Theorie*, die auf Markowitz 1952 zurückgeht.

Für Unternehmen ist insbesondere die Preisbildung am Sekundärmarkt von Interesse. Wenn ein Unternehmen eine externe Finanzierungsmaßnahme plant, d.h. Einzahlungen von Kapitalgebern einwerben möchte, stellt sich die Frage, zu welchem Preis die dazu zu emittierenden Finanzierungstitel anzubieten sind. Umgekehrt kann auch gefragt werden, wie ein Finanzierungstitel auszugestalten ist, um bei gegebenem Preis am Primärmarkt abgesetzt werden zu können. Von dem Ergebnis solcher Überlegungen kann insbesondere die Vorteilhaftigkeit der geplanten Finanzierungsmaßnahme abhängen.

Die Beobachtung der am Sekundärmarkt für Finanzierungstitel gezahlten Preise ermöglicht unter Umständen die Bestimmung des angemessenen Preises für einen neu zu emittierenden Finanzierungstitel. Dieser Preis darf nicht größer sein als derjenige eines bereits am Sekundärmarkt gehandelten „vergleichbaren" oder sogar in irgendeiner Hinsicht „besseren" Finanzierungstitels. Insbesondere wenn noch keine unmittelbar vergleichbaren Finanzierungstitel gehandelt werden, kommt man mit dieser Überlegung jedoch nicht weiter. Dann bedarf es der Kenntnis der grundlegenden Zusammenhänge, die die Preise der am Kapitalmarkt gehandelten Finanzierungstitel determinieren. Diese Erklärung der Preisbildung liefert die *Kapitalmarkttheorie*.

Innerhalb der Kapitalmarkttheorie lassen sich verschiedene Ansätze unterscheiden, die zumeist die Preise in einem statischen Kapitalmarktgleichgewicht erklären. (Der bekannteste Erklärungsansatz dieser Art ist das *Capital Asset Pricing Model* (kurz CAPM). Dieses Modell basiert auf der bereits erwähnten Portefeuille-Theorie nach Markowitz.) Ziel kapitalmarkttheoretischer Überlegungen ist die Bestimmung des gegenwärtigen, gleichgewichtigen *Marktwerts* zukünftiger unsicherer Zahlungen. Der gleichgewichtige Marktwert ist der Preis, zu dem der Anspruch auf die zu bewertenden zukünftigen Zahlungen im Gleichgewicht gehandelt würde. Mit $\vec{e}$ sei der zu bewertende Zahlungsstrom und mit $V(\vec{e})$ der Marktwert desselben bezeichnet. $\vec{e}$ ist ein Vektor zukünftiger, im allgemeinen unsicherer Zahlungen: $\vec{e} = (e_1, e_2, e_3, ..., e_n)$. Hierbei kennzeichnen e_1 bis e_i die möglichen Realisationen der Zahlung im Zeitpunkt 1, e_{i+1} bis e_j die möglichen Realisationen im Zeitpunkt 2, usw. $V(\cdot)$ ist die Bewertungsfunktion, die dem Zahlungsstrom $\vec{e}$ seinen Marktwert zuordnet. Wenn $V(\cdot)$ bekannt, für alle denkbaren Zahlungsströme definiert und außerdem unabhängig von dem zu bewertenden Zahlungsstrom gegeben ist, läßt sich der Marktwert neu zu emittierender Finanzierungstitel bestimmen. Die unmittelbar und nur mittelbaren zahlungsbezogenen Rechte (und Pflichten), die einen Finanzierungstitel ausmachen, determinieren den Zahlungsstrom, der dem Inhaber zufließt, und dieser wiederum den Marktwert.

Die Preisbildung auf dem Sekundärmarkt ist aber nicht nur für Finanzierungsentscheidungen, sondern vor allem auch für Investitionsentscheidungen von Interesse. Investitionen führen zu zukünftigen unsicheren Einzahlungen für das Unternehmen. In dieser Hinsicht ist eine Investition eines Unternehmens vergleichbar mit dem Kauf eines Finanzierungstitels. Dem Inhaber eines Finanzierungstitels fließen auch unsichere Zahlungen in der Zukunft zu. Auf der Basis dieser Gemeinsamkeit zwischen bereits am Sekundärmarkt gehandelten Finanzierungstiteln und Investitionen eines Unternehmens kann die Vorteilhaftigkeit solcher Investitionen beurteilt werden. Dazu muß versucht werden, ein Portefeuille aus Finanzierungstiteln zu identifizieren, das mit den gleichen unsicheren Zahlungen in Zukunft verbunden ist wie die Investition. Der Preis, zu dem dieses *äquivalente Portefeuille* am Sekundärmarkt gehandelt wird, ist mit der erforderlichen Anfangsauszahlung für die Investition zu vergleichen. Nur wenn der Preis des äquivalenten Portefeuilles größer ist als die Anfangsauszahlung, ist die Investition vorteilhaft. Im entgegengesetzten Fall wäre der Erwerb des Portefeuilles vorzuziehen.

3 Interne Finanzierung

Die interne Finanzierung ist das Komplement zur externen Finanzierung, nicht nur dem Namen nach, sondern auch im Hinblick auf die zu betrachtenden Zahlungen. Während bei der externen Finanzierung Zahlungen von Kapitalgebern an das Unternehmen erfolgen, damit diese Auszahlungen tätigen kann, stellt die interne Finanzierung auf alle übrigen Einzahlungen ab (außer auf evtl. fließende Subventionen). Dies sind zum einen die laufenden Einzahlungen im Leistungs- und Finanzinvestitionsbereich, also insbesondere die Umsatzerlöse und Erträge aus Finanzinvestitionen (Zinsen und Dividenden). Zum anderen fließen dem Unternehmen ggf. Zahlungen aus der Veräußerung von Vermögensgegenständen des Leistungsbereichs (LB) (z.B. Maschinen) und des Finanzinvestitionsbereichs (FIB) (z.B. Wertpapiere) zu. Zieht man von der Summe der laufenden Einzahlungen und der Veräußerungserlöse alle Auszahlungen ab, die nicht im Zusammenhang mit neuen Investitionen erfolgen (laufende Auszahlungen und Steuern) oder in Form von Zinsen oder Gewinnausschüttungen an Kapitalgeber fließen, so erhält man das Innenfinanzierungsvolumen (vgl. Abb.4). Dieser Betrag steht für neue Investitionen und für die Tilgung von Krediten zur Verfügung.

laufende Einzahlungen im LB und FIB			Veräußerungserlöse im LB und FIB
laufende Auszahlungen	Zinsen und Steuern	Ausschüttungen	Innenfinanzierungsvolumen

Abb.4: Zahlungsorientierte Ermittlung des Innenfinanzierungsvolumens

Traditionell wird das Innenfinanzierungsvolumen jedoch nicht in dieser Weise zahlungsbezogen berechnet, sondern auf der Basis einer buchhalterischen Aufspaltung des Überschusses der Einzahlungen über die laufenden Auszahlungen.

Der Überschuß der laufenden Einzahlungen über die laufenden Auszahlungen setzt sich buchhalterisch zusammen aus den verrechneten Abschreibungen, aus einer Zuführung zu den Rückstellungen und einer residualen Größe, dem Gewinn vor Zinsen und Steuern. (Eine Ungenauigkeit ergibt sich, wenn in die Gewinnberechnung noch nicht-zahlungsgleiche Erträge und andere nicht-zahlungsgleiche Aufwendungen neben den Abschreibungen und den Zuführungen zu den Rückstellungen eingehen.) Die Veräußerungserlöse lassen sich aufspalten in eine Kapitalfreisetzung in Höhe des Bilanzansatzes der veräußerten Aktiva und einen Gewinn, ebenfalls vor Zinsen und Steuern (vgl. Abb. 5).

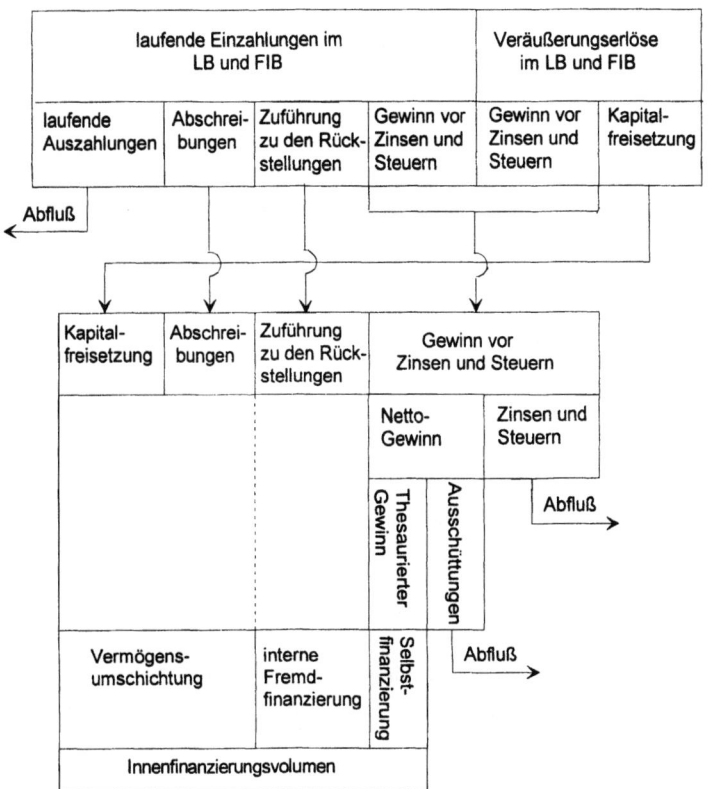

Abb.5: Bilanzbezogene Ermittlung des Innenfinanzierungsvolumens (in Anlehnung an Hax 1993, S. 405)

Zieht man von der Summe aus Kapitalfreisetzung, Abschreibungen, Zuführung zu den Rückstellungen und Gewinn vor Zinsen und Steuern den Betrag ab, der für Zinsen und Steuern zu reservieren ist, erhält man das *maximale Innenfinanzierungsvolumen*. Dieses ist um den Betrag der Gewinnausschüttung an Beteiligungsgeber größer als das tatsächliche Innenfinanzierungsvolumen. Ausgeschüttet werden darf höchstens der Gewinn nach Zinsen und Steuern. Wenn die Ausschüttung geringer ausfällt, ein Teil des Gewinns also thesauriert wird, findet eine sog. *Selbstfinanzierung* oder *interne Eigenfinanzierung* statt. Der nicht ausschüttungsfähige Anteil der Einzahlungen, der als Kapitalfreisetzung, Abschreibungen oder Zuführung zu den Rückstellungen verrechnet wird, stellt eine „erzwungene" Innenfinanzierung dar. Man unterteilt diese in eine *Vermögensumschichtung* (Kapitalfreisetzung und Abschreibungen) und eine *interne Fremdfinanzierung* in Höhe der Zuführung zu den Rückstellungen.

Im Rahmen der Vermögensumschichtung erfolgt eine Freisetzung des in den Aktiva des Unternehmens gebundenen Kapitals. Die Abschreibungen stellen zunächst nur eine rechnerische, buchhalterische Kapitalfreisetzung dar, Zahlungsmittel in entsprechender Höhe fließen dem Unternehmen nur dann zu, wenn den Abschreibungen genügend hohe Einzahlungen aus dem Leistungs- und Finanzinvestitionsbereich gegenüberstehen. Von einer Finanzierung aus Abschreibungen zu sprechen ist daher mißverständlich. Auszahlungen beispielsweise für neue Investitionsprojekte können nur aus Einzahlungen bestritten werden, nicht aus den Abschreibungen (Zahlen, die „der Buchhalter auf Papier schreibt"). Daher kann das Innenfinanzierungsvolumen auch nicht dadurch gesteigert werden, daß höhere Abschreibungen verrechnet werden. Dies mindert den Gewinn der Periode im gleichen Umfang, so daß das maximale Innenfinanzierungsvolumen konstant bleibt, wenn man von den Auswirkungen auf die zu zahlenden Steuern absieht. Bei der Veräußerung von Vermögensgegenständen erfolgt die Kapitalfreisetzung hingegen unmittelbar in Höhe des Veräußerungserlöses.

Zuführungen zu den Rückstellungen werden als interne Fremdfinanzierung bezeichnet, weil in diesem Umfang das Unternehmen auf Einzahlungen zurückgreifen kann und dieses Kapital ihr befristet zur Verfügung steht. Das Kapital ist an Unternehmensexterne in Zukunft auszuzahlen, wenn die Verbindlichkeit zu begleichen ist, für die eine Rückstellung gebildet wurde. Die Summe aus Vermögensumschichtung, interner Fremdfinanzierung und Selbstfinanzierung entspricht genau dem Innenfinanzierungsvolumen, welches sich aus dem Überschuß der gesamten Einzahlungen über die laufenden Auszahlungen, Steuern, Zinsen und Gewinnausschüttung ergibt (vgl. Abb. 4 und 5). Deutlich wird damit, daß die Quelle jeder Innenfinanzierung in den Einzahlungen des Unternehmens im Leistungs- und Finanzinvestitionsbereich zu sehen ist. Die buchhalterische Aufspaltung des Innenfinanzierungsvolumens macht nur deutlich, worauf zurückzuführen ist, daß nicht der gesamte Einzahlungsüberschuß an Beteiligungsgeber ausgeschüttet wird. Ausgeschüttet werden darf nur der Gewinn; im Umfang der Selbstfinanzierung findet eine gewollte Nichtausschüttung statt. Der Rest des Innenfinanzierungsvolumens darf nicht ausgeschüttet werden. Nicht ausschüttbar ist dieser Betrag, weil dies im Falle der Zuführung zu den Rückstellungen dem Sinn der Rückstellungen widerspräche und im Falle der Vermögensumschichtung kein Wertzuwachs entstanden ist. Insbesondere wenn das Unternehmen ihre gesamten Aktiva veräußern und den Erlös an die Beteiligungsgeber ausschütten dürfte, bestünde die Gefahr, daß die Kredite des Unternehmens nicht getilgt werden können, weil in Zukunft keine Einzahlungen mehr erwirtschaftet werden. Letztlich steht hinter der Begrenzung der Ausschüttung also der Gläubigerschutzgedanke.

Problematisch im Zusammenhang mit der Innenfinanzierung ist die Sicherstellung der effizienten Verwendung der entsprechenden Mittel. Kapitalgeber haben hierauf nur Einfluß, soweit sie an der Unternehmensleitung beteiligt sind. Ein angestelltes Management kann im wesentlichen frei über die Verwendung der Mittel aus der Innenfinanzierung entscheiden. Damit besteht die Gefahr, daß in unvorteilhafte Projekte investiert wird, insbesondere, wenn nur in geringem Umfang vorteilhafte Projekte zur Verfügung stehen und das Innenfinanzierungsvolumen groß ist. Ersteres ist typisch für Unternehmen in „reifen" Branchen. Um in solchen Fällen die Gefahr von Fehlinvestitionen zu reduzieren, sollte die Höhe der frei verfügbaren Einzahlungen, der Überschuß des Innenfinanzierungsvolumens über die im jeweiligen Zeitpunkt zu leistenden Kredittilgungen, begrenzt werden, indem ex ante in hohem Maße auf die Kreditfinanzierung zurückgegriffen wird. Dies führt zu entsprechend hohen Zahlungsverpflichtungen in zukünftigen Zeitpunkten und mindert somit den Teil des Innenfinanzierungsvolumens, der für unvorteilhafte Projekte verwendet werden könnte. Zu einer drastischen Erhöhung des Anteils der Kreditfinanzierung an der gesamten Finanzierung eines Unternehmens kommt es insbesondere im Zusammenhang mit Leveraged Buy-outs (LBO's). Dabei werden die ausstehenden Beteiligungstitel des Unternehmens von einer kleinen Gruppe von Investoren (zu denen oftmals auch das Management gehört) aufgekauft, wobei der Kaufpreis zu einem großen Teil über Kreditaufnahme finanziert wird. Als Kreditschuldner fungiert das Unternehmen, so daß deren Zahlungsverpflichtungen in Zukunft entsprechend höher ausfallen. Ein LBO kann daher als Antwort auf das Problem der möglichen Investitionen in unvorteilhafte Projekte bei hohem Innenfinanzierungsvolumen und angestelltem Management angesehen werden. Ein Wohlfahrtsgewinn resultiert aus einer solchen Transaktion, wenn in deren Folge Fehlinvestitionen vermieden werden, weil Mittel für Investitionen knapper sind und außerdem das Management aufgrund seiner erworbenen Beteiligung unmittelbares Interesse an effizienten Entscheidungen hat (zu dieser Argumentation vgl. Jensen 1986 und ders. 1989).

4 Analyse grundlegender Aspekte der Finanzierung

Finanzierung nur mit der Deckung des Kapitalbedarfs eines Unternehmens gleichzusetzen, wäre eine zu sehr verkürzte Sichtweise. Kapitalgeber sind nur dann bereit, Finanzierungstitel von dem Unternehmen gegen Zahlung eines Preises zu erwerben, wenn die ihnen dabei zufallenden Rechte Aussichten auf „hinreichend hohe" Zahlungen in Zukunft begründen. Dieser intertemporale Zusammenhang erfordert die explizite Berücksichtigung einer Reihe weiterer Aspekte der Finanzierung, die in den folgenden Abschnitten analysiert werden sollen. Dabei bietet es sich an, die Rahmenbedingungen zunächst so zu definieren, daß nicht gleich alle Aspekte auf einmal hervortreten können. Daher wird im folgenden die Finanzierung zunächst für den Fall der Sicherheit bei vollkommenen Kapitalmarkt analysiert. Die Finanzierung ist unter diesen Bedingungen nur im Hinblick auf den damit einhergehenden *intertemporalen Tausch* zu analysieren. Im nächsten Schritt wird dann die Unsicherheit bezüglich zukünftiger Zahlungen des Unternehmens eingeführt. Damit ist ein *Risiko* gegeben, welches im Rahmen der Finanzierung auf die Kapitalgeber *aufgeteilt* wird. Zuletzt wird die Annahme des vollkommenen Kapitalmarktes aufgehoben. Der vollkommene Kapitalmarkt zeichnet sich insbesondere durch die Abwesenheit von Informations- und Transaktionskosten aus. Existieren solche Kosten, kann es zu *Informationsasymmetrien* und *Vertragsunvollständigkeiten* in Finanzierungsbeziehungen kommen, die bei Finanzierungsentscheidungen zu berücksichtigen sind.

4.1 Intertemporaler Tausch

Im Rahmen der externen Finanzierung leisten Kapitalgeber Zahlungen an das Unternehmen, damit diese ihrerseits Auszahlungen, insbesondere im Zusammenhang mit der Durchführung von Investitionsprojekten, tätigen kann. Aus den zukünftigen Einzahlungen aus den Investitionsprojekten des Unternehmens können Zahlungen an die Kapitalgeber geleistet werden. Wenn Kapitalgeber nicht mit solchen zukünftigen Zahlungen aus dem Unternehmen rechnen können, werden sie kaum bereit sein, Kapital zur Verfügung zu stellen. Insgesamt findet im Rahmen der Finanzierung somit ein Tausch statt, im Rahmen dessen Kapitalgeber gegenwärtig verfügbares Geld gegen zukünftige Zahlungen aus dem Unternehmen eintauschen. Dieser intertemporale Tausch erfolgt aus Sicht des Unternehmens mit umgekehrtem Vorzeichen. Es findet ein Tausch zukünftiger Auszahlungen (zukünftigen Geldes) gegen in der Gegenwart verfügbares Geld statt.

In der Regel sind nur die gegenwärtig zu tätigenden (Investitions-) Auszahlungen sichere Größen. In diesem Abschnitt wird jedoch angenommen, daß auch alle zukünftigen Einzahlungen des Unternehmens sicher seien. Mit A_0 wird die im gegenwärtigen Zeitpunkt $t = 0$ zu tätigende Auszahlung für ein geplantes Investitionsprojekt und mit e_t der zukünftige Einzahlungsüberschuß im Zeitpunkt $t \geq 1$ bezeichnet. Zur weiteren Vereinfachung stelle man sich vor, daß diese Investition die Gründung des Unternehmens darstellt. Dann muß die gesamte Auszahlung A_0 durch die Emission von Finanzierungstiteln im Rahmen der externen Finanzierung gedeckt werden. Wenn insgesamt $n \geq 1$ Finanzierungstitel zu einem jeweiligen Preis in Höhe von a_j emittiert werden, muß somit gelten:

$$\sum_{j=1}^{n} a_j = A_0 \ . \tag{2}$$

Diese Budgetbedingung stellt sicher, daß im Zeitpunkt $t = 0$ die insgesamt von den Kapitalgebern geleisteten Zahlungen an das Unternehmen gerade zur Finanzierung der (geplanten) Investitionsauszahlung ausreichen.

In den zukünftigen Zeitpunkten fallen Einzahlungsüberschüsse im Leistungs- oder Finanzinvestitionsbereich des Unternehmens an. Diese Einzahlungsüberschüsse können (sofern sie positiv sind) verwendet werden, um Zahlungen an die Kapitalgeber zu leisten oder zusätzliche Investitionen zu finanzieren. Der Netto-Einzahlungsüberschuß nach den Auszahlungen für weitere Investitionen sei mit e_t bezeichnet. Dieser Betrag kann an die Gesamtheit der Kapitalgeber ausgeschüttet werden. Wenn mehrere Kapitalgeber Zahlungen erhalten, findet eine *Zahlungsstromteilung* statt. Bezeichnet man mit e_{tj} die Zahlung im Zeitpunkt t an den Inhaber des Finanzierungstitels j, so gilt

$$\sum_{j=1}^{n} e_{tj} = e_t \ . \tag{3}$$

Diese Gleichung kann ebenfalls als Budgetbedingung aufgefaßt werden. Sie ist für jeden Zeitpunkt $t \geq 1$ erfüllt. Aufgrund der Tatsache, daß rechts vom Gleichheitszeichen in (3) annahmegemäß eine sichere Größe steht, können auch alle Größen links vom Gleichheitszeichen sicher sein. Die Zahlungen an die Inhaber der Finanzierungstitel weisen somit keine grundsätzlichen Unterschiede auf. Finanzierungstitel unterscheiden sich unter der Annahme der Sicherheit höchstens in Bezug auf die Höhe des Preises a_j und die zeitliche Struktur und „Breite" des Stroms der zukünftigen Zahlungen e_{tj}. Eine Unterscheidung zwischen Beteiligungs- und Forderungstiteln macht bei sicheren Erwartungen jedoch keinen Sinn.

Interessant ist nun die Frage, unter welchen Bedingungen Kapitalgeber bereit sind, insgesamt genügend Kapital für die Durchführung der Investitionen bereitzustellen. Dazu ist es hilfreich, sich zu verdeutlichen, daß der Kauf eines Finanzierungstitels aus Sicht eines Kapitalgebers eine Investition darstellt. Investiert wird ein Geldbetrag in Höhe des Kaufpreises des Finanzierungstitels, um zukünftige Zahlungen vom Unternehmen zu erhalten. Der potentielle Käufer eines Finanzierungstitels wird sich also überlegen, ob diese Investition für ihn vorteilhaft ist. Dazu benötigt er ein Vorteilhaftigkeitskriterium. Im Falle der Sicherheit kann die Vorteilhaftigkeitsbeurteilung auf der Basis des aus der Investitionstheorie (vgl. den Beitrag „Investitionen") bekannten *Kapitalwertkriteriums* erfolgen, wenn der Kapitalmarkt vollkommen ist. Der vollkommene Kapitalmarkt zeichnet sich aus durch

– Abwesenheit von Informationskosten
– Abwesenheit jeglicher (sonstiger) Transaktionskosten
– vollkommenen Wettbewerb.

Unter diesen Bedingungen läßt sich insbesondere ableiten, daß es (für jede Fristigkeit) nur einen einheitlichen Zinssatz für Kapitalanlage und Kapitalaufnahme geben kann. Damit ist die Voraussetzung erfüllt, die Vorteilhaftigkeit einer Investition eindeutig und präferenzfrei anhand des Kapitalwertes zu beurteilen.

Der Kauf eines Finanzierungstitels j ist somit für einen Kapitalgeber vorteilhaft, wenn der Kapitalwert der mit dieser Transaktion verbundenen Zahlungsreihe nicht negativ ist:

$$\sum_{t=1}^{\infty}(1+r)^{-t}\cdot e_{tj} - a_j \geq 0. \qquad (4)$$

Hierbei bezeichnet r den Kapitalmarktzinssatz, der als Kalkulationszinsfuß bei der Kapitalwertberechnung Verwendung findet.

Da die Ungleichung (4) für *jeden* der n Finanzierungstitel erfüllt sein muß, läßt sich auch folgern, daß die Summe aller Kapitalwerte der n Zahlungsreihen nicht negativ sein darf:

$$\sum_{j=1}^{n}\left[\sum_{t=1}^{\infty}(1+r)^{-t}e_{tj} - a_j\right] \geq 0. \qquad (5)$$

Eine Änderung der Summationsreihenfolge in (5) führt zu

$$\sum_{t=1}^{\infty}(1+r)^{-t}\sum_{j=1}^{n}e_{tj} - \sum_{j=1}^{n}a_j \geq 0.$$

Diese Ungleichung läßt unter Berücksichtigung der Budgetbedingungen (2) und (3) erkennen, daß der Kapitalwert des zu finanzierenden Investitionsprojekts nicht negativ sein darf:

$$\sum_{t=1}^{\infty}(1+r)^{-t}\cdot e_t - A_0 \geq 0.\qquad(6)$$

Unter dieser Voraussetzung gelingt es demnach, die Investition durch die Ausgabe von n Finanzierungstiteln zu finanzieren. Bemerkenswert ist dabei, daß in (6) sowohl die Anzahl n als auch die Ausgestaltung jedes einzelnen Finanzierungstitels j irrelevant ist. Insofern ist also die Finanzierung irrelevant, jedes vorteilhafte Projekt läßt sich durch Emission verschiedenster Varianten und Kombinationen von Finanzierungstiteln finanzieren, solange für jeden einzelnen Titel j die Bedingung (4) erfüllt ist. Finanzierung bedeutet also auch, daß der Kapitalwert der Investition (des Unternehmens) (vgl. (6)) aufgeteilt wird auf die Kapitalgeber. Jeder Kapitalgeber erhält einen Teil des Kapitalwertes, der gemäß (5) nicht negativ sein darf. Nur wenn der Kapitalwert (6) nicht negativ ist, kann diese Bedingung für jeden Kapitalgeber erfüllt sein. Wie der gesamte Kapitalwert aufgeteilt wird, ist (auch) eine Frage der Verhandlungsmacht.

Nicht nur ist jedes vorteilhafte Projekt finanzierbar, auch die anhand des Kapitalwertes gemessene Vorteilhaftigkeit ist von der Finanzierung unabhängig, wie anhand der Ableitung von (6) aus (4) erkennbar ist. Unabhängig davon, welche Struktur die Zahlungsströme der emittierten Finanzierungstitel aufweisen, stets ist der gleiche *finanzierungsunabhängige* Kapitalwert der Investition gemäß (6) Voraussetzung für die Finanzierbarkeit der Investition. Darin schlägt sich die sogenannte *Wertadditivität* des Kapitalwerts als Bewertungsfunktion nieder: Der Kapitalwert des gesamten Investitionsprojekts ist gleich der Summe der Kapitalwerte der Zahlungsströme, in die es im Rahmen der Finanzierung zerlegt wird.

Zusammenfassend bleibt festzuhalten, daß unter der Annahme der Sicherheit und des vollständigen Kapitalmarktes die Finanzierung des Unternehmens allein darin besteht, Kapitalanlegern Möglichkeiten zum intertemporalen Tausch anzubieten. Diese können sich nur dahingehend unterscheiden, ob sie aus Sicht der Kapitalgeber attraktiv sind oder nicht. Darüber hinaus gehende Unterschiede sind ohne Bedeutung. Dies ändert sich erst, wenn unsichere Erwartungen in die Betrachtung einbezogen werden.

4.2 Risikoteilung und Risikotransformation

Im allgemeinen sind die zukünftigen Einzahlungsüberschüsse aus Investitionsprojekten unsicher, das heißt, deren Realisationen sind nicht mit Sicherheit vorherzusehen. Dann können auch nicht alle Zahlungen an Kapitalgeber in zukünftigen Zeitpunkten sicher sein. Das Risiko, welches aus der Unsicherheit zukünftiger Einzahlungsüberschüsse des Unternehmens im Leistungs- und Finanzinvestitionsbereich resultiert, ist von den Kapitalgebern zu tragen. Welches Risiko auf einen Finanzierungstitel entfällt, hängt von dessen Ausgestaltung ab und auch davon, welche Finanzierungstitel das Unternehmen insgesamt emittiert (hat). Diese Zusammenhänge sollen anhand eines einfachen Beispiels verdeutlicht werden.

Gegeben sei ein zu finanzierendes Investitionsprojekt, welches im gegenwärtigen Zeitpunkt eine Auszahlung in Höhe von $A_0 = 100$ erfordert und in einem einzigen zukünftigen Zeitpunkt $t = 1$ eine unsichere Einzahlung $\tilde{e}_1$ erbringt. Die Realisation von $\tilde{e}_1$ hängt davon ab, welcher der zwei möglichen Umweltzustände $s \in \{1,2\}$ in $t = 1$ eintritt. Beide Umweltzustände seien gleichwahrscheinlich, die Eintrittswahrscheinlichkeit beträgt also jeweils 0,5. In $s = 1$ beträgt die Einzahlung 80, in $s = 2$ 150. Diese Struktur läßt sich anhand eines Zustandsbaums (vgl. Abb.6) verdeutlichen:

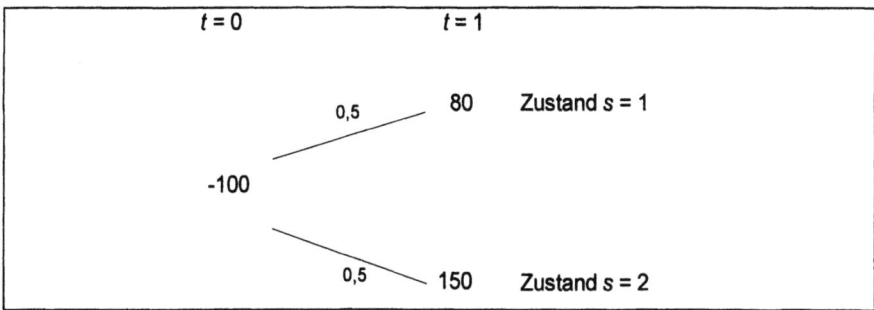

Abb.6: Zustandsbaum

Im zu betrachtenden Zahlenbeispiel erhält man für den Erwartungswert $E(\tilde{e}_1) = 115$ und für die Standardabweichung der Einzahlung $\sigma(\tilde{e}_1) = 35$. Die Standardabweichung kann (wie auch ihr Quadrat, die Varianz) als Maß für das Risiko angesehen werden.

Wenn ein Individuum die betrachtete Investition als Einzelunternehmer vollständig aus seinem Vermögen finanziert, so ließe sich das als Emission nur eines einzigen Finanzierungstitels, nämlich eines Beteiligungstitels interpretieren. In diesem Fall fließt dem (einzigen) Beteiligungsgeber in $t = 1$ der gesamte Einzahlungsüberschuß $\tilde{e}_1$ zu, womit er auch das gesamte Risiko tragen muß.

Werden jedoch mehrere Beteiligungstitel emittiert (von der Emission von Forderungstiteln wird vorläufig noch abgesehen), so findet bereits eine *Risikoteilung* statt. Im Falle der Emission von n gleichartigen Beteiligungstiteln erhält jeder Beteiligungsgeber einen Anteil in Höhe von $1/n$ des Einzahlungsüberschusses $\tilde{e}_1$. Somit folgt für Erwartungswert und Standardabweichung der Zahlung $\tilde{e}_{1j}$, die jedem der n Beteiligungsgeber zufällt, $E(\tilde{e}_{1j}) = \dfrac{E(\tilde{e}_1)}{n}$ und $\sigma(\tilde{e}_{1j}) = \dfrac{\sigma(\tilde{e}_1)}{n}$.

In der letzten Gleichung kommt die mit der Beteiligungsfinanzierung, genauer: der Emission mehrerer Beteiligungstitel einhergehende Risikoteilung zum Ausdruck. Jeder Beteiligungsgeber trägt einen Teil des gesamten Risikos. Dabei muß die Aufteilung des Risikos nicht wie im Beispiel symmetrisch sein, sondern ist im Optimum durch die individuellen Risikopräferenzen der Beteiligungsgeber determiniert. Es läßt sich zeigen, daß bei Risikoaversion allein durch die Risikoteilung die Vorteilhaftigkeit einer Investition steigt. Daher werden riskante Projekte möglicherweise erst aufgrund der Risikoteilung finanzierbar (vgl. Neus/Nippel 1991).

Eine Risikoteilung findet auch statt, wenn unterschiedliche Finanzierungstitel emittiert werden, also Beteiligungs- und Forderungstitel. Forderungstitel zeichnen sich dadurch aus, daß ihre Inhaber einen Anspruch auf fixe Zahlungen haben (vgl. Abschnitt 2.2.2). Daher tragen Kreditgeber in aller Regel ein geringeres Risiko als Beteiligungsgeber, möglicherweise sogar gar kein Risiko. Daraus folgt, daß bei der Finanzierung mittels Beteiligungs- *und* Forderungstiteln das gesamte Risiko aus der Investitionstätigkeit in unterschiedliche, *heterogene Parten* transformiert wird. Die Wahl der Finanzierungsweise, d.h. die Entscheidung darüber, in welchem Umfang Beteiligungs- und Forderungstitel emittiert werden, determiniert die *Risikotransformation*. Dieser Zusammenhang und die damit verbundenen Auswirkungen lassen sich anhand der weiteren Betrachtung des oben eingeführten Zahlenbeispiels verdeutlichen. Dabei werden alle Beteiligungstitel zum *Eigenkapital* und alle Forderungstitel zum *Fremdkapital* zusammengefaßt. Zunächst wird die Aufteilung der Einzahlung aus dem Investitionsprojekt auf Eigen- und Fremdkapitalgeber analysiert.

Die Fremdkapitalgeber haben einen Anspruch auf Rückzahlung des anfangs bereitgestellten Kreditbetrags, der hier mit D bezeichnet wird. Hinzu kommt ein Anspruch auf Zinszahlung, der sich nach dem im Kreditvertrag vereinbarten Zinssatz r_{FK} richtet. Insgesamt beträgt der Zahlungsanspruch somit $(1+r_{FK}) \cdot D$. Ob dieser Zahlungsanspruch tatsächlich erfüllt werden kann, hängt davon ab, ob dem Unternehmen im Zeitpunkt $t = 1$ genügend hohe Einzahlungen zur Verfügung stehen. An Einzahlungen sind prinzipiell zu berücksichtigen der Einzahlungsüberschuß e_1 aus der Investition und bei unbeschränkter Haftung zudem noch Zahlungen der Beteiligungsgeber aus deren Privatvermögen, falls e_1 „zu klein" ist. Von solchen Zahlungen soll jedoch abgesehen werden, mithin wird also beschränkte Haftung unterstellt. Die tatsächlich den Kreditgebern zufließende Zahlung e_{1FK} in $t = 1$ beträgt daher

$$e_{1FK} = Min[e_1, (1 + r_{FK}) \cdot D]. \tag{7}$$

Den Beteiligungsgebern fällt das *Residuum* zu, d.h. die Differenz zwischen der realisierten Einzahlung e_1 aus der Investition und der Zahlung an die Kreditgeber, sofern diese Differenz positiv ist. Falls e_1 nicht ausreicht, den Zahlungsanspruch der Kreditgeber zu befriedigen, gehen die Beteiligungsgeber leer aus. Die Zahlung e_{1Ek}, die den Beteiligungsgebern in $t = 1$ zufließt beträgt somit

$$e_{1EK} = Max[0, e_1 - (1 + r_{FK}) \cdot D]. \tag{8}$$

In der Tabelle 1 sind die tatsächlichen Zahlungen an die Kredit- und Beteiligungsgeber in $t = 1$ in Abhängigkeit von dem realisierten Einzahlungsüberschuß aus dem Investitionsprojekt und alternativen Kreditbeträgen bestimmt. Dabei wurde unterstellt, der vereinbarte Kreditzinssatz betrage unabhängig von D stets 10 %.

e_1	D=0		D=20		D=40		D=60		D=80	
	e_{1FK}	e_{1EK}	e_{1FK}	e_{1EK}	e_{1FK}	e_{1EK}	e_{1FK}	e_{1EK}	e_{1FK}	e_{1EK}
80	0	80	22	58	44	36	66	14	80	0
150	0	150	22	128	44	106	66	84	88	62
$E(e_{1j})$	0	115	22	93	44	71	66	49	84	31
$\sigma(e_{1j})$	0	35	0	35	0	35	0	35	4	31

Tab.1

Berechnet wurden auch die Erwartungswerte und die Standardabweichungen der Zahlungen, die den beiden Gruppen von Kapitalgebern zufließen. Offensichtlich tragen bei niedrigen Werten von D nur die Beteiligungsgeber ein Risiko, und zwar in Höhe des Gesamtrisikos $(\sigma(\tilde{e}_{1EK}) = \sigma(\tilde{e}_1))$. Stets gilt $E(\tilde{e}_{1EK}) + E(\tilde{e}_{1FK}) = E(\tilde{e}_1)$.

Bei einem Krediteinsatz von $D = 80$ tragen auch die Kreditgeber ein Risiko, das Risiko der Beteiligungsgeber ist entsprechend geringer. Das Risiko der Kreditgeber resultiert daraus, daß bei $D = 80$ ein Zahlungsanspruch in Höhe von $1,1 \cdot 80 = 88$ resultiert, der im „schlechten" Umweltzustand mit $e_1 = 80$ nicht befriedigt werden kann. Das Unternehmen ist in dieser Situation insolvent, die Kreditgeber tragen ein *Insolvenzrisiko*, wenn sie einen Kredit in Höhe von 80 vergeben.

Zu vermuten ist, daß Kreditgeber, die beispielsweise bei einem Kreditbetrag von 60 mit einer (sicheren) Verzinsung von 10 % zufrieden sind, den höheren Kredit von 80 nicht zu den gleichen Konditionen vergeben werden. *Zumindest* werden sie sicherstellen wollen, daß ihre *erwartete Rendite* ebenfalls 10 % beträgt. Dies ist dann der Fall, wenn die erwartete Zahlung in $t = 1$ an die Kreditgeber 88 beträgt. Dazu bedarf es bei $D = 80$ der Vereinbarung eines Kreditzinssatzes in Höhe von 20%. In der Tabelle 2 sind die Werte aus Tabelle 1 für die Fälle mit $D \in \{0,20,40,60\}$ unverändert übernommen und um die auf der Basis von $r_{FK} = 20\%$ für $D = 80$ neu berechneten Daten ergänzt.

e_1	D=0		D=20		D=40		D=60		D=80	
	e_{1FK}	e_{1EK}	e_{1FK}	e_{1EK}	e_{1FK}	e_{1EK}	e_{1FK}	e_{1EK}	e_{1FK}	e_{1EK}
80	0	80	22	58	44	36	66	14	80	0
150	0	150	22	128	44	106	66	84	96	54
$E(e_{1j})$	0	115	22	93	44	71	66	49	88	27
$\sigma(e_{1j})$	0	35	0	35	0	35	0	35	8	27

Tab.2

Grundsätzlich hat sich nichts geändert: das gesamte Risiko aus der Investition wird in zwei heterogene Parten transformiert, in die riskante Position der Beteiligungsgeber und die risikolose oder bei $D = 80$ weniger riskante Position der Kreditgeber.

Oftmals werden statt Zahlungen *Renditen* betrachtet. Dabei zeigen sich Effekte der Risikotransformation, die möglicherweise zu Fehlschlüssen verleiten könnten. Auf der Basis der Zahlungen in der Tabelle 2 lassen sich die Renditen bestimmen, die Beteiligungs- und Kreditgeber im Rahmen ihrer Kapitalüberlassung erzielen. Die Rendite auf das eingesetzte Beteiligungskapital beträgt

$$\tilde{i}_{EK} = \frac{\tilde{e}_{1EK}}{A_0 - D} - 1,$$

diejenige des Kreditkapitals

$$\tilde{i}_{FK} = \frac{\tilde{e}_{1FK}}{D} - 1.$$

Die Renditen auf das eingesetzte Eigen- und Fremdkapital im Zahlenbeispiel finden sich in Tabelle 3, in der auch die Erwartungswerte und die Standardabweichungen für unterschiedlich hohe Kreditbeträge aufgelistet sind.

e_1	$D=0$		$D=20$		$D=40$		$D=60$		$D=80$	
	i_{FK}	i_{EK}	i_{FK}	i_{EK}	i_{FK}	i_{EK}	i_{FK}	i_{EK}	i_{FK}	i_{EK}
80	-	-20%	10%	-27,5%	10%	-40%	10%	65%	0%	-100%
150	-	50%	10%	60%	10%	76 2/3%	10%	110%	20%	170%
$E(i_j)$	-	15%	10%	16,25%	10%	18,33%	10%	22,5%	10%	35%
$\sigma(i_j)$	-	35%	0%	43,75%	0%	58,33%	0%	87,5%	10%	135%

Tab.3

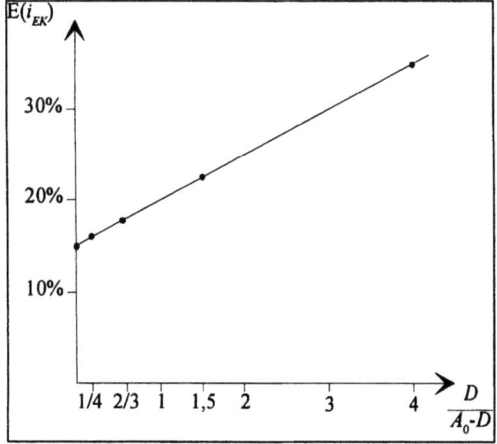

Abb.7: Leverage-Effekt

Interessant ist insbesondere, daß die *erwartete Rendite* des Beteiligungskapitals mit dem Krediteinsatz wächst. Dieser Zusammenhang zwischen dem durch das Verhältnis von Kredit- und Gesamtkapitaleinsatz gemessenen Verschuldungsgrad und der erwarteten Rendite des Eigenkapitals ist linear, wie die Abb.7 verdeutlicht.

Dieser positive Zusammenhang zwischen Verschuldungsgrad und erwarteter Rendite des Beteiligungskapitals wird als *Leverage-Effekt* bezeichnet. Daraus läßt sich auf den ersten Blick die Vermutung ableiten, daß aus Sicht der Beteiligungsgeber ein möglichst hoher Verschuldungsgrad optimal ist. Dieser Schluß wäre jedoch voreilig, denn zunächst ist zu beachten, daß auch das Risiko der Beteiligungsgeber, gemessen durch die Standardabweichung der Rendite mit dem Krediteinsatz (und damit mit dem Verschuldungsgrad) wächst. Auch dieser Zusammenhang ist zunächst (für „kleine" Werte von D) linear, wie Abb.8 zeigt.

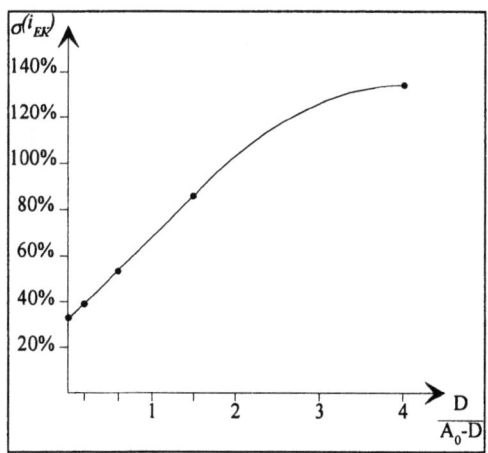

Abb.8: Die Kehrseite des Leverage-Effekts

Wenn D so groß wird, daß auch die Kreditgeber Risiko tragen, wächst das Risiko der Beteiligungsgeber unterproportional. Das zunehmende Risiko ist die Kehrseite des Leverage Effekts. Der zweite Blick läßt also vermuten, daß zumindest risikoaverse Beteiligungsgeber nicht unbedingt einen hohen Verschuldungsgrad präferieren.

Welcher Effekt überwiegt, scheint somit von der Einstellung zum Risiko abhängig zu sein. Aber auch diese Vermutung erweist sich als voreilig. Dazu betrachte man zunächst den Fall risikoneutraler Beteiligungsgeber, die sich definitionsgemäß nicht für das Risiko interessieren, sondern sich nur am Erwartungswert orientieren. Ist also bei Risikoneutralität der Beteiligungsgeber ein möglichst hoher Verschuldungsgrad aufgrund der entsprechend hohen erwarteten Rendite optimal? Um diese Frage zu klären, ist wieder eine Kapitalwertbetrachtung anzustellen. Zu berechnen ist der Kapitalwert der Zahlungsreihe, die aus der Kapitalüberlassung der Beteiligungsgeber resultiert. Diese investieren einen Betrag von $A_0 - D$ in das Unternehmen und erhalten in $t = 1$ eine Einzahlung in Höhe von $\tilde{e}_{1EK}$ aus dem

Unternehmen. Bei Risikoneutralität kann der Kapitalwert dieser Zahlungsreihe auf der Basis der erwarteten Zahlung $E(\tilde{e}_{1EK})$ bestimmt werden:

$$K_{0EK} = \frac{E(\tilde{e}_{1EK})}{1+r} - (A_0 - D).$$

Verwendet man als Kalkulationszinssatz r den Zins, den auch Kreditgeber für eine (risikolose) Kapitalüberlassung verwenden, im Beispiel also 10 %, so erhält man in „Abhängigkeit" vom Krediteinsatz folgende Kapitalwerte:

D_H	$A_0 - D$	$E(e_{1EK})$	$\overline{K_{0EK}}$
0	100	115	4,54
20	80	93	4,54
40	60	71	4,54
60	40	49	4,54
80	20	27	4,54

Tab.4

Offensichtlich ist der Kapitalwert der Position der Beteiligungsgeber unabhängig von der Verschuldung. Der Leverage-Effekt wirkt sich *nicht* auf die Vorteilhaftigkeit der Eigenkapitalbereitstellung aus, diese ist unabhängig von der Finanzierung. Da auch der Kapitalwert der Zahlungen an die Fremdkapitalgeber konstant ist, erweist sich die Finanzierung also weiterhin (wie schon im Falle der Sicherheit) als irrelevant.

Dieses Ergebnis gilt nicht nur, wenn unter der Annahme der Risikoneutralität mit dem Kapitalwert bewertet wird. Es ist verallgemeinerungsfähig. *Im Marktzusammenhang ist die Finanzierung irrelevant für den Marktwert eines Unternehmens*, sofern nicht Marktunvollkommenheiten zu berücksichtigen sind (vgl. dazu den nächsten Abschnitt 4.3). Erstmals bewiesen wurde diese Behauptung von Modigliani/Miller 1958 in einem Aufsatz, der heute als der zentrale Ausgangspunkt der modernen Finanzierungstheorie anzusehen ist. Einen einfacheren und zugleich allgemeineren Beweis ermöglicht der Rückgriff auf die *Wertadditivität*.

Diese Eigenschaft einer Bewertungsfunktion wurde bereits im Zusammenhang mit dem Kapitalwert kurz angesprochen. Für eine allgemeinere Darstellung betrachte man drei Zahlungsströme $\vec{e}_i, \vec{e}_j$ und $\vec{e}_k$, wobei der Zahlungsstrom $\vec{e}_k$ sich additiv aus den beiden anderen zusammensetze (zur Definition derartiger Zahlungsströme vgl. Abschnitt 2.3):

$$\vec{e}_k = \vec{e}_i + \vec{e}_j. \tag{9}$$

In jedem zukünftigen Umweltzustand ist die Zahlung aus der Position k demnach gleich der Summe der Zahlungen aus den Positionen i und j. $V(\vec{e})$ sei der Marktwert eines Zahlungsstroms, d.h. der Preis, zu dem er (im Gleichgewicht) am

Kapitalmarkt gehandelt wird oder werden könnte. Wie hoch sind die Marktwerte der betrachteten Zahlungsströme? Die absolute Höhe läßt sich zumindest ohne weitere Informationen nicht bestimmen. Es läßt sich jedoch eine relative Bewertung vornehmen: Da der Zahlungsstrom $\vec{e}_k$ gleich der Summe der beiden Zahlungsströme $\vec{e}_i$ und $\vec{e}_j$ ist, muß auch der Marktwert von $\vec{e}_k$ gleich der Summe der Marktwerte von $\vec{e}_i$ und $\vec{e}_j$ sein:

$$V(\vec{e}_k) = V(\vec{e}_i) + V(\vec{e}_j). \qquad (10)$$

Der Beweis dieser Gleichheit beruht auf der Widerlegung des Gegenteils. Wenn keine Gleichheit gegeben ist, existieren *Arbitragemöglichkeiten*. Als Arbitrage bezeichnet man das Ausnutzen von Preisdifferenzen zur Erzielung sicherer Gewinne. Eine solche Arbitrage ist möglich, wenn zum Beispiel $V(\vec{e}_k) > V(\vec{e}_i) + V(\vec{e}_j)$ gilt. In diesem Fall könnten die Zahlungsströme $\vec{e}_i$ und $\vec{e}_j$ gekauft werden, um sie in einem Portefeuille zusammenzufassen und dann zu dem höheren Preis $V(\vec{e}_k)$ zu verkaufen. Denn das Portefeuille aus den Positionen i und j weist annahmegemäß den gleichen Zahlungsstrom auf wie Position k. Im gegenwärtigen Zeitpunkt kann damit ein sicherer (Arbitrage-) Gewinn in Höhe von $V(\vec{e}_k) - (V(\vec{e}_i) + V(\vec{e}_j))$ erzielt werden. Derartige Arbitragetransaktionen würden jedoch zu einer Änderung der Preise am Kapitalmarkt führen. Da alle rationalen Kapitalmarktteilnehmer Interesse an der Ausnutzung von Arbitragemöglichkeiten haben, wird im Beispiel die Nachfrage nach den Zahlungsströmen $\vec{e}_i$ und $\vec{e}_j$ steigen, wie auch das Angebot des Zahlungsstroms $\vec{e}_k$. Dies wiederum wird dazu führen, daß $V(\vec{e}_i)$ und $V(\vec{e}_j)$ steigen und $V(\vec{e}_k)$ sinkt, solange bis Gleichung (10) erfüllt ist. Ein Marktgleichgewicht kann nur dann gegeben sein, wenn keine Arbitragemöglichkeiten existieren. *Arbitragefreiheit*, d.h. die Abwesenheit von Arbitragemöglichkeiten ist eine *notwendige Marktgleichgewichtsbedingung*.

Auch wenn $V(\vec{e}_k) < V(\vec{e}_i) + V(\vec{e}_j)$ gilt, existieren Arbitragemöglichkeiten. In diesem Fall wäre zur Erzielung eines Arbitragegewinns $\vec{e}_k$ zu kaufen und in die beiden Zahlungsströme $\vec{e}_i$ und $\vec{e}_j$ aufzuspalten, um diese dann zu einem insgesamt höheren Preis wieder zu veräußern. Arbitragefreiheit ist also nur dann gegeben, wenn Gleichung (10) erfüllt ist.

Gleichung (10) kann man unter Rückgriff auf (9) auch wie folgt schreiben:

$$V(\vec{e}_i + \vec{e}_j) = V(\vec{e}_i) + V(\vec{e}_j). \qquad (11)$$

Dies macht deutlich, daß im Gleichgewicht der Wert einer Summe von Zahlungsströmen stets gleich der Summe der Werte dieser einzelnen Ströme ist. Man bezeichnet diese Eigenschaft einer Bewertungsfunktion $V(\cdot)$ als *Wertadditivität*. Die Wertadditivität resultiert aus der Arbitragefreiheit als Gleichgewichtsbedingung. Jede mit einem Marktgleichgewicht zu vereinbarende Bewertungsfunktion muß demnach die Eigenschaft der Wertadditivität aufweisen.

Auf die Wertadditivität ist insbesondere auch bei der Beurteilung der Finanzierung eines Unternehmens abzustellen. Die Kapitalgeber des Unternehmens erwerben mit dem Kauf von Finanzierungstiteln zukünftige unsichere Zahlungen, mithin also Zahlungsströme, die weiterhin ganz allgemein mit $\vec{e}_j$ ($j = 1,2,...,n$) bezeichnet werden. $V(\vec{e}_j)$ ist der Marktwert des Finanzierungstitels j. Die Zahlungen an die Kapitalgeber sind aus den Einzahlungsüberschüssen zu bestreiten, welche das Unternehmen im Leistungs- und Finanzinvestitionsbereich erwirtschaftet. Diese (unsicheren) Zahlungen aus dem Investitionsprogramm des Unternehmens determinieren den Geldbetrag, der insgesamt an die Kapitalgeber im jeweiligen Zeitpunkt und Zustand gezahlt werden kann. Bezeichnet man mit $\vec{e}_I$ den aus dem Investitionsprogramm des Unternehmens resultierenden Strom der Einzahlungsüberschüsse, so gilt (von Steuern wird hier abgesehen):

$$\vec{e}_I = \sum_{j=1}^{n} \vec{e}_j. \qquad (12)$$

Diese Gleichung (12) ist die Verallgemeinerung der Budgetbedingung (3), die für den Fall der Sicherheit formuliert wurde (vgl. Abschnitt 4.1).

Die Summe der Marktwerte aller von dem Unternehmen emittierten Finanzierungstitel kennzeichnet den Marktwert V_u dieses Unternehmens:

$$V_u = \sum_{j=1}^{n} V(\vec{e}_j). \qquad (13)$$

Die Summe der Marktwerte der den Inhabern der n Finanzierungstitel zufließenden Zahlungsströme (rechte Seite in (13)) ist im Gleichgewicht, d.h. bei Wertadditivität der Bewertungsfunktion $V(\cdot)$, gleich dem Wert der Summe dieser Zahlungsströme:

$$\sum_{j=1}^{n} V(\vec{e}_j) = V\left[\sum_{j=1}^{n} \vec{e}_j\right]. \qquad (14)$$

Die Summe der Zahlungsströme aller Kapitalgeber ist gemäß (12) jedoch gleich $\vec{e}_I$. Somit folgt

$$V\left[\sum_{j=1}^{n} \vec{e}_j\right] = V(\vec{e}_I). \qquad (15)$$

Insgesamt folgt aus (13) bis (15) damit, daß der Marktwert des Unternehmens gleich dem Marktwert des Stroms der Einzahlungsüberschüsse aus dem Investitionsprogramm ist:

$$V_u = V(\vec{e}_I).$$

Dies erscheint auf den ersten Blick wenig überraschend, hat jedoch eine möglicherweise überraschende Implikation: Wenn $\vec{e}_I$ gegeben ist, hängt der Marktwert des Unternehmens in keiner Weise von der Finanzierung ab. Dies gilt unabhängig davon, wie der Zahlungsstrom $\vec{e}_I$ beschaffen ist. Die Finanzierung ist irrelevant für den Marktwert des Unternehmens. In welchem Umfang Beteiligungs- und

Forderungtitel emittiert werden, wie diese ausgestattet werden und ob (außerdem) Mischformen der Finanzierung gewählt werden, spielt keine Rolle. Man kann sich noch so raffinierte Finanzierungskonstruktionen ausdenken, der Marktwert des Unternehmens läßt sich dadurch nicht steigern.

Welche Konsequenzen hat dies für die Vermögenspositionen der Kapitalgeber? Bei gegebener Aufteilung der Verhandlungsmacht zwischen den Kapitalgebern ist auch die Vermögensposition jedes einzelnen von der Finanzierung unabhängig. Um dies zu verdeutlichen betrachte man ein einfaches Beispiel mit einem Beteiligungs- und einem Kreditgeber, die zusammen einen Kapitalbetrag von A_0 im Rahmen der Gründung eines Unternehmens aufbringen müssen. Der Beteiligungsgeber besitze ein Anfangsvermögen W_B, der Kreditgeber eines in Höhe von W_K. Hieraus sind die Zahlungen für die Finanzierungstitel, d.h. für den Erwerb der Zahlungsströme $\vec{e}_{EK}$ und $\vec{e}_{FK}$ zu bestreiten. Das Vermögen des Beteiligungsgebers *nach* Unternehmensgründung beträgt

$$W_B' = W_B - (A_0 - D) + V(\vec{e}_{EK}),$$

das des Kreditgebers

$$W_K' = W_K - D + V(\vec{e}_{FK}).$$

Nimmt man an, daß der Beteiligungsgeber unabhängig vom geplanten Verschuldungsgrad durchsetzen kann, daß der Kreditgeber für seinen Finanzierungstitel den für ihn gerade noch akzeptablen Preis D in Höhe des Wertes $V(\vec{e}_{FK})$ bezahlt (d.h. $D = V(\vec{e}_{FK})$), folgt

$$W_K' = W_K$$

und $\quad W_B' = W_B - A_0 + V(\vec{e}_{EK}) + V(\vec{e}_{FK}).$

Bei Wertadditivität gilt also

$$W_B' = W_B - A_0 + V(\vec{e}_{EK} + \vec{e}_{FK})$$

$$= W_B - A_0 + V(\vec{e}_I).$$

Beide Vermögenspositionen sind somit offenbar unabhängig von der Finanzierung.

Die Art und Weise, wie im Rahmen der Finanzierung das Risiko geteilt und in heterogene Parten transformiert wird, spielt also im Marktzusammenhang keine Rolle. Allerdings gilt dies nur, wenn der Kapitalmarkt vollkommen ist, wovon bisher stets ausgegangen wurde. Marktunvollkommenheiten, die explizit im nächsten Abschnitt in die Betrachtung einbezogen werden, können insbesondere dazu führen, daß der Zahlungsstrom $\vec{e}_I$ *nicht* mehr als unabhängig von der Finanzierung angesehen werden kann. Auch die Existenz von Steuern kann das Irrelevanzergebnis aufheben. Dabei ist allerdings zwischen finanzierungsabhängigen und -unabhängigen Steuern zu unterscheiden. Von Bedeutung sind nur finanzierungsabhängige Steuern. Das sind solche, deren Höhe von der Finanzierung abhängig ist, wobei die von dem Unternehmen *und* von Kapitalgebern *insgesamt* zu zahlenden Steuern zu betrachten sind.

4.3 Informationsasymmetrien und Vertragsunvollständigkeiten

Ein unvollkommener Kapitalmarkt zeichnet sich insbesondere durch die Existenz von Informations- und Transaktionskosten aus. Diese Kosten sind dafür verantwortlich, daß Finanzierungsentscheidungen anders als bei vollkommenem Kapitalmarkt nicht irrelevant sind.

Informationskosten sind i.d.R. nicht für alle an einer (geplanten) Finanzierungsbeziehung beteiligten Individuen gleich hoch. So ist oftmals davon auszugehen, daß es dem Management eines Unternehmens leichter fällt, zukünftige Einzahlungsüberschüsse abzuschätzen. Infolge dessen kommt es zu einer Informationsasymmetrie zwischen der Unternehmensleitung und potentiellen Kapitalgebern in bezug auf die Zahlungen, die in Zukunft von dem Unternehmen an Kapitalgeber geleistet werden können. Die Unternehmensleitung dürfte diesbezüglich „besser" informiert sein (was nicht mit sicheren Erwartungen gleichzusetzen ist). Diese Informationsasymmetrie ist im Hinblick auf das *Zustandekommen* einer Finanzierungsbeziehung von Bedeutung. Man spricht daher von einer *Informationsasymmetrie vor Vertragsabschluß*, welche für die potentiellen Kapitalgeber zu einer *Qualitätsunsicherheit* führt. Kapitalgeber können weniger gut als die Unternehmensleitung einschätzen, ob die ihnen angebotenen Finanzierungstitel den Preis wert sind, der hierfür gefordert wird. Sie können jedoch vermuten, daß der Preis aus Sicht der besser informierten Unternehmensleitung nicht zu gering ist. Denn unter diesen Umständen würden die Finanzierungstitel in der gegebenen Ausgestaltung zum fraglichen Preis kaum angeboten. Somit bleibt eigentlich nur die Möglichkeit, daß der Preis gerade angemessen oder aber zu hoch ist. Ein zu hoher Preis bedeutet zum Beispiel bei der Beteiligungsfinanzierung, daß bei gegebenen zu erwartenden Ausschüttungen in der Zukunft die erwartete Verzinsung des eingesetzten Kapitals zu gering ausfällt, um die Risikoübernahme zu rechtfertigen. Im Rahmen der Kreditfinanzierung ist der Preis des Forderungstitels dann zu hoch, wenn bei gegebenem Kreditzinssatz die zu erwartende Verzinsung aufgrund einer hohen Insolvenzgefahr „zu gering" ausfällt.

Wenn Kapitalgeber damit rechnen müssen, daß der Preis der ihnen angebotenen Finanzierungstitel entweder gerade angemessen oder aber (mit positiver Wahrscheinlichkeit) zu hoch ist, dann ist er im Durchschnitt zu hoch (vgl. das sog. Lemons-Problem, Akerlof 1970). Relativ schlecht informierte Kapitalgeber werden daher auf den Erwerb der Finanzierungstitel verzichten. Das ist im Grunde genommen jedoch weder im Interesse der (potentiellen) Kapitalgeber noch des Unternehmens (der Unternehmensleitung). Die potentiellen Kapitalgeber suchen nach einer Kapitalanlagemöglichkeit, die Unternehmensleitung benötigt Kapital. Die Frage ist daher, wie beide Parteien trotz vorvertraglicher Informationsasymmetrie zusammenkommen können. Der einfachen Behauptung der Unternehmensleitung, die angebotenen Finanzierungstitel würden vorteilhafte Kapitalanlagemöglichkeiten darstellen, ist jedenfalls kein Glauben zu schenken. Diese Behauptung kann unabhängig davon aufgestellt werden, ob sie zutreffend ist oder nicht. Ex post könnte zwar beobachtet werden, welche Zahlungen an Kapitalgeber fließen, nicht jedoch, welche Wahrscheinlichkeit diesen aus Sicht der Unternehmensleitung ex ante zukam.

Eine Lösungsmöglichkeit für das Finanzierungsproblem bei vorvertraglicher Informationsasymmetrie besteht in der Vereinbarung bestimmter nicht unmittelbar zahlungsbezogener Rechte. So kann zum Beispiel die Bestellung von Sicherheiten im Rahmen einer Kreditvergabe dazu führen, daß die Kreditgeber mangelnde Informationen über zukünftige Einzahlungsüberschüsse des Unternehmens (und damit die Insolvenzgefahr) in gewissem Umfang durch Informationen über den Wert der Sicherheiten ersetzen können. Dies ist insbesondere dann von Vorteil, wenn der Wert der Sicherheiten nicht Gegenstand einer vorvertraglichen Informationsasymmetrie ist. Sicherheiten spielen aber auch eine Rolle als „Signal" zur glaubwürdigen Übermittlung von überlegenen Informationen. Glaubwürdig ist die Informationsübermittlung, wenn es für den Emittenten des Signals zu hohe Kosten verursachen würde, andere als die ihm tatsächlich zur Verfügung stehenden Informationen zu signalisieren. So kann beispielsweise eine Unternehmensleitung potentiellen Kreditgebern eine aus ihrer Sicht geringe Insolvenzgefahr signalisieren, indem sie Sicherheiten aus ihrem Privatvermögen anbietet. Dieses Signal würde die Unternehmensleitung nicht aussenden, wenn sie selbst mit einer „hohen" Insolvenzgefahr, also einer hohen Wahrscheinlichkeit für die Inanspruchnahme der Sicherheiten rechnen würde. Neben der Möglichkeit, durch bestimmte Ausgestaltungen der angebotenen Finanzierungstitel zu signalisieren, kann auch die Finanzierungsweise insgesamt diesem Zweck dienen. So lassen sich zum Beispiel Überlegungen dahingehend anstellen, daß die Wahl eines hohen Verschuldungsgrads durch ein angestelltes Management positive Ertragsaussichten signalisiert (vgl. Ross 1977), wie auch ein relativ hoher Anteil des Managements am Beteiligungskapital des Unternehmens dessen positive Einschätzung zum Ausdruck bringen kann (vgl. Leland/Pyle 1977).

Allein diese Überlegungen unter Berücksichtigung vorvertraglicher Informationsasymmetrie machen schon deutlich, daß Finanzierung im Sinne der Gestaltung einzelner Finanzierungstitel und der Auswahl der insgesamt zu emittierenden Titel nicht mehr als irrelevant anzusehen ist. Sie dient in diesem Zusammenhang der Informationsübermittlung.

Neben vorvertraglichen Informationsasymmetrien sind aber auch solche zu berücksichtigen, die sich auf Handlungen der Unternehmensleitung nach Zustandekommen von Finanzierungsbeziehungen beziehen. Durch eine Vielzahl von Entscheidungen insbesondere der Unternehmensleitung werden die in zukünftigen Zeitpunkten den Kapitalgebern zufließenden Zahlungen beeinflußt. Welche Entscheidungen im einzelnen getroffen werden, kann zwar die Unternehmensleitung selbst (kostenlos) beobachten, nicht jedoch die Kapitalgeber. Es besteht *eine nachvertragliche Informationsasymmetrie*. So ist für Kapitalgeber beispielsweise nicht beobachtbar, ob und in welchem Maße die Unternehmensleitung sich um die Suche nach erfolgversprechenden Investitionsprojekten gekümmert hat, die Realisation der kostengünstigsten Produktion sichergestellt oder die Notwendigkeit von Umstrukturierungsmaßnahmen im Unternehmen sorgfältig geprüft hat. Auch kann zwar beobachtet werden, ob das Unternehmen Investitionen vornimmt, nicht jedoch, ob nur vorteilhafte und gleichzeitig alle vorteilhaften Projekte durchgeführt werden. Dazu benötigte man die Informationen, die nur der Unternehmensleitung zur Verfügung stehen.

Folge derartiger Informationsasymmetrien ist, daß in (Finanzierungs-) Verträgen nicht festgeschrieben werden kann, wie in dem Unternehmen nach Zustandekommen der Finanzierungsbeziehung zu entscheiden ist. Zwar könnte man grundsätzlich festhalten, daß bei den Entscheidungen den Interessen der Kapitalgeber Rechnung zu tragen ist, solch eine Vereinbarung ist jedoch völlig nutzlos, solange ihre Einhaltung ex post nicht überprüft werden kann. Gerade das ist im Hinblick auf Entscheidungen, die Gegenstand asymmetrischer Informationen sind, nicht möglich.

Somit bleibt Kapitalgebern also nichts anderes übrig, als Entscheidungen, die nicht beobachtet und damit auch nicht direkt beeinflußt werden können, zu antizipieren, um die daraus resultierenden Konsequenzen für zukünftig zu erwartende Zahlungen abschätzen zu können. Dabei ist zu berücksichtigen, daß die Finanzierung die Anreize determiniert, die auf das (Entscheidungs-) Verhalten der Unternehmensleitung einwirken. Mit anderen Worten: von der Finanzierung hängt ab, welche Entscheidung für das Management optimal ist. Durch die aus der Informationsasymmetrie resultierende Möglichkeit des Managements, eigene Interessen zu verfolgen, ergibt sich die Gefahr von Fehlentscheidungen. Der Finanzierung kommt daher auch die Aufgabe zu, durch das Setzen geeigneter Anreize Fehlentscheidungen möglichst zu verhindern. Diese Zusammenhänge sollen im folgenden anhand einfacher Beispiele verdeutlicht werden.

Beteiligungsfinanzierung

Zu finanzieren sei ein Investitionsprogramm, welches eine Anfangsauszahlung in Höhe von I erfordert. (Die Darstellung erfolgt in Anlehnung an Hax/Hartmann-Wendels/v. Hinten 1988.) Dazu sollen Beteiligungsgeber einen Betrag von $I_B \leq I$ beitragen, den Rest, $I - I_B \geq 0$, stellt der Manager des Unternehmens selbst zur Verfügung. Die Zahlungen aus dem Investitionsprogramm sind auch von unbeobachtbaren Entscheidungen des Managers abhängig. So muß der Manager zum Beispiel entscheiden, welche Projekte ausgewählt werden, welche Anstrengungen bei der Durchführung der Projekte unternommen werden, wie die einzelnen Projekte koordiniert werden und in welcher Weise mögliche Konflikte im Unternehmen oder zwischen dem Unternehmen und Externen gelöst werden. Außerdem kann der Manager auch auf die Investition des gesamten Betrags I verzichten und statt dessen einen Teil für konsumtive, nicht produktive Ausgaben, wie zum Beispiel unnötige Geschäftsreisen, verwenden. Alle vom Manager zu treffenden Entscheidungen lassen sich als „Aktionsprogramm" a zusammenfassen. Von dem gewählten Aktionsprogramm hängt der Marktwert V des Unternehmens ab:

$V(a)$ - Marktwert des Unternehmens bei Wahl des Aktionsprogramms a durch den Manager.

Das Aktionsprogramm a determiniert außerdem, welchen Nutzen der Manager aus der Leitung des Unternehmens zieht. Beispielsweise kann der Manager Präferenzen für bestimmte Projekte haben, so daß sein Nutzen bei Realisation dieser Projekte größer ist als bei Durchführung anderer Projekte. Außerdem ist davon auszugehen, daß Anstrengungen bei der Durchführung von Projekten oder die Vertretung einer „harten Linie" bei Konflikten im Unternehmen dem Manager einen Mißnutzen erbringen. Ausgedehnte Geschäftsreisen und andere konsumtive Ausgaben im Unternehmen (man spricht hierbei von *Perquisites*) steigern dagegen seinen Nutzen. Mit B sei das monetäre Äquivalent des Nutzens des Managers in Abhängigkeit vom gewählten Aktionsprogramm bezeichnet:

$B(a)$ - monetäres Äquivalent des Nutzens des Managers bei Wahl des Aktionsprogramms a.

Optimal ist die Wahl desjenigen Aktionsprogramms, welches die Summe aus V und B maximiert:

$$V(a) + B(a) - I \to \max_a!$$

Die Lösung dieses Optimierungsprogramms sei mit a^* bezeichnet. a^* kennzeichnet die sogenannte „First-best-Lösung". Diese ist dadurch charakterisiert, daß sie die Gesamtwohlfahrt (hier $V + B - I$) maximiert. Die Frage ist jedoch, ob die First-best-Lösung a^* auch tatsächlich vom Manager gewählt wird. Dies ist in der Regel nicht zu erwarten, wenn der Manager das Aktionsprogramm a unbeobachtbar wählt. Soweit keine Beobachtbarkeit und damit auch keine Möglichkeit für eine Sanktionierung von Abweichungen von möglicherweise ex ante vereinbarten Entscheidungen gegeben ist, wird der Manager nur seine eigenen Interessen verfolgen. Aus Sicht des Managers, der selbst einen Anteil von α ($0 \le \alpha < 1$) an dem Unternehmen hält, ist dasjenige Aktionsprogramm optimal, welches folgendes Programm löst:

$$\alpha \cdot V(a) + B(a) - (I - I_B) \to \max_a!$$

Die Lösung dieses Programms sei mit a^+ bezeichnet. Sofern nicht zufällig dasselbe a sowohl $V(a)$ als auch $B(a)$ (jeweils isoliert betrachtet) maximiert, wird a^+ von a^* abweichen. Der Manager wird *nicht* das optimale (First-best) Aktionsprogramm wählen, sondern ein nur aus seiner Sicht optimales, insgesamt jedoch suboptimales Programm. Der Grund für den Anreiz des Managers, ein anderes als das optimale a zu wählen, liegt in der Tatsache, daß ihm bei Existenz externer Beteiligungsgeber (und infolgedessen $\alpha < 1$) nur ein Teil einer Marktwertsteigerung zukommt, die Steigerung seines Nutzens B infolgedessen ein größeres Gewicht erhält. Je kleiner der Anteil α des Managers am Beteiligungskapital des Unternehmens ausfällt, desto weniger Bedeutung hat (ceteris paribus) für ihn der Marktwert des Unternehmens.

Man kann schließen, daß

$$V(a^*) > V(a^+) \text{ und } B(a^*) < B(a^+).$$

Insbesondere ist also der Marktwert des Unternehmens kleiner als im First-best. Außerdem ist auch die gesamte Wohlfahrt geringer als im First-best:

$$V(a^*) + B(a^*) > V(a^+) + B(a^+).$$

(Beweis: Wäre diese Ungleichung nicht erfüllt, so kann a^* nicht das First-best-optimale Aktionsprogramm sein). Die Differenz

$$V(a^*)+B(a^*)-V(a^+)-B(a^+)$$

stellt den Wohlfahrtsverlust dar.

Die externen Kapitalgeber müssen bei ihrer Entscheidung, die Beteiligungstitel des Unternehmens zum Preis I_B zu erwerben, den Wert ihres Anteils $(1-\alpha)\cdot V(a)$ abschätzen. Dazu ist eine Antizipation des vom Manager zu wählenden a erforderlich. Diesbezüglich kann man zwei Extremfälle unterscheiden, die sich im Ergebnis dahingehend unterscheiden, wer den oben genannten Wohlfahrtsverlust trägt: a) die Kapitalgeber sind völlig „naiv" und rechnen mit der Wahl von a^*, oder b) sie bilden rationale Erwartungen, indem sie den Entscheidungskalkül des Managers selbst durchrechnen und so die Wahl von a^+ antizipieren.

zu a): Die „naiven" Kapitalgeber werden eine Beteiligung in Höhe von $1-\alpha$ an dem Unternehmen eingehen, wenn

$$I_B = (1-\alpha)\cdot V(a^*).\qquad\text{(PB 1)}$$

Setzt man diese „Partizipationsbedingung" in den Ausdruck für die Vermögensposition des Managers bei Wahl von a^+ ein, so erhält man

$$\alpha\cdot V(a^+)+B(a^+)-(I-I_B)=\alpha\left[V(a^+)-V(a^*)\right]+V(a^*)+B(a^+)-I.$$

Wenn nicht a^+, sondern a^* gewählt würde, so betrüge die Vermögenposition des Managers unter Berücksichtigung von (PB 1):

$$\alpha\cdot V(a^*)+B(a^*)-(I-I_B)=V(a^*)+B(a^*)-I.$$

Dieser Wert ist kleiner als bei Wahl von a^+:

$$\alpha\left[V(a^+)-V(a^*)\right]+V(a^*)+B(a^+)>V(a^*)+B(a^*)$$

$$\Leftrightarrow\quad \alpha\cdot V(a^+)+B(a^+)>\alpha\cdot V(a^*)+B(a^*).$$

(Die letzte Ungleichung ist erfüllt, weil a^+ gemäß Definition dasjenige Aktionsprogramm ist, welches $\alpha\cdot V(a)+B(a)$ bei gegebenem $(I-I_B)$ maximiert.)

Der Manager realisiert also einen *Vermögenszuwachs* gegenüber der Situation bei Wahl von a^*. Dieser Vermögenszuwachs ist jedoch *kleiner* als der *Verlust*, den die Kapitalgeber aufgrund ihrer „Naivität" hinnehmen müssen. Sie erwerben Finanzierungstitel zu einem Preis von $I_B=(1-\alpha)\cdot V(a^*)$, die jedoch nur $(1-\alpha)\cdot V(a^+)$ wert sind. Ihr Verlust beträgt somit

$$(1-\alpha)\cdot\left[V(a^*)-V(a^+)\right].$$

Dieser Verlust ist größer als der Gewinn des Managers:

$$(1-\alpha)\left[V(a^*)-V(a^+)\right]>\alpha\left[V(a^+)-V(a^*)\right]+V(a^*)+B(a^+)-\left[V(a^*)+B(a^+)\right]$$

$\Leftrightarrow V(a^*) + B(a^*) > V(a^+) + B(a^+)$.

Der gesamte Wohlfahrtsverlust in Höhe von

$$V(a^*) + B(a^*) - V(a^+) - B(a^+)$$

wird hier also zu mehr als 100 % von den externen Kapitalgebern getragen.

zu b): Kapitalgeber, die den beschriebenen Verlust voraussehen (also nicht naiv sind), werden natürlich nicht bereit sein, einen Preis in Höhe von $I_B = (1-\alpha) \cdot V(a^*)$ für einen Anteil von (1-α) zu zahlen. Wenn sie den Entscheidungskalkül des Managers kennen und somit a^+ antizipieren, beträgt ihre Zahlungsbereitschaft

$$I_B = (1-\alpha) \cdot V(a^+).$$ (PB 2)

In diesem Fall muß der Manager also entweder mit einem kleineren I_B vorlieb nehmen, oder einen höheren Anteil (1-α) anbieten als bei naiven Beteiligungsgebern. Unter Berücksichtigung von (PB2) erhält man für die Vermögensposition des Managers bei Wahl von a^+:

$$\alpha \cdot V(a^+) + B(a^+) - (I - I_B) = V(a^+) + B(a^+) - I.$$

Nunmehr trägt also der Manager den gesamten Vermögensverlust aus dem Abweichen von der First-best-Lösung a^*. Dennoch wird er bei gegebener Beteiligungsfinanzierung (gegebenem α) kein anderes Aktionsprogramm als a^+ wählen. *Nach* erfolgter Festlegung von α und I_B im Rahmen der Finanzierung ist für ihn a^+ gemäß seinem Entscheidungskriterium

$$\alpha \cdot V(a) + B(a) - (I - I_B) \to \max_a!$$

optimal.

Vorteilhaft wäre jedoch eine (für Kapitalgeber) *glaubwürdige Bindung* an die Wahl von a^*. Damit könnten auch rationale Kapitalgeber zur Zahlung eines Preises für ihre Beteiligung in Höhe von $I_B = (1-\alpha) \cdot V(a^*)$ bewegt werden, und der Manager realisierte eine Vermögensposition in Höhe von

$$V(a^*) + B(a^*) - I > V(a^+) + B(a^+) - I.$$

Die glaubwürdige Bindung läßt sich jedoch nicht durch eine einfache vertragliche Vereinbarung erreichen. Dies scheitert an der Informationsasymmetrie bezüglich a, welche es unmöglich macht, die Einhaltung einer solchen Vereinbarung zu überprüfen. Möglich ist daher nur, auf anderem Wege dafür zu sorgen, daß der Manager möglichst nicht „zu weit" von dem optimalen Aktionsprogramm a^* abweicht. Diesem Zweck dienen insbesondere die für Beteiligungstitel typischen Mitwirkungs- und Kontrollrechte, also solche nicht unmittelbar zahlungsbezogenen Rechte, die es den Beteiligungsgebern ermöglichen, in mehr oder weniger starkem Umfang bei der Wahl des Aktionsprogramms mitzuwirken.

Auf den ersten Blick wäre auch der Verzicht auf die Beteiligung von anderen Kapitalgebern als dem Manager an dem Unternehmen eine Lösung. Folge wäre jedoch, daß der Manager allein das gesamte Risiko tragen müßte, welches mit den zukünftigen unsicheren Ein- und Auszahlungen des Unternehmens verbunden ist. Dies ist unter dem Aspekt der Risikoallokation eine suboptimale Lösung. Außerdem ist zu berücksichtigen, daß das Vermögen eines Individuums zumeist nicht ausreicht, die gesamte Investitionstätigkeit eines Unternehmens zu finanzieren. Infolgedessen müßte bei Verzicht auf die Emission von Beteiligungstiteln an mehrere Kapitalgeber auf die Kreditfinanzierung ausgewichen werden. Auch die Kreditfinanzierung ist jedoch nicht gegen Probleme im Zusammenhang mit nachvertraglicher Informationsasymmetrie gefeit.

Kreditfinanzierung

Nach der Emission von Forderungstiteln kann es ebenfalls zu suboptimalen Entscheidungen im Unternehmen kommen, wenn Informationsasymmetrie besteht. Diese Gefahr von Fehlentscheidungen ist ex ante bei der Gestaltung der Finanzierung zu berücksichtigen.

Dies soll hier nur an einfachen Beispielen verdeutlicht werden. Zu finanzieren ist eine Investitionsauszahlung von 100. Diese führt entweder zu einer sicheren Einzahlung von 115 nach einer Periode in $t=1$ (Projekt A), oder aber zu einer unsicheren Einzahlung, deren Realisation entweder 0 oder 180 beträgt, wobei beide Werte gleich wahrscheinlich seien (Projekt B) (vgl. Abb. 9). Ob die sichere oder die unsichere Einzahlung realisiert wird, hängt davon ab, welches Projekt der Manager wählt, der gleichzeitig einziger Beteiligungsgeber sei. Er wird daher als Eigentümer-Manager bezeichnet.

Zur Finanzierung der Investitionstätigkeit benötigt der Investor einen Kredit in Höhe von 60. Geht man zunächst davon aus, daß der Kreditgeber mit der Durchführung von Projekt A rechnet, so braucht er sich um die Rückzahlung und Verzinsung des Kredits keine Sorgen zu machen. Bei einem Kreditzinssatz von 10 % beträgt seine Forderung 66, der Manager-Eigentümer erhält eine sichere Zahlung in Höhe des Residuums von 49.

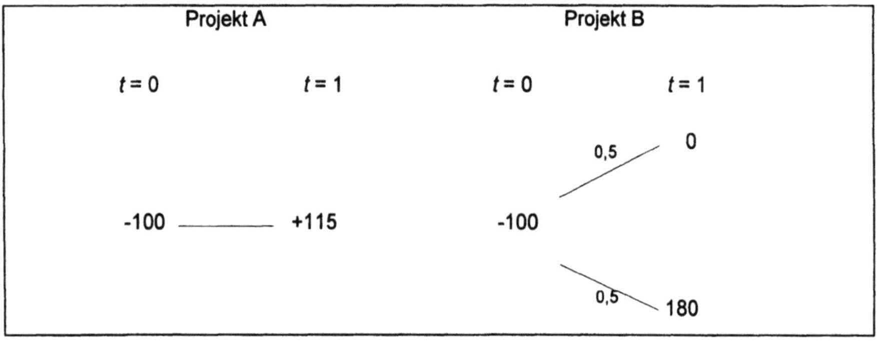

Projekt A		Projekt B	
$t=0$	$t=1$	$t=0$	$t=1$
-100	+115	-100	0,5 ⟶ 0 0,5 ⟶ 180

Abb.9: Alternative Projekte

Nun sei jedoch angenommen, der Manager-Eigentümer könne nach Kreditaufnahme auch das risikobehaftete Projekt B durchführen, ohne daß der Kreditgeber dies verhindern kann (weil er die Wahl nicht beobachten kann). Zu prüfen ist daher, ob für den Manager-Eigentümer Projekt B vorteilhafter ist. Der Manager-Eigentümer erhält bei Wahl von Projekt B nur im „guten" Umweltzustand eine Zahlung (im anderen Zustand gehen alle leer aus). Diese Zahlung ist gleich 180 - (1+r_{FK}) · 60. Wenn die Kreditvergabe zu dem Zinssatz von 10 % erfolgt, beträgt die Zahlung an den Manager-Eigentümer folglich 114 im guten Umweltzustand, der Erwartungswert der dem Manager-Eigentümer zufließenden Zahlung ist daher gleich 0,5 · 114 = 57. Dieser Wert ist deutlich größer als die sichere Einzahlung bei Wahl von Projekt A. Der Manager-Eigentümer wird das Projekt B bevorzugen, wenn er nicht „sehr" risikoavers ist.

Aber auch der Kreditgeber muß sich Gedanken um die zu erwartende Projektwahl machen. Wenn er weiß, daß der Manager-Eigentümer zwischen den beiden Projekten A und B wählen kann, wird er die Wahl von B antizipieren. Das wiederum führt dazu, daß entweder gar kein Kredit vergeben wird, oder aber nur zu einem höheren Zinssatz. Zumindest müßte der im Kreditvertrag zu vereinbarende Zinssatz so hoch sein, daß der *Erwartungswert* der Zahlung an den Kreditgeber nicht geringer ist als bei Wahl von Projekt A und einem Kreditzinssatz von 10 %:

$$0,5 \cdot (1 + r_{FK}) \cdot 60 = 66 \quad \Leftrightarrow \quad r_{FK} = 120\%.$$

Erst bei einem Kreditzinssatz von 120 % beträgt also die erwartete Verzinsung des eingesetzten Fremdkapitals 10 %.

Berechnet man auf dieser Basis die erwartete Zahlung, die dem Manager-Eigentümer bei Wahl von Projekt B zufällt, so erhält man

$$0,5 \cdot (180 - 2,2 \cdot 60) = 24.$$

Damit ist die Durchführung von Projekt B für den Manager-Eigentümer nicht mehr vorteilhaft, da die erwartete Einzahlung geringer ist als der von ihm eingesetzte Kapitalbetrag von 40. Erst recht nicht mehr vorteilhaft wäre bei einem Kreditzinssatz von 120 % die Durchführung von Projekt A. Damit wird ein grundlegendes Dilemma deutlich. Der Investor ist am Zustandekommen der Kreditfinanzierungsbeziehung interessiert. Dazu müßte er sich glaubhaft binden können, Projekt A durchzuführen (dieses wäre sogar bei 100 %iger Kreditfinanzierung zu 10 % für ihn vorteilhaft). Wenn diese Bindung nicht erfolgt, muß der Kreditgeber mit der Wahl von B rechnen, so daß eine kreditfinanzierte Investitionstätigkeit nicht mehr vorteilhaft ist.

Die notwendige Bindung kann z.B. dadurch erfolgen, daß der Eigentümer-Manager Sicherheiten stellt. So kann er ggf. seinen Handlungsspielraum einschränken, wenn solche Aktiva als Sicherheit verwendet werden, die nur bei Wahl von Projekt A verfügbar sind, oder er kann seine eigenen Anreize beeinflussen. Wenn der Eigentümer-Manager auch mit seinem Privatvermögen für die Verbindlichkeiten des Unternehmens haftet, muß er im „schlechten" Umweltzustand bei Wahl von Projekt B eine Zahlung leisten, womit der Erwartungswert der Einzahlung geringer ausfällt. Eine andere Möglichkeit besteht darin, die Kreditaufnahme zu beschränken. Wenn zum Beispiel ein Kredit nur in Höhe von 20 erforderlich ist, wird der Eigentümer-Manager bei einem Kreditzinssatz von 10 % Projekt A vorziehen, denn es gilt:

$$115 - 22 > 0,5 \cdot (180 - 22).$$

Diese Problemlösung setzt natürlich voraus, daß der Eigentümer-Manager selbst den höheren Beteiligungskapitaleinsatz von 80 aufbringen kann oder weitere Beteiligungsgeber aufnimmt. Anhand des Beispiels wurde ein Grundproblem der Kreditfinanzierung verdeutlicht: es zeigte sich, daß bei „hoher" Kreditaufnahme ein vorteilhaftes Projekt (Projekt A) nicht durchgeführt würde. Dies ist auf den *kreditfinanzierungsbedingten Fehlanreiz* für an der Unternehmensleitung beteiligte Eigenkapitalgeber zurückzuführen, riskante Projekte vorzuziehen. Man spricht von einem *Risikoanreizproblem*. Es kommt zu diesem Risikoanreiz, weil geringe Einzahlungen (auch) zu Lasten der Kreditgeber gehen, hohe Einzahlungen in den „guten" Umweltzuständen jedoch vor allem zu Gunsten der Beteiligungsgeber, so daß letztere an möglichst hohen Einzahlungen in den guten Umweltzuständen interessiert sind. Die mit höherem Risiko ebenfalls einhergehende Minderung der Einzahlung in den schlechten Umweltzuständen interessiert die Beteiligungsgeber dagegen weniger. Das Risikoanreizproblem muß nicht dazu führen, daß gar nicht investiert wird. Konsequenz kann auch sein, daß riskante, suboptimale Projekte durchgeführt werden.

Wenn aufgrund kreditfinanzierungsbedingter Fehlanreize vorteilhafte Projekte nicht durchgeführt werden, spricht man von einem *Unterinvestitionsproblem*. Dieses kann aus dem oben dargestellten Risikoanreizproblem resultieren, oder auch im Zusammenhang mit der Entscheidung über die Durchführung eines *zusätzlichen* Projekts in einem bestehenden Unternehmen. In einer solchen Entscheidungssituation ist ebenfalls ein *Überinvestitionsproblem* denkbar, d.h. es kann ein Anreiz bestehen, unvorteilhafte Projekte durchzuführen. Über- und Unterinvestionsproblem lassen sich ebenfalls an einem einfachen Beispiel verdeutlichen: (ähnlich bei Franke/Hax 1994, S. 421f.) Ein eigentümergeleitetes Unternehmen hat bereits in der Vergangenheit ein Investitionsprojekt durchgeführt, welches im zukünftigen Zeitpunkt $t = 1$ zu einer unsicheren Einzahlung von 70 oder 120 führt. Es besteht außerdem bereits eine Zahlungsverpflichtung gegenüber Kreditgebern in Höhe von 80. Die unsicheren, zustandsabhängigen Zahlungen an den Eigentümer-Manager und die Kreditgeber in dieser Ausgangssituation sind in Tabelle 5 zusammengestellt.

	e_1	e_{1FK}	e_{1EK}
s_1	70	70	0
s_2	120	80	40
$E(e_1)$	95	75	20

Tab.5: Ausgangssituation

In $t = 0$ habe der Eigentümer-Manager die Möglichkeit, ein zusätzliches Projekt C durchzuführen, welches in Zustand s_1 eine Zahlung von -30 erbringt, in Zustand s_2 hingegen +30. Der Erwartungswert beträgt somit null. Wenn dieses Projekt ohne zusätzliche Kreditaufnahme durchgeführt wird, ergeben sich die in Tabelle 6 aufgeführten Zahlungen.

	e_1	e_{1FK}	e_{1EK}
s_1	40	40	0
s_2	150	80	70
$E(e_1)$	95	60	35

Tab.6: Durchführung von Projekt C

Der Erwartungswert der Zahlung an den Eigentümer-Manager ist von 20 auf 35 gestiegen. Mithin wird er bereit sein, das Projekt C durchzuführen, wenn die erforderliche Anfangsauszahlung, von der angenommen wird, er müsse sie aus eigener Tasche bestreiten, nicht zu groß ist. Bei jeder positiven Anfangsauszahlung dürfte das Projekt mit einer erwarteten Einzahlung von null jedoch als unvorteilhaft gelten. Für den Manager-Eigentümer kann es dennoch vorteilhaft sein, weil die negative Einzahlung im Zustand s_1 allein zu Lasten der bisherigen Kreditgeber geht. Dies ist die Ursache für ein mögliches Überinvestitionsproblem.

Im nächsten Schritt betrachte man ein Projekt D, welches (statt Projekt C) zusätzlich durchgeführt werden kann. Dieses führe zu einer Einzahlung von 10 im Zustand s_1 und von 0 im Zustand s_2. Nach der Durchführung dieses Projektes würde sich die in Tabelle 7 dargestellte Situation ergeben.

	e_1	e_{1FK}	e_{1EK}
s_1	80	80	0
s_2	120	80	40
$E(e_1)$	100	80	20

Tab.7: Durchführung von Projekt D

Die dem Eigentümer-Manager zufließende Zahlung bleibt bei Durchführung des Projekts D unberührt. Demzufolge hat er kein Interesse an der Durchführung, insbesondere nicht, wenn er selbst die Anfangsauszahlung für Projekt D bestreiten müßte. Wenn diese nicht zu hoch ist, kann Projekt D jedoch als vorteilhaft gelten. Mithin wird ein vorteilhaftes Projekt nicht durchgeführt, es besteht ein Unterinvestitionsproblem (vgl. Myers 1977). Dieses resultiert daraus, daß bei Durchführung eines Projektes wie zum Beispiel D die Position der bisherigen Kreditgeber sich verbessert. Sie können mit der vollständigen Begleichung ihrer Forderung auch im Zustand s_1 rechnen. Der daraus resultierende Vermögenszuwachs für die bisherigen Kreditgeber schmälert die Vorteilhaftigkeit eines zusätzlichen Projektes aus Sicht der Beteiligungsgeber.

Über- und Unterinvestitionsproblem resultieren aus der Tatsache, daß einer Unternehmensleitung ex ante kaum sinnvoll vorgeschrieben werden kann, in welche Projekte unter welchen Umständen zu investieren ist. Einerseits ist ex post nicht allgemein beobachtbar, ob tatsächlich in das „richtige" Projekt investiert wurde (im Beispiel in Projekt D statt in C), somit kann auch nicht kontrolliert werden, ob eine diesbezügliche Vereinbarung eingehalten wurde. Andererseits ist ex ante nicht unbedingt klar, welche Projekte unter welchen Bedingungen in zukünftigen Zeitpunkten vorteilhaft sind. Daher muß durch die Gestaltung der Finanzierung an sich sichergestellt werden, daß die Gefahr der Über- oder Unterinvestition nicht zu groß ist. In dem zuletzt betrachteten einfachen Zahlenbeispiel besteht die Lösung in einer geringeren Kreditaufnahme ex ante, so daß die Zahlungsverpflichtung in Zukunft geringer ausfällt. Geringere Kreditfinanzierung erfordert jedoch einen entsprechend höheren Einsatz von Beteiligungskapital. Sofern dieses auch von Kapitalgebern bereitgestellt werden müßte, die nicht an der Unternehmensleitung beteiligt sind, ist mit (verstärkten) Problemen der Beteiligungsfinanzierung unter Informationsasymmetrie zu rechnen, wie sie weiter oben beschrieben wurden.

Vertragsunvollständigkeiten

Selbst wenn alle Entscheidungen eines Unternehmens allgemein beobachtbar wären, ist es oftmals nicht sinnvoll oder nicht einmal möglich, diese durch vertragliche Vereinbarungen (als Bestandteile von Finanzierungstiteln) ex ante festzulegen. Dies scheitert daran, *vollständige Verträge* kostenlos zu verfassen und durchzusetzen. Ein vollständiger Vertrag beinhaltet für jede Situation in zukünftigen Zeitpunkten detaillierte Vereinbarungen über die Pflichten aller Beteiligten. So würde ein vollständiger Vertrag zwischen der Unternehmensleitung und ihren Kapitalgebern beispielsweise festlegen, wann das Unternehmen zu liquidieren ist, ob und welche zusätzlichen Investitionsprojekte unter welchen Bedingungen in zukünftigen Zeitpunkten durchzuführen sind, oder daß das Management unter bestimmten Bedingungen auszuwechseln ist. Um einen solchen vollständigen Vertrag aufzusetzen, müßten zunächst einmal alle zukünftigen Entscheidungssituationen und die möglichen Ausprägungen der entscheidungsrelevanten Rahmenbedingungen antizipiert werden. Dies scheitert oftmals sicherlich schon an mangelnder Phantasie. Dann wären für alle denkbaren Konstellationen der entscheidungsrelevanten Rahmenbedingungen (Umweltzustände) bedingte Handlungsanweisungen festzuschreiben. Dabei müßten die relevanten Rahmenbedingungen ex ante so präzise beschrieben werden, daß ex post auch eine dritte Partei in der Lage ist, zu überprüfen, ob die tatsächlich beobachteten Handlungen auch mit den ex ante vorgesehenen übereinstimmen. Eine einfache Vereinbarung, nach der zum Beispiel ein zusätzliches Investitionsprojekt genau dann durchgeführt werden soll, wenn es vorteilhaft ist, bleibt eine Leerformel, solange nicht ex ante genau spezifiziert werden kann, unter welchen Bedingungen das Projekt als vorteilhaft angesehen werden kann. Anderenfalls verbleibt ex post ein Ermessensspielraum, da eine neutrale Instanz (z.B. ein Gericht) nicht nachprüfen kann, ob der Vertrag die Durchführung oder Unterlassung vorsieht. Die damit gegebene Vertragsunvollständigkeit ist dann ein Problem, wenn die Unternehmensleitung ex post ein Interesse haben kann, auch unvorteilhafte Projekte durchzuführen.

In der Realität sind (Finanzierungs-) Verträge *unvollständig*, weil der Abschluß und die Durchsetzung von vollständigen Verträgen mit zu hohen Informations- und Transaktionskosten verbunden sind. Ex ante würden hohe Informationskosten aufzubringen sein, um alle erforderlichen Informationen über die zu berücksichtigenden zukünftigen Entscheidungssituationen zu beschaffen. Dann wären Transaktionskosten bei der Aushandlung und dem Abschluß eines notwendigerweise sehr komplexen Vertrages aufzuwenden. Ex post wäre die Durchsetzung eines vollständigen Vertrages ebenfalls mit hohen Transaktionskosten verbunden, wenn dabei Dritte eingeschaltet werden müßten.

Unvollständige Verträge müssen ex post ausgefüllt werden. Das heißt, jemand kann und muß vertraglich nicht festgeschriebene Entscheidungen nach eigenem Ermessen treffen. Damit besteht jedoch auch die Gefahr, daß ineffiziente Entscheidungen getroffen werden, zum Beispiel nicht vorteilhafte Investitionsprojekte durchgeführt werden oder eine vorteilhafte Liquidation des Unternehmens unterbleibt. Diese Gefahr kann jedoch durch die Finanzierung beeinflußt, und somit möglichst minimiert werden.

Die wesentlichen Entscheidungen im Unternehmen werden von der Unternehmensleitung getroffen. Diese Entscheidungskompetenz kann die Unternehmensleitung jedoch im Insolvenzfall verlieren. Die Insolvenz ermöglicht es, der bisherigen Unternehmensleitung die Verfügungsgewalt über die Aktiva des Unternehmens zu entziehen. Infolge der Insolvenz kommt es entweder zur Liquidation des Unternehmens oder zur Fortführung, wobei die Möglichkeit besteht, das Management auszuwechseln. Da die Insolvenzgefahr von der Finanzierung abhängt, kann somit versucht werden, diese so zu gestalten, daß der Unternehmensleitung möglichst genau dann die Verfügungsgewalt über die Aktiva des Unternehmens entzogen wird, wenn mit ineffizienten Entscheidungen zu rechnen ist (vgl. Aghion/Bolton 1992).

Auch auf andere Art und Weise kann die Finanzierung Einfluß auf die Ausfüllung eines unvollständigen Vertrages haben. Die Höhe und zeitliche Struktur der Zahlungsverpflichtungen gegenüber Kreditgebern determiniert den finanziellen Spielraum der Unternehmensleitung. Je höher die Zahlungsverpflichtungen im gegenwärtigen und in zukünftigen Zeitpunkten sind, desto geringer ist der Teil der gegenwärtigen Einzahlungen und der Umfang eines möglichen zusätzlichen Kredits, der für Investitionszwecke verwendet werden kann. Möglicherweise muß die Unternehmensleitung gar Aktiva veräußern, um gegenwärtigen Zahlungsverpflichtungen nachkommen zu können. Durch die Kreditfinanzierung können somit unvorteilhafte Investitionen verhindert und vorteilhafte Desinvestitionen erzwungen werden. Allerdings werden möglicherweise auch vorteilhafte Projekte nicht durchgeführt oder ineffiziente Desinvestitionen erzwungen, wenn der finanzielle Spielraum der Unternehmensleitung zu stark eingeschränkt ist. Hier gilt es also einen Trade off zu berücksichtigen (vgl. Hart/Moore 1995).

5 Finanzierungspolitik

Im Rahmen der Finanzierungspolitik eines Unternehmens ist zu entscheiden, ob ein gegebener Kapitalbedarf durch die Emission von Beteiligungs- oder Forderungstiteln (oder beiden Titelarten) zu decken ist. Darüber hinaus sind die genauen Ausgestaltungen dieser Titel und der Emissionszeitpunkt festzulegen. Im Rahmen der Entscheidung über die Gewinnverwendung (Ausschüttung oder Einbehaltung) wird über das Innenfinanzierungsvolumen entschieden. Wenn die Finanzierungstitel des Unternehmens auf einem vollkommenen Kapitalmarkt gehandelt werden, sind alle Finanzierungsentscheidungen irrelevant. Wie in Abschnitt 4.2 gezeigt wurde, kann der Marktwert eines Unternehmens mit gegebenem Investitionsprogramm und damit auch die Vermögensposition der Kapitalgeber durch Finanzierungsentscheidungen nicht beeinflußt werden.

Der Finanzierungspolitik kommt demnach nur aufgrund von Marktunvollkommenheiten eine Bedeutung zu. Wie ist also die Finanzierung angesichts von Marktunvollkommenheiten zu gestalten? Eine einfache Antwort gibt es leider nicht.

Unterstellt man zunächst, daß die Finanzierungstitel des Unternehmens am (unvollkommenen) Kapitalmarkt gehandelt werden, so führt diejenige Finanzierung zur Maximierung der Vermögensposition der Kapitalgeber, die den Marktwert des Unternehmens maximiert. Ein Einfluß der Finanzierung auf den Marktwert ergibt sich aufgrund der Auswirkungen auf Entscheidungen im Unternehmen, wie sie in Abschnitt 4.3 beispielhaft dargestellt wurden. Wie die in dieser Hinsicht optimale Finanzierung aussieht, läßt sich kaum soweit spezifizieren, daß konkrete Empfehlungen zur gesamten Finanzierung eines Unternehmens abgeleitet werden könnten. Nur die Ausgestaltung von einzelnen Finanzierungstiteln (vgl. z.B. Schmidt 1981, Nippel 1994) und grundlegende Umstrukturierungen der Finanzierung (vgl. z.B. Jensen 1986) können bisher auf der Basis finanzierungstheoretischer Überlegungen beurteilt werden. Auch finden sich konkrete Überlegungen, welcher Typ von Finanzierungstiteln zur Deckung eines gegebenen Kapitalbedarfes emittiert werden sollte, wenn ein im Interesse der bisherigen Anteilseigner agierendes Management einen Informationsvorteil gegenüber dem Kapitalmarkt hat (vgl. Myers/Majluf 1984).

Die Orientierung am Marktwert ist bei unvollkommenem Kapitalmarkt nicht unproblematisch. Bei manchen Finanzierungstiteln ist ein Handel am Kapitalmarkt nur schwerlich möglich. Insbesondere Informationsasymmetrien zwischen potentiellen Käufern und Verkäufern hinsichtlich der zukünftig zu erwartenden Zahlungen erschweren den Handel vor allem mit Anteilen an Personengesellschaften. Wenn jedoch die Realisation des (hypothetischen) Marktwertes eines Finanzierungstitels für seinen Inhaber nicht oder nur schwer möglich ist, spielt dessen Höhe für ihn auch keine Rolle. Er hat vielmehr ein Interesse an einer Finanzierung, bei welcher sein Nutzen aus den ihm zukünftig zufließenden unsicheren Zahlungen maximal ist. Die Bestimmung der optimalen Finanzierung erfordert daher die Kenntnis subjektiver Zeit- und Risikopräferenzen. Diese Präferenzen können bei potentiellen Kapitalgebern unterschiedlich ausgeprägt sein, so daß auch die Emission unterschiedlicher, jeweils präferenzgerechter Finanzierungstitel durch das Unternehmen anzustreben ist (vgl. dazu auch Allen/Gale 1988).

Vergleichsweise konkrete Empfehlungen im Hinblick auf die Finanzierung lassen sich aus der Berücksichtigung steuerlicher Aspekte ableiten. Ceteris paribus ist diejenige Finanzierung optimal, bei der die gesamte Steuerlast (von Unternehmen und Kapitalgebern) minimal wird. Die Komplexität realer Steuersysteme macht die Bestimmung der in dieser Hinsicht optimalen Finanzierung aber auch nicht einfach. Die prinzipielle Bedeutung der Besteuerung für die Finanzierung von Unternehmen wird z.B. bei Kruschwitz 1995, S. 253 ff. verdeutlicht.

Literaturverzeichnis

Aghion, P.; Bolton, P. (1992), An Incomplete Contracts Approach to Financial Contracting, in: Review of Economic Studies, Vol. 59 (1992), S. 473-494

Akerlof, G. A. (1970), The Market for "Lemons": Quality Uncertainty and the Market Mechanism, in: Quarterly Journal of Economics, Vol. 84 (1970), S. 488-500

Allen, F.; Gale, D. (1988), Optimal Security Design, in: Review of Financial Studies, Vol. 1 (1988), S. 229-263

Breuer, W. (1997), Die Marktwertmaximierung als finanzwirtschaftliche Entscheidungsregel, in: Wirtschaftswissenschaftliches Studium, 26. Jg (1997), S. 222-226

Franke, G.; Hax, H. (1994), Finanzwirtschaft des Unternehmens und Kapitalmarkt, 3. Aufl., Berlin u. a. 1994

Hart, O.; Moore, J. (1995), Debt and Seniority: An Analysis of the Role of Hard Claims in Constraining Management, in: American Economic Review, Vol. 85 (1995), S. 567-585

Hax, H. (1993), Finanzierung, in: Bitz u.a. (Hrsg.), Vahlens Kompendium der Betriebswirtschaftslehre, Bd. 1, 3. Aufl., München 1993, S. 397-455

Hax, H.; Hartmann-Wendels, T.; v. Hinten, P. (1988), Moderne Entwicklung der Finanzierungstheorie, in: Christians (Hrsg.), Finanzierungshandbuch, 2. Aufl., Wiesbaden 1988, S. 689-713

Jensen, M. C. (1986), Agency Costs of Free Cash Flow, Corporate Finance, and Takeovers, in: American Economic Review, Vol. 76 (1986), Papers and Proceedings, S. 323-329

Jensen, M. C. (1989), Eclipse of the Public Corporation, in: Harvard Business Review, Vol. 67 (1989), S. 61-74

Kakuschke, A. (1996), Marktorientierte Bewertung von Genußscheinen, Göttingen 1996

Kruschwitz, L. (1995), Finanzierung und Investition, Berlin 1995

Leland, H. E.; Pyle, D. H. (1977), Informational Asymmetries, Financial Structure and Financial Intermediation, in: Journal of Finance, Vol. 32 (1977), S. 371-387

Markowitz, H. M. (1952), Portfolio Selection, in: Journal of Finance, Vol. 7 (1952), S. 77-91

Modigliani, F.; Miller, M. H. (1958), The Cost of Capital, Corporation Finance and the Theory of Investment in: American Economic Review, Vol. 48 (1958), S. 261-297

Myers, S. C. (1977), Determinants of Corporate Borrowing, in: Journal of Financial Economics, Vol. 5 (1977), S. 147-175

Myers, S. C.; Majluf N. S. (1984), Corporate Financing and Investment Decisions when Firms have Informations that Investors do not have, in: Journal of Financial Economics, Vol. 13 (1984), S. 187-221

Neus, W.; Nippel, P. (1991), Investitionsvolumen und Risikoallokation, in: Kredit und Kapital, 24. Jg (1991), S. 85-106

Nippel, P. (1994), Die Struktur von Kreditverträgen aus theoretischer Sicht, Wiesbaden 1994

Ross, S. A. (1977), The Determination of Financial Structure: The Incentive-Signalling Approach, in: Bell Journal of Economics, Vol. 8 (1977), S. 23-40

Schemmann, G. (1970), Zielorientierte Unternehmensfinanzierung, Köln 1970

Schmidt, R. H. (1981), Grundformen der Finanzierung. Eine Anwendung des neoinstitutionalistischen Ansatzes der Finanzierungstheorie, in: Kredit und Kapital, 14. Jg. (1981), S. 186-221

Wöhe, G.; Bilstein, J. (1994), Grundzüge der Unternehmensfinanzierung, 7. Aufl., München 1994

13 Interne Unternehmensrechnung

Peter Schuster

Inhaltsverzeichnis

1 Einleitung	100
2 Verrechnungstechnische Grundlagen der Kosten- und Leistungsrechnung	102
2.1 Kostenartenrechnung	105
2.2 Kostenstellenrechnung	110
2.3 Kostenträgerrechnung	115
2.4 Kostenrechnungssysteme	122
3 Anwendung der Informationen aus der Kosten- und Leistungsrechnung	127
3.1 Kostenrechnung als Entscheidungsrechnung	127
3.2 Kostenrechnung als Kontrollrechnung	137
3.3 Kostenrechnung als Koordinationsrechnung	139
4 Mängel und Weiterentwicklungsmöglichkeiten der Kosten- und Leistungsrechnung	143
Literaturverzeichnis	146

1 Einleitung

Die Unternehmensrechnung setzt sich aus allen Rechnungssystemen von Unternehmen zusammen, deren Ziel die zahlenmäßige Abbildung des Wirtschaftsgeschehens darstellt. Die Einteilung in externe und interne Unternehmensrechnung läßt sich dabei anhand der Ausrichtung auf unternehmensexterne bzw. -interne Benutzer vollziehen. Die interne Unternehmensrechnung richtet sich grundsätzlich als Informationsinstrument an den im Unternehmen angesiedelten Benutzer. Die geschilderte Unterscheidung hat weitreichende Konsequenzen für die Ausgestaltung der Rechnung. Während die externe Unternehmensrechnung aufgrund ihrer andersgearteten Ausrichtung und Aufgabenstellung durch gesetzliche Regelungen v.a. des Handels- und Steuerrechts bestimmten Vorgaben folgen muß, um eine geforderte Mindestqualität der Rechnungen zu gewährleisten und mißbräuchliche Gestaltungen zu verhindern, unterliegt die interne Unternehmensrechnung (typischerweise) keinen gesetzlichen Vorschriften. Das Unternehmen wird als Einheit angesehen, es ist zugleich Ersteller und Empfänger der Information und somit ist die interne Unternehmensrechnung den Zielkonflikten der externen Rechnung, die insbesondere durch unterschiedliche Ziele (z.B. bzgl. der Darstellung der Vermögens- und Ertragslage) und den unterschiedlichen Informationsstand von Ersteller und Empfänger verursacht werden, vordergründig nicht ausgesetzt.

Zur internen Unternehmensrechnung zählen neben der Kostenrechnung auch Investitions- und Finanzrechnungen, die in der deutschen Betriebswirtschaftslehre allerdings traditionell dem Bereich der betrieblichen Finanzwirtschaft und nicht der Unternehmensrechnung (i.e.S.) bzw. dem Rechnungswesen zugerechnet werden (Zur Darstellung der Investitionsrechnung vgl. den Beitrag "Investition" in diesem Band). Der Begriff Kostenrechnung wird in diesem Beitrag synonym zu Kosten- und Leistungsrechnung sowie Kosten- und Erlösrechnung angesehen.

Der vorliegende Beitrag beschreibt die Grundlagen der Kostenrechnung und folgt dabei einer insbesondere im amerikanischen Sprachraum üblichen Zweiteilung zwischen Verrechnungstechnik und Anwendungsaspekt. Während unter 2 alle verrechnungstechnischen Aspekte der Kostenrechnung fallen - also die Frage zu beantworten ist, wie Kosten und Leistungen zu erfassen und zu verrechnen sind - geht es unter 3 um die Anwendung der aus der Kostenrechnung zu gewinnenden Informationen, z.B. für das Controlling des Unternehmens. Dabei läßt sich zwischen dem Einsatz der Kostenrechnung als Entscheidungsrechnung (Fundierung von betrieblichen Entscheidungen), als Kontrollrechnung (Informationsverbesserung eigener Entscheidungen und Verhaltenssteuerung fremder Entscheidungen) und als Koordinationsrechnung (Steuerung dezentraler Unternehmensbereiche sowie Koordination des Führungssystems als wesentliche Aufgabe des *Controlling*) unterscheiden.

Unternehmen (bzw. Betriebe) besitzen keinen Selbstzweck, sondern dienen direkt oder indirekt beteiligten Personen zur Erfüllung ihrer (wirtschaftlichen) Ziele, indem diese Beiträge leisten, die durch bestimmt Anreize ausgelöst werden:
1. Anteilseigner stellen Eigenkapital (sowie u.U. auch Arbeitskraft) mit dem Anreiz zur Verfügung, Gewinne (und evtl. Kapitalrückzahlungen) zu erzielen, 2.

Gläubiger Fremdkapital mit dem Anreiz der Verzinsung und Rückzahlung des Kapitals, 3. Arbeitnehmer Arbeitskraft mit der Aussicht auf Löhne und Gehälter, 4. Lieferanten Roh-, Hilfs- und Betriebsstoffe, Waren und Betriebsmittel gegen Entgelt für diese Lieferungen und 5. Kunden Entgelt für die Lieferung von Produkten (bzw. die Erbringung von Dienstleistungen) des Unternehmens. Der Austausch von Anreizen und Beiträgen erfolgt dabei überwiegend auf Märkten. Auch der Staat (6.) läßt sich in diese Systematik einordnen. Er stellt dem Unternehmen eine Infrastruktur zur Verfügung und zahlt ggf. Subventionen mit der Aussicht auf Rückflüsse in Form von Steuern und Gebühren (vgl. Abbildung 1; vgl. auch Busse von Colbe/Laßmann 1991, S. 21).

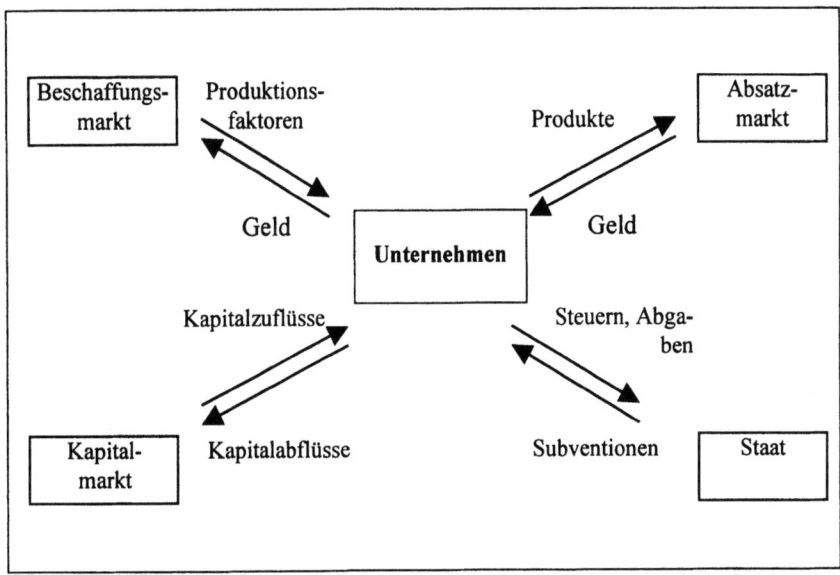

Abb. 1: Vereinfachtes Modell des Güterverzehrs und der Gütererstellung

Das *betriebswirtschaftliche Rechnungswesen* beschäftigt sich mit der systematischen Ermittlung, Aufbereitung, Darstellung und Interpretation von in Mengen- und Werteinheiten ausgedrückten Rechengrößen, und zwar: 1. Auszahlungen und Einzahlungen, 2. Ausgaben und Einnahmen, 3. Aufwendungen und Erträge sowie 4. Kosten und Leistungen, um alle Aktivitäten der beteiligten Gruppen darzustellen und um Informationen für verschiedenen Anforderungen zu erzeugen.

Schwerpunkt der in der Kostenrechnung darzustellenden Aktivitäten sind unternehmensinterne Prozesse der Lagerung und Transformation der Produktionsfaktoren. Die wichtigsten Aufgaben, die die Kostenrechnung zu erfüllen hat, sind *Planungs-*, *Kontroll-* und *Steuerungsaufgaben*, z.B. Entwicklung von Plandaten zur Entscheidungsvorbereitung, Wirtschaftlichkeitskontrollen, Abweichungsanalysen oder Kontrolle unternehmerischen Erfolgs in Form der kurzfristigen Erfolgsrechnung. Am Rande verfolgt sie auch *Publikations-* und *Dokumentationsaufgaben*, z.B. bei der Erfassung und Bewertung fertiger und unfertiger Erzeugnisse sowie selbst errichteter/gefertigter Gebäude und Maschinen als Hilfeleistung für handelsrechtliche Zwecke, bei der Selbstkostenermittlung im Rahmen der Vergabe öffentlicher Aufträge nach gesetzlich vorgeschriebenen Auflagen oder bei der Erbringung von Kosten- und Leistungsnachweisen durch Krankenhäuser aufgrund zwingender gesetzlicher Vorschriften.

Als grundsätzliches Problem aller Modelle trifft auch die interne Unternehmensrechnung auf den Zwiespalt, daß eine genaue Darstellung der Realität verbunden mit dem Verzicht auf jegliche Verdichtung und Verkürzung der Informationen nicht möglich ist und daß die vereinfachte Abbildung des Wirtschaftsgeschehens mit dem Ziel, durch die Vereinfachungen die Rechnung schnell und anforderungsgerecht verwenden zu können, informationsverkürzend sein kann. Eine allgemeingültige Lösung, d.h. ein in allen Situationen gleichermaßen geeignetes Kostenrechnungssystem, kann es dabei nicht geben; die Darstellung des Vorgehens und der zugrundeliegenden Vereinfachungen erfolgt im 2. Kapitel für die Verrechnungstechnik der Kostenrechnung und im 3. Kapitel für die Anwendung der gewonnenen Informationen. Die Abbildung des Wirtschaftsgeschehens muß stets vereinfacht, aber doch so vollständig erfolgen, daß die Kostenrechnung für die Steuerung des Unternehmens einsetzbar ist. Das abschließende Kapitel zeigt Mängel bestehender Kostenrechnungssysteme und Ansätze zur möglichen Behebung auf.

2 Verrechnungstechnische Grundlagen der Kosten- und Leistungsrechnung

Die Kostenrechnung bzw. das Rechnungswesen insgesamt erfordern die Darstellung einer sehr komplexen und schwer strukturierbaren Fülle von quantitativen und nicht-quantitativen Informationen.

Einführung und Begriffsklärungen

Die Betriebswirtschaftslehre hat für die Bezeichnung der zu erfassenden Vorgänge die folgende Terminologie entwickelt: a.) Auszahlungen - Einzahlungen; sie bilden den Zahlungsverkehr des Unternehmens ab. Auszahlungen (Einzahlungen) umfassen alle Abnahmen (Erhöhungen) des Bestandes an liquiden Mitteln eines Unternehmens;
b.) Ausgaben - Einnahmen; sie bilden neben dem Zahlungsverkehr auch Kreditvorgänge ab. Ausgaben bestehen aus den Auszahlungen + Schuldenzugang + Forderungsabgang (Einnahmen aus Einzahlungen + Forderungszugang + Schuldenabgang);
c.) Aufwand - Ertrag; sie bilden den gesamten bewerteten Verzehr bzw. die bewertete Gütererstellung eines Unternehmens ab. Diese Größen sind Basis der Buchführung und ihre Wertansätze ergeben sich aus gesetzlichen Bestimmungen (Handels- und Steuerrecht) und den Grundsätzen ordnungsmäßiger Buchführung. Aufwand (Ertrag) ist der bewertete Verzehr von Gütern und Dienstleistungen (die bewertete Gütererstellung) in einer Periode, wobei gemäß gesetzlicher Bestimmung meist beschaffungsmarktorientierte Wertansätze (absatzmarktorientierte

Wertansätze oder Herstellkosten) zugrundezulegen sind. Der Erwerb eines Grundstücks durch ein Unternehmen stellt somit eine Ausgabe, aber keinen Aufwand dar, ein Aufwand entsteht erst, wenn das Grundstück z.b. durch Abbau genutzt wird und einen Wertverlust erleidet. Der Kaufpreis für ein Gebäude stellt in der Periode des Erwerbs in voller Höhe eine Ausgabe, aber nur anteilig in Höhe der gesetzlich zulässigen Abschreibung Aufwand dar, weil der Wertverzehr über einen längeren Zeitraum verteilt wird.

Aus diesen Ansätzen der Buchführung lassen sich schließlich d.) Kosten - Leistungen entwickeln; Kosten stellen dabei die bewerteten sachzielbezogenen Güterverbräuche eines Unternehmens in einer Periode dar, die zum Zwecke der Erstellung (*Produktion*) und Verwertung (*Absatz*) der betrieblichen Produkte und zur Aufrechterhaltung der hierfür notwendigen Betriebsbereitschaft erforderlich sind, Leistungen sind die bewerteten sachzielbezogenen Güterstellungen, also der bewertete Zuwachs an Gütern, die dem Sachziel des Unternehmens entsprechen.

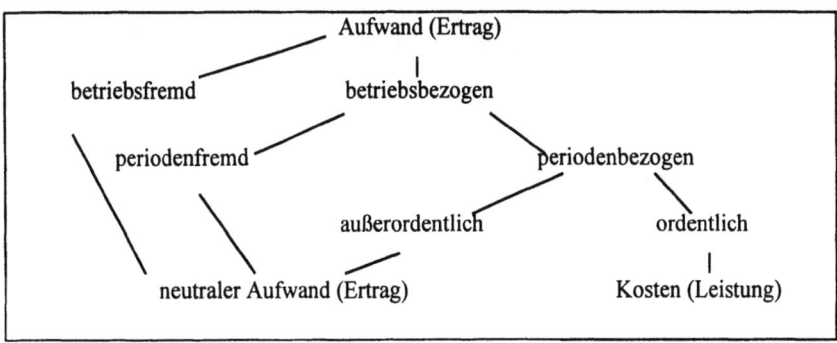

Abb. 2: Abgrenzung von Aufwand und Kosten sowie Ertrag und Leistung

Ausgesondert gegenüber Aufwendungen werden -wie in Abbildung 2 dargestellt- betriebsfremde Güterverbräuche, d.h. die Verbräuche, die nicht im Zusammenhang mit dem Zweck des Unternehmens stehen, die periodenfremden sowie außerordentliche Verbräuche, die nicht im Rahmen des üblichen Betriebsablaufs zu erwarten sind. Neben dem ordentlichen, periodenbezogenen, betriebsbezogenen Zweckaufwand (Zweckertrag) enthalten die Gesamtkosten (Gesamtleistungen) bei in der Kostenrechnung abweichenden Wertansätzen die Anderskosten (Andersleistungen) ergänzt um die Zusatzkosten (Zusatzleistungen), denen kein Ansatz auf der Aufwandsseite (Ertragsseite) gegenübersteht. (vgl. Abbildung 3, vgl. Kilger 1987, S. 25 in modifizierter Form übernommen).

Problematisch sind die zugrundegelegten Wertansätze, die sich unterscheiden können und dabei uneinheitliche Kosten- (und Leistungs-)begriffe fundieren. In der Kostenrechnung kann man zwischen pagatorischen und wertmäßigen Kosten (pagatorischen und wertmäßigen Leistungen) unterscheiden. Bei den *pagatorischen Kosten* ist der Wertansatz *ausgabenorientiert* und wird auf Basis der Preise des Beschaffungsmarktes ermittelt, und bei den *wertmäßigen Kosten* ist der Wertansatz *nutzenorientiert* und basiert auf dem monetären Grenznutzen des Verbrauchsfaktors. Bei *pagatorischen Leistungen* erfolgt der Wertansatz folglich *einnahmeorientiert* auf Basis der Absatzmarktpreise und bei den *kostenorientierten Leistungen* auf Grundlage der angefallenen Kosten. In die wertmäßigen Kosten und Leistungen fließen auch Nutzenvorstellungen ein, die z.B. für die später dargestellten Opportunitätskosten Relevanz erlangen.

Gesamtaufwand (Gesamtertrag)			
Neutraler Aufwand (Neutraler Ertrag)	ordentlicher, periodenbezogener, betriebsbezogener Zweckaufwand (Zweckertrag)		
	Als Kosten (Leistung) verrechneter Zweckaufwand (Zweckertrag)	Nicht als Kosten (Leistung) verrechneter Zweckaufwand (Zweckertrag)	
	Grundkosten (Grundleistung)	Anderskosten (Andersleistung)	Zusatzkosten (Zusatzleistung)
		Kalkulatorische Kosten (Kalkulatorische Leistung)	
	Gesamtkosten (Gesamtleistung)		

Abb. 3: Verhältnis zwischen Gesamtaufwand und Gesamtkosten/ Gesamtertrag und Gesamtleistung

Als Annahme mit weitreichender Konsequenz wird in der Kostenrechnung häufig unterstellt, daß lediglich eine Kosteneinflußgröße existiert: die Beschäftigung (= die periodenbezogene Nutzung der Betriebsmittel, im Fall eines Einproduktunternehmens dargestellt in Form der Ausbringungsmenge). Kosten (und analog Leistungen) lassen sich nach ihrem Verhalten bei Beschäftigungsänderungen gliedern in a.) fixe Kosten, die unabhängig von der Beschäftigung konstant sind, und b.) variable Kosten, die sich mit der Beschäftigung verändern. Die variablen Kosten lassen sich wiederum unterscheiden in proportionale Kosten (linear variabel), progressive (bei zunehmender Ausbringungsmenge überproportional steigend), degressive (bei zunehmender Ausbringungsmenge unterproportional steigend) und die sehr selten zu findende regressive Kosten, die mit steigender Ausbringungsmenge abnehmen. Nach ihrer verrechnungstechnischen Zuordenbarkeit kann man zwischen Einzelkosten (zuordenbaren) und Gemeinkosten (nicht zuordenbaren Kosten) unterscheiden, wobei Bezugsobjekt meist die Kostenträger (Produkte) sind, aber auch z.B. Kostenstellen oder Perioden sein können.

Unabhängig von den unterschiedlichen Kostenrechnungssystemen werden in den im folgenden dargestellten Schritten in der Kostenartenrechnung die Kosten (Leistungen) in Kostenarten (Erlösarten) zerlegt, dem Ort der Kostenentstehung zugeordnet (Kostenstellenrechnung) und anschließend in der Kostenträgerrechnung produktbezogen (⇒ Kostenträgerstückrechnung = Kalkulation) und periodenbezogen (⇒ Kostenträgerzeitrechnung = kurzfristige Erfolgsrechnung) zugeordnet und zusammengefaßt.

2.1 Kostenartenrechnung

Aufgabe der Kostenartenrechnung ist die vollständige Erfassung aller Kosten und Leistungen der betrachteten Periode und ihre Aufbereitung, die eine Weiternutzung erst ermöglichen. Dies setzt eine zweckmäßige Gliederung der Kosten und die Erfassung der Mengen- und Wertkomponenten voraus.

Die Einteilung der Kostenarten kann nach zahlreichen Kriterien erfolgen. Dabei sind als Klassifikationskriterien in der Betriebswirtschaftslehre am gebräuchlichsten: die Art der verbrauchten oder eingesetzten Produktionsfaktoren oder die betrieblichen Funktionen. Eine solche Vorgehensweise führt z.B. zur folgenden Einteilung: a.) Werkstoffkosten, b.) Personalkosten, c.) Dienstleistungskosten, d.) Kosten für Abgaben an die öffentliche Hand, e.) kalkulatorische Abschreibungen, f.) kalkulatorische Zinsen, g.) kalkulatorische Wagniskosten. Die Detailliertheit der Aufgliederung ist unternehmensindividuell und abhängig von Größe und betriebs- und branchenspezifischen Besonderheiten.

Werkstoffkosten

Die *Werkstoffkosten* geben die bewerteten sachzielbezogenen Verbräuche von *Fertigungseinzelmaterial* (Rohstoffen und bezogenen Fertigteilen), *Hilfsstoffen* (sogen. Zusatzmaterial und Fertigungshilfsmaterial) sowie *Betriebsstoffen* (die nicht in das Erzeugnis eingehen, aber im Produktionsprozeß verbraucht werden, wie z.B. Schmierstoffe für Maschinen) an. Die Erfassung der Mengenkomponenten der Verbäuche kann durch a.) Inventurmethode, b.) Fortschreibungs- (Skontrationsrechnung), c.) Rückrechnung (retrograde Methode) oder d.) durch Schätzverfahren erfolgen. Bei der *Inventurmethode* wird der Werkstoffverbrauch mittels einer regelmäßigen körperlichen Bestandsaufnahme festgestellt. Nachteilig erweist sich neben der Notwendigkeit der relativ häufigen Durchführung, daß eine direkte Zuordnung auf Kostenstellen oder -träger nicht möglich ist und Unregelmäßigkeiten beim Lagerabgang durch Schwund, Diebstahl, Verderb usw. auftreten können. Die *Fortschreibungsrechnung* ist dadurch charakterisiert, daß sie alle Lagerzugänge und -abgänge laufend registriert und als Einzel- oder Kostenstelleneinzelkosten mittels Belegen erfaßt. Sie ist das zuverlässigste Verfahren der mengenmäßigen Erfassung, nachteilig erweisen sich aber die mit ihm verbundenen hohen Verwaltungskosten. Bei der *Rückrechnung* werden die Verbräuche aus den erstellten Produkten und deren Zusammensetzung anhand von Stücklisten ermittelt; sie ist somit einfach und schnell durchführbar. Bestandsminderungen durch Schwund oder Diebstahl lassen sich hier nur durch zusätzliche Inventuren feststellen, Soll- und Istverbrauch werden gleichgesetzt. Für geringwertige Werkstoffe wird vielfach das *Schätzverfahren* verwendet, bei dem die Lagerbestandsveränderungen geschätzt werden.

Die Erfassung der Wertkomponente der Werkstoffe kann dann problematisch sein, wenn die Anschaffungspreise innerhalb der betrachteten Periode nicht konstant sind und eine Zuordnung von eingesetzten Werkstoffen zu den verschiedenen Lieferungen nicht eindeutig möglich ist. Als Anschaffungspreise sind unter diesen Umständen Verrechnungspreise anzusetzen, wie z.B. der gewichtete Durchschnittspreis oder Preise, die sich aufgrund einer bestimmten angenommenen zeitlichen oder wertmäßigen Verbrauchsfolge bestimmen lassen, z.b. nach Lifo-, Fifo- oder Hifo-Methode. Bei der *Lifo-Methode* (Last-in-first-out) wird unterstellt, daß die zuletzt zugegangenen Einheiten zuerst entnommen werden, bei der *Fifo-Methode* (First-in-first-out) wird umgekehrt angenommen, daß die Entnahme aus den ältesten Lieferungen erfolgt. Die *Hifo-Methode* (Highest-in-first-out) stellt auf den Preis der eingekauften Lieferung ab und geht von der Entnahme zunächst der Stücke mit den höchsten Preisen aus. Dies entspricht i.d.R. keiner realen Verbrauchsfolge. Die Zweckmäßigkeit der verwendeten Methode hängt davon ab, inwieweit die unterstellte Verbrauchsfolge der realen Verbrauchsfolge nahekommt.

Die Rechnung kann als permanente Rechnung oder Periodenrechnung durchgeführt werden. In der Praxis werden bei häufig wechselnden Preisen üblicherweise die Verrechnungspreise eine Zeit lang unverändert gelassen.

Personalkosten

Die *Personalkosten* setzen sich aus Löhnen für Arbeiter, Gehältern für Angestellte, den gesetzlich und freiwillig zu leistenden Sozialabgaben, den sonstigen Personalkosten (z.B. Umzugskosten, Abfindungskosten) und eventuell dem kalkulatorischen Unternehmerlohn zusammen. Urlaubs-, Feiertags- und Krankheitslöhne und -gehälter sollten dabei auf das Jahr verteilt werden. Die Kosten für die eingesetzte Arbeitskraft des Anteilseigners sollten auch bei Einzelunternehmen und Personengesellschaften kostenrechnerisch angesetzt werden. Da nach den Grundsätzen ordnungsmäßiger Buchführung und nach dem Einkommensteuerrecht in diesen Unternehmen Anteilseigner keine rechtsgültigen Arbeitsverträge mit sich selber schließen dürfen und somit kein Aufwand für die geleistete Arbeit erfaßt werden darf, erfolgt in der Kostenrechnung der Ansatz des *kalkulatorischen Unternehmerlohns*, um die Kostensituation von Unternehmen rechtsformneutral darzustellen. Üblicherweise wird angestrebt, diese kalkulatorischen Kosten so bemessen, daß sie den Personalkosten entsprechen, die ein angestellter Arbeitnehmer für gleiche Arbeitsleistungen erhalten würde.

Dienstleistungskosten

Die *Dienstleistungskosten* (Fremdleistungskosten) entstehen durch die Inanspruchnahme von Dienstleistungen anderer Unternehmer, z.B. für Transport, Reparaturen, Forschung. Ihre Erfassung und Bewertung ist i.d.R. unproblematisch, da die Übernahme aus der Finanzbuchführung möglich und sinnvoll ist.

Kosten für Abgaben an die öffentliche Hand

Die *Kosten für Abgaben an die öffentliche Hand* setzen sich aus Gebühren, Steuern und Umweltschutzabgaben zusammen. Steuern haben dann Kostencharakter, wenn sie der Leistungserstellung oder der Aufrechterhaltung der Betriebsbereitschaft dienen. Nach überwiegender Literaturauffassung werden Ertragsteuern als Gewinnsteuern angesehen und nicht den Kosten zugerechnet (andere Meinung z.B. Kloock/Sieben/Schildbach 1993, S. 107).

Kalkulatorische Abschreibungen

Die Verwendung von Betriebsmitteln (Maschinen, Anlagen, Gebäude, Grundstücke) führt meist nicht zu ihrem unmittelbaren vollständigen Verzehr, so daß der Wertverlust über die Perioden der Nutzung verteilt wird. Die *kalkulatorische Abschreibung* erfaßt unabhängig von den rechtlichen Vorgaben, denen die Finanzbuchhaltung unterliegt, den Wertverlust durch die technische und wirtschaftliche Abnutzung langlebiger materieller oder immaterieller Betriebsmittel. Dabei kann vom Prinzip der Substanzerhaltung ausgegangen werden, so daß steigende oder fallende Wiederbeschaffungspreise (Tagespreise) Einfluß auf die Höhe der Abschreibung haben. Weder ist ein bestimmtes Abschreibungsverfahren vorgeschrieben noch unzulässig, sondern die freie Verfahrenswahl möglich. Der Entscheidung für die Wahl eines Verfahrens liegt die Überlegung zugrunde, welches Verfahren die der Realität am nächsten liegende Hypothese zum Wertverlust (Minderung des Potentials zur Nutzung des Betriebsmittels) aufweist. Der Wertverlust wird verursacht durch Gebrauch, aber auch durch Zeitablauf, technischen Fortschritt und wirtschaftliche Überholung (z.B. Entwertung durch Verschiebungen des Bedarfs). I.d.R. entsteht der Wertverlust durch eine Kombination der Ursachen, wobei der exakte Zusammenhang nicht bestimmt werden kann. Angelehnt an Verfahren, die auch in der Finanzbuchführung zum Einsatz kommen, haben sich folgende Verfahren für die Kostenrechnung durchgesetzt, denen relativ pauschal bestimmte Annahmen über den Verlauf des gesamten Wertverlustes über die Dauer der Nutzung zugrunde liegen.

Die *lineare Abschreibung* unterstellt, daß der Wertverlust gleichmäßig über die gesamte Dauer der Nutzung erfolgt. Der Abschreibungsbetrag errechnet sich durch Division des Anschaffungspreises (inkl. Anschaffungsnebenkosten) abzüglich des Restwertes am Ende der Nutzung durch die Perioden der Nutzung, bei evtl. Korrekturen durch veränderte Wiederbeschaffungswerte.

Die *degressiven Abschreibungsverfahren* arbeiten dagegen mit der Hypothese, daß der Wertverlust überwiegend durch Zeitverschleiß erfolgt und in den ersten Jahren besonders stark wirkt, der Abschreibungsbetrag nimmt also von Periode zu Periode ab. Den gebrauchsabhängigen Verschleiß bilden die degressiven Abschreibungsverfahren außer bei degressiver Abnahme der Beschäftigung somit schlechter ab als die lineare Abschreibung. Als Vorteil wird häufig angesehen, daß die Gesamtbelastung aus Abschreibung und Instandhaltungs- und Reparaturkosten sich bei den degressiven Verfahren über alle Perioden stärker annähern als bei dem linearen Verfahren, da i.d.R. die Reparaturen im Zeitablauf umfangreicher werden.

Bei der *arithmetisch-degressiven Abschreibung* wird unterstellt, daß das Ausmaß der Wertabnahme von Periode zu Periode um den gleichen Betrag sinkt. Bei einem speziellen Fall der arithmetisch-degressiven Abschreibung, der *digitalen Abschreibung*, ermittelt sich die Differenz der Abschreibungsbeträge von Periode zu Periode, die wiederum dem Abschreibungsbetrag der letzten Periode entspricht, indem der über die gesamte Nutzungsdauer abzuschreibende Betrag geteilt wird durch die Summe der Jahre der Nutzungsdauer multipliziert mit der verbleibenden Restnutzungsdauer zu Beginn der Periode. (Bsp.: Anschaffungspreis: 100.000 DM; gleichbleibende Wiederbeschaffungspreise; Anschaffungsnebenkosten: 5.000 DM; Restwert am Ende der Nutzungsdauer von 5 Jahren: 15.000 DM: Abschreibungsbetrag insgesamt: 100.000 + 5.000 - 15.000 = 90.000; Abschreibungsbetrag 1. Periode: 90.000 : (1+2+3+4+5) · 5 = 30.000; 2. Periode: 90.000 : 15 · 4 = 24.000, ...5. Periode: 90.000 : 15 · 1 = 6.000 = Differenz der Abschreibungsbeträge von zwei aufeinanderfolgenden Perioden).

Die *geometrisch-degressiven Abschreibungsverfahren* gehen dagegen davon aus, daß das Ausmaß des Wertverlustes jeder Periode einem bestimmten Bruchteil (Prozentsatz) des Wertverlustes der Vorperiode entspricht. Der Abschreibungsbetrag der n+1. Periode läßt sich also bei Kenntnis des Prozentsatzes unmittelbar aus dem Abschreibungsbetrag der n. Periode errechnen. Bei Vorliegen eines Restbuchwertes läßt sich rechnerisch der Prozentsatz bestimmen, bei dessen Anwendung am Ende der Nutzungsdauer gerade dieser Restbuchwert erreicht wird (Sonderfall der geometrisch-degressiven Abschreibung: *Buchwertabschreibung*; vgl. z.B. Kilger 1987 S. 124-127): er ist das Hundertfache von 1 vermindert um die n.te Wurzel (n = Nutzungsdauer) des Quotienten aus Restwert und Anschaffungspreis (inkl. Anschaffungsnebenkosten) (gleichbleibende Wiederbeschaffungspreise unterstellt). (Bsp.: Anschaffungspreis: 65.000 DM; Restwert: 5.200 DM; Nutzungsdauer: 10 Jahre; Prozentsatz = 100 · (1-10. Wurzel von 5.200/65.000) = 22,32%; Abschreibungsbetrag 1. Periode: 22,32% von 65.000 = 14.508 DM; Abschreibungsbetrag 2. Periode: (100-22,32)% von 14.508 = 11.269,81 DM; ... 10. Periode: (100-22,32)% von 1.923,45 = 1.494,14 DM; Restwert am Ende der 10. Periode: 5.200 DM).

Die *Leistungsabschreibung* unterstellt als Ursache für den Nutzungspotentialverzehr ausschließlich die Beschäftigung. Üblicherweise wird dabei angenommen, daß das Ausmaß des Wertverlustes für jede Mengeneinheit gleich ist, bei Kenntnis der (geschätzten) Gesamtmenge läßt sich somit in jeder Periode für die erwartete oder Ist-Menge der anteilige Wertverlust errechnen. Die Anwendung dieses Verfahrens führt dazu, daß die Abschreibung als variabler Kostenbestandteil verrechnet werden kann.

Selbstverständlich ist auch eine Kombination von Abschreibungsverfahren möglich. Ein Wechsel zwischen Abschreibungsverfahren ist in der Kostenrechnung, anders als in der Finanzbuchführung, stets durchführbar und dann sinnvoll, wenn dadurch eine genauere Wiedergabe der tatsächlichen Verhältnisse erreicht werden kann.

Da nur der Wertverlust erfaßt werden soll, kann bei der Bemessung des abzuschreibenden Gesamtbetrags ein im Betrachtungszeitraum erwarteter Restwert außer Betracht bleiben, d.h. wie oben beschrieben von der Ausgangsbasis abgezogen werden. Die Ermittlung der Nutzungsdauer erfolgt durch Schätzung bzw. aufgrund von Erfahrungswerten. Sollte während der Nutzung bekannt werden, daß die erwartete Nutzungsdauer sich verändert, so ist ab diesem Zeitpunkt so zu tun, als ob die Informationen von vornherein bekannt gewesen wären. Auf den Einfluß veränderter Wiederbeschaffungspreise wurde oben schon hingewiesen. Alle diese Punkte können dazu führen, daß der in der Kostenrechnung angesetzte Abschreibungsgesamtbetrag wenig bzw. nichts mit den tatsächlich bezahlten Beträgen (und so mit dem in der Finanzbuchhaltung angesetzten Betrag) zu tun hat und daß Teile davon gar nicht bzw. rechnerisch mehrfach abgeschrieben werden.

Kalkulatorische Zinsen

Zur Erfassung der Kapitalkosten erfolgt in der Kostenrechnung der Ansatz von *kalkulatorischen Zinsen*, bei dessen Bemessung grundsätzlich zwei Probleme zu lösen sind: 1. die Bestimmung des betriebsnotwendigen Vermögens, also des Vermögens des Betriebs, das zur Erreichung des Unternehmensziels notwendig ist, sowie 2. die Bemessung der Höhe des Zinssatzes, der auf dieses Vermögen angewendet wird. Inwieweit Zinsen auf Fremd- und/oder Eigenkapital als Kostenbestandteil anzusehen sind, ist nicht unumstritten (vgl. z.B. Kilger 1987, S. 134 m.w.V.). Nach herrschender Meinung werden neben den Fremdkapitalzinsen auch kalkulatorische Zinsen auf Eigenkapital berücksichtigt. Durch den Ansatz dieser kalkulatorischen Kostenposition wird die Abhängigkeit des Erfolgsausweises von der Finanzierungsart neutralisiert. Die Ermittlung der insgesamt anzusetzenden Kapitalkosten erfolgt, indem das sachzielnotwendige Kapital, also der Teil des gesamten Kapitals, der zur Erreichung des Unternehmensziel notwendig ist, bestimmt wird. Es wird aus dem sachzielnotwendigem Vermögen ermittelt, das um das sog. Abzugskapital (zinslos zur Verfügung gestelltes Fremdkapital, z.B. Kundenanzahlungen, Pensionsrückstellungen) vermindert wird. Das betriebs- (bzw. sachziel-) notwendige Kapital berücksichtigt dabei Durchschnittsgrößen des Anlage- und Umlaufvermögens und des Abzugskapitals der betrachteten Periode.

Das so ermittelte zu verzinsende Kapital wird nun mit einem festzulegenden Zinssatz verzinst, dessen Bemessung ein besonderes Problem darstellt; häufig vorgeschlagen werden der Kalkulationszinsfuß der Investitionsrechnung oder der Zinssatz für festverzinsliche Wertpapiere bestimmter Laufzeiten (vgl. zu dieser Problematik den Beitrag Investition). Entscheidend für die Wahl sind die Unternehmensziele, die Kapitalmarktbedingungen und die alternativen Anlagemöglichkeiten.

Kalkulatorische Wagniskosten

Als Wagnis wird das Risiko bezeichnet, einen (zeitlich und betragsmäßig) unvorhersehbaren Wertverlust zu erlangen. Zur Vorwegnahme der durch die betrieblichen Aktivitäten und externe Einflüsse zu erwartenden Wertverluste erfolgt ein Ansatz in der Kostenrechnung. Nicht angesetzt wird dabei das allgemeine Unternehmerrisiko, da dies durch den Gewinn des Unternehmens abzudecken ist. Als zu berücksichtigende Risiken verbleiben solche der Produktion (z.b. durch Ausschuß oder Minderqualität), der Lagerung und des Transportes, der Forschung und Entwicklung oder des Vertriebs (z.b. Forderungsausfall). Nur der nicht versicherte Teil dieser Risiken ist als kalkulatorische Position in Form von Durchschnittswerten neben den aus der Finanzbuchführung zu entnehmenden Aufwandspositionen für die anderen (versicherten) Bestandteile anzusetzen. Langfristig sollten sich die kalkulatorischen Wagniskosten und die in der Finanzbuchhaltung erfaßten Zahlungen für Schadensfälle und Versicherungsprämien weitgehend entsprechen.

Da Unternehmen i.d.R. ihren Kunden häufig abhängig von Absatzmengen und Zahlungsbedingungen sehr unterschiedliche Absatzkonditionen einräumen, ergeben sich eine größere Zahl von Erlösarten. Diese aufzuzeigen, zu klassifizieren und zu erfassen, stellt die wesentliche Aufgabe der Erlösartenrechnung dar. Sie muß den abgesetzten Produkten Erlösschmälerungen, Mindermengenzuschläge und Wechselkursschwankungen zurechnen und analog der Kostenartenrechnung auch eine Trennung in Einzel- und Gemeinerlöse (z.B. Boni für Produktbündel) vornehmen (vgl. ausführlicher dazu Kloock/Sieben/Schildbach 1993, S. 163 - 166).

2.2 Kostenstellenrechnung

Die in der Kostenartenrechnung erfaßten und aufgegliederten Kosten können nur zum Teil eindeutig auf die Kostenträger zugerechnet werden (Einzelkosten). Ein Schwerpunkt der Kostenstellenrechnung bildet somit die (möglichst verursachungsgerechte) Zuordnung der Gemeinkosten auf die Orte der Kostenentstehung (*Kostenstellen*) mit dem Ziel, letztendlich auch diese Kosten den Kostenträgern zuzuordnen (Kostenvermittlung zwischen Kostenarten und Kostenträgern). Darüber hinaus dient sie der Kostenkontrolle der Kostenstellen.

Denkbar ist, daß alle Kosten mit Hilfe der Kostenstellenrechnung auf die Stellen verteilt werden. Im bisher beschriebenen Aufbau der Kostenrechnung werden aber nur die nicht Kostenträgern zuordenbaren Gemeinkosten weiterverarbeitet. Da die Zurechnung der Einzelkosten (z.B. auf Basis von Stücklisten oder Entnahmescheinen) leicht möglich ist, wird die Kostenvermittlungsfunktion der Kostenstellenrechnung durch diese Einschränkung nicht beeinträchtigt.

Besondere Bedeutung für die Ausgestaltung einer aussagekräftigen Kostenrechnung hat die Einteilung des Unternehmens in Kostenstellen, also die Aufspaltung in Abrechnungsbereiche. Diese Unterteilung und die Analyse der dort stattfindenden Aktivitäten ermöglichen es, Kostenbestimmungsgrößen und ihren Einfluß zu verstehen, sie erfüllen also eine wichtige unterstützende Funktion für die Kostenplanung und -kontrolle. Eine "richtige" und allgemeingültige Einteilung gibt es nicht. Als Kriterien für die Bildung der Kostenstellen kommen in Frage: a.) räumliche, b.) funktionale, c.) verantwortungsbereichsbezogene und d.) rechentechnische Gesichtspunkte. Eine Einteilung bis zu den einzelnen Arbeitsplätzen hin (Kostenplatzrechnung) ist denkbar, dürfte häufig aber der Anforderung nach Wirtschaftlichkeit widersprechen. Andere Anforderungen, die die Einteilung zu berücksichtigen hat, sind: a.) homogene Kostenverursachung (Bezugsgrößen sollen eine möglichst proportionale Beziehung zu Kosten und Leistungen aufweisen), b.) Übereinstimmung von Kostenstellen und Verantwortungsbereichen, c.) eindeutige Zuordenbarkeit der in der Kostenartenrechnung erfaßten Gemeinkosten zu Kostenstellen und d.) Übersichtlichkeit. Die Kostenstellenbildung und damit die gesamte Ausgestaltung der Kostenstellenrechnung wird (wie auch schon die Kostenartenrechnung) durch die Besonderheiten und die Erfordernisse des Unternehmens bestimmt.

Alle Stellen, die nicht nur Verrechnungsstellen sind, sondern auch Aktivitäten durchführen und Güter einsetzen und entstehen lassen, sind gleichzeitig *Kosten- und Erlösstellen*. Stellen, die Produkte an den Markt abgeben, lassen sich in Analogie zu den nach Kostengesichtspunkten gegliederten Kostenstellen in Erlösstellen aufgliedern. Kriterien der Erlösstellenbildung können sein: a.) Produkte und Produktgruppen, b.) Absatzwege, c.) Märkte und Teilmärkte, d.) Kunden und Kundengruppen.

Primärkostenrechnung

Die Kostenstellenrechnung folgt einem mehrstufigen Aufbau: alle auf Kostenstellen erstmals verteilten oder zugerechneten Kosten werden als *Primärkosten* bezeichnet. Die in der zweiten Stufe der Kostenstellenrechnung weiterverrechneten Kosten als Äquivalent für den Verbrauch im Unternehmen selbst erzeugter Leistungen stellen *Sekundärkosten* dar. Üblicherweise erfolgt die Verrechnung in Form einer Tabelle, des *Betriebsabrechnungsbogens (BAB)*, in dessen Zeilen die Kostenarten und in dessen Spalten die Kostenstellen abgebildet werden. (vgl. Abbildung 4, aus: Schweitzer/Küpper 1995, S. 139).

Häufig unterscheidet man zum einen (nach produktionstechnischen Gesichtspunkten) zwischen *Haupt-, Neben- und Hilfskostenstellen* und zum anderen (nach verrechnungstechnischen Gesichtspunkten) zwischen *Vor- und Endkostenstellen*. Hauptkostenstellen sind am Produktionsprozeß unmittelbar beteiligt, d.h. führen Be- oder Verarbeitungen der Produkte durch, Nebenkostenstellen verarbeiten dagegen Produkte, die nicht zum eigentlichen Programm gehören, und Hilfskostenstellen sind nur mittelbar mit der Herstellung absatzfähiger Produkte befaßt (z.B. Reparaturstelle oder Kostenstelle Fuhrpark, die aber wiederum Hauptkostenstelle sein kann, wenn es sich um ein Speditionsunternehmen handelt), indem sie v.a. der Aufrechterhaltung der Betriebsbereitschaft dienen. Endkostenstellen verrechnen ihre Kosten unmittelbar auf Kostenträger, Vorkostenstellen geben ihre Kosten lediglich an andere Kostenstellen weiter. Obwohl häufig angenommen werden kann, daß die Verwaltungsstellen ausschließlich für andere Kostenstellen arbeiten und nicht unmittelbar an den absatzfähigen Produkten beteiligt sind, werden Verwaltungs- und Vertriebsstellen teilweise als Endkostenstellen behandelt. Materialhilfs- und Fertigungshauptstellen bilden ferner weitere Endkostenstellen. Eine übliche Einteilung umfaßt: a.) Allgemeine Hilfskostenstellen, b.) Fertigungshauptstellen, c.) Fertigungshilfsstellen, d.) Materialhilfsstellen, e.) Verwaltungs- und Vertriebsstellen sowie f.) Neben- und Ausgliederungsstellen.

Kostenstellen		Vorkostenstellen			Endkostenstellen				Neben- und Ausgliederungsstellen
		Hilfskostenstellen			Hauptkostenstellen	Hilfskostenstellen			
Kostenarten	Gesamtbetrag (Zeilensumme)	Allgemeine Hilfskostenstellen	Fertigungshilfsstellen	Materialhilfsstellen	Fertigungshauptstellen	Verwaltungshilfsstellen	Vertriebshilfsstellen		
Einzelkosten									
Gemeinkosten									
Summe Primäre Kosten									
Stellenumlage									
Gesamtkosten									
Bezugsbasis									
Zuschlagssatz									

Abb. 4: Aufbau eines Betriebsabrechnungsbogens (Beispiel)

Sekundärkostenrechnung

Nach dem ersten Teil der Kostenstellenrechnung, der Verteilung der primären Kosten auf die Kostenstellen, erfolgt die Berücksichtigung der innerbetrieblichen Leistungen, d.h. die Verrechnung der Kosten, die sich durch Leistungsverflechtungen innerhalb des Unternehmens ergeben. Bei der Verteilung der primären Kosten kann zwei unterschiedlichen Prinzipien gefolgt werden: a.) dem Verursachungsprinzip, nach dem jeder Kostenstelle genau die Kosten zugerechnet werden, die sie eindeutig verursacht hat. Dieses Prinzip führt letztlich zu einer Teilkostenrechnung, da bei den Fixkosten meist keine eindeutige Verursachung feststellbar ist und somit diese nicht verrechnet werden. Bei b.) dem Durchschnittsprinzip werden alle Kosten (Vollkostenrechnung) mit Hilfe von Schlüsselgrößen umgelegt. *Kostenstelleneinzelkosten* sind in der vorgestellten Form der Kostenstellenrechnung die Gemeinkosten, die sich zwar nicht den Kostenträgern, wohl aber den Kostenstellen direkt zuordnen lassen. *Kostenstellengemeinkosten* lassen sich hingegen nicht direkt zurechnen, da sie für mehrere Kostenstellen

gemeinsam anfallen (*unechte Kostenstellengemeinkosten* sind dem Charakter nach zurechenbar, also Einzelkosten, werden aber aus Vereinfachungsgründen aufgrund ihres geringen Umfangs wie Gemeinkosten behandelt).
Innerbetriebliche Leistungen sind Leistungen, die Kostenstellen an andere Kostenstellen des Unternehmens abgeben. Zur kostengenauen Darstellung ist die Abbildung dieser Leistungsbeziehungen und damit die innerbetriebliche Verrechnung erforderlich. In der Praxis haben sich verschiedene Verfahren bewährt, die im folgenden beschrieben werden. Die ersten beiden Gruppen von Verfahren, das *Kostenartenverfahren* sowie die Gruppe der *Kostenstellenumlageverfahren*, liefern dabei nur dann genaue Informationen, wenn keine wechselseitigen Leistungsbeziehungen bestehen. Zu deren Abbildung wird die dritte Kategorie, die *simultane Leistungsverrechnung* mit Hilfe von Gleichungen, eingesetzt.

Kostenartenverfahren

Das Kostenartenverfahren setzt die Gliederung der primären Kosten in *Sekundäreinzelkosten* und *Sekundärgemeinkosten* voraus. Sekundäreinzelkosten sind dabei die Kosten, die den innerbetrieblichen Leistungen unmittelbar zurechenbar sind, Sekundärgemeinkosten dagegen die, die nicht direkt zurechenbar sind (echte) bzw. nicht direkt zugerechnet werden (unechte). Der Wertansatz für innerbetriebliche Leistungen erfolgt dann nur auf der Basis der Sekundäreinzelkosten, die Sekundärgemeinkosten verbleiben bei der leistenden Stelle. Dieses Vorgehen führt dazu, daß Hilfskostenstellen bei Existenz von Sekundärgemeinkosten nicht alle Kosten weiterverrechnen und daher Endkosten größer Null aufweisen, so daß erforderlich wird, Hilfskostenstellen Hauptkostenstellen zuzuordnen. Eine weitere Verzerrung der Kosteninformationen entsteht dadurch, daß Hauptkostenstellen, die ja letztlich alle ihre Kosten auf die Kostenträger weiterverrechnen, dann zuviel Kosten auf die Produkte verrechnen, wenn sie auch innerbetriebliche Leistungen erbringen und Sekundärgemeinkosten vorliegen. Dem Vorteil der relativ leichten Durchführbarkeit des Verfahrens stehen die Ungenauigkeiten des Verfahren gegenüber, wenn Sekundärgemeinkosten existieren.

Kostenstellenumlageverfahren

Die Kostenstellenumlageverfahren, zu denen das *Anbau- oder Blockverfahren* und das *Stufenleiter- oder Treppenverfahren* gehören, arbeiten mit einer Trennung zwischen Vor- und Endkostenstellen. Beim Treppenverfahren werden die Kostenstellen in eine solche Reihenfolge gebracht, daß jede Kostenstelle (möglichst) keine Leistungen an vorgeordnete Kostenstellen erbringt, da nun die Verrechnung innerbetrieblicher Leistungen nur noch in eine Richtung erfolgt. Von der ersten (Hilfs-)Kostenstelle an werden nun jeweils beispielsweise mittels einer Divisionsrechnung die gesamten Kosten der Kostenstelle auf die nachgeordneten Stellen verteilt. Die neuen Kostenwerte sind nun die Basis für die weitere Umlage, bis die Kosten aller Hilfskostenstellen verteilt sind. Die realitätsnahe Darstellung dieser Rechnung hängt davon ab, daß die treppenförmige Abbildung die Struktur der Leistungsbeziehungen wiedergibt, also keine Leistungen von als nachgelagert eingestuften Kostenstellen an vorgelagerte Kostenstellen erfolgen. Beim Vorliegen solcher Lieferungen kann das Verfahren nur als Näherungslösung angesehen werden, wobei dann bei der Reihenfolgebildung angestrebt werden sollte, möglichst wenig Informationen durch nicht Berücksichtigung der Beziehung zu "verlieren".

In ähnlicher Weise erfolgen die Weiterverrechnungen auch beim *Anbau- oder Blockverfahren*, das unterstellt, daß zwei Gruppen von Kostenstellen existieren: 1. Kostenstellen, die innerbetriebliche Leistungen abgeben, aber keine empfangen sowie 2. Kostenstellen, die innerbetriebliche Leistungen empfangen, aber nicht abgeben. Sämtliche Kosten der Vorkostenstellen werden nun als Block auf die Endkostenstellen verrechnet. Nur wenn diese Annahmen den tatsächlichen Verhältnissen entsprechen, erfüllt das Verfahren die Forderung nach verursachungsgerechter Ermittlung der Endkosten zur Weiterverrechnung auf die Kostenträger. In der Unternehmenspraxis ist i.d.R. dieses wie auch die vorgenannten Verfahren zwar einsetzbar, führt aber zu ungenauen Ergebnissen, da die jeweils genannten Bedingungen (und somit die Forderung der verursachungsgerechten Abbildung) zumeist nicht erfüllt sind, so daß große Ungenauigkeiten entstehen, die eine sinnvolle Verarbeitung der Informationen nicht erlauben. Bei manueller Rechnung bieten die Verfahren indes eine leichtere Handhabung, die in Zeiten preisgünstiger leistungsfähiger EDV-Anlagen allerdings kaum relevante Vorteile erbringt.

Simultane Leistungsverrechnung

Wie schon erwähnt leistet bei Vorliegen wechselseitiger Leistungsbeziehungen nur die simultane Leistungsverrechnung (Kostenstellenausgleichsverfahren) eine verursachungsgerechte Abbildung der Kostenstrukturen. Eine genaue Berücksichtigung aller Leistungsverflechtungen erfolgt mittels (üblicherweise: linearer) Gleichungen, die für jede in die Leistungsverrechnung einbezogene Kostenstelle aufgestellt werden. Nach Lösung des Gleichungssystems erfolgt dann die Verteilung der Kosten entsprechend der Güterbeziehungen. Da dieses Verfahren ohne einschränkende Annahmen bezüglich Leistungsverflechtungen verwendet werden kann, führt der Einsatz auch bei komplexen Strukturen der Leistungsbeziehungen zu genauen Ergebnissen, wenn diese in Gleichungen dargestellt werden können.

Die dargestellten Verfahren der *Sekundärkostenrechnung* wurden unter der Prämisse beschrieben, daß alle innerbetrieblichen Güter in der laufenden Periode verbraucht werden. Bei einer mehrperiodigen Nutzung (z.B. selbststellte Gebäude oder Maschinen) sind sie zu aktivieren und ihre Kosten in den Jahren der Nutzung als Abschreibung und Zinsen in der Kostenartenrechnung zu erfassen.

Wesentlich geringeres Gewicht als die Kostenstellenrechnung besitzt die *Erlösstellenrechnung*, deren Aufgabe die Verteilung von Gemeinerlösen (z.B. Mindermengenzuschlag für Aufträge, Festentgelt für Angebotspaket aus mehreren Produkten) darstellt. Sie ist erforderlich, wenn die Stellendifferenzierung keine genaue Zurechnung der Erlöse erlaubt. Die Erlösstellenrechnung ist weniger problemverbunden, da zum einen die Gemeinerlöse meist nur sehr geringen Stellenwert besitzen und zum anderen die innerbetriebliche Verrechnung von Marktleistungen nicht entsteht. Die Gemeinerlöse werden meist nach dem Durchschnittsprinzip verteilt, denkbar ist auch eine Schlüsselung nach dem Tragfähigkeitsprinzip (vgl. dazu Schweitzer/Küpper 1995, S. 159-161).

2.3 Kostenträgerrechnung

Im Anschluß an die Kostenartenrechnung und die Kostenstellenrechnung folgt als abschließendes Element der konventionellen Kostenrechnung die Kostenträgerrechnung. Die möglichen Arten von Kostenträgern zeigt die Abbildung 5. (aus Bea 1993, Sp. 1273).

Kriterium	Arten von Kostenträgern		
I. Leistungsprogramm			
a.) Gegenständlichkeit	Materielles Gut	Immaterielles Gut	
b.) Verbundenheit	Einzelprodukt	Sortenprodukt	Kuppelprodukt (Haupt-, Neben- und Abfallprodukt)
c.) Funktionsbereiche	Fertigungsleistung	Absatzleistung	Verwaltungsleistung
d.) Aufbau des Leistungsprogramms	Produkteinheit	Produktgruppe	Produktsparte
e.) Gütermenge	Stück	Los	Serie
II. Leistungsprozeß	Einsatzprodukte	Zwischenprodukte	Endprodukte

Abb. 5: Arten von Kostenträgern

Als Kostenträger werden meist die Endprodukte des Unternehmens gewählt, da sie gleichzeitig auch Erlös- (bzw. Leistungs-)träger sein können und somit die Gegenüberstellung von Kosten und Leistungen erlauben. Die Kostenträgerrechnung folgt nun einer Zweiteilung: zum einen ist Ziel der *Kostenträgerstückrechnung* die Ermittlung der (gesamten) Kosten und Leistungen je Produkteinheit, zum anderen verfolgt die *Kostenträgerzeitrechnung* den Zweck, den periodischen sachzielbezogenen Erfolg des Unternehmens zu ermitteln.

Kostenträgerstückrechnung (Kalkulation)

Die in der Kostenartenrechnung erfaßten und in Kostenarten zerlegten Kosten umfassen Einzelkosten, die den Kostenträgern direkt zurechenbar sind, und Gemeinkosten, die mittels Kostenstellenrechnung ebenfalls auf die Kostenträger verrechnet werden, so daß in der Kostenträgerstückrechnung alle Kosten zusammengefaßt und auf die Produkteinheiten bezogen werden. Die Aufgabe der Kalkulation stellt die Ermittlung von Stückherstellkosten zur Bestandsbewertung für die interne Unternehmensrechnung (ohne Bindung an Vorschriften für die kurzfristige Erfolgsrechnung, um noch nicht verkaufte Produktmengen zu erfassen) und für die externe Unternehmensrechnung (nach handels- und steuerrechtlichen Vorschriften für die Handels- und Steuerbilanz; vgl. dazu z.b. Kilger 1987, S. 272 m.w.V.), von Stückselbstkosten und Stückgewinnen der Produkte, um u.a. Preisentscheidungen, Produktionsprogrammentscheidungen zu fundieren, dar.

In der Kostenträgerstückrechnung werden verschiedene Verfahren angewendet, die sich auf zwei Grundformen zurückführen lassen: a.) die Divisionskalkulation und b.) die Zuschlagskalkulation, deren Eignung und konkrete Ausgestaltungen abhängig vom zugrundeliegenden Fertigungsverfahren sind, also von Produktaufbau und -zahl. Tendenziell nimmt der Schwierigkeitsgrad der Kalkulation mit zunehmender Anzahl von verschiedenartigen Produkten sowie Fertigungs- und Bearbeitungsstufen und Arbeitsgängen zu.

Divisionskalkulation

Eine Grundform der Kostenträgerstückrechnung stellt die Divisionskalkulation dar. Alle angefallenen Kosten werden ohne Trennung in Einzel- und Gemeinkosten durch die Menge der absatzbestimmten Produkteinheiten geteilt. Dies ist allerdings nur dann sinnvoll möglich, wenn lediglich ein Produkt hergestellt wird, da ansonsten eine Kostenstellenrechnung erforderlich wird, um die Gemeinkosten in geeigneter Weise weiterzuverarbeiten. In der einstufigen Variante (*summarische* oder *kumulative Divisionskalkulation*) ist eine weitere Prämisse, daß keine Lagerbestandsveränderungen an Halb- und Fertigfabrikaten auftreten (also keine Kostenbestandteile aus der Produktion früherer Perioden bzw. für den Absatz späterer Perioden enthalten sind). Eine Verfeinerung zur *differenzierenden Divisionskalkulation* (*elektive oder mehrstufige Divisions-kalkulation*) kann durchgeführt werden, wenn die Gesamtkosten aufgegliedert werden und die Kostenbestandteile, die dem Produkt in jeder Stufe zugerechnet werden, auf gleiche Weise durch Division der gesamten Kosten dieser Stufe durch die Menge der Produkteinheiten dieser Stufe geteilt werden. Hier bleibt nur noch die Einprodukt-Annahme als notwendige Voraussetzung. Die Unterteilung in Stufen kann in Anlehnung an die Kostenstellen erfolgen, wenn gleich auch deren Bildung - wie auch die Kostenstellenrechnung zum Zwecke der (Weiter-) Verrechnung der Gemeinkosten in den Einproduktunternehmen - gar nicht erforderlich ist. Das typische Anwendungsgebiet der Divisionskalkulation stellt die *Massenfertigung* (ein einheitliches Produkt in hohen Stückzahlen) dar. Mindestanforderung bezüglich der Einteilung in Stufen stellt die Ausgliederung der Verwaltungs- und Vertriebskosten als separate Stufe(n) dar, um Stückherstellkosten und Stückselbstkosten ermitteln zu können. Eine Mischform aus Divisions- und Zuschlagskalkulation ist denkbar (z.B. um Sondereinzelkosten des Vertriebs abgesetzter Produkte zu erfassen).

Stellt ein Unternehmen mehrere verschiedene Produktarten in größeren Mengen her, die im wesentlichen die gleichen Fertigungsstufen und Arbeitsgänge durchlaufen und sich nur geringfügig (z.B. in qualitativer Hinsicht) unterscheiden (z.B.

verschiedene Sorten von Tauen unterschiedlicher Dicke), ist die *Äquivalenzziffernkalkulation* geeignet, die zur Divisionskalkulation im weiteren Sinn gerechnet werden kann. Bei dem hier zur Anwendung kommenden Fertigungsverfahren, der *Sortenfertigung*, erfolgt eine Erweiterung der Abrechnungstechnik der Divisionskalkulation i.e.S. durch Einbezug von sogen. Äquivalenzziffern, die die geschätzten Stückkostenverhältnisse der einzelnen Sorten zueinander widerspiegeln. Dabei wird oftmals ein Produkt als Einheitsprodukt gewählt und mit der Äquivalenzziffer 1,0 bewertet, den anderen Sorten werden dem geschätzten Verhältnis der Stückkosten entsprechende Ziffern zugeordnet (z.B. erhält ein zweites Produkt, dessen Stückkosten 80% höher als die des Einheitsproduktes geschätzt werden, die Äquivalenzziffer 1,8). (Beispiel: Bei Gesamtkosten von DM 500.000 einer Stufe ergeben sich als anteilig zu verrechnende Kosten (Stückkosten) der in der Stufe be- bzw. verarbeiteten Mengen nachfolgende Werte: Sorte 1: 100 Stck., Äquivalenzziffer 1,0; Sorte 2: 80 Stück, Äquivalenzziffer: 1,5; Sorte 3: 15 Stück, Äquivalenzziffer 2,0. Als Ergebnis folgt: Sorte 1: 500.000 : (100 · 1,0 + 80 · 1,5 + 15 · 2,0) · 100 · 1,0 = 200.000 DM (2.000 DM pro Stück); Sorte 2: 240.000 DM (3.000 DM pro Stück); Sorte 3: 60.000 DM (4.000 DM pro Stück)).

Die Exaktheit der Kalkulationsergebnisse hängt von der Genauigkeit der Äquivalenzziffern ab, die häufig nur näherungsweise geschätzt werden können und von deren Konstanz zumeist ausgegangen wird, bis sich die Herstellungsverfahren, die Unternehmensstruktur oder Preise von Produktionsfaktoren verändern. Die mehrstufige Anwendung der Äquivalenzziffernrechnung ist grundsätzlich wie bei der mehrstufigen Divisionskalkulation möglich. Im Gegensatz zu dieser erhält man die zuzurechnenden Kostenbestandteile einer jeden Stufe nicht, indem die Kosten jeder Stufe durch die Zahl der hergestellten Produkteinheiten geteilt werden, da nun ja mehrere Produkte jede Stufe durchlaufen, sondern indem eine Zwischengröße bestimmt wird: die Zahl der Rechnungseinheiten. Diese errechnet sich durch die Summe aller Äquivalenzziffern multipliziert mit der Zahl der jeweils hergestellten Einheiten. Die Kosten einer jeden Stufe dividiert durch die Summe der Rechnungseinheiten der Stufe und multipliziert mit der jeweiligen Äquivalenzziffer des untersuchten Produktes führen zum Ergebnis. Letztlich wird dieser Mehrproduktfall also durch die Verhältnisziffern auf den Einproduktfall zurückgeführt, da man die Kosten aller Produkte kennt, sobald man die Kosten für ein Produkt bestimmt hat und deren Stückkostenverhältnisse zueinander (durch die Äquivalenzziffern) kennt.

Allen hier dargestellten Kalkulationsverfahren gemein ist, daß Fixkostenbestandteile auf die Produkte verrechnet werden, diese somit (dem Verursachungsprinzip widersprechend) proportionalisiert werden. Neben dieser Fixkostenproblematik ist die Gemeinkostenproblematik für die Aussagefähigkeit einer Kostenrechnung von Bedeutung. Da bei der Divisionskalkulation i.e.S. von der Annahme nur einer Produktart ausgegangen wird, ist in diesem Fall das Problem nicht existent, da letztlich alle Kosten von diesem Produkt getragen werden müssen, ein Zurechnungsproblem also gar nicht auftauchen kann.

Zuschlagskalkulation

Einproduktunternehmen sind in der Unternehmenspraxis nur äußerst selten anzutreffen. Bei den meisten Mehrproduktunternehmen führt die Äquivalenzziffernkalkulation wegen der zu großen Produktzahl oder der mangelhaften Schätzung der Äquivalenzziffern zu groben Ungenauigkeiten. Zur Verbesserung der Kalkulationsergebnisse findet so die Zuschlagskalkulation v.a. bei Serien- und Einzelfertigung Anwendung, d.h. wenn unterschiedliche Produktarten in komplexer Zusammensetzung gleichzeitig oder nacheinander (*Serienfertigung*) oder jedes Produkt individuell und separat (*Einzelfertigung*) hergestellt werden. Sie berücksichtigt die Trennung zwischen Einzel- und Gemeinkosten, wobei alle zurechenbaren Kosten (soweit wirtschaftlich sinnvoll) als Einzelkosten direkt den Kostenträgern zugeordnet werden. Die Gemeinkosten werden danach mit Hilfe von Zuschlagssätzen verrechnet. Bei der *summarischen (kumulativen) Zuschlagskalkulation* werden alle Gemeinkosten unter Verwendung einer einheitlichen Bezugsbasis umgerechnet und dann mit Hilfe eines Zuschlagssatzes auf die Produkte verrechnet. Bezugsbasis können die gesamten Fertigungslohnkosten (Fertigungseinzelkosten), die gesamten Materialkosten (Materialeinzelkosten) oder die Summe beider sein. Der Zuschlagssatz errechnet sich dann durch Division der gesamten Gemeinkosten durch die Summe der Bezugsbasis. Der so ermittelte Zuschlagssatz angewendet auf die betrachtete und auf eine Produkteinheit bezogene Bezugsbasis führt zu den Selbstkosten des Produktes. (Bsp.: Gemeinkosten = 100.000 DM; Fertigungseinzelkosten = 125.000; Materialeinzelkosten = 85.000 DM: führt zu einem Zuschlagssatz: a.) bei Fertigungseinzelkosten als Bezugsbasis: von 100.000 : 125.000 = 80%, b.) bei Materialeinzelkosten als Bezugsbasis: von 118% (gerundet) und c.) bei der Summe beider: von 48%. Die drei Alternativen unterscheiden sich jetzt dadurch, daß der errechnete Zuschlagssatz jeweils nur auf den Kostenbestandteil angewendet wird, auf den er sich als Bezugsbasis bezieht. Bei Materialein-zelkosten von 100 DM und Fertigungseinzelkosten von 200 DM ergeben sich die Selbstkosten nach a.) 100 (Materialeinzelkosten) + 80% von 100 (Gemeinkosten) + 200 (Fertigungseinzelkosten) = 380,- DM; b.) 100 + 200 + 118% von 200 = 536,- DM; c.) 100 + 200 + 48% von 300 = 444,- DM. Die Wahl der Bezugsbasis beeinflußt damit erheblich das Ergebnis, da die anteilige Zurechnung der Gemeinkosten auf die verschiedenen Produkte sehr unterschiedlich ausfällt). Die Bildung der Zuschlagssätze kann in der Kostenstellenrechnung im dritten Teil des BAB durchgeführt werden.

Eine Verfeinerung bei prinzipieller weiterer Existenz des Fehlers der Gemeinkostenschlüsselung erfolgt in der *differenzierenden (elektiven) Zuschlagskalkulation*, bei der die Gemeinkosten in mehrere Teilbeträge aufgespalten und auf verschiedene Bezugsbasen verteilt werden. Dadurch wird die Bestimmung von Herstell- und Selbstkosten möglich. Unter Rückgriff auf die für die Kostenstellenrechnung gebildete Struktur des Unternehmens in Form bestimmter Kostenstellen kann beispielsweise folgendes Kalkulationsschema entwickelt werden (aus: Kloock/Sieben/Schildbach 1993, S.146 geringfügig modifiziert).

Fertigungsmaterial (Einzelkosten)	Materialkosten	Herstellkosten	Selbstkosten
Materialgemeinkosten (Zuschlagsbasis: Fertigungsmaterial)			
Fertigungslohn (Einzelkosten)	Fertigungskosten		
Fertigungsgemeinkosten (Zuschlagsbasis: Fertigungslohn, für jede Fertigungshauptstelle)			
Sondereinzelkosten der Fertigung (Einzelkosten)			
Verwaltungsgemeinkosten (Zuschlagsbasis: Herstellkosten)		Verwaltungs- und Vertriebskosten	
Vetriebsgemeinkosten (Zuschlagsbasis: Herstellkosten)			
Sondereinzelkosten des Vertriebs			

Abb. 6: Schema der differenzierenden Zuschlagskalkulation

Da Einzelkosten nur sehr bedingt als Zuschlagsbasis der Gemeinkosten geeignet sind (vgl. dazu ausführlicher Kloock/Sieben/Schildbach 1993, S.147-158), ist das Vorgehen nicht als dem Verursachungsprinzip genügend anzusehen. Steigende Gemeinkostenanteile in den meisten Unternehmen verschärfen die durch die Gemeinkostenschlüsselung verursachten Probleme, eine vollständige Lösung ist nicht möglich, neuere Entwicklungen, wie z.B. die Prozeßkostenrechnung, setzen aber an dieser Problematik an.

Die Problematik der Abhängigkeit des Kalkulationsergebnisses (oder genauer: des Anteils der auf das betrachtete Produkt geschlüsselten Gemeinkosten) von der gewählten Bezugsbasis, weitet sich zu einer systemimmanenten Fehlerquelle der Vollkostenrechnung aus: Gemeinkosten, also Kosten, die nicht dem Kostenträger (Produkt) zuordenbar sind, werden letztlich durch mehr oder minder willkürliche Schlüsselung auf die Produkte umgerechnet, da nach dem Anspruch der Vollkostenrechnung alle Kosten auf die Produkte verteilt werden sollen. Je höher die Gemeinkosten desto höher sind die Zuschlagssätze und die damit verbundenen Ungenauigkeiten der Rechnungen.

Die Verfälschung durch Schlüsselung ist genau betrachtet noch größer, denn neben der (Kostenträger-)Gemeinkostenproblematik gibt es zuvor schon eine

Periodengemeinkostenproblematik (z.B. werden bereits in der Kostenartenrechnung Abschreibungen in problematischer Weise auf die einzelnen Perioden verteilt), sowie eine Kostenstellengemeinkostenproblematik (Schlüsselung der Kostenstellengemeinkosten auf die Kostenstellen) und die Problematik der Berücksichtigung wechselseitiger Lieferungsverflechtungen in der Kostenstellenrechnung.

Kuppelkalkulation

Als besonderes Problem erweist sich die Kalkulation von *Kuppelprodukten*, verschiedenartigen Produkten, die gleichzeitig und zwangsläufig im Produktionsprozeß entstehen. Die Kosten fallen für diese Produkte gemeinsam an, so daß keines der beschriebenen Verfahren geeignet ist, und die Kalkulation völlig auf dem Durchschnitts- oder dem Tragfähigkeitsprinzip basieren muß. Folgekosten der unterschiedlichen Produkte, die häufiger zu beobachten sind, lassen sich selbstverständlich den Produkten zuordnen. Für die im Zuge der Kuppelproduktion entstehenden Kosten gibt es grundsätzlich zwei Möglichkeiten der weiteren Berechnung: a.) nach dem Kostentragfähigkeitsprinzip werden in der sog. *Marktwertrechnung* den Kuppelprodukten die Herstellkosten proportional zu ihren Erlösen zugerechnet. Dieses Verfahren setzt die Kenntnis der Marktpreise voraus und wird häufig dort eingesetzt, wo die Einteilung in Haupt- und Nebenprodukte nicht möglich oder wünschenswert ist. Formal wird die Rechnung wie bei der Äquivalenzziffernkalkulation durchgeführt, wobei die Marktpreise der anfallenden Produkte als quasi-Äquivalenzziffern angesehen werden. Im Unterschied zur Äquivalenzziffernkalkulation stellen diese Werte aber nicht den Maßstab der Kostenverursachung dar, sondern spiegeln die Kostentragfähigkeit wider. Als Anwendung des Durchschnittsprinzips kann die Verwendung technischer Maßgrößen (z.B. Heizwert mehrerer gleichzeitig anfallender Öl- und Gaserzeugnisse) als quasi-Äquivalenzziffern analog dem eben beschriebenen Vorgehen angesehen werden, z.B. wenn die Marktpreise unbekannt sind.

Die *Restwertrechnung (Subtraktionsmethode)* basiert teilweise auf dem Kostentragfähigkeitsprinzip und ist dann einsetzbar, wenn ein Hauptprodukt identifiziert werden kann. Alle übrigen Produkte werden als Nebenprodukte angesehen und ihre Erlöse (abzüglich evtl. auftretender Folgekosten) dazu verwendet, die gesamten Herstellkosten der Kuppelproduktion zu vermindern. Der verbleibende Betrag kann nun auf das (eine) Hauptprodukt umgelegt werden. Allen Verfahren gemein ist die Willkürlichkeit der Zuordnung der Kosten auf die Produkte.

Eine Besonderheit stellt die *Kalkulation für öffentliche Aufträge* dar, für die rechtliche Regelungen bestehen (vgl. dazu Berndt 1993, Sp. 1030 - 1037).

Erlösträgerstückrechnung

Die Erlösträgerstückrechnung ist ohne Schwierigkeiten durchzuführen, da die direkt zurechenbaren Leistungen aus der Erlösartenrechnung zu entnehmen sind. Auf die Problematik der Gemeinerlöse, die in der Erlösstellenrechnung weiterbearbeitet werden, wurde im Abschnitt 'Erlösstellenrechnung' näher eingegangen.

Kostenträgerzeitrechnung (Kurzfristige Erfolgsrechnung)

Die Zusammenführung von Kosten und Leistungen kann nicht nur auf die Produkte (bzw. Produkteinheiten), sondern auch auf Zeitabschnitte bezogen werden. In der Kostenträgerzeitrechnung (auch *kurzfristige Erfolgsrechnung* oder *Betriebsergebnisrechnung*) wird der periodische sachzielbezogene Erfolg des Unternehmens bestimmt. Die Gegenüberstellung von Kosten und Leistungen erfolgt für einen Abrechnungszeitraum, der kürzer als ein Jahr ist (im allgemeinen ein Monat, seltener ein Quartal). Aufgabe der Kostenträgerzeitrechnung ist die Überwachung der Wirtschaftlichkeit des Unternehmens, deshalb sind kurze Abrechnungszeiträume und eine zeitnahe Durchführung der Rechnung erforderlich. Die Aussagefähigkeit wird gegenüber der Gewinn- und Verlustrechnung dadurch verbessert, daß der kostenrechnerische Ansatz ohne Beachtung spezieller handels- oder steuerrechtlicher Bewertungsvorschriften, frei von bilanzpolitisch beeinflußten Verzerrungen sowie ohne Einbezug neutraler Aufwendungen und Erträge erfolgen kann.

Die Durchführung der Kostenträgerzeitrechnung kann entweder nach dem Gesamtkostenverfahren oder nach dem Umsatzkostenverfahren erfolgen.

Gesamtkostenverfahren

Das Gesamtkostenverfahren stellt alle innerhalb der betrachteten Periode angefallenen und nach Kostenarten getrennten Kosten der Gesamtleistung der Periode gegenüber. Um Wirkungen von Kostenbestandteilen, die aus früheren Perioden stammen oder für spätere Perioden bestimmt sind, zu neutralisieren, werden Lagerbestandsveränderungen entsprechend berücksichtigt: Lagerbestandserhöhungen an unfertigen oder fertigen Erzeugnissen werden den Verkaufserlösen der Periode hinzugerechnet, um als Gegenposition die in gleicher Höhe entstandenen Herstellkosten auszugleichen, Lagerbestandsminderungen, die (Herstell-)Kostenbestandteile früherer Perioden darstellen und deren Erlöse in der betrachteten Periode realisiert werden, werden wie die übrigen Kosten von den Erlösen abgezogen. Andere "aktivierte Eigenleistungen" (Güter, die nicht auf den Absatzmarkt gelangen sollen und in späteren Perioden wieder zu Einsatzgütern werden) sind wie die Lagerbestandszunahmen an unfertigen und fertigen Erzeugnissen zu behandeln. Die verbleibende Restgröße stellt dann den sachzielbezogenen Erfolg der Periode dar. Deutlich wird, daß die Bewertung der Lagerbestandsveränderungen problematisch sein kann, üblicherweise werden diese kostenorientiert bewertet und zwar in Höhe der Herstellkosten.

Die Gegenüberstellung von Leistungen und Kosten erfolgt, wie gezeigt wurde, durch nach unterschiedlichen Kriterien geordnete Größen, der Erfolgsanteil einzelner Produkte läßt sich beim Gesamtkostenverfahren nicht bestimmen, eine Erfolgsanalyse ist also nicht vollständig möglich.

Umsatzkostenverfahren

Um den genannten Mangel zu beheben, werden bei dem Umsatzkostenverfahren den Erlösen der abgesetzten Produktmengen ihre Selbstkosten gegenübergestellt.

Seine Anwendung setzt somit eine Kostenträger- und Erlösträgerstückrechnung voraus. Auf Lager produzierte, d.h. in der Periode nicht abgesetzte Produkte werden zu ihren Herstellkosten bewertet erst dann zum Ansatz gebracht, wenn ihnen Erlöse gegenüberstehen.

Da das Umsatzkostenverfahren schwerer in die Finanzbuchführung integriert werden kann als das Gesamtkostenverfahren, erfreut sich letzteres weiterhin hoher Beliebtheit, auch wenn die Aussagekraft des Umsatzkostenverfahrens für die Kostenrechnung deutlich höher ist, da der sachzielbezogene Periodenerfolg nicht nur bestimmt, sondern auch nach Erfolgsbeiträgen der Produkte aufgeschlüsselt werden kann. Für die unten dargestellten Teilkosten- und Plankostenrechnungen erlangt das Umsatzkostenverfahren noch besondere Vorteile. Da auch das Gesamtkostenverfahren (zur Bewertung der Bestandveränderungen) eine Kostenträgerstückrechnung voraussetzt, besitzt es keine rechnerischen Vorteile gegenüber dem Umsatzkostenverfahren. Im Gegensatz zum Gesamtkostenverfahren erfordert das Umsatzkostenverfahren keine monatliche Inventur (zur Ermittlung der Veränderungen der Bestände), eine Halbjahresinventur erscheint dennoch zweckmäßig. Die Erfolgsrechnung wird bei dem Gesamtkostenverfahren kostenartenorientiert, beim Umsatzkostenverfahren kostenträgerorientiert durchgeführt. Bei Zugrundelegen der gleichen Annahmen führen beide Verfahren zum gleichen Periodenerfolg.

Die beschriebene Dreiteilung Kostenarten-, Kostenstellen- und Kostenträgerrechnung stellt das übliche Vorgehen der traditionellen Kostenrechnung dar. Wie dargestellt erfolgt eine mehrfache Umgruppierung der Kosten: 1. von Kostenarten auf Kostenstellen, 2. von Vorkostenstellen auf Endkostenstellen sowie 3. von Endkostenstellen auf die Kostenträger. Es erweist sich als ein schlüssiges Vorgehen mit dem Ziel, die Kosten und Leistungen ein- und zuzuordnen und letztlich auf die Kostenträger zu verrechnen. Problematisch sind die vielen zugrunde liegenden Annahmen, von denen wichtige oben beschrieben wurden. Der abschließende Teil des Kapitels zur Kostenverrechnung setzt nun an der Weiterentwicklung dieses traditionellen Vorgehens zu einer modernen "controlling-gerechten" Kostenrechnung an.

2.4 Kostenrechnungssysteme

Nach dem Umfang der Kostenzuordnung auf die Kostenträger und dem Zeitbezug der verrechneten Kosten läßt sich die Kostenrechnung bzw. das verwendete Kostenrechnungssystem einteilen. Bei der Suche nach einem controlling-gerechten Kostenrechnungssystem, also einem System, das für die Unternehmenssteuerung relevante Informationen liefert, geht es um die Frage, welche der möglichen Ausgestaltungen der Kostenrechnung geeignet erscheinen, die damit gewonnen Informationen für das Controlling einsetzen zu können. In den folgenden Ausführungen wird dieser Aspekt in den Vordergrund gestellt. Zur Beurteilung der verschiedenen Varianten ist u.a. zu prüfen, inwieweit diese die Planungs-, Kontroll-, Steuerungs- und Publikations-/ Dokumentationsaufgaben der Kostenrechnung erfüllen und somit als Controllinginstrument eingesetzt werden können.

Istkostenrechnung

Nach dem Zeitbezug der Rechnung lassen sich Istkosten, Normalkosten und Plankosten (und -leistungen) unterscheiden. Die *Istkostenrechnung* basiert auf tatsächlichen Mengen und Preisen der eingesetzten Produktionsfaktoren. Sie hat in Praxis und Lehre eine lange Tradition und korrespondiert häufig mit der Vollkostenrechnung. Die Ermittlung der Istwerte stellt kein besonderes theoretisches Problem dar.

Zur Lösung von Kontrollaufgaben ist die Istkostenrechnung geeignet, da sie tatsächlich angefallene Kosten und Leistungen zur Verfügung stellt. Allerdings sind Sollgrößen den Istgrößen gegenüberzustellen, um eine Abweichungsanalyse durchführen zu können. Istgrößen vergangener Perioden als Sollgrößen sind aber ungeeignet, Wirtschaftlichkeitsaussagen für Kostenstellen oder über den sachzielbezogenen Unternehmenserfolg zu fundieren, da sie nicht unbedingt mit den gegenwärtigen Istkosten vergleichbar sind (z.B. bei verändertem Produktionsprogramm, abweichender Kapazitätsauslastung, anderer Struktur der Betriebsmittel und damit der Fixkosten, konjunkturellen Veränderungen), und die Unwirtschaftlichkeiten der Vorperioden bei diesem Vorgehen weiter fortgeschrieben werden. Die Istkostenrechnung ist aber schon deshalb unverzichtbar, weil sie die Istgrößen der betrachteten Periode zur Verfügung stellt, die geeigneten Vergleichsgrößen gegenüberzustellen sind. Planungsaufgaben sind zukunftsgerichtet und erfordern darum ebensolche Daten. Bei Anwendung einer Istkostenrechnung bleibt nur die Möglichkeit der Trendextrapolation vergangener Daten in die Zukunft, und wegen der großen Fehlerbehaftung eines solchen Vorgehens erfüllt die Istkostenrechnung Planungsaufgaben häufig nicht. Die Erfüllung der Publikations-/ Dokumentationsaufgaben setzt v.a. bei der Bewertung unfertiger und fertiger Erzeugnisse, selbsterrichteter Gebäude, Maschinen und Werkzeuge sowie der Ermittlung von Selbstkostenpreisen gemäß den Leitsätzen für die Preisermittlung auf Grund von Selbstkosten (LSP) an und stellt damit ein für die externe Unternehmensrechnung relevante Problematik dar. Grundsätzlich erfüllt die Istkostenrechnung diese Aufgaben gut (vgl. dazu ausführlicher Kloock/Sieben/Schildbach 1993, S. 180-182).

Normalkostenrechnung

Die *Normalkostenrechnung* versucht die Abrechnung gegenüber der Istkostenrechnung zu vereinfachen und zu beschleunigen, indem sie mit Normalkosten und Normalleistungen arbeitet, die als Durchschnittsgrößen von Istgrößen mehrerer Vorperioden ermittelt werden. Die so bestimmten Werte sind einfacher und schneller zu erhalten, außerdem führt die Glättung der Werte durch Einbeziehung mehrerer Perioden zu einer besseren Vergleichbarkeit. Die Beurteilung der Normalkostenrechnung im Hinblick auf ihre Controlling-Eignung gleicht indes der Istkostenrechnung. Für Kontrollaufgaben ist sie ähnlich einzuschätzen. Planungsaufgaben, die zukunftsorientierte Wertansätze erfordern, werden durch den Vergangenheitsbezug schlecht erfüllt. Die Erfüllung der Publikations-/ Dokumentationsaufgaben ist analog der Istkostenrechnung zu beurteilen, allerdings ist hierbei zu beachten, daß in bestimmten Fällen, z.B. bei der Selbstkostenbestimmung gemäß LSP, der Ansatz von Istkosten der Periode vorgeschrieben wird, so daß die Normalkosten nicht angesetzt werden können.

Plankostenrechnung

Wie aus den bisherigen Ausführungen deutlich wird, kann zur Lösung der Planungs- und Kontrollaufgaben nur eine *Plankostenrechnung* beitragen. Sie unterscheidet sich von Ist- und Normalkostenrechnung dadurch, daß anstelle vergangenheitsorientierter Ansätze zukunftsorientierte Daten zugrundegelegt werden. Die Plankosten ergeben sich dabei durch den Ansatz von Planmengen und Planwerten. Die Wertkomponente folgt aus den (geplante) Preisen der eingesetzten Faktoren, die Mengenkomponente kann durch verschiedene Einflußgrößen determiniert werden, z.b. Produktionsprogramm oder Unternehmensgröße. Üblicherweise wird diese Fragestellung aber auf nur einen Einflußfaktor reduziert nämlich - wie schon dargestellt - auf die Beschäftigung, als die absolute periodenbezogene Nutzung der Betriebsmittel eines Unternehmens. Eine wichtige Einteilung erfolgt nun in starre und flexible Plankostenrechnung. Während bei der starren Plankostenrechnung die geplanten Kosten und Leistungen nur für genau eine Beschäftigung ermittelt werden, erfolgt in der flexiblen Plankostenrechnung die Trennung zwischen fixen und variablen Plankosten und -leistungen, so daß die Berücksichtigung verschiedener Beschäftigungsgrade möglich wird. Dadurch werden der Einsatz der Kostenrechnung als Kontrollrechnung und eine Abweichungsanalyse (vgl. Kapitel 3.2) erst möglich. Trotz der prinzipiellen Überlegenheit der flexiblen Plankostenrechnung ist die Beurteilung der Kostenrechnungssysteme im Hinblick auf ihren Einsatz im Controlling noch nicht abgeschlossen, bevor nicht auch der Umfang der Kostenzuordnung geklärt ist.

Voll- und Teilkostenrechnung

Eine grundsätzliche Unterscheidung kann zwischen Voll- und Teilkostenrechnung vorgenommen werden. In der *Vollkostenrechnung* werden alle Kosten (und Leistungen) auf die Kostenträger verrechnet, während in der *Teilkostenrechnung* nur ein bestimmter Teil davon zugeordnet wird. Zum Verständnis des Vorgehens von grundsätzlicher Bedeutung sind die vorliegenden Probleme der Kostenrechnung: zum einen gibt es Kosten, die nicht unmittelbar den Kostenträgern zugeordnet werden können, die Gemeinkosten, die aber wie bisher beschrieben über den Umweg der Kostenstellenrechnung und eine mehrfache Umgruppierung und Schlüsselung auf die Kostenträger verrechnet werden, beispielsweise durch Verwendung von Zuschlagssätzen. Die so kalkulierten Kosten der Kostenträger enthalten also einen mehr oder minder großen Anteil von Gemeinkosten, die nach Durchschnitts- oder Tragfähigkeitsprinzip verrechnet wurden, damit alle Kosten am Ende der Rechnung auf die Kostenträger des Unternehmens verteilt worden sind.

Ein weiteres Problem, das simultan mit dem Gemeinkostenproblem auftritt, stellt die Existenz von Fixkosten dar, die durch Umrechnung auf die Kostenträger proportionalisiert werden, somit dem Anschein nach zu variablen Kosten werden. Dies kann zu falschen Entscheidungen führen. Dieses Argument führt letztendlich dazu, die Kostenrechnung für kurzfristige Entscheidungen ausschließlich als Teilkostenrechnung einzusetzen, um Fehlentscheidungen durch die Fixkostenschlüsselung zu vermeiden. Die Teilkostenrechnung zeichnet sich dadurch aus, daß sie nur einen Teil der Kosten, i.d.R. die variablen Kosten, auf die Kostenträger verrechnet und bei den Fixkosten auf eine solche Weiterverrechnung verzichtet. Kostenrechnungssysteme, die ohne Zuordnung fixer Kosten auf Kostenträger arbeiten, entstanden aufgrund der Mängel der auf Vollkosten basierenden Kostenrechnungssysteme. Wegbereitend waren dabei in Deutschland u.a. Schmalenbach (1899), der die "Betriebswertrechnung" entwickelte, und Rummel (1934), der mit der "Blockkostenrechnung" eine Rechnung konzipierte, bei der die fixen Kosten nicht in die Kalkulation einbezogen, sondern als Kostenblock verrechnet wurden. In den USA gehen ähnliche Entwicklungen auf Harris (1936) zurück (sog. "Direct Costing"). Kilger und Plaut (1953) sind mit der "(Flexible) Grenzplankostenrechnung (und Deckungsbeitragsrechnung)", Mellerowicz und Agthe mit der "Stufenweise Fixkostendeckungsrechnung" sowie Riebel mit der "Relative Einzelkosten- und Deckungsbeitragsrechnung" verbunden (vgl. u.a. Kilger 1987, ders. 1988, Riebel 1994).

Grenzplankostenrechnung

Das im deutschsprachigen Raum am weitesten verbreitete Plankostenrechnungssystem stellt die Grenzplankostenrechnung dar. Wesentlicher Grundgedanke dieses Systems ist die Überlegung, daß für Entscheidungen immer nur Grenzkosten anzusetzen sind, also die Kosten, die sich durch eine Entscheidung verändern. Das setzt die exakte Analyse der Entscheidungssituation und der durch die Entscheidung beeinflußbaren Kosten voraus. Spezifische Annahmen der Grenzplankostenrechnung führen nun dazu, konkrete Handlungsempfehlungen und Vorgehensweise bestimmen zu können. Sie geht u.a. davon aus, daß die Beschäftigung die einzige Kosteneinflußgröße darstellt, und eine eindeutige Trennung aller Plankosten in fixe und variable Bestandteile möglich ist, wobei die variablen Kosten als linear variabel (proportional) angenommen werden. Diese Prämissen sind zwar grundsätzlich als unrealistisch anzusehen, ermöglichen aber die relativ leichte und schlüssige Durchführung der Rechnung. In diesem System werden alle zu fundierende Entscheidungen auf ihre Auswirkungen hin in kurzfristige und langfristige Entscheidungen unterteilt. Bei der kurzfristigen Betrachtung werden die fixen Kosten als konstant, damit als nicht beeinflußbar und nicht relevant für die Entscheidung angesehen. Ein besonderes Problem stellen in diesem Zusammenhang die sprungfixen Kosten dar, die über einen bestimmten Beschäftigungsbereich ein bestimmtes Niveau haben und bei Überschreiten der oberen Grenze auf ein höheres Niveau springen, so daß sie letztlich mit der Beschäftigung variieren, aber doch ebenso (innerhalb eines Bereichs) fix sind.

Während die variablen Kosten den Kostenträgern zugerechnet werden, bleiben die fixen Kosten hierbei unberücksichtigt. Die Leistungen vermindert um die variablen Kosten ergeben den Deckungsbeitrag des Produktes, der zentraler Bestandteil der weiteren Argumentation ist (vgl. Kap. 3). Die Summe der Deckungsbeiträge, die die Produkte erwirtschaften, vermindert um die Fixkosten führen zum Betriebsergebnis, wobei eine Weiterentwicklung der Rechnung an der Aufspaltung des Fixkostenblocks in mehrere Fixkostenschichten ansetzt und so eine *stufenweise Fixkostendeckungsrechnung* möglich wird. Die Zuordnung der Fixkosten erfolgt auf der höchstmöglichen Aggregationsstufe (z.b. Stufe 1: Erzeugnis, Stufe 2: Erzeugnisgruppe, Stufe 3: Kostenstelle usw.).

Relative Einzelkostenrechnung

Die von Riebel entwickelte relative Einzelkostenrechnung unterscheidet sich deutlich von dem Vorgehen der Grenzplankostenrechnung. Ausgangspunkt der Überlegungen sind Entscheidungen als Verursacher der Kostenentstehung. Entscheidungen haben meist Konsequenzen, die dann als Bezugsobjekte für die Kostenzurechnung dienen. Nach dem sog. Identitätsprinzip sind Kosten nur dann einem Bezugsobjekt zuzurechnen, wenn sie einen identischen Ursprung mit den Kosten besitzen, die Kosten also genau durch diese Entscheidung ausgelöst wurden. Ein Unternehmen trifft eine Fülle von Entscheidungen, die in einem hierarchischen Verhältnis stehen, und die zu einer Hierarchie von Bezugsobjekten (z.B. Produkt, Produktgruppe, Kundengruppe, Auftragsarten, Verkaufsbezirk) führen. Übergeordnete Entscheidungen setzen dabei die Rahmenbedingungen für untergeordnete. Aus einer Hierarchie von Entscheidungen wird so eine Hierarchie von Bezugsobjekten abgeleitet und die Verteilung von Gemeinkosten strikt abgelehnt. Nach der relativen Einzelkostenrechnung sind alle Kosten als Einzelkosten (im Sinne von Riebel die für ein Bezugsobjekt direkt erfaßbaren Kosten) zu verrechnen, und zwar an der hierarchisch untersten zuordenbaren Position der Bezugsobjekte. Die Einzelkosten eines übergeordneten Bezugsobjektes sind somit stets Gemeinkosten der untergeordneten Bezugsobjekte. Riebel legt den pagatorischen Kostenbegriff zugrunde und lehnt den Ansatz von Opportunitätskosten vollständig ab. Die Rechnung zeigt im Ergebnis die Änderungen des Erfolgs und seiner Komponenten, die infolge der Entscheidung eingetroffen sind. Riebel schlägt ein System von Grundrechnungen ergänzt um weitere Auswertungsmöglichkeiten und Sonderrechnungen vor, da aufgrund der Vielschichtigkeit der möglichen Entscheidungen kein für alle Unternehmen und Entscheidungen unmittelbar einsetzbares Rechenwerk denkbar ist.

Die theoretische Überlegenheit der relativen Einzelkostenrechnung weist aber zugleich auch auf die Ursache der mangelnden Akzeptanz in der Praxis hin: anders als die Grenzplankostenrechnung ist sie zwar offener angelegt, da die sehr einschränkenden (und realitätsfernen) Annahmen fehlen, das System erfordert aber eine sehr aufwendige Erfassung und Verarbeitung von Daten und ist somit zeit- und kostenaufwendig bzw. mit vertretbarem Aufwand kaum zu realisieren. Bei konsequenter Einhaltung der Definitionen sind ferner die Einzelkosten, die auf eine Produkteinheit zugerechnet werden können, relativ gering, da mit der Entscheidung ein Produkt zu fertigen, unmittelbar nur relativ wenige Zahlungen verbunden sind. Der Betriebserfolg ist in der Riebel'schen Systematik streng genommen nur für die Gesamtlebensdauer des Unternehmens darstellbar, eine produktbezogene Kalkulation nicht möglich. (vgl. zu Kritikpunkten sowie zum Vorgehen der relativen Einzelkostenrechnung im allgemeinen z.B. Coenenberg 1997,

S. 261 - 271, Ewert/Wagenhofer 1997, S. 672 - 685, Schweitzer/Küpper 1995, S. 489 - 520). Die Grenzplankostenrechnung hat im Gegensatz zur relativen Einzelkostenrechnung große praktische Verbreitung gefunden. Die Grenzplankostenrechnung ist die am häufigsten zu findende Form der Teilkostenrechnung und berücksichtigt die Kosteneinflußgröße Beschäftigung. Obwohl die Abbildung realer Kostenzusammenhänge dadurch genauer erfolgt, und somit die Ergebnisse denen der Vollkostenrechnung prinzipiell überlegen sein können, ist problematisch, daß eine Doppelbewertung notwendig wird, da verschiedentlich der Ansatz von Vollkosten vorgeschrieben ist (Bewertung unfertiger und fertiger Erzeugnisse, Selbstkostenbestimmung nach LSP, Kostenrechnung in Krankenhäusern). Zur Teilkostenrechnung wird kritisch angemerkt, daß die Anwender der Rechnung durch Kenntnis der variablen Kosten eher zu Preiszugeständnissen bereit sind. Insgesamt setzt die Kritik bei der am weitesten verbreiteten Grenzplankostenrechnung besonders an den realitätsfremden Annahmen an, die wiederum aber Bedingungen darstellen, um die Rechnungen vergleichsweise einfach, schnell, kostengünstig und mit schlüssigen Aussagen durchführen zu können. Während die betriebswirtschaftliche Theorie überwiegend die Teilkostenrechnung bevorzugt, findet vielfach in der Unternehmenspraxis nur die Vollkostenrechnung Anwendung.

3 Anwendung der Informationen aus der Kosten- und Leistungsrechnung

Nachdem die verrechnungstechnischen Aspekte der Kostenrechnung im vorherigen Kapitel in der Übersicht aufgezeigt wurden, erfolgt in diesem Kapitel die Darstellung, wie die gewonnen Informationen für die Steuerung von Unternehmen eingesetzt werden können - oder anders ausgedrückt: wie die Kostenrechnung als Entscheidungs-, Kontroll- oder Koordinationsrechnung Anwendung finden kann. Die Ausführungen setzen den Einsatz der Grenzplankostenrechnung voraus.

3.1 Kostenrechnung als Entscheidungsrechnung

Bei dem Einsatz der Kostenrechnung als Entscheidungsrechnung dient diese der Unterstützung eigener Entscheidungen. Grundlegend ist dabei die Trennung in *kurzfristig* und *langfristig wirksame Entscheidungen*. Während die langfristigen Entscheidungen grundsätzlich Zahlungswirkungen mehrerer Perioden betreffen, sind annahmegemäß die Wirkungen kurzfristiger Entscheidungen auf eine Periode beschränkt, d.h. Zahlungswirkungen von Entscheidungen anderer Perioden treten nicht auf. Die Entscheidungen werden im Hinblick auf eine finanziellen Zielgröße (i.d.R. des Unternehmensgewinns) getroffen. Neben den oben bei der Beschreibung der Grenzplankostenrechnung diskutierten Annahmen ist weiter die Prämisse der Sicherheit der Daten von Bedeutung.

Kurzfristig wirksame Entscheidungen

Kurzfristige wirksame Entscheidungen können alle Bereiche des Unternehmens betreffen: den Beschaffungsbereich (z.b. Beschaffungsmengen oder -wege, Preisobergrenzen für zu beschaffene Einsatzfaktoren), den Produktionsbereich (z.b. Produktionsprogramm, Fertigungsverfahren, Annahme oder Ablehnung von Zusatzaufträgen) oder den Absatzbereich (z.b. Preisuntergrenzen und Absatzpreise).

Optimales Produktionsprogramm

Die Argumentation setzt üblicherweise an den Deckungsbeiträgen an. Bei der Entscheidung über das optimale Produktionsprogramm sieht das Vorgehen dann beispielsweise so aus: aufgrund des Ziels der Gewinnmaximierung sieht die grundsätzliche Lösung vor, daß alle Produkte mit positivem absoluten Deckungsbeitrag in den maximal möglichen Mengen produziert werden. Bei kurzfristig wirksamen Entscheidungen wird unterstellt, daß die Kapazität vorgegeben und nicht beeinflußbar ist. Die Mengen werden sich folglich an den (sicheren) Absatzobergrenzen orientieren. Fixkosten werden nicht ins Kalkül einbezogen, da sie durch die Entscheidungen nicht beeinflußt werden können. Gravierende Bedeutung hat die realitätsfremde Annahme der Sicherheit der Daten.

Im Falle eines Kapazitätsengpaßes ist die optimale Lösung mit Hilfe der absoluten Deckungsbeiträge allerdings nicht systematisch zu bestimmen. Da es in diesem Fall um die wirtschaftlichste Verwendung der knappen Kapazität geht, erfolgt eine Inbezugsetzung des absoluten Deckungsbeitrags auf den knappen Faktor: es wird für jedes Produkt der relative Deckungsbeitrag ermittelt, indem der absolute Deckungsbeitrag des Produktes durch den jeweiligen Verbrauch des knappen Faktors geteilt wird. Die sich ergebenden relativen Deckungsbeiträge zeigen die Reihenfolge an, in der die Produkte produziert werden sollten, um zum Gewinnmaximum zu kommen.

Bei Vorliegen mehrerer Kapazitätsengpässe ist das grundsätzliche Vorgehen das gleiche. Da dann allerdings mehrere Sets von relativen auf die Produkte bezogenen Deckungsbeiträgen entstehen, ist die Lösung dann nicht ablesbar, wenn sich die ergebenden Reihenfolgen der Produkte widersprechen. In diesem Fall ist eine Zielfunktion (die aus den zu ermittelnden Produktionsmengen und den Deckungsbeiträgen der Produkte besteht) unter Beachtung der Restriktionen (Absatzobergrenzen, Fertigungsrestriktionen etc.) zu optimieren. Durch die Annahmen eines linearen Kostenverlaufs und mengenunabhängiger Preise wird dabei die Lösung vergleichsweise einfach möglich. Das lineare Problem ist beispielsweise mit der Simplexmethode zu lösen.

Bei der Entscheidung zwischen mehreren alternativ einsetzbaren Fertigungsverfahren (*Verfahrenswahl*) kann über den Vergleich der Grenzkosten der alternativen Verfahren die Auswahl getroffen werden, falls keine Engpässe vorliegen. Bei Vorliegen eines Engpasses muß der sogenannte Verfahrensdeckungsbeitrag ermittelt werden, der sich als Differenz der Grenzkosten des nächstgünstigeren Verfahrens zu den Grenzkosten des betrachteten Verfahrens ergibt (wegen Annahme linearen Kostenverlaufs folgen konstante Grenzkosten für jedes Verfahren). Diese Kostenersparnis kann als Deckungsbeitrags-Äquivalent angesehen werden, da bei Verwendung des (Grenzkosten-)günstigsten Verfahrens genau dieser Beitrag an zusätzlichem Deckungsbeitrag im Vergleich zum zweitgünstigsten Verfahren erwirtschaftet werden kann. Der relative Verfahrensdeckungsbeitrag, der beschriebene Verfahrensdeckungsbeitrag geteilt durch die Kapazitätsbeanspruchung, führt dann auf gewohnte Weise zur Lösung des Reihenfolgeproblems.

Einen Sonderfall der Verfahrenswahl stellt die Entscheidung Eigenfertigung oder Fremdbezug (z.B. eines Bauteils oder Vorproduktes) dar, die jedoch nach vergleichbarem Muster gelöst werden kann. Durch den Vergleich der Eigenfertigungskosten mit den Einstandspreisen bei Fremdbezug kann die Entscheidung für die kostengünstigere Alternative getroffen werden. Bei einer Kapazitätsrestriktion wird für alle eigenzufertigenden Vorprodukte der relative Deckungsbeitrag ermittelt durch Division der Kostenersparnis, die sich dadurch ergibt, daß nicht fremdbezogen, sondern eigengefertigt wird, durch die Kapazitätsbeanspruchung des knappen Aggregats. Wie üblich lösen die relativen Deckungsbeiträge das Reihenfolgeproblem.

Auch wenn der Engpaß nicht im Produktionsbereich (z.B. Kapazität der Maschinen), sondern im Beschaffungs- oder Vertriebsbereich liegt, ist grundsätzlich das bisher beschriebene Vorgehen analog anzuwenden. Das zu lösende Problem ist stets die Frage nach der ökonomisch sinnvollsten Verwendung knapper Mittel (Maschinenkapazitäten, Rohstoffmengen o.ä.), das auftretende Reihenfolgeproblem wird bei Vorliegen einer Restriktion mit Hilfe relativer Deckungsbeiträge, die die unterschiedliche Inanspruchnahme des knappen Faktors berücksichtigen, gelöst (vgl. zur Bestimmung des optimalen Produktionsprogramms z.B. Ewert/Wagenhofer 1997, S. 85 - 153, Coenenberg 1997, S. 306 - 325).

Preisentscheidungen

Preisentscheidungen lassen sich trennen in Entscheidungen bezüglich zu beschaffender Vorprodukte und solche über abzusetzende Endprodukte. Die Kosten sind bei der Festsetzung von Preisen ein wichtiger, aber keinesfalls der alleinige Gesichtspunkt. Die Kostenrechnung kann vor allem unterstützend z.B. zur Bestimmung von Preisobergrenzen (von Vorprodukten) und Preisuntergrenzen (von Endprodukten) eingesetzt werden. Wie auch schon bei Produktionsprogrammentscheidungen haben für kurzfristig wirksame Entscheidungen die Fixkosten keinen Einfluß und werden nicht in die Entscheidung einbezogen.

Preisgrenzen stellen kritische Werte dar, für die das Unternehmen im Hinblick auf mehrere mögliche Handlungsalternativen indifferent ist. Preisgrenzen sind z.B. von Bedeutung bei Entscheidungen über die Annahme von Zusatzaufträgen, über die Elimination eines Produktes aus dem Produktionsprogramm oder über andere Veränderungen im Produktionsprogramm. Die Lösung kann durch den Vergleich der Deckungsbeiträge, die mit den Handlungsalternativen verbunden sind, bestimmt werden. Am Beispiel der Entscheidung über die Annahme oder Ablehnung eines Zusatzauftrags für ein Produkt aus dem gegenwärtigen Programm sei das Vorgehen beschrieben. Die Preisuntergrenze entspricht dann genau dem Preis, bei dem mit Annahme des Zusatzauftrags gerade der gleiche Deckungsbeitrag erwirtschaftet wird wie ohne den Zusatzauftrag. Dies wird dadurch verkompliziert, daß alle Auswirkungen zu berücksichtigten sind, also die Frage nach dem Umfang der relevanten Kosten und Erlöse zu bestimmen ist.

Sollte es keine anderen Wirkungen geben, entspricht im Falle ausreichender Kapazitäten die Preisuntergrenze für ein Exemplar des Produktes den variablen Kosten (eigentlich den Grenzkosten, die aber wegen der Annahme der Linearität mit diesen identisch sind), die durch den Zusatzauftrag entstehen. Würde bei dem genannten Beispiel die Annahme des Zusatzauftrags aber dazu führen, daß aus dem bisherigen Produktionsprogramm ein anderes Produkt verdrängt wird, so müßte dieser Effekt Berücksichtigung finden. Unter der Annahme, daß die Verdrängung des Produktes keine anderen (kurz- oder langfristigen) Wirkungen hat (wie z.B. Sortimentswirkungen oder längerfristige Nachfragewirkungen), sind die variablen Kosten um den Betrag zu erhöhen, der dem durch die Verdrängung entgangenen Deckungsbeitrag des Produktes entspricht. Für diese Größe hat sich der Begriff *Opportunitätskosten* durchgesetzt. Opportunitätskosten sind also die Kosten, die im Sinne "entgangener Gelegenheiten" zu berücksichtigen sind, sie entsprechen dem verdrängten Gewinn, der durch die Annahme des Zusatzauftrags aufgrund der knappen Kapazität verloren geht. Die Opportunitätskosten zählen in der Grenzplankostenrechnung grundsätzlich zu den relevanten Kosten.

Das beschriebene, recht einfache und schlüssige Vorgehen beruht auf verschiedenen Annahmen, insbesondere der Annahme, daß keine anderen Wirkungen als die Verdrängung im Produktionsbereich vorliegen. Dies ist wiederum relativ praxisfremd, da i.d.R. vielfältige und vor allem komplexe Auswirkungen kurzfristiger und langfristiger Natur durch die zumindest teilweise Aufgabe der Fertigung eines Produktes entstehen, deren wirklichkeitsgetreue Erfassung aber meist nicht möglich ist. Da Sicherheit als weitere Annahme unterstellt ist, ist die (theoretische) Preisuntergrenze mit den variablen Kosten (bei Knappheit erhöht um die Opportunitätskosten) identisch, da keine Risikoprämie erzielt werden muß. Hier wird die Problematik der Annahmen der Grenzplankostenrechnung wiederum deutlich.

Längerfristig sind in die relevanten Kosten auch die fixen Kosten einzubeziehen. Bei längerfristiger Betrachtung muß die Kapitalwertmethode herangezogen werden, um Zahlungswirkungen unterschiedlicher Perioden zu berücksichtigen.

Die ermittelte Preisuntergrenze steht nicht zwingend in einer eindeutigen Verbindung zu dem Absatzpreis des Produktes. Sie kennzeichnet zunächst lediglich den Preis, bei dessen Erzielung das Unternehmen seine Gewinnsituation nicht verändert. Da Gewinnstreben unterstellt werden kann, muß versucht werden, einen darüberliegenden Preis am Markt zu erzielen. Bei Kenntnis der Beziehung zwischen geforderten Preisen und zu diesen Preisen realisierbaren Mengen (also bei Kenntnis der sogen. *Preis-Absatz-Funktion*), ergibt sich der gewinnmaximale Preis aus der Bedingung Grenzerlös gleich Grenzkosten. Längerfristig sind noch zu berücksichtigen: die Fixkosten, die durch die Bereitstellung der für die Produktion erforderlichen Kapazität anfallen und Interdependenzen zwischen Preisen verschiedener Perioden (z.B. durch Erfahrungskurveneffekt oder Carry-over-

Effekte) (vgl. zu Preisentscheidungen z.B. Ewert/Wagenhofer 1997, S. 155 - 211, Coenenberg 1997, S. 327 - 362).

Break-Even-Analyse

Das oben beschriebene Vorgehen setzt u.a. die Annahme der Sicherheit voraus. Diese Annahme reduziert die Problematik letztlich darauf, daß alle Daten bekannt sind und nur die weitere Verarbeitung der Daten Gegenstand der Überlegungen darstellt. Im anderen Extremfall, falls also alle Daten unsicher sind, kann die Kostenrechnung keine verläßliche Entscheidungshilfe geben. Die Anwendung der Break-Even-Analyse kann nun als Einbezug der Unsicherheit, zumindest über eine Größe, angesehen werden. (Zur Anwendung der Kostenrechnung bei Risiko, also bei Vorliegen von Wahrscheinlichkeitsvorstellungen bezüglich der Daten, vgl. z.B. Ewert/Wagenhofer 1997, S. 218 - 225, 235 - 259). Ein Parameter des Entscheidungsproblems muß nun nicht mehr als bekannt vorausgesetzt werden, es wird lediglich unterstellt, daß die Werte dieses Parameters innerhalb eines bestimmten Bereichs liegen werden. Die Break-Even-Analyse zeigt unter anderem, für welche Konstellation des unsicheren Parameters die ursprüngliche Entscheidung optimal ist. Im sogen. Einproduktfall (das Unternehmen produziert nur ein Produkt) läßt sich über die Bestimmungsgleichung des Gewinns nach Ableitung jeder Größe die jeweilige Break-Even-Ausprägung ermitteln. Der Gewinn ergibt sich aus den Preis multipliziert mit der Menge vermindert um die variablen Stückkosten multipliziert mit der Menge sowie um die Fixkosten.

$G = p \cdot x - k_{var} \cdot x - K_{Fix} = db \cdot x - K_{Fix}$

(G = Gewinn, p = Absatzpreis des Produktes, x = Absatzmenge des Produktes, k_{var} = variable Stückkosten, db = Stückdeckungsbeitrag, K_{Fix} = Fixkosten).

Für die Menge (x), den Absatzpreis (p) oder die variablen Kosten (k_{var}) läßt sich nun genau die Ausprägung ermitteln, bei der der Gewinn Null oder einem vorgegebenen Mindestgewinn entspricht. So ist die *Break-Even-Menge* zu ermitteln durch Division der Fixkosten durch den Stückdeckungsbeitrag (für Mindestgewinn: durch Division der Fixkosten erhöht um den Mindestgewinn durch den Stückdeckungsbeitrag) ($x_{BEM} = K_{Fix}$ (+ Mindestgewinn) : db). Bei dieser abgesetzten Menge wird ein Gesamtdeckungsbeitrag erwirtschaftet, der mit den Fixkosten (den Fixkosten und dem Mindestgewinn) identisch ist. Daraus läßt sich durch Multiplikation mit dem Preis der *Break-Even-Umsatz* ermitteln. Durch die Break-Even-Analyse kann bestimmt werden, wie sich Absatzschwankungen auswirken, wie die Gewinnchancen bei Vollauslastung der Kapazität aussehen, wie sich die zur Erreichung der Gewinnschwelle erforderlichen Mengen bei Verfahrenswechsel verändern oder welche Absatzmengensteigerungen erforderlich sind, wenn zusätzliche Fixkosten anfallen.

Die Beliebtheit der Break-Even-Analyse resultiert aus der schnellen und einfachen Bestimmung der Gewinnschwelle. Gleichwohl muß man sehen, daß das Vorgehen Grenzen hat, zum einen setzt es Einproduktunternehmen voraus (zur Break-Even-Analyse in Mehrproduktunternehmen vgl. Coenenberg 1997, S. 291 - 300, Ewert/Wagenhofer 1997, S. 229 - 235). Die Annahmen, die zugrunde liegen, sind z.T. realitätsfremd und sehr einschneidend. Eine weitere kritisch zu bewertende Prämisse ist (wieder), daß sich sowohl die Kosten als auch die Erlöse auf eine einzige Einflußgröße zurückführen lassen: die Beschäftigung. Die relativ einfache Lösung durch Einsetzen in die Gewinngleichung unterstellt ferner, daß alle Kosten in fixe und variable Bestandteile gegliedert werden können und daß die variablen Kosten und die Erlöse linear verlaufen. Die Fixkosten sind vollständig beschäftigungsunabhängig, es existieren also auch keine sprungfixen Kosten.

Falls mehrere Produkte gefertigt werden, führt das Vorgehen nicht mehr so einfach zu einer eindeutigen Lösung, da die Fixkosten (und der Mindestgewinn) nun durch die Deckungsbeiträge mehrerer Produkte erbracht werden. Es gibt somit eine Vielzahl unterschiedlicher Mengenkombinationen, die die Gleichung erfüllen.

Die Darstellung der Break-Even-Analyse erfolgt meist auch grafisch. Um die Unsicherheit zu messen, wird häufig der Sicherheitskoeffizient und seltener der Operating Leverage bestimmt. Der *Sicherheitskoeffizient* gibt an, um welchen Prozentsatz der Umsatz (wegen der Linearitätsannahme auch die Absatzmenge) sinken darf, ohne daß das Unternehmen in die Verlustzone gerät, wobei als Ausgangsniveau meist die Kapazitätsgrenze zugrunde gelegt wird. Dies ist insofern schlüssig, weil die Wunschmenge bei positiven Deckungsbeiträgen grundsätzlich zunächst die Maximalmenge der Produkte darstellt. Nach Umformung ermittelt sich der Sicherheitskoeffizient durch Verminderung von 1 um den Quotienten aus Ausgangsmenge (= bei Kapazitätsgrenze mögliche Menge) und ermittelter Break-Even-Menge. Er gibt also an, um wieviel die Kapazität unterschritten werden darf, ohne in die Verlustzone zu geraten. Der *Operating Leverage* zeigt die Veränderlichkeit des Gewinns in Abhängigkeit von einer Umsatzänderung. Er ermittelt sich als Quotient der relativen Gewinnänderung und der relativen Umsatzänderung, durch Umformung erhält man den Operating Leverage auch als Kehrwert des Sicherheitskoeffizienten (zum Nachweis vgl. Ewert/Wagenhofer 1997, S. 223). Die Bedeutung der Fixkosten läßt sich mit dieser Größe gut verdeutlichen, denn je größer die Fixkosten sind, desto stärker sind die Gewinnänderungen bei Umsatzänderungen, also desto anfälliger ist letztlich das Unternehmen bei Umsatzrückgängen. Zur Beurteilung des Vorgehens läßt sich feststellen, daß trotz des Vorteils der übersichtlichen und einfachen Darstellung und Ermittlung, die Anwendung durch die Vielzahl der Prämissen wie oben dargestellt eingeschränkt wird. Das beschriebene Vorgehen läßt sich vielfach erweitern, z.B. bei nichtlinearem Kosten- und Erlösverlauf oder für den Fall mehrerer simultan zu berücksichtigender Ziele.

Langfristig wirksame Entscheidungen

Die Entwicklung der Kostenrechnung erfolgte zunächst schwerpunktmäßig für kurzfristige (Anpassungs-) Entscheidungen. Etwa seit Ende der 70er Jahre gab es verschiedene neue Überlegungen für den Bereich langfristig wirksamer Entscheidungen - im *Strategischen Kostenmanagement*.

Langfristig wirksame oder "strategische" Entscheidungen betreffen die grundsätzliche Ausrichtung des Unternehmens. Durch Entwicklungen, die in den letzten zwei Jahrzehnten beobachtet werden konnten, wie der steigenden Wettbewerbsintensität auf Beschaffungs- und Absatzmärkten, kürzeren Produktlebenszyklen, neuen Fertigungstechnologien sowie der steigenden Bedeutung von Tätigkeiten wie Forschung und Entwicklung, Qualitätssicherung usw. und damit verbunden einem zunehmenden Anteil der Gemeinkosten an den Gesamtkosten, haben sich die "traditionellen" Konzepte der Kostenrechnung im Hinblick auf die Vorbereitung strategischer Entscheidungen als unzureichend erwiesen und durch die zutage getretenen Mängel Weiterentwicklungen ausgelöst. Einige wichtige neuere Überlegungen, wie die Prozeßkostenrechnung, die Zielkostenrechnung und die Lebenszykluskostenrechnung, werden im folgenden kurz beschrieben. Allerdings muß man sehen, daß der Stand der theoretischen Untermauerung bei der traditionellen Kostenrechnung (noch) sehr viel höher ist als bei den neueren Entwicklungen des strategischen Kostenmanagement.

Prägenden Einfluß auf die modernen Entwicklungen hatte indirekt u.a. Porter (1980), der zwei Grundsatzstrategien identifiziert hat: a.) Kostenführerschaft und b.) Differenzierung. In beiden Fällen geht es darum, sich von der Konkurrenz abzuheben, bei der Kostenführerschaft durch die Absatzpreise, da diese Strategie darauf zielt, der kostengünstigste Anbieter zu werden (und somit die niedrigsten Preise anbieten zu können), und bei der Differenzierung durch das Bemühen, ein einmaliges Produkt herzustellen, das sich durch nutzenstiftende Eigenschaften, die vom Kunden gewünscht sind, von den Konkurrenzprodukten abhebt. Durch diesen Zusatznutzen ist das Unternehmen in der Lage, höhere Preise am Markt zu erzielen. Bei dieser Strategie gewinnen marketingpolitische Überlegungen die Dominanz. Die Bereitschaft der Kunden, für den Zusatznutzen einen höheren Preis zu zahlen, beeinflußt die Preisfestsetzung. Bei der Strategie der Kostenführerschaft kann die Kostenrechnung somit einen größeren Beitrag leisten, da bei Verfolgung der Strategie die Kostenkontrolle, die Optimierung des Unternehmensablaufs und v.a. die Reduzierung von Gemeinkosten im Mittelpunkt stehen.

Prozeßkostenrechnung

Die Kritik an der Behandlung der Gemeinkosten in der traditionellen Kostenrechnung war Ausgangspunkt der Entwicklung der Prozeßkostenrechnung, die auf Überlegungen aus den USA zurückgeht und dort unter der Bezeichnung Activity-based Costing, auch Cost Driver Accounting, Activity Accounting, bekannt ist. Die Ungenauigkeit der Zuschlagskalkulation ist dort noch ausgeprägter, da meist die Fertigungslöhne als Bezugsbasis der Weiterverrechnung aller Gemeinkosten dienen. Die amerikanische Version der Prozeßkostenrechnung setzt deshalb vorwiegend an der Verbesserung der Produktkalkulation an. Die Kritik an der traditionellen Kostenrechnung konzentriert sich auch auf die Behandlung vor- und nachgelagerter Dienstleistungsbereiche, da die damit verbundenen Kosten nur sehr grob zugeschlüsselt werden. Grundlage der Prozeßkostenrechnung ist ein verändertes Verständnis dieser indirekten Leistungsbereiche sowie eine geänderte Einstellung gegenüber den Gemeinkosten, die für werterhöhende Aktivitäten notwendig sind. Aufgrund der hochentwickelten Kostenrechnungstheorie insbes. der Grenzplankostenrechnung steht bei der deutschen Version der Prozeßkostenrechnung die Wirtschaftlichkeitskontrolle der Kostenstellen der indirekten Leistungsbereiche stärker im Vordergrund.

Der Ablauf der Prozeßkostenrechnung setzt an dem bekannten Vorgehen der traditionellen Kostenrechnung an. Ausgehend von der bestehenden Kostenstellenstruktur des Unternehmens wird das Unternehmensgeschehen in Aktivitäten (Prozesse) eingeteilt. Die Kosten werden zu Aktivitäten in der Art zugeordnet, daß nach einer Tätigkeitsanalyse der Kostenstellen für jede Kostenstelle eine kleinere Zahl typischer Aktivitäten ermittelt wird. Diese werden in repetitive (oft wiederholte und schematisch ablaufende) und nicht repetitive Prozesse eingeteilt. Die nicht repetitiven Prozesse werden im weiteren vernachlässigt. Die ermittelten Kosten der Kostenstelle werden nun den repetitiven Prozessen zugeordnet. Dabei sind die Prozeßmengen zu bestimmen, also die Häufigkeiten für jede der ausgewählten Aktivitäten. Die repetitiven Prozesse werden in sogen. lmi-Prozesse (leistungsmengeninduzierte Prozesse), die vom Leistungsvolumen der Kostenstelle abhängig sind, und lmn-Prozesse (leistungsmengenneutrale Prozesse), die von diesem unabhängig sind, unterteilt. Für die leistungsvolumenabhängigen Aktivitäten (lmi-Prozesse) werden sogen. Kostentreiber (z.B. Anzahl der Aufträge, Variantenvielfalt des Produktprogramms) gesucht, die Kosteneinflußfaktoren darstellen und als Äquivalent der Bezugsgrößen in der traditionellen Kostenstellenrechnung angesehen werden können. Die Kosten der lmn-Prozesse werden den Kosten der lmi-Prozesse zugerechnet. Ziel ist die Ermittlung der Prozeßkostensätze durch Division der Kosten eines Prozesse durch die Prozeßmenge - und damit die Beantwortung der Frage, wieviel die einzelnen Aktivitäten (Teilprozesse) jeweils an Kosten verursachen. Die Teilprozesse werden zu Hauptprozessen zusammengefaßt, indem alle Teilprozesse, die denselben Kostentreiber besitzen oder deren Kostentreiber in einem festen Verhältnis zueinander stehen, aggregiert werden. Daraus lassen sich schließlich die Kosten der Hauptprozesse bestimmen. Bei Kenntnis der Inanspruchnahme dieser Prozesse durch die Produkte können so die Kosten direkt den Produkten zugeordnet werden, ohne sie über Einzel- bzw. Herstellkosten zu schlüsseln. Die Zuordnung der Gemeinkosten erfolgt nach Inanspruchnahme der Ressourcen und nicht durch Anwendung von Zuschlagssätzen (Allokationseffekt). Die Prozeßkostenrechnung hilft, z.B. die Komplexität und die Variantenvielfalt der Produkte als Kosteneinflußfaktor zu identifizieren und zu berücksichtigen.

Durch die verbesserte Durchdringung der Gemeinkosten soll die Prozeßkostenrechnung eine genauere Produktkalkulation und eine bessere Steuerung von Unternehmensbereichen ermöglichen. Die mit ihr verbundene Analyse soll helfen, Kostentreiber zu identifizieren, um Ansatzpunkte für Kostensenkungsprogramme aufzuzeigen. Bei der Strategie der Differenzierung dient sie dazu, die Kosten der Differenzierung dem Zusatznutzen gegenüberzustellen. Die Prozeßkostenrechnung stellt kein eigenständiges Kostenrechnungssystem wie die Grenzplankostenrechnung oder die relative Einzelkostenrechnung dar, sondern kann als Weiterentwicklungsmöglichkeit bestehender Kostenrechnungssysteme angesehen werden, bisher erfolgte ihr Einsatz meist auf Vollkostenbasis (Zur Verbindung mit der Grenzplankostenrechnung vgl. Kloock 1995, Müller 1996).

Zur Beurteilung ist zu sagen, daß die Prozeßkostenrechnung die Aufmerksamkeit auf die Gemeinkosten gelenkt und auch in der Unternehmenspraxis eine Neuorientierung der Kostenrechnung angestoßen hat. Bei aller euphorischer Würdigung der Prozeßkostenrechnung in der Praxis (und z.T. auch in der Literatur), kann der innovative Charakter der Überlegung doch als begrenzt angesehen werden. Wichtige Grundgedanken finden sich bereits bei Schmalenbach (1899) und Kilger (1988; 1. Auflage: 1961), der viele Überlegungen präziser und differenzierter ausgeführt hat. Wirklich neue kostenrechnerische Konzepte sind nicht zu finden, so daß der Hauptverdienst der Entwicklung in der Anregung der Neuorientierung der Kostenrechnung in Theorie und Praxis zu sehen ist.

Bei Anwendung der Prozeßkostenrechnung auf Vollkostenbasis kann sie nur für langfristige Anwendungen genutzt werden, für die aber häufig die Investitionsrechnung überlegen ist.

Zielkostenrechnung

Die Grundgedanken der Zielkostenrechnung (Target Costing oder auch Zielkostenmanagement) wie auch der unten dargestellten Lebenszykluskostenrechnung sind relativ einfach. Die Zielkostenrechnung wurde in den 70er Jahren in Japan konzipiert und findet seit den 80er Jahren auch in der englischsprachigen Literatur Beachtung. Ursprüngliche Anwendung war ihr Einsatz bei der Planung und Einführung neuer Produkte, sie steht für eine streng marktorientierte Ausrichtung, die auch Eingang in die Absatzpreisüberlegungen gefunden hat. Anstelle der Frage, „wieviel *wird* das Produkt kosten ?" ist die Frage kennzeichnend: „Wieviel *darf* das Produkt kosten ?" Für die zu bestimmenden Zielkosten zuzüglich eines Zielgewinns wird angenommen, daß bei dem Preis, der der Summe der beiden Werte entspricht, die erfolgreiche Markteinführung des Produktes zu erwarten ist. Ziel ist es, diese Kosten nicht zu überschreiten. Die drei Grundgedanken der Zielkostenrechnung sind die konsequente Orientierung am Markt, für die Produkte also an den am Markt erzielbaren Preisen und nicht an den Preisen, die sich bei der traditionellen Art der Entwicklung und der Produktion des Produktes ergeben würden, sowie frühzeitige Einflußnahme auf die späteren Kosten und ganzheitliche Betrachtung des Produktes über den gesamten Lebenszyklus. Das Kostenmanagement setzt im Gegensatz zur traditionelle Kostenrechnung bereits sehr früh bei der Entwicklung des Produktes an, da bereits in diesem Zeitraum der überwiegende Teil der später anfallenden Kosten festgelegt wird. Die zwei wesentlichen Schritte des Target Costing sind die Zielkostenfindung und die Zielkostenerreichung. Zielkosten lassen sich auf verschiedene Arten herleiten: a.) aus den am Markt erzielbaren Preisen (durch die Marktforschung ermittelt) ("Market Into Company"), b.) aus konstruktions- und fertigungstechnischen Eigenschaften ("Out of Company"), c.) durch eine Kombination von a.) und b.) ("Into and out of Company"), d.) aus den Kosten der Konkurrenz ("Out of Competitor") oder e.) aus den eigenen Standardkosten, die durch Abschläge verringert werden ("Out of Standard Costs"). Die inhaltliche Verwandtschaft mit dem Benchmarking wird deutlich. Ziel des Vorgehens ist es, die Kosten neuer Produkte zu beeinflussen, bestehende Verfahren und Vorgehensweisen zu verbessern und alle Unternehmensbereiche, insbesondere aber Marketing, Forschung und Entwicklung und Produktion, zu kostenbewußtem Handeln zu bewegen. Beispielsweise soll bei der Entwicklung und der Konstruktion eines Produktes durch Kostenvorgaben Verbesserungen bestehender Verfahren und die Prüfung und Umsetzung aller Kostenreduktionsmöglichkeiten bewirkt werden. Erscheinen die Zielkosten nicht erreichbar, wird das Produkt nicht auf den Markt gebracht. Besonders geeignet ist die Zielkostenrechnung für Unternehmen, die auf wettbewerbsintensiven Märkten mit kurzen Produktlebenszyklen aktiv sind sowie für Unternehmen, die die Grundstrategie Kostenführerschaft verfolgen.

Die traditionelle Kostenrechnung ist häufig nicht geeignet, mit dem Vorgehen der Zielkostenrechnung verbunden zu werden, die Anwendung in Verbindung mit der Prozeßkostenrechnung ist dagegen denkbar. Als eigenständiges Kostenrechnungssystem kann die Zielkostenrechnung nicht angesehen werden, da sie nicht für alle Situationen geeignete Informationen liefern kann, sondern speziell für die Entwicklung und Einführung neuer Produkte konzipiert wurde. Sie vernachlässigt dabei allerdings Substitutionseffekte, d.h. die Ablösung bereits bestehender Produkte des Unternehmens durch die neuen Produkte. Auch Verdrängungseffekte aufgrund von Kapazitätsengpässen werden nicht erfaßt.

Lebenszykluskostenrechnung

Die Berücksichtigung aller Phasen im Lebenszyklus von Produkten ist als einer der wesentlichen Kennzeichen der Zielkostenrechnung herausgestellt worden. In diesem Zusammenhang ist auch die Lebenszykluskostenrechnung (Life Cycle Costing) zu betrachten, die ursprünglich zur Planung von Großprojekten konzipiert wurde. Den Kerngedanken stellt die Überlegung dar, sämtliche Kosten (die Verwendung des Begriffs Kosten in diesem Zusammenhang ist allerdings unpräzise, da hier vielmehr an Ein- und Auszahlungen angesetzt wird) über alle Lebenszyklusphasen zu erfassen, insbesondere auch im Entstehungszyklus als Vorlaufkosten vor dem Zeitraum der Produktion und des Vertrieb des Produktes und im daran anschließenden Nachsorgezyklus als Nachlaufkosten. Vorlaufkosten können den verursachenden Produkten in späteren Perioden zugerechnet, Nachlaufkosten (näherungsweise) vorweggenommen werden. Ein großer Teil der Vorlauf- und Nachlaufkosten sind Gemeinkosten und ihr erwarteter zeitlicher Anfall ist mit Unsicherheit behaftet. Bei der Erfassung der Kosten wird außerdem weit von den Ansätzen des externen Rechnungswesens abgewichen.

Die Kostenrechnung ist für kurzfristig wirksame Entscheidungen entwickelt worden. Bei allen Kostenrechnungsvarianten zur Unterstützung strategischer Entscheidungen kann im Vergleich zur Kostenrechnung für die Unterstützung kurzfristig wirksamer Entscheidungen ein methodisches Defizit festgestellt werden. Aufgrund der zunehmenden Bedeutung strategischer Entscheidungen können die Weiterentwicklungen der strategischen Kostenrechnung trotz der beschriebenen Defizite wichtige Beiträge leisten. Allerdings bleibt zu beachten, daß in vielen Fällen die Investitionsrechnung für langfristig wirksame Entscheidungen der Kostenrechnung überlegen ist, und daß die Kostenrechnung mit einer großen Zahl vereinfachender Annahmen arbeitet, die für die Beurteilung der erhaltenen Informationen besonders wichtig sind (Zu den Weiterentwicklungen der strategischen Kostenrechnung vgl. z.B. Ewert/Wagenhofer 1995, S. 251 - 305, Coenenberg 1997, S. 220 - 244 und 451 - 492).

3.2 Kostenrechnung als Kontrollrechnung

Der Einsatz der Kostenrechnung als Kontrollrechnung zielt auf die Informationsverbesserung für eigene Entscheidungen (*Entscheidungsfunktion*) und auf die Verhaltenssteuerung fremder Entscheidungen (*Verhaltenssteuerungsfunktion*). Kontrolle ist als Vergleich von Sollgrößen mit realisierten Größen sowie daran anknüpfende Analyse der ermittelten Abweichungen zu verstehen. Sie ist als Zwillingsfunktion der Planung anzusehen, da sie ohne Planung nicht möglich und andererseits eine Planung ohne Kontrolle nicht sinnvoll ist.

Der Einsatz der Kostenrechnung als Kontrollrechnung setzt also zunächst an der Ermittlung und Analyse der Abweichungen an. Die Kontrolle dient im Zuge der Entscheidungsfunktion der Verbesserung der zukünftigen Planungen und Entscheidungen und dem Einleiten von Maßnahmen zur Behebung der identifizierten Abweichungen. Die Verhaltenssteuerungsfunktion ist bei dezentral getroffenen Entscheidungen von Bedeutung, da Informationsasymmetrie (Unternehmensleitung und Entscheider haben unterschiedlichen Informationsstand) verbunden mit Interessenkonflikten (Entscheider verfolgt andere Ziele wie die Unternehmensleitung) auftreten können. Die Unternehmensleitung delegiert Entscheidungen, da es ihr nicht möglich ist, alle Entscheidungen selber zu fundieren und zu treffen. Der Entscheider hat nun aber einen höheren Informationsstand (sonst könnte die Unternehmensleitung die Entscheidung selber treffen) und verfolgt möglicherweise abweichende Ziele. Die Verhaltenssteuerungsfunktion der Kostenrechnung zielt auf Anreize, Entscheidungen im Sinne des Unternehmens (bzw. der Unternehmensleitung) zu treffen, also darauf, fremde Entscheidungen zu beeinflussen. Die direkte Verhaltenskontrolle ist meist unmöglich oder unwirtschaftlich, durch die Kostenrechnung soll statt dessen über eine Ergebniskontrolle versucht werden, Rückschlüsse auf das Verhalten zu ziehen. Da die Kontrolle nur nach der Realisierung durchgeführt werden kann, sind absichtliche Fehlhandlungen zwar nicht mehr ungeschehen zu machen, die erwartete Durchführung der Kontrolle soll aber schon vorher als Anreizmechanismus zur Verhaltenssteuerung wirken.

Abweichungen können vorhersehbare und unvorhersehbare Ursachen haben. Relevanz erlangen hier jedoch nur die vorhersehbaren Ursachen, die durch Fehler in Planung, Realisation und Auswertung entstehen können. Für die Durchführung der Kontrollrechnung ist zunächst die Frage nach Objekt, Umfang und Häufigkeit der Kontrolle zu lösen. Ein weiteres gravierendes Problem stellt die Bestimmung der Soll- und Istgrößen dar.

Als Sollgrößen kommen in Frage: a.) Istgrößen (vergangener Perioden oder vergleichbarer Unternehmen), b.) Normalisierte Größen (als Durchschnittsgrößen mehrerer vergangener Perioden) oder c.) Plangrößen als Prognose- oder Standardgrößen. Die Auswahl der Sollgröße hängt auch von der zu erfüllenden Funktion der Kontrolle ab. Für die Kostenseite wird meist die Plangröße, d.h. die erwartete Istgröße der zukünftigen Periode, als Prognosegröße angesetzt. Für die Berechnung von Abweichungen ist weiter von großer Bedeutung, welche Bezugsbasis für die Darstellung der Kosten- und Erlösänderungen gewählt wird. Bezugsbasen sind entweder Istgrößen oder Plangrößen. Die Wahl der Bezugsbasis ist notwendig, da sowohl die gewählte Sollgröße als auch die damit zu vergleichende Istgröße auf dem gleichen Bezugspunkt beruhen müssen (z.B. Sollbeschäftigung bzw. Istbeschäftigung), um vergleichbar zu sein. Für die Entscheidungsfunktion ist dabei die Ist-Bezugsbasis vorzuziehen, bei Verfolgung der Verhaltenssteuerungsfunktion dagegen die Plan-Bezugsbasis, da die Istbezugsgrößen die tatsächlichen gegenwärtigen Verhältnisse und die Planbezugsgrößen eher die wünschenswerten Entwicklungen repräsentieren.

Nach der Bestimmung der Soll- und Istgrößen folgt die eigentliche Abweichungsermittlung und -analyse. Die Kostenkontrolle ist in der Betriebswirtschaftslehre weiter entwickelt als die Erlöskontrolle, da die Einflußfaktoren der Erlösseite i.d.R. voneinander abhängig sind, und ein wesentlich größerer Einfluß von nicht kontrollierbaren Faktoren vorherrscht. Bei der Kostenkontrolle wird zumeist unterstellt, daß Abweichungen nur bei variablen Kosten vorkommen und Fixkosten demzufolge vernachlässigt werden können.

Ein besonderes Problem resultiert aus multiplikativ verknüpften Einflußfaktoren, da bei ihnen sogen. Abweichungen höherer Ordnung entstehen, die mit Zurechnungsproblemen verbunden sind. Sie sind dadurch verursacht, daß die Diskrepanz zwischen Soll- und Istgrößen auf das Wirksamwerden mehrerer Einflußgrößen zurückzuführen ist. Bei Vorliegen von n Einflußfaktoren können Abweichungen bis zur n.ten Ordnung auftreten.

Das Vorgehen bei der Ermittlung der Kostenabweichungen sieht eine Aufspaltung der Gesamtabweichung in Einzelabweichungen vor, da die gesamte Kostenabweichung alleine kaum Aussagekraft hat. So kann die Gesamtabweichung trotz erheblicher Einzelabweichungen gleich Null sein, da sich die Einzelabweichungen lediglich gegenseitig aufheben. In der Literatur finden sich eine große Zahl Abweichungsarten, von denen hier nur einige wichtige herausgegriffen werden. Die *Beschäftigungsabweichung* wird in der Plankostenrechnung als Differenz zwischen Sollkosten und verrechneten Plankosten ermittelt, sie kann nur bei einer Vollkostenrechnung auftreten. Sie ist eine Verrechnungsdifferenz, die bei einer Unterbeschäftigung (Überbeschäftigung) durch zu wenig (zu viel) auf die Kostenträger verrechnete Fixkosten verursacht wird. Die Sollkostenansätze ergeben sich aus der Kostenplanung für die Istbeschäftigung unter Berücksichtigung der Trennung zwischen fixen und variablen Kosten, während die verrechneten Plankosten die gesamten Plansätze (also auch die Fixkosten) proportionalisieren, wodurch der beschriebene Effekt der Unter- bzw. Überdeckung der Fixkosten ermittelt werden kann. Die Beschäftigungsabweichung gibt an, inwieweit Abweichungen durch Beschäftigungsschwankungen verursacht sind und sich durch nicht genutzte Fixkosten (Leerkosten) ergeben.

Die *Verbrauchsabweichung* entsteht in den Kostenstellen für die einzelnen Produktionsfaktoren durch einen gegenüber der Planung abweichenden Verbrauch und ermittelt sich als Differenz zwischen Istkosten und Sollkosten. Da in der ermittelten Abweichung auch Preiseffekte enthalten sein können, bietet es sich an, die Verbrauchsabweichung um die *Preisabweichung* zu bereinigen, indem die angefallenen Mengen nicht mit Istpreisen, sondern mit Planpreisen bewertet werden. Der Abweichungseffekt, der durch die unterschiedlichen Mengenverbräuche verursacht wird, ergibt nun die bereinigte Verbrauchsabweichung, die auch als *Mengenabweichung* bezeichnet wird. Durch die oben beschriebenen *Kostenabweichungsinterdependenzen*, die durch das gleichzeitige Wirksamwerden mehrerer Einflußgrößen (z.B. Preise, Mengen, Verbrauchskoeffizienten) verursacht werden, entstehen zusätzlich *Abweichungen höherer Ordnung* (Beispiel: gleichzeitiger Einfluß von Preisen und Mengen).

In welchem Umfang und wie diese Abweichungen den Abweichungen 1. Ordnung (im Beispiel: Preis- und Mengenabweichung) zugerechnet werden, ist nicht unstrittig. Es werden dafür folgende *Methoden der Abweichungsanalyse* unterschieden: a.) Differenzierte Methode, b.) Symmetrische Methode, c.) Kumulative Methode und d.) Alternative Methode. Während die differenzierte Methode die Abweichungen höherer Ordnung getrennt ausweist, werden diese bei den anderen drei Methoden den Teilabweichungen zugeordnet, bei der symmetrischen Methode zu gleichen Teilen (im Beispiel also je zur Hälfte der Preis- und der Mengenabweichung). Bei der kumulativen Methode wird eine Reihenfolge der Einflußgrößen gebildet und danach werden diese schrittweise von Ist- auf Planwerte gesetzt. Dies führt dazu, daß die Abweichungen höherer Ordnung tendenziell zu stark in den zuerst ermittelten Teilabweichungen enthalten sind. Die alternative Methode geht schließlich noch weiter, indem sie nur eine Einflußgröße von Ist- auf Planwerte setzt, wodurch die Summe der Teilabweichungen nicht mehr mit der Gesamtabweichung übereinstimmt.

Die Auswahl der geeigneten Methode hängt auch von der im Vordergrund stehenden Funktion ab, die die Kontrollrechnung erfüllen soll; es sind besonders folgende Argumente zu beachten: für die Erfüllung der Entscheidungsfunktion sollen sämtliche Informationen ersichtlich sein, für die Erreichung der Verhaltenssteuerungsfunktion sollen die Ergebnisse für alle Beteiligten verständlich und nachvollziehbar sein. Unter der Voraussetzung der Methodenkenntnis bei den Beteiligten ist die differenzierte Methode, also der separate Ausweis der Abweichungen höherer Ordnung, vorzuziehen, da die anderen Methoden folgende Schwächen haben: a.) die Reihenfolge der Ermittlung der Einzelabweichungen hat Einfluß auf ihre Höhe (Kumulative Methode), b.) die Höhe der zugewiesenen Abweichung wird durch andere Einflußfaktoren willkürlich beeinflußt (Kumulative Methode, Symmetrische Methode) oder c.) die Summe der Einzelabweichungen entspricht nicht der Gesamtabweichung (Alternative Methode). (Ausführlicher zur Kostenrechnung als Kontrollrechnung vgl. z.B. Ewert/Wagenhofer 1997, S. 335 - 438 oder Coenenberg 1997, S. 372 - 432).

3.3 Kostenrechnung als Koordinationsrechnung

Die Verhaltenssteuerungsfunktion der Kostenrechnung ist in dezentral geführten Unternehmen von Bedeutung und wurde im vorherigen Abschnitt beschrieben. Die Einsatzmöglichkeiten der Kostenrechnung als Koordinationsrechnung liegen ebenfalls bei diesen Unternehmen, da die bereits geschilderten Probleme auftreten, nämlich daß die Unternehmensleitung Entscheidungen delegiert hat und wegen Informationsasymmetrie und potentiell abweichenden Zielen auf das Verhalten der Entscheider indirekt Einfluß nehmen will. Neben Anreiz- und Verhaltensaspekten rücken die Durchführung der Budgetierung und die Bildung von Verrechnungspreisen in den Mittelpunkt der Überlegungen.

Koordination zielt darauf, Einzelaktivitäten im Hinblick auf die Erreichung eines übergeordneten Ziels abzustimmen. Dies ist u.a. deshalb erforderlich, weil die beschriebene Informationsasymmetrie zusammen mit Interessenkonflikten auftritt und die Unternehmensleitung in dezentral geführten Unternehmen Wege finden muß, die einzelnen Aktivitäten der unterschiedlichen Bereiche so zu beeinflussen, daß sie der Erreichung der Unternehmensziele dienen und die Zielerreichung insgesamt optimiert wird. Die Bereiche haben oftmals einen eigenen Zuständigkeits- und Verantwortungsbereich, bei einer Einteilung in Profit Center sind sie für den Bereichsgewinn verantwortlich und treffen Entscheidungen (mit Ausnahme von Investitions- und Finanzierungsentscheidungen) autonom. Andere Konzepte mit unterschiedlichen Kompetenzausstattungen sind denkbar (z.B. mit weniger Verantwortung, lediglich für Kosten bzw. Ausgaben bzw. Erlöse: Cost Center, Expense Center, Revenue Center; mit Verantwortlichkeit auch für die Investitionsentscheidungen: Investment Center).

Die *wahrheitsgemäße Berichterstattung* an die Zentrale kann in dieser Organisationsform nur dann erwartet werden, wenn angenommen werden kann, daß keine Interessenkonflikte bestehen. Da z.B. die Ressourcenzuweisung der Bereiche von den übermittelten Informationen abhängt, kann in der Unternehmenspraxis vom Vorliegen nicht vollständig deckungsgleicher Interessen ausgegangen werden. Die Frage, ob die Berichterstattungen an die Unternehmensleitung wahrheitsgemäß erfolgen oder ob die Bereichsmanager ihren Informationsvorsprung ausnutzen, erlangt also große praktische Relevanz. Für die konzeptionelle Gestaltung der Kostenrechnung ist besonders wichtig, ob bei dem verwendeten Kostenrechnungssystem für die Bereichsmanager in ausreichendem Umfang Anreize bestehen, Informationen einzuholen, diese wahrheitsgemäß weiterzugeben und sich für die Erreichung der Unternehmensziele einzusetzen.

Die theoretische Lösung dieses Anreizproblems sieht zunächst recht einfach aus: durch Beurteilungsgrößen ist die Leistung der Bereichsmanager zu bewerten und daran anknüpfend in Verbindung mit einem Entlohnungssystem der Anreiz zum Verhalten im gewünschten Sinne zu geben. Zur Beurteilung kann u.a. auch die Einhaltung von Budgets herangezogen werden.

Budgetierung

Die Begriffe 'Budget' und 'Budgetierung' werden in der Betriebswirtschaftslehre uneinheitlich verwendet. *Budgetierung* kann als gewinnorientierte Planung und Kontrolle verstanden werden und stellt ein zentrales Controllinginstrument dar. Budgets können als (i.d.R. kurzfristige) Pläne verstanden werden, mit denen die Ressourcenverteilung des Unternehmens gesteuert wird. Die Budgetierung verfolgt unterschiedliche Zwecke, so dient sie der hier geschilderten Koordination der Einzelaktivitäten und der Bereiche, darüber hinaus fördert sie durch die erforderlichen Planungsaktivitäten bei der Budgetaufstellung die Kommunikation und die gedankliche Durchdringung der zukünftigen Ausrichtung der Bereiche und ihrer zukünftigen Aktivitäten. Schließlich dienen Budgets der Motivation der Bereichsmanager und können zu ihrer Beurteilung herangezogen werden.

Zusammengefaßt lassen sich drei Ziele herausstellen, die mit der Budgetierung erreicht werden sollen: a.) die Budgetierung soll dazu beitragen, daß der höhere Informationsstand der Bereiche ausgenutzt wird - daß also wahrheitsgemäß berichtet wird, b.) die Bereichsmanager sollen motiviert werden und c.) die Budgets sollen auch als Grundlage der Beurteilung der Bereiche tauglich sein. Je nach Budgetierungsansatz werden die drei Ziele in unterschiedlichem Maße erreicht, eine allgemeingültige Beurteilung ist nicht sinnvoll; jedoch wird i.d.R. die *Budgetierung im Gegenstromverfahren* mit Top-Down Eröffnung die drei Ziele am ehesten erfüllen können und hat sich in der Unternehmenspraxis weitgehend durchgesetzt. Bei diesem Ansatz erfolgt eine grobe Zielvorgabe der Unternehmensleitung, die auf den Ebenen der Verantwortungsbereiche angepaßt und mit der Unternehmensleitung abgestimmt wird (ggf. bei mehrfacher Wiederholung der Schritte). Dem gegenüber stehen die *Top-Down-Budgetierung*, bei der die Bereiche nicht aktiv bei der Entwicklung der Vorgabewerte beteiligt sind, sowie die *Bottom-Up-Budgetierung*, die durch maximale Partizipation der Bereiche ohne Mitwirkung der Unternehmensleitung gekennzeichnet ist. Die beschriebenen Anreizprobleme erklären die Unterlegenheit der Bottom-Up-Budgetierung, bei der davor genannten Top-Down-Budgetierung wird der im Unternehmen vorhandene Informationsstand nicht ausgenutzt.

Um eine positive Verhaltenssteuerung zu erreichen, ist eine Budgetkontrolle erforderlich, die eine Abweichungsanalyse umfaßt, damit die Ursachen von und Verantwortlichkeiten für Abweichungen deutlich werden sowie mögliche Gegensteuerungsmaßnahmen initiiert werden können. Die Budgetierung kann allerdings eine kurzfristige Gewinnorientierung fördern, die den langfristigen Unternehmenszielen entgegenwirkt.

Verrechnungspreise

Fragestellungen, die im Zusammenhang mit Anreiz- und Verhaltensaspekten zu sehen sind, entstehen auch durch die Verrechnungspreise (auch 'Transfer-' oder 'Lenkpreise'), die die Wertansätze für innerbetriebliche Leistungen innerhalb eines dezentral organisierten Unternehmens darstellen. Für die exakte Ermittlung der Bereichsgewinne, an die die Ressourcenvergabe und die Erfolgsbeteiligung der Bereichsmanager anknüpfen, ist die Bemessung der Verrechnungspreise von Relevanz. Einfluß haben die Verrechnungspreise auch auf die Koordination der Bereiche.

Daraus lassen sich zwei wichtige Funktionen ableiten, die Verrechnungspreise erfüllen sollen: a.) sie sollen die Gewinne der Bereiche unverzerrt darstellen (*Erfolgsermittlungsfunktion*), und b.) sie sollen so festgelegt werden, daß sie Bereichsmanager dazu bewegen, Entscheidungen im Sinne des Gesamtunternehmens zu treffen (*Koordinationsfunktion*). Beide Funktionen können i.d.R.

nicht gleichzeitig vollständig erfüllt werden, da z.b. die Bereiche daran interessiert sind, ihre eigenen Gewinne zu maximieren (von denen die Ressourcenzuteilung sowie die Entlohnung abhängen), was nicht notwendiger Weise zum Gewinnmaximum des Gesamtunternehmens bzw. zum Erreichen des Unternehmensziels führen muß. Über Verzerrungen der Verrechnungspreise werden Verhaltensbeeinflussungen möglich, die Verringerung eines Verrechnungspreises kann so z.B. dazu führen, daß ein abgebender nicht ausgelasteter Bereich seine Leistungsmenge erhöhen kann, da der beziehende Bereich zu dem niedrigeren Preis eine größere Menge nachfragt. Problematisch ist dabei aber, daß nun die Bereichsgewinne aller beteiligten Bereiche verzerrt und weniger für die Beurteilung, Belohnung und Mittelzuteilung geeignet sind.

Grundsätzlich lassen sich die Verrechnungspreise in drei Typen einteilen: a.) marktorientierte Verrechnungspreise, b.) kostenorientierte Verrechnungspreise und c.) Verrechnungspreise als Verhandlungsergebnis.

Der Ansatz *marktorientierter Verrechnungspreise* setzt die Existenz eines Marktes und eines einheitlichen Marktpreises voraus. Der beziehende Bereich zahlt dann für die innerbetriebliche Leistung den am Markt üblichen Preis. Marktorientierte Verrechnungspreise erfüllen die Erfolgsermittlungsfunktion sehr gut, da die Wertansätze kaum manipuliert werden können und somit Bereichsgewinne aussagekräftig bleiben. Vielfach wird aber für innerbetriebliche Leistungen kein Markt mit einheitlichem Marktpreis existieren. Die Koordinationsfunktion erfüllen marktorientierte Verrechnungspreise zumeist schlecht, da sie die Problematik nicht zwingend lösen, daß Entscheidungen aufgrund der Verrechnungspreise für die Bereiche zwar günstig, aus Sicht des Gesamtunternehmens allerdings ungünstig sein können.

Bei der Verwendung *kostenorientierter Verrechnungspreise*, die am häufigsten in der Unternehmenspraxis zu finden sind, gibt es vielfältige Möglichkeiten, die alle problembehaftet sind. Als Berechnungsbasis können Istkosten oder Plankosten in Frage kommen: beim Ansatz von Istkosten trägt der empfangende Bereich die Risiken von Kostenschwankungen, der abgebende hat keinen zwingenden Anreiz, wirtschaftlich zu handeln, da die angefallenen Kosten Grundlage der Weiterberechnung sind. Der Ansatz von Plankosten bringt nur vordergründig eine Verbesserung, da nun der Anreiz, wirtschaftlich zu handeln, existiert. Meist wird der abgebende Bereich aber eine höheren Informationsstand über die erwarteten Kosten haben und diesen ausnutzen.

Die theoretisch optimale Lösung für die Erfüllung der Koordinationsfunktion erbringen Verrechnungspreise auf Grenzkostenbasis (vgl. Nachweis sowie allgemein zum Einsatz der Kostenrechnung als Koordinationsrechnung Ewert/Wagenhofer 1997, S. 441 - 630). Für die Erfüllung der Erfolgsermittlungsfunktion sind sie hingegen schlecht geeignet, da sie zu einer willkürlichen Aufteilung des Gesamtgewinns führen, und der abgebende Bereich eine Erfolgsverschlechterung zu verzeichnen hat, denn für die innerbetriebliche Leistung erwirtschaftet er einen Verlust in Höhe seiner Fixkosten. Der Ansatz von Verrechnungspreisen auf Grenzkostenbasis ist nur dann sinnvoll, wenn keine Engpässe bestehen. Die Bestimmung knappheitsorientierter Preise, die Restriktionen berücksichtigen und sich aus den Grenzkosten zuzüglich den Grenzopportunitätskosten (engpaßbezogener Deckungsbeitrag) errechnen, setzt voraus, daß sie zentral festgelegt werden; dies führt dazu, daß das Problem der dezentralen Steuerung eigentlich gar nicht mehr existiert. Vollkosten sind in der Praxis sehr beliebt, enthalten aber mit den Fixkostenanteilen auch Kostenbestandteile, die für kurzfristige Entscheidungen gar nicht relevant sind, und proportionalisieren nun auch noch diese Fixkosten, so werden sie beim empfangenden Bereich zu scheinvariablen Kosten.

Verrechnungspreise als Verhandlungsergebnis können teilweise die beschriebenen Probleme beseitigen oder abmildern; ihre Verwendung setzt voraus, daß ein autonomes Verhandeln über das Zustandekommen - und damit das Ablehnen der Leistungserbringung bzw. der Bezug der Leistung vom Markt - für alle Bereiche möglich ist. Das Verhandlungsergebnis hängt dann vom Verhandlungsgeschick der Beteiligten ab, Konfliktpotential im Unternehmen entsteht, und die Bereiche können zu Entscheidungen kommen, die für die betroffenen Bereiche, nicht aber für das Gesamtunternehmen optimal sind.

Verrechnungspreise werden in der Betriebswirtschaftslehre schon sehr lange und intensiv diskutiert, die zugrunde liegende Problematik kann - wie deutlich wurde - als noch nicht gelöst gelten.

4 Mängel und Weiterentwicklungsmöglichkeiten der Kosten- und Leistungsrechnung

In den vorangegangenen Kapiteln wurden die verrechnungstechnische Seite der Kostenrechnung und Anwendungsaspekte der gewonnenen Informationen dargestellt und dabei auch auf Grenzen und zugrunde liegende Annahmen hingewiesen. Der letzte Teil faßt Kritik zu konzeptionellen Schwächen zusammen und zeigt mögliche Weiterentwicklungen und gegenwärtige und zukünftige Forschungsinhalte der Betriebswirtschaftslehre auf (vgl. dazu ausführlicher Mussnig 1996 m.w.V.).

Konstatiert wurden oben bereits die *Fixkostenproblematik* der Vollkostenrechnung, die zu falschen kurzfristigen Entscheidungen und zu Verhaltensfehlwirkungen führt, sowie die *Gemeinkostenproblematik*, die zu einer nicht verursachungsgerechten Zuordnung von Teilen der Kosten und damit zu gravierenden Fehlern führen kann, auch bei der Teilkostenrechnung, da hier die variablen Gemeinkosten über die Kostenstellenrechnung geschlüsselt werden. Zugleich ist ein zunehmender Gemeinkostenanteil zu verzeichnen, die Teilkostenrechnung lenkt die Rationalisierungsbemühungen aber nur auf den immer kleiner werdenden Teil der variablen Teile dieser Kosten.

In der Grenzplankostenrechnung, dem im deutschsprachigen Raum am weitesten verbreiteten Kostenrechnungssystem, sind besonders die folgenden Annahmen kritisch im Hinblick auf ihre Praxisnähe anzusehen: a.) die Linearitätsannahmen, b.) die unterstellte Sicherheit der Daten und c.) die Berücksichtigung nur einer Kosteneinflußgröße: der Beschäftigung, verbunden mit der eindeutigen Einteilungsfähigkeit in Abhängigkeit von dieser Einflußgröße als fixe und variable Kosten, bei Vernachlässigung der Existenz sprungfixer Kosten.

Weitere Mängel sind festzustellen. So existieren *objekt- und zeitbezogene Abbildungsmängel*: zunehmend beeinflussen nicht einzelne Arbeitsplätze, sondern arbeitsteilige Leistungsketten die Wertschöpfung. Die traditionelle Betriebswirtschaftslehre und damit ebenso die Kostenrechnung sind aber funktionen- und nicht prozeßorientiert. Die zeitbezogenen Abbildungsmängel zeigen sich in dem Problem der Periodisierung: die Kostenrechnung stellt i.d.R. auf eine Periode ab, die zeitliche Abgrenzung ist dabei aber als willkürlich anzusehen (obwohl sie die Unterscheidung fixe - variable Kosten und damit relevante und nicht relevante Kosten bedingt), *mehrperiodige Wirkungen* werden vernachlässigt.

Der *fehlende Strategiebezug* und die *unzureichende Transparenz* sind ebenso Kritikpunkte. So ist die Kostenrechnung weder darauf ausgerichtet, die strategische Wettbewerbsposition des Unternehmens noch Informationen über Erfolgspotentiale oder Signale zur Früherkennung zu verwerten.

Die Prozeßkostenrechnung und die Lebenszykluskostenrechnung sind als Ansatzpunkte einer Heilung der genannten Mängel und somit als Bereicherung der traditionellen Kostenrechnung anzusehen.

Wie im Kapitel 3 beschrieben, versuchen die neueren Überlegungen zur konzeptionellen Gestaltung der Kostenrechnung, an weiteren Kritikpunkten anzusetzen: *fehlende Berücksichtigung von Motivationswirkungen und dysfunktionalen Verhaltensweisen.*

Abschließend seien noch Kritikpunkte genannt, die an der *fehlenden methodischen oder funktionalen Integration* ansetzen. So werden die an Bedeutung gewinnende Forschung und Entwicklung, die Logistik, die Qualitätssicherung, sowie neue Fertigungs- (mit der Tendenz zu steigenden Gemeinkosten) oder Vertriebskonzepte bisher kaum ausreichend kostenrechnerisch berücksichtigt. Ansatzpunkte in dieser Hinsicht, etwa für die Kalkulation der Produkte, wurden z.B. in Form der Prozeßkostenrechnung aufgezeigt, die die stärke Durchdringung und Beachtung der Gemeinkosten fördert, oder in Form der Zielkostenrechnung, die die Festlegung der Kosten bereits in frühen Entwicklungsphasen beachtet. Viele Aspekte bleiben dennoch bisher nur unbefriedigend gelöst, z.B. in der Kostenartenrechnung: die fehlende Differenzierung der Kostenarten für logistische Leistungen; in der Kostenstellenrechnung: die Berücksichtigung aller Marketing- und Distributionsaktivitäten meist in nur einer einzigen Kostenstelle trotz großer Heterogenität der Kostenstrukturen oder in der Kostenträgerrechnung: die weiterhin kaum befriedigend gelöste Behandlung des Gemeinkostenproblems, das in der Zeit moderner Produktionskonzepte verbunden mit Qualitätssicherungskonzepten, die durch steigende Gemeinkostenanteile gekennzeichnet sind, stetig an Bedeutung zunimmt. Besonderheiten von Dienstleistungs- und Non-Profit-Unternehmen haben bisher nur am Rande Eingang in die betriebswirtschaftliche Forschung und Lehre gefunden. Auch die meisten unter dem Schlagwort *Lean Management* gefaßten Überlegungen wie Kundenorientierung, Total Quality Control, Komplexitätsreduktion, Teamarbeit, Einbeziehung von Kunden, Lieferanten und Händlern sowie die mit der *Globalisierung* verbundenen Herausforderungen zeigen Ansatzpunkte für konzeptionelle Weiterentwicklungen der Kostenrechnung auf, die bisher überwiegend auf die Optimierung der Zielgrößen aus der Zeit der industriellen Massenproduktion von Gütern ausgerichtet ist.

Auch für die nächsten Jahre sind also vielfältige Ansatzpunkte für eine Weiterentwicklung der internen Unternehmensrechnung vorhanden, und das Gebiet ist keinesfalls als statisch anzusehen; einige in jüngster Zeit diskutierte Entwicklungen der internen Unternehmensrechnung sollte dieser Beitrag neben der Darstellung der üblichen Grundlagen der Kostenrechnung, wie sie in den Grundstudiumsveranstaltungen deutscher Hochschulen gelehrt wird, aufzeigen. Bei aller Kritik, die als Hinweis auf aktuelle und zukünftige Forschungsausrichtungen gesehen werden kann, ist festzustellen, daß im deutschsprachigen Raum aufbauend von frühen Pionierarbeiten beispielsweise Schmalenbachs eine Kostenrechnungstheorie von hohem Niveau erreicht wurde, die vielfältige Einsatzmöglichkeiten bietet und große Akzeptanz und Verbreitung in der Unternehmenspraxis gefunden hat. Im Zuge der weiteren Verbreitung eines wie auch immer verstandenen Controlling in der Praxis ist der Trend zu ausgereifteren und umfassenderen Kostenrechnungssystemen ungebrochen.

Literaturverzeichnis

Agthe, K. (1959): Stufenweise Fixkostendeckungsrechnung im System des Direct Costing, in: Zeitschrift für Betriebswirtschaft, 29. Jg. (1959), S. 403 - 418

Arnold, J; Turley, S. (1996): Accounting for Management Decisions, 3rd Ed., Englewood Cliffs, N.J. 1996

Atkinson, A. A.; Banker, R. D.; Kaplan, R. S.; Young, S. M. (1997): Management Accounting, 2nd Ed., Upper Saddle River, N.J. 1997

Bea, F. X.: Kosten- und Erlösträgerrechnung, in: Chmielewicz, K.; Schweitzer, M. (Hrsg.) (1993): Handwörterbuch des Rechnungswesens, 3. Aufl., Stuttgart 1993, Sp. 1272 - 1280

Berndt, R. (1993): Kalkulation öffentlicher Aufträge, in: Chmielewicz, K.; Schweitzer, M. (Hrsg.) (1993): Handwörterbuch des Rechnungswesens, 3. Aufl., Stuttgart 1993, Sp. 1030 - 1037

Bungenstock, C. (1995): Entscheidungsorientierte Kostenrechnungssysteme. Eine entwicklungsgeschichtliche Analyse, Wiesbaden 1995

Busse von Colbe, W.; Laßmann, G. (1991): Betriebswirtschaftstheorie, Band 1: Produktions- und Kostentheorie, 5. Aufl., Berlin u.a. 1991

Chmielewicz, K.; Schweitzer, M. (Hrsg.) (1993): Handwörterbuch des Rechnungswesens, 3. Aufl., Stuttgart 1993

Coenenberg, A. G. (1997): Kostenrechnung und Kostenanalyse, 3. Aufl., Landsberg am Lech 1997

Coenenberg, A. G.; Baum, H.-G. (1997): Strategisches Controlling. Grundfragen der strategischen Planung und Kontrolle, 2. Aufl., Stuttgart 1997

Coenenberg, A. G.; Fischer, T. M. (1991): Prozeßkostenrechnung - Strategische Neuorientierung der Kostenrechnung, in: Die Betriebswirtschaft, 51. Jg. (1991), S. 21 - 38

Cooper, R.; Kaplan, R. S. (1988): Measure Costs Right: Make the Right Decision, in: Harvard Business Review, 66. Jg. (1988), Heft 5, S. 96 - 103

Cooper, R.; Kaplan, R. S. (1995): Messung der Kosten der Ressourcennutzung durch prozeßorientierte Systeme, in: Männel, W. (Hrsg.): Prozeßkostenrechnung, Wiesbaden 1995, S. 43 - 58.

Dichtl, E.; Issing, O. (Hrsg.) (1993): Vahlens Großes Wirtschaftslexikon, 2. Aufl., München 1993

Ewert, R. (1997): Target Costing und Verhaltenssteuerung, in: Freidank, C.-C.; Götze, U.; Huch, B.; Weber, J. (Hrsg): Kostenmanagement. Aktuelle Konzepte und Entwicklungen, Berlin u.a. 1997, S. 299 - 322

Ewert, R.; Wagenhofer, A. (1997): Interne Unternehmensrechnung, 3. Aufl., Berlin u.a. 1997

Freidank, C.-C. (1997): Kostenrechnung, 6. Aufl., München, Wien 1997

Freidank, C.-C.; Götze, U.; Huch, B.; Weber, J. (Hrsg) (1997): Kostenmanagement. Aktuelle Konzepte und Entwicklungen, Berlin u.a. 1997

Gablers Wirtschaftslexikon (1997), 14. Aufl., Wiesbaden 1997

Götze, U. (1997): Einsatzmöglichkeiten und Grenzen der Prozeßkostenrechnung, in: Freidank, C.-C.; Götze, U.; Huch, B.; Weber, J. (Hrsg): Kostenmanagement. Aktuelle Konzepte und Entwicklungen, Berlin u.a. 1997, S. 141 - 174

Götze, U.; Bloech, J. (1995): Investitionsrechnung. Modelle und Analysen zur Beurteilung von Investitionsvorhaben, 2. Aufl., Berlin u.a. 1995

Hahn, D. (1996): PuK, Controllingkonzepte: Planung und Kontrolle, Planungs- und Kontrollsysteme, Planungs- und Kontrollrechnung, 5. Aufl., Wiesbaden 1996

Harris, J. N. (1936): What did we Earn Last Month ?, in: NACA-Bulletin, 17. Jg. (1936), S. 501 - 527

Helmkamp, J. G. (1990): Managerial Accounting, 2nd Ed., New York u.a. 1990
Hoitsch, H.-J. (1997): Kosten- und Erlösrechnung. Eine controllingorientierte Einführung, 2. Aufl., Berlin u.a. 1997
Holzwarth, J. (1993): Strategische Kostenrechnung? Zum Bedarf an einer modifizierten Kostenrechnung für die Bewertung der Alternativen strategischer Entscheidungen, Stuttgart 1993
Horngren, C. T.; Foster, G.; Datar, S. M. (1997): Cost Accounting - A Managerial Emphasis, 9th Ed., Upper Saddle River, N.J. 1997
Horngren, C. T.; Sundem, G. L.; Stratton, W. O. (1996): Introduction to Management Accounting, 10th Ed., Upper Saddle River, N.J. 1996
Horváth, P. (1996): Controlling, 6. Aufl., München 1996
Horváth, P.; Mayer, R. (1989): Prozeßkostenrechnung. Der neue Weg zu mehr Kostentransparenz und wirkungsvolleren Unternehmensstrategien, in: Controlling, 1. Jg. (1989), Nr. 4, S. 214 - 219.
Horváth, P.; Mayer, R. (1995): Konzeption und Entwicklung der Prozeßkostenrechnung, in: Männel, W. (Hrsg.): Prozeßkostenrechnung, Wiesbaden 1995, S. 59 - 86.
Horváth, P.; Reichmann, T. (Hrsg.) (1993): Vahlens großes Controllinglexikon, München 1993
Huch, B. (1998): Rechnungswesen-orientiertes Controlling: Ein Leitfaden für Studium und Praxis, 3. Aufl., Heidelberg 1998
Hummel, S.; Männel W. (1992): Kostenrechnung 2, 3. Aufl., Wiesbaden 1992
Hummel, S.; Männel, W. (1995): Kostenrechnung 1, 4. Aufl., Wiesbaden 1995
Johnson, H.T.; Kaplan, R. S. (1987): Relevance Lost - the Fall and Rise of Management Accounting, Boston 1987.
Kaplan, R.S.; Atkinson, A. A. (1998): Advanced Management Accounting, 3rd Ed., Upper Saddle River, N.J. 1998
Kaufmann, R. J. (1970): Life Cycle Costing: A Decision-Making Tool for Capital-Equipment Acquisition, in: Cost and Management, 44. Jg. (1970), Heft 2, S. 21-28.
Kilger, W. (1987): Einführung in die Kostenrechnung, 3. Aufl., Wiesbaden 1987
Kilger, W. (1988): Flexible Plankostenrechnung und Deckungsbeitragsrechnung, 9. Aufl., Wiesbaden 1988
Kistner, K.-P.; Steven, M. (1997): Betriebswirtschaftslehre im Grundstudium, Band 2: Buchführung, Kostenrechnung, Bilanzen, Heidelberg 1997
Kloock, J. (1995): Flexible Prozeßkostenrechnung und Deckungsbeitragsrechnung, in: Männel, W. (Hrsg.): Prozeßkostenrechnung, Wiesbaden 1995, S. 137 - 151
Kloock, J.; Sieben, G.; Schildbach, T. (1993): Kosten- und Leistungsrechnung, 7. Aufl., Düsseldorf 1993
Küpper, H.-U. (1997): Controlling. Konzeption, Aufgaben und Instrumente, 2. Aufl., Stuttgart 1997
Küpper, H.-U.; Weber, J. (Hrsg.) (1997): Taschenlexikon Controlling, Stuttgart 1997
Küting, K.; Lorson, P. (1995): Stand, Entwicklungen und Grenzen der Prozeßkostenrechnung, in: Männel, W. (Hrsg.): Prozeßkostenrechnung, Wiesbaden 1995, S. 87 - 101
Lee, J. Y. (1987): Managerial Accounting Changes for the 1990s, Artesia, Ca. 1987
Lemke, H.-J. (1993): Unterstützung der strategischen Planung durch das interne Rechnungswesen, München 1993
Liessmann, K. (Hrsg.) (1997): Gabler Lexikon Controlling und Kostenrechnung, Wiesbaden 1997
Männel, W. (Hrsg.) (1992): Handbuch Kostenrechnung, Wiesbaden 1992
Männel, W. (Hrsg.) (1995): Prozeßkostenrechnung, Wiesbaden 1995
Mellerowicz, K. (1974): Kosten und Kostenrechnung, 5. Aufl., Berlin u.a. 1974

Moriarity, S.; Allen, C. P. (1991): Cost Accounting, 3rd Ed., New York u.a. 1991
Morse, W. J.; Davis, J. R.; Hartgraves, A. L. (1991): Management Accounting, 3rd Ed., Reading u.a. 1991
Müller, H. (1996): Prozeßkonforme Grenzplankostenrechnung. Stand, Nutzanwendungen, Tendenzen, 2. Aufl., Wiesbaden 1996
Mussnig, W. (1996): Von der Kostenrechnung zum Management Accounting, Wiesbaden 1996
Oecking, G. (1994): Strategisches und operatives Fixkostenmanagement. Möglichkeiten und Grenzen des theoretischen Konzeptes und der praktischen Umsetzung im Rahmen des Kosten- und Erfolgs-Controlling, München 1994
Plaut, H.G. (1953): Die Grenz-Plankostenrechnung, in: Zeitschrift für Betriebswirtschaft, 23. Jg. (1953), S. 347 - 363 u. 402 - 413
Porter, M. A. (1980): Competitive Strategy, New York 1980
Reichmann, T. (Hrsg.) (1995): Handbuch Kosten- und Erfolgscontrolling, München 1995
Reichmann, T. (1997): Controlling mit Kennzahlen und Managementberichten. Grundlagen einer systemgestützten Controlling-Konzeption, 5. Aufl., München 1997
Riebel, P. (1994): Einzelkosten- und Deckungsbeitragsrechnung. Grundfragen einer markt- und entscheidungsorientierten Unternehmensrechnung, 7. Aufl., Wiesbaden 1994
Riezler, S. (1996): Lebenszyklusrechnung. Instrument des Controlling strategischer Projekte, Wiesbaden 1996
Rummel, K. (1934): Grundlagen der Selbstkostenrechnung, Düsseldorf 1934
Schröder, E. F. (1996): Modernes Unternehmens-Controlling. Handbuch für die Unternehmenspraxis, 6. Aufl., Ludwigshafen 1996
Schmalenbach, E. (1899): Buchführung und Kalkulation im Fabrikgeschäft, in: Deutschen Metallindustrie-Zeitung, 15. Jg. (1899), S. 98 - 172
Schmalenbach, E. (1963): Kostenrechnung und Preispolitik, 8. Aufl. Köln u.a. 1963
Schuster, P. (1991): Erfolgsorientierte Steuerung kleiner und mittlerer Unternehmen. Funktionale, instrumentelle und organisatorische Aspekte eines größengerechten Controlling-Systems, Berlin u.a. 1991
Schweitzer, M.; Küpper, H.-U. (1995): Systeme der Kosten- und Erlösrechnung, 6. Aufl., München 1995
Seidenschwarz, W. (1991): Target Costing: Ein japanischer Ansatz für das Kostenmanagement, in: Controlling, 3. Jg. (1991): S. 198 - 203
Selke, S. (1997): Die Gestaltung der Kosten- und Leistungsrechnung unter besonderer Berücksichtigung formaler Organisationsstrukturen, Frankfurt/M. 1997
Storey, R. (1995): Introduction to Cost & Management Accounting, London 1995
Wagenhofer, A. (1992): Verrechnungspreise zur Koordination bei Informationsasymmetrie, in: Spreman, K.; Zur, E. (Hrsg.): Controlling. Grundlagen, Informationssysteme, Anwendungen, Wiesbaden 1992, S. 637 - 656
Wagenhofer, A. (1997): Kostenrechnung und Verhaltenssteuerung, in: Freidank, C.-C.; Götze, U.; Huch, B.; Weber, J. (Hrsg): Kostenmanagement. Aktuelle Konzepte und Entwicklungen, Berlin u.a. 1997, S. 57 - 77
Wright, D. (1996): Management Accounting, New York u.a. 1996
Zehbold, C. (1996): Lebenszykluskostenrechnung, Wiesbaden 1996

14 Externe Unternehmensrechnung und Jahresabschluß

Ralf Ewert und Gerald Schenk

Inhaltsverzeichnis

1 Einführung und Aufbau des Beitrags	151
2 Funktionen von Bilanzen aus kapitalmarktorientierter Sicht	152
2.1 Unternehmen, Kapitalmarkt und Investoren	152
2.2 Unternehmenspolitik, Eigner und andere Beteiligte	153
2.3 Funktionen der externen Rechnungslegung	155
2.3.1 Vorbemerkungen	155
2.3.2 Die Ausschüttungsbemessungsfunktion (ABF)	155
2.3.3 Die Informationsfunktion (IF)	158
3 Zur Struktur der handelsrechtlichen Bilanzierungsregeln	160
4 Der handelsrechtliche Einzelabschluß	161
4.1 Aufstellung, Prüfung und Offenlegung des Einzelabschlusses	161
4.2 Buchhaltung und Inventar als Grundlagen des Jahresabschlusses	164
4.3 Die Grundsätze ordnungsmäßiger Buchführung	165
4.4 Die Generalnorm des § 264 Abs. 2 HGB	167
4.5 Maßgeblichkeit und umgekehrte Maßgeblichkeit	167
4.6 Gliederungsvorschriften	168
4.6.1 Gliederungsvorschriften für die Bilanz	168
4.6.2 Gliederungsvorschriften für die Gewinn- und Verlustrechnung	171
4.7 Handelsrechtliche Ansatzvorschriften (Bilanzierung dem Grunde nach)	171
4.7.1 Vermögensgegenstände	173
4.7.2 Der derivative Geschäfts- oder Firmenwert	174
4.7.3 Aufwendungen für die Ingangsetzung und Erweiterung des Geschäftsbetriebes	174
4.7.4 Eigenkapital	175
4.7.5 Schulden	175
4.7.6 Rechnungsabgrenzungsposten	176
4.7.7 Der Sonderposten mit Rücklagenanteil	177
4.7.8 Latente Steuern	177

4.8 Handelsrechtliche Bewertungsvorschriften
(Bilanzierung der Höhe nach) 178
   4.8.1 Wertbeeinflussung und Wertaufhellung 179
   4.8.2 Das Going Concern Prinzip 179
   4.8.3 Der Grundsatz der Einzelbewertung 179
   4.8.4 Das Vorsichtsprinzip 180
   4.8.5 Das Realisationsprinzip 180
   4.8.6 Das Imparitätsprinzip 180
   4.8.7 Das Anschaffungskostenprinzip 181
   4.8.8 Abschreibungen 183
   4.8.9 Zuschreibungen 186
   4.8.10 Bewertung der Schulden 186
   4.8.11 Eigenkapital 187
5 Der handelsrechtliche Konzernabschluß 189
   5.1 Zur Notwendigkeit der Konzernrechnungslegung 189
   5.2 Aufstellungspflichten 191
      5.2.1 Die grundsätzliche Aufstellungspflicht nach HGB und PublG 191
      5.2.2 Befreiung von der Pflicht zur Teilkonzernrechnungslegung 191
      5.2.3 Größenabhängige Befreiungen 192
      5.2.4 Befreiungen nach dem Kapitalaufnahmeerleichterungsgesetz
         (KapAEG) 192
   5.3 Einbeziehungspflichten 193
   5.4 Die Konsolidierungsmaßnahmen 194
   5.5 Das Stufenkonzept 195
6 Ausblick 196
Literaturverzeichnis 198

1 Einführung und Aufbau des Beitrags

Die *Unternehmensrechnung* beschäftigt sich ganz allgemein mit der konzeptionellen Gestaltung und den Einsatzbedingungen von (zumeist monetären) Rechnungssystemen in Unternehmen. Im Bereich der für diesen Beitrag relevanten *externen Unternehmensrechnung* stehen dabei solche Rechnungssysteme im Mittelpunkt, die sich an unternehmensexterne Adressaten richten. Dazu gehören bspw. im Bereich der Kapitalgeber die nicht geschäftsführenden Eigner (Aktionäre, etc.) und die Gläubiger. Aber auch der Fiskus ist ein unternehmensexterner Adressat spezifischer Rechnungen (bspw. Steuerbilanz, etc.), aus denen sich letztlich Grundlagen zur Bemessung von Steuerzahlungen ergeben. Weil die damit zusammenhängenden Probleme einen wichtigen Gegenstand der betriebswirtschaftlichen Steuerlehre bilden, konzentriert sich die externe Unternehmensrechnung regelmäßig auf diejenigen Rechnungssysteme, die nicht direkt an den Fiskus, sondern an andere externe Adressaten gerichtet sind. Dabei handelt es sich vornehmlich um *handelsrechtliche Jahresabschlüsse* (Einzel- und Konzernabschlüsse), wobei speziell in Deutschland wegen des sogenannten „Maßgeblichkeitsprinzips der Handels- für die Steuerbilanz" (dies wird im Verlauf des Beitrags noch erläutert) Interdependenzen mit der steuerrechtlichen Rechnungslegung zu beachten sind. Im weiteren Sinne kommen aber allgemein solche Rechnungen in Betracht, mit denen bestimmte Informationen über die Unternehmenssituation übermittelt werden können; damit gehört bspw. die Gestaltung sogenannter „Kapitalflußrechnungen" und Finanzpläne für externe Adressaten ebenfalls zum Gegenstand der externen Unternehmensrechnung.

Der vorliegende Beitrag konzentriert sich auf handelsrechtliche Jahresabschlüsse und soll eine kompakte Einführung in solche Probleme geben, die landläufig unter dem Stichwort *Bilanzierung* diskutiert werden. Aus rein praktischer Sicht assoziieren die meisten Leser damit vornehmlich eine Fülle (nicht immer sofort einsichtig erscheinender) gesetzlicher Regelungen, die im wesentlichen „auswendig gelernt" werden müssen; und eine konkrete Tätigkeit im Bereich der Bilanzierung hat für manche gar das Flair eines mit weißem Hemd und Ärmelschonern bewaffneten Buchhalters, der bis spät in die Nacht die Erbsen zählt und stets über den aktuellen Verbrauch von Büroklammern im Bilde ist. Dieser Eindruck täuscht jedoch gewaltig: Bilanzen stehen faktisch im Kern einer kapitalmarktbezogenen Koordination und Information und beeinflussen die Funktionsweise von Kapitalmärkten wesentlich. Sie grenzen Rechte und Pflichten verschiedener Adressatengruppen gegeneinander ab und verändern die Informations- und damit auch Machtverteilungen zwischen diesen Adressaten. Sieht man Bilanzierungsregeln vor diesem Hintergrund, ist Spannung garantiert.

Spannend ist die derzeitige Entwicklung im Bereich der Bilanzierung aber auch deshalb, weil sie von hoher Dynamik gekennzeichnet ist. Anfang 1998 wurden einige Gesetze verabschiedet, die für die langfristige Entwicklung der handelsrechtlichen Rechnungslegung in Deutschland maßgebende Veränderungen induzieren. Dabei handelt es sich einmal um das sogenannte „Kapitalaufnahmeerleichterungsgesetz" (KapAEG) v. 20.4.1998, zum anderen um das „Gesetz zur Kontrolle und Transparenz im Unternehmensbereich" (KonTraG) vom

27.4.1998. Diese Gesetze öffnen die bisherige deutsche Rechnungslegung (zunächst vornehmlich für Konzernabschlüsse) für internationale Standards und verändern auch die Modalitäten für die Art und Weise, wie Regulierung im Bilanzbereich künftig erfolgen wird. Auf diese Entwicklungen wird im Verlauf des Beitrags (insbesondere im Ausblick) noch näher eingegangen.

Insgesamt ist der vorliegende Beitrag wie folgt aufgebaut:
- Zunächst soll die obige Aussage, Bilanzen seien Instrumente der kapitalmarktbezogenen Koordination und Information, näher erläutert und damit eine kurze Einführung in grundlegende Fragestellungen der neueren Bilanzlehre gegeben werden.
- Anschließend erfolgt eine Einführung in die handelsrechtlichen Bilanzierungsvorschriften, die naturgemäß den Schwerpunkt des Beitrags bildet. Dabei werden zuerst die Vorschriften zum Einzelabschluß behandelt.
- Danach werden einige grundlegende Aspekte der Erstellung handelsrechtlicher Konzernabschlüsse vorgestellt.
- Schließlich werden in einem Ausblick Hinweise auf mögliche künftige Entwicklungen der handelsrechtlichen Rechnungslegung in Deutschland erörtert.

Der Umfang des Beitrags verlangt dabei eine Konzentration auf wesentliche Aspekte; es kann also unmöglich auf alle Details, Varianten und Querverbindungen eingegangen werden. Die Darstellung ist (so hoffen wir) relativ einfach gehalten und sollte ohne weitreichende Vorkenntnisse verstanden werden können. Grundlegende Kenntnisse der Buchhaltung werden aber vorausgesetzt.

2 Funktionen von Bilanzen aus kapitalmarktorientierter Sicht

2.1 Unternehmen, Kapitalmarkt und Investoren

Die Fragestellungen der neueren Bilanzlehre haben ihren Ausgangspunkt letztlich in der Verankerung eines Unternehmens innerhalb eines Kapitalmarkts. Jedes Unternehmen stellt dabei nur eine von vielen Möglichkeiten der Geldanlage dar. Die folgende Abbildung 1 verdeutlicht diese Zusammenhänge.

Im Mittelpunkt stehen Investoren, deren Zielsetzung darin besteht, einen präferenzkonformen *Konsumzahlungsstrom* hinsichtlich der Dimensionen *Höhe, zeitliche Verteilung* und *Risiko* zusammenzustellen. Solche Konsumzahlungen können aus verschiedenen Quellen gespeist werden. Mit „*diverse Einkünfte*" sind solche Zahlungen gemeint, die ein Investor bspw. als Arbeitseinkommen, Schenkung, Erbschaft etc. erzielt. Diese Beträge können sowohl konsumiert als auch anderweitig verwendet werden. Solche Verwendungen bestehen etwa in *Investitionen*, die im oberen Bereich der Abbildung enthalten sind. Als Anlagealternativen kommen zunächst Beteiligungen an Unternehmen in Betracht, die mit U_1, U_2 bis U_n gekennzeichnet sind. Dabei kann es sich um den Kauf von Aktien und/oder Beteiligungen an anderen Unternehmensformen (national und international) handeln.

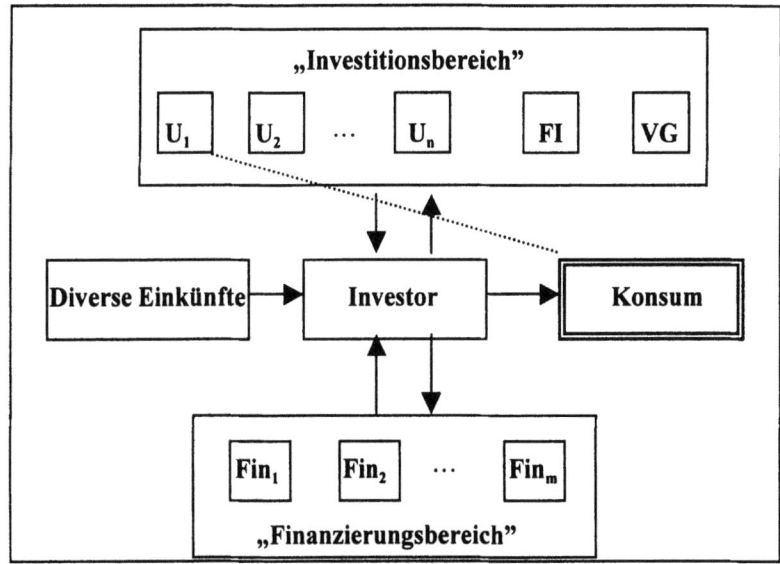

Abb. 1: Konsumplanungsprobleme eines Investors

Andererseits können Mittel auch in *Finanzinvestitionen* (FI) angelegt werden, zu denen bspw. der Kauf von Staatspapieren, Festgeldanlagen und/oder der Erwerb von Obligationen gehören. Weiterhin ist es möglich, Investitionen in *Vermögensgegenstände* (VG) zu tätigen, indem etwa ein Grundstück zu dem Zweck erworben wird, es später günstiger zu veräußern. Aus den Investitionen fließen im Zeitablauf Mittel an den Investor zurück, die wiederum reinvestiert, konsumiert und/oder zur Begleichung von Schulden verwendet werden können.

Derartige Schulden resultieren aus Finanzierungsaktivitäten von Investoren, die sich damit weitere Mittel zur Investition und/oder Konsumtion verschaffen. Dieser „*Finanzierungsbereich*" ist im unteren Teil der Abbildung enthalten und besteht allgemein aus verschiedenen Finanzierungsquellen Fin_1, Fin_2 bis Fin_m (bspw. Konsum-, Hypotheken- und/oder Investitionskredite etc.). Im Zeitablauf sind vom Investor Rückzahlungen an die Financiers zu leisten, die aus den diversen Einkünften und/oder Zuflüssen aus dem Investitionsbereich alimentiert werden.

2.2 Unternehmenspolitik, Eigner und andere Beteiligte

Wenn man in der Betriebswirtschaftslehre die strukturellen Eigenschaften „optimaler" Unternehmenspolitiken analysiert, dann hat man als Unternehmen regelmäßig solche Institutionen im Sinn, die in obiger Abbildung 1 durch ein „Kästchen" des Typs U_i gekennzeichnet werden. Man spricht dabei auch vom „institutionalem Unternehmen" im Sinne etwa der X-AG (bzw. der Y-GmbH, der Z-KG etc.) im Gegensatz zum sogenannten „personalen Unternehmen", das sämtliche Aktivitäten eines *Investors* und mithin dessen gesamtes *Portefeuilleproblem* von Abbildung 1 repräsentiert.

Was kennzeichnet nun die „Optimalität" einer Unternehmenspolitik? In einer marktwirtschaftlichen Ordnung sind Unternehmensentscheidungen letztlich am

Interesse der *Residualanspruchsberechtigten* auszurichten, also am Interesse der Eigner. Diese Anteilseigner sind zweifellos Investoren und lösen Portefeuilleprobleme wie in Abbildung 1. Alleine daraus folgen bereits einige wichtige Konsequenzen, die auch für Fragestellungen der Bilanzlehre bedeutsam sind:

a) Das Interesse der Eigner als Investoren besteht in der präferenzkonformen Gestaltung von Konsumzahlungsströmen im Zeitablauf. Diese Konsumzahlungen werden grundsätzlich durch zahlreiche Quellen ermöglicht, von denen ein betrachtetes Unternehmen (bspw. U_1) nur eines unter vielen anderen darstellt.

b) Die *Ausschüttungen* von U_1 werden nur in *losem Zusammenhang mit den Konsumzahlungen* stehen. Tatsächlich gehen diese Ausschüttungen zusammen mit anderen Zahlungen in das gesamte Portefeuilleproblem eines Eigners ein und werden in Ansehung der Präferenzen und aller Alternativen verwendet.

c) Auch Größen wie die „Gewinne" von U_1 haben zunächst keinen unmittelbaren Bezug zu den für den Eigner eigentlich interessanten Konsumzahlungen. Die Maximierung von „Gewinnen" ist daher auch nicht zwangsläufig konsistent mit der Optimierung der Unternehmenspolitik aus Eignersicht. Das Problem besteht hier darin, eine Zielsetzung für Unternehmen zu finden, die solche Entscheidungen indiziert, die im Rahmen des Portefeuilleproblems optimal sind. Dies wird in Abbildung 1 durch die gestrichelte Linie zwischen U_1 und den Konsumzahlungen verdeutlicht.

d) Eine aus Eigner- bzw. Investorensicht aufzustellende Zielsetzung für Unternehmen wird kaum so etwas wie eine strikte „Unternehmenserhaltung" beinhalten. Investoren werden daran interessiert sein, interessante Anlagealternativen zur langfristigen Alimentierung ihrer Konsumzahlungen zu haben, nicht aber daran, ein bestimmtes Unternehmen unbedingt zu erhalten.

All diese Aspekte relativieren zwar die Bedeutung eines bestimmten Unternehmens für die Zielerreichung der Eigner, sagen aber noch nichts darüber aus, wie diese Zielsetzung präzisiert werden könnte. Das praktische Problem liegt darin, daß in einem Unternehmen mit mehreren Eignern die Konsumpräferenzen und die individuellen Portefeuilleprobleme sehr heterogen sein können. Insofern ist eine Ersatzzielgröße zu finden, die von allen Eignern einmütig akzeptiert werden kann. Man kann zeigen, daß sie unter bestimmten Kapitalmarktbedingungen (Vollkommenheit, etc.) sogar tatsächlich existiert (DeAngelo 1981) und in der Maximierung des Marktwertes der Beteiligungstitel („Shareholder Value") ihren Ausdruck findet. Damit werden für jeden Eigner die besten Ausgangsmöglichkeiten für seine individuelle Portefeuilleplanung geschaffen. Sind diese Bedingungen nicht erfüllt, kann dagegen eine Einmütigkeit unter den heterogenen Eignern regelmäßig nicht gewährleistet werden. Der Marktwert könnte dann aber immerhin noch einen näherungsweisen „Kompromiß" bilden. Dennoch muß man hier davon ausgehen, daß Dispute unter den Eignern hinsichtlich der Investitions-, Finanzierungs- und Ausschüttungspolitik auftreten können.

Solche Dispute hinsichtlich der Unternehmenspolitik treten erst recht auf, wenn man das Blickfeld erweitert und berücksichtigt, daß Unternehmen nicht nur aus Eignern bestehen. Als weitere Beteiligte am Unternehmen werden üblicherweise die Gläubiger, das Management (sofern nicht Eigner), die Arbeitnehmer, die

Kunden, die Lieferanten, der Fiskus und sogar die Öffentlichkeit angesehen. Potentielle Dispute lassen sich an einem sehr drastischen Beispiel verdeutlichen, wobei der Konflikt zwischen Eignern und Gläubigern im Mittelpunkt steht: Angenommen, man betrachtet die Ausschüttungspolitik eines haftungsbeschränkten und partiell fremdfinanzierten Unternehmens. Dann gehen die künftigen Zahlungsüberschüsse zum Teil an die Gläubiger zwecks Begleichung von Zins- und Tilgung. In einer solchen Situation kann die Maximierung des Marktwertes der Beteiligungstitel dazu führen, daß es die Eigner vorteilhaft finden, die Vermögensgegenstände des Unternehmens weitgehend zu liquidieren und den Veräußerungserlös an sich auszuschütten. Selbst wenn ihre Anteile *nach* dieser Transaktion weitgehend wertlos sind, so haben sie den gesamten Liquidationserlös erhalten, ohne den Gläubigern etwas abtreten und für die dann wertlosen Verbindlichkeiten haften zu müssen.

2.3 Funktionen der externen Rechnungslegung

2.3.1 Vorbemerkungen

In einer sehr weiten (und daher auch vagen) Form lassen sich die Funktionen der externen Rechnungslegung allgemein mit *Ausschüttungsbemessung* und *Information* kennzeichnen. Damit wird zunächst nur deutlich, daß Bilanzen einerseits Zahlungen insbesondere zwischen Unternehmen und Eignern „moderieren", andererseits aber auch Informationen über die Unternehmenssituation übermitteln sollen. Jede dieser Funktionen hat viele Facetten, die sich unter Verwendung der in den obigen beiden Abschnitten dargestellten Aspekte verdeutlichen lassen, wobei – je nach Fragestellung – mal der reine Investorenstandpunkt gemäß Abbildung 1 oder aber der Konfliktaspekt im Vordergrund steht.

2.3.2 Die Ausschüttungsbemessungsfunktion (ABF)

Die ABF hat insbesondere in Deutschland eine lange Tradition. Sie wird auch heute noch als die für den handelsrechtlichen Einzelabschluß in Deutschland maßgebliche Funktion angesehen.

Die früheren Interpretationen der ABF lassen sich durch die Frage nach dem *„verteilbaren"* bzw. *„ausschüttungsfähigen"* Gewinn charakterisieren. Diese Aspekte wurden insbesondere unter dem Stichwort *„Kapitalerhaltung"* diskutiert. Danach ist der Gewinn einer Periode dann ausschüttbar, wenn sich „das Unternehmen" durch seine Ausschüttung nicht schlechter stellt als am Periodenanfang. Fraglich ist nur, wann eine solche Verschlechterung vorliegt. Diese Frage wurde durch verschiedene Varianten der Kapitalerhaltung zu beantworten versucht. Das jeweils zu erhaltende Kapital gibt dabei die Meßlatte für eine Verschlechterung an.

Gemäß der *Nominalkapitalerhaltung* reicht es aus, wenn das am Periodenanfang nominell vorhandene Eigenkapital am Periodenende noch vorliegt. Darüber hinaus gehende Beträge sind demnach ausschüttbarer Gewinn; Inflation und Preissteigerungen werden nicht berücksichtigt. Dagegen verlangt die *reale Kapitalerhaltung* eine Konstanz der Kaufkraft des Eigenkapitals. Gewinn liegt hier nur dann vor, wenn die Kaufkraft des am Periodenanfang vorhandenen Eigenkapitals erhalten worden ist; hier wird eine allgemeine Preissteigerungsrate berücksichtigt. Konzeptionen der *Substanzerhaltung* setzen dagegen an der Aktivseite der Bilanz an. Ein Gewinn liegt nur dann vor, wenn das Unternehmen in der Lage ist, die im Prozeß der Leistungserstellung eingesetzten Vermögensgegenstände wiederzubeschaffen. Hier werden individuelle Preissteigerungen berücksichtigt. Bei der *Brutto-Substanzerhaltung* wird der preissteigerungsbedingte Kapitalbedarf ausschließlich durch Ausschüttungsverzicht (Gewinnminderung) der Eigner finanziert. Die *Netto-Substanzerhaltung* unterstellt dagegen, daß nur derjenige Teil dieses Kapitalbedarfs den Gewinn mindert, der auf eigenfinanziertes Vermögen entfällt.

Die Verfahren der realen Kapitalerhaltung und der Substanzerhaltung führen bei steigenden Preisen typischerweise zu Gewinnen, die niedriger sind als diejenigen der Nominalkapitalerhaltung. Soweit der Gewinn als ausschüttbarer Betrag angesehen wird, ist dies mit einer grundsätzlichen Minderung des Ausschüttungspotentials verbunden. In der Betriebswirtschaftslehre wurde die Diskussion um die „richtige" Variante der Kapitalerhaltung lange Zeit mit teilweise äußerster Heftigkeit geführt. Aus der in obiger Abbildung 1 dargestellten kapitalmarktbezogenen Sicht und den im Abschnitt 2.2. dargestellten Aspekten a) bis d) läßt sich die Problematik jedoch weitgehend klären (Wagner 1978):

– Im Kern geht es um die Frage, ob aus den vorhandenen Überschüssen Mittel im Unternehmen einbehalten werden sollen.
– Eine solche Investition lohnt sich genau dann, wenn sie sich gegenüber den Alternativen am Kapitalmarkt als vorteilhaft erweist. Auch die bei den Substanzerhaltungskonzeptionen implizit unterstellte Ersatzinvestition ist in dieser Sicht kein Automatismus; sie konkurriert wie jede andere Investition um Finanzmittel, die auch anderweitig angelegt werden könnten.
– Sofern sich die Einbehaltung erwirtschafteter Mittel im Unternehmen als vorteilhaft erweist, können sich die Eigner stets dafür entscheiden.
– Sollte sich die Mitteleinbehaltung indes als nicht sinnvoll erweisen, würde eine unvorteilhafte Unternehmenspolitik realisiert werden.
– Eine Bindung der Ausschüttungspolitik an die Kapitalerhaltungsvarianten würde mithin vorteilhafte Unternehmenspolitiken eher behindern und möglicherweise als „Allokationsbremse" wirken, weil die Finanzmittel nicht über den Kapitalmarkt den besten Verwendungen zugeführt werden können.

Diese Beurteilung basiert auf der in Abbildung 1 dargestellten Investorenperspektive und ist letztlich Ausfluß der Tatsache, daß es in einem kapitalmarktorientierten Kontext unmöglich um die Erhaltung eines bestimmten Unternehmens gehen kann. Diese Argumentation bildet aber zugleich eine Brücke zu einer etwas anderen Sichtweise der ABF, denn wenn man sie konsequent zu Ende denkt, ist fraglich, warum man Ausschüttungsentscheidungen überhaupt an Gewinnen, nicht aber direkt an Zahlungsüberschüssen anknüpfen lassen sollte. Die reinen Cash Flows liefern nämlich die geringsten Beschränkungen für die Ausschüttungspolitik, und damit scheint man eine dominant bessere Unternehmenspolitik erreichen zu können.

Eine weitergehende Frage lautet daher: Warum könnten Bindungen bezüglich der Ausschüttungspolitik sinnvoll sein? Die Antwort darauf ergibt sich aus den potentiellen Konflikten zwischen den verschiedenen Unternehmensbeteiligten. Sei dazu wieder der bereits oben angesprochene Anteilseigner-Gläubiger-Konflikt bei Kapitalgesellschaften betrachtet. Offenbar gibt es Möglichkeiten für die Eigner, via Ausschüttungspolitik *Reichtumsverlagerungen* von den Gläubigern zu sich selbst vorzunehmen (siehe ausführlich Ewert 1986). Gläubiger werden sich aber dieser Anreize grundsätzlich bewußt sein und sich bereits bei der Kreditvergabe skeptisch verhalten. Dies führt zu Erhöhungen der Kapitalkosten, so daß die Eigner bereits zum Zeitpunkt der Kreditvergabe die Nachteile der Existenz späterer Möglichkeiten zur Reichtumsverlagerung zu spüren bekommen. Es liegt mithin in ihrem eigenen Interesse, durch geeignete Vorkehrungen dafür zu sorgen, daß die Skepsis der Gläubiger überwunden wird, indem die antizipierten Reichtumsverlagerungsaktionen bspw. durch Ausschüttungsrestriktionen gemildert oder gar unterbunden werden.

In Deutschland hat sich der Gesetzgeber zwar die Befürchtung der Gläubigergefährdung zu eigen gemacht, nicht aber das Vertrauen auf eine dem Eigeninteresse folgende marktmäßige Lösung dieses Konflikts (davon wird dagegen in den USA ausgegangen). Die ABF im dem Sinne, daß der bilanzielle Gewinn eine *Ausschüttungssperre zum Zwecke des Gläubigerschutzes* gewährleistet, ist daher eine *zentrale Ausrichtung der gesetzlich kodifizierten deutschen Bilanzierung* insbesondere für die haftungsbeschränkten Kapitalgesellschaften. Sie kommt bspw. durch die Prinzipien der Vorsicht, Realisation und Imparität sowie zahlreiche Einzelregelungen zum Ausdruck, die noch im weiteren Verlauf des Beitrags behandelt werden. Strenggenommen entspricht auch diese Ausrichtung der Frage nach dem „verteilbaren" Gewinn, nur wird „Verteilbarkeit" bzw. „Ausschüttungsfähigkeit" jetzt völlig anders gesehen. Es wird auch deutlich, warum *Bilanzen als Instrumente kapitalmarktbezogener Koordination* angesehen werden können, denn die Milderung von Interessenkonflikten zwischen verschiedenen Kapitalgebergruppen erleichtert die Funktion des Kapitalmarkts, Finanzmittel in die besten Verwendungen zu lenken.

Die ABF geht aber regelmäßig über den Eigner-Gläubiger-Konflikt hinaus. An die Zahlen des Jahresabschlusses knüpfen auch Regeln wie bspw. der § 58 Abs. 2 AktG an, der letztlich Kompetenzen bezüglich der Gewinnverwendung zwischen der Verwaltung einer AG und der Hauptversammlung festlegt. Hier geht es allgemein darum, wer in welchem Umfang ohne automatische Einspruchsmöglichkeiten anderer Gruppen über die Verwendung von Überschüssen entscheiden kann. Insofern wird die ABF in einem weiteren Sinne manchmal auch als *Kompetenzabgrenzungsfunktion* bezeichnet. Diese Aspekte sind deswegen bedeutsam, weil das Management einer AG nicht notwendig die gleichen Interessen verfolgt wie die Eigner. Aspekte wie Macht, Prestige, Einfluß oder unternehmensgrößenabhängige Entlohnungssysteme können dazu führen, daß das Management auch dann zu einer Mittelverwendung im Unternehmen geneigt ist, wenn dies aus rein finanzieller Sicht (siehe Abbildung 1) unvorteilhaft ist.

Der Gesetzgeber in Deutschland hat sich darüber hinaus auch dem potentiellen Ausschüttungskonflikt innerhalb der Gruppe der Eigner angenommen. Dahinter steht die Hypothese, daß insbesondere Kleinanleger nicht über umfangreiche Diversifikationsmöglichkeiten in ihrem individuellen Portefeuilleproblem verfügen und hinsichtlich der Bestreitung von Konsumzahlungen eher auf Ausschüttungen aus einem Unternehmen angewiesen sein könnten. Für solche Fälle sieht bspw. § 254 Abs. 1 AktG eine Anfechtungsmöglichkeit von Hauptversammlungsbeschlüssen über die Verwendung des Bilanzgewinns vor, falls die Ausschüttung 4% des Grundkapitals (abzüglich noch nicht eingeforderter ausstehender Einlagen) unterschreitet und bestimmte Bedingungen erfüllt sind.

Aus der Perspektive der Forschung verknüpft die ABF die Bilanzlehre sehr stark mit der neueren Finanzierungstheorie, vornehmlich der finanziellen Agency-Theorie, in der die Konsequenzen von Interessenkonflikten für die Investitions- und Finanzierungspolitik und die sich daraus ergebenden Wirkungen von Restriktionen explizit analysiert werden. Auf diese Weise lassen sich auch bilanzielle Ausschüttungsrestriktionen untersuchen (Ewert 1986, Leuz 1997), doch ist die Forschung hier noch nicht so weit, daß die Erkenntnisse in konkrete Empfehlungen umgesetzt werden könnten.

2.3.3 Die Informationsfunktion (IF)

Die Vorteilhaftigkeit von Investitionen eines Unternehmens hängt maßgeblich von den Kapitalkosten ab. Im Falle bspw. der Eigenfinanzierung handelt es sich dabei um risikoäquivalente Alternativrenditen, also um solche erwartete Renditen, die Investoren bei anderweitiger, dem Risiko der betrachteten Anlage äquivalenter Investition ihrer Mittel am Kapitalmarkt erzielen könnten.

Damit wird deutlich, daß die Einschätzung der Risiko- und Erfolgsaussichten eines Unternehmens durch die Investoren am Kapitalmarkt eine wesentliche Rolle für die Kapitalkosten und mithin für die Vorteilhaftigkeit der von einem Unternehmen geplanten Projekte spielt. Im Regelfall hat man es dabei mit einer *asymmetrischen Informationsverteilung* zu tun, bei der also die Unternehmensinsider (Management, etc.) besser über die konkreten Unternehmensbedingungen informiert sind als die Investoren. Diese werden sich aber ihres Informationsnachteils grundsätzlich bewußt sein und sich entsprechend skeptisch verhalten, was zu Erhöhungen der Kapitalkosten führen kann.

Soll Kapital kostengünstig akquiriert werden, ist mithin eine bestimmte *Unternehmenspublizität* erforderlich. Unternehmen haben dabei aus den erwähnten Gründen grundsätzlich auch ein Eigeninteresse, den Kapitalmarkt über ihre Erfolgsaussichten in gewissem Umfang zu informieren (Wagenhofer 1990). Jahresabschlüsse sind in diesem Zusammenhang ein zentraler Bestandteil einer solchen Unternehmenspublizität, weil sie quantitative, monetär ausgerichtete Informationen über die Unternehmensentwicklung darstellen, die durch zusätzliche Berichte (Anhang, Lagebericht, etc.) um direkt prospektive Aspekte ergänzt werden können.

Diese Unternehmenspublizität hat aber noch einen anderen Aspekt: In Unternehmen mit einer Trennung von Eigentum und Dispositionsbefugnis (AG, etc.)

hat das Management in bestimmten Abständen *Rechenschaft* über die Mittelverwendung zu legen. Jahresabschlüsse sind Ausdruck des wirtschaftlichen Ergebnisses der Unternehmenspolitik und dienen den Investoren nicht nur als Grundlage für Prognosen sondern auch zur Beurteilung der Leistung des Management. Informationen über die Unternehmensentwicklung werden freilich nicht nur von Investoren benötigt. Auch Gläubiger werden ihre Kreditentscheidungen von ihren Informationen über die Liquidität und Bonität des Unternehmens abhängig machen, Lieferanten werden sich anhand ähnlicher Daten überlegen, ob sie ein Unternehmen weiterhin unter Einräumung von Zahlungszielen beliefern sollen, Arbeitnehmer werden ihre Erwartungen über die Aussichten der Einkommenserzielung im Unternehmen an Daten über die Unternehmensentwicklung knüpfen, etc.

Ähnlich wie die ABF ist auch die IF in der deutschen Rechnungslegung regulativ verankert. Die Vorschriften zur Erstellung von Bilanzen, Anhängen und Lageberichten enthalten in ihrer Gesamtheit die Vorstellungen des Gesetzgebers, welche Angaben Unternehmen in welcher Form im Rahmen der externen Rechnungslegung offenlegen sollten (dies wird in den folgenden Abschnitten noch deutlich werden). Diese Vorschriften werden typischerweise als „Kompromiß" der Informationswünsche verschiedener Adressaten aufgefaßt. Ein Beispiel dafür ist etwa das sogenannte „Going-Concern-Prinzip" des § 252 Abs. 1 Nr.2 HGB (darauf wird im Verlauf des Beitrags noch eingegangen), wonach die Bewertung grundsätzlich an Fortführungswerten, nicht aber an Liquidationswerten auszurichten ist. An letzteren könnten insbesondere Gläubiger interessiert sein, doch hat sich der Gesetzgeber dafür entschieden, diesen Wünschen zumindest im Rahmen der regulären Jahresabschlußerstellung nicht nachzukommen. Die IF wird insbesondere im Rahmen der Konzernrechnungslegung deutlich, denn der Konzernabschluß hat nach geltendem Recht keine ABF, sondern dient ausschließlich der IF.

Bei der Betrachtung der IF sind weiterhin folgende Aspekte zu beachten:
– ABF und IF können hinsichtlich Bilanzansatz und -bewertung grundsätzlich konfliktär sein. Aus Sicht der IF ist es etwa nicht einsichtig, Vermögensgegenstände gemäß der ABF „vorsichtig" zu bewerten, also eher zum Ungünstigen verzerrt. Statt dessen würde man für die IF unverzerrte Schätzungen verlangen.
– Derartige Probleme müssen für die IF aber nicht unbedingt durchschlagen, weil man Informationen über künftige Entwicklungen stets auch außerhalb der Bilanz etwa in Anhängen und Lageberichten geben kann. Wichtig ist vor allem, daß die Adressaten die Gesamtheit dieser publizierten Informationen bei ihrer Einschätzung der Unternehmensentwicklung zutreffend berücksichtigen. Dies sind Aspekte, die üblicherweise unter dem Stichwort „Informationseffizienz des Kapitalmarkts" untersucht werden.
– Der Jahresabschluß muß insoweit relativiert werden, als die Unternehmenspublizität noch durch zahlreiche andere Regelungen beeinflußt wird. Ein markantes Beispiel dafür ist etwa die sogenannte „Ad-hoc-Publizität" des WpHG, wonach Unternehmen neue Tatsachen unverzüglich bekanntzumachen haben, wenn sie wegen ihres Einflusses auf die Vermögens- und Ertragslage zu wesentlichen Kursänderungen führen können. Die Informationsübermittlung durch

Jahresabschlüsse ist demnach zwar ein wichtiger, keinesfalls aber der einzige Bestandteil der Unternehmenspublizität.
Für die Forschung im Bereich der Bilanzlehre beinhaltet die IF eine Fülle von Fragestellungen. Beispiele dafür sind etwa:
- Wie schätzt man den Umfang der freiwilligen Unternehmenspublizität ein, und welcher Bedarf besteht demnach an regulativen Eingriffen?
- Sind Kapitalmärkte informationseffizient in dem Sinne, daß öffentlich verfügbare Informationen tatsächlich zutreffend verarbeitet werden? Würde man diese Frage verneinen, wäre bspw. die intendierte Wirkung von Jahresabschlußinformationen zweifelhaft.
- Welchen „Wert" haben eigentlich veröffentlichte Informationen für Anleger? Hinsichtlich der Bilanzierung kann man diese Frage bspw. zu beantworten versuchen, indem beobachtbare Zusammenhänge zwischen Aktienkursen und Bilanzwerten analysiert werden. Je signifikanter ein solcher Zusammenhang ist, desto eher wird (gegeben Informationseffizienz) oftmals auf eine „Bewertungsrelevanz" der entsprechenden Bilanzregeln geschlossen. Andererseits kann man den „Wert" von Informationen konzeptionell analysieren, indem das Portefeuilleproblem von Investoren explizit modelliert und die informationsinduzierte Veränderung der Zielerreichung unter Beachtung von Kapitalmarktgleichgewichten festgestellt wird.
- Berücksichtigt man, daß publizierte Informationen auch Konkurrenten eines Unternehmens zugänglich werden, wird es für einen Gesetzgeber fraglich, in welchem Umfang er Unternehmen zur Publizität verpflichten soll. Hier müßte untersucht werden, welche Vor- und Nachteile Publikationen unter Beachtung der Konkurrenzaspekte aufweisen, um so etwas wie einen „Nettonutzen" festzustellen.

Es zeigt sich, daß die neuere, für die Bilanzlehre relevante Forschung – ähnlich wie bei der ABF – enge Beziehungen zur Finanzierungstheorie und zur Informationsökonomie aufweist. Eine Umsetzung der hier gewonnenen Erkenntnisse bspw. in konkrete Empfehlungen für Bilanzansatz- und -bewertungsregeln ist allerdings auch beim gegenwärtigen Stand nur in wenigen Fällen möglich.

3 Zur Struktur der handelsrechtlichen Bilanzierungsregeln

Im folgenden sollen wichtige Grundlagen der konkreten Erstellung handelsrechtlicher Einzel- und Konzernabschlüsse dargestellt werden. Wer sich einen Überblick über die dafür relevanten Regelungen in Deutschland verschaffen will, muß sich zunächst von der Vorstellung freimachen, es gäbe *ein* Gesetz, in dem alles enthalten ist. Die Art und Weise, wie in Deutschland zu bilanzieren ist, kann nämlich im Detail von solchen Dingen wie Rechtsform, Unternehmensgröße, Geschäftszweig etc. abhängen. Immerhin ist seit der Verabschiedung des sogenannten „Bilanzrichtliniengesetzes" aus dem Jahre 1985 aber eine gewisse Zusammenfassung vieler Vorschriften im HGB eingetreten. Im einzelnen sind folgende Zusammenhänge zu beachten:
- Die meisten Vorschriften zur Bilanzierung befinden sich in den ersten vier Abschnitten des 3. Buches des HGB über „Handelsbücher" (das sind die §§ 238 –

341 HGB). Davon enthält der 1. Abschnitt (§§ 238 – 263 HGB) solche Regelungen, die grundsätzlich für alle Kaufleute (also rechtsformunabhängig) gelten.
– Der 2. Abschnitt (§§ 264 – 335 HGB) enthält ergänzende Vorschriften für Kapitalgesellschaften. Diese Regelungen betreffen also vornehmlich haftungsbeschränkte Unternehmen wie etwa GmbH und AG. Wegen der Haftungsbeschränkung spielt hier die Ausschüttungssperre zum Zwecke des Gläubigerschutzes eine besondere Rolle. Die Vorschriften enthalten daher bestimmte Einschränkungen der ansonsten zulässigen Regeln und zusätzliche Erfordernisse, in manchen Fällen sogar neue Wahlrechte, denen aber stets besondere Ausschüttungssperrvorschriften „angehängt" sind (Kapitalgesellschaften, die Tochterunternehmen eines zur Konzernrechnungslegung verpflichteten Mutterunternehmens sind, brauchen unter bestimmten Bedingungen die Regelungen des 2. Abschnitts, die den Einzelabschluß, die Prüfung und die Offenlegung betreffen, nicht anzuwenden. Vgl. hierzu auch Abschnitt 5.2.4). Im 2. Abschnitt befinden sich auch die Regelungen zum Konzernabschluß (§§ 290 – 315 HGB).
– Kapitalgesellschaften haben darüber hinaus stets die aus Spezialgesetzen (bspw. GmbHG, AktG, etc.) für ihre Rechnungslegung relevanten Vorschriften zu beachten
– Die §§ 336 – 341 HGB enthalten Spezialvorschriften für eingetragene Genossenschaften, Kreditinstitute und Versicherungsunternehmen. Auch hier sind ggf. weitere Regelungen von Spezialgesetzen (GenG, etc.) zu beachten.
– Unternehmen bestimmter Größenordnung müssen nach dem PublG ihre Rechnungslegung gestalten und offenlegen.
– Das „Einführungsgesetz zum Handelsgesetzbuch" (EGHGB) ist zu beachten, weil es für manche Problembereiche der Bilanzierung (so etwa in Art. 28 für die Pensionsrückstellungen) wichtige Übergangsvorschriften enthält.
– Wegen des sogenannten „Maßgeblichkeitsprinzips der Handels- für die Steuerbilanz" (siehe unten) und seiner Umkehrung kann ein deutscher Jahresabschluß nicht völlig unabhängig von steuerlichen Vorschriften erstellt werden.
Weil die Gesetzesvorschriften viele Aspekte nur grundsätzlich ansprechen, ist darüber hinaus stets auch die umfangreiche Kommentarliteratur zu beachten.

4 Der handelsrechtliche Einzelabschluß

4.1 Aufstellung, Prüfung und Offenlegung des Einzelabschlusses

Nach § 242 Abs. 1 und 2 HGB ist jeder Kaufmann verpflichtet, für den Schluß eines jeden Geschäftsjahres einen das Verhältnis seines Vermögens und seiner Schulden darstellenden Abschluß aufzustellen. Tab. 1 dokumentiert, aus welchen Bestandteilen sich dieser Jahresabschluß zusammenzusetzen hat, und welche Gliederungsvorschriften, Aufstellungsfristen sowie Prüfungs- und Offenlegungspflichten bei seiner Erstellung zu berücksichtigen sind. Unterschiede hinsichtlich der gesetzlichen Aufstellungs-, Prüfungs- und Offenlegungspflichten bestehen sowohl zwischen einzelnen Rechtsformen als auch zwischen Unternehmen unterschiedlicher Größe. So unterliegen Einzelkaufleute und Personenhandelsgesellschaften, die gemäß § 1 PublG bestimmte Größenmerkmale überschreiten, strengeren gesetzlichen Regelungen als kleine Unternehmen im Sinne des PublG. Der § 267 HGB definiert schließlich auch für Kapitalgesellschaften Größenklassen, die unterschiedliche Pflichten im Zusammenhang mit der Jahresabschlußerstellung nach sich ziehen.

Der Jahresabschluß besteht bei Einzelkaufleuten und Personenhandelsgesellschaften lediglich aus der *Bilanz* und der *Gewinn- und Verlustrechnung (GuV)*. Bei Kapitalgesellschaften und publizitätspflichtigen Großunternehmen muß der Jahresabschluß auch einen *Anhang* enthalten. Dieser liefert Erläuterungen zum Jahresabschluß und weitere Informationen zur Beurteilung der Lage des Unternehmens (vgl. §§ 284, 285 HGB).

Gemäß § 289 haben alle Kapitalgesellschaften neben dem Jahresabschluß einen *Lagebericht* zu erstellen, in dem der Geschäftsverlauf und die Lage der Gesellschaft so darzustellen ist, daß ein den tatsächlichen Verhältnissen entsprechendes Bild vermittelt wird. Außerdem soll der Lagebericht auf die Risiken der künftigen Entwicklung eingehen (dieser Aspekt wurde durch das KonTraG ergänzt) sowie
– auf Vorgänge von besonderer Bedeutung, die nach dem Schluß des Geschäftsjahres eingetreten sind,
– die voraussichtliche Entwicklung der Gesellschaft und
– den Bereich Forschung und Entwicklung.

Die *Prüfung* des Jahresabschlusses erfolgt durch Wirtschaftsprüfer. Im Rahmen der Prüfung hat der Wirtschaftsprüfer zu kontrollieren, ob die Vorschriften des HGB, Satzungen der Gesellschaft und Spezialvorschriften für einzelne Rechtsformen oder Branchen bei der Erstellung des Jahresabschlusses und des Lageberichtes eingehalten wurden.

Gesetzlich geregelt ist schließlich auch, wer welche Informationen wie offenzulegen hat. Die Unternehmensgröße bzw. -rechtsform bestimmt, welche Unterlagen offenzulegen sind. Unter *Offenlegung* versteht man dabei die Einreichung von Unterlagen beim Handelsregister, das vom jeweils zuständigen Amtsgericht geführt wird, sowie die Bekanntmachung im Bundesanzeiger.

	Bestandteile der Rechnungslegung	Gliederungsschema	Aufstellungsfrist	Prüfungspflicht	Offenlegungspflicht
Einzelkaufleute und Personenhandelsgesellschaften — nicht publizitätspflichtig BS ≤ 125 Mio., US ≤ 250 Mio., AN ≤ 5000	Bilanz GuV	nach GoB, klar und übersichtlich (§§ 243, 247 HGB)	ordnungsmäßiger Geschäftsgang (§ 243 Abs. 3 HGB)	keine Pflicht	keine Offenlegungspflicht
publizitätspflichtig * BS > 125 Mio., US > 250 Mio., AN > 5000	Bilanz GuV	volle Schemata nach §§ 266, 275 HGB	3 Monate (§ 5 Abs. 1 PublG)	Pflicht nach § 6 PublG	Bilanz, Anlage zur Bilanz gemäß § 5 Abs. 5 Satz 3 PublG in HR und BAZ
Kapitalgesellschaften — klein ** BS ≤ 5,31 Mio., US ≤ 10,62 Mio., AN ≤ 50	Bilanz GuV Anhang Lagebericht	verkürzte Gliederung der großen KapG (§ 266 Abs. 1 HGB)	ordnungsmäßiger Geschäftsgang, max. 6 Monate (§ 264 Abs. 1 HGB)	keine Pflicht	Bilanz, Anhang, Ergebnisverwendung im HR, Bekanntgabe im BAZ
mittel ** 5,31 Mio. < BS ≤ 21,24 Mio., 10,62 Mio. < US ≤ 42,48 Mio., 50 < AN ≤ 250	Bilanz GuV Anhang Lagebericht	wie bei großen KapG	wie bei großen KapG	Pflicht	JA mit verkürzter Bilanz, Lagebericht, Bericht des Aufsichtsrates, Vorschlag bzw. Beschluß zur Ergebnisverwendung im HR, Bekanntgabe im BAZ
groß ** BS > 21,24 Mio., US > 42,48 Mio., AN > 250 (stets groß bei Börsennotierung (§ 267 Abs. 3 HGB))	Bilanz GuV Anhang Lagebericht	volles Schema nach §§ 266, 275 HGB	3 Monate (§ 264 Abs. 1 HGB)	Pflicht	JA, Lagebericht, Bericht des Aufsichtsrates, Vorschlag bzw. Beschluß zur Ergebnisverwendung im HR und im BAZ

Tab. 1: Handelsrechtliche Vorschriften zur Aufstellung, Prüfung und Offenlegung des Jahresabschlusses (Abkürzungen: BS: Bilanzsumme, US: Umsatz, AN: Arbeitnehmer, KapG: Kapitalgesellschaft, HR: Handelsregister, BAZ Bundesanzeiger, JA: Jahresabschluß)
* bzw. **: Ein Unternehmen wird der entsprechenden Größenklasse zugeordnet, wenn gemäß § 1 Abs. 1 PublG an drei* (gemäß § 267 Abs. 4 HGB an zwei**) aufeinanderfolgenden Stichtagen mindestens zwei der drei Größenmerkmale zutreffen.

4.2 Buchhaltung und Inventar als Grundlagen des Jahresabschlusses

Der handelsrechtliche Jahresabschluß wird aus der Buchhaltung und dem Inventar abgeleitet.

Nach § 238 Abs. 1 HGB ist jeder Kaufmann verpflichtet, Bücher zu führen und in diesen seine Handelsgeschäfte und die Lage seines Vermögens nach den Grundsätzen ordnungsmäßiger Buchführung ersichtlich zu machen. Im Rahmen der *Buchhaltung* werden sämtliche Geschäftsvorfälle erfaßt, die eine Veränderung des Vermögens, des Eigenkapitals und/oder der Schulden eines Unternehmens in Höhe und/oder Struktur bewirken (vgl. zu den Grundlagen der Buchhaltung z.b. Eisele 1993; Schöttler/Spulak 1996).

Das *Inventar* ist ein unabhängig von der Buchführung aufzustellendes Bestandsverzeichnis, das alle dem Geschäftsbetrieb des Kaufmanns zuzurechnenden Vermögensgegenstände und Schulden detailliert nach Art, Menge und Wert zu einem Stichtag ausweist (§ 240 Abs. 1 und 2 HGB). Dieses Verzeichnis wird mit Hilfe einer jährlich vorzunehmenden körperlichen Bestandsaufnahme (Inventur) erstellt (vgl. zu den Grundlagen des Inventars und der Inventur z.b. Gabele/Mayer 1996, S. 52 ff.; Wöhe/Kußmaul 1996, S. 51 ff.). Das Inventar übt eine wichtige Kontrollfunktion gegenüber der Buchführung aus, weil durch den Vergleich der sich aus ihr ergebenden „Behauptungen" mit den aus dem Inventar resultierenden „Fakten" eine Realitätsbezogenheit der Bilanzierung erreicht wird.

Neben der *klassischen Stichtagsinventur*, bei der die Bestandsaufnahme am Abschlußstichtag erfolgt, sind noch weitere Inventurverfahren zulässig:

- Bei der *zeitlich ausgeweiteten Stichtagsinventur* müssen die Vermögensgegenstände und Schulden innerhalb einer Frist von zehn Tagen vor oder nach dem Bilanzstichtag erfaßt werden. Zu beachten ist dabei, daß Bestandsveränderungen zwischen dem Tag der Inventur und dem Bilanzstichtag anhand von Belegen oder Aufzeichnungen im Inventar berücksichtigt werden.
- Die *vor- oder nachverlegte Inventur* ermöglicht die Bestandsaufnahme innerhalb eines Zeitraumes von maximal drei Monaten vor und zwei Monaten nach dem Bilanzstichtag. Die Bestandsveränderungen zwischen dem jeweiligen Tag der Inventur und dem Bilanzstichtag müssen bei diesem Verfahren durch wertmäßige Fortschreibungen oder Rückrechnungen auf den Bilanzstichtag erfaßt werden.
- Im Rahmen der *permanenten Inventur* kann der vorhandene Bestand an Vermögensgegenständen und Schulden zum Bilanzstichtag anhand einer Anlagen- bzw. Lagerbuchführung, die alle Ab- und Zugänge während des Geschäftsjahres erfaßt, festgestellt werden. Voraussetzung dieses Verfahrens ist jedoch, daß mindestens einmal während des Geschäftsjahres mittels einer körperlichen Bestandsaufnahme geprüft wird, ob die in den Büchern ausgewiesenen Vermögenswerte mit den tatsächlich vorhandenen Beständen übereinstimmen.

Die Erhebungsarbeiten können mit Hilfe der handelsrechtlich zulässigen *Stichprobeninventur* erheblich reduziert werden. Im Gegensatz zur *Vollinventur*, bei der alle Vermögensgegenstände vollständig erfaßt werden, wird bei der Stichprobeninventur nur eine Teilmenge erhoben und dann mittels anerkannter mathematisch statistischer Verfahren auf die Grundgesamtheit hochgerechnet.

4.3 Die Grundsätze ordnungsmäßiger Buchführung

Gemäß § 243 Abs. 1 HGB haben alle Kaufleute den Jahresabschluß nach den *Grundsätzen ordnungsmäßiger Buchführung (GoB)* aufzustellen. Die Grundsätze ordnungsmäßiger Buchführung sind anerkannte Regeln, die angeben, wie Bücher zu führen sind und wie die Erstellung des Inventars und des Jahresabschlusses zu erfolgen hat. Sie sollen dazu beitragen, daß sinnvoll Rechnung gelegt wird.

Üblicherweise werden die Regeln, die die laufende Buchhaltung zum Gegenstand haben, als *Grundsätze ordnungsmäßiger Buchführung im engeren Sinne* bezeichnet. Prinzipien, die das Inventar betreffen, nennt man *Grundsätze ordnungsmäßiger Inventur*. Unter den *Grundsätzen ordnungsmäßiger Bilanzierung* schließlich werden all diejenigen Grundsätze erfaßt, die im Zusammenhang mit der Jahresabschlußerstellung stehen und bei den noch zu erörternden handelsrechtlichen Ansatz- und Bewertungsvorschriften von entscheidender Bedeutung sind.

Grundsätzlich unterscheidet man zwei Methoden zur Ermittlung der GoB. Bei der *induktiven* Methode werden die GoB aus den Gepflogenheiten ordentlicher und ehrenwerter Kaufleute abgeleitet. Bei der *deduktiven* Methode werden die GoB aus den vom Gesetzgeber verfolgten Zwecken der Rechnungslegung entwickelt. Aus konzeptioneller Sicht scheint die deduktive Methode vorziehenswürdig zu sein, doch weist auch sie einige subtile Fallstricke auf. Eine wirkliche Deduktion zweckmäßiger Rechnungslegungsregeln setzt nämlich zunächst präzise Zwecksetzungen voraus, die im Bereich der Bilanzierung indes nicht in dieser Form gegeben sind (eine allgemeine Zielsetzung wie „Ausschüttungsbemessung zum Zwecke des Gläubigerschutzes" sagt nichts darüber aus, ob es bspw. eines Imparitätsprinzips (s.u.) bedarf oder nicht, denn auch ohne ein solches Prinzip ist ein gewisser Umfang an Gläubigerschutz zweifellos gegeben). Sofern es mehrere konkurrierende Zwecksetzungen gibt, müßte darüber hinaus auch eine Art „Artenpräferenz" im entscheidungstheoretischen Sinne vorliegen, die angibt, in welcher Intensität welche Zielsetzung verfolgt werden sollte. Auch eine solche klare Abwägungsregel existiert jedoch nicht. Stattdessen hat der Gesetzgeber mit der Verabschiedung des Bilanzrichtliniengesetzes im Jahre 1985 etwas anderes getan: Viele oftmals als GoB angesehene Regeln sind im HGB kodifiziert.

Die GoB lassen sich in *formelle* und *materielle* Grundsätze unterteilen. Während formelle Grundsätze Mindestanforderungen an die äußere Form und die Systematik der Rechnungslegung legen, betreffen die materiellen Grundsätze den Inhalt der Rechnungslegung. Tab. 2 und Tab. 3 geben einen Überblick über die wichtigsten formellen und materiellen Grundsätze ordnungsmäßiger Buchführung, die bei der Erstellung des Jahresabschlusses zu berücksichtigen sind (d.h. formelle und materielle Grundsätze ordnungsmäßiger Bilanzierung). In den folgenden Abschnitten dieses Beitrags werden einige dieser Grundsätze im Rahmen der Behandlung einzelner Aspekte der Rechnungslegung noch einmal aufgegriffen.

Grundsatz	Inhalt	Rechtsgrundlage
Vollständigkeit	Ausweis sämtlicher Vermögensgegenstände und Schulden, Rechnungsabgrenzungsposten, Aufwendungen und Erträge	§ 246 Abs. 1 HGB
Richtigkeit und Willkürfreiheit	Bilanz muß nach den gültigen Ansatz- und Bewertungsregeln aufgestellt werden	-
Klarheit und Übersichtlichkeit	Insb. Beachtung der Gliederungsvorschriften der Bilanz und GuV	§ 243 Abs. 2 HGB
Bilanzidentität	Mengen- und wertmäßige Übereinstimmung der Ansätze in der Eröffnungsbilanz und der vorangegangenen Schlußbilanz	§ 252 Abs. 1 Nr. 1 HGB
Formelle Bilanzkontinuität	Form der Darstellung, insbes. der Gliederung der Bilanz und GuV ist beizubehalten	§ 265 Abs. 1 HGB
Zeitgerechtigkeit	Einhaltung der Aufstellungsfristen	§ 243 Abs. 3 HGB
Saldierungsverbot	Keine Aufrechnung zwischen Aktiv- und Passivposten	§ 246 Abs. 2 HGB

Tab. 2: Formelle Grundsätze ordnungsmäßiger Bilanzierung

Grundsatz	Inhalt	Rechtsgrundlage
Going-Concern-Prinzip	Bei der Bewertung ist von der Unternehmensfortführung auszugehen	§ 252 Abs. 1 Nr. 2 HGB
Einzelbewertung	Vermögensgegenstände und Schulden sind einzeln zu bewerten	§ 252 Abs. 1 Nr. 3 HGB
Stichtagsprinzip	Vermögensgegenstände und Schulden sind zum Abschlußstichtag zu bewerten	§ 252 Abs. 1 Nr. 3 HGB
Vorsichtsprinzip	Vorsichtige Bewertung der Vermögensgegenstände und Schulden	§ 252 Abs. 1 Nr. 4 HGB
Realisationsprinzip	Kein Ausweis von noch nicht durch Umsatz realisierten Gewinnen	§ 252 Abs. 1 Nr. 4 HGB
Imparitätsprinzip	Im Gegensatz zu Gewinnen sind noch nicht durch Umsatz realisierte Verluste im Jahresabschluß zu berücksichtigen	§ 252 Abs. 1 Nr. 4 HGB
Anschaffungskostenprinzip	Vermögensgegenstände sind höchstens mit den historischen bzw. fortgeführten Anschaffungs- bzw. Herstellungskosten anzusetzen	§ 253 HGB
Periodenabgrenzung	Aufwendungen und Erträge des Geschäftsjahres sind unabhängig von den Zahlungszeitpunkten im Jahresabschluß zu berücksichtigen	§ 252 Abs. 1 Nr. 5 HGB
Materielle Bilanzkontinuität	Die im vorhergehenden Jahresabschluß angewandten Bewertungsmethoden sollen beibehalten werden	§ 252 Abs. 1 Nr. 6 HGB

Tab. 3: Materielle Grundsätze ordnungsmäßiger Bilanzierung

4.4 Die Generalnorm des § 264 Abs. 2 HGB

Das angelsächsische Prinzip des „*true and fair view*" wurde mit der Verabschiedung des Bilanzrichtliniengesetzes auch in das deutsche Handelsrecht übernommen. Die Vorschrift des § 264 Abs. 2 Satz 1 HGB besagt, daß der Jahresabschluß einer *Kapitalgesellschaft* „unter Beachtung der Grundsätze ordnungsmäßiger Buchführung ein den tatsächlichen Verhältnissen entsprechendes Bild der Vermögens-, Finanz- und Ertragslage der Kapitalgesellschaft zu vermitteln hat" (dieses Prinzip gilt demnach nicht für Einzelkaufleute und Personengesellschaften).

Diese Generalnorm, „die quasi über sämtlichen Regelungen zur Bilanzierung von Kapitalgesellschaften" (Coenenberg 1997, S. 21) steht, hat dafür zu sorgen, daß der Jahresabschluß aus Sicht der Adressaten in seiner Gesamtheit „true and fair" zu sein hat, also kein irreführendes Gesamtbild des betrachteten Unternehmens liefert. Das Verhältnis der Generalnorm zu den Einzelvorschriften des HGB ist jedoch nicht so zu verstehen, daß die Generalnorm es erlauben würde, von den gesetzlichen Einzelvorschriften abzuweichen. Der Inhalt und Umfang des Jahresabschlusses wird weiterhin von den Einzelvorschriften des HGB und den GoB bestimmt. Falls jedoch z.B. durch die einseitige Ausübung von Wahlrechten der Gesamteindruck des betrachteten Unternehmens irreführend ist, „greift die Generalnorm und verpflichtet den Bilanzierenden zumindest zu einer Berichtspflicht im Anhang" (Streim 1988, S. 117 f.). Die Generalnorm ist schließlich auch dann heranzuziehen, wenn Zweifel bei der Auslegung einzelner Vorschriften bestehen oder Lücken in der gesetzlichen Regelung zu schließen sind (Coenenberg 1997, S. 21, Wöhe/Kußmaul 1996, S. 56).

4.5 Maßgeblichkeit und umgekehrte Maßgeblichkeit

Die handelsrechtlichen Vorschriften zur Jahresabschlußerstellung werden in nicht unerheblichem Maße von der Tatsache beeinflußt, daß in Deutschland Handelsbilanz und Steuerbilanz nicht völlig unabhängig voneinander aufgestellt werden können.

Nach § 5 Abs. 1 EStG hat sich die Bilanzierung in der Steuerbilanz an den handelsrechtlichen Grundsätzen ordnungsmäßiger Buchführung auszurichten, soweit nicht steuerliche Vorschriften etwas anderes zwingend vorschreiben. Diese Vorgabe wird als Grundsatz der *Maßgeblichkeit der Handelsbilanz für die Steuerbilanz* bezeichnet (*Maßgeblichkeitsprinzip*). Nach herrschender Meinung sind nicht nur die Bilanzierungsregeln der Handelsbilanz (= materielle Maßgeblichkeit), sondern auch die konkreten Wertansätze in der Handelsbilanz (= formelle Maßgeblichkeit) für die Steuerbilanz maßgeblich, sofern dem nicht zwingende steuerrechtliche Regelungen entgegenstehen.

Aus § 5 Abs. 1 Satz 2 EStG resultiert außerdem *eine Umkehrung des Maßgeblichkeitsprinzips*. Der Gesetzgeber gewährt aus politischen Gründen in bestimmten Fällen Steuervergünstigungen, indem er bilanzpolitische Spielräume in der Steuerbilanz zuläßt (z.B. Sonderabschreibungsmöglichkeiten bei Investitionen in den neuen Bundesländern). *Umgekehrte Maßgeblichkeit* liegt dann vor, wenn das Steuerrecht den Ansatz derartiger Vergünstigungen davon abhängig macht, daß eine analoge Bilanzierung in der Handelsbilanz erfolgt, und genau dies verlangt § 5 Abs. 1 Satz 2 EStG. Obwohl formal damit die Maßgeblichkeit der Handelsbilanz für die Steuerbilanz beachtet wird, wird der Steuerpflichtige faktisch gezwungen, zur Verringerung der Steuerlast die Handelsbilanz nach der Steuerbilanz auszurichten. Da auf diese Weise steuerpolitische Zielsetzungen in die Handelsbilanz einfließen, die nicht mit den Funktionen der Handelsbilanz vereinbar sind, wird im Zusammenhang mit der umgekehrten Maßgeblichkeit von einer Deformierung der Handelsbilanz gesprochen (vgl. Schildbach 1996a, S. 148 ff.; Streim 1988, S. 163). Weil derartige Rückwirkungen allerdings nicht unbedingt GoB-konform sind, finden sich im HGB Öffnungsklauseln, welche die umgekehrte Maßgeblichkeit auch augenfällig dokumentieren (so etwa die §§ 254, 273 und 281 HGB, auf die teilweise in den nächsten Abschnitten noch eingegangen wird). Ohne solche Öffnungsklauseln würden die Steuervergünstigungen ansonsten ggf. ins Leere laufen, weil die steuerrechtlich zulässigen Wertansätze handelsbilanziell unzulässig sein könnten.

4.6 Gliederungsvorschriften

4.6.1 Gliederungsvorschriften für die Bilanz

Für nicht publizitätspflichtige Personenhandelsgesellschaften und Einzelkaufleute ist die Struktur der Bilanz nur sehr grundsätzlich vorgegeben. Gemäß § 247 Abs. 1 HGB sind in der Bilanz das Anlage- und das Umlaufvermögen, das Eigenkapital, die Schulden sowie die Rechnungsabgrenzungsposten gesondert auszuweisen und hinreichend aufzugliedern. Die Gliederung der Bilanz hat sich an den GoB zu orientieren und klar und übersichtlich zu sein.

Bei Kapitalgesellschaften sowie publizitätspflichtigen Personenhandelsgesellschaften und Einzelkaufleuten hingegen sind Mindestgliederungen der Bilanz in Kontoform zwingend vorgeschrieben (vgl. zu den Gliederungsvorschriften auch Tab. 1). Für große und mittelgroße Kapitalgesellschaften im Sinne des § 267 Abs. 2 und 3 HGB sowie publizitätspflichtige Personenhandelsgesellschaften und Einzelkaufleute ist das Bilanzgliederungsschema des § 266 Abs. 2 und 3 HGB verbindlich. Es sieht wie folgt aus:

Aktivseite

A. Anlagevermögen
    I. Immaterielle Vermögensgegenstände
        1. Konzessionen, gewerbliche Schutzrechte und ähnliche Rechte sowie Lizenzen an solchen Rechten und Werten
        2. Geschäfts- oder Firmenwert
        3. geleistete Anzahlungen
    II. Sachanlagen
        1. Grundstücke, grundstücksgleiche Rechte und Bauten einschließlich der Bauten auf fremden Grundstücken
        2. technische Anlagen und Maschinen
        3. andere Anlagen, Betriebs- und Geschäftsausstattung
        4. geleistete Anzahlungen und Anlagen im Bau

III. Finanzanlagen
  1. Anteile an verbundenen Unternehmen
  2. Ausleihungen an verbundene Unternehmen
  3. Beteiligungen
  4. Ausleihungen an Unternehmen, mit denen ein Beteiligungsverhältnis besteht
  5. Wertpapiere des Anlagevermögens
  6. sonstige Ausleihungen
B. Umlaufvermögen
  I. Vorräte
    1. Roh,- Hilfs- und Betriebsstoffe
    2. unfertige Erzeugnisse, unfertige Leistungen
    3. fertige Erzeugnisse und Waren
    4. geleistete Anzahlungen
  II. Forderungen und sonstige Vermögensgegenstände
    1. Forderungen aus Lieferungen und Leistungen
    2. Forderungen gegen verbundene Unternehmen
    3. Forderungen gegen Unternehmen, mit denen ein Beteiligungsverhältnis besteht
    4. sonstige Vermögensgegenstände
  III. Wertpapiere
    1. Anteile an verbundenen Unternehmen
    2. eigene Anteile
    3. sonstige Wertpapiere
  IV. Schecks, Kassenbestand, Bundesbank- und Postgiroguthaben, Guthaben bei Kreditinstituten
C. Rechnungsabgrenzungsposten

Passivseite

A. Eigenkapital
  I. Gezeichnetes Kapital
  II. Kapitalrücklage
  III. Gewinnrücklage
    1. gesetzliche Rücklage
    2. Rücklage für eigene Anteile
    3. satzungsmäßige Rücklagen
    4. andere Gewinnrücklagen
  IV. Gewinnvortrag/Verlustvortrag
  V. Jahresüberschuß/Jahresfehlbetrag
B. Rückstellungen
  1. Rückstellungen für Pensionen und ähnliche Verpflichtungen
  2. Steuerrückstellungen
  3. sonstige Rückstellungen

C. Verbindlichkeiten
1. Anleihen, davon konvertibel
2. Verbindlichkeiten gegenüber Kreditinstituten
3. erhaltene Anzahlungen auf Bestellungen
4. Verbindlichkeiten aus Lieferungen und Leistungen
5. Verbindlichkeiten aus der Annahme gezogener Wechsel und der Ausstellung eigener Wechsel
6. Verbindlichkeiten gegenüber verbundenen Unternehmen
7. Verbindlichkeiten gegenüber Unternehmen, mit denen eine Beteiligungsverhältnis besteht
8. sonstige Verbindlichkeiten,
davon aus Steuern,
davon im Rahmen der sozialen Sicherheit

D. Rechnungsabgrenzungsposten

Kleine Kapitalgesellschaften brauchen nur eine verkürzte Bilanz aufstellen, in der lediglich die mit Buchstaben und römischen Zahlen bezeichneten Posten gesondert auszuweisen sind. Für die Einreichung zum Handelsregister können außerdem mittelgroße Kapitalgesellschaften ein modifiziertes Schema nach § 327 Nr.1 HGB wählen.

Gemäß § 265 Abs. 8 HGB brauchen Posten, die keinen Betrag ausweisen (Leerposten) nicht aufgeführt zu werden. Sofern der Grundsatz der Klarheit und Übersichtlichkeit beachtet wird, ist die weitere Untergliederung der in § 266 Abs. 2 und 3 HGB aufgeführten Positionen gestattet (§ 265 Abs. 5 HGB). Schließlich dürfen auch die mit arabischen Zahlen versehenen Positionen verändert und/oder zusammengefaßt werden, wenn dies wegen Besonderheiten der Kapitalgesellschaft erforderlich ist (§ 265 Abs. 6 und 7 HGB).

Auf der Aktivseite sind die Positionen nach dem *Grad der Liquidierbarkeit* gegliedert. Schwer in Geld zu transformierende Vermögensgegenstände (z.B. Patente, Grundstücke) sind demnach vor leicht liquidierbaren Gütern (z.B. fertige Erzeugnisse und Waren, Kassenbestand) angeordnet. Konsequenz dieses Gliederungsprinzips ist insbesondere, daß die zum *Anlagevermögen* gehörenden Gegenstände, die bestimmt sind, dauernd dem Geschäftsbetrieb zu dienen, vor den nur vorübergehend genutzten Gegenständen des *Umlaufvermögens* erfaßt werden.

Die Anordnung der Passivpositionen erfolgt nach dem Kriterium der *Fristigkeit*. Das bedeutet insbesondere, daß das auf Dauer zur Verfügung gestellte Eigenkapital vor den zu tilgenden Verbindlichkeiten aufgeführt wird.

Ein weiteres Gliederungskriterium ist darüber hinaus in Beziehungen zu verbundenen Unternehmen zu sehen (siehe dazu ausführlicher den Abschnitt über die Konzernrechnungslegung). Insbesondere die finanziellen Verbindungen zu verbundenen Unternehmen sollen schon in der Einzelbilanz deutlich gemacht werden, um den Adressaten eine bessere Einschätzung des Unternehmens zu ermöglichen.

Kapitalgesellschaften müssen gemäß § 268 Abs. 2 HGB in der Bilanz oder im Anhang die Entwicklung der einzelnen Posten des Anlagevermögens sowie des

Postens „Aufwendungen für die Ingangsetzung und Erweiterung des Geschäftsbetriebs" in einem sogenannten Anlagegitter darstellen. Dabei sind, ausgehend von den gesamten Anschaffungs- und Herstellungskosten, die Zugänge, Abgänge, Umbuchungen, Zuschreibungen und Abschreibungen des Geschäftsjahres sowie die über alle Jahre kumulierten Abschreibungen gesondert aufzuführen.

4.6.2 Gliederungsvorschriften für die Gewinn- und Verlustrechnung

In der Gewinn- und Verlustrechnung werden die verschiedenen Ertrags- und Aufwandskomponenten, aus denen sich das Jahresergebnis eines Unternehmens zusammensetzt, dargestellt. Für Personenhandelsgesellschaften und Einzelkaufleute, die nicht dem PublG unterliegen, gibt es keine Vorschriften zur Gliederung der GuV. Für Kapitalgesellschaften sowie publizitätspflichtige Personenhandelsgesellschafen und Einzelkaufleute sieht das Handelsrecht im § 275 HGB mit dem *Gesamtkosten-* und dem *Umsatzkostenverfahren* wahlweise zwei Gliederungsschemata vor.

Im Unterschied zur Bilanz ist die GuV in Staffelform aufzustellen. Tab. 4 sind die Mindestgliederungen der GuV für große Kapitalgesellschaften zu entnehmen. Mittelgroße und kleine Kapitalgesellschaften dürfen gemäß § 276 HGB beim Gesamtkostenverfahren die Positionen 1. bis 5. und beim Umsatzkostenverfahren die Positionen 1. bis 3. und 6. zum „Rohergebnis" zusammenfassen.

Der Unterschied zwischen den beiden in § 275 HGB aufgeführten Verfahren besteht in der Darstellung des sogenannten Betriebsergebnisses, welches beim Gesamtkostenverfahren aus den Positionen 1. bis 8. bzw. beim Umsatzkostenverfahren aus den Positionen 1. bis 7. errechnet wird. Während beim Umsatzkostenverfahren den Umsatzerlösen der Periode nur die auf die Umsatzerlöse entfallenden Aufwendungen gegliedert nach Funktionsbereichen (Herstellung, Verwaltung, Vertrieb) gegenübergestellt werden, wird beim Gesamtkostenverfahren die Gesamtleistung des Unternehmens mit allen Aufwendungen der Periode gegliedert nach Aufwandsarten (Material, Aufwand, Abschreibungen) verglichen. Die Gesamtleistung ergibt sich dabei aus den Umsatzerlösen, den Bestandsveränderungen an fertigen und unfertigen Erzeugnissen und den anderen aktivierten Eigenleistungen.

4.7 Handelsrechtliche Ansatzvorschriften (Bilanzierung dem Grunde nach)

Bezüglich der handelsrechtlichen Ansatzvorschriften lautet die Fragestellung: Was muß und was darf auf der Aktivseite bzw. der Passivseite der Handelsbilanz ausgewiesen werden, und was darf nicht in die Handelsbilanz aufgenommen werden? Grundsätzlich sind in der Handelsbilanz sämtliche Vermögensgegenstände und Schulden, das Eigenkapital, die Rückstellungen, Rechnungsabgrenzungsposten, Sonderposten und sogenannte *Bilanzierungshilfen* anzusetzen, wenn sie dem Unternehmen zugeordnet werden können. Die Merkmale dieser in der Bilanz aufzuführenden Positionen werden im folgenden dargestellt.

GESAMTKOSTENVERFAHREN	UMSATZKOSTENVERFAHREN

1. Umsatzerlöse
2. Erhöhung oder Verminderung des Bestandes an fertigen und unfertigen Erzeugnissen
3. andere aktivierte Eigenleistungen
4. sonstige betriebliche Erträge
5. Materialaufwand
   a) Aufwendungen für Roh-, Hilfs- und Betriebsstoffe und für bezogene Waren
   b) Aufwendungen für bezogene Leistungen
6. Personalaufwand
   a) Löhne und Gehälter
   b) soziale Abgaben und Aufwendungen für Altersversorgung und für Unterstützung, davon für Altersversorgung
7. Abschreibungen
   a) auf immaterielle Vermögensgegenstände des Anlagevermögens und Sachanlagen sowie auf aktivierte Aufwendungen für die Ingangsetzung und Erweiterung des Geschäftsbetriebes
   b) auf Vermögensgegenstände des Umlaufvermögens, soweit diese die in der Kapitalgesellschaften üblichen Abschreibungen überschreiten
8. sonstige betriebliche Aufwendungen
9. Erträge aus Beteiligungen, davon aus verbundenen Unternehmen
10. Erträge aus anderen Wertpapieren und Ausleihungen des Finanzlagevermögens, davon aus verbundene Unternehmen
11. sonstige Zinsen und ähnliche Erträge, davon aus verbundenen Unternehmen
12. Abschreibungen auf Finanzanlagen und auf Wertpapiere des Umlaufvermögens
13. Zinsen und ähnliche Aufwendungen, davon an verbundene Unternehmen
14. Ergebnis der gewöhnlichen Geschäftstätigkeit
15. außerordentliche Erträge
16. außerordentliche Aufwendungen
17. außerordentliches Ergebnis
18. Steuern vom Einkommen und vom Ertrag
19. sonstige Steuern
20. Jahresüberschuß/Jahresfehlbetrag
	1. Umsatzerlöse
	2. Herstellungskosten der zur Erzielung der Umsatzerlöse erbrachten Leistungen
	3. Bruttoergebnis vom Umsatz
	4. Vertriebskosten
	5. allgemeine Verwaltungskosten
	6. sonstige betriebliche Erträge
	7. sonstige betriebliche Aufwendungen
	8. Erträge aus Beteiligungen, davon aus verbundenen Unternehmen
	9. Erträge aus anderen Wertpapieren und Ausleihungen des Finanzanlagevermögens, davon aus verbundenen Unternehmen
	10. sonstige Zinsen und ähnliche Erträge, davon aus verbundenen Unternehmen
	11. Abschreibungen auf Finanzanlagen und auf Wertpapiere des Umlaufvermögens
	12. Zinsen und ähnliche Aufwendungen, davon an verbundene Unternehmen
	13. Ergebnis der gewöhnlichen Geschäftstätigkeit
	14. außerordentliche Erträge
	15. außerordentliche Aufwendungen
	16. außerordentliches Ergebnis
	17. Steuern vom Einkommen und vom Ertrag
	18. sonstige Steuern
	19. Jahresüberschuß/Jahresfehlbetrag

Tab 4: Gliederungsmöglichkeiten der Gewinn- und Verlustrechnung

4.7.1 Vermögensgegenstände

Gemäß § 246 Abs. 1 HGB hat der Jahresabschluß zunächst sämtliche *Vermögensgegenstände* zu enthalten, ohne daß das Gesetz jedoch definiert, was genau darunter zu verstehen ist. Als begriffsbestimmendes Merkmal eines Vermögensgegenstandes wird überwiegend die selbständige Verkehrsfähigkeit im Sinne von *Einzelveräußerbarkeit* angesehen. Diese Einzelveräußerbarkeit muß nur abstrakt bestehen. Abstrakte Einzelveräußerbarkeit liegt zum Beispiel dann vor, wenn ein wirtschaftliches Gut seiner Art nach selbständig veräußerbar wäre, diese Möglichkeit der Einzelveräußerung tatsächlich jedoch durch Vertrag oder gesetzliche Vorgabe ausgeschlossen ist (vgl. z.B. das Einzelveräußerungsverbot gemäß § 399 BGB oder der Ausschluß der Übertragbarkeit von Güterfernverkehrsgenehmigungen gemäß § 11 Abs. 1 GüKG).

Das Kriterium der Einzelveräußerbarkeit läßt sich aus dem Gedanken der Ausschüttungsbemessungsfunktion im Sinne des Gläubigerschutzes begründen. Einzeln veräußerbare Gegenstände bieten im Falle potentieller finanzieller Schwierigkeiten immerhin eine Grundlage für die Erzielung von Finanzmitteln zur Bedienung noch ausstehender Verbindlichkeiten.

Während für *materielle Vermögensgegenstände* bereits bei Vorliegen des Kriteriums der abstrakten Einzelveräußerbarkeit eine Ansatzpflicht in der Handelsbilanz besteht, muß bei *immateriellen Vermögensgegenständen* differenziert werden:
– Für immaterielle Vermögensgegenstände des Anlagevermögens besteht nur dann eine Aktivierungspflicht, wenn neben dem Kriterium der Einzelveräußerbarkeit zusätzlich das *Kriterium des entgeltlichen Erwerbs von einem Dritten* erfüllt ist. Für selbsterstellte immaterielle Vermögensgegenstände des Anlagevermögens besteht somit ein Aktivierungsverbot (§ 248 Abs. 2 HGB).
– Für immaterielle Vermögensgegenstände des Umlaufvermögens gilt die zusätzliche Anforderung des entgeltlichen Erwerbs von Dritten nicht (das ergibt sich im Umkehrschluß aus § 248 Abs. 2 HGB, weil dort nur von immateriellen Vermögensgegenständen des Anlagevermögens die Rede ist). Da Vermögensgegenstände des Umlaufvermögens zur baldigen Weiterveräußerung bestimmt sind, wird diese zusätzliche Anforderung für nicht notwendig erachtet.

Ansatzpflichtig sind nur die Vermögensgegenstände, die dem Kaufmann zuzuordnen sind. Die Vermögenszugehörigkeit richtet sich dabei nicht nach der rechtlichen Zuordnung, sondern nach der *wirtschaftlichen Zugehörigkeit*. Wirtschaftlicher Eigentümer ist dabei derjenige, der die tatsächliche Herrschaft über einen Vermögensgegenstand in der Weise ausübt, daß der nach bürgerlichem Recht Berechtigte auf Dauer von der Einwirkung auf das Objekt rechtlich oder wirtschaftlich ausgeschlossen ist (Seeliger 1962, S. 89 f.). Die Unterschiede zwischen wirtschaftlichem und juristischem Eigentum sind z.B. bei Aktivierungsfragen im Rahmen von Kommissionsgeschäften, Leasing, Sicherungsübereignung, Eigentumsvorbehalt, usw. bedeutsam. Ein bspw. unter Eigentumsvorbehalt geliefertes Gut „gehört" juristisch noch bis zur vollen Bezahlung dem Lieferanten, doch kann das Unternehmen darüber im Rahmen ihrer Leistungserstellung typischerweise frei verfügen. Ein solches Gut steht mithin im wirtschaftlichen Eigentum des das

Gut erwerbenden Unternehmens, und ist auch in ihre Bilanz aufzunehmen (§ 246 Abs. 1 Satz 2 HGB).

Bei Einzelkaufleuten und Personenhandelsgesellschaften besteht lediglich eine Bilanzierungspflicht für das Betriebsvermögen, nicht hingegen für das Privatvermögen der Gesellschafter. Die handelsrechtliche Abgrenzung des Betriebsvermögens vom Privatvermögen orientiert sich an der im Steuerrecht vorgenommenen Dreiteilung in notwendiges Betriebsvermögen, notwendiges Privatvermögen und gewillkürtes Betriebsvermögen. Zum *notwendigen Betriebsvermögen* zählen die Vermögensgegenstände, die objektiv erkennbar nur der betrieblichen Nutzung dienen. Das *notwendige Privatvermögen* umfaßt alle Vermögensgegenstände, die aufgrund ihrer Beschaffenheit nur der privaten Nutzung dienen. All diejenigen Vermögensgegenstände schließlich, die sich sowohl betrieblich als auch privat nutzen lassen, können durch Widmungsakt zu *gewillkürtem Betriebsvermögen* erklärt werden.

4.7.2 Der derivative Geschäfts- oder Firmenwert

Übersteigt beim Kauf eines ganzen Unternehmens der Kaufpreis die Summe der *Zeitwerte* (nicht Buchwerte) der einzelnen Vermögensgegenstände des gekauften Unternehmens abzüglich der Schulden, so darf dieser Unterschiedsbetrag gemäß § 255 Abs. 4 HGB *als derivativer Geschäfts- oder Firmenwert* aktiviert werden. Er ist in jedem folgenden Geschäftsjahr zu mindestens einem Viertel oder über die voraussichtliche Nutzungsdauer abzuschreiben.

4.7.3 Aufwendungen für die Ingangsetzung und Erweiterung des Geschäftsbetriebes

Nach § 269 HGB steht Kapitalgesellschaften das Wahlrecht zu, *Aufwendungen für die Ingangsetzung und Erweiterung des Geschäftsbetriebes*, soweit sie *nicht bilanzierungsfähig* sind, als *Bilanzierungshilfe* zu aktivieren. Unter dieser Position können sowohl Aufwendungen zum Aufbau einer geeigneten Betriebs-, Verwaltungs- und Vertriebsstruktur als auch Aufwendungen zur Schaffung der Produktionsbereitschaft angesetzt werden. Nicht aktiviert werden dürfen gemäß § 248 Abs. 1 HGB hingegen Aufwendungen für die Gründung des Unternehmens und die Beschaffung des Eigenkapitals (z.B. Notariatskosten, Gerichtskosten und Kosten der Emission des Eigenkapitals).

Durch die Möglichkeit, oben genannte Aufwendungen zu aktivieren, soll verhindert werden, daß Unternehmen in Anlauf- und Erweiterungsphasen aufgrund notwendiger Investitionen für die Zukunft erhebliche Gewinnbelastungen hinnehmen müssen. Daher rührt auch die Bezeichnung *Bilanzierungshilfe*, weil es sich um ansonsten nicht bilanzierungsfähige Positionen (d.h., es sind keine Vermögensgegenstände) handelt. Aus Gründen des Gläubigerschutzes sind sie jedoch mit einer Ausschüttungssperre belegt, d.h. Gewinne dürfen nur ausgeschüttet werden, wenn die nach der Ausschüttung verbleibenden jederzeit auflösbaren Gewinnrücklagen zuzüglich eines Gewinnvortrags und abzüglich eines Verlustvortrags dem aktivierten Betrag entsprechen. Zudem ist die Bilanzierungshilfe in jedem folgenden Geschäftsjahr mit mindestens einem Viertel abzuschreiben (§ 282 HGB).

4.7.4 Eigenkapital

Unter dem Eigenkapital versteht man die dem Unternehmen von seinen Eigentümern unbefristet zur Verfügung gestellten Mittel. Die Ansatzvorschriften der einzelnen Positionen des Eigenkapitals sind aus Gründen der Übersichtlichkeit zusammen mit den entsprechenden Bewertungsregeln im Abschnitt 4.8.11 aufgeführt.

4.7.5 Schulden

Schulden lassen sich einteilen in Verbindlichkeiten und Rückstellungen.

Verbindlichkeiten stellen Leistungsverpflichtungen des Kaufmanns gegenüber Dritten dar, die am Abschlußstichtag bezüglich Höhe und Eintritt bzw. Zahlungszeitpunkt sicher sind und eine Belastung für den Kaufmann darstellen. Außerdem müssen sie selbständig bewertbar sein. Die Leistungsverpflichtungen können sowohl rechtliche als auch faktische Ursachen haben. Rechtliche Leistungsverpflichtungen resultieren aus bürgerlich-rechtlichen Schuldverträgen oder öffentlich-rechtlichen Verpflichtungen. Faktische Leistungsverpflichtungen entstehen z.B. aus Gewährleistungen ohne rechtliche Verpflichtung gegenüber Kunden. Für Verbindlichkeiten besteht ein grundsätzliches Passivierungsgebot.

Rückstellungen werden gemeinhin als unsichere Schulden bezeichnet, wobei sich die Unsicherheit auf das Bestehen, die Höhe und/oder den Fälligkeitstag der Schulden gegenüber Dritten bezieht. In Ausnahmefällen erfaßt der Rückstellungsbegriff auch ungewisse Verpflichtungen, „die der Kaufmann sich selbst gegenüber hat und die einem der nachfolgenden Jahre angelastet werden dürfen oder sollen" (Schildbach 1996a, S. 172). Die für den Bilanzierenden maßgeblichen Rückstellungsformen sind im § 249 HGB *abschließend* aufgezählt:

(1) *Rückstellungen für ungewisse Verbindlichkeiten* (§ 249 Abs. 1 Satz 1 HGB) sind zu passivieren, wenn die tatsächliche Inanspruchnahme aus einer Leistungsverpflichtung unsicher und/oder die Höhe der Verpflichtung unbestimmt ist. Häufig in der Literatur genannte Beispiele für diese Rückstellungsform sind Rückstellungen für Garantieleistungen oder Prozeßrisiken.

(2) *Rückstellungen für drohende Verluste aus schwebenden Geschäften* (§ 249 Abs. 1 Satz 1 HGB) sind dann zu bilden, wenn sich am Abschlußstichtag für den Kaufmann aus einem schwebenden Geschäft ein Verlust abzeichnet. Ein schwebendes Geschäft ist dabei definiert als ein zweiseitig verpflichtendes Rechtsgeschäft, das am Abschlußstichtag von beiden Seiten noch unerfüllt ist.

(3) *Rückstellungen für Gewährleistungen ohne rechtliche Verpflichtung*, sogenannte *Kulanzrückstellungen* (§ 249 Abs. 1 Satz 2 Nr. 2 HGB), sind dann zu bilanzieren, wenn der Kaufmann zwar nicht rechtlich, jedoch faktisch zu einer bestimmten Leistung verpflichtet ist und außerdem Unsicherheit über die Höhe und/oder das Bestehen der Verpflichtung besteht.

(4) Bei *Rückstellungen für im Geschäftsjahr unterlassene Aufwendungen* handelt es sich nicht um ungewisse Schulden gegenüber einem Dritten, sondern um

Verpflichtungen eines Kaufmanns sich selbst gegenüber. Eine Passivierungspflicht besteht dabei für im Geschäftsjahr unterlassene Aufwendungen für Instandhaltung, wenn die Instandhaltungsmaßnahmen in den ersten 3 Monaten des folgenden Geschäftsjahres nachgeholt werden (§ 249 Abs. 1 Satz 2 Nr. 1 HGB). Falls die Arbeiten nach Ablauf von drei Monaten aber innerhalb des folgenden Geschäftsjahres nachgeholt werden, besteht ein Passivierungswahlrecht (§ 249 Abs. 1 Satz 3 HGB).

(5) Für *Rückstellungen für im Geschäftsjahr unterlassene Abraumbeseitigung* (§ 249 Abs. 1 Satz 2 Nr. 1 HGB) besteht eine Ansatzpflicht, wenn die Maßnahme im folgenden Geschäftsjahr nachgeholt wird.

(6) Für *Aufwandsrückstellungen* (§ 249 Abs. 2 HGB) wird dem Bilanzierenden ein Ansatzwahlrecht eingeräumt. Voraussetzung für den Ansatz von Aufwandsrückstellungen sind jedoch drei Bedingungen, die sämtlich erfüllt sein müssen:

– Die Aufwendungen müssen ihrer Eigenart genau umschrieben werden können.
– Die Aufwendungen müssen dem Geschäftsjahr oder einem früheren Geschäftsjahr zuzuordnen sein.
– Die Rückstellung darf nur gebildet werden, wenn am Abschlußstichtag die zukünftigen Aufwendungen wahrscheinlich oder sicher sind.

4.7.6 Rechnungsabgrenzungsposten

Antizipative und transitorische Rechnungsabgrenzungsposten tragen dazu bei, daß Aufwendungen und Erträge den Geschäftsjahren zugeordnet werden, die sie auch wirtschaftlich verursacht haben.

Antizipative Rechnungsabgrenzungsposten betreffen alle Geschäftsvorfälle, bei denen ein Aufwand bzw. Ertrag dem abgelaufenen Geschäftsjahr zuzuordnen ist, die dazugehörigen Zahlungsvorgänge aber erst nach dem Bilanzstichtag erfolgen. Sie sind als Forderungen beziehungsweise Verbindlichkeiten in der Bilanz auszuweisen.

Die Bildung von *transitorischen Rechnungsabgrenzungspostens* ist hingegen erforderlich, wenn die Zahlungsvorgänge in der Abrechnungsperiode erfolgen, ihre erfolgswirksame Verrechnung jedoch erst nach dem Bilanzstichtag stattfindet. *Aktive Rechnungsabgrenzungsposten* sind gemäß § 250 Abs. 1 HGB anzusetzen bei Ausgaben vor dem Bilanzstichtag, soweit sie Aufwand für eine bestimmte Zeit nach diesem Tag darstellen. Als passive *Rechnungsabgrenzungsposten* sind gemäß § 250 Abs. 2 HGB Einnahmen vor dem Bilanzstichtag auszuweisen, soweit sie Ertrag für eine bestimmte Zeit nach diesem Tag darstellen. Voraussetzung für diese Art der Rechnungsabgrenzung ist, daß Anfangs- und Endzeitpunkt der Rechnungsabgrenzung genau festliegen, und außerdem für jede Teilperiode dieses Zeitraums die Gegenleistung genau bestimmt werden kann (Streim 1988, S. 67).

Die Differenz zwischen höherem Rückzahlungsbetrag und niedrigerem Ausgabebetrag einer Verbindlichkeit, das sogenannte *Disagio*, darf unter dem aktiven Rechnungsabgrenzungsposten ausgewiesen werden (§ 250 Abs. 3 HGB). Das

Disagio ist durch planmäßige jährliche Abschreibungen, die auf die gesamte Laufzeit der Verbindlichkeit verteilt werden können, zu vermindern.

Ebenfalls unter dem aktiven Rechnungsabgrenzungsposten dürfen zwei weitere Sachverhalte erfaßt werden, nämlich

1. als Aufwand berücksichtigte Zölle und Verbrauchssteuern, soweit sie auf am Abschlußstichtag auszuweisende Vermögensgegenstände des Vorratsvermögens entfallen.
2. als Aufwand berücksichtigte Umsatzsteuer auf am Abschlußstichtag auszuweisende oder von den Vorräten abgesetzte Anzahlungen.

4.7.7 Der Sonderposten mit Rücklagenanteil

Aus wirtschaftspolitischen Gründen läßt das Steuerrecht in bestimmten Fällen die Bildung von Rücklagen aus dem unversteuerten Gewinn zu (Wöhe/Kußmaul 1996, S. 227). Diese *steuerfreien Rücklagen* werden in der Handelsbilanz als *Sonderposten mit Rücklagenanteil* ausgewiesen. Da das Steuerrecht eine erfolgswirksame Auflösung und Nachversteuerung dieser Rücklagen innerhalb bestimmter Fristen verlangt, kann der Sonderposten mit Rücklagenanteil nicht vollständig dem Eigenkapital zugerechnet werden. In Höhe der zukünftigen Ertragsteuerbelastung stellt er Fremdkapital dar.

Während § 247 Abs. 3 HGB Einzelkaufleuten und Personenhandelsgesellschaften den Ansatz aller steuerfreien Rücklagen gestattet, können Kapitalgesellschaften gemäß § 273 HGB einen Sonderposten mit Rücklagenanteil nur dann ansetzen, wenn das Steuerrecht den Ansatz der steuerfreien Rücklage an die Bedingung knüpft, daß diese Rücklage auch in der Handelsbilanz gebildet wird.

Kapitalgesellschaften steht gemäß § 281 Abs. 1 HGB die zusätzliche Möglichkeit offen, den Betrag der steuerrechtlich zulässigen Abschreibung (§ 254 HGB), der über die rein handelsrechtlichen Abschreibungen hinausgeht, in den Sonderposten mit Rücklagenanteil einzustellen.

4.7.8 Latente Steuern

Trotz des Maßgeblichkeitsprinzips stimmen Steuerbilanz und Handelsbilanz nicht immer überein. Steuerrechtliche Spezialvorschriften können dazu führen, daß der Gewinn in der Steuerbilanz, der die Grundlage der Besteuerung bildet, vom handelsrechtlichen Jahresüberschuß abweicht. Da in die handelsrechtliche Gewinn- und Verlustrechnung wiederum der Steueraufwand eingeht, der dem Ergebnis der Steuerbilanz entspricht, passen handelsrechtliches Ergebnis und ausgewiesener Steueraufwand nicht immer zueinander.

Durch die Bilanzierung sogenannter *latenter Steuern* soll derjenige Steueraufwand ausgewiesen werden, der sich ergeben hätte, wenn nicht das steuerrechtliche Ergebnis, sondern das handelsrechtliche Ergebnis Grundlage der Besteuerung gewesen wäre. Gemäß § 274 HGB besteht für passive latente Steuern eine Passivierungspflicht als Rückstellung für latente Steuern, für aktive latente Steuern gilt ein Aktivierungswahlrecht im Rahmen einer Bilanzierungshilfe.

Eine *Rückstellung für latente Steuern* (§ 274 Abs. 1 HGB) ist dann anzusetzen, wenn

– in der Handelsbilanz der dem Geschäftsjahr oder früheren Geschäftsjahren zuzurechnende Steueraufwand zu niedrig ist, weil der nach den steuerrechtlichen Vorschriften zu versteuernde Gewinn niedriger als das handelsrechtliche Ergebnis ist, und
– sich der zu niedrige Steueraufwand des Geschäftsjahres und früherer Geschäftsjahre in späteren Perioden voraussichtlich ausgleicht.

Ein Sachverhalt, der zu passiven latenten Steuern führt, sind z.B. die Aufwendungen für die Ingangsetzung und Erweiterung des Geschäftsbetriebs. Sie dürfen nur in der Handelsbilanz, nicht jedoch in der Steuerbilanz aktiviert werden. Wird von dem handelsrechtlichen Ansatzwahlrecht gemäß § 269 HGB Gebrauch gemacht, weist die Handelsbilanz im Jahr der Aktivierung der Bilanzierungshilfe einen höheren Erfolg als die Steuerbilanz aus. Diese Gewinndifferenz ist jedoch spätestens nach fünf Jahren wieder aufgehoben, da der in der Handelsbilanz aktivierte Betrag über maximal diese Frist ergebnismindernd aufzulösen ist (§ 282 HGB).

Ein *Ansatzwahlrecht für aktive latente Steuern* (§ 274 Abs. 2 HGB) besteht, wenn
– der Gewinn in der Handelsbilanz mindestens in der ersten Periode kleiner ist als der Gewinn in der Steuerbilanz und
– sich der zu hohe Steueraufwand des Geschäftsjahres und früherer Geschäftsjahre in späteren Perioden voraussichtlich ausgleicht.

Diese beiden Bedingungen liegen z.B. dann vor, wenn ein derivativer Firmenwert aufgrund des Aktivierungswahlrechtes des § 255 Abs. 4 HGB nicht in der Handelsbilanz aktiviert wird, während er in der Steuerbilanz aktiviert und über einen Zeitraum von 15 Jahren abgeschrieben werden muß (vgl. Schildbach 1996a, S. 291).

Die Gesetzesformulierung des § 274 HGB macht deutlich, daß die Bildung latenter Steuern nur bei *zeitlich befristeten Differenzen* zwischen handels- und steuerrechtlichem Gewinn möglich ist (Baetge 1996, S. 467 ff.). *Permanente Differenzen*, die z.B. entstehen, weil bestimmte Aufwendungen gemäß dem Steuerrecht generell nicht als Betriebsausgaben anerkannt werden, werden nicht in die Steuerabgrenzung gemäß § 274 HGB einbezogen.

4.8 Handelsrechtliche Bewertungsvorschriften (Bilanzierung der Höhe nach)

Bei den handelsrechtlichen Bewertungsvorschriften geht es um die Frage: Wenn ein Vermögensgegenstand oder eine Schuld in die Bilanz aufgenommen werden muß oder kann, mit welchem Wert ist der Vermögensgegenstand bzw. die Schuld dann anzusetzen? Zunächst sollen einige Grundsätze erläutert werden, die für die handelsbilanzielle Bewertung relevant sind und der Art nach bereits bei der obigen Auflistung der GoB genannt wurden. Anschließend wird auf konkrete Wertkategorien eingegangen.

4.8.1 Wertbeeinflussung und Wertaufhellung

Das *Stichtagsprinzip* (§ 252 Abs. 1 Nr. 3 HGB) verlangt, daß Vermögensgegenstände und Schulden zum Abschlußstichtag zu bewerten sind. Dies bedeutet insbesondere, daß alle für den Wertansatz relevanten Informationen, die vor Ablauf des Geschäftsjahres bekannt werden, in der Bilanz zu berücksichtigen sind. Probleme bereiten indes Informationen, die zwischen dem Bilanzstichtag und dem Zeitpunkt der Bilanzaufstellung bekannt werden. Es wird zwischen zwei Fällen unterschieden:
– Informationen zu Sachverhalten, die *nach* dem Bilanzstichtag eingetreten sind, aber noch vor dem Zeitpunkt der Bilanzaufstellung bekannt werden, dürfen keinen Einfluß auf den Wertansatz von Vermögensgegenständen und Schulden im Jahresabschluß nehmen. Man spricht hier von *Wertbeeinflussung*.
– Informationen zu Sachverhalten, die bereits *vor* dem Bilanzstichtag eingetreten sind, aber erst nach dem Bilanzstichtag bekannt werden, müssen bei der Bewertung berücksichtigt werden. In diesem Fall handelt es sich um *Wertaufhellung*.

4.8.2 Das Going Concern Prinzip

Gemäß § 252 Abs. 1 Nr. 2 HGB hat die Bewertung der Bilanzpositionen grundsätzlich unter der Annahme zu erfolgen, daß das Unternehmen fortgeführt wird. Das *Going Concern Prinzip* schließt somit prinzipiell aus, daß Vermögensgegenstände mit ihren Liquidationswerten, d.h. Veräußerungswerten im Falle der Unternehmenszerschlagung oder -liquidation, in der Bilanz angesetzt werden. Vom Grundsatz der Unternehmensfortführung kann nur dann abgegangen werden, wenn der Fortführung „tatsächliche oder rechtliche Gegebenheiten entgegenstehen". Ein solcher Fall liegt nach herrschender Meinung zum Beispiel dann vor, wenn bei der Bilanzerstellung der Zeitpunkt der Unternehmensliquidation bereits feststeht (Wöhe/Kußmaul 1996, S. 63).

4.8.3 Der Grundsatz der Einzelbewertung

Der Grundsatz der Einzelbewertung besagt, daß Vermögensgegenstände und Schulden einzeln und unabhängig voneinander zu bewerten sind (§ 252 Abs. 1 Nr. 3 HGB). Die Einzelbewertung soll insbesondere verhindern, daß Wertsteigerungen bei einem Vermögensgegenstand mit Wertminderungen bei einem anderen Vermögensgegenstand verrechnet werden.

Probleme ergeben sich aus der Frage, „was genau ein von anderen zu trennender Vermögensgegenstand ist" (Schildbach 1996a, S. 113). Diese Abgrenzungsprobleme treten insbesondere bei an sich einzeln bewertbaren Vermögensgegenständen auf, die zu einer technischen Einheit verknüpft sind (z.B. Motor und Maschinengehäuse).

Der Grundsatz der Einzelbewertung besitzt zahlreiche Ausnahmen, die vor allem darauf zurückzuführen sind, daß die gesonderte Erfassung bestimmter Positionen nur unter unverhältnismäßig hohem Aufwand möglich wäre. Zugelassen sind deshalb nachstehende Bewertungsvereinfachungsverfahren:

- *Gruppenbewertung* (§ 240 Abs. 4 HGB): Gleichartige Vermögensgegenstände des Vorratsvermögens sowie andere gleichartige oder annähernd gleichwertige Vermögensgegenstände können jeweils zu einer Gruppe zusammengefaßt und mit dem gewogenen Durchschnittswert angesetzt werden.
- *Festbewertung* (§ 240 Abs. 3 HGB): Vermögensgegenstände des Sachanlagevermögens sowie Roh-, Hilfs- und Betriebsstoffe können, wenn sie regelmäßig ersetzt werden und ihr Gesamtwert für das Unternehmen von nachrangiger Bedeutung ist, mit einer gleichbleibenden Menge und einem gleichbleibenden Wert angesetzt werden, sofern ihr Bestand in seiner Größe, seinem Wert und seiner Zusammensetzung nur geringen Veränderungen unterliegt.
- *Verbrauchsfolgeverfahren* (§ 256 HGB): Für den Wertansatz gleichartiger Vermögensgegenstände des Vorratsvermögens kann unterstellt werden, daß die zuerst oder daß die zuletzt angeschafften oder hergestellten Vermögensgegenstände zuerst oder in einer sonstigen bestimmten Folge verbraucht oder veräußert worden sind. Damit sind also grundsätzlich die sogenannten FIFO-, LIFO-, HIFO- und LOFO-Verfahren anwendbar, soweit ihre Resultate für den Bilanzwert mit den im folgenden zu erläuternden Bewertungsgrundsätzen (insbesondere der Vorsicht und Imparität) kompatibel sind.

4.8.4 Das Vorsichtsprinzip

Dem *Vorsichtsprinzip* (§ 252 Abs. 1 Nr. 4 HGB) liegt die Vorstellung des vorsichtigen Kaufmanns zugrunde, der sich selbst nicht reicher rechnen sollte als er tatsächlich ist, sondern in Zweifelsfällen eher ärmer (Coenenberg 1997, S. 42). Gemäß dem Vorsichtsprinzip sind Vermögensgegenstände und Schulden, deren Werte geschätzt werden müssen, nicht mit den wahrscheinlichsten Werten, sondern mit tendenziell etwas pessimistischeren Werten anzusetzen (Adler/Düring/Schmalz 1995, § 252 Tz. 68). Zu beachten ist dabei, daß sich die übermäßige Bildung von stillen Reserven durch willkürliche Unterbewertung von Aktivposten oder Überbewertung Passivposten nicht durch das Vorsichtsprinzip rechtfertigen läßt.

Der Grundsatz der Vorsicht kommt im Realisationsprinzip und im Imparitätprinzip zum Ausdruck. Sie werden in den beiden folgenden Abschnitten erläutert.

4.8.5 Das Realisationsprinzip

Nach dem *Realisationsprinzip* (§ 252 Abs. 1 Nr. 4) dürfen Gewinne erst dann in der Bilanz ausgewiesen werden, wenn sie durch einen Umsatzakt verwirklicht sind. Als Realisationszeitpunkt wird nach herrschender Meinung der Zeitpunkt der Lieferung oder Leistung angesehen. Bis zu diesem Zeitpunkt sind Unternehmenserzeugnisse höchstens mit den - gegebenenfalls um planmäßige Abschreibungen verminderten - Anschaffungs- bzw. Herstellungskosten anzusetzen.

4.8.6 Das Imparitätsprinzip

Das ebenfalls in § 252 Abs. 1 Nr. 4 HGB aufgeführte *Imparitätsprinzip* verlangt, daß nicht realisierte Gewinne und Verluste in der Bilanz unterschiedlich (imparitätisch) behandelt werden. Während Gewinne nach dem Realisationsprinzip in der

Bilanz erst dann ausgewiesen dürfen, wenn sie realisiert sind, sind drohende Risiken und Verluste bereits dann zu berücksichtigen, wenn sie sich mit genügend großer Sicherheit abzeichnen. Der Grundsatz, daß Risiken und Verluste in der Bilanz zu antizipieren sind, schlägt sich insbesondere im *Niederstwertprinzip* (§ 253 Abs. 2 und 3 HGB) sowie in der Bildung von *Rückstellungen für drohende Verluste aus schwebenden Geschäften* (§ 249 Abs. 1 HGB) nieder.

Anzumerken bleibt, daß sich eine allgemeine Risikovorsorge mit dem Imparitätsprinzip nicht rechtfertigen läßt. Das Imparitätsprinzip kommt nur dann zur Anwendung, „wenn sich die Risiken und Verluste einzelnen Aktiv- oder Passivposten eindeutig zuordnen lassen oder sich aus konkreten schwebenden Geschäften ergeben". (Freidank/Eigenstetter 1992, S. 422 f.).

4.8.7 Das Anschaffungskostenprinzip

Gemäß § 253 Abs. 1 Satz dürfen Vermögensgegenstände bis zu ihrem Ausscheiden aus dem Unternehmen höchstens mit den - gegebenenfalls um planmäßige Abschreibungen verringerten - Anschaffungs- bzw. Herstellungskosten in der Bilanz angesetzt werden.

Anschaffungskosten

Anschaffungskosten repräsentieren den Bewertungsmaßstab für alle vom Unternehmen fremdbezogenen Vermögensgegenstände. Gemäß § 255 Abs. 1 HGB rechnen zu den Anschaffungskosten die Aufwendungen, die geleistet werden, um einen Vermögensgegenstand zu erwerben und ihn in einen betriebsbereiten Zustand zu versetzen, soweit sie dem Vermögensgegenstand einzeln zugeordnet werden können.

Die Anschaffungskosten setzen sich aus folgenden Komponenten zusammen:

  Anschaffungspreis
./. Anschaffungspreisminderungen
 + Anschaffungsnebenkosten
 + nachträgliche Anschaffungskosten
 = Anschaffungskosten

Der *Anschaffungspreis* entspricht dem in der Rechnung ausgewiesenen Nettopreis, sofern der Unternehmer zum Vorsteuerabzug berechtigt ist. *Anschaffungspreisminderungen* sind Preisnachlässe wie Skonti, Rabatte und Boni.

Zu den *Anschaffungsnebenkosten* gehören alle Aufwendungen, die zusätzlich zum Kaufpreis anfallen, um den Vermögensgegenstand zu erwerben und in einen betriebsbereiten Zustand zu versetzen. Als Beispiele sind zu nennen: Bezugs-, Versicherungs,- Fundamentierungs- und Montagekosten, Kosten für Probeläufe sowie Zölle. Voraussetzung für die Aktivierung der Anschaffungsnebenkosten ist jedoch, daß sie Einzelkostencharakter haben, d.h. dem Vermögensgegenstand direkt zurechenbar sind. Es ist demnach nicht statthaft, bspw. anteilige Gemeinkosten der Einkaufsabteilung als Anschaffungsnebenkosten zu aktivieren.

Nachträgliche Anschaffungskosten sind dadurch gekennzeichnet, „daß sie dem Anschaffungsvorgang zeitlich nahe stehen, aber eben nicht durch die Anschaffung veranlaßt sind" (Streim 1988, S. 87). In der Literatur genannte Beispiele für nachträgliche Anschaffungskosten sind Kosten von Um- oder Ausbauarbeiten, nachträgliche Preiserhöhungen sowie Straßenanlieger- und Erschließungsbeträge.

Herstellungskosten

Herstellungskosten stellen den Bewertungsmaßstab für selbsterstellte Vermögensgegenstände dar. § 255 Abs. 2 HGB definiert als Herstellungskosten die Aufwendungen, die durch den Verbrauch von Gütern und die Inanspruchnahme von Diensten für die Herstellung eines Vermögensgegenstandes, seine Erweiterung oder für eine über seinen ursprünglichen Zustand hinausgehende wesentliche Verbesserung entstehen. Die einzelnen Bestandteile der Herstellungskosten sind nach § 255 Abs. 2 und 4 HGB wie folgt bestimmt.

– Einer *Aktivierungspflicht* unterliegen die dem Vermögensgegenstand direkt zurechenbaren Aufwendungen, also die Materialeinzelkosten, die Fertigungseinzelkosten und die Sondereinzelkosten der Fertigung.

– Ein *Aktivierungswahlrecht* gilt für die Material- und Fertigungsgemeinkosten, für den Werteverzehr des Anlagevermögens (Abschreibungen), soweit er durch die Fertigung veranlaßt ist, für die allgemeinen Verwaltungskosten sowie für soziale Einrichtungen des Betriebes, für freiwillige soziale Leistungen und für die betriebliche Altersversorgung. Zu berücksichtigen ist, daß die Aktivierungsfähigkeit der hier genannten Gemeinkosten auf *angemessene und notwendige Teile* beschränkt ist. Dies hat zur Folge, daß beispielsweise außerplanmäßige Abschreibungen und Abschreibungen für nicht genutzte Maschinen nicht aktiviert werden dürfen. Eine weitere Einschränkung ergibt sich schließlich aus der Tatsache, daß die aktivierungsfähigen Gemeinkosten nur insoweit berücksichtigt werden dürfen, als sie auf den Zeitraum der Herstellung entfallen.

– Ein *Aktivierungsverbot* schließlich besteht für Vertriebskosten. Fremdkapitalzinsen gehören grundsätzlich ebenfalls nicht zu den Herstellungskosten. Als Ausnahme gilt jedoch, daß Zinsen für Fremdkapital, das zur Finanzierung der Herstellung eines Vermögensgegenstandes verwendet wird, angesetzt werden dürfen, soweit sie auf den Zeitraum der Herstellung entfallen.

Zu den Herstellungskosten zählen gemäß § 255 Abs. 2 HGB auch Aufwendungen für die Erweiterung oder eine über den ursprünglichen Zustand hinausgehende wesentliche Verbesserung eines Vermögensgegenstandes. Probleme bestehen hinsichtlich der Abgrenzung dieser aktivierungspflichtigen Herstellungsaufwendungen von den nicht aktivierungsfähigen, im Jahr ihrer Entstehung erfolgswirksam zu behandelnden Erhaltungsaufwendungen. Während nach herrschender Meinung Erhaltungsaufwendungen bei kleineren Veränderungen und Instandhaltungen von Vermögensgegenständen angenommen werden, liegt aktivierungspflichtiger Herstellungsaufwand dann vor, wenn Maßnahmen durchgeführt werden,

– die einen Vermögensgegenstand wesentlich in seiner Substanz vermehren oder deutlich verbessern oder
– die die bisherige Verwendungs- und Nutzungsart eines Vermögensgegenstandes wesentlich verändern oder

– die die Lebensdauer eines Vermögensgegenstandes nicht nur geringfügig verlängern.

4.8.8 Abschreibungen

Planmäßige Abschreibungen

Durch die aufwandswirksame Verrechnung von *planmäßigen Abschreibungen* soll der ordentliche Werteverzehr des abnutzbaren Anlagevermögens (z.B. Lizenzen, Gebäude, Maschinen, Fahrzeuge, Betriebs- und Geschäftsausstattung) erfaßt werden.

Die planmäßigen Abschreibungen sind auf der Grundlage eines *Abschreibungsplans* vorzunehmen. In diesem Abschreibungsplan ist festzulegen, wie die Anschaffungs- bzw. Herstellungskosten des Vermögensgegenstandes mit Hilfe einer den GoB entsprechenden *Abschreibungsmethode* auf die Geschäftsjahre verteilt werden, in denen dieser voraussichtlich genutzt werden kann. Die Nutzungsdauer des Gegenstandes wird dabei auf dem Schätzungswege bestimmt. Die gebräuchlichsten Abschreibungsmethoden sollen im folgenden kurz dargestellt werden:

Bei der *linearen Methode* wird eine kontinuierliche Minderung der Anschaffungs- bzw. Herstellungskosten unterstellt. Der Abschreibungsbetrag pro Periode q_t ist für die gesamte Nutzungsdauer des Vermögensgegenstandes konstant und errechnet sich als Quotient aus den Anschaffungs- bzw. Herstellungskosten (AK) und der Anzahl der Jahre T der voraussichtlichen Nutzung. Ein unter Umständen am Ende der Nutzungsdauer verbleibender Rest- oder Schrottwert R_T muß bei der Festlegung der Abschreibungsbasis berücksichtigt werden. Der jährliche Abschreibungsbetrag q_t ergibt sich demnach wie folgt:

$$q_t = \frac{AK - R_T}{T} \qquad \text{für } t = 1, 2, ..., T$$

Die *Buchwertmethode* (als Spezialfall der sogenannten *geometrisch-degressiven Abschreibungsmethode*) geht von sinkenden Abschreibungsbeträgen im Zeitablauf aus. Die Abschreibungsbeträge werden bei dieser Methode durch Anwendung eines konstanten Prozentsatzes w auf die jeweiligen Restbuchwerte R_{t-1} ermittelt. Für den Abschreibungsbetrag q_t der Periode t ergibt sich folgende Bestimmungsgleichung:

$$q_t = \frac{w}{100} \cdot R_{t-1} \qquad \text{für } t = 1, 2,..., T \text{ mit } R_0 = AK$$

Da die geometrisch-degressive Methode niemals zu einem Restwert von Null führen kann, entspricht der Abschreibungsbetrag der letzten Periode T dem Restbuchwert am Ende der Vorperiode (ggf. abzüglich des Schrottwerts R_T) und weicht damit strukturell von der durch die Methode gegebenen Gesetzmäßigkeit ab. Es ist allerdings nicht unüblich, im Falle der Anwendung der Buchwertmethode während der Nutzungsdauer auf das lineare Verfahren zu wechseln. Grundlage für eine solche Überlegung ist der Wunsch nach Minimierung des Barwertes der Steuerzahlungen verbunden mit der Maßgeblichkeit. Bei konstanten Steuersätzen im Zeitablauf wird der Barwert der Steuerzahlungen minimiert, wenn Gewinne möglichst spät ausgewiesen werden. Bezüglich der Abschreibungen sollte demnach ein solches Verfahren gewählt werden, das möglichst früh hohe Abschreibungen liefert (vorausgesetzt, die sonstigen Überschüsse sind hinreichend hoch, so daß die Abschreibungen auch stets in vollem Umfang steuermindernd wirken). Sofern zunächst die Buchwertabschreibungen höher als die linearen sind (das hängt von der Nutzungsdauer und dem (steuerlich) maximal zulässigen Prozentsatz w ab), sich ab einem bestimmten Zeitpunkt diese Relation aber umkehrt, lohnt sich zunächst die Anwendung der Buchwertmethode gekoppelt mit dem Umstieg auf das lineare Verfahren ab dem kritischen Zeitpunkt.

Gleichmäßig fallende Abschreibungsbeträge im Zeitablauf erhält man durch die *digital-degressive Abschreibungsmethode*. Zu beachten ist bei dieser Methode, daß – anders als bei der Buchwertmethode - bei der Berechnung der Abschreibungsbeträge stets von der Abschreibungsbasis $AK\text{-}R_T$ auszugehen ist. Für die Berechnung der jeweiligen Abschreibungsbeträge gilt folgende Beziehung:

$$q_t = (T - t + 1) \cdot \frac{AK - R_T}{1 + 2 + 3 + \ldots T} \quad \text{für } t = 1, 2, \ldots, T$$

Die *Leistungsabschreibung* basiert dagegen auf der Annahme, daß die Höhe des Werteverzehrs eines Anlagegegenstandes von dessen Leistungsabgabe bestimmt wird. Deshalb muß bei dieser Abschreibungsmethode nicht die Nutzungsdauer, sondern das Leistungspotential des Anlagegegenstandes geschätzt werden. Dies können zum Beispiel die Maschinenstunden, die Stückzahl der mit einer Maschine produzierten Güter oder die gefahrenen Kilometer sein. Falls mit $\overline{X}$ die insgesamt von dem Vermögensgegenstand zu erwartenden Leistungseinheiten und mit x_t die Zahl der in der Periode t erbrachten Leistungseinheiten bezeichnet werden, errechnet sich der Abschreibungsbetrag q_t in der Periode t nach der Methode der Leistungsabschreibung wie folgt:

$$q_t = (AK - R_T) \cdot \frac{x_t}{\overline{X}} \quad \text{für } t = 1, 2, \ldots, T$$

Außerplanmäßige Abschreibungen

Während planmäßige Abschreibungen nur im abnutzbaren Anlagevermögen vorgenommen werden, sind von *außerplanmäßigen Abschreibungen* auch Vermögensgegenstände des nicht abnutzbaren Anlagevermögens und des Umlaufvermögens betroffen. Außerplanmäßige Abschreibungen erfassen die Wertverluste, die aufgrund unerwarteter Ereignisse eintreten (z.B. der Totalschaden eines Geschäftsfirmenwagens).

Die Notwendigkeit außerplanmäßiger Abschreibungen folgt aus dem *Niederstwertprinzip*, welches für Anlage- und Umlaufvermögen unterschiedliche Ausprägungen besitzt. Im Umlaufvermögen müssen gemäß § 253 Abs. 3 HGB alle Wertminderungen von Vermögensgegenständen zum Bilanzstichtag durch entsprechende Verminderungen der Buchwerte berücksichtigt werden (*strenges Niederstwertprinzip*). Im Anlagevermögen besteht gemäß § 253 Abs. 2 Satz 3 HGB eine derartige Abwertungspflicht nur bei einer voraussichtlich dauernden

Wertminderung der Vermögensgegenstände. Sofern eine nur vorübergehende Wertminderung vorliegt, hat der Bilanzierende ein Abwertungswahlrecht (*gemildertes Niederstwertprinzip*), wobei die Einschränkung zu beachten ist, daß Kapitalgesellschaften gemäß § 279 Abs. 1 Satz 2 HGB außerplanmäßige Abschreibungen bei einer voraussichtlich nur vorübergehenden Wertminderung lediglich im Falle von Finanzanlagen vornehmen dürfen.

Um die Notwendigkeit außerplanmäßiger Abschreibung zu erkennen, müssen die (fortgeführten) Anschaffungs- bzw. Herstellungskosten mit handelsrechtlich definierten Korrekturwerten verglichen werden:

– Als Korrekturwert für Gegenstände des Anlagevermögens nennt das HGB den *beizulegenden Wert* (§253 Abs. 2 Satz 3 HGB). Da dieser Begriff im Gesetz nicht näher umschrieben ist, orientiert man sich bei seiner Bestimmung an verschiedenen Hilfswerten. In Betracht kommen der Wiederbeschaffungs(zeit)wert, der Reproduktionskostenwert, der Einzelveräußerungswert und der Ertragswert.

– Für Vermögensgegenstände des Umlaufvermögens wird als Korrekturwert der aus dem *Börsen- oder Marktpreis abgeleitete Wert* (§ 253 Abs. 3 Satz 1 HGB) angeführt. Unter dem Börsenpreis versteht man den an einer Börse bei tatsächlichem Umsatz amtlich oder im Freiverkehr festgestellten Preis. Als Marktpreis gilt der Betrag, den man an einem Handelsplatz für Waren einer bestimmten Gattung von durchschnittlicher Qualität zu einem bestimmten Zeitpunkt zahlt. Unter Umständen anfallende Anschaffungsnebenkosten sind bei der Bestimmung des „abgeleiteten Wertes" zusätzlich zu berücksichtigen. Ist für einen Vermögensgegenstand des Umlaufvermögens kein Börsen- oder Marktpreis feststellbar, so ist er zum gegebenenfalls niedrigeren beizulegenden Wert anzusetzen.

– Sowohl im Anlage- als auch im Umlaufvermögen steht es Personenhandelsgesellschaften und Einzelkaufleuten gemäß § 253 Abs. 4 HGB außerdem zu, *Abschreibungen im Rahmen vernünftiger kaufmännischer Beurteilung* vorzunehmen. Die Abgrenzung des Begriffes „vernünftige kaufmännische Beurteilung" bereitet dabei allerdings erhebliche Probleme. Als vernünftige Gründe für eine Abschreibung werden in der Literatur sehr allgemein gehaltene Sachverhalte, wie die Stärkung der Eigenkapitalbasis, die Sicherung des Fortbestandes des Unternehmens und die Vorsorge vor den Risiken einer nachlassenden Konjunktur genannt. Die Möglichkeit, Abschreibungen nach vernünftiger kaufmännischer Beurteilung vorzunehmen, ist gemäß § 279 Abs. 1 Satz 1 HGB für Kapitalgesellschaften ausgeschlossen.

– Im Umlaufvermögen sind darüber hinaus für alle Rechtsformen Abschreibungen auf den sogenannten *nahen Zukunftswert* möglich. Gemäß § 253 Abs. 3 Satz 3 HGB hat der Kaufmann das Recht, Abschreibungen vorzunehmen, soweit sie nach vernünftiger kaufmännischer Beurteilung notwendig sind, um zu verhindern, daß in der nächsten Zukunft der Wertansatz der Vermögensgegenstände aufgrund von Wertminderungen geändert werden muß. Als nächste Zukunft gilt nach herrschender Meinung in etwa ein Zeitraum von zwei Jahren.

– Sowohl im Anlagevermögen als auch im Umlaufvermögen kann schließlich auch eine außerplanmäßige Abschreibung auf den *niedrigeren, nur steuerrechtlich zulässigen Wert* vorgenommen werden (§ 254 HGB). Bei Kapitalgesellschaften gilt allerdings die Einschränkung, daß eine solche Abschreibung nur dann möglich ist, wenn das Steuerrecht die Anerkennung des niedrigeren Wertes in der Steuerbilanz davon abhängig macht, daß auch in der Handelsbilanz eine analoge Bewertung erfolgt (§ 279 Abs. 2 HGB).

4.8.9 Zuschreibungen

Sind die Gründe für eine außerplanmäßige Abschreibung weggefallen, stellt sich die Frage, ob der niedrigere Wertansatz beibehalten werden kann oder ob auf den Wert zuzuschreiben ist, der sich ergeben hätte, wenn früher nicht außerplanmäßig abgeschrieben worden wäre.

Personenhandelsgesellschaften und Einzelkaufleuten steht gemäß § 253 Abs. 5 HGB ein *uneingeschränktes Wertbeibehaltungswahlrecht* zu, d.h. sie können entweder den durch die außerplanmäßige Abschreibung erhaltenen niedrigeren Wert beibehalten oder bis zu den fortgeführten Anschaffungs- bzw. Herstellungskosten zuschreiben, wobei auch der Ansatz von Zwischenwerten möglich ist. Die Obergrenze der Zuschreibung wird im Falle des Umlaufvermögens und des nicht abnutzbaren Anlagevermögens durch die historischen Anschaffungs- bzw. Herstellungskosten und im Falle des abnutzbaren Anlagevermögens durch die um planmäßige Abschreibungen verminderten Anschaffungs- bzw. Herstellungskosten bestimmt.

Kapitalgesellschaften unterliegen gemäß § 280 Abs. 1 HGB einem *grundsätzlichen Wertaufholungsgebot*, das jedoch in der Praxis weitgehend gegenstandslos ist. Die Ursache hierfür ist im § 280 Abs. 2 HGB zu finden. Danach kann von der Zuschreibung abgesehen werden, wenn der niedrigere Wertansatz bei der steuerrechtlichen Gewinnermittlung beibehalten werden kann und wenn dafür verlangt wird, daß er auch in der Handelsbilanz beibehalten wird. Da seit der Steuerrechtsreform im Jahre 1990 diese Anwendungsvoraussetzungen bei steuerlichen Wertherabsetzungen generell erfüllt sind, beschränkt sich das Wertaufholungsgebot faktisch nur noch auf wenige Ausnahmefälle (Haeger 1990, S. 545 ff.).

4.8.10 Bewertung der Schulden

Wie die Bewertung von Schulden in der Handelsbilanz zu erfolgen hat, ist im § 253 Abs. 1 Satz 2 HGB geregelt:

Danach sind *Verbindlichkeiten* mit ihrem Rückzahlungsbetrag zu bewerten. Der Rückzahlungsbetrag ist der Betrag, den der Schuldner zur Tilgung der Schulden aufbringen muß. Ist der Rückzahlungsbetrag einer Verbindlichkeit höher als der Ausgabebetrag, so darf der Unterschiedsbetrag (Disagio) unter dem aktiven Rechnungsabgrenzungsposten ausgewiesen werden.

Rentenverpflichtungen, für die eine Gegenleistung aus Sicht des Schuldners nicht mehr zu erwarten ist, sind zu ihrem versicherungsmathematisch ermittelten Barwert anzusetzen.

Rückstellungen schließlich werden in Höhe des Betrages, der nach vernünftiger kaufmännischer Beurteilung notwendig ist, angesetzt. Besteht Unsicherheit über die Höhe einer drohenden Verpflichtung, muß diese auf dem Schätzungswege ermittelt werden. Die damit zusammenhängenden Ermessensspielräume des Bilanzierenden sollen durch den Verweis auf die vernünftige kaufmännische Beurteilung eingeschränkt werden.

4.8.11 Eigenkapital

Die Bilanzierung des Eigenkapitals von Einzelkaufleuten und Personenhandelsgesellschaften ist im HGB nicht explizit geregelt. Der Ausweis des Eigenkapitals von Kapitalgesellschaften ergibt sich aus § 266 Abs. 3 HGB. Folgende Einzelpositionen werden hier genannt:

I. Gezeichnetes Kapital
II. Kapitalrücklage
III. Gewinnrücklage
  1. gesetzliche Rücklage
  2. Rücklage für eigene Anteile
  3. satzungsmäßige Rücklagen
  4. andere Gewinnrücklagen
IV. Gewinnvortrag/Verlustvortrag
V. Jahresüberschuß/Jahresfehlbetrag

Das *gezeichnete Kapital* ist der konstante Teil des Eigenkapitals, auf das die Haftung der Gesellschafter für Verbindlichkeiten der Gesellschaft gegenüber Gläubigern beschränkt ist (§ 272 Abs. 1 HGB). Es entspricht dem Nennbetrag aller ausgegebenen Anteile (künftig ist zu beachten daß Aktiengesellschaften gemäß dem *Stückaktiengesetz* vom 25.3.1998 nicht mehr zwingend nur Nennbetragsaktien ausgeben dürfen; im Falle der Emission von Stückaktien wird nur ein Gesamtnennbetrag festgelegt, an dem jede Stückaktie einen gleichen Anteil hat) und wird bei der Aktiengesellschaft als Grundkapital und bei der GmbH als Stammkapital bezeichnet. Das gezeichnete Kapital ist stets mit dem Nennbetrag anzusetzen, auch wenn es noch nicht voll eingezahlt wurde. Für die sogenannten ausstehenden Einlagen auf das gezeichnete Kapital gibt es zwei Ansatzmöglichkeiten:
– Sie können als Aktivposten vor dem Anlagevermögen ausgewiesen werden, wobei die davon eingeforderten Anteile zu vermerken sind.
– Alternativ ist es auch möglich, die noch nicht eingeforderten Einlagen vom gezeichneten Kapital auf der Passivseite offen abzusetzen. Der Saldo ist dann als eingefordertes Kapital gesondert auszuweisen. Der eingeforderte, aber noch nicht eingezahlte Betrag ist bei dieser zweiten Alternative unter den Forderungen gesondert anzusetzen.

Durch das KonTraG wird Aktiengesellschaften künftig der Erwerb eigener Anteile in gewissem Umfang erleichtert. Sofern eine AG in diesem Zusammenhang eigene Aktien bspw. zur Einziehung erworben hat, ist der darauf entfallende

Nennbetrag gemäß (dem neu eingefügten) § 272 Abs. 1 Satz 4 HGB ebenfalls in der Vorspalte der Bilanz offen vom gezeichneten Kapital abzusetzen.

Kapitalrücklagen sind die über den Nennbetrag hinausgehenden Einlagen der Kapitalgeber. Dazu zählen folgende Beträge (§ 272 Abs. 2 HGB):
- der Betrag, der bei der Ausgabe von Anteilen einschließlich von Bezugsanteilen über den Nennbetrag (bzw. dem „rechnerischen Wert" bei Stückaktien) hinaus erzielt wird,
- der Betrag, der bei der Ausgabe von Schuldverschreibungen für Wandlungsrechte und Optionsrechte zum Erwerb von Anteilen erzielt wird (= Agio),
- der Betrag von Zuzahlungen, die Gesellschafter gegen Gewährung eines Vorzugs für ihre Anteile leisten,
- der Betrag von anderen Zuzahlungen, die Gesellschafter in das Eigenkapital leisten.

Gewinnrücklagen entstehen durch die Einbehaltung von erwirtschafteten Gewinnen. Vier verschiedene Formen von Gewinnrücklagen sind im § 266 Abs. 3 HGB erwähnt.
- Die Bildung einer *gesetzlichen Rücklage* ist nur für Aktiengesellschaften vorgeschrieben. Nach § 150 Abs. 2 AktG sind in die gesetzliche Rücklage so lange 5% des um einen Verlustvortrag aus dem Vorjahr geminderten Jahresüberschusses einzustellen, bis diese zusammen mit der Kapitalrücklage 10% des Grundkapitals oder einen in der Satzung bestimmten höheren Prozentsatz erreicht.
- Hat eine Kapitalgesellschaft eigene Anteile erworben, so hat sie in Höhe des Wertes der eigenen Anteile eine *Rücklage für eigene Anteile* zu bilden (siehe bspw. § 71 Abs. 2 AktG und § 272 Abs.4 HGB). Diese Rücklagenbildung kann aus frei verfügbaren Gewinnrücklagen, dem Jahresüberschuß und einem Gewinnvortrag erfolgen.
- Gewinnrücklagen, zu denen eine Gesellschaft durch Gesellschaftsvertrag oder Satzung verpflichtet ist, sind unter den sogenannten *satzungsmäßigen Rücklagen* auszuweisen.
- Als *andere Gewinnrücklagen* werden die einbehaltenen Gewinne bezeichnet, die nicht zu den bereits genannten Gewinnrücklagen gehören. Dazu zählen gemäß § 58 Abs. 2a AktG bzw. § 29 Abs. 4 GmbHG insbesondere die Eigenkapitalanteile von Wertaufholungen und von in der Steuerbilanz gebildeten Rücklagen, die von Kapitalgesellschaften nicht im Rahmen des Sonderpostens mit Rücklagenanteil ausgewiesen werden dürfen. Ebenfalls unter den anderen Gewinnrücklagen auszuweisen sind die Beträge, die bei Feststellung des Jahresabschlusses durch Vorstand und Aufsichtsrat aus dem Jahresüberschuß in die Rücklagen eingestellt werden (§ 58 Abs. 2 AktG) und die Teile des Bilanzgewinns, die die Hauptversammlung im Rahmen der Gewinnverwendung den Rücklagen zugeführt hat (§ 58 Abs. 3 AktG).

Der *Gewinnvortrag* ist der Teil des Jahresergebnisses, der in den Vorjahren weder ausgeschüttet, noch den Rücklagen zugeführt oder auf sonstige Weise verwendet wurde. Beim *Verlustvortrag* handelt es sich um den Bilanzverlust des Vorjahres, der nicht durch Auflösung von Rücklagen beseitigt wurde.

Die oben dargestellte Gliederung des Eigenkapitals gemäß § 266 Abs. 3 HGB gilt für den Fall, daß der Jahresabschluß *ohne Berücksichtigung der Verwendung des Jahresergebnisses* aufgestellt wird. Gemäß § 268 Abs. 1 HGB darf der Jahresabschluß jedoch auch unter *Berücksichtigung der vollständigen oder teilweisen Verwendung des Jahresergebnisses* aufgestellt werden. Diese Ausweisalternativen sind auf die geltenden gesetzlichen Regelungen zurückzuführen, wonach sowohl Vorstand und Aufsichtsrat, die in der Regel den Jahresabschluß feststellen, als auch die Anteilseigner Gewinnverwendungskompetenz über Teile des Jahresergebnisses besitzen.

Wird der Jahresabschluß unter Berücksichtigung der teilweisen Verwendung des Jahresergebnisses aufgestellt, erscheint in der Bilanz anstatt der Positionen „Jahresüberschuß/Jahresfehlbetrag" und „Gewinnvortrag/Verlustvortrag" nur die Position „Bilanzgewinn/Bilanzverlust". Der Bilanzgewinn stellt dabei den Betrag dar, über dessen Verwendung die Anteilseigner entscheiden können, nachdem die den Jahresabschluß feststellenden Organe die ihnen zustehende Verwendungskompetenz bezüglich des Jahresüberschusses wahrgenommen haben. Er errechnet sich wie folgt:

Jahresüberschuß /-fehlbetrag
+ Gewinnvortrag (minus Verlustvortrag) des Vorjahres
+ Entnahmen aus der Kapitalrücklage
+ Entnahmen aus den Gewinnrücklagen
./. Einstellungen in die Gewinnrücklagen
= Bilanzgewinn /-verlust

Stellt die Kapitalgesellschaft ihren Jahresabschluß unter Berücksichtigung der vollständigen Gewinnverwendung auf, ist das Jahresergebnis bereits in vollem Umfang verwendet und den entsprechenden Bilanzpositionen zugeschrieben. So sind die Teile des Bilanzgewinns, die von den Anteilseignern nicht ausgeschüttet wurden, unter den Rücklagen ausgewiesen. Beträge, die zur Ausschüttung bestimmt sind, stellen eine Verpflichtung der Gesellschaft gegenüber ihren Eignern dar und sind daher unter der Position „Sonstige Verbindlichkeiten" einzuordnen. Die Position „Bilanzgewinn" hat bei dieser Form des Ausweises folglich einen Wert von Null und braucht nicht mehr in der Bilanz aufgeführt zu werden.

5 Der handelsrechtliche Konzernabschluß

5.1 Zur Notwendigkeit der Konzernrechnungslegung

Nach § 18 Abs. 1 AktG entsteht ein Konzern durch die Zusammenfassung eines herrschenden mit einem oder mehreren abhängigen Unternehmen unter *einheitlicher Leitung*. Unter abhängigen Unternehmen sind dabei rechtlich selbständige Unternehmen zu verstehen, auf die ein anderes Unternehmen (herrschendes Unternehmen) unmittelbar oder mittelbar einen herrschenden Einfluß ausüben kann (§ 17 Abs. 1 AktG). Konzerne sind in der deutschen Wirtschaftspraxis nicht nur sehr verbreitet, sondern z.B. bei Aktiengesellschaften als Regelfall anzusehen. Der handelsrechtliche Konzernabschluß stellt den Abschluß der wirtschaftlichen Einheit „Konzern" dar und ergibt sich entsprechend aus den Einzelabschlüssen der am Konzern beteiligten Konzernunternehmen. Er hat aus Konzernbilanz, Konzern-GuV, Konzernanhang und Konzernlagebericht zu bestehen, wobei diese Bestandteile inhaltlich denen des handelsrechtlichen Einzelabschlüssen entsprechen, „nur daß sie für mehrere Unternehmen als Einheit aufgestellt werden" (Ordelheide, 1993, S. 290). Für den Konzernabschluß besteht eine grundsätzliche Prüfungs- und Offenlegungspflicht.

Die Notwendigkeit zur Erstellung eines Konzernabschlusses ergibt sich aus dem im Konzern bestehenden Gegensatz zwischen wirtschaftlicher Einheit und rechtlicher Vielfalt. Er führt dazu, daß die Einzelabschlüsse der Konzernunternehmen für die Kapitalgeber stark an Aussagekraft verlieren. So kann z.B. die Konzernspitze aufgrund ihrer Leitungsmacht die Einzelabschlüsse durch die Gestaltung von Verrechnungspreisen bei konzerninternen Transaktionen und die damit verbundene Verlagerung von Gewinnen gezielt beeinflussen (Schenk 1997, S. 133 ff.). Zudem berücksichtigen die Einzelabschlüsse nicht die gegenseitige wirtschaftliche Abhängigkeit der in den Konzern einbezogenen Unternehmen und den aufgrund der einheitlichen Leitung bestehenden Risikoverbund.

Durch die Pflicht zur Aufstellung eines Konzernabschlusses soll diesen konzernspezifischen Risiken Rechnung getragen und die aus den Einzelabschlüssen resultierenden Informationsdefizite beseitigt werden (Coenenberg 1997, S. 422). Die Konzernrechnungslegung liefert Informationen über das Gesamtgebilde „Konzern", indem sie die Einzelabschlüsse zu einem Abschluß zusammenfügt. Allerdings soll der Konzernabschluß die Einzelabschlüsse der Konzernunternehmen nicht ersetzen, sondern nur ergänzen. Zu beachten ist außerdem, daß der Konzernabschluß im Gegensatz zum Einzelabschluß nur eine Informationsfunktion, jedoch *keine Ausschüttungsbemessungsfunktion* besitzt, da die Ausschüttungsregelungen weiterhin an den Bilanzen der einzelnen rechtlichen Einheiten des Konzerns ansetzen.

Die Erstellung des Konzernabschlusses hat gemäß der sogenannten *Einheitstheorie* zu erfolgen, wonach ein Konzernabschluß die Vermögens-, Finanz- und Ertragslage der einbezogenen Unternehmen so darzustellen hat, als ob diese Unternehmen insgesamt ein einziges Unternehmen wären (§ 297 Abs. 3 HGB). Diese *Fiktion der rechtlichen Einheit* hat zur Folge, daß die einzelnen Konzernunternehmen quasi als unselbständige Betriebsabteilungen zu betrachten sind. Die Erstellung des Konzernabschlusses entspricht demnach nicht nur einer reinen Addition der einzelnen Bilanz- und GuV-Positionen, sondern macht auch Korrekturen (sog. *Konsolidierungsmaßnahmen*) bei summierten Positionen erforderlich, die nur aufgrund der rechtlichen Selbständigkeit der einzelnen Konzernunternehmen entstanden sind (Wagenhofer 1995, S. 134).

Im folgenden können nur einige grundlegende Aspekte der Konzernrechnungslegung besprochen werden. Dargestellt werden soll insbesondere, wer unter welchen Bedingungen einen Konzernabschluß aufzustellen hat, was ein solcher Abschluß grundsätzlich einzubeziehen hat und welche zusätzlichen Rechnungslegungsaspekte gegenüber den Einzelabschlüssen grundsätzlich zu berücksichtigen sind.

5.2 Aufstellungspflichten

5.2.1 Die grundsätzliche Aufstellungspflicht nach HGB und PublG

Welche Unternehmen einen Konzernabschluß aufzustellen haben, kann dem HGB und dem PublG entnommen werden.

Kapitalgesellschaften sind grundsätzlich zur Konzernrechnungslegung verpflichtet, wenn sie eine der beiden im § 290 HGB definierten Bedingungen erfüllen:

- Nach § 290 Abs. 1 HGB muß eine Kapitalgesellschaft mit Sitz im Inland einen Konzernabschluß und einen Konzernlagebericht dann aufstellen, wenn sie über ein anderes Unternehmen die *einheitliche Leitung* tatsächlich ausübt und außerdem eine Beteiligung nach § 271 Abs. 1 HGB an diesem Unternehmen hält. Nach herrschender Meinung liegt einheitliche Leitung dann vor, wenn im Unternehmensverbund „zumindest ein wichtiger Unternehmensbereich, insbesondere etwa die Finanzierung sowie die langfristige Geschäftspolitik und die grundsätzlichen Fragen der Geschäftsführung zentral geplant und hierarchisch koordiniert" (Schildbach 1996b, S. 20) werden.
- Eine Kapitalgesellschaft ist auch dann zur Aufstellung eines Konzernabschlusses verpflichtet, wenn sie eine der drei in § 290 Abs. 2 HGB aufgeführten Rechtspositionen inne hat (dabei ist es unerheblich, ob die einheitliche Leitung tatsächlich ausgeübt wird). Ein solches sogenanntes *Control-Verhältnis* liegt vor, wenn einer Kapitalgesellschaft (Muttergesellschaft) bei einer Tochtergesellschaft
  1. die Mehrheit der Stimmrechte der Gesellschafter zusteht,
  2. das Recht zusteht, die Mehrheit der Mitglieder des Verwaltungs-, Leitungs- oder Aufsichtsorgans zu bestellen oder abzuberufen, und sie gleichzeitig Gesellschafter ist oder
  3. das Recht zusteht, einen beherrschenden Einfluß aufgrund eines mit diesem Unternehmen geschlossenen Beherrschungsvertrages oder aufgrund einer Satzungsbestimmung des Unternehmens auszuüben.

Der generellen Pflicht zur Aufstellung eines Konzernabschlusses unterliegen schließlich nach § 11 Abs. 1 PublG auch Nichtkapitalgesellschaften, wenn sie die einheitliche Leitung über ein anderes Unternehmen ausüben und an drei aufeinanderfolgenden Stichtagen jeweils zwei der drei folgenden Bedingungen zutreffen:
- Konzernbilanzsumme > 125 Mio. DM,
- Konzernumsatzerlöse > 250 Mio. DM,
- Zahl der Arbeitnehmer bei inländischen Unternehmen > 5.000.

5.2.2 Befreiung von der Pflicht zur Teilkonzernrechnungslegung

In einem mehrstufigen Konzern besteht auch für eine Tochtergesellschaft, die zugleich Muttergesellschaft eines Teilkonzerns ist, die grundsätzliche Pflicht zur Aufstellung eines (Teil-)konzernabschlusses, sofern eine der im § 290 Abs. 2 HGB dargestellten Voraussetzungen des Control-Konzeptes erfüllt ist (sogenanntes *Tannenbaumprinzip*). Aus § 290 Abs. 1 HGB hingegen kann sich eine derartige Aufstellungspflicht nicht ergeben, da die einheitliche Leitung nach herrschender Meinung nicht teilbar ist und nur von der Muttergesellschaft auf der obersten Stufe eines Konzerns ausgeübt werden kann. Sowohl aus Gründen der Wirtschaftlichkeit als auch aufgrund von Vorbehalten gegenüber dem Aussagegehalt von Teilkonzernabschlüssen hat der Gesetzgeber Ausnahmen vom Tannenbaumprinzip zugelassen. Von der Pflicht zur Aufstellung eines Teilkonzernabschlusses können Unternehmen auf untergeordneten Konzernebenen dann befreit werden, wenn ein übergeordnetes Mutterunternehmen einen sogenannten *befreienden Konzernabschluß* aufstellt, der vom Gesetz vorgegebenen Mindestanforderungen entspricht. Hinsichtlich dieser Mindestanforderungen wird dabei zwischen übergeordneten Mutterunternehmen, die ihren Sitz innerhalb der EU haben (§ 291 HGB) und übergeordneten Mutterunternehmen, die ihren Sitz außerhalb der EU haben (§ 292 HGB), unterschieden.

5.2.3 Größenabhängige Befreiungen

Eine generelle Befreiung von der Konzernrechnungslegungspflicht sieht das HGB für (nicht börsennotierte) Konzerne vor, die an zwei aufeinanderfolgenden Abschlußstichtagen zwei der drei im § 293 HGB festgelegten Schwellenwerte für die Größenmerkmale Bilanzsumme, Umsatzerlöse und durchschnittliche Anzahl der beschäftigten Arbeitnehmer nicht überschreiten. Die Ermittlung der Größenmerkmale kann dabei wahlweise nach zwei Methoden erfolgen:
- Bei der in § 293 Abs. 1 Nr. 1 HGB beschriebenen *Bruttomethode* ermittelt man die für den Konzern geltenden Größenmerkmale durch einfache Addition der jeweiligen Einzelabschlußwerte der in den Konzernabschluß einzubeziehenden Unternehmen. Konsolidierungsmaßnahmen aufgrund konzerninterner Beziehungen bleiben bei dieser Methode unberücksichtigt.
- Die in § 293 Abs. 1 Nr. 2 HGB dargestellte *Nettomethode* legt die Werte eines potentiellen Konzernabschluß zugrunde, der sich nach Addition der Einzelabschlüsse der Konzernunternehmen und nach Durchführung von Konsolidierungsmaßnahmen ergibt.

Die für die Bruttomethode und für die Nettomethode geltenden Grenzwerte der Größenmerkmale sind in Tab. 5 zusammengefaßt:

	Bilanzsumme	Umsatzerlöse	Durchschnittliche Arbeitnehmerzahl
Bruttomethode	63,72 Mio. DM	127,44 Mio. DM	500
Nettomethode	53,10 Mio. DM	106,20 Mio. DM	500

Tab 5: Grenzwerte für die größenabhängige Befreiung von der Konzernrechnungslegungspflicht

5.2.4 Befreiungen nach dem Kapitalaufnahmeerleichterungsgesetz (KapAEG)

Über das KapAEG, das die Wettbewerbsfähigkeit deutscher Konzerne an internationalen Kapitalmärkten verbessern soll, wurde eine weitere Befreiungsregelung in das HGB aufgenommen. Nach § 292 a HGB sind *börsennotierte* Unternehmen, die Mutterunternehmen eines Konzerns sind, von der Konzernrechnungslegungspflicht nach den Regelungen des HGB befreit, wenn sie ihren Konzernabschluß und Konzernlagebericht nach Rechnungslegungsgrundsätzen aufstellen, die international vorgeschrieben oder anerkannt sind. Abschluß und Bericht sind in deutscher Sprache und DM nach den §§ 325, 328 HGB offenzulegen.

Mit der Regelung des § 292 a HGB soll berücksichtigt werden, daß im internationalen Bereich bei börsennotierten Unternehmen ganz überwiegend nur noch Konzernabschlüsse nach angloamerikanischen Rechnungslegungsrundsätzen akzeptiert werden. Deutsche Konzerne, die - z.B. zum Zwecke der Zulassung an einer ausländischen Börse - einen Konzernabschluß nach diesen Grundsätzen aufstellen (eine Übersicht über die Anwendung internationaler Standards in Abschlüssen deutscher Unternehmen findet sich bspw. in Ordelheide 1998, S. 33-51), sollen nicht durch Kosten belastet werden, die durch die zusätzliche Aufstellung eines Konzernabschlusses nach den Regelungen des HGB entstehen würden.

Die Befreiungsregelung des § 292 a HGB ist bis zum Ende des Jahres 2004 befristet. Damit ist die Erwartung verbunden, daß bis spätestens zu diesem Zeitpunkt gesetzesreife Vorschläge für die Anpassung der deutschen Konzernrechnungslegungsvorschriften an internationale Regelungen erarbeitet werden.

Im Zusammenhang mit der Konzernrechnungslegung steht eine Befreiungsregelung, die ebenfalls im Rahmen des KapAEG in das HGB eingearbeitet wurde. Der neue § 264 Abs. 3 HGB sieht vor, daß eine Kapitalgesellschaft, die Tochterunternehmen eines nach § 290 HGB zur Aufstellung eines Konzernabschlusses verpflichteten Mutterunternehmens ist, unter bestimmten Bedingungen die ergänzenden Vorschriften des 2. Abschnitts für Kapitalgesellschaften, die den Einzelabschluß (§§ 264 - 289 HGB), die Prüfung (§§ 316 - 324 HGB) und die Offenlegung (§§ 325 - 329 HGB) betreffen, nicht anzuwenden braucht. Wesentliche Voraussetzung für die Befreiung ist, daß das Mutterunternehmen zur Verlustübernahme nach § 302 HGB verpflichtet ist oder eine solche Verpflichtung freiwillig übernommen hat und das Tochterunternehmen in den Konzernabschluß des Mutterunternehmens einbezogen worden ist. Außerdem müssen alle Gesellschafter des Tochterunternehmens der Befreiung für das jeweilige Geschäftsjahr zugestimmt haben.

5.3 Einbeziehungspflichten

Gemäß § 294 Abs. 1 HGB gilt das sogenannte *Weltabschlußprinzip*. Danach sind grundsätzlich das Mutterunternehmen und alle Tochterunternehmen ohne Rücksicht auf ihren Sitz in den Konzernabschluß einzubeziehen. Ausnahmen von diesem Grundsatz finden sich allerdings in den §§ 295 und 296 HGB.

Ein *Einbeziehungsverbot* gibt es für Unternehmen, deren Tätigkeit sich derart von der Tätigkeit der anderen einbezogenen Unternehmen unterscheidet, daß eine Einbeziehung in den Konzernabschluß mit der Verpflichtung, ein den tatsächlichen Verhältnissen entsprechendes Bild der Vermögens- Finanz- und Ertragslage des Konzerns zu vermitteln, unvereinbar ist (§ 295 Abs. 1 HGB).

Einbeziehungswahlrechte stehen dem Mutterunternehmen dann zu, wenn
- erhebliche und andauernde Beschränkungen die Ausübung bestimmter Rechte des Mutterunternehmens gegenüber dem Tochterunternehmen nachhaltig beeinträchtigen (§ 296 Abs. 1 Nr. 1 HGB),
- die für die Aufstellung des Konzernabschlusses erforderlichen Angaben des Tochterunternehmens nicht ohne unverhältnismäßig hohe Kosten oder Verzögerungen zu erhalten sind (§ 296 Abs. 1 Nr. 2 HGB),
- die Anteile des Tochterunternehmens nur zum Zwecke der Weiterveräußerung gehalten werden (§ 296 Abs. 1 Nr. 3 HGB),
- Tochterunternehmen für die Verpflichtung, ein den tatsächlichen Verhältnissen entsprechendes Bild der Vermögens-, Finanz- und Ertragslage des Konzerns zu vermitteln, von untergeordneter Bedeutung sind (§ 296 Abs. 2 HGB).

5.4 Die Konsolidierungsmaßnahmen

Bevor mit den eigentlichen Konsolidierungsmaßnahmen begonnen werden kann, sind die Einzelabschlüsse der einzubeziehenden Unternehmen für die Konsolidierung vorzubereiten. Gemäß der Einheitstheorie müssen im Konzernabschluß einheitliche Ansatz- und Bewertungsmethoden zur Anwendung kommen. Das HGB schreibt vor, daß sich der Ansatz und die Bewertung von Konzernbilanzpositionen an den Vorschriften, die für das Mutterunternehmen gelten, auszurichten haben (vgl. für die Ansatzvorschriften § 300 Abs. 2 HGB, für die Bewertungsvorschriften § 308 Abs. 1 HGB). Sofern ein in den Konzernabschluß einzubeziehendes Unternehmen in seinem Einzelabschluß nach vom Recht des Mutterunternehmens abweichenden Methoden bilanziert hat, hat es diese Methoden durch Erstellung einer sogenannten *Handelsbilanz II* an die konzerneinheitliche Vorgehensweise anzupassen. Bei der Aufstellung dieser Handelsbilanz II ist zu beachten, daß die nach dem Recht des Mutterunternehmens zulässigen Ansatz- und Bewertungswahlrechte grundsätzlich auch für die Aktiva und Passiva des Mutterunternehmens neu ausgeübt werden können. Die bei einem ausländischen Tochterunternehmen notwendige Währungsumrechnung wird ebenfalls bei der Erstellung der Handelsbilanz II vorgenommen.

Im nächsten Schritt sind die einzelnen Positionen der Einzelabschlüsse (bzw. Handelsbilanzen II) zu einer sogenannten *Summenbilanz* zu addieren.

Die eigentlichen Konsolidierungsmaßnahmen setzen an der aus den Einzelabschlüssen gebildeten Summenbilanz an. Sie nehmen Korrekturen an den summierten Positionen vor, die sich nur aufgrund der rechtlichen Selbständigkeit der Konzernunternehmen ergeben und in einem auf der Fiktion der rechtlichen Einheit basierenden Konzernabschluß keinen Platz haben

Im Rahmen der *Kapitalkonsolidierung* (§§ 301, 302, 310, 312 HGB) werden der Buchwert der Beteiligung am Tochterunternehmen aus dem Einzelabschluß des Mutterunternehmens und das hierauf entfallende Eigenkapital, wie es sich aus dem Einzelabschluß des Tochterunternehmens ergibt, gegeneinander aufgerechnet. Aus einheitstheoretischer Sicht ist diese Aufrechnung notwendig, weil es in einem einheitlichen Unternehmen keine Beteiligungen zwischen Betriebsabteilungen geben kann.

Auch bilanzierungsfähige Schuldverhältnisse zwischen unselbständigen Betriebsabteilungen sind in einem einheitlichen Unternehmen nicht möglich. Deshalb werden im Rahmen der *Schuldenkonsolidierung* (§ 303 HGB) die zwischen den einzelnen einbezogenen Unternehmen bestehenden Forderungen und Verbindlichkeiten gegeneinander aufgerechnet.

Im Rahmen der *Zwischenergebniselimierung* (§ 304 HGB) werden solche Gewinne eliminiert, die aus Lieferungen und Leistungen zwischen Konzernunternehmen resultieren, jedoch aus Konzernsicht noch nicht durch einen Umsatzakt mit einem außerhalb des Konzerns stehenden Vertragspartner realisiert sind und daher in der Konzernbilanz nicht ausgewiesen werden dürfen.

Auch die Konzern-GuV soll gemäß der Einheitstheorie strukturell der GuV eines einheitlichen Unternehmens entsprechen. Dies bedingt, daß Aufwendungen und Erträge, die aufgrund von Transaktionen zwischen den in den Konzernabschluß einbezogenen Unternehmen entstanden sind, im Rahmen der *GuV-Konsolidierung* (§ 305 HGB) zu eliminieren sind.

Die bei den einzelnen Konsolidierungsmaßnahmen erfolgenden Aufrechnungen von Bilanzpositionen sind immer dann einfach, wenn die aufzurechnenden Posten gleich groß sind. In den meisten Fällen ist dies jedoch nicht der Fall. Die zweckmäßige Aufteilung der entstehenden *Unterschiedsbeträge* auf Positionen der Konzernbilanz und ihre Auflösung im Zeitablauf sind ebenfalls im Rahmen obiger Konsolidierungsmaßnahmen vorzunehmen. (vgl. zu einer ausführlichen Beschreibung der Konsolidierungsmaßnahmen z.B. Busse von Colbe/Ordelheide 1993).

5.5 Das Stufenkonzept

Für Tochterunternehmen im Sinne des § 290 HGB ist - sofern nicht die Ausnahmeregelungen der §§ 295, 296 HGB gelten - stets eine *Vollkonsolidierung* vorzunehmen. D.h. unabhängig vom Beteiligungsprozentsatz des Mutterunternehmens am Tochterunternehmen werden sämtliche Vermögensgegenstände und Schulden des Tochterunternehmens - unter Umständen bereinigt um Korrekturen im Sinne der Einheitstheorie - in den Konzernabschluß übernommen. Das anteilig auf andere Gesellschafter entfallende Eigenkapital wird bei der Vollkonsolidierung ebenfalls in die Konzernbilanz aufgenommen und unter der Position „Ausgleichsposten für Anteile anderer Gesellschafter" ausgewiesen.

Auf welche Art und Weise Beteiligungen des Mutterunternehmens an Unternehmen, die keine Tochterunternehmen im Sinne des § 290 HGB sind, im Konzernabschluß behandelt werden, hängt von der Intensität der Beteiligungsbeziehungen ab (*Stufenkonzept*).

Für Unternehmen, die von einem Konzernunternehmen und einem oder mehreren konzernfremden Unternehmen gemeinsam geleitet werden, (sogenannte *Gemeinschaftsunternehmen*), hat der Gesetzgeber die *Quotenkonsolidierung* (als Wahlrecht neben der nachfolgend erörterten Equity-Methode) vorgesehen (§ 310 HGB). Im Gegensatz zur Vollkonsolidierung werden bei der Quotenkonsolidierung die Bilanzpositionen des Gemeinschaftsunternehmens nur mit dem der Beteiligungsquote entsprechenden Wert in die Konzernbilanz übernommen. Ein

Ausgleichsposten für Anteile anderer Gesellschafter entsteht bei dieser Art der Konsolidierung nicht.

Unternehmen, auf die das Mutterunternehmen oder einbezogene Tochterunternehmen einen maßgeblichen Einfluß ausüben (sogenannte *assoziierte Unternehmen*), sind nach der *Equity-Methode* im Konzernabschluß zu berücksichtigen. (§ 311 HGB). Bei der Equity-Methode werden nicht die Vermögensgegenstände und Schulden des assoziierten Unternehmens in die Konzernbilanz übernommen. Vielmehr wird der Wertansatz der Beteiligung für den Konzernabschluß modifiziert. Die Beteiligung am assoziierten Unternehmen wird in der Konzernbilanz nicht zu Anschaffungskosten, sondern „at equity" bewertet, d.h. der Wertansatz der Beteiligung wird um die anteiligen Eigenkapitalveränderungen (z.B. Gewinnthesaurierungen, Gewinnausschüttungen) laufend angepaßt.

Anteile von Konzernunternehmen an Unternehmen im Sinne des § 271 Abs. 1 schließlich, für die keine der oben beschriebenen Bedingungen zutreffen, sind im Konzernabschluß einfach als Beteiligungen nach der Anschaffungskostenmethode zu bilanzieren.

6 Ausblick

Die obigen Ausführungen zu den durch das KapAEG ermöglichten Befreiungsregelungen lassen bereits erkennen, daß sich das deutsche Bilanzrecht im Zuge der fortschreitenden Bemühungen deutscher Unternehmen, internationale Kapitalmärkte in Anspruch zu nehmen, im Umbruch befindet. Diese Entwicklung wird auch durch das jüngst verabschiedete KonTraG deutlich, das – angelsächsischen Vorbildern folgend – über die neugeschaffenen §§ 342 und 342a HGB die Anerkennung eines privaten Rechnungslegungsgremiums sowie ggf. die Einrichtung eines Rechnungslegungsbeirats beim Bundesministerium der Justiz vorsieht. Tatsächlich hat sich bereits unmittelbar nach der Verabschiedung des KonTraG ein *Deutsches Rechnungslegungs Standards Committee* (DRSC) gebildet, das international unter dem Namen *German Accounting Standards Committee* (GASC) auftritt. Seine Funktion besteht unter anderem darin, in den für die Fortentwicklung internationaler Rechnungslegungsregeln wichtigen Gremien (etwa das *International Accounting Standards Committee* (IASC) in London) mitzuarbeiten und dort Positionen einzubringen, die als repräsentativ für die deutsche Rechnungslegung gelten können.

Bezogen auf die Regulierung der Rechnungslegung in Deutschland hat ein Gremium wie das DRSC gemäß § 342 Abs. 1 HGB vornehmlich die Aufgabe, Empfehlungen im Bereich der Konzernrechnungslegung zu erarbeiten und bei rechnungslegungsbezogenen Gesetzgebungsverfahren beratend tätig zu werden. Die bereits oben im Zusammenhang mit dem KapAEG erwähnte Anpassung der deutschen Normen zur Konzernrechnungslegung an internationale Standards dürfte mithin vornehmlich vom DRSC moderiert werden.

Ob die durch das KapAEG und das KonTraG vorgenommene Betonung der Konzernrechnungslegung auch Konsequenzen für die Einzelabschlüsse (und damit letztlich auch für die Ausschüttungsbemessungsfunktion) im Sinne einer sukzessiven Adaption internationaler Regeln haben wird, ist derzeit schwer zu sagen.

Ein gewisser „faktischer Druck" in diese Richtung könnte zunächst aus dem Kostenargument erwachsen. Wenn man nämlich der Ansicht ist, daß die derzeitigen Befreiungsregeln des KapAEG sinnvoll sind, um deutschen Konzernen Wettbewerbsnachteile wegen der Kosten doppelter Rechnungslegungen zu ersparen, trifft ein solches Argument grundsätzlich auch auf das Verhältnis zwischen einer künftig international ausgerichteten Konzernrechnungslegung und einer an nationalen GoB orientierten Einzelrechnungslegung zu.

Andererseits muß bedacht werden, daß eine solche Anpassung der Einzelabschlüsse nicht zwingend den Wegfall verschiedener, parallel zu führender Rechenwerke impliziert. Wie bspw. Erfahrungen aus den USA zeigen, wird dort die Ausschüttungsbemessungsfunktion zumeist durch private Kreditverträge gewährleistet, in denen sich die Unternehmen verpflichten, die diesbezüglich vorzulegenden Zahlen auf der Basis von Bilanzierungsregeln aufzustellen, die sich von denjenigen der „offiziellen" Bilanz zum Teil deutlich unterscheiden (Leftwich, 1983) und oftmals dem ähneln, was im deutschen Einzelabschluß üblich ist. Selbst bei Adaption internationaler Grundsätze im Einzelabschluß dürften mithin in gewissem Umfang parallele Rechenwerke zu erstellen sein, um den unterschiedlichen Funktionen gerecht zu werden. In einem vertraglichen Rahmen lassen sich die für die Ausschüttungsbemessungsfunktion vorgesehenen Zahlen und Restriktionen freilich besser an die konkrete Unternehmenssituation anpassen, was eine spezifischere Erfüllung dieser Funktion ermöglichen kann.

Als sicher kann wohl gelten, daß die externe Rechnungslegung (insbesondere die Konzernrechnungslegung) in Deutschland in den nächsten Jahren nicht unerhebliche Veränderungen in Richtung einer größeren Angleichung an international gebräuchliche Standards erfahren wird.

Literaturverzeichnis

Adler, H., Düring, W., Schmaltz K. (1995), Rechnungslegung und Prüfung der Unternehmen, 6. Aufl., bearb. von: K.-H. Forster, R. Goerdeler, J. Lanfermann, H.-P. Müller, W. Müller, G. Siepe und K. Stollberg, Stuttgart 1995

Baetge, J. (1996), Bilanzen, 4. Aufl., Düsseldorf 1996

Buchner, R. (1997), Buchführung und Jahresabschluß, 5. Aufl., München 1997

Busse von Colbe, W., Ordelheide, D. (1993), Konzernabschlüsse, 6. Aufl., Wiesbaden 1993

Coenenberg, A. G. (1997), Jahresabschluß und Jahresabschlußanalyse, 17. Aufl., Landsberg/Lech 1997

DeAngelo, H. (1981), Competition and Unanimity, in: American Economic Review, Vol. 71 (1981), S. 18-27

Eisele, W. (1993), Technik des betrieblichen Rechnungswesens, 5. Aufl., München 1993

Ewert, R. (1986), Rechnungslegung, Gläubigerschutz und Agency-Probleme, Wiesbaden 1986

Freidank, C.-C., Eigenstetter, H. (1992), Finanzbuchhaltung und Jahresabschluß, Bd. 1, Stuttgart 1992

Gabele, E., Mayer, H. (1996), Buchführung, 6. Aufl., München 1996

Haeger, B. (1990), Zur Aufhebung des strengen Wertzusammenhangs im Steuerrecht, in: Der Betrieb, 43. Jg. (1990), S. 541-547

Kloock, J. (1996), Bilanz- und Erfolgsrechnung, 3. Aufl., Düsseldorf 1996

Leftwich, R. (1983), Accounting Information in Private Markets: Evidence from Private Lending Agreements, in: The Accounting Review, Vol. 58 (1983), S. 23-42

Leuz, C. (1997), Rechnungslegung und Kreditfinanzierung, Frankfurt am Main u.a. 1997

Ordelheide, D. (1993), Externes Rechnungswesen, in: Bitz, M. u.a. (Hrsg.), Vahlens Kompendium der Betriebswirtschaftslehre, Bd. 2., 3. Aufl., München 1993, S. 219-314

Ordelheide, D. (1998), Wettbewerb der Rechnungslegungssysteme IAS, US-GAAP und HGB – Plädoyer für eine Reform des deutschen Bilanzrechts -, in: Börsig, C., Coenenberg, A.G. (Hrsg.), Controlling und Rechnungswesen im internationalen Wettbewerb, Stuttgart 1998, S. 15-53

Schenk, G. (1997), Konzernbildung, Interessenkonflikte und ökonomische Effizienz, Frankfurt/Main u.a. 1997

Schildbach, T. (1996a), Der handelsrechtliche Jahresabschluß, 5. Aufl., Herne u.a. 1996

Schildbach T. (1996b), Der handelsrechtliche Konzernabschluß, 4. Aufl., München u.a. 1996

Schöttler, J., Spulak, R. (1996), Technik des betrieblichen Rechnungswesens, 8. Aufl., München, Wien 1996

Seeliger, G. (1962), Der Begriff des wirtschaftlichen Eigentums im Steuerrecht, Stuttgart 1962

Streim, H. (1988), Grundzüge der handels- und steuerrechtlichen Bilanzierung, Stuttgart u.a. 1988

Wagenhofer, A. (1990), Informationspolitik im Jahresabschluß, Heidelberg 1990

Wagenhofer, A. (1995): Bilanzierung und Bilanzanalyse, 5. Aufl., Wien 1995

Wagner, F.W. (1978), Kapitalerhaltung, Geldentwertung und Gewinnbesteuerung, Berlin u.a. 1978

Wöhe, G., Kußmaul, H. (1996), Grundzüge der Buchführung und Bilanztechnik, 2. Aufl., München 1996

15 Wirtschaftsprüfung und Revision

Dirk Hachmeister

Inhaltsverzeichnis

1 Grundlagen	201
1.1 Begriff und Definition von Prüfung	201
1.2 Nachfrage nach Wirtschaftsprüfung	202
1.3 Systematisierung von Wirtschaftsprüfung	203
2 Institutionelle Rahmenbedingungen für Jahresabschlußprüfungen	206
2.1 Fragestellungen institutioneller Regelungen	206
2.2 Prüfungspflicht und -zeitrahmen	207
2.3 Bestellung	208
2.4 Gesetzlich dokumentierte, aus dem Gesetz ableitbare und berufsständische Prüfungszwecke und –ziele	208
2.4.1 Prüfungsobjekte und -umfang	208
2.4.2 Prüfungsvorgehen	211
2.5 Gesetzlich vorgeschriebene Form der Ergebnismitteilung	212
2.5.1 Bestätigungsvermerk	212
2.5.2 Prüfungsbericht	214
2.6 Sicherung der Qualität durch Gesetz und Berufsstand	216
2.6.1 Bedeutung, Probleme und Institutionen der Qualitätssicherung	216
2.6.2 Zulassungsvoraussetzungen	217
2.6.3 Berufsgrundsätze	218
2.6.4 Empfehlungen zur Quality Control	223
2.6.5 Haftung	224
3 Bemerkungen zur Durchführung von Jahresabschlußprüfungen	226
3.1 Risikoorientierte Abschlußprüfung	226
3.2 Analyse des Mandantenumfelds und Prüfungsplanung	229
3.2.1 Auftragsannahme und vorbereitende Prüfungshandlungen	229
3.2.2 Allgemeine Prüfungsplanung	230
3.3 Prüfung des internen Kontrollsystems	232
3.4 Ergebnisorientierte Prüfungshandlungen (Kontenprüfung)	234
3.4.1 Verhältnis zur Prüfung des internen Kontrollsystems	234
3.4.2 Analytische Prüfungshandlungen (Plausibilitätsbeurteilung)	235
3.4.3 Stichprobenprüfungen	237

3.5 Entscheidungen über das Prüfungsurteil 238
    3.5.1 Wesentlichkeit 238
    3.5.2 Urteilsbildung 239
Literaturverzeichnis 241

1 Grundlagen

1.1 Begriff und Definition von Prüfung

In der Literatur werden die Begriffe Überwachung, Kontrolle und Prüfung (Revision) unterschiedlich abgegrenzt. Nach der hier verwendeten Abgrenzung wird Überwachung als Oberbegriff verwendet; Prüfung und Kontrolle werden als Teilbereiche der umfassenderen Überwachung verstanden: Bei der Prüfung ist die Überwachungshandlung nicht fest mit dem betrieblichen Ablauf verbunden und der Überwacher nicht für das Ergebnis der überwachten Prozesse verantwortlich. Bei der Kontrolle hingegen ist die Überwachung mit dem betrieblichen Ablauf fest verbunden oder der Überwacher auch für den überwachten Prozeß verantwortlich (Baetge 1992, Sp. 2038 f.).

Prüfungen kann man weiter differenzieren, ob sie von unternehmensexternen oder unternehmensinternen Prüfern vorgenommen werden. Externe Prüfungen erfolgen im Interesse der Kapitalgeber oder der Öffentlichkeit, während interne Prüfungen durch das Management veranlaßt werden. Der Unterschied zwischen interner und externer Prüfung ergibt sich nicht nur aus der notwendigen Unabhängigkeit des externen Prüfers, sondern auch aus der Herkunft der Normen, an denen sich die externe Prüfung auszurichten hat. Diese orientieren sich nicht mehr am Zielsystem der Unternehmensleitung. Wegen der besonderen Bedeutung für den Kapitalmarkt und der institutionellen Rahmenbedingungen verengt sich die Darstellung im folgenden auf die externe Prüfung (Wirtschaftsprüfung).

Eine theoretische Grundlage für den Prüfungsprozeß bildet der sog. meßtheoretische Ansatz, der Prüfungen als Soll-Ist-Vergleich interpretiert. Festgestellte Abweichungen bilden die Grundlage für die Einzelurteile und das Gesamturteil. Der folgende, vereinfachte Ablauf kann als Beschreibung des Prüfungsprozesses vorangestellt werden (v. Wysocki 1988, S. 1 f.; Baetge 1992, Sp. 1039 f.):
1. Auswahl und Ermittlung der Quantität oder Qualität eines realisierten Zustands oder Vorgangs (Ist-Objekt);
2. Ermittlung eines (gedachten) Zustands oder Vorgangs, der als Referenzpunkt dient (Soll-Objekt);
3. Vergleich von Ist-Objekt und Soll-Objekt und Ermittlung der Unterschiede;
4. Beurteilung der ermittelten Abweichung;
5. Aggregation der Teilurteile zu einem Gesamturteil;
6. Mitteilung des Prüfungsergebnisses.

Als Urteilsmitteilung werden auch Verbesserungsempfehlungen verstanden, so daß die Korrekturfunktion von Prüfungen, die den Geprüften veranlassen soll, aufgedeckte Fehler zu verbessern, nicht vernachlässigt wird. Werden keine Abweichungen festgestellt, kann dies auch der Präventivfunktion von Prüfungen zugeschrieben werden.

Auch wenn der Eindruck eines mechanischen Prozesses erweckt wird und der meßtheoretische Prüfungsansatz versucht, konkrete Handlungsempfehlungen zu geben, wie Abweichungen ermittelt und gemessen werden (v.Wysocki 1988, S. 9 f.), darf nicht vergessen werden, daß Wirtschaftsprüfung durch Menschen erfolgt, und individuelle oder gruppenspezifische Verhaltensweisen bei allen oben genannten Prozeßschritten zu beachten sind (Egner 1992, Sp. 1566, 1572-1575). Leider fehlen in Deutschland empirische Untersuchungen zum Prüferverhalten weitgehend (Richter 1997). Daher und wegen der nötigen Beschränkung werden diese Aspekte im folgenden nicht mehr explizit angesprochen, wenngleich sie relevant sind.

1.2 Nachfrage nach Wirtschaftsprüfung

Wirtschaftsprüfung ist eng mit der Entstehung von Auftragsbeziehungen, der Entscheidungswirkung geprüfter Informationen (aus der Rechnungslegung) und dem Wunsch nach Vermögensversicherung verbunden (Wallace 1980, S. 12-23).

Kennzeichen einer Auftragsbeziehung sind die Delegation von Handlungen und eine asymmetrische Informationsverteilung zwischen dem Agenten und dem Prinzipal. Aufgrund dieser asymmetrischen Informationsverteilung können die Handlungen des Agenten nicht vollständig beobachtet werden. Gleichzeitig beeinflußt der Agent mit seinen Handlungen nicht nur den Nutzen des Prinzipals, sondern auch seinen eigenen. Da der Agent bei der Wahl der Handlungen nicht nur die Interessen seiner Auftraggeber beachtet, sondern seine eigenen, unterliegen die Ansprüche aus Verträgen nicht nur einer exogenen Umweltunsicherheit, sondern auch der Unsicherheit über das Verhalten des Agenten. Der Prinzipal wird derartige Risiken antizipieren, so daß möglicherweise die Vorteile für den Agenten aus den Handlungsfreiräumen kompensiert werden. Daher ist es in seinem ureigensten Interesse, diese Freiräume zu verringern, um günstige Konditionen bei Vertragsverhandlungen zu erhalten (Wallace 1980, S. 12-14).

Somit sind Prüfungen auch im Interesse des Geprüften, weil er seine Rechtschaffenheit (trotz Interessenkonflikt) glaubhaft belegen kann. Prüfungsrechte können dabei eigenständige Wirkungen entfalten oder zur Unterstützung anderer Absicherungsmaßnahmen herangezogen werden. Geprüfte Rechenschaft über abgewickelte Geschäfte oder den Stand laufender Geschäfte soll zuverlässiges Wissen über Geschäfte und daraus resultierende Wirkungen auf überlassenes Vermögen liefern. Zudem wird ein Agent, dessen Handlungen oder Rechenschaft später überprüft werden, dies bei seinen Handlungen antizipieren, d.h. von vornherein weniger geneigt sein, von vorgegebenen Abmachungen oder Ordnungen abzuweichen (Arens/Loebbecke 1997, S. 2).

Eine zweite Erklärung für die Existenz von Prüfungen sind die Entscheidungswirkungen von Informationen aus der Rechnungslegung. Investoren fragen eine geprüfte Rechnungslegung nach, weil sie ihnen hilft, die Wirkung vergangener, gegenwärtiger oder zukünftiger Ereignisse zu prognostizieren (predictive value) bzw. frühere Erwartungen anzupassen (feedback value). Prüfungen führen dazu, daß Informationen, die eine Rechnungslegung liefern kann, weniger "verrauscht" und verzerrt und somit zuverlässiger sind. Geprüfte Information soll Risiken mindern und die Entscheidungsfindung fundieren (Wallace 1980, S. 16 f.).

Beide Motive sind zwar notwendig, aber nicht hinreichend, eine Drittprüfung durch einen unabhängigen Prüfer zu begründen. Erforderlich ist darüber hinaus die "Komplexität" der Prüfung und die "Entfernung" des Adressaten. Durch die Komplexität können die Adressaten nicht mehr selbst eine Prüfung durchführen, sondern müssen wegen der fehlenden Kenntnisse auf einen sachverständigen Prüfer zurückgreifen. Außerdem führen räumliche Trennung, gesetzliche Hemmnisse, Zeit- oder Kostenaspekte zu einer Entfernung von Adressat und Unternehmen, die die Adressaten an einer Selbstprüfung hindern (Committee on Basic Auditing Concepts 1972, S. 26).

Eine dritte Hypothese, die die Nachfrage nach externen Prüfungsleistungen erklärt, ist die Versicherungsthese. Danach sind zum einen Investoren bereit, eine Prämie zu zahlen, die es ihnen erlaubt, Verluste, die aufgrund eines wesentlichen Fehlers in der Rechnungslegung entstehen, vom Abschlußprüfer zurückzuerhalten (Wallace 1980, S. 21 f.). Die Erklärung beschränkt sich weitgehend auf den angloamerikanischen Rechtsraum, weil die Dritt-Haftung in Deutschland sehr begrenzt ist.

Die Ausführungen zeigen, daß Prüfungen keineswegs nur aufgrund gesetzlicher Vorschriften erfolgen. Es bleibt die Frage, die hier nicht diskutiert werden soll, warum eine gesetzliche Regelung überhaupt notwendig ist. Ein möglicher Grund könnte ein größeres Vertrauen in gesetzliche Normen sein. Wichtiger sind aber Kostengründe, da viele individuelle und frei vereinbarte Prüfungen teurer sind als eine standardisierte (Pflicht-)Prüfung. Aber nicht nur zuviel Nachfrage nach Prüfungen kann der Grund für eine gesetzliche Verpflichtung sein, sondern auch zuwenig. Diese zu geringe oder gar fehlende Nachfrage folgt aus der Eigenschaft einer Prüfung als öffentliches Gut. Da nicht nur der Auftraggeber eine positive Wirkung aus der Prüfung zieht, sondern auch andere Kapitalgeber (Trittbrettfahrer), wird bei rationalen Kapitalgebern niemand eine Prüfung nachfragen, weil andere den Nutzen aus einer Prüfung ziehen können, ohne die Kosten zu haben.

In allen Fällen wird auch deutlich, daß Wirtschaftsprüfung als Drei-Personen-Beziehung verstanden werden muß, wobei zwischen Prüfer und Adressat ebenfalls eine Delegationsbeziehung besteht (Ballwieser 1987). Daher stehen die Kapitalgeber als Adressaten der Prüfungsleistung wieder vor einem Dilemma: Aufgrund der asymmetrischen Informationsverteilung und der Möglichkeit opportunistischen Verhaltens haben sie Probleme, den Sachverstand, die Prüfungsdurchführung und die Integrität des Prüfers einzuschätzen. Ohne die Kenntnis dieser drei Faktoren kann jedoch die Qualität einer Prüfungsleistung nicht beurteilt werden. Das Vertrauen der Kapitalgeber in diese drei Dimensionen der Qualität ist daher der wertvollste Vermögenswert des Wirtschaftsprüfers. Normen des Berufsstandes und des Gesetzgebers sollen die Qualitätssicherung zusätzlich unterstützen, um die Funktionsfähigkeit der Institution Wirtschaftsprüfung sicherzustellen.

1.3 Systematisierung von Wirtschaftsprüfung

Die verschiedenen Anlässe für Wirtschaftsprüfung lassen sich differenzieren nach
- der Rechtsnatur in gesetzlich vorgeschriebene, gesetzlich vorgesehene, vertraglich ausbedungene oder freiwillige Prüfungen;
- der Häufigkeit, in periodische (Abschluß-)Prüfungen oder einmalige (Sonder-)Prüfungen;
- dem Prüfungsträger, in freie Prüfungen oder Vorbehaltsprüfungen;

- der Art des Normensystems, in Recht- und Ordnungsmäßigkeitsprüfung, Wirtschaftlichkeits- und Geschäftsführungsprüfung oder Aufdeckungs- und Unterschlagungsprüfung (v.Wysocki 1988, S. 27).

Im folgenden wird die Rechtsnatur als oberste Systematisierung verwendet, da bei gesetzlich vorgeschriebenen oder gesetzlich vorgesehenen Prüfungen Aussagen über institutionelle Gestaltungen am leichtesten fallen. (Eine Übersicht der gesetzlich vorgeschriebenen und gesetzlich vorgesehenen Prüfungen findet sich bei Kaminski 1996, S. 139-147). Prüfungspflicht, Prüfungsträger, Prüfungsobjekte, Art des Normensystems und Regelmäßigkeit werden insbesondere von (1) Rechtsform, (2) Größe, (3) Wirtschaftszweig und (4) besonderen Eigentumsverhältnissen bestimmt.

1) Rechtsform: Die Prüfungspflicht für Kapitalgesellschaften ist eine Folge der Trennung von Eigentum und Verfügungsmacht und der damit verbundenen Gefahr, insbesondere für Minderheitseigner und Gläubiger, einer nicht sachgerechten Verwendung der anvertrauten Gelder. Die Pflichtprüfung ersetzt ein individuelles Prüfungsrecht der Kapitalgeber und dient so dem Schutz der Gläubiger- und (Minderheits-)Gesellschafter. Bei Genossenschaften bestehen noch wirtschafts- und sozialpolitische Motive an einer geordneten Geschäftsführung, mit denen die Prüfung nach § 53 GenG begründet wird. (v.Wysocki 1988, S. 28).

Die ersten gesetzlich vorgeschriebenen Prüfungen orientierten sich am Kriterium der Rechtsform: 1884 wurde als älteste Pflichtprüfung in Deutschland die aktienrechtliche Gründungsprüfung geschaffen. Sie sollte eine Wiederholung der nach 1871 erfolgten leichtfertigen und betrügerischen Errichtung von Aktiengesellschaften verhindern. Als erste regelmäßige Pflichtprüfung wurde 1889 die Prüfung des Jahresabschlusses und der Geschäftsführung von Genossenschaften vorgeschrieben. Die gesetzliche Verpflichtung zur Prüfung des Jahresabschlusses von Aktiengesellschaften wurde in Deutschland 1931 geschaffen in Folge des Zusammenbruchs großer Aktiengesellschaften, bei denen sich Unregelmäßigkeiten in der Bilanzierung herausstellten (Leffson 1988, S. 4 f.).

2) Größenabhängige Prüfungspflichten: Die größenabhängigen Prüfungspflichten resultieren daraus, daß bei Unternehmen, die bestimmte durch Konvention festgelegte Größenkriterien überschreiten, ein öffentliches, gesamtwirtschaftliches Interesse an ihrer wirtschaftlichen Lage besteht. Bei Aufgabe des Unternehmens ergeben sich weitreichende Konsequenzen für Arbeitnehmer, Kunden, Lieferanten, Fiskus u.a. (v.Wysocki 1988, S. 27 f.). Um die Geschäftsleitung zu besonderer Aufmerksamkeit anzuhalten und um rechtzeitig gegensteuern zu können, treten neben die Pflicht zur Selbstinformation des Kaufmanns die Regelungen der Prüfung und der Publizität.

3) Bestimmte Wirtschaftszweige: Bestimmte Wirtschaftszweige sind wegen ihrer besonderen volkswirtschaftlichen Aufgaben, die einen großen Vertrauensvorschuß erfordern, einer eigenständigen Prüfungspflicht unterworfen. In diesem Zusammenhang sind die besonderen Prüfungsvorschriften für Banken, Kapitalanlagegesellschaften, Versicherungen, Bausparkassen zu nennen, die aus ihren Aufgaben im Rahmen der Geldwirtschaft und als Kapitalsammelstelle resultieren. Zusätzlich zu den Prüfungspflichten ergeben sich noch Meldepflichten gegenüber

speziellen Aufsichtsbehörden (Bundesaufsichtsamt für das Kreditwesen oder Versicherungswesen). Weitere Wirtschaftszweige, die einer besonderen Prüfungspflicht unterliegen, sind u.a. gemeinnützige Wohnungsunternehmen, Krankenhäuser, Makler oder Bauträger (v.Wysocki 1988, S. 27 f.).

4) Besondere Eigentumsverhältnisse (Konzerne und öffentliche Unternehmen): Durch Einbindung in einen Konzern verlieren rechtlich selbständige Unternehmen ihre wirtschaftliche Selbständigkeit. Daher kann die Vermögens-, Finanz- und Ertragslage nur noch bedingt einem Einzelabschluß entnommen werden. Demzufolge sind Konzernabschlüsse aufzustellen, die ebenfalls einer Prüfungspflicht unterliegen. Darüber hinaus bestehen besondere Rechenschaftspflichten, die Vermögensverschiebungen und Risikoverlagerungen offenlegen sollen (Abhängigkeitsbericht nach § 312 AktG).

Prüfungspflichten öffentlicher Unternehmen werden mit der Schutzwürdigkeit öffentlichen Vermögens begründet. Prüfungen haben daher den zweckentsprechenden Einsatz sicherzustellen, so daß auch die wirtschaftlichen Verhältnisse und die Ordnungsmäßigkeit der Geschäftsführung Gegenstand der Prüfung sind; geprüft wird, ob die Grundsätze wirtschaftlicher und sparsamer Wirtschaftsführung beachtet wurden. Prüfungsvorschriften richten sich danach, ob es sich um Wirtschaftsbetriebe ohne eigene Rechtspersönlichkeit (Eigenbetriebe), Unternehmen in der Rechtsform einer juristischen Person des öffentlichen Rechts oder um Beteiligungen an privatrechtlich geführten Unternehmen handelt (v.Wysocki 1988, S. 33 f.).

Während gesetzlich vorgeschriebene Prüfungen verpflichtend sind, eröffnen gesetzlich vorgesehene Prüfungen die Möglichkeit zu prüfen, wobei das Recht auf Prüfung und der zulässige Umfang der Rechte gesetzlich und nicht vertraglich ausbedungen werden. Die Möglichkeit der Prüfung kann bestimmten an der Unternehmensleitung nicht beteiligten Personen vorbehalten werden. Diese Sonderinteressen müssen exakt beschrieben sein, einer Güterabwägung standhalten und aufgrund anderer Rechtstitel nicht ohne weiteres gesichert sein (v.Wysocki 1988, S. 46 f.).

Gesetzlich vorgesehene Prüfungen gibt es im privatwirtschaftlichen Bereich für von der Geschäftsführung ausgeschlossene Gesellschafter gemäß §§ 118 Abs. 1, 166 Abs. 1, 233 Abs. 1 HGB, § 716 BGB und für Minderheiten von Kapitalgesellschaften zur Sonderprüfung bei unzulässiger Unterbewertung gemäß §§ 258 Abs. 1, 2 i.V.m. 278 Abs. 3 AktG, der geschäftlichen Beziehungen einer Aktiengesellschaft zu einem herrschenden oder mit ihm verbundenen Unternehmen gemäß § 315 AktG und von Vorgängen der Gründung oder der Geschäftsführung, namentlich bei Maßnahmen der Kapitalbeschaffung oder -herabsetzung gemäß § 142 AktG.

Prüfungsrechte öffentlicher Stellen werden mit der Aufsichtspflicht begründet. Da es sich um einen Eingriff in die Privatautonomie handelt, sind konkrete gesetzliche Ermächtigungen, festgelegt in Einzelgesetzen und spezifiziert nach Voraussetzungen und Umfang der Prüfung, erforderlich (v.Wysocki 1988, S. 48-52).

Vertraglich ausbedungenen und freien Prüfungen fehlt die gesetzliche Grundlage. Aufgrund der Gestaltungsfreiheit entsprechender Verträge und der damit ver-

bundenen Prüfungsrechte und -umfänge sind kaum Aussagen über die institutionelle Gestaltung möglich. Unternehmensorgane oder Prüfungsberechtigte bestimmen den Gegenstand der Prüfung, die Art des geforderten Urteils und die Auswahl der Prüfer (v.Wysocki 1988, S. 53 f.). Sie lassen sich entsprechend ihrer Ausrichtung klassifizieren in
- Ordnungsprüfungen, die feststellen sollen, ob Gesetz, Gesellschaftsvertrag, Satzung oder innerbetriebliche Anweisungen bei der Rechnungslegung beachtet wurden; in diese Kategorie fallen freiwillige Jahresabschlußprüfungen von Personengesellschaften;
- Institutionenprüfungen, die bestehende oder noch zu schaffende Einrichtungen eines Betriebes (Aufbau- oder Ablauforganisation einzelner Bereiche wie Lagerverwaltung, Rechnungswesen oder Einkauf) auf Zweckmäßigkeit und Wirtschaftlichkeit überprüfen und Verbesserungsvorschläge abgeben;
- Situationsprüfungen der wirtschaftlichen Lage des Unternehmens (Kreditwürdigkeitsprüfungen);
- Aufdeckungsprüfungen, die dolose Handlungen und Tatbestände feststellen sollen (v.Wysocki 1988, S. 54).

Wir beschränken die Ausführungen im folgenden auf die gesetzlich vorgeschriebenen Prüfungen der Jahres- und Konzernabschlüsse von Kapitalgesellschaften und Unternehmen besonderer Größe durch einen Vorbehaltsprüfer. Diese Einschränkung ist begründet, weil die Aussagen grundsätzlich für andere Prüfungen gelten, auch wenn spezielle institutionelle Regelungen zu beachten sind; bestimmte Sonderprüfungen auf den folgenden Regelungen aufbauen; für die Vielzahl anderer Prüfungen keine allgemeingültigen Aussagen möglich sind; diese Vorbehaltsprüfungen ein wichtiges Aufgabengebiet der Wirtschaftsprüfer sind; sich die meiste Kritik an den Wirtschaftsprüfern bei diesen Prüfungen ergibt.

Die Bedeutung der gesetzlichen Vorbehaltsprüfungen läßt sich nur durch Schätzungen ermitteln, da keine offizielle Statistik geführt wird. Auch aus den veröffentlichten (und geprüften) Jahresabschlüssen kann wegen der geringen Publizitätsneigung deutscher Unternehmen kaum auf die Anzahl der prüfungspflichtigen Unternehmen geschlossen werden. Von der Wirtschaftsprüferkammer durchgeführte Erhebungen im Bundesanzeiger ergaben für 1996 9.324 Jahres- und 1.022 Konzernabschlüsse nach HGB und PublG (Wirtschaftsprüferkammer 1997, S. 3).

2 Institutionelle Rahmenbedingungen für Jahresabschlußprüfungen

2.1 Fragestellungen institutioneller Regelungen

Welche Prüfungsvorschriften regelmäßig zu beachten sind, wird von der institutionellen Seite der Prüfungen bestimmt. Im einzelnen wird geregelt (v.Wysocki 1988, S. 20-22)
- wer wann zu prüfen ist (2.2);
- wer Prüfer sein darf und wer den Prüfer auswählt und bestellt (2.3);
- welche Prüfungsgegenstände (Ist-Objekte) geprüft werden und welche Vergleichsmaßstäbe (Soll-Objekte) einzuhalten sind (2.4.1);

- welche Verfahrensregeln bei der Prüfung zu beachten sind (2.4.2);
- wie die Urteilsmitteilung zu erfolgen hat (2.5);
- welche Maßnahmen zur Sicherung der Qualität ergriffen werden (2.6).

Quellen für entsprechende Regeln sind gesetzliche Vorschriften (erweitert durch das Gesetz zur Kontrolle und Transparenz im Unternehmensbereich (KonTraG)), die Grundsätze ordnungsmäßiger Abschlußprüfung und Verlautbarungen des Instituts der Wirtschaftsprüfer (IDW). Vertragliche Vereinbarungen zwischen Kapitalgeber und Geschäftsleitung oder der Prüfungsauftrag zwischen Auftraggeber und Prüfer werden im folgenden vernachlässigt.

2.2 Prüfungspflicht und -zeitrahmen

Die gesetzliche Prüfungspflicht erfaßt Jahresabschlüsse mindestens mittelgroßer Kapitalgesellschaften (§ 316 Abs. 1 HGB). Mindestens mittelgroß ist eine Kapitalgesellschaft, die zwei der folgenden drei Kriterien (Bilanzsumme > 5,31 Mio. DM; Umsatzerlöse > 10,62 Mio. DM; Arbeitnehmer > 50) an zwei Bilanzstichtagen hintereinander überschreitet (§ 267 Abs. 1 HGB). Gesellschaften, deren Wertpapiere an einer Börse mindestens im geregelten Freiverkehr gehandelt werden oder deren Handel beantragt ist, unterliegen unabhängig von den drei Kriterien immer der Prüfung (§ 267 Abs. 3 HGB).

Darüber hinaus sind Jahresabschluß und Lagebericht eines Konzerns mit einer inländischen Kapitalgesellschaft als Konzernmutter prüfungspflichtig, wenn zwei der folgenden drei Kriterien an zwei aufeinanderfolgenden Bilanzstichtagen überschritten werden (§ 293 Abs. 1 HGB); die Werte in Klammern erfassen die Werte bei fehlender Konsolidierung: Bilanzsumme > 53,1 (63,72) Mio. DM; Umsatzerlöse > 106,2 (127,44) Mio. DM; Arbeitnehmer > 500.

Außerdem ergeben sich noch Prüfungspflichten für den Jahres- und Konzernabschluß sowie den (Konzern-)Lagebericht nach dem Publizitätsgesetz, wenn zwei der folgenden drei Kriterien an drei aufeinanderfolgenden Abschlußstichtagen überschritten sind (§ 1 Abs. 1 PublG): Bilanzsumme >125 Mio. DM; Umsatzerlöse > 250 Mio. DM; Arbeitnehmer > 5000 im Jahresdurchschnitt.

Ein Zeitrahmen der Prüfung läßt sich aus dem Gesetz nur indirekt ermitteln: Einerseits hat das zu prüfende Unternehmen den Jahresabschluß nach dessen Aufstellung dem Prüfer unverzüglich vorzulegen (§ 320 HGB). Die Fristen für die Aufstellung betragen für mindestens mittelgroße Kapitalgesellschaften maximal drei Monate (§ 264 Abs. 1 HGB). Andererseits ist eine Aktiengesellschaft verpflichtet, nach acht Monaten die Hauptversammlung abzuhalten (§ 175 Abs. 1 S. 2 AktG). Für die Prüfungshandlungen des Aufsichtsrats sind maximal zwei Monate zu veranschlagen (§ 171 Abs. 3 AktG), die Hauptversammlung, die anschließend vom Vorstand einberufen wird, darf frühestens einen Monat später erfolgen (§ 123 Abs. 1 AktG). Verbleiben für die eigentliche Prüfung im ungünstigsten Fall zwei Monate. Für die GmbH bestehen besondere Regeln (§ 42a GmbHG). Ungeachtet gesetzlicher Normen halten große börsennotierte Aktiengesellschaften ihre Hauptversammlung i.d.R. spätestens fünf Monate nach Geschäftsjahresschluß ab.

2.3 Bestellung

Normen zur Bestellung eines Abschlußprüfers regeln zwei Sachverhalte: Wer darf als Abschlußprüfer bestellt werden und wer darf den Abschlußprüfer bestellen? Beide Sachverhalte werden für die Prüfung des Jahres- und Konzernabschlusses in §§ 319 Abs. 1 und 318 HGB geregelt.

Prüfungen der Jahres- und Konzernabschlüsse nach § 316 HGB oder § 6 PublG sind sog. Vorbehaltsprüfungen und dürfen nur von Wirtschaftsprüfern oder Wirtschaftsprüfungsgesellschaften durchgeführt werden (§ 319 Abs. 1 S. 1 HGB). Einzige Ausnahme sind die Prüfungen mittelgroßer GmbH durch vereidigte Buchprüfer bzw. Buchprüfungsgesellschaften (§ 319 Abs. 1 S. 1 HGB).

Bei Aktiengesellschaften wird der Wirtschaftsprüfer jährlich von der Hauptversammlung gewählt (§ 318 Abs. 1 S. 1 HGB). Das Wahlrecht kann weder durch Gesellschaftsvertrag oder Satzung noch durch einen Beschluß der Hauptversammlung auf ein anderes Gremium übertragen werden. Der Aufsichtsrat besitzt ein Vorschlagsrecht (§ 124 Abs. 3 AktG), jedoch ist die Hauptversammlung nicht an den Vorschlag gebunden. Um die Unterstützungsfunktion des Abschlußprüfers für den Aufsichtsrat deutlicher herauszustellen, sieht § 111 Abs. 2 S. 3 AktG 1998 vor, daß der Aufsichtsrat - und nicht mehr wie bisher der Vorstand - den Prüfungsauftrag vergibt.

Auch bei der GmbH wird der Abschlußprüfer grds. von den Gesellschaftern gewählt. Jedoch sind die Regelungen flexibler: Die Wahl des Abschlußprüfers kann durch Gesellschaftsvertrag auf andere Gremien - fakultativer Aufsichtsrat, Beirat, Gesellschafterausschuß, Senior- oder Minderheitsgesellschafter - übertragen werden. Die Übertragung auf die Geschäftsführer oder einen Geschäftsführerausschuß wird als unzulässig abgelehnt. Ein geschäftsführender Gesellschafter kann bei der Wahl mitstimmen (Budde/Steuber 1995, S. 1805). Hat die Gesellschaft mit beschränkter Haftung einen Aufsichtsrat, verlangt § 52 Abs. 1 GmbHG, die Regelungen des § 111 AktG anzuwenden, soweit im Gesellschaftsvertrag nichts anderes vorgesehen ist.

2.4 Gesetzlich dokumentierte, aus dem Gesetz ableitbare und berufsständische Prüfungszwecke und -ziele

2.4.1 Prüfungsobjekte und -umfang

Gesetzliche Prüfungsobjekte und -umfang sind in § 317 HGB geregelt: Geprüft werden Jahresabschluß (Bilanz, Gewinn- und Verlustrechnung, Anhang) und Lagebericht; bei Konzernen analog der Konzernabschluß und der Konzernlagebericht. Sind Segmentberichte und eine Kapitalflußrechnung Bestandteil eines befreienden Konzernabschlusses gemäß § 292 a HGB, sind diese ebenfalls Gegenstand der Prüfung. Außerdem sind Buchführung und Inventar in die Prüfung einzubeziehen. Die Buchführung umfaßt nicht nur die Finanzbuchhaltung, sondern auch Lohn-, Gehalts- und Lagerbuchhaltung. Die Kostenrechnung ist Prüfungsgegenstand soweit sie Informationen für die Bewertung der Erzeugnisse oder aktivierten Eigenleistungen liefert (Förschle/Kofahl 1995, S. 1759 f.). Bei Aktiengesellschaften mit amtlicher Notierung hat der Vorstand zudem ein Risikomanagementsystem einzurichten (§ 91 Abs. 2 AktG 1998), das vom Wirtschaftsprüfer zu beurteilen ist. Besteht für Aktiengesellschaften oder Kommanditgesellschaften auf Aktien ein Abhängigkeitsverhältnis, ohne daß ein Beherrschungsvertrag abgeschlossen ist, ist nach § 312 Abs. 1 S. 1 AktG ein Abhängigkeitsbericht aufzustellen, der nach § 313 AktG zusammen mit dem Jahresabschluß und dem Lagebericht zu prüfen ist.

Prüfungskriterien sind die Entsprechung des Jahres- bzw. des Konzernabschlusses mit gesetzlichen Vorschriften und ergänzenden Regelungen des Gesellschaftsvertrags oder der Satzung (§ 317 HGB Abs. 1 S. 1 und 2). Die Forderung, die Prüfung "so anzulegen, daß Unrichtigkeiten und Verstöße gegen die in Satz 2 aufgeführten Bestimmungen, die sich auf die Darstellung des sich nach § 264 Abs. 2 ergebenden Bildes der Vermögens-, Finanz- und Ertragslage des Unternehmens wesentlich auswirken, bei gewissenhafter Berufsausübung erkannt werden" (§ 317 Abs. 1 S. 3 HGB 1998), wird in der Literatur als Klarstellung verstanden. Für Konzerne ist nach § 317 Abs. 3 S. 1 HGB 1998 nicht mehr nur zu überprüfen, ob die dem Konzernabschluß zugrundeliegenden Jahresabschlüsse den Grundsätzen ordnungsmäßiger Buchführung entsprechen und ob die bei der Übernahme in den Konzernabschluß maßgeblichen Vorschriften beachtet wurden, vielmehr sollen die in den Konzernabschluß einzubeziehenden Unternehmen analog den Regelungen nach Abs. 1 geprüft werden. Inländische Tochtergesellschaften sowie bestimmte ausländische Tochtergesellschaften sind davon ausgenommen (S. 2 und 3).

Bei der Prüfung des (Konzern-)Lageberichts soll in der Zukunft geprüft werden, ob er in Einklang mit dem Jahresabschluß und den bei der Prüfung gewonnenen Erkenntnissen steht. Darüber hinaus soll geprüft werden, ob der Lagebericht eine zutreffende Vorstellung von der Lage des Unternehmens liefert (§ 317 Abs. 2 S. 1 HGB 1998). Der Wirtschaftsprüfer muß jedoch keine eigenen Prognosen über die zukünftige Entwicklung abgeben, sondern er wird weiterhin fremde Einschätzungen prüfen. Allerdings bezieht sich die Darstellung mehr denn je auf eine zukunftsbezogene Einschätzung, die insbesondere Fortbestand und Entwicklung des Unternehmens betreffen (Gelhausen 1997, S. 81*). Erwartungen und Risiken sollen stärker berücksichtigt werden.

Die Prüfung des Jahresabschlusses ist auch nach der Umsetzung des KonTraG keine Geschäftsführungsprüfung, jedoch können einzelne Maßnahmen der Geschäftsführung im Rahmen der Prüfung eines Abhängigkeitsberichts, der Risikosituation oder des Risikomanagementsystems zum Prüfungsgegenstand werden. Mit der Prüfung ist auch weiterhin keine Prüfung der wirtschaftlichen Lage des Unternehmens i.S.e. Vergleichs der tatsächlichen Lage mit einer Soll-Lage verbunden. Trotzdem muß die wirtschaftliche Lage und Entwicklung beurteilt werden: Erstens ist ein den tatsächlichen Verhältnissen entsprechendes Bild der Vermögens-, Finanz- und Ertragslage unter Beachtung der Grundsätze ordnungsmäßiger Buchführung Soll-Objekt bei der Prüfung (§ 264 Abs. 2 HGB), auf das im Bestätigungsvermerk hinzuweisen ist (§ 322 Abs. 1 HGB). Hierbei muß jedoch der gesetzlich begrenzte Aussagegehalt der Vermögens-, Finanz- und Ertragslage beachtet werden, der keineswegs Informationen im Sinne des "decision usefulness" amerikanischer Prägung verlangt (Moxter 1997, S. 725 f.). Zweitens muß die Gültigkeit der Fortführungsprämisse eingeschätzt werden. Drittens schließlich muß der Abschlußprüfer die wirtschaftliche Lage kennen, wenn er überprüft, ob der (Konzern-) Lagebericht eine zutreffende Vorstellung von der Lage des Unternehmens liefert und ob die Risiken angemessen dargestellt sind (§ 317 Abs. 2 S. 1 HGB 1998). Diese Forderung geht über die Vermögens-, Finanz- und Ertragslage i.S.d. § 264 Abs. 2 HGB hinaus, weil diese schon bei der Prüfung des "Einklangs" von Jahresabschluß und Lagebericht erfaßt worden wäre. Insbesondere die beiden letzten Prüfungsaufgaben können ohne Kenntnis der wirtschaftlichen Lage und Entwicklung nicht erfüllt werden.

Sobald bei kritischer Durchsicht der Unterlagen Zweifel an der Solvenz aufkommen, hat der Abschlußprüfer die Prüfungshandlungen auszuweiten und zu intensivieren, um zu einer Beurteilung zu gelangen, ob die Fortführungsprämisse noch angemessen ist (Havermann 1996, S. 1374). Bei Unternehmen, die sich in wirtschaftlichen Schwierigkeiten befinden, sind notfalls die für die Überschuldungsprüfung entwickelten Grundsätze einer Prognose-Prüfung von Unternehmenskonzepten (Institut der Wirtschaftsprüfer Stellungnahme 1/1996, S. 22-24) anzuwenden. Insbesondere die kurz- und mittelfristige Erfolgs- und Finanzplanung bedarf besonderer Aufmerksamkeit (Institut der Wirtschaftsprüfer 1997, S. 340). Internationale Empfehlungen sind hier jedoch konkreter: ISA 570.6 nennt beispielhaft konkrete Risikoindikatoren, die zur Beurteilung der Fortführungsprämisse herangezogen werden können. Zudem wird der Zeitraum der vorhersehbaren Zukunft in ISA 570.4 mit dem Jahr nach dem Abschluß der Rechnungslegung konkretisiert (Institut der Wirtschaftsprüfer 1998, S. 539-577).

Bedeutsam sind auch die Regelungen nach § 317 Abs. 4 HGB 1998, die eine Beurteilung des vom Vorstand einzurichtenden Risikomanagementsystems fordern. Ziel der Regelung ist es, Risiken frühzeitig aufzudecken, so daß eine Gefährdung des Unternehmens vermieden werden kann. Stand bisher die Funktionsfähigkeit und Zuverlässigkeit des Buchführungssystems im Mittelpunkt des Interesses, ist nun auch ein Überwachungssystem zu beurteilen, das sämtliche geschäftliche Risiken ermitteln und beherrschen soll. Dabei hat der Abschlußprüfer zu untersuchen, welche Maßnahmen der Früherkennung bestandsgefährdender Entwicklungen der Vorstand ergriffen hat und er muß beurteilen, ob diese Maßnahmen geeignet sind und ob das vom Vorstand eingerichtete System funktionsfähig ist. Letztlich wird der Abschlußprüfer untersuchen, ob die unternehmensinternen Abläufe darauf ausgerichtet sind, Risiken zu erkennen und zu vermindern. Allerdings kann der Wirtschaftsprüfer aufgrund der subjektiven Risikoerkennung keine Gewähr übernehmen, daß keine weiteren Risiken bestehen; lediglich Existenz und Funktionsfähigkeit des Systems und Plausibilität der Richtlinien können beurteilt werden (Dörner 1988, S. 2; Brebeck/Herrmann 1997, S. 391).

Auch wenn der Schwerpunkt der Prüfungshandlungen weiterhin als Ordnungsmäßigkeitsprüfung verstanden werden muß, wird die Verantwortlichkeit des Abschlußprüfers bei Unterschlagungen und ähnlichen Sachverhalten vor dem Hintergrund internationaler Entwicklungen diskutiert. Während in Fachgutachten 1/1988 noch ausdrücklich vermerkt ist, daß die Abschlußprüfung ihrem Wesen nach nicht auf die Aufdeckung und Aufklärung ausgerichtet ist und eine positive Suchverantwortung abgelehnt wird (Institut der Wirtschaftsprüfer Fachgutachten 1/1988, S. 1), schreiben internationale Normen wie ISA 240 oder SAS 82 eine positive Suchverantwortung des Prüfers auch bei der Suche nach absichtlich herbeigeführten Fehlern (Täuschungen) vor. Der Abschlußprüfer hat die Prüfung so zu planen und durchzuführen, um eine angemessene Gewißheit zu erhalten, daß der Jahresabschluß frei von absichtlich herbeigeführten Fehlern ist. Bei dieser Frage hat auch im deutschen Berufsstand ein Umdenken eingesetzt, da mittlerweile auch eine Suchverantwortung nicht mehr kategorisch abgelehnt wird (Institut der Wirtschaftsprüfer Stellungnahme 7/1997, S. 29-33). Internationalen Gepflogenheiten entsprechend wird ein detaillierter Katalog bestimmter Ereignisse und Bedingungen geliefert, die die Gefahr absichtlicher Verstöße konkretisieren und die bei einer Risikobeurteilung zu beachten sind (Institut der Wirtschaftsprüfer Stellungnahme 7/1997, S. 30 f.). Darüber hinaus hat "der Wirtschaftsprüfer seine Prüfungshandlungen so durchzuführen, daß er eine hinreichende Sicherheit erhält, daß diejenigen auf Fehlern und Täuschungen beruhenden falschen Angaben entdeckt werden, die für den Jahresabschluß wesentlich sind" (Institut der Wirtschaftsprüfer Stellungnahme 7/1997, S. 31). Ähnlich wird zur Verantwortlichkeit bei Aufdeckung von Vermögensschäden argumentiert (Institut der Wirtschaftsprüfer Stellungnahme 7/1997, S. 32).

2.4.2 Prüfungsvorgehen

Gesetzliche Vorschriften, wie eine Prüfung auszusehen hat, fehlen weitgehend. Es wird nur auf die notwendige Vorbereitung einer einzelnen Prüfung hingewiesen (§ 320 Abs. 2 S. 2 HGB).

Unter Planung werden in Fachgutachten 1/1988 und § 38 WPK-Berufssatzung alle Maßnahmen in sachlicher, personeller und zeitlicher Hinsicht verstanden, die der Vorbereitung und Durchführung der Prüfung dienen und einen ordnungsgemäßen Prüfungsablauf gewährleisten. Eine gemeinsame Stellungnahme von Wirtschaftsprüferkammer und Institut der Wirtschaftsprüfer zur Qualitätssicherung konkretisiert diese Planungselemente (Wirtschaftsprüferkammer/Institut der Wirtschaftsprüfer VO 1/1995, S. 530f-g): Zur sachlichen Planung gehören die Vorgabe ordnungsgemäßer Prüfungsanweisungen, die Planung der Überwachung des Prüfungsablaufs und der Durchsicht. In personeller Sicht sind die Qualifikation der Mitarbeiter (Ausbildung, Spezialkenntnisse, Kenntnisse über das zu prüfende Unternehmen und die Branche), der planmäßige Wechsel der Mitarbeiter, die zeitliche Verfügbarkeit, die Unabhängigkeit und die Erfahrung in der Führung der Mitarbeiter zu beachten. Die zeitliche Planung muß einen ordnungsgemäßen Ablauf der Prüfungstätigkeiten ermöglichen, ausreichende Zeitvorgaben berücksichtigen, Zeitreserven beachten, Überwachungsmaßnahmen parallel zur Durchführung erlauben und die Durchsicht zeitnah ermöglichen.

Die Planung einer einzelnen Prüfung muß zudem in eine sachgerechte Gesamtplanung eingebunden sein. Diese ist erforderlich, um übernommene und erwartete Aufträge ordnungsgemäß und zeitgerecht durchführen zu können (Wirtschaftsprüferkammer/Institut der Wirtschaftsprüfer VO 1/1995, S. 530e-f). Im Rahmen dieser Gesamtplanung sind insbesondere Beginn und Dauer sowie das benötigte Personal in qualitativer und quantitativer Hinsicht zu berücksichtigen. Dabei sind zeitliche Reserven zu beachten. Zudem ist die Kapazität bei der Übernahme neuer Aufträge zu beachten (Wirtschaftsprüferkammer/Institut der Wirtschaftsprüfer VO 1/1995, S. 530f).

Hinsichtlich der erforderlichen Prüfungsprozesse unterscheidet Fachgutachten 1/1988 einerseits zwischen System- und Funktionsprüfungen, andererseits zwischen Einzelprüfungen in der Form von Plausibilitätsbeurteilungen und der Prüfung von Geschäftsvorfällen und Beständen. Im Rahmen der System- oder Funktionsprüfung soll das interne Kontrollsystem auf seine Funktionsfähigkeit und Wirksamkeit geprüft werden (Institut der Wirtschaftsprüfer Fachgutachten 1/1988, S. 13). Mit Hilfe einer vorläufigen Beurteilung des internen Kontrollsystems und erster Plausibilitätsbeurteilungen sollen kritische Prüffelder identifiziert, eine Prüfungsstrategie entwickelt und das Prüfungsprogramm erstellt werden (Institut der Wirtschaftsprüfer Fachgutachten 1/1988, S. 12). Darüber hinaus wird deutlich, daß System- und Einzelfallprüfungen nicht unabhängig voneinander sind, weil zwischen beiden eine Austauschbeziehung besteht (Institut der Wirtschaftsprüfer Fachgutachten 1/1988, S. 13). Eine Stichprobenprüfung ist der Regelfall (Institut der Wirtschaftsprüfer Fachgutachten 1/1988, S. 13). Die Bildung jährlicher Prüfungsschwerpunkte wird im Interesse einer wirtschaftlichen Prüfungsdurchführung herausgestellt (Institut der Wirtschaftsprüfer Fachgutachten 1/1988, S. 12).

2.5 Gesetzlich vorgeschriebene Form der Ergebnismitteilung

2.5.1 Bestätigungsvermerk

Das Prüfungsergebnis unterliegt einer gestuften Publizität. Die Organe der Gesellschaft erhalten einen Prüfungsbericht. Alle anderen Interessenten bekommen nur bestimmte Mindestangaben im Bestätigungsvermerk. Durch das KonTraG ist statt einer formelhaften Darstellung des Bestätigungsvermerks ein individuell zu formulierender Bestätigungsvermerk vorgesehen. Die begrenzte Aufgabe der Prüfung und die Verantwortung der gesetzlichen Vertreter des geprüften Unternehmens soll so besser zum Ausdruck kommen. Der Bestätigungsvermerk ist aber auch weiterhin ein Gesamturteil und keine Zusammenfassung von Einzelfeststellungen. Diese sind vielmehr hinsichtlich ihrer Bedeutung für das Gesamtergebnis zu würdigen und zu gewichten (Institut der Wirtschaftsprüfer Fachgutachten 3/1988, S. 28). Der Bestätigungsvermerk ist ein Positivurteil, das auch durch Einschränkungen nicht aufgehoben wird (Institut der Wirtschaftsprüfer Fachgutachten 3/1988, S. 8). Die Erteilung eines uneingeschränkten Bestätigungsvermerks wird durch unwesentliche Beanstandungen nicht ausgeschlossen (Institut der Wirtschaftsprüfer Fachgutachten 3/1988, S. 9).

Kern des Bestätigungsvermerks ist die Erklärung, daß keine Einwendungen bestehen und der Abschluß unter Beachtung der Grundsätze ordnungsmäßiger Buchführung ein den tatsächlichen Verhältnissen entsprechendes Bild der Vermögens-, Finanz- und Ertragslage vermittelt (§ 322 Abs. 1 S. 3 HGB 1998). Der Hinweis auf die Übereinstimmung von Buchführung und Jahresabschluß mit den gesetzlichen Vorschriften fehlt. Hingegen sollen neben Gegenstand, Art und Umfang der Prüfung auch das Prüfungsergebnis beurteilt werden (§ 322 Abs. 1 S. 2 HGB 1998). Diese Beurteilung soll allgemeinverständlich und problemorientiert sein, wobei die besondere Bedeutung der gesetzlichen Vertreter für den Abschluß berücksichtigt werden muß (§ 322 Abs. 2 HGB 1998). Zum Lagebericht ist festzustellen, ob dieser ein den tatsächlichen Verhältnissen entsprechendes Bild von Geschäftsverlauf und Lage vermittelt. Insbesondere ist darauf einzugehen, ob Risiken der künftigen Entwicklung im Lagebericht ausreichend klar dargestellt werden (§ 322 Abs. 3 HGB 1998). Auf Risiken, die den Fortbestand des Unternehmens gefährden, ist nach § 322 Abs. 2 S. 2 HGB gesondert einzugehen. Dies ist unabhängig davon, ob im Lagebericht vom Management eine ausreichende Darstellung bestandsgefährdender Risiken gegeben wird (Institut der Wirtschaftsprüfer 1997, S. 341). Ob diese Änderungen geeignet sind, die bestehende Erwartungslücke der Öffentlichkeit an die Jahresabschlußprüfung zu verringern, scheint fraglich (Moxter 1997, S. 730). Zumal die Gefahren nicht verkannt werden dürfen, die durch Zweifel an der Überlebensfähigkeit des Unternehmens entstehen und somit die Überlebenschancen verringern.

Die Kriterien zur Einschränkung oder Versagung eines Bestätigungsvermerks sind durch das KonTraG nicht betroffen (Moxter 1997, S. 728). Ein Bestätigungsvermerk ist einzuschränken, wenn in einzelnen Bereichen des geprüften Jahresabschlusses wesentliche Beanstandungen vorliegen, in den anderen Bereichen ein Positivbefund aber weiterhin möglich ist (Institut der Wirtschaftsprüfer Fachgutachten 3/1988, S. 31; Lück 1993, S. 118 f.). Wesentliche Beanstandungen liegen insbesondere dann vor, wenn der Mangel zu einer unzutreffenden Beurteilung der Vermögens-, Finanz- und Ertragslage führen kann. Mehrere unwesentliche Einwendungen können insgesamt wesentlich sein. Der Verstoß gegen eine Einzelnorm ist wesentlich, wenn diese Einzelnorm für den Sinn und Zweck der Rechnungslegung bedeutend ist. Explizit angeführt werden Verstöße gegen den Ausweis eigener Anteile sowie über Einzelangaben in Anhang und Lagebericht (Institut der Wirtschaftsprüfer Fachgutachten 3/1988, S. 31 f.; Budde/Kunz 1995, S. 1895). Auch wenn bestimmte Prüfungshandlungen nicht vorgenommen wurden (z.B. fehlende Inventurbeobachtung, nicht geprüfte Betriebsstätten im Ausland oder Beteiligungen), ist eine Einschränkung oder Versagung geboten. Wegen mangelnder, nicht ins Detail gehender Grundsätze verbleibt dem Abschlußprüfer eine weite Toleranzgrenze bei der Einschränkung des Jahresabschlusses (Leffson 1988, S. 356). Die Einschränkung ist zu begründen, ihre Tragweite durch Nennung und Abgrenzung fehlerhafter Bereiche zu umschreiben (Budde/Kunz 1995, S. 1896) und wörtlich anzubringen (Leffson 1988, S. 359). Die Einschränkungsgründe entfallen, wenn Fehler vor Ende der Prüfung behoben werden, da sich der Bestätigungsvermerk auf die letzte Version bezieht (Bolsenkötter 1992, Sp. 216).

Der Bestätigungsvermerk ist zu versagen, wenn der Jahresabschluß nicht nur in Teilen, sondern als ganzes nicht ordnungsmäßig und ein Positivbefund in wesentlichen Teilen nicht möglich ist. Dies ist der Fall, wenn Mängel und Einwendungen nicht im einzelnen angeführt werden können oder so gravierend sind, daß von einer ordnungsmäßigen Buchführung und Rechnungslegung keine Rede sein kann (Leffson 1988, S. 365; Institut der Wirtschaftsprüfer Fachgutachten 3/1988, S. 32;

Budde/Kunz 1995, S. 1898). Bei Vorliegen eines Nichtigkeitsgrundes für den Jahresabschluß ist grundsätzlich eine Versagung geboten. Nichtigkeit aufgrund von Verstößen gegen Gliederungsvorschriften oder bei fehlerhafter Bewertung liegt nur dann vor, wenn eine wesentliche Beeinträchtigung der Rechnungslegung vorliegt oder die Unterbewertung/Überbewertung vorsätzlich unrichtig erfolgte (Institut der Wirtschaftsprüfer Fachgutachten 3/1988, S. 32). Eine Versagung ist auch geboten bei nicht behebbaren Mängeln in der Nachprüfbarkeit des Jahresabschlusses, insbesondere bei mangelhafter Buchführung und bei Verletzung der Vorlage- und Auskunftspflicht (Institut der Wirtschaftsprüfer Fachgutachten 3/1988, S. 32). Wurde der Abschlußprüfer vom Unternehmen daran gehindert, wesentliche Fehler, Täuschungen, Vermögensschädigungen oder sonstige Gesetzesverstöße aufzudecken, ist der Bestätigungsvermerk zu versagen (Institut der Wirtschaftsprüfer Stellungnahme 7/1997, S. 33); eine Einschränkung - wie in der Stellungnahme auch vorgesehen - dürfte nicht angemessen sein.

Die rechtlichen Wirkungen des Bestätigungsvermerkes sind gering. Zwar kann der Jahresabschluß einer Kapitalgesellschaft erst festgestellt werden, wenn eine Prüfung stattgefunden hat (§ 316 Abs. 1 S. 2 HGB), eine Einschränkung oder Versagung kann aber nicht die Feststellung eines Jahresabschlusses verhindern. Jedoch kann sich ein eingeschränkter oder versagter Bestätigungsvermerk nachteilig auf die Entlastung der Organe auswirken (§§ 120, 93, 116 AktG, §§ 46, 43, 52 GmbHG). Zudem hat der Bestätigungsvermerk eine Signalfunktion auf dem Kapitalmarkt, so daß die weitere Beschaffung von Kapital erschwert werden könnte. Wie Erhebungen der Wirtschaftsprüferkammer zeigen, ist in Deutschland die Zahl eingeschränkter oder gar versagter Bestätigungsvermerke gering: 1996 wurden 110 Einschränkungen ausgesprochen und drei Bestätigungsvermerke versagt (Wirtschaftsprüferkammer 1997, S. 9).

2.5.2 Prüfungsbericht

Auch hinsichtlich der internen Berichterstattung ergeben sich Änderungen durch das KonTraG: Der Abschlußprüfer muß nach § 321 Abs. 5 HGB zwar weiterhin einen Prüfungsbericht vorlegen. Hat jedoch der Aufsichtsrat den Prüfungsauftrag erteilt, ist der Prüfungsbericht gemäß § 321 Abs. 5 S. 2 HGB dem Aufsichtsrat vorzulegen; den gesetzlichen Vertretern ist Gelegenheit zur Stellungnahme zu geben. Nur wenn die gesetzlichen Vertreter den Auftrag erteilen dürfen, muß der Prüfungsbericht ihnen vorgelegt werden. Zudem ist vorgesehen, daß der Wirtschaftsprüfer grundsätzlich an der Bilanzsitzung teilnimmt, wobei sich aber der Aufsichtsrat gegen die Teilnahme entscheiden kann (§ 171 Abs. 1 S. 2 AktG 1998). Der Aufsichtsrat hat weiterhin die Pflicht, den Jahresabschluß und den Lagebericht zu prüfen (§ 171 Abs. 1 AktG) und zum Ergebnis der Prüfung Stellung zu nehmen (§ 171 Abs. 2 AktG). Anhand des Prüfungsberichts soll der Aufsichtsrat entscheiden können, ob weitere Prüfungshandlungen oder das Einholen weiterer Auskünfte über die Rechnungslegung notwendig sind (Breycha/Schäfer 1990, S. 2061; Budde/Kunz 1995, S. 1850).

Der Abschlußprüfer hat künftig vorweg auf die Beurteilung der Lage durch die gesetzlichen Vertreter einzugehen und Stellung zu beziehen (§ 321 Abs. 1 S. 1

HGB 1998). Dabei ist insbesondere auf die Beurteilung des Fortbestands und der künftigen Entwicklung einzugehen, soweit Jahresabschluß und Lagebericht eine derartige Beurteilung zulassen. Dabei wird grundsätzlich keine eigene Prognose erwartet, sondern nur eine plausible Beurteilung der Aussagen der gesetzlichen Vertreter. Allerdings wird eine eigene Einschätzung notwendig, wenn der Fortbestand oder die künftige Entwicklung in Frage gestellt werden müssen. Die "Redepflicht" wird in § 321 Abs. 1 S. 2 HGB 1998 geregelt: Wurden im Verlauf der Prüfung Unrichtigkeiten oder Verstöße gegen gesetzliche Vorschriften sowie Tatsachen, die den Bestand des Unternehmens gefährden, seine Entwicklung wesentlich beeinträchtigen oder Verstöße von gesetzlichen Vertretern oder Arbeitnehmern darstellen, festgestellt, hat der Abschlußprüfer darüber im Prüfungsbericht zu berichten.

Diese Vorschrift soll insbesondere den Aufsichtsrat informieren und zu entsprechenden Maßnahmen bewegen (Breycha/Schäfer 1990, S. 2072; Budde/Kunz 1995, S. 1873). Daher hat der Abschlußprüfer, auch wenn der Lagebericht eine ausreichende Darstellung der wirtschaftlichen Lage enthält, diese, insbesondere aber den Fortbestand des Unternehmens und die künftige Entwicklung, zu beurteilen. Dabei kann es erforderlich sein, eigene Akzente in der Darstellung und Schwerpunkte zu setzen, die über den veröffentlichten Lagebericht hinausgehen (Institut der Wirtschaftsprüfer 1997, S. 341).

Die Formulierung in § 321 Abs. 2 HGB 1998 wurde an die Änderung des § 317 Abs. 2 S. 1 HGB 1998 angepaßt und ersetzt den bisherigen Abs. 1 S. 2. Zu den Pflichtbestandteilen des Prüfungsberichts gemäß § 321 Abs. 2 S. 1 HGB 1998 zählen weiterhin die Feststellungen, ob Buchführung, Jahresabschluß und Lagebericht den gesetzlichen Vorschriften entsprechen und die gesetzlichen Vertreter die verlangten Aufklärungen und Nachweise erbracht haben. Es ist gemäß § 321 Abs. 2 S. 2 HGB 1998 darauf einzugehen, ob der Abschluß insgesamt ein den tatsächlichen Verhältnissen entsprechendes Bild der Vermögens-, Finanz- und Ertragslage unter Beachtung der Grundsätze ordnungsmäßiger Buchführung liefert.

Wurden im Verlauf der Prüfung Fehler, Täuschungen, Vermögensschädigungen oder sonstige Verstöße entdeckt, die im Abschluß nicht zutreffend dargestellt wurden oder über die nicht angemessen berichtet wurde, hat der Abschlußprüfer darauf einzugehen (Institut der Wirtschaftsprüfer Stellungnahme 7/1997, S. 32). Eine Berichtspflicht ergibt sich auch, wenn die Tatsachen für den Berichtsempfänger von besonderer Bedeutung sind, auf Schwächen im internen Kontrollsystem zurückzuführen sind oder sich nicht abschließend beurteilen lassen (Institut der Wirtschaftsprüfer Stellungnahme 7/1997, S. 32 f.).

Einen besonderen Raum haben zukünftig die Prüfungsergebnisse des Risikomanagementsystems, die ausdrücklich in einem besonderen Teil des Prüfungsberichts darzustellen sind (§ 321 Abs. 4 HGB 1998). In der Darstellung ist auch auf Maßnahmen hinzuweisen, die erforderlich sind, um das interne Überwachungssystem zu verbessern. Damit soll der Aufsichtsrat Hinweise auf mögliche Fehlerquellen und Schwachstellen innerhalb der Unternehmensorganisation erhalten. Diese Informationen sollen den Aufsichtsrat in die Lage versetzen, seiner umfassenden

Überwachungsfunktion nachzukommen, die sich nicht nur auf die Rechnungslegung bezieht.

Gemäß § 321 Abs. 3 HGB 1998 ist auf Gegenstand, Art und Umfang der Prüfung in einem besonderen Abschnitt einzugehen. Da diese Ausführungen keineswegs die Arbeitspapiere ersetzen sollen, kann es nur darum gehen, Prüfungsschwerpunkte anzuführen. So sollte angegeben werden, inwieweit das interne Kontrollsystem überprüft wurde oder nach welchen Grundsätzen Stichproben- oder Systemprüfungen erfolgten (Forster 1998, S. 52). Insgesamt soll das Verständnis für die Tätigkeit des Abschlußprüfers verstärkt werden. Inwieweit dies gelingt, wird die Zeit zeigen.

2.6 Sicherung der Qualität durch Gesetz und Berufsstand

2.6.1 Bedeutung, Probleme und Institutionen der Qualitätssicherung

Fragen der Qualitätssicherung und -beurteilung sind für den Berufsstand der Wirtschaftsprüfer wichtig, weil bei erkannter qualitativ schlechter Leistung nicht nur dem einzelnen Prüfer wirtschaftliche Nachteile drohen, sondern Negativwirkungen den gesamten Berufsstand betreffen. Allerdings entziehen sich die Prüfungsleistungen als komplexe Dienstleistungen einer direkten Qualitätsbeurteilung durch Adressaten und Mandant. Die Qualitätssicherung und -beurteilung muß sich daher an der Qualität der Input-Faktoren, den Berufspflichten und den Empfehlungen zur Qualitätssicherung orientieren. Die entsprechenden Normensysteme liefern Kriterien für eine indirekte Beurteilung der Leistung; allerdings werden die damit einhergehenden Regulierungen auch kritisiert, weil sie Wettbewerbsbeschränkungen induzieren. Daneben werden Haftungsregeln als wesentliche Grundlage für die Zuverlässigkeit von Prüfungen angesehen. Sie dienen weniger dem Schadensausgleich als vielmehr der Prävention (Leffson 1988, S. 95). Insgesamt sollen die entsprechenden Vorschriften verhindern, daß das dem Berufsstand entgegengebrachte Vertrauen erschüttert wird. Sie sind aber nicht geeignet, die Kompetenz und Integrität des einzelnen Prüfers Adressaten und Mandanten zu signalisieren.

Besondere Bedeutung bei der Qualitätssicherung kommt den Standes- und Berufsorganisationen zu. Zum einen arbeiten diese Organisationen gemeinsame Standards aus und setzen sie bei den Mitgliedern durch, so daß die Mitgliedschaft ein indirektes Signal für die Güte der Leistung sein kann. Zum anderen könnte der Gesetzgeber eine Pflichtmitgliedschaft für Prüfer vorsehen, die eine direkte staatliche Aufsicht ersetzt. Die Organisation in Deutschland folgt beiden Ideen.

In Deutschland wird die direkte staatliche Aufsicht durch die Pflichtmitgliedschaft der Wirtschaftsprüferkammer (WPK) - einer bundesunmittelbaren Körperschaft des öffentlichen Rechts mit Sitz in Düsseldorf - ersetzt. Die Wirtschaftsprüferkammer erfüllt Aufgaben der beruflichen Selbstverwaltung (Kaminski 1996, S. 110-112). Nach § 57 Abs. 1 und 2 WPO zählen dazu u.a. die Aufsicht über die berufliche Tätigkeit, insbesondere die Einhaltung der Berufspflichten und der erlassenen Berufsrichtlinien, sowie die Schaffung von Einrichtungen für die Berufsausbildung und die Mitwirkung an berufsqualifizierenden Maßnahmen. Verletzt ein Mitglied die Pflichten, kommt es zur Rüge oder es wird ein berufsrechtliches Verfahren bei den zuständigen Kammern oder Senaten der Strafgerichte eingeleitet. Berufsgerichtliche Maßnahmen (§ 68 Abs. 1 WPO) können die Warnung, der Verweis, eine Geldbuße bis zu 100.000 DM oder sogar der Berufsausschluß sein (Kaminski 1996, S. 74 f.). Einschränkend muß gesagt werden, daß berufsaufsichtsrechtliche und berufsgerichtliche Verfahren nur bei vermuteten Verstößen eingeleitet werden; eine laufende Überwachung durch die WPK findet - mit Ausnahme der formalen Durchsicht veröffentlichter Jahresabschlüsse - nicht statt.

In Deutschland kann der Wirtschaftsprüfer freiwillig die Mitgliedschaft des Instituts der Wirtschaftsprüfer (IDW) erwerben. Das IDW übernimmt neben der Wahrnehmung berufspolitischer Aufgaben des Berufsstandes und der Aus- und Weiterbildung des Berufsnachwuchses auch die Facharbeit (Kaminski 1996, S. 103). Mitglieder können grundsätzlich nur Wirtschaftsprüfer oder Wirtschaftsprüfungsgesellschaften sein. Ungefähr 80 % der deutschen Wirtschaftsprüfer sind im IDW organisiert (Kaminski 1996, S. 104). Um sich von anderen prüfenden und beratenden Berufsständen abzugrenzen und um eine "Gütegemeinschaft" zu bilden, haben sich die Mitglieder des IDW verpflichtet, die Grundsätze der Qualitätssicherung zu beachten und anzuwenden, die Fachgutachten und Stellungnahmen des IDW zu beachten, an Fortbildungsmaßnahmen teilzunehmen, ihre (finanzielle) Unabhängigkeit zu bewahren und die Berufsgrundsätze zu beachten (Kaminski 1996, S. 103).

2.6.2 Zulassungsvoraussetzungen

Die Urteilsfähigkeit eines Prüfers ist Voraussetzung für ein vertrauenswürdiges Urteil (Leffson 1988, S. 66 f.). Die (externen) Adressaten müssen darauf vertrauen, daß der Prüfer auch tatsächlich in der Lage ist, die übertragene Aufgabe zu bewältigen. Durch Zulassungsvorschriften soll eine (Mindest-)Qualitätseinschätzung verbessert werden, zumal die Auswahl durch eine zentrale Zulassungskommission die Transaktionskosten senkt. Sinnvollerweise ist die Zulassung an Leistungsnachweise zu koppeln (Leffson 1988, S. 90 f.). Ausbildungsstandards und Leistungsnachweise vermitteln die notwendigen Kenntnisse und Fähigkeiten, um eine Prüfung durchzuführen; sortieren einzelne Prüfer nach der Maßgabe ihrer Fähigkeiten; erlauben es, den zugelassenen Prüfern, ihre Qualifikation besser nach außen zu kommunizieren; erleichtern als gemeinsame Ausbildungsregelungen die Koordination innerhalb der Prüfungsgesellschaft. Die positiven Wirkungen sollten aber nicht überschätzt werden, da ein vor Jahren abgelegtes Examen keine Gewähr für die heutige Qualifikation ist. Die Verpflichtung sich fortzubilden (§ 43 Abs. 2 WPO), soll diese Lücke schließen.

Der Zugang ist in Deutschland an persönliche und fachliche Voraussetzungen gebunden (Kaminski 1996, S. 17 f.). Die Anforderungen betreffen Vorbildung und praktische Tätigkeit (§§ 8, 9 WPO). So hat der Bewerber i.d.R. ein betriebswirtschaftliches, volkswirtschaftliches, juristisches, technisches, landwirtschaftliches oder ein anderes Hochschulstudium mit ökonomischer Ausrichtung abgeschlossen. Jedoch besteht kein Akademikerprinzip, da ein Hochschulstudium durch eine zehnjährige Tätigkeit im Wirtschaftsprüfungswesen oder durch eine fünfjährige Tätigkeit als vereidigter Buchprüfer oder Steuerberater ersetzt werden kann. (Zu weiteren Einzelheiten Kaminski 1996, S. 13 f.). Zusätzlich hat der Bewerber eine mindestens vierjährige Prüfungstätigkeit nachzuweisen. Dabei muß es sich um materielle Prüfungen nach betriebswirtschaftlichen Grundsätzen handeln, die in fremden Unternehmen erfolgten. Die Tätigkeit als Steuerberater, Prüfer in großen Unternehmen oder dem öffentlichen Dienst kann bis zur Höchstdauer von zwei Jahren angerechnet werden. Mindestens zwei Jahre muß der Bewerber bei einer Person, Gesellschaft oder Institution beschäftigt sein, die gesetzlich vorgeschriebene Abschlußprüfungen durchführen darf, tatsächlich an diesen teilgenommen und beim Abfassen von Prüfungsberichten mitgewirkt haben. Der Nachweis praktischer Tätigkeit entfällt für Bewerber, die mindestens 15 Jahre ununterbrochen als vereidigter Buchprüfer oder Steuerberater tätig waren. (Zu weiteren Einzelheiten Kaminski 1996, S. 12-22).

Wirtschaftsprüfungsgesellschaften unterliegen neben Vorgaben für die Rechtsform gemäß § 27 WPO (Kaminski 1996, S. 26 f.) bestimmten Voraussetzungen, die ihre Organe betreffen. Gemäß § 28 WPO müssen grundsätzlich alle gesetzlichen Vertreter einer Wirtschaftsprüfungsgesellschaft auch Wirtschaftsprüfer sein. Um die Zusammenarbeit mit anderen freien Berufen zu erlauben, besteht für diese und für vergleichbare ausländische Prüfer die Möglichkeit, neben den Wirtschaftsprüfern als gesetzliche Vertreter zu fungieren. Jedoch müssen die Wirtschaftsprüfer überwiegen; bei zwei Geschäftsführern muß einer Wirtschaftsprüfer sein (zu weiteren Einzelheiten Kaminski 1996, S. 27-29). Gesellschafter einer Wirtschaftsprüfungsgesellschaft dürfen neben Wirtschaftsprüfern oder Wirtschaftsprüfungsgesellschaften nur in der Gesellschaft beschäftigte vereidigte Buchprüfer, Steuerberater, Steuerbevollmächtigte, Rechtsanwälte oder "genehmigte" Geschäftsführer sein. Die Wirtschaftsprüfer müssen über die Mehrheit der Stimmen verfügen. Eine berufsfremde Kapitalbeteiligung ist nicht mehr möglich (Kaminski 1996, S. 29 f.).

Das Berufsrecht der vereidigten Buchprüfer bzw. der Buchprüfungsgesellschaften ist ebenfalls in der WPO (§§ 130-131f) geregelt. Die Zulassung zur beruflichen Eignungsprüfung erfordert eine mindestens fünfjährige Tätigkeit als Steuerberater oder Rechtsanwalt, wobei mindestens drei Jahre Prüfungstätigkeit nachzuweisen sind. Bei Nachweis einer fünfzehnjährigen Tätigkeit als Steuerberater entfällt der Nachweis der Prüfungstätigkeit (Kaminski 1996, S. 121). Für die Zulassung als Buchprüfungsgesellschaft sind die Vorschriften für Wirtschaftsprüfungsgesellschaften entsprechend anzuwenden (Kaminski 1996, S. 123).

2.6.3 Berufsgrundsätze

Während mit den Zugangsvoraussetzungen die Urteilsfähigkeit des Abschlußprüfers gesichert werden soll, sollen die Berufsgrundsätze die Urteilsfreiheit des Abschlußprüfers sicherstellen (Leffson 1988, S. 92, 99 f.). Ein Abweichen von diesen Grundsätzen wird entsprechend mit fehlender Urteilsfreiheit gleichgesetzt. Damit werden Berufsrichtlinien zum Problem der Prüfungslehre, da ihre Wirkungen auf die Urteilsfreiheit analysiert werden müssen. Die Einschätzung der ökonomischen Literatur in einer so wichtigen Frage, wie der Vereinbarkeit von Abschlußprüfung und Beratung, sind jedoch nicht eindeutig (Böcking/Löcke 1997, S. 461-474). Daher sind die Zusammenhänge zwischen Berufsgrundsätzen und Urteilsfreiheit keineswegs zwingend. Außerdem kann zu keiner Zeit gesagt werden, ob sich die Abschlußprüfer bei ihrer Arbeit an diese Berufsrichtlinien gehalten haben. Beide Probleme erlauben nur eine vereinfachte Beurteilung der Qualität.

Quellen der geltenden Berufsgrundsätze sind zum Teil das HGB, ausführlicher die WPO (§§ 43-56 WPO) und im einzelnen die Berufssatzung der Wirtschaftsprüferkammer. Wichtig erscheinen die allgemeinen Berufspflichten der Unabhängigkeit, der Eigenverantwortlichkeit, der Gewissenhaftigkeit, der Verschwiegenheit und des berufswürdigen Verhaltens (WPK-Berufssatzung 1996, S. 6). Dazu treten noch die Unbefangenheit und Unparteilichkeit bei der Durchführung von Prüfungen und der Erstellung von Gutachten sowie die Einschränkungen der beruflichen Tätigkeit (v.Wysocki 1988, S. 63; Lück 1993, S. 23).

Voraussetzung für ein vertrauenswürdiges Urteil ist neben der Urteilsfähigkeit und der sachgerechten Urteilsbildung insbesondere die Urteilsfreiheit des Prüfers (Leffson 1988, S. 61; Arens/Loebbecke 1997, S. 3); Urteilsfreiheit setzt Unabhängigkeit und Unbefangenheit voraus. Unter Unabhängigkeit wird die rechtliche und wirtschaftliche Bindungslosigkeit des Prüfers im Verhältnis zum Mandanten erfaßt; sie charakterisiert ein äußeres Verhältnis. Die Unbefangenheit erfordert, daß die Prüfung nicht durch eigene Interessen des Prüfers oder anderer interessierter Personen gestört wird; sie erfaßt die innere Einstellung zum Mandanten und zum Prüfungsstoff. Es kommt nicht darauf an, daß der Abschlußprüfer tatsächlich unabhängig und unbefangen ist, sondern er muß unabhängig und unbefangen erscheinen (Baetge/Hense 1990, S. 1979 f.).

Im Berufsrecht sind Unabhängigkeit und Unbefangenheit in den §§ 43, 49 WPO allgemein definiert. Die in § 43 Abs. 1 WPO kodifizierte Unabhängigkeit wird durch die Berufssatzung der Wirtschaftsprüferkammer konkretisiert: Wirtschaftsprüfer dürfen keine Bindungen eingehen, "die ihre berufliche Entscheidungsfähigkeit beeinträchtigen oder beeinträchtigen könnten. Sie haben ihre persönliche Unabhängigkeit gegenüber jedermann zu bewahren" (§ 2 WPK-Berufssatzung 1996, S. 11). Insbesondere ist es ihnen untersagt, eine ergebnisabhängige Vergütung zu vereinbaren, eine Vergütung für die Vermittlung zu erhalten, Mandantenrisiken zu übernehmen oder Versorgungszusagen von Auftraggebern anzunehmen (§ 2 Abs. 2 WPK-Berufssatzung 1996, S. 9).

Darüber hinaus müssen Wirtschaftsprüfer gemäß § 49 WPO ein Mandat ablehnen, wenn die Besorgnis der Befangenheit vorliegt. Besorgnis der Befangenheit besteht, "wenn nahe Beziehungen .... zu einem Beteiligten oder zum Gegenstand der Beurteilung bestehen, die geeignet sein könnten, die Urteilsbildung zu beeinflussen" (§ 21 Abs. 1 WPK-Berufssatzung 1996, S. 16). Insbesondere bei nahen Angehörigen, finanziellen oder kapitalmäßigen Bindungen und der Gefahr der Interessenkollision gilt Befangenheit (WPK-Berufssatzung 1996, S. 16). Befangenheit liegt auch dann vor, wenn der Wirtschaftsprüfer parteiisch ist. Der Berufsgrundsatz der Unparteilichkeit verlangt nicht nur die objektive, freie Beurteilung aller Tatsachen nach sachlichen Gesichtspunkten, sondern u.U. die Darstellung auch gegensätzlicher Auffassungen. Der Wirtschaftsprüfer darf nicht einzelnen Interessen verpflichtet sein (Kaminski 1996, S. 56).

Im Gegensatz zu den Generalklauseln der WPO liefert § 319 Abs. 2 HGB operationale Kriterien, da kasuistisch einzelne Tatbestände aufgeführt werden, bei deren Erfüllung der Abschlußprüfer unwiderlegbar abhängig bzw. befangen ist. Aber auch wenn nicht gegen § 319 Abs. 2 HGB verstoßen wird, kann weiterhin Besorgnis der Befangenheit vorliegen (Baetge/Hense 1990, S. 1983, 1984). Ausschlußgründe nach HGB sind Anteilsbesitz, Kundenabhängigkeit, personelle Verflechtung und unvereinbare Tätigkeiten. Ein Abschlußprüfer ist aber nicht nur dann von der Prüfung ausgeschlossen, wenn er selbst die Tatbestandsmerkmale erfüllt, sondern auch bei indirekter Erfüllung (§ 319 Abs. 2 Nr. 7 HGB) durch Personen, die von ihm bei der Prüfung beschäftigt werden oder mit denen er den Beruf gemeinsam ausübt, wie Sozietätspartnern, angestellten oder geschäftsführenden Wirtschaftsprüfern, die auch eigene Mandate betreuen (Baetge/Hense 1990, S. 1985 f.).

Der Besitz von Aktien oder Geschäftsanteilen führt nach § 319 Abs. 2 Nr. 1 HGB zum Ausschluß von der Prüfung. Es zählt nur direkter Anteilsbesitz. Umfang und Dauer sind ebenso wie die Beteiligungsabsicht unerheblich. Kreditbeziehungen werden nicht erfaßt (Baetge/Hense 1990, S. 1996). § 319 Abs. 2 HGB konkretisiert auch den Sachverhalt der Kundenabhängigkeit: Werden über einen Zeitraum von mehr als fünf Jahren ständig mehr als 30 % der Einnahmen aus dem zu prüfenden Unternehmen und Unternehmen, an denen dieses mit mehr als 20 % beteiligt ist, bezogen, besteht wirtschaftliche Abhängigkeit (§ 319 Abs. 2 Nr. 8 HGB 1998).

Wirtschaftsprüfer werden nach § 319 Abs. 2 Nr. 2-4 von der Prüfung ausgeschlossen, wenn sie Funktionsträger oder Arbeitnehmer sind oder während der letzten Jahre waren; Funktionsträger sind die gesetzlichen Vertreter und Aufsichtsratsmitglieder. Dies Verbot gilt nicht nur für direkte, sondern auch für indirekte Beziehungen; Funktionsträger oder Arbeitnehmer einer mit dem zu prüfenden Unternehmen verflochtenen Gesellschaft oder Einzelunternehmung sind ebenfalls als Prüfer nicht zugelassen (Baetge/Hense 1990, S. 1999-2002).

Als unvereinbare Tätigkeit gilt nach § 319 Abs. 2 Nr. 5 grundsätzlich die Mitwirkung des Prüfers an Buchführung und Jahresabschlußerstellung, allerdings ist eine Mitwirkung im Rahmen der Abschlußprüfung zulässig; wichtig für die Abgrenzung ist, daß die Buchführung sowie die Erstellung des Jahresabschlusses bereits abgeschlossen sind. Der Tatbestand des § 319 Abs. 2 Nr. 6 ergänzt Nr. 5, indem auch Funktionsträger oder Arbeitnehmer von Gesellschaften, Unternehmen und natürlichen Personen, die bei der Buchführung und der Jahresabschlußerstellung mitgewirkt haben, von der Prüfung ausgeschlossen werden. Diese Regelung soll verhindern, daß Buchführungsgesellschaften zwischengeschaltet werden (Baetge/Hense 1990, S. 2014).

Nicht verboten ist es nach der geltenden Rechtslage, das Unternehmen zu beraten. Trotzdem kann es Konflikte zwischen Prüfung und Beratung geben, wenn der Berater konkrete Handlungsempfehlungen gibt, z.B. zur Handelsbilanzpolitik, zur Steuerbilanzpolitik oder zur Organisation des Rechnungswesens (Baetge/Hense 1990, S. 2011 f.). In einem neueren Urteil des BGH wird die (Steuer-)Beratung zur unzulässigen Mitarbeit "im Regelfall erst dann, wenn sie über die Darstellung von

Alternativen im Sinne der Entscheidungshilfe hinausgeht, insbesondere der Berater selbst anstelle des Mandanten eine unternehmerische Entscheidung in bezug auf den zu prüfenden Jahresabschluß trifft" (BGH, Urteil vom 21.4.1997 - II ZR 317/95). Bei aller Abgrenzungsschwierigkeit dieser Formulierung im Einzelfall soll sichergestellt werden, daß der Abschlußprüfer der Rechnungslegung mit der notwendigen Distanz gegenübersteht. In jedem Fall ist aber zu überlegen, ob nicht die Beratungstätigkeit des Abschlußprüfers zumindest im Prüfungsbericht anzugeben ist (Hommelhoff 1997, S. 485).

Die in Deutschland übliche lange Beziehung zwischen Mandant und Abschlußprüfer kann dazu führen, daß die Identifikation des Abschlußprüfers mit dem Mandanten zu groß wird oder Betriebsblindheit auftritt. Allerdings gibt es auch positive Aspekte einer langen Verbindung, da sich erst bei Wiederholungsprüfungen (mit wechselnden Prüfungsschwerpunkten) Rationalisierungseffekte einstellen. Insgesamt bestehen daher nicht nur im Berufsstand Bedenken (Herzig/Watrin 1995; Moxter 1996), eine Rotation bei der Prüfung vorzuschreiben. Durch das KonTraG ist lediglich eine interne Rotation bei Prüfungen von Aktiengesellschaften, die Aktien mit amtlicher Notierung ausgeben, vorgeschrieben (§ 319 Abs. 2 i.V.m. Abs. 3 Nr. 6 HGB 1998).

In § 319 Abs. 3 HGB sind die für Wirtschaftsprüfungs- bzw. Buchprüfungsgesellschaften relevanten Tatbestände formuliert. Zu den Gründen, die von der Gesellschaft erfüllt werden, gehören direkte und indirekte Verflechtungen zwischen Wirtschaftsprüfungsgesellschaft und dem prüfenden Unternehmen (§ 319 Abs. 3 Nr. 1). In § 319 Abs. 3 Nr. 2 ist geregelt, welche Tatbestände des Abs. 2 auf Prüfungsgesellschaften anzuwenden sind: Erfaßt sind die Mitwirkung bei Erstellung, die Beschäftigung abhängiger Personen und die wirtschaftliche Abhängigkeit (Baetge Hense 1990, S. 2028 f.). Neben diesen direkten Abhängigkeiten der Gesellschaft sind noch die von Funktionsträgern oder Gesellschaftern erfüllten Gründe nach § 319 Abs. 2 HGB zu beachten. Damit soll verhindert werden, daß Prüfer ihre persönliche Abhängigkeit durch Gründung einer Gesellschaft umgehen (Baetge/Hense 1990, S. 2024 f.).

Wirtschaftsprüfer müssen darüber hinaus im Interesse der Unabhängigkeit Einschränkungen der beruflichen Tätigkeit beachten. Gemäß § 2 WPO gehört zu ihren Aufgaben, betriebswirtschaftliche Prüfungen durchzuführen und über das Ergebnis Bestätigungsvermerke zu erteilen. Weiterhin haben Wirtschaftsprüfer die Befugnis, in steuerlichen Dingen zu beraten, und die Möglichkeit, unter Berufung auf ihren Berufseid als Sachverständige auf dem Gebiet der wirtschaftlichen Betriebsführung aufzutreten, zu beraten und treuhänderisch tätig zu werden. Daneben ist jede Tätigkeit untersagt, die die Einhaltung der Berufspflichten gefährdet, das Ansehen des Berufsstandes schädigt oder gewerblich ist. Erlaubt sind weiter die freie schriftstellerische Arbeit, die Tätigkeiten an wissenschaftlichen Institutionen und Hochschulen, die Ausübung eines freien Berufes auf dem Gebiet der Technik und des Rechtswesens und die Tätigkeit in einer Wirtschaftsprüfungsgesellschaft oder einem Prüfungsverband (Lück 1993, S. 28).

Die Eigenverantwortlichkeit des Wirtschaftsprüfers - § 44 WPO - gehört neben der Unabhängigkeit und Unbefangenheit zu den wichtigsten Berufspflichten: Eigenverantwortlich tätig sind nur selbständige Wirtschaftsprüfer, Wirtschaftsprüfer, die Vorstände, Geschäftsführer oder persönlich haftende Gesellschafter einer Wirtschaftsprüfungsgesellschaft sind, und Wirtschaftsprüfer, die zeichnungsberechtigte Vertreter oder Angestellte einer Wirtschaftsprüfungsgesellschaft, eines genossenschaftlichen Prüfungsverbandes etc. sind. Der Wirtschaftsprüfer hat sein Handeln in eigener Verantwortung zu bestimmen, sein Urteil selbst zu bilden und seine Entscheidungen selbst zu treffen (§ 11 WPK-Berufssatzung 1996, S. 13). Die Eigenverantwortlichkeit impliziert, daß Weisungen untersagt sind, nach denen ein zeichnungsberechtigter Wirtschaftsprüfer einen Bericht, dem er nicht zustimmt, zu unterzeichnen hat (v.Wysocki 1988, S. 70 f.). Gefahren für die Eigenverantwortlichkeit entstehen auch durch einen zu großen Aufgabenbereich (v.Wysocki 1988, S. 70). Ein Wirtschaftsprüfer muß daher in der Lage sein, die Tätigkeit seiner Mitarbeiter zu überblicken und zu beurteilen, um sich seine eigene Meinung zu bilden (§ 12 WPK-Berufssatzung 1996, S. 13); auf die Vorgabe einer maximalen Leitungsspanne (von fünf Mitarbeitern), wie sie in den "Richtungsweisenden Feststellungen" ehemals gegeben wurde, wird verzichtet.

Der Grundsatz der Gewissenhaftigkeit (§ 43 Abs. 1 S. 1 WPO) regelt nicht nur, daß die Wirtschaftsprüfer bei Erfüllung ihrer Aufgaben an das Gesetz gebunden sind, sondern verlangt auch, daß sie sich über die für die Berufsausübung geltenden Bestimmungen unterrichten und diese neben den fachlichen Regeln beachten; sie müssen sich fortbilden (§ 4 WPK-Berufssatzung 1996, S. 10). Zudem haben sie Verantwortung für die Mitarbeiter hinsichtlich Qualifikation und Information, Ausbildung und Fortbildung und müssen die Einhaltung der Berufspflichten in ihrer Praxis sicherstellen (§§ 5-7 WPK-Berufssatzung 1996, S. 11 f.). Bei den für die Berufsausübung geltenden Bestimmungen kommt den Fachgutachten und Stellungnahmen des Instituts der Wirtschaftsprüfer (IDW) eine besondere Bedeutung zu. Ein Abweichen von diesen Regeln kann zu Nachteilen in zivil- und berufsrechtlichen Verfahren führen (Kaminski 1996, S. 60).

Der Grundsatz der Verschwiegenheit entspringt der Vertrauensstellung des Prüfers, der Einblicke in private und geschäftliche Vorgänge erhält. Um den Grundsatz der Verschwiegenheit auch rechtlich durchsetzen zu können, gewähren Zivilprozeßordnung in § 383 Abs. 1 S. 5 und Strafprozeßordnung in § 53 Abs. 1 Ziff. 3 dem Prüfer und seinen Gehilfen ein Zeugnisverweigerungsrecht. Unter dieses Recht fallen alle Tatsachen und Umstände, die dem Prüfer bei seiner Berufstätigkeit anvertraut und bekannt werden (§ 9 WPK-Berufssatzung 1996, S. 12). Das Verbot der Nutzung und Weitergabe privater Tatsachen und Umstände, insbesondere geschäftlicher Entscheidungen oder Transaktionen, die Auftraggeber oder Dritte betreffen, ist in § 10 WPK-Berufssatzung (1996, S. 13) geregelt.

Mit der Vertrauensstellung und dem quasi-öffentlich-rechtlichen Auftrag wird auch ein berufswürdiges Verhalten begründet (v.Wysocki 1988, S. 77). Dies erfordert, daß sich Wirtschaftsprüfer sachlich äußern, ihre Auftraggeber auf Gesetzesverstöße, die sie bei der Wahrung ihrer Aufgabe erkannt haben, aufmerksam machen und ihren Namen und ihre Qualifikation für Werbezwecke Dritter nur hergeben, wenn sie mit dem Ansehen des Berufs vereinbar sind (§ 13 WPK-Berufssatzung 1996, S. 13). Weiterhin dürfen sie bei der Praxisübertragung keine

Notlagen ausnutzen und keine Mitarbeiter oder Mandanten des bisherigen Arbeitgebers abwerben (§ 14 WPK-Berufssatzung 1996, S. 14). Die letzten Forderungen, die Verhaltensbeschränkungen im Wettbewerb darstellen, sollen einen ruinösen Wettbewerb unter den Wirtschaftsprüfern verhindern, der zu Qualitätsverschlechterungen führen kann.

2.6.4 Empfehlungen zur Quality Control

Regeln, die bei der Erstellung von (Prüfungs-)Leistung zu beachten sind, können Substitute der Qualitätsbeurteilung sein. Maßnahmen der Qualitätssicherung können daher als Ersatztatbestand einer sachgerechten Urteilsbildung interpretiert werden, da sie über die Rahmenbedingungen informieren, unter denen die Prüfung durchgeführt wurde. Einschränkend muß gesagt werden, daß zum einen zweckentsprechende Regeln bei komplexen Prüfungsleistungen nur schwer zu ermitteln sind, so daß der Zusammenhang der Regeln mit der Urteilsbildung naturgemäß wenig konkret ist; zumal wenn die Regeln vage formuliert sind. Zum anderen muß sichergestellt werden, daß diese Regeln nicht umgangen werden. Für Prüfungsleistungen heißt dies, daß nun die Anwendung der Regeln überprüft werden müßte, um die Qualität zu sichern. Dies dürfte schon für den Mandanten schwierig sein, externen Adressaten steht diese Art der Qualitätsbeurteilung nicht offen. Entsprechende Regeln sind daher bestenfalls notwendige, keine hinreichenden Bedingungen qualitativ hochwertiger Prüfungsleistungen.

Hervorzuheben bei den berufsständischen Regelungen zur Sicherung der Qualität ist insbesondere die gemeinsame Stellungnahme von WPK und IDW zur Qualitätssicherung in der Wirtschaftsprüfungspraxis (Wirtschaftsprüferkammer/Institut der Wirtschaftsprüfer VO 1/1995). Bindungswirkung entfalten alle Stellungnahmen, weil sich die Mitglieder des IDW gemäß § 4 Abs. 8 der Satzung des IDW verpflichten, vom IDW herausgegebene Grundsätze zur Qualitätssicherung zu beachten. Die Grundsätze und Verfahren sollen die Einhaltung der Normen für die Prüfungsdurchführung und Berichterstattung sichern; die Qualität der Prüfungsdurchführung und Berichterstattung verbessern; durch Vorgaben konkreter Maßstäbe, die Prüfungsarbeiten objektivieren und verbessern; eine Grundlage für in- und externe Überwachungsaktivitäten schaffen; die Öffentlichkeit über die Anforderungen an den Berufsstand und das qualitative Niveau informieren; das Vertrauen der Öffentlichkeit in den Berufsstand insgesamt stärken (Lück 1993, S. 126).

Die Qualitätsstandards lassen sich in auftragsunabhängige und auftragsabhängige unterscheiden (Wirtschaftsprüferkammer/Institut der Wirtschaftsprüfer VO 1/1995, S. 530b). Auftragsunabhängige Standards betreffen die fachliche Organisation innerhalb der Wirtschaftsprüfungsgesellschaft; auftragsabhängige Standards betreffen den einzelnen Prüfungsauftrag. Zur Sicherung der Einhaltung ist eine interne Überwachung durch Nachschau zu gewährleisten. Die Maßnahmen sollten dokumentiert werden, um die Wirksamkeit zu verbessern (Siepe 1992, Sp. 1580). Eine externe Überwachung - beispielsweise durch Peer Review oder durch IDW/WPK - ist nicht vorgesehen.

Auftragsunabhängige Vorschriften erfassen neben der Gesamtplanung der Aufträge auch die Auftragsannahme und -fortführung, die Qualifikation und Information der Mitarbeiter, die fachlichen und organisatorischen Anweisungen (Wirtschaftsprüferkammer/Institut der Wirtschaftsprüfer VO 1/1995, S. 530b-e) und die organisatorische Regelung der Nachschau (Wirtschaftsprüferkammer/Institut der Wirtschaftsprüfer VO 1/1995, S. 530i). Diese Maßnahmen der organisatorischen Gestaltung sollen die fachlichen Rahmendaten und die Koordination der Prüfungstätigkeiten sichern. Die entsprechenden Maßnahmen sind von der Unternehmensleitung vorzunehmen (Lück 1993, S. 128).

Die Regelungen zur Qualitätssicherung einer einzelnen Prüfung sollen die konkrete Durchführung bei der Prüfung sicherstellen. Adressat der Regelungen ist der leitende Wirtschaftsprüfer vor Ort. Im einzelnen gilt es, neben der Prüfungsplanung, die Mitarbeiter durch strukturierte und klar verständliche Prüfungsanweisungen mit den Aufgaben vertraut zu machen; sich an den Prüfungshandlungen in einem Umfang zu beteiligen, der es erlaubt, zu einer eigenen Urteilsbildung zu gelangen bzw. die Mitarbeiter, an die die Überwachung delegiert wurde, in Eignung und Qualifikation zu würdigen; vor Abschluß der Arbeit die Ergebnisse der Arbeit und die Dokumentation auf Ordnungsmäßigkeit zu beurteilen (Wirtschaftsprüferkammer/Institut der Wirtschaftsprüfer VO 1/1995, S. 530g-j).

Um die Anwendung der beschriebenen Maßnahmen zu sichern, ist eine Nachschau zu organisieren, die bestimmt, welche Aufträge bzw. welche Niederlassung geprüft wird, welche Mitarbeiter herangezogen werden und welcher Zeitrahmen veranschlagt wird. Die Nachschau gehört in den Zuständigkeitsbereich der Geschäftsleitung der Prüfungsgesellschaft (Wirtschaftsprüferkammer/Institut der Wirtschaftsprüfer VO 1/1995, S. 530i).

2.6.5 Haftung

Haftungsregeln dienen der Prävention. Die Wirkung von Haftungsvorschriften zur Qualitätssicherung sind jedoch begrenzt. Zum einen hat die Unternehmensleitung keinen Anreiz, bei einer nicht sachgerechten Prüfung zu klagen, solange das Ergebnis der Prüfung ein uneingeschränkter Bestätigungsvermerk ist. Zum anderen dürfte eine unsachgemäße Prüfung nur bei außergewöhnlichen Verlusten, Vergleichs- oder Konkursverfahren bekannt werden (Leffson 1988, S. 96). Schließlich muß schuldhaftes oder fahrlässiges Verhalten nachgewiesen werden, was unter Umständen schwierig und teuer sein kann. Trotzdem hat die Haftung eine nicht unerhebliche Anreizwirkung, da auch die Rufschädigung bei Haftungsfällen beachtet werden muß.

Für die hier betrachteten Vorbehaltsprüfungen wird die zivilrechtliche Verantwortung durch § 323 HGB geregelt. Im einzelnen haftet ein Wirtschaftsprüfer gegenüber der geprüften Gesellschaft (oder einem verbundenen Unternehmen) bei einer vorsätzlich oder fahrlässig begangenen Pflichtverletzung, wenn dadurch ein Schaden entstanden ist. Pflichten des Abschlußprüfers sind die gewissenhafte und unparteiische Prüfung, die Verschwiegenheit und das Verbot, unbefugt Geschäftsgeheimnisse zu verwerten. Pflichtverletzungen und der entstandene Schaden müssen von geprüften Unternehmen nachgewiesen werden (§ 323 Abs. 1 HGB).

Fahrlässig handelt der Prüfer, wenn er die im Verkehr erforderliche Sorgfalt außer acht läßt (§ 276 Abs. 1 S. 2 BGB). Vorsatz wird bei bewußter Inkaufnahme von Rechtsverstößen unterstellt. Für Fahrlässigkeit ist die Haftung auf 4 Mio. DM begrenzt; bei Unternehmen, deren Aktien mit amtlicher Notierung ausgegeben sind, ist die Haftung auf 8 Mio. DM beschränkt (§ 323 Abs. 2 HGB 1998). Bei Vorsatz haftet der Abschlußprüfer unbeschränkt. Ein Haftungsausschluß ist unzulässig (§ 323 Abs. 4 HGB). Die Verjährungsfrist beträgt fünf Jahre (§ 323 Abs. 5 HGB). Eine strafrechtliche Verantwortlichkeit ergibt sich darüber hinaus aus den allgemeinen Strafrechtstatbeständen gemäß §§ 331-333 HGB.

Eine Haftung gegenüber Dritten - mit Ausnahme der verbundenen Unternehmen - läßt sich aus § 323 HGB nicht ableiten. Eine Dritthaftung läßt sich nach dem derzeitigen Stand der Rechtsprechung nur über die deliktische Haftung erreichen (§§ 823 Abs. 2, 826, 831 BGB). Gemäß § 823 Abs. 2 BGB haftet ein Wirtschaftsprüfer Vertragsfremden, wenn er gegen ein zum Schutz des Dritten bestehendes Gesetz verstößt. Entsprechende Tatbestände sind Betrug (§ 263 StGB), Subventionsbetrug (§ 264 StGB), Kapitalanlagebetrug (§ 264a StGB), Untreue (§ 266 StGB), Urkundenfälschung (§ 267 StGB), Verletzung von Privatgeheimnissen (§ 203 StGB), Konkursstraftaten (§§ 283-283d StGB) (Quick 1991, S. 1679). Die Verletzung eines Schutzgesetzes i.S.d. § 823 Abs. 2 BGB muß vorsätzlich erfolgt sein. Eine Haftung gemäß § 826 BGB erfordert, daß der Prüfer sittenwidrig seine Prüfungs-, Berichts- und Bestätigungspflichten mit dem Vorsatz, Dritte zu schädigen, verletzt. Dies ist insbesondere dann zu vermuten, wenn er nicht geprüft hat, oder das Rechnungswesen schwere Mängel aufweist, und er trotzdem einen Bestätigungsvermerk erteilt; die Prüfungshandlungen in vollem Umfang Dritten überträgt und dessen Ergebnisse übernimmt; Angaben des Unternehmens übernimmt, ohne zu prüfen, obwohl dies möglich und angesichts ihrer Bedeutung erforderlich war. Diese Begründungen (sittenwidrigen Handelns) zeigen eine Abkehr vom Vorsatzgedanken (Quick 1991, S. 1680). Mit § 831 BGB werden unerlaubte Handlungen der (Prüfungs-)Gehilfen erfaßt. Der Prüfer kann sich allerdings mit dem Hinweis auf die Sorgfalt bei der Auswahl und Überwachung der Gehilfen exkulpieren. Die Haftung aufgrund deliktischer Ansprüche verjährt nach drei Jahren. Eine Haftungsbegrenzung ist nicht vorgesehen (Quick 1991, S. 1680).

Eine Haftung des Abschlußprüfers gegenüber Dritten nach den Grundsätzen einer Vertrauenshaftung wurde bisher nur für Prospektprüfungen entwickelt (Ebke 1997, S. 1731). Auch die Rechtsfigur des Vertrages mit Schutzwirkung Dritter wurde bisher höchstrichterlich noch nicht entschieden (Ebke 1997, S. 1732). Durch dieses Rechtsinstitut wird auch Nichtvertragspartnern ein eigener vertraglicher Anspruch wegen Verletzung von ihnen gegenüber angenommenen vertraglichen Schutzpflichten eingeräumt. Voraussetzungen sind die Leistungsnähe des Dritten, Interesse des Gläubigers am Schutz Dritter und die Erkennbarkeit dieser Bedingungen bei Vertragsschluß für den Schuldner (Herrmann 1997, S. 105). Beide Anspruchsgrundlagen würden eine Haftung gegenüber Dritten schon bei Fahrlässigkeit erreichen. Dies scheint angesichts der hohen Risiken für die tätigen Personen wenig sachgerecht. Zudem läßt die vom Gesetzgeber intendierte Risikoteilung zwischen Prüfer, Mandant und Dritten eine derartige Erweiterung der Haftung nicht zu (Ebke 1997, S. 1732 f.).

3 Bemerkungen zur Durchführung von Jahresabschlußprüfungen

3.1 Risikoorientierte Abschlußprüfung

Wirtschaftsprüfer sind erwerbswirtschaftlich tätig und verfolgen eine Einkommensmaximierung über die Zeit. Sie müssen sich mit ihrer Leistung im Qualitäts- und Preiswettbewerb am Markt durchsetzen. Dies erfordert nicht nur qualitativ gute Prüfungsleistungen, sondern auch ein wirtschaftliches Vorgehen bei der Auswahl der Prüfungsmethoden und Prüfungshandlungen; diese sind so zu kombinieren, daß sie mit geringsten Kosten ein vertrauenswürdiges Prüfungsergebnis sicherstellen.

Die Vertrauenswürdigkeit wird dabei durch zwei Fehlerarten beeinträchtigt: In Anlehnung an Begriffe aus der Statistik wird mit dem Fehler 1. Art (α-Fehler) das Risiko erfaßt, eine (Jahresabschluß-)Aussage als falsch zurückzuweisen, obwohl sie richtig ist (Auftraggeberrisiko); beim Fehler 2. Art (oder auch β-Fehler) wird ein Prüffeld als korrekt akzeptiert, obwohl wesentliche Fehler enthalten sind (Prüferrisiko). Das vom American Institute of Certified Public Accountants (AICPA) 1984 herausgegebene Statement on Auditing Standards Nr. 47 (SAS 47) definiert das Prüfungsrisiko beim Jahresabschluß als das Risiko, das der Prüfer hat, weil er unwissentlich einen Jahresabschluß für gut befindet, d.h. einen uneingeschränkten Bestätigungsvermerk erteilt, obwohl materielle Fehler vorhanden sind (AICPA 1984, S. 143 f.). Damit wird nur der Fehler 2. Art betrachtet, der Fehler 1. Art, das Auftraggeberrisiko, hingegen wird vernachlässigt. Hier kann vermutet werden, daß in solchen Fällen ein Abschlußprüfer auf Drängen des Mandanten seine Prüfungshandlungen ausdehnen wird, bis er eine hohe Sicherheit bei der negativen Urteilsabgabe hat oder von der tatsächlichen Richtigkeit des Jahresabschlusses überzeugt ist (Ballwieser 1998, S. 361).

Prüfungsrisikomodelle zerlegen das Prüfungsrisiko in das inhärente Risiko, das Kontroll- und das Entdeckungsrisiko. Die einzelnen Teilwahrscheinlichkeiten müssen wegen der Abhängigkeiten der Risikokomponenten als bedingte Fehlerwahrscheinlichkeiten verstanden werden (Ballwieser 1998, S. 365). Geschäfts- und Auftragsrisiken, denen der Abschlußprüfer wie jeder andere Dienstleister auch unterliegt, werden vernachlässigt:

Prüfungsrisiko = Inhärentes Risiko · Kontrollrisiko · Entdeckungsrisiko

Weil eine völlige Prüfungssicherheit aus wirtschaftlichen Gründen nicht erreicht werden kann, muß der Prüfer das von ihm akzeptierte Prüfungsrisiko bestimmen. Oft wird es mit 5 % (bzw. Prüfungssicherheit von 95 %) festgelegt; bis 10 % scheint vertretbar zu sein (Quick 1996, S. 30). Das inhärente Risiko besteht unabhängig von den Prüfungshandlungen; das Kontrollrisiko kann nur indirekt, durch Empfehlungen hinsichtlich der Gestaltung des internen Kontrollsystems, und nur über einen längeren Zeitraum beeinflußt werden. Nur das Entdeckungsrisiko kann vom Abschlußprüfer direkt beeinflußt werden (Adenauer 1989, S. 38; Wiedmann 1993, S. 17). Bei den einzelnen Risiken kann zwischen der Ebene des Jahresabschlusses und der Ebene individueller Prüfungsfelder unterschieden werden (Quick 1996, S. 26, 28).

Das inhärente Risiko erfaßt Risiken, die sich aus der Situation des Unternehmens oder der Anfälligkeit eines Prüffeldes ergeben, wobei gedanklich auf ein internes Kontrollsystem verzichtet wird (Förschle/Peter 1996, S. 1778; Quick 1996, S. 33 f.). Man unterscheidet zwischen inhärenten Risikobedingungen und -charakteristika: Inhärente Risikobedingungen (auch als Umfeldbedingungen bezeichnet) erfassen Risikofaktoren externer Art: Dazu gehören makroökonomische, branchenspezifische und unternehmensspezifische Einflüsse. Inhärente Risikocharakteristika beziehen sich hingegen auf bestimmte Konten und Transaktionen und bestimmen die Häufigkeit und den Wert von Fehlern (Quick 1996, S. 35 f.; Adenauer 1989, S. 36 f.).

Das Kontrollrisiko erfaßt die Wahrscheinlichkeit, wesentliche in einem Jahresabschlußposten oder einem Geschäftsvorfall enthaltene Fehler durch interne Kontrollen weder zu verhindern noch rechtzeitig zu entdecken (Quick 1996, S. 37 f.). Das interne Kontrollrisiko ist damit eine Funktion der Wirksamkeit des internen Kontrollsystems und wird bestimmt von den im Unternehmen verwandten Kontrollverfahren und -strukturen. Ein hohes inhärentes Risiko kann durch ein gut ausgestaltetes internes Kontrollsystem ausgeglichen werden (Wiedmann 1993, S. 17 f.).

Das Entdeckungsrisiko erfaßt die Wahrscheinlichkeit, einen Fehler in einem Jahresabschlußposten oder einem Geschäftsvorfall, der einzeln oder zusammen mit anderen Fehlern wesentlich ist, nicht zu entdecken (Adenauer 1989, S. 39; Förschle/Peter 1996, S. 1778). Das Entdeckungsrisiko wird durch die Prüfungshandlungen des Abschlußprüfers bestimmt. Je wirksamer die Art der Prüfungshandlungen, je zeitnäher und umfangreicher sie durchgeführt werden, desto geringer ist das Entdeckungsrisiko. Eine wirksame Qualitätskontrolle, eine sachgerechte Planung und die Auswahl geeigneter Prüfer sollen das Entdeckungsrisiko mindern (Quick 1996, S. 44 f.).

Teilrisiken des Entdeckungsrisikos sind das analytische Risiko, das Stichprobenrisiko und sonstige Risiken (Müller/Kropp 1992, S. 152; Quick 1996, S. 10). Das analytische Risiko ist die Wahrscheinlichkeit, durch analytische Prüfungshandlungen einen wesentlichen Fehler nicht zu entdecken oder keinen Hinweis auf die erhöhte Fehlerwahrscheinlichkeit zu erhalten (Diehl 1991, S. 196). Gründe für das analytische Risiko im einzelnen sind ungewöhnliche Veränderungen, die nicht berücksichtigt werden; normale Veränderungen, die als ungewöhnlich gewertet werden; die Verwendung falscher Ausgangsdaten und Verarbeitung ungeprüfter Informationen; formelle Verprobungen, die nur rechnerische Zusammenhänge überprüfen und fiktive Buchungen, Nichtbuchungen realisierter Geschäftsvorfälle, Buchungen auf falschen Konten sowie sich gegenseitig aufhebende Buchungsfehler nur zufällig aufdecken (Wiedmann 1993, S. 24; Müller/Kropp 1992, S. 151).

Das Stichprobenrisiko entspricht der Wahrscheinlichkeit, eine Stichprobe als ordnungsgemäß zu akzeptieren, obwohl wesentliche Fehler enthalten sind. Gründe für das Stichprobenrisiko liegen in der Auswahl der Stichprobe, ungeeigneten Methoden oder falsch angewandten Tests (Wiedmann 1993, S. 24).

Ursachen für das nicht stichprobenbezogene Risiko sind fehlende oder ungeeignete Prüfungshandlungen, eine unangemessene Ausführung von Prüfungshandlungen, mangelnde Sorgfalt oder fehlerhafte Schlußfolgerungen (Dörner 1992, Sp. 84; Diehl 1991, S. 197).

Die Einschätzung des risikoorientierten Prüfungsansatzes ist im Berufsstand durchgehend positiv. So sei durch die Vorgabe und Operationalisierung von Fehlergrenzen im Risikomodell die Möglichkeit geschaffen, Einzelurteile zu einem Gesamturteil zusammenzufassen. Bei einem Überschreiten von Fehlergrenzen würden zwingend entweder die Prüfungshandlungen ausgeweitet oder der Bestätigungsvermerk eingeschränkt werden (Wiedmann 1993, S. 19).

Ohne eine abschließende Würdigung des risikoorientierten Prüfungsansatzes zu geben, muß gesagt werden, daß diese euphorische Einschätzung nicht geteilt werden kann, da das Risikomodell nicht vor Risiken der Fehlbeurteilung, falscher Auswahl oder falscher Anwendung von Prüfungsmethoden schützt. Darüber hinaus werden Fehler bei der Einschätzung des inhärenten Risikos und des Kontrollrisikos vernachlässigt oder ihre Wirkungen bleiben unklar. Zudem muß beachtet werden, daß das interne Kontrollsystem als Hilfsmittel der Unternehmensleitung nicht geeignet ist, ihre eigenen Täuschungen aufzudecken. Nur routinemäßige Vorgänge lassen sich erfassen, während Gestaltungsspielräume beim Ausüben von Wahlrechten oder beim Schätzen nicht erfaßt werden. Für einen Teil der Fragestellungen ist das Kontrollrisiko mit eins anzugeben (Ballwieser 1998, S. 366).

Wie die einzelnen Risikokomponenten quantifiziert und eine Bewertung der Indikatoren für die einzelnen Risikoarten vorgenommen werden sollen, bleibt offen. In der Regel sind nur qualitative Aussagen möglich (Ballwieser 1998, S. 369; Adenauer 1989, S. 37). Die Verbindung zwischen den Prüfungsrisiken auf Prüffeldebene und auf der Ebene des Jahresabschlusses fehlt ebenfalls (Ballwieser 1998, S. 368). Insoweit sind die Möglichkeiten, die Urteilsbildung zu fundieren und zu objektivieren, begrenzt. Risikomodelle sollten daher weniger zur Auswertung von Ergebnissen und zur Urteilsbildung herangezogen werden, sondern nur bei der Prüfungsplanung eingesetzt werden.

Durch den risikoorientierten Prüfungsansatz wird deutlich, daß eine (Risiko-) Analyse des Unternehmens und seiner Umwelt zu Beginn der Planung erfolgen muß, um zunächst die Risikosituation offenzulegen und verschiedene Gefahren aufzuzeigen; dies schärft das Risikobewußtsein (Ballwieser 1998, S. 371). Die konkrete Gestaltung eines Prüfungsprogramms folgt an zweiter Stelle. Dies hilft, das Prüfungsvorgehen zu straffen und zu strukturieren, so daß Prüfungskapazität in risikoreiche Bereiche gelenkt wird (Diehl 1991, S. 210). Schließlich orientiert sich auch die Auswahl von Prüfungsmethoden und -handlungen an Risikogesichtspunkten (Dörner 1992, Sp. 87). Hier zeigt sich eine Ordnung bekannter Prüfungsmethoden und Handlungen. Inwieweit dabei allgemeine Risikobeurteilung, Prüfungen des internen Kontrollsystems, analytische Prüfungshandlungen und Einzelfallprüfungen nach ihrem Sicherheitsgewinn je Prüfungseinheit (= Sicherheitsintensität) exakt geordnet werden können, bleibt allerdings fraglich. Daher bleibt die Empfehlung, für jedes Prüfungsgebiet die Prüfungsmethoden so zu kombinieren, daß der gewünschte Sicherheitsgrad mit dem geringsten Zeitaufwand erreicht wird (Dörner 1992, Sp. 87; Wiedmann 1993, S. 18), wohl eher Wunschdenken. Letztlich lassen sich nur Tendenzaussagen abgeben.

3.2 Analyse des Mandantenumfelds und Prüfungsplanung

3.2.1 Auftragsannahme und vorbereitende Prüfungshandlungen

Die Entscheidung über die Annahme eines Prüfungsauftrags orientiert sich an den fachlichen Anforderungen der Prüfung, der vorhandenen Kapazität, den Berufsgrundsätzen, insbesondere der Einhaltung der Unabhängigkeit, sowie der Integrität und Solvenz des Mandanten und den damit verbundenen Haftungserwägungen. Die Entscheidung über die Annahme eines Auftrags sollte nicht nur unter kurzfristigen Aspekten erfolgen, um den Deckungsbeitrag zu steigern. Es sollten auch Haftungsrisiken und die langfristigen Wirkungen für den Ruf einer Prüfungsgesellschaft beachtet werden. Eine Selektion kann sich an bestimmten Branchen orientieren sowie Mandanten erfassen, die wirtschaftliche Probleme haben, unrealistische Termine setzen oder deren Integrität zweifelhaft erscheint. Die Auswahl der Mandanten ist insgesamt ein wichtiges Instrument im Rahmen des Risikomanagements einer Wirtschaftsprüfungsgesellschaft und keineswegs ein Zeichen mangelnder Kompetenz (Geuer 1994, S. 192-194).

Der Bedeutung der Auftragsannahme entsprechend sind amerikanische Wirtschaftsprüfer angehalten, bestimmte Regeln zu installieren, die sicherstellen, daß potentielle neue Mandanten, aber auch langjährige Mandanten in regelmäßigen Abständen, im Hinblick auf ihre Integrität beurteilt werden. Deutsche Gesellschaften verfahren im Grundsatz nicht anders. Wenn ein Abschlußprüfer ersetzt wird, ist der nachfolgende Prüfer verpflichtet, sich beim bisherigen über das Mandat zu informieren. Insbesondere die Integrität des Managements, Meinungsverschiedenheiten über die Bilanzierungsgrundsätze und das Prüfungsvorgehen sind interessant. Der neue Abschlußprüfer soll die Beweggründe des Wechsels verstehen (Carmichael/Willingham/Schaller 1996, S. 130 f.).

Die vorbereitenden Prüfungshandlungen sollen eine Einschätzung über das mit dem Prüfungsauftrag verbundene inhärente Risiko liefern. Im einzelnen erfordert dies eine Analyse der Geschäftstätigkeit und des wirtschaftlichen Umfelds, des Rechnungswesens und die Identifikation besonderer Risikofelder. Daneben ist eine erste Einschätzung des Kontrollrisikos notwendig (Havermann 1996, S. 1306, 1308 f.; Quick 1996, S. 228, 278). Typische Prüfungshandlungen im Rahmen der vorbereitenden Planung sind Befragungen des Personals, eine Durchsicht von (konzern-)internen Berichten und Zwischenabschlüssen sowie von Richtlinien und Verträgen (Carmichael/Willingham/Schaller 1996, S. 138). Besondere Bedeutung haben bei der vorbereitenden Planung analytische Prüfungshandlungen (Plausibilitätsbeurteilungen) (Carmichael/Willingham/Schaller 1996, S. 155 f.; Hömberg 1994, S. 29).

Informationen zur Geschäftstätigkeit und zum wirtschaftlichen Umfeld sollen helfen, mögliche Entwicklungen auf den Jahresabschluß bzw. einzelne Prüffelder frühzeitig zu erkennen. Wichtig sind beispielsweise Informationen zu den erstellten Dienstleistungen und Produkten, zum Grad der Diversifikation und der Internationalisierung, zur Organisation, zu den Einkaufsquellen, Produktionsmethoden und Vertriebswegen, zu den Determinanten von Marktstruktur und Wettbewerb sowie zur Position des Unternehmens in der Branche (Adenauer 1989, S. 59 f.;

Förschle/Peter 1995, S. 1782 f.; Quick 1996, S. 230-236, 256-262). Ein wichtiger Punkt ist die Einschätzung der Managementqualität. Dabei interessieren die Angemessenheit der Einschätzungen über die künftige Entwicklung, die Integrität, die Erfahrung, die Risikobereitschaft, die Einstellung zur Rechnungslegung und der Führungsstil sowie die Veränderungen im Management und Aufsichtsrat (Förschle/Peter 1995, S. 1784 f.; Quick 1996, S. 262-272).

Darüber hinaus gilt es, einen ersten Einblick in die Rechnungslegung zu erhalten. Dabei wird nach bedeutenden Abweichungen von früheren Erwartungen, neuen Investitionsvorhaben, einschließlich ungewöhnlicher Transaktionen wie (Ver-)Käufe von Unternehmen, neuen Finanzierungsformen oder schwebenden Gerichtsverfahren gesucht (Wiedmann 1993, S. 22). Wichtig ist auch, welche Bedeutung der Jahresabschluß für die Geschäftsleitung hat: Steht ein Verkauf des Unternehmens an? Sind neue Finanzierungsmaßnahmen geplant? Orientiert sich die Entlohnung der Geschäftsleitung an Größen des Jahresabschlusses oder an der Einhaltung von (Jahresabschluß-)Vorgaben? Weiterhin sollten die Ziele der Bilanzpolitik, die Angemessenheit der unternehmensinternen Bilanzierungsvorschriften beurteilt werden sowie Erfahrung, Kompetenz und Urteilsvermögen des für die Buchhaltung und den Jahresabschluß zuständigen Personals untersucht werden. Auch die Konfiguration der EDV sowie die Herkunft der Programme muß bewertet werden (Wiedmann 1993, S. 22; Förschle/Peter 1995, S. 1883 f.).

Ein weiterer Schwerpunkt der Prüfungsvorbereitung ist eine erste Einschätzung von Kontrollrisiken. Im einzelnen müssen das Kontrollumfeld, die Überwachungsstrukturen, die Organisationsstruktur und die interne Revision und ihre Aufgabe eingeschätzt werden sowie die installierten Kontrollen und Verfahren, unter denen die Daten der Buchführung erfaßt, verarbeitet, zusammengefaßt und weitergeleitet werden (Förschle/Peter 1995, S. 1784 f.; Quick 1996, S. 262-272). Existiert ein Risikomanagementsystem, sollte dieses geprüft werden: Besteht ein Credit-Management zur Überwachung des Ausfallrisikos? Wie erfolgt eine Kreditwürdigkeitsprüfung? Werden Statistiken über Kundenverluste, Neuakquisitionen und kundenbezogene Umsätze oder die Zahl der Beanstandungen ausgewertet? Erfolgt ein systematisches Controlling aller Unternehmensbereiche? Besteht ein Auftragscontrolling? (Brebeck/Herrmann 1997, S. 388 f.).

Die Risikofaktoren sind allerdings wenig konkret. Insbesondere läßt sich kein allgemeiner Katalog feststellen und die Quantifizierung ist problematisch. Inwieweit Verfahren zur Quantifizierung des inhärenten Risikos einen Fortschritt bringen (Quick 1996, S. 298-353, m.w.N.), kann hier nicht diskutiert werden; Skepsis scheint aber angebracht.

3.2.2 Allgemeine Prüfungsplanung

Neben institutionellen Anforderungen an die Prüfungsplanung, die die Urteilsqualität sichern sollen, soll die Prüfungsplanung auch eine wirtschaftliche Prüfungsdurchführung sicherstellen (Lück 1993, S. 40 f.)

Der enge zeitliche Rahmen zwischen Aufstellung des Jahresabschlusses und spätestem Ende der Prüfungshandlungen wird durch die frühere Veröffentlichung der Jahresabschlüsse durch die Unternehmen weiter eingeengt. Ohne eine Aufteilung der Prüffelder auf Vor- und Hauptprüfung kann daher kaum eine Prüfung durchgeführt werden (Lück 1993, S. 49). Üblicherweise erfolgt die Prüfung der Verfahrensabläufe in einer Vorprüfung. Die Planung der Hauptprüfung basiert daher auf den Ergebnissen der vorbereitenden Prüfungshandlungen und der Prüfung des internen Kontrollsytems.

Die (bedingte) Planung der Prüfung beginnt mit der Festlegung der zu bearbeitenden Prüffelder und der Bildung von Prüffeldergruppen, der Reihenfolge der Bearbeitung und der Bestimmung der Prüfmethoden. Diese Schritte sind nicht unabhängig voneinander, denn die Art der Prüfung - Systemprüfung oder ergebnisbezogene Prüfungshandlungen - bestimmt die Bildung von Prüffeldern und die Reihenfolge der Bearbeitung. Auch besteht zwischen der Überprüfung des internen Kontrollsystems und den ergebnisorientierten Prüfungshandlungen ein (begrenztes) Austauschverhältnis. Wird ein geringes Kontrollrisiko vermutet, können ergebnisorientierte Prüfungen in begrenztem Umfang erfolgen. Die Planung ist anzupassen, wenn sich im Verlauf der Prüfung neue Erkenntnisse ergeben. Insoweit sind alle Planungsschritte zu diesem Zeitpunkt nur bedingt (Lück 1993, S. 41 f.).

Erster Schritt bei der sachlichen Planung ist die Aufteilung des zu prüfenden Jahresabschlusses in übersichtliche Prüffelder. Dies ist erforderlich, weil durch die Aufteilung der Stoff transparenter und somit erst die vollständige und planmäßige Erfassung des Prüfungsstoffes, eine genauere Zeitschätzung und eine arbeitsteilige Prüfung möglich wird. Zudem wird die unterschiedliche Bedeutung der Prüffelder für das Gesamturteil offengelegt und die Koordination und Kontrolle verbessert (Knop 1983, S. 79 f.).

Kriterien für die Bildung von Prüffeldern und Prüffeldgruppen sind die Homogenität der Prüffelder, die Art der Prüfungsmethoden und -handlungen, die Komplexität und Schwierigkeit der Prüffelder, die inhaltlichen Zusammenhänge oder die Struktur und Organisation des Prüfungsobjekts (Leffson 1988, S. 162 f., Adenauer 1989, S. 55 f.). Konkretisiert werden die beiden letzten Kriterien durch die Aufteilung des Gesamtunternehmens in Tätigkeitskreise (Business Cycles). Die Orientierung an Tätigkeitskreisen erscheint sinnvoll, weil der Gedanke einer systemorientierten Prüfung stärker beachtet wird (Adenauer 1989, S. 60). Vorteile ergeben sich, weil der Ablauf und der Datenfluß wirtschaftlicher Vorfälle besser eingeordnet und abgegrenzt werden können; die Einteilung sichtbar macht, daß die Geschäftstätigkeit ein Prozeß und ein Leistungsaustausch mit der Umwelt ist; wesentliche Komponenten schnell erkannt werden, ohne die genauen Einzelheiten zu kennen; das Zusammenwirken mehrerer Subsysteme deutlich wird (Knop 1983, S. 83-86; Arens/Loebbecke 1997, S. 149 f.).

Üblicherweise werden die Tätigkeitskreise Einkauf, Lohn und Gehalt, Transformation und Lagerung, Verkauf und Finanzierung gewählt. Diesen Tätigkeitskreisen werden die entsprechenden Geschäftsvorfälle in Journal, Haupt- und Nebenbuch zugeordnet. Auf diese Weise werden alle Buchungen in einem Prüffeld zusammengefaßt, die aus einem Geschäftsvorfall resultieren, unabhängig davon wie sie verbucht werden. Gleiche Bücher können unterschiedlichen Tätigkeitskreisen zugeordnet werden. Damit wird deutlich, daß alle Prüffelder und damit auch die

Prüfungshandlungen interdependent sind, wenngleich sie separiert werden müssen, um die Komplexität der Prüfung zu vermindern (Arens/Loebbecke 1997, S. 147-150; Knop 1983, S. 81-86). Die sachliche Planung steht aber nicht für sich allein, sondern sie muß auch die zeitliche und personelle Planung beachten: Art und Umfang der Prüfungsfelder beeinflussen aufgrund zwingender Reihenfolge von Prüfungsschritten (Stufengesetz der Planung) die Terminierung. Bei der zeitlichen Planung ist zudem nicht nur der zeitliche Ablauf einer einzelnen Prüfung festzulegen, es ist auch der Zusammenhang mit anderen Prüfungsaufträgen des Unternehmens herzustellen.

Die personelle Planung erfaßt einerseits die Größe und Zusammensetzung des Prüfungsteams sowie den Einsatz von (EDV-)Spezialisten bei der Prüfung, andererseits die Zuordnung dieser Personen auf die verschiedenen Prüffelder. Beide Problembereiche sind wiederum von der Prüffeldeinteilung, den Prüfungsmethoden und der Prüfungsterminierung bestimmt. Größe und Zusammensetzung des Prüfungsteams sind wichtig, weil (Branchen-)Kenntnisse der Mitarbeiter ihre Schnelligkeit und Einsatzmöglichkeit bestimmen. Zudem sind bei der Zusammenstellung und Zuordnung neben der Qualifikation und der zeitlichen Verfügbarkeit der Prüfer auch Vorschriften zur Rotation der Prüfer zu beachten. Gründe für eine innerbetriebliche Rotation sind die Ausbildung der einzelnen Mitarbeiter oder Qualitätsvorschriften, die die Betriebsblindheit oder die zu starke Verbindung mit dem Mandanten verhindern sollen (Lück 1993, S. 47 f.).

Darüber hinaus hat es sich als hilfreich erwiesen, eine intertemporale Prüfungsplanung vorzunehmen, die wechselnde Prüfungsschwerpunkte in einzelnen Jahren festlegt. Folgende Punkte sollten beachtet werden: Der Zeitraum sollte fünf Jahre nicht überschreiten; ein funktionierendes Kontrollsystem muß bestehen; in erster Linie sollten Formal- und Ordnungsmäßigkeitsprüfungen wie Verkehrsprüfungen, Prüfung der Angemessenheit und Richtigkeit von Abschreibungen, Altersaufbau von Vorräten usw. betroffen sein. Der Plan ist anzupassen, wenn sich im Verlauf der Prüfung neue Erkenntnisse ergeben (Havermann 1996, S. 1332).

Die Dokumentation der Prüfungsplanung sollte folgende Informationen umfassen: Wesentliche Entwicklungen des Unternehmens und der Branche; kritische Bilanzierungsfragen und Prüfungsfeststellungen aus den Vorjahren; Ergebnis der Beurteilung des Kontrollumfeldes; vermutete Risikofelder; wesentliche Änderungen der Finanz- und Ertragslage, wichtige Vertragsänderungen bei Lieferanten und Abnehmern, wesentliche Änderungen in der Organisation und der Geschäftsleitung; wichtige Änderungen der Bilanzierungsvorgaben; wichtige Kennzahlen; das Prüfungsvorgehen und die Begründung (Förschle/Peter 1995, S. 1788 f.).

3.3 Prüfung des internen Kontrollsystems

Um sich ein Bild über die Ordnungsmäßigkeit der (EDV-)Buchführung und des Jahresabschlusses zu verschaffen, kann der Prüfer die Dokumente, denen bestimmte Sachverhalte zugrunde liegen, einzeln auf ihre Richtigkeit oder das Zustandekommen dieser Dokumente, d.h. die Verfahrensabläufe, überprüfen (Leffson 1988, S. 228; Carmichael/Willingham/Schaller 1996, S. 178). Die Prüfung des internen Kontrollsystems hat ihre größte Bedeutung bei der routinemäßigen Verarbeitung von Daten (Dörner 1992, Sp. 85 f.). Allerdings kann sie niemals alleinige Basis einer Prüfung sein, andere Prüfungsverfahren werden weiterhin ihre Bedeutung behalten (Carmichael/Willingham/Schaller 1996, S. 177 f.; Quick 1996, S. 55 f., 361). Art, Umfang und Terminierung dieser Prüfungshandlungen werden aber beeinflußt. Bei kleineren Prüfungen wird oft auf eine Prüfung der Verfahrensabläufe verzichtet, weil es wenig effizient erscheint. Das Kontrollrisiko ist entsprechend mit eins anzugeben.

Der Begriff des internen Kontrollsystems, der im folgenden verwandt wird, erfaßt alle Maßnahmen zur ordnungsgemäßen Erfassung, Verarbeitung, Aufbewahrung und Dokumentation der Abrechnungsdaten des Rechnungswesens (Horváth 1992, Sp. 883). Die Mehrzahl dieser Vorgänge sind in EDV-Systeme integriert. Jede Prüfung des internen Kontrollsystems läßt sich auf vier idealtypische Schritte verdichten: Erfassung und Dokumentation des Systems; Testen auf Vollständigkeit und Richtigkeit der Systemerfassung; Testen auf Funktionsfähigkeit des Systems; Abgrenzen von Schwachstellen im System (Leffson 1988, S. 231-238; Carmichael/Willingham/Schaller 1988, S. 198 f.).

Bei der Erfassung des internen Kontrollsystems sollte der Prüfer versuchen, sich durch eigene Beobachtungen ein Bild von den Verfahrensabläufen zu verschaffen. Im allgemeinen wird er jedoch auf die Informationen Dritter oder auf die vorhandene Systemdokumentation zurückgreifen müssen (Leffson 1988, S. 231; Quick 1996, S. 362). Liegen Zertifizierungen nach ISO 9000-3/9001 vor, kann auf diese zurückgegriffen werden. Beim Erfassen erfolgt gleichzeitig ein Soll-Ideal-Vergleich, weil das dokumentierte, vom Unternehmen geplante Soll-System mit einem vom Prüfer vorgegebenen Ideal-System verglichen wird. Dabei muß untersucht werden, ob die tatsächlichen Regeln qualitativ akzeptabel sind, und die Ordnungsmäßigkeit der Verarbeitung sichergestellt ist (Lück 1993, S. 60).

Im Rahmen eines weiteren Vergleichs wird die vollständige und korrekte Umsetzung des dokumentierten Systems untersucht (Transformationsprüfung). Durch sog. Single Purpose Tests wird geprüft, ob Kontrollvermerke, die den Datenfluß dokumentieren, tatsächlich vorhanden sind. Allerdings ist diese Art der Prüfung nicht geeignet, wenn aufgrund fehlender Dokumentation auf dem Dokument, der Datenfluß nicht nachgezeichnet werden kann. Diese Tests haben ausschließlich zum Ziel, das Vorhandensein von Systemelementen aufzuzeigen.

Die Prüfung der Funktionsfähigkeit unterscheidet sich von der Prüfung der Vollständigkeit und Richtigkeit darin, daß nicht nur der Aufbau, sondern auch die Anwendung des Systems geprüft wird. Auch ein grundsätzlich wirksames System liefert keine zuverlässigen Ergebnisse, wenn von der gewünschten Konzeption abgewichen werden kann. Bei diesem Soll-Ist-Vergleich wird das dokumentierte System mit dem tatsächlich umgesetzten verglichen (Lück 1993, S. 60). Da die tatsächliche Umsetzung des Systems über einen längeren Zeitraum vom Prüfer nicht direkt beobachtet werden kann, muß er bei seinen Prüfungshandlungen indirekt vorgehen, indem er über eine Analyse der Verarbeitungsergebnisse, Informationen über das Funktionieren des Systems erhält. Damit enthält die Prüfung der Funktionsfähigkeit Elemente einer System- und Einzelfallprüfung; entsprechend ist auch von sog. Dual Purpose Tests die Rede. Die Güte der Verarbeitung (stichprobenartig) ausgewählter Dokumente erlaubt einen Rückschluß auf die Güte des Systems (Leffson 1988, S. 234 f.).

Schwachstellen des Systems sind Hinweise auf potentielle Fehler. Diese können entstehen, weil zum einen das System lückenhaft oder fehlerhaft konstruiert ist, zum anderen weil die Mitarbeiter mutwillig oder unbewußt das System umgehen können. So steigt insbesondere bei fehlender Funktionstrennung die Wahrscheinlichkeit unbemerkter Fehler. Daher kommt der Prüfung vorhandener Kontrollen im System besondere Bedeutung zu. Damit wird aber auch deutlich, daß eine nur abschnittsweise Beurteilung von Arbeitsabläufen zu fehlerhaften Ergebnissen führt, weil möglicherweise an späterer Stelle wirksame Kontrollen eingebaut sind, die Fehlverhalten oder Unachtsamkeit unterbinden können. Bei der Schwachstellenanalyse sind Zufallseinflüsse und Interdependenzen zu beachten (Leffson 1988, S. 236).

Ergebnis der Prüfungshandlungen zum internen Kontrollsystem ist eine Einschätzung über die Höhe des Kontrollrisikos im Unternehmen. Vollständige Sicherheit kann es dabei nicht geben, weil jedes System durch bewußte Täuschung mit Hilfe interner oder externer Partner von Beschäftigten oder Management umgangen werden kann (Leffson 1988, S. 236, 238; Carmichael/Willingham/ Schaller 1996, S. 180). Die Einschätzung ist hinreichend zu dokumentieren, wobei nicht nur die Entscheidung aufgeführt, sondern auch begründet werden muß. Die Beurteilung von Gestaltung und Wirksamkeit des gesamten Systems bleibt ein komplexes Problem, auf das an dieser Stelle nicht eingegangen werden kann. Verfahren zur Quantifizierung des Sicherheitsgrades werden bei Quick diskutiert (1996, S. 373-415).

3.4 Ergebnisorientierte Prüfungshandlungen (Kontenprüfung)

3.4.1 Verhältnis zur Prüfung des internen Kontrollsystems

Mit ergebnisorientierten Prüfungshandlungen - auch als Kontenprüfungen bezeichnet - soll festgestellt werden, ob buchungspflichtige Sachverhalte vollständig und richtig auf den Konten erfaßt sind (Leffson 1988, S. 263). Dabei kann der Abschlußprüfer analytische Prüfungshandlungen (Plausibilitätsbeurteilungen) oder Einzelfallprüfungen auf Stichprobenbasis vornehmen (Institut der Wirtschaftsprüfer Fachgutachten 1/1988, S. 14). Probleme betreffen das Verhältnis zwischen analytischen Prüfungshandlungen und Einzelfallprüfungen, die Bestimmung sachgerechter analytischer Prüfungshandlungen und das Vorgehen bei Stichprobenprüfungen. Ergebnisorientierte Prüfungshandlungen werden im Verlauf der Prüfung angepaßt, wenn wesentliche, neue Informationen bekannt werden.

Einer risikoorientierten Prüfung entsprechend, gilt es auch Indikatoren für das inhärente Risiko auf Prüffelderebene zu erhalten. Anhaltspunkte können Anzahl und Bedeutung der Berichtigungen und Prüfungsdifferenzen im Vorjahr sein (Wiedmann 1993, S. 22). Zudem bestehen einige inhärente Risikocharakteristika, so daß die Fehlerwahrscheinlichkeit mit der Komplexität des Systems und der zugrundeliegenden Sachverhalte steigt; das in der Bewertung liegende Risiko umso größer ist, je höherwertiger der Vermögensgegenstand ist; das Risiko der Unterschlagung umso höher ist, je fungibler der Vermögensgegenstand ist; die Fehlerwahrscheinlichkeit mit dem Anteil konzerninterner Kredit- und Lieferbeziehungen steigt (Carmichael/Willingham/Schaller 1996, S. 145, 246; Quick 1996, S. 279). Weiterhin ist das Kontrollrisiko zu beachten: Hat sich das interne Kontrollsystem nicht als voll funktionsfähig erwiesen, muß der Wirtschaftsprüfer mit einer Ausweitung der Einzelfallprüfung reagieren; ein funktionsfähiges internes Kontrollsystem rechtfertigt hingegen geringere Einzelfallprüfungen (Fachtgutachten HFA 1/1988, S. 13). Die folgenden, qualitativen Empfehlungen der Literatur (Quick 1996, S. 53 f.) liefern nur einen ersten Anhaltspunkt; die angeführten Prüfungshandlungen werden anschließend angesprochen:

- Die internen Kontrollen werden als wirksam eingeschätzt, so daß ein minimales Fehlerrisiko erwartet wird. Lediglich die Nichtexistenz von Fehlern ist abzusichern. Es handelt sich um eine homograde Fragestellung, bei der analytische Tests und Sequentialtests ausreichen.
- Inhärente Risiken werden als gering eingeschätzt, die internen Kontrollen gelten als wirksam, sollen aber nicht beachtet werden, so daß ein geringes Fehlerrisiko erwartet wird. Die Prüfungshandlungen sollen den Fehler mit einer angemessenen Wahrscheinlichkeit aufdecken. Entsprechend werden analytische Prüfungshandlungen und Entdeckungsstichproben empfohlen.
- Die inhärenten Risiken werden als hoch eingeschätzt, und die internen Kontrollen als wenig wirksam bewertet. Bei dem zu erwartenden hohen Fehlerrisiko scheiden analytische Prüfungshandlungen aus. Die übrigen Prüfungshandlungen sind darauf auszurichten, die monetären Auswirkungen zu erkennen, so daß bei der Stichprobenprüfung eine heterograde Fragestellung sinnvoll ist.
- Die Kontrollen werden als nicht wirksam eingeschätzt, das inhärente Risiko gilt jedoch als gering. Bei dem erwarteten mittelgroßen Fehlerrisiko sind analytische Prüfungshandlungen problematisch. Bei den Stichprobenprüfungen ist auf einen ausreichend großen Umfang zu achten. Werden Fehler aufgedeckt, sollte auch deren monetäre Wirkung untersucht werden.

Qualitative Beurteilungen lassen allerdings keine trennscharfe Einordnung eines speziellen Systems in eine Kategorie zu. Zudem bleiben die konkreten Empfehlungen bspw. zum Stichprobenumfang und der Möglichkeit analytischer Prüfungshandlungen vage.

3.4.2 Analytische Prüfungshandlungen (Plausibilitätsbeurteilung)

Analytische Prüfungshandlungen sind beliebt, weil sie Einzelfallprüfungen ersetzen und die Kosten der Prüfung senken. Es handelt sich um Prüfungen mit Hilfe von Vergleichszahlen oder Kennziffern, mithin um eine indirekte Überprüfung der Prüfungsobjekte mittels funktionaler, wirtschaftlicher oder technischer Beziehungen (Müller/Kropp 1992, S. 151). Dabei kann auf externe Daten zurückgegriffen werden, wenn das zu prüfende Unternehmen mit einem anderen oder dem Branchendurchschnitt verglichen wird. Unerwartete Abweichungen bzw. ausgebliebene erwartete Abweichungen nach analytischen Prüfungshandlungen sind Hinweise auf Fehler oder eine erhöhte Fehlerwahrscheinlichkeit, so daß Risikobereiche aufgedeckt werden (Fachgutachen HFA 1/1988, S. 14).

Wirksamkeit und Wirtschaftlichkeit analytischer Prüfungshandlungen werden bestimmt von der Höhe des Kontrollrisikos, vom zu prüfenden Sachverhalt, von der Plausibilität und der Vorhersagbarkeit des Zusammenhangs und von der Präzision der Erwartung (Gärtner 1994, S. 72; Carmichael/Willingham/Schaller 1996, S. 157):

- Analytische Prüfungsverfahren sind bei einem als gering eingeschätzten Kontrollrisiko angemessen (Förschle/Peter 1995, S. 1792). Wird hingegen das Kontrollrisiko hoch eingeschätzt, sind Einzelfallprüfungen vorzuziehen, weil sie genauere und sichere Informationen über das Fehlerausmaß liefern (Leffson 1988, S. 71). Bei einem hohen Kontrollrisiko ist zudem die Zuverlässigkeit des Datenmaterials in Frage zu stellen (Gärtner 1994, S. 76 f.).
- Analytische Prüfungshandlungen sind bei der Prüfung auf Vollständigkeit detaillierten Prüfungen vorzuziehen. So können bspw. aggregierte Lohn- und Gehaltszahlungen durch das Produkt von durchschnittlicher Entlohnung und der Beschäftigtenzahl überprüft werden (Gärtner 1994, S. 73). Zudem scheinen sie bei der Prüfung der Gewinn- und Verlustrechnung sinnvoller als bei der Prüfung der Bilanz, weil Stromgrößen weniger als Bestandsgrößen von zufälligen Schwankungen beeinflußt werden (Gärtner 1994, S. 84 f.)
- Die analytischen Prüfungshandlungen zugrundeliegende Verknüpfung sollte plausibel und prognostizierbar sein. Plausibel erscheint sie, wenn eine klare Ursache-Wirkungs-Kette vorliegt. Prognostizierbar ist der Zusammenhang, wenn die störende Wirkung von Umfeldbedingungen ausgeschaltet werden kann; dies ist in der Regel in einem beständigen, nicht dynamischen Umfeld und bei einem geringen Ermessen der Unternehmensleitung der Fall (Gärtner 1994, S. 74 f.).
- Die Aussagekräftigkeit analytischer Prüfungshandlungen wird stark bestimmt von der Wahrscheinlichkeit, daß unerwartete Abweichungen tatsächlich auf Fehler zurückzuführen sind. Diese Wahrscheinlichkeit ist geringer, wenn weitere Faktoren auf die untersuchte Datenmenge wirken (Gärtner 1994, S. 77 f.).

Insgesamt bleiben die Empfehlungen aber relativ vage; eine eindeutige Empfehlung kann nur insoweit ausgesprochen werden, daß Einzelfallprüfungen und analytische Prüfungen keine vollständigen Substitute sind, sondern zusammen eingesetzt werden sollen (Gärtner 1994, S. 82). In welchem Ausmaß sie Einzelfallprüfungen ersetzen können, wird darüber hinaus von der Wesentlichkeit des Jahresabschlußpostens bestimmt (Gärtner 1994, S. 81). Insgesamt dürfen die Gefahren analytischer Prüfungsmethoden nicht unterschätzt werden: Sie sollten nicht dazu dienen, ein Prüffeld als fehlerfrei zu beurteilen, sondern sie sollten helfen, Prüfungsschwerpunkte zu setzen. Insoweit sind sie wenig geeignet, den Prüfungsumfang zu vermindern. Die Gefahr, daß ein Prüffeld akzeptiert wird, obwohl Fehler enthalten sind, ist insbesondere dann groß, wenn die Daten hoch aggregiert sind (Gärtner 1994, S. 57).

3.4.3 Stichprobenprüfungen

Vollprüfungen sind im Rahmen der Wirtschaftsprüfung die Ausnahme, vielmehr ist davon auszugehen, daß eine stichprobenweise Prüfung bei den meisten Prüffeldern zulässig ist. Stichprobenverfahren unterscheiden sich nach dem Auswahlprinzip. Bei der bewußten Auswahl stellt der Abschlußprüfer seine Stichprobe gezielt aufgrund von Vorinformationen zusammen. Dabei können Informationen der vorbereitenden Prüfungshandlungen ebenso wie Informationen aus dem Vorjahr genutzt werden. Damit werden subjektive Elemente bei der Erhebung der Stichprobe genutzt, so daß ein Repräsentationsschluß von der Stichprobe auf die Grundgesamtheit nicht mehr möglich ist. Bei den bewußten Auswahlverfahren wird zwischen der Auswahl nach der Bedeutung des Fehlers, nach dem Fehlerrisiko und anhand typischer Fälle unterschieden (Förschle/Peter 1995, S. 1797). Bei der bewußten Auswahl besteht die Gefahr, ein unpassendes Auswahlkriterium zu verwenden und damit die Ergebnisse zu verzerren. Größter Nachteil bewußter Prüfungen ist, daß der Abschlußprüfer die Qualität seines Urteils nicht abschätzen kann (Leffson 1988, S. 168).

Von einer Zufallsauswahl spricht man, wenn jedes Element der Grundgesamtheit die gleiche Wahrscheinlichkeit hat, in die Stichprobe zu gelangen. Ziel der mit dem Zufallsprinzip erhobenen Stichprobe ist es, aus ihr Aussagen über die Struktur der Grundgesamtheit zu erhalten. Dabei wird unterstellt, daß die Stichprobe repräsentativ für die Grundgesamtheit ist, so daß von dieser Stichprobe auf die Grundgesamtheit geschlossen ("hochgerechnet") werden kann. Dazu muß aber sichergestellt werden, daß Verzerrungen ausgeschlossen sind. Der Abschlußprüfer bedient sich hierbei unterschiedlicher Verfahren: "Echte" Zufallsauswahl mithilfe von Zufallszahlentabellen oder -generatoren; systematische oder "unechte" Zufallsauswahl, bei der jedes n-te Element gezogen wird, wobei das erste "echt" zufällig gezogen wird; Schlußziffernverfahren, Auswahl nach Anfangsbuchstaben oder anderen Daten (Förschle/Peter 1995, S. 1798).

Nachteil der zufälligen Stichprobenauswahl für die Praxis ist der große Stichprobenumfang, der erforderlich ist, einen hohen Sicherheitsgrad zu erhalten; dadurch sei die Wirtschaftlichkeit der Prüfung nicht gewährleistet (Leffson 1988, S. 170). Zudem erfordern statistische Methoden Vorkenntnisse über die Fehlerwahrscheinlichkeit in den einzelnen Prüffeldern. Inwieweit diese durch Erfahrungen der Vorjahre oder die Systemprüfung tatsächlich vorliegt, ist zu hinterfragen: Insbesondere kann bei einer Vielzahl von Fehlermöglichkeiten keine Fehlerwahrscheinlichkeit angegeben werden, und die Fortschreibung von in der Vergangenheit gefundenen Fehleranteilen in die Zukunft ist problematisch (Leffson 1988, S. 171).

Weiterhin muß sichergestellt sein, daß der Fehler im Prüffeld homogen ist und solche Fehler ausgeschlossen sind, die selten auftreten, in ihrer Wirkung auf das Prüfungsergebnis aber gravierend sind, weil ihre Aufdeckung ohne Zweifel negativ für die Einschätzung des Prüffeldes oder der gesamten Prüfung ist (Möglichkeitsfehler). Ist zu erwarten, daß derartige Fehler auftreten, ist eine Vollprüfung geboten. Nur wenn sog. Häufigkeitsfehler zu erwarten sind, die erfahrungsgemäß kein großes Gewicht haben und relativ häufig auftreten, sind Stichprobenprüfungen sachgerecht (Leffson 1988, S. 172).

Schließlich muß noch angegeben werden, welches Verteilungsgesetz unterstellt wird. Dieses Verteilungsgesetz entspricht - unter der Annahme, daß die Stichprobe durch Ziehen ohne Zurücklegen gebildet wird - der Hypergeometrischen Verteilung. Diese kann jedoch unter bestimmten Voraussetzungen durch andere, einfacher zu handhabende Verteilungen - wie die Normal- oder die Poisson-Verteilung approximiert werden. In der Praxis wird häufig auf die Normalverteilung zurückgegriffen. Wenn $n \cdot P(1-P) \geq 9$ und $N \geq 2$, mit P als Fehleranteil im Prüffeld und n bzw. N als Größe der Stichprobe und der Grundgesamtheit, wird die Normalverteilung als Approximation der Hypergeometrischen Verteilung akzeptiert (Leffson 1988, S. 172 f.).

Stichprobenprüfungen können verschiedene Ziele verfolgen: So kann zum einen nach der Fehlerzahl bzw. dem Fehleranteil einerseits oder dem Wert des Fehlers andererseits gefragt werden; im ersten Fall spricht man von homograder, im zweiten Fall von heterograder Fragestellung (Leffson 1988, S. 174; Hömberg 1994, S. 35). Zum anderen verfolgen Stichprobenprüfungen entweder das Ziel, (innerhalb eines Konfidenzintervalls) die unbekannte Fehlerzahl, den unbekannten Fehleranteil oder einen unbekannten Fehlerwert zu ermitteln, oder mit ihrer Hilfe soll festgestellt werden, ob die Fehlerzahl, der Fehleranteil oder der Fehlerwert eine bestimmte materielle Grenze nicht überschreiten; im ersten Fall wird von Schätzstichproben, im zweiten von Annahme- oder Entdeckungsstichproben gesprochen (Leffson 1988, S. 174; Hömberg 1994, S. 36). Eine weitere Unterscheidung differenziert, ob die Stichprobenprüfungen sequentiell oder nicht sequentiell erfolgen. Während bei der letzten Methode eine vorgegebene, vom Ergebnis unabhängige Stichprobengröße unterstellt wird, werden bei der ersten potentiell mehrere (Teil-)Stichproben gezogen, wobei nach jeder Teilstichprobe entschieden wird, ob eine weitere zu ziehen oder ob schon ein Urteil möglich ist (Hömberg 1994, S. 36 f., 45-47).

3.5 Entscheidungen über das Prüfungsurteil

3.5.1 Wesentlichkeit

Der Grundsatz der Wesentlichkeit eines Fehlers ist bei der Prüfungsplanung und der Urteilsbildung zu beachten; im ersten Fall werden wesentliche Prüfgebiete ausgewählt, im zweiten wird über wesentliche Fehler entschieden (Adenauer 1989, S. 51; Quick 1996, S. 182). Aber auch zum Prüfungsrisiko ergeben sich Verbindungen, da die Wesentlichkeit bestimmt, wie präzise die Prüfung sein muß. Werden keine Fehler toleriert, so steigt das Prüfungsrisiko, da jeder nicht entdeckte Fehler zu einer Falschaussage im Testat führt. Mit höherer Wesentlichkeitsschwelle verringert sich das Prüfungsrisiko (Carmichael/Willingham/Schaller 1996, S. 245).

Im Lichte der Informationsökonomie ist ein Fehler wesentlich, wenn er für einen typisierten Investor entscheidungsrelevant ist. Mit dieser theoretischen Konkretisierung ist dem Prüfer wenig geholfen. Auch andere Konkretisierungen sind wenig hilfreich, so daß keine logisch-deduktiv abgeleiteten Aussagen möglich sind (Quick 1996, S. 188). Bleiben nur Daumenregeln, mit denen sich der Abschlußprüfer helfen kann. Die naive Vorgabe quantitativer Wesentlichkeitsgrenzwerte ist allerdings wenig hilfreich, weil fragwürdig ist, ob sie (1) für alle Jahresabschlußadressaten bedeutsam sind, (2) für alle Branchen anwendbar sind und (3) Unternehmensgröße, veränderte wirtschaftliche Rahmenbedingungen oder Bilanzierungsvorgaben erfassen. Trotz dieser Einwände sind quantitative Werte ein verbreitetes Verfahren, Wesentlichkeitsgrenzen zu bestimmen. Vorteil dieser Vorgehensweise ist die Objektivierung in der Entscheidungsfindung (Quick 1996, S. 208 f.). Dabei gilt es, geeignete Bezugsgrößen zu bestimmen und einen konkreten Grenzwert vorzugeben. International werden 5-10 % des Gewinns vor Steuern, 0,5-2 % des Umsatzes oder aller Vermögenswerte empfohlen (Carmichael/ Willingham/Schaller 1996, S. 140 f.). Allerdings handelt es sich hierbei um Vorgaben für die Gesamtbeurteilung. Zusätzlich müssen noch Wesentlichkeitsgrenzen für einzelne Prüffelder bestimmt werden, die aus der Wesentlichkeitsgrenze auf Gesamtebene abgeleitet werden müssen (Quick 1996, S. 214-227).

Der deutsche Berufsstand hält sich in offiziellen Stellungnahmen bisher mit quantitativen Empfehlungen zurück und verweist auf qualitative Aspekte, die durch konkrete Vorgaben nicht erfaßt werden können (Grewe 1996, S. 1121). Eine solche qualitative Umschreibung wesentlicher Fehler anhand ihrer Ursachen stammt von Leffson und Bönkhoff (1982, S. 393 f.). Ausgangspunkt ihrer Überlegungen ist erstens die Unterscheidung in Erläuterungsfehler einerseits, Erfassungs- und Bewertungsfehler andererseits; bei letzteren wird noch nach System- und Kontenfehlern unterschieden. Zweitens wird zwischen bewußten und unbewußten Fehlern differenziert, wobei bewußte Fehler aus Vereinfachungsgründen aus einer (unzulässigen) Bilanzpolitik oder sog. dolosen Handlungen, den arglistigen, vorsätzlichen Handlungen unter Inkaufnahme von Rechtskonsequenzen, resultieren. Unbewußte Fehler sind das Ergebnis fehlender Sorgfalt, fehlender Sachkunde oder fehlerhafter EDV.

Wesentlich sind für außenstehende Jahresabschlußadressaten bewußte Erläuterungsfehler aufgrund (unzulässiger) Bilanzpolitik oder doloser Handlungen sowie bilanzpolitisch bewußt herbeigeführte Kontenfehler. Bei unbewußten Erläuterungs- und Kontenfehlern ist ebenso wie bei bewußten Kontenfehlern aus Vereinfachung das Ausmaß zu beachten. Systemfehler sind nur wesentlich, wenn Kontenfehler resultieren. Abgesehen davon, daß die Ursachen nicht leicht zu erkennen sind, sind die Aussagen wenig konkret: Ab welchem Ausmaß ist bei unbewußten Erläuterungs- und Kontenfehlern einzugreifen? Wie wirken mehrere Fehler zusammen? Die Bestimmung der Wesentlichkeitsgrenzen ist nicht gelöst. Letztlich müssen aber alle Aussagen vage bleiben.

3.5.2 Urteilsbildung

Wie bei der komplexen Prüfung eines Jahresabschlusses ein Gesamturteil über eine Vielzahl von Prüffeldern gebildet wird, bleibt letztlich unklar. An der Prüfungspraxis orientierte Schriften geben den Ratschlag, daß der Abschlußprüfer den geprüften Jahresabschluß als Ganzes unter Beachtung der vorliegenden Prüfungsergebnisse würdigen soll (Institut der Wirtschaftsprüfer Fachgutachten 3/1988, S. 28; Förschle/Peter 1995, S. 1798), oder verlieren sich bei diesem Problem in einer Kasuistik von Einschränkungs- und Versagungsgründen, ohne präzise zu sagen, wie man von den Einzelfeststellungen zu einem Gesamturteil kommt (Institut der Wirtschaftsprüfer Fachgutachten HFA 3/1988, S. 31 f.).

Konkrete Aussagen, wie die Urteilsbildung abläuft, lassen sich allerdings auch kaum treffen. Sicher ist nur, daß ein Gesamturteil über den Jahresabschluß nicht durch die Addition der Einzelurteile erfolgen kann (v.Wysocki 1998, S. 249 f.) und daß die Urteilsbildung als hierarchischer Prozeß verstanden werden muß, da eine Verbindung von Einzelurteilen zum Gesamturteil nicht gelingt, sondern Zwischenurteile gefällt werden müssen. Gleichzeitig können einzelne Ist-Objekte nicht unabhängig voneinander beurteilt werden, wenn Wechselwirkungen zu beachten sind (v.Wysocki 1998, S. 250; Leffson 1988, S. 310). Der Versuch mithilfe von Gewichtungsfaktoren die Teilurteile zu aggregieren (Schmid/Uecker 1985, S. 981-988), kann nur zu Scheinobjektivierungen führen.

Die Ursachen für dieses Dilemma liegen u.a. in der Komplexität betriebswirtschaftlicher Prüfungen: So sind die Prüfungsaufgaben in der Regel nur unvollkommen beschrieben, die zu beachtenden Prüfungsvorschriften nur unvollkommen oder pauschal vorgegeben, die Prüfungskriterien auslegungsbedürftig, die Prüfer hinsichtlich ihrer Qualifikation, Interessenlage, Wertordnung und Motivation unterschiedlich und der Aussagegehalt des abschließenden Prüfungsurteils unpräzise normiert (Egner 1980, S. 33 f.).

Literaturverzeichnis

Adenauer, P. (1989), Berücksichtigung des internen Kontrollsystems bei der Jahresabschlußprüfung, Bergisch Gladbach, Köln 1989

AICPA (1984), SAS No. 47: Audit Risk and Materiality in Conducting an Audit, in: Journal of Accountancy, Vol. 157 (1984), S. 143-146

Arens, A. A.; Loebbecke, J. K. (1997), Auditing. An Integrated Approach, 7. Aufl., Upper Saddle River (N.J.) 1997

Baetge, J. (1992), Überwachungstheorie, kypernetische, in: Coenenberg, A. G.; Wysocki, K. v. (Hrsg.), Handwörterbuch der Revision, 2. Aufl., Stuttgart 1992, Sp. 2038-2054

Baetge, J.; Hense, H. H. (1990), Kommentierung zu § 319, in: Küting, K.; Weber, C.-P. (Hrsg.), Handbuch der Rechnungslegung, 3. Aufl., Stuttgart 1990, S. 1963-2040

Ballwieser, W. (1987), Auditing in an Agency Setting, in: Bamberg, G.; Spremann, K. (Hrsg.), Agency Theory, Information, and Incentives, Heidelberg 1987, S. 327-346

Ballwieser, W. (1998), Was leistet der risikoorientierte Ansatz?, in: Matschke, M. J.; Schildbach, T. (Hrsg.), Unternehmensberatung und Wirtschaftsprüfung, Festschrift für G. Sieben, Stuttgart 1998, S. 359-374

Böcking, K.; Löcke, J. (1997), Abschlußprüfung und Beratung, in: Die Betriebswirtschaft, 57. Jg. (1997), Nr. 4, S. 461-474

Bolsenkötter, H. (1992), Bestätigungsvermerk, in: Coenenberg, A. G.; Wysocki, K. v. (Hrsg.), Handwörterbuch der Revision, 2. Aufl., Stuttgart 1992, Sp. 210-224

Brebeck, F.; Herrmann, D. (1997), Zur Forderung nach einem Frühwarnsystem und zu den Konsequenzen für die Jahres- und Konzernabschlußprüfung, in: Die Wirtschaftsprüfung, 50. Jg. (1997), Nr. 12, S. 381-391

Breycha, O.; Schäfer, W. (1990), Kommentierung zu § 321 HGB, in: Küting, K.; Weber, C.-P. (Hrsg.), Handbuch der Rechnungslegung, 3. Aufl., Stuttgart 1990, S. 2059-2084

Budde, W. D.; Kunz, K. (1995), Kommentierung zu § 322 HGB, in: Beck'scher Bilanzkommentar, bearb. von Budde, W. D.; Clemm, H.; Ellrott, H.; Förschle, G., 3. Aufl., München 1995, S. 1882-1907

Budde, W. D.; Steuber, E. (1995), Kommentierung zu § 318 HGB, in: Beck'scher Bilanzkommentar, bearb. von Budde, W. D.; Clemm, H.; Ellrott, H.; Förschle, G., 3. Aufl., München 1995, S. 1802-1817

Carmichael, D. R.; Willingham, J. J.; Schaller, C. A. (1996), Auditing Concepts and Methods, 6. Aufl., New York et al. 1996

Committee on Basic Auditing Concepts (1972), Report of the Committee on Basic Auditing Concepts, in: Accounting Review, Vol. 47 (1972), Supplement, S. 15-74

Diehl, C.-U. (1991), Strukturiertes Prüfungsvorgehen durch risikoorientierte Abschlußprüfung, in: Schitag Ernst & Young-Gruppe (Hrsg.), Aktuelle Fachbeiträge aus Wirtschaft und Beratung, Festschrift für H. Luik, Stuttgart 1991, S. 187-215

Dörner, D. (1998), Ändert das KonTraG die Anforderungen an den Abschlußprüfer?, in: Der Betrieb, 51. Jg. (1998), Nr. 1, S. 1-8

Dörner, D. (1992), Audit Risk, in: Coenenberg, A. G.; Wysocki, K. v. (Hrsg.), Handwörterbuch der Revision, 2. Aufl., Stuttgart 1992, Sp. 81-94

Ebke, W. (1997), Keine Dritthaftung des Pflichtprüfers für Fahrlässigkeit nach den Grundsätzen des Vertrags mit Schutzwirkung für Dritte, in: Betriebs-Berater, 52. Jg. (1997), Nr. 34, S. 1731-1734

Egner, H. (1980), Betriebswirtschaftliche Prüfungslehre, Berlin, New York 1980

Egner, H. (1992), Prüfungstheorie, verhaltensorientierter Ansatz (Syllogistischer Ansatz), in: Coenenberg, A.G.; Wysocki, K. v. (Hrsg.), Handwörterbuch der Revision, 2. Aufl., Stuttgart 1992, Sp. 1566-1578

Forster, K.-H. (1998), Abschlußprüfung nach dem Regierungsentwurf des KonTraG, in: Die Wirtschaftsprüfung, 51. Jg. (1998), Nr. 2, S. 41-56

Förschle, G.; Peter, M. (1995), Exkurs: Risikoorientiertes Prüfungsvorgehen, in: Beck'scher Bilanzkommentar, bearb. von Budde, W. D.; Clemm, H.; Ellrott, H.; Förschle, G., 3. Aufl., München 1995, S. 1776-1802

Förschle, G.; Kofahl, G. (1995), Kommentierung zu § 317 HGB, in: Beck'scher Bilanzkommentar, bearb. von Budde, W. D.; Clemm, H.; Ellrott, H.; Förschle, G., 3. Aufl., München 1995, S. 1757-1775

Gärtner, M. (1994), Analytische Prüfungshandlungen im Rahmen der Jahresabschlußprüfung, Marburg 1994

Gelhausen, F. (1997), Reform der externen Rechnungslegung und ihrer Prüfung durch den Wirtschaftsprüfer, in: Die Aktiengesellschaft, 42. Jg. (1997), Sonderheft August, S. 73*-82*

Geuer, C. (1994), Das Management des Haftungsrisikos der Wirtschaftsprüfer, Düsseldorf 1994

Grewe, W. (1996), Prüfungsergebnis, in: Institut der Wirtschaftsprüfer (Hrsg.), Wirtschaftsprüfer-Handbuch 1996, Band 1, 11. Aufl., Düsseldorf 1996, S. 1075-1299

Havermann, H. (1996), Prüfungstechnik, in: Institut der Wirtschaftsprüfer (Hrsg.), Wirtschaftsprüfer-Handbuch 1996, Band 1, 11. Aufl., Düsseldorf 1996, S. 1301-1443

Herrmann, E. (1997), Ökonomische Analyse der Haftung des Wirtschaftsprüfers, Frankfurt am Main et al. 1997

Herzig, N.; Watrin, C. (1995), Obligatorische Rotation des Wirtschaftsprüfers - ein Weg zur Verbesserung der externen Unternehmenskontrolle, in: Zeitschrift für betriebswirtschaftliche Forschung, 47. Jg. (1995), Nr. 9, S. 775-804

Hommelhoff, P. (1997), Zur Mitwirkung des Abschlußprüfers nach § 319 Abs. 2 Nr. 5 HGB, in: Schön, W. (Hrsg.), Gedächtnisschrift für B. Knobbe-Keuk, Köln 1997, S. 471-485

Hömberg, R. (1994), Grundlagen der Prüfungstechnik, in: Wysocki, K. v.; Wohlgemuth, M. (Hrsg.), Handbuch des Jahresabschlusses in Einzeldarstellungen, Köln 1994, Abt. VI/3

Horváth, P. (1992), Internes Kontrollsystem, allgemein, in: Coenenberg, A. G.; Wysocki, K. v. (Hrsg.), Handwörterbuch der Revision, 2. Aufl., Stuttgart 1992, Sp. 882-896

Institut der Wirtschaftsprüfer (1998), Abschlußprüfung nach International Standards on Auditing (SAS), Düsseldorf 1998

Institut der Wirtschaftsprüfer, Hauptfachausschuß, Stellungnahme 7/1997: Zur Aufdeckung von Unregelmäßigkeiten im Rahmen der Abschlußprüfung, in: Die Wirtschaftsprüfung, 51. Jg. (1998), Nr. 1, S. 29-33

Institut der Wirtschaftsprüfer (1997), Hauptfachausschuß, Entwurf einer Verlautbarung: Zur Prüfung des Lageberichts, in: Die Wirtschaftsprüfung, 50. Jg. (1997), Nr. 10, S. 338-341

Institut der Wirtschaftsprüfer, Fachausschuß Recht, Stellungnahme 1/1996: Empfehlungen zur Überschuldungsprüfung, in: Die Wirtschaftsprüfung, 50. Jg. (1997), Nr. 1, S. 22-25

Institut der Wirtschaftsprüfer, Hauptfachausschuß, Fachgutachten 1/1988: Grundsätze ordnungsmäßiger Durchführung von Abschlußprüfungen, in: Die Wirtschaftsprüfung, 42. Jg. (1989), Nr. 1, S. 9-19

Institut der Wirtschaftsprüfer, Hauptfachausschuß, Fachgutachten 2/1988: Grundsätze ordnungsmäßiger Berichterstattung bei Abschlußprüfungen, in: Die Wirtschaftsprüfung, 42. Jg. (1989), Nr. 1, S. 20-27

Institut der Wirtschaftsprüfer, Hauptfachausschuß, Fachgutachten 3/1988: Grundsätze für die Erteilung von Bestätigungsvermerken bei Abschlußprüfungen, in: Die Wirtschaftsprüfung, 42. Jg. (1989), Nr. 1, S. 27-36

Kaminski, H. (1996), Der Beruf des Wirtschaftsprüfers, Berufsorganisation, andere prüfende und beratende Berufe, Übersicht über die rechtlichen Grundlagen von im Bereich der Wirtschaft vorgeschriebenen Prüfungen, in: Institut der Wirtschaftsprüfer (Hrsg.), Wirtschaftsprüfer-Handbuch 1996, Band 1, 11. Aufl., Düsseldorf 1996, S. 1-148

Knop, W. (1983), Eine Möglichkeit zur optimalen Planung einer einzelnen Jahresabschlußprüfung unter besonderer Berücksichtigung der Beurteilung des internen Kontrollsystems, Thun, Frankfurt am Main 1983

Leffson, U. (1988), Wirtschaftsprüfung, 4. Aufl., Wiesbaden 1988

Leffson, U.; Bönkhoff, F. J. (1982), Zu Materiality-Entscheidungen bei Jahresabschlußprüfungen, in: Die Wirtschaftsprüfung, 35. Jg. (1982), Nr. 14, S. 389-397

Lück, W. (1993), Jahresabschlußprüfung, Stuttgart 1993

Moxter, A. (1997), Die Vorschriften zur Rechnungslegung und Abschlußprüfung im Referentenentwurf eines Gesetzes zur Kontrolle und Transparenz im Unternehmensbereich, in: Betriebs-Berater, 52. Jg. (1997), Nr. 14, S. 722-730

Moxter, A., (1995), Gesetzlich vorgeschriebener Wechsel des Abschlußprüfers sinnvoll?, in: Wirtschaftsprüferkammer-Mitteilungen, 34. Jg. (1995), Nr. 3, S. 134 f

Müller, C.; Kropp, M. (1992), Die Überprüfung der Plausibilität von Jahresabschlüssen, in: Der Betrieb, 45. Jg. (1992), Nr. 4, S. 149-158

Quick, R. (1997), Die Risiken der Jahresabschlußprüfung, Düsseldorf 1997

Quick, R. (1992), Die Haftung des handelsrechtlichen Abschlußprüfers, in: Betriebs-Berater, 47. Jg. (1992), Nr. 24, S. 1675-1685

Richter, Martin (1997), Empirische Untersuchungen in der deutschsprachigen Prüfungslehre (Stand Anfang 1997), in: Richter, Martin (Hrsg.), Theorie und Praxis der Wirtschaftsprüfung, Berlin 1997, S. 249-300

Schmid, R./Uecker, P., Zusammenfassung von Teilurteilen zum Gesamturteil bei Jahresabschlußprüfunge, in: Zeitschrift für betriebswirtschaftliche Forschung, 37. Jg. (1985), Nr. 11, S 981-992

Siepe, G. (1992), Quality Control, in: Coenenberg, A. G.; Wysocki, K. v. (Hrsg.), Handwörterbuch der Revision, 2. Aufl., Stuttgart 1992, Sp. 1579-1586

Wirtschaftsprüferkammer (1997), Bericht über die Durchsicht der im Bundesanzeiger 1996 veröffentlichten und hinterlegten Abschlüsse sowie Zusammenstellung der Einschränkungen und Zusätze in Bestätigungsvermerken durch die Wirtschaftsprüferkammer, in: Wirtschaftsprüferkammer-Mitteilungen, 36. Jg. (1997), Beilage zu Nr. 2

Wirtschaftsprüferkammer (1996), Berufssatzung der Wirtschaftsprüferkammer, Düsseldorf 1996

Wirtschaftsprüferkammer; Institut der Wirtschaftsprüfer, Gemeinsame Stellungnahme, VO 1/1995, Zur Qualitätssicherung in der Wirtschaftsprüfungspraxis, IDW-Fachnachrichten, o. Jg. (1995), Beilage zu Nr. 12

Wallace, W. A. (1980), The Economic Role of the Audit in Free and Regulated Markets, University of Rochester 1980

Wiedmann, H. (1993), Der risikoorientierte Prüfungsansatz, in: Die Wirtschaftsprüfung, 46. Jg. (1993), Nr. 1, S. 13-25

Wysocki, K. v. (1988), Grundlagen des Prüfungswesens, 3. Aufl., München 1988

16 Wirtschaftsinformatik

Jörg Becker und Roland Holten

Inhaltsverzeichnis

1 Grundlagen und Überblick	246
2 Management der Ressource Information	247
2.1 Einsatz und Nutzen der Ressource Information	247
2.2 Ermittlung des Informationsbedarfs	249
2.3 Strategische Bedeutung von Information	252
2.4 Informations- und Kommunikationssysteme	254
3 Daten- und Prozeßmanagement	256
3.1 Informationsmodelle und Informationsmodellierung	256
3.2 Datenmodellierung und Datenstrukturen	257
3.3 Prozeßmodellierung und Prozeßmanagement	265
3.4 Referenzmodelle	271
3.5 Grundsätze ordnungsmäßiger Modellierung (GoM)	274
4 Informationssystem-Architekturen	279
4.1 Informationssystem-Architekturen als Ordnungsrahmen	279
4.2 Architektur integrierter Informationssysteme	280
4.3 Architektur für CIM-Systeme	282
4.4 Architektur für Handelsinformationssysteme	286
4.5 Architektur für Führungsinformationssysteme	291
5 Entwicklung und Einführung von Anwendungssystemen	296
5.1 Phasenmodelle zur Entwicklung	296
5.2 Systemauswahl	297
5.3 Einführungsstrategien	298
Literaturverzeichnis	301

1 Grundlagen und Überblick

Das Erkenntnisobjekt der Wirtschaftsinformatik sind Informationssysteme in Wirtschaft und Verwaltung (Ferstl/Sinz 1998, S. 1; Mertens u. a. 1995, S. 1; Scheer 1995, S. 1; WKWI 1996, S. 80). Ihr Ziel besteht in der Erklärung und Gestaltung von Methoden zur Entwicklung und Nutzung von Informationssystemen. Die Wirtschaftsinformatik bringt Wissen über Anwendungsdomänen und Entwicklungsmethoden hervor. Die Informationssystementwicklung läßt sich grob in die Phasen der Konzeption, der Implementierung und der Nutzung untergliedern. Wichtige Gesichtspunkte der Nutzung bilden Anwendungen der Informationssysteme in betriebswirtschaftlichen Arbeitsgebieten.

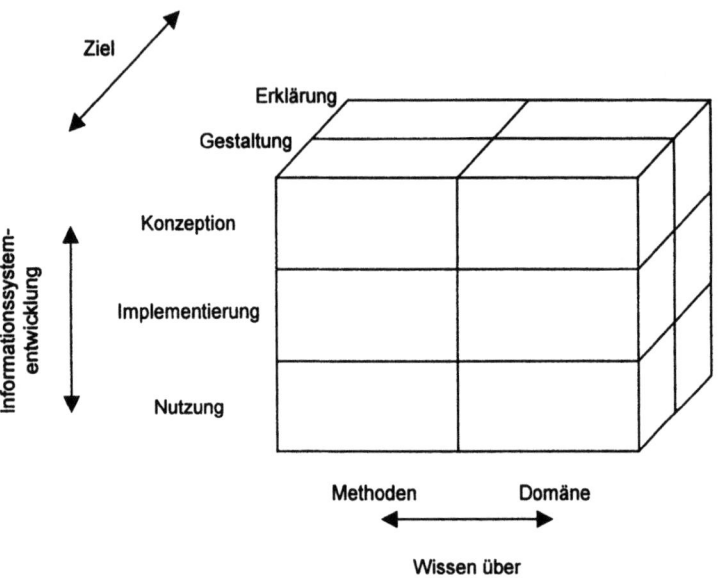

Abb.1: Gegenstand der Wirtschaftsinformatik

Von grundlegender Bedeutung für die Wirtschaftsinformatik sind Methoden zur Strukturierung und Modellierung des betrieblichen Datenbestandes, der betrieblichen Prozesse und der Prozesse zur Entwicklung und Einführung von Anwendungssystemen. Diese Methoden stellen das wesentliche Instrumentarium der Wirtschaftsinformatik dar. Die Methoden werden vor dem Hintergrund der aktuellen Informationstechniken angewendet. Diese sind geprägt durch den Stand der Hardware wie Rechnertechnologie und Netzwerktechnologie sowie aktueller, hardwarenaher Basissysteme, die den Betrieb der Hardware erst ermöglichen. Zu den Basissystemen zählen insbesondere Betriebssysteme, Datenbankmanagementsysteme, Workflowmanagementsysteme und Übertragungsprotokolle. Die Informatik stellt als Disziplin die Informationstechnik bereit, die in der Wirtschaftsinformatik genutzt wird. Zur Informationstechnik werden Hardware und Basissysteme, aber auch grundlegende Techniken der Systementwicklung gerechnet.

Aufgabe der Wirtschaftsinformatik ist es, diese grundlegenden Techniken methodisch sinnvoll in der Anwendungsdomäne einzusetzen. Die Betriebswirtschaftslehre stellt als Disziplin das Wissen über die Anwendungsdomäne bereit, auf das die Wirtschaftsinformatik angewiesen ist. Der Bereitstellung von Methoden zur Entwicklung und zum Einsatz von Informationssystemen in Wirtschaft und Verwaltung ist ein wesentliches Aufgabengebiet der Wirtschaftsinformatik.

Der Einsatz der Informationstechniken wird in der Wirtschaftsinformatik stets unter wirtschaftlichen Gesichtspunkten betrachtet. Die Frage nach der Kosten-Nutzen-Relation beim Einsatz und der Entwicklung von Informationssystemen ist von vorrangiger Bedeutung. Informationssysteme werden einerseits entwickelt, um die Ressource Information effizient zu nutzen. Information dient dabei vorrangig der Koordination des betrieblichen Geschehens. Andererseits werden in zunehmendem Maße Informationsprodukte auf Märkten gehandelt. Zu den Informationsprodukten zählen z.B. Softwaresysteme, die als Standardanwendungssysteme angeboten werden. Die Entwicklung komplexer Informationsprodukte wird im Rahmen spezifischer Produktionsprozesse durchgeführt. Das Management dieser Entwicklungsprozesse ist eine weitere Kernaufgabe der Wirtschaftsinformatik. Informationssystemen kommt somit einerseits die Bedeutung einer wichtigen Basis-Infrastruktur, auf deren Grundlage wirtschaftliches Handeln erst möglich wird, zu, andererseits sind Informationssysteme selber Produkte oder zentraler Bestandteil der Produkterstellung.

Die Bedeutung der Ressource Information für die Wirtschaftsinformatik wird in Abschnitt 2 behandelt. Anschließend werden grundlegende Methoden der Wirtschaftsinformatik zum Daten- und Prozeßmanagement vorgestellt. Anhand ausgewählter Anwendungssystemarchitekturen zeigt Abschnitt 4, wie die Anwendungsdomäne der Wirtschaftsinformatik nach verschiedenen Gesichtspunkten gegliedert werden kann. Abschließend wird ein Überblick über wichtige Aspekte der Entwicklung von Informationssystemen gegeben.

2 Management der Ressource Information

2.1 Einsatz und Nutzen der Ressource Information

Information wird in der betriebswirtschaftlichen Literatur meist in Anlehnung an Wittmann 1959, S. 14 als zweckorientiertes Wissen aufgefaßt (vgl. exemplarisch Picot/Maier 1993, S. 33). Die Zweckorientierung der Information stellt insbesondere den pragmatischen Aspekt, d.h. den Verwendungszusammenhang, in den Vordergrund (Picot/Maier 1993, S. 33 f.). Mit der Beschaffung und Weitergabe von Information sind aus betriebswirtschaftlicher Sicht immer bestimmte Absichten der Informationssender und Informationsempfänger verbunden. Zusätzlich ist Information immer durch einen Situations- und Kontextbezug gekennzeichnet. Information kann demnach für einen Adressaten in einer bestimmten Situation höchst relevant sein, wohingegen dieselbe Information für einen anderen Adressaten oder in einer anderen Situation völlig bedeutungslos ist. Der Wert der Information ist somit direkt mit der Art ihrer Verwendung und dem relevanten Verwendungszusammenhang verknüpft.

An dieser Stelle soll nicht versucht werden, den zahlreichen Definitionsversuchen zum Begriff Information einen weiteren hinzuzufügen. Wichtiger scheint es,

Information anhand einiger relevanter Eigenschaften exemplarisch zu charakterisieren, ohne eine vollständige Aufzählung der Informationseigenschaften anzustreben. Eine gute Übersicht zu den Informationsbegriffen in der Betriebswirtschaftslehre liefert Bode (Bode 1997; Bode 1993, S. 6-26). Die folgende Darstellung der Informationseigenschaften soll den besonderen Charakter der Ressource Information verdeutlichen und dafür sensibilisieren, daß der Versuch, die Ressource Information planvoll im Unternehmen einzusetzen, zu neuartigen Managementproblemen führt (vgl. auch zum folgenden Picot/Franck 1988, S. 545; Picot/Maier 1993, S. 34 f.).

Information ist zunächst ein immaterielles Gut, das einer Mehrfachnutzung zugänglich ist. Die Kosten für die Beschaffung, Produktion, Nutzung und Weiterleitung von Information sind prinzipiell, also theoretisch, bestimmbar. Information ist demnach kein freies Gut. Der Wert der Information wird durch ihre Verwendung determiniert und ist durch Informationsbearbeitung, wie Verdichtung, Selektion, Konkretisierung oder Weglassen von Informationsteilen, veränderbar. Information kann zur Verfolgung unternehmerischer Ziele eingesetzt werden und als Ware auf bestimmten Märkten auftreten (z.B. Software, Informationsdienste). Generell unterliegt Information jedoch dem Bewertungsparadoxon, obwohl ihr Wert theoretisch bestimmbar ist. Das Bewertungsparadoxon besteht darin, daß die wirtschaftliche Bewertung einer Information zwingend mit ihrer Kenntnisnahme und damit ihrer Aneignung verbunden ist. D.h., durch die Bewertung selbst gelangt man in den Besitz der Information. Daher ist Vertrauen in den jeweiligen Geschäftspartner beim Abschluß von Informationslieferverträgen von herausragender Bedeutung.

Der Wert von Information kann direkt oder indirekt sein. Ein indirekter Informationswert ist gegeben, wenn durch Information Konsum- und Produktionsentscheidungen beeinflußt werden. Wird hingegen Information als wirtschaftliches Gut auf Märkten gehandelt, liegt ein direkter wirtschaftlicher Wert vor. Diffusion kann den Wert von Information erhöhen oder vermindern, je nach Art der betrachteten Information. Unterliegt die Information einer Rivalität der Nutzung, wie dies beispielsweise für bestimmte Produktionsverfahren und Produktmerkmale im Forschungs- und Entwicklungsbereich gilt, führt eine Zunahme der Informationsbesitzer zu einer Abnahme des Informationswertes bei den bisherigen Informationsbesitzern. Im Gegensatz dazu gewinnen Informationen, die im Marketing und Vertrieb von Unternehmen für die Abnehmer erzeugt werden, beispielsweise erst durch Diffusion an Wert. Weiterhin ist Information leicht transportierbar, wenn eine entsprechende Infrastruktur vorhanden ist. Ein Problem entsteht, wenn Information nicht bedarfsgerecht auffindbar ist. Im Rahmen der Entwicklung von Führungsinformationssystemen existiert seit langem das Problem der Informationsüberflutung, das darin besteht, daß Entscheidungsträger die für sie relevanten Informationen in der großen Menge der verfügbaren Informationen nicht auffinden können und somit trotz vorhandener Information nicht in der Lage sind, in den Besitz der (für sie relevanten) Information zu gelangen.

Die Bedeutung der Information als „unternehmerische Ressource schlechthin" (Picot/Franck 1988, S. 544) resultiert aus der asymmetrischen Informationsverteilung über unternehmerische Handlungsmöglichkeiten in einem wettbewerbsorientierten Marktsystem. In einem Marktsystem sind Ressourcen aufzuwenden, um

Bedürfnisse von Abnehmern zu erkennen oder zu wecken, um Tauschpartner zu finden und Tauschbeziehungen abzuwickeln (Picot/Maier 1993, S. 36). Entscheidungen im Rahmen des unternehmerischen Geschehens werden zuweilen auch als Transformation von Information in Aktion verstanden (Greschner/Zahn 1992, S. 9 f.). Information ist dabei die entscheidende Ressource. Das Entstehen einer unternehmerischen Idee im Sinne des Erkennens neuer Kundenbedürfnisse oder effizienterer Formen der Ressourcennutzung, das Entwickeln einer entsprechenden Unternehmensstrategie und der operativen Maßnahmen zu ihrer Umsetzung sind in höchstem Maße informationsverarbeitende Tätigkeiten. Von der Qualität dieser Informationsverarbeitungstätigkeiten hängt der unternehmerische Erfolg in entscheidendem Maße ab (Picot/Franck 1988, S. 544). Die Verwendung des Produktionsfaktors Information ist für die Kombination betriebswirtschaftlicher Ressourcen unumgänglich. Die Ressource Information muß demnach den Restriktionen knapper Güter unterworfen werden, weshalb ihr wirtschaftlicher Einsatz gefordert wird.

Unternehmerische Ideen müssen auf die Beeinflussung der Wettbewerbsposition eines Unternehmens ausgerichtet sein (vgl. auch zum folgenden Picot/Maier 1993, S. 38 ff.). Die relative Stärke der Unternehmen einer Branche, die Verhandlungsmacht von Kunden und Lieferanten sowie potentiell neue Konkurrenten und Ersatzprodukte determinieren die Wettbewerbsintensität einer Branche. Die Informationsverarbeitung greift in vielfältiger Weise in diese treibenden Kräfte des Wettbewerbs und in die Wertschöpfungskette ein (vgl. Abb. 2).

Einzelne Wertschöpfungsaktivitäten eines Unternehmens, wie beispielsweise Beschaffung, Eingangslogistik, Produktion, Marketing und Vertrieb, lassen sich durch die Informationsverarbeitung unterstützen. Zusätzlich wird eine durchgängige Verkettung der Aktivitäten in der Wertschöpfungskette von der Beschaffung bis hin zu Vertriebs- und Servicebereichen möglich. Derartige Vorhaben sind unter dem Schlagwort Prozeßorientierung populär geworden. Die Bedeutung der Information für die Unternehmensführung liegt in der Unterstützung von Koordinations- und Führungsaktivitäten. Dieser Sichtweise liegt die Trennung von Lenkungs- und Leistungssystem eines Unternehmens zugrunde (Ferstl/Sinz 1998, S. 4). Dem Leistungssystem obliegt dabei die direkte Erstellung der Leistungen nach den Vorgaben des Lenkungssystems. Das Lenkungssystem eines Unternehmens wird durch spezifische Analyse-, Berichts-, Planungs- und Kontrollsysteme unterstützt. Die Bestimmung des Informationsbedarfes der Unternehmensführung wirft dabei besondere Probleme auf (vgl. Abschnitt 2.2) (Picot/Maier 1993, S. 40).

2.2 Ermittlung des Informationsbedarfs

Der optimale Grad an Informiertheit unter Verwendung der erforderlichen technischen Werkzeuge wird als Ziel des wirtschaftlichen Umgangs mit der Ressource Information im Management gesehen (vgl. auch zum folgenden Greschner/Zahn 1992, S. 17 ff.; Picot 1990, S. 7 ff.). Informationsbedarf und Informationsstand der Entscheider können zunächst idealisiert mittels eines Modells der Informationsteilmengen voneinander abgegrenzt werden (Szyperski 1980, Sp. 906).

Der objektive Informationsbedarf wird im Modell der Informationsteilmengen vom subjektiven abgegrenzt. Die Abgrenzung erfolgt über das Kriterium der Zweckbezogenheit von Information. Der Zweckbezug wird vom Entscheidungsträger, der Adressat der betrachteten Information ist, aufgrund seiner Präferenzen, Fähigkeiten oder Werthaltungen hergestellt.

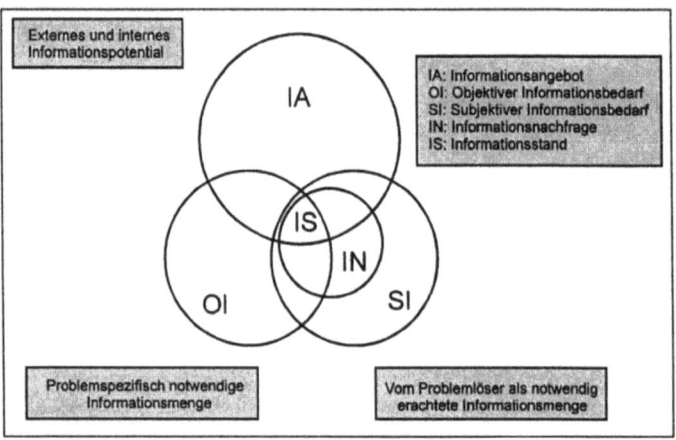

Quelle: Picot/Maier 1993, S. 39
Abb.2: Informationsverarbeitung in der Wertschöpfungskette

Die für eine Entscheidung verwendete subjektive Informationsmenge differiert demnach je nach Entscheidungsträger, auch wenn theoretisch dieselbe Entscheidungssituation mit demselben objektiven Informationsbedarf gegeben ist. Die Informationsnachfrage schließlich wird als artikulierte Teilmenge des subjektiven Informationsbedarfes aufgefaßt. Sie ist die Teilmenge, die ein Entscheidungsträger tatsächlich zur Lösung eines Entscheidungsproblems nachfragt.

Quelle: Greschner/Zahn 1992, S. 17; vgl. Szyperski 1980, Sp. 906
Abb.3: Informationsteilmengen

Auf der Angebotsseite steht demgegenüber das Informationspotential oder Informationsangebot aus externen und internen Informationsquellen. Der Informations-

stand eines Entscheidungsträgers ergibt sich als theoretische Schnittmenge zwischen Informationsangebot und Informationsnachfrage.
Der Informationsstand entspricht somit der Menge an Information, die tatsächlich im Entscheidungsprozeß verwendet wird.
Der optimale Einsatz der Ressource Information ist demnach nur zum Teil ein Problem der Informationsangebotsseite (Greschner/Zahn 1992, S. 18). Wesentliche Aktionsparameter bestehen im Abgleich der unterschiedlichen Informationsteilmengen der menschlichen Entscheidungsträger, also im Abgleich zwischen subjektivem Informationsbedarf und Informationsnachfrage mit der problemspezifischen und real notwendigen Informationsmenge, die den objektiven Informationsbedarf darstellt.

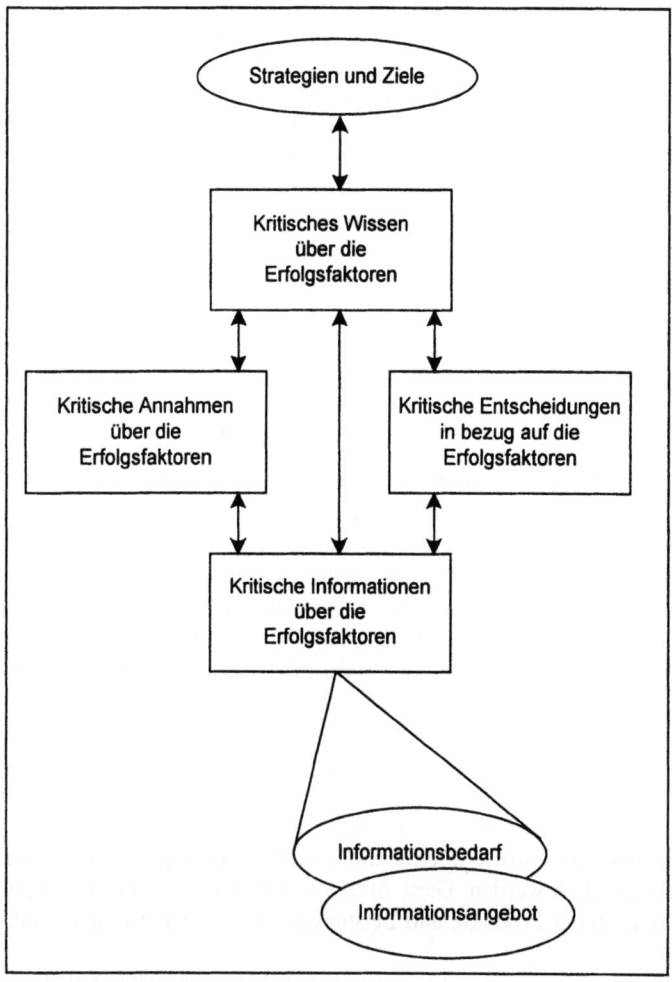

Quelle: Greschner/Zahn 1992, S. 18
Abb.4: Ableitung des Informationsbedarfs mit der KEF-Methode

Ein bewährter Ansatz zur Definition des Informationsbedarfes für Entscheidungsträger im Management ist die von Rockart vorgeschlagene Methode der „Kritischen Erfolgsfaktoren" (KEF) (Rockart 1979). Mit der Methode der KEF sollen die Faktoren, Bereiche und Funktionen identifiziert werden, die für ein Unternehmen erfolgsentscheidend sind (vgl. auch zum folgenden Picot/Franck 1988, S. 610 ff.; Greschner/Zahn 1992, S. 14 ff.). KEF sind solche Größen, die für den Erfolg des Unternehmens von entscheidender Bedeutung sind. Die mangelnde Beachtung dieser Größen birgt demnach die Gefahr unternehmerischer Mißerfolge in sich. Die KEF bringen zum Ausdruck, was getan und erreicht werden muß, um unternehmerischen Erfolg zu erzielen.

Die KEF-Methode umfaßt die folgenden Schritte (Rockart 1979) (vgl. Abb. 4): In Interviews mit den Führungskräften werden die KEF identifiziert. Sie können quantitativer oder qualitativer Natur sein. Die KEF, über die ein breiter Konsens besteht, werden von solchen abgegrenzt, bei denen das nicht der Fall ist. Bezogen auf die KEF, über deren Bedeutung Konsens besteht, wird ermittelt, ob Informationslücken auf Seiten der Unternehmensführung zur Verfolgung der KEF bestehen. Anschließend werden die Rollen der einzelnen Führungskräfte bezüglich der Beherrschung der KEF und der dabei zu treffenden Entscheidungen ermittelt, um aus dieser Rollenverteilung den individuellen Informationsbedarf einzelner Führungskräfte abzuleiten. Irrelevante Daten werden aus der Informationsversorgung der Führungskräfte eliminiert, um Informationsüberflutung zu unterbinden. Schließlich wird das System der relevanten Informationen systematisch in evolutionären Schritten über die Zeit weiterentwickelt, um es an den sich im Zeitablauf ändernden Informationsbedarf der Führungskräfte anpassen zu können.

2.3 Strategische Bedeutung von Information

Allgemein hängt der Einsatz von Informationen in einem Unternehmen entscheidend von der verfolgten Wettbewerbsstrategie ab (Picot/Maier 1993, S.47 ff.). Die Rolle der Informationsfunktion und die strategischen Ziele der Informationsverarbeitung müssen daher an der unternehmerischen Grundstrategie ausgerichtet werden. Im Falle der Strategie einer Kostenführerschaft zielt die Informationsverarbeitung auf die interne Rationalisierung der einzelnen Wertschöpfungsstufen und der Wertschöpfungsprozesse sowie der effizienten Einbindung vor- und nachgelagerter Wertschöpfungsstufen ab. Probate Informationstechniken zur Unterstützung der Strategie der Kostenführerschaft sind elektronische Kommunikationssysteme, etwa E-Mail oder Internet-basierte Bestellsysteme, oder Systeme, die eine effizientere Koordination der Arbeitsabläufe unterstützen, wie z.B. Standardanwendungssysteme oder Workflowmanagementsysteme als Basissysteme. Leistungserstellungsprozesse sowie interne und externe Logistikprozesse müssen kostengünstig abgewickelt werden. Diese Strategie geht meist mit einer geringen Informationsintensität der Produkte und Leistungen sowie der Leistungserstellungsprozesse einher.

Differenzierungs- und Nischenstrategien hingegen zielen auf die Verbesserung des Kundennutzens ab. Produkte und Leistungen sollen aus der Sicht des Kunden Singularität aufweisen. Die Informationsverarbeitung kann dabei sowohl zur Wertsteigerung der erstellten Produkte und Leistungen als auch zur Unterstützung komplexer Leistungserstellungsprozesse beitragen. Produktdifferenzierung kann beispielsweise durch verbesserte Bereitstellung von Information in Form von Schulungs- und Dokumentationsunterlagen für Softwaresysteme erreicht werden. Eine Differenzierungsstrategie geht in der Regel mit einer höheren Informationsintensität der Leistungserstellung einher.

Bei der Festlegung vielversprechender Anwendungsbereiche und Prioritäten des Informationseinsatzes sind die Geschäftsfelder herauszufinden, die besonders informationsintensiv sind. Der Zusammenhang zwischen Informationsintensität von Produkten und Dienstleistungen und der Informationsintensität der Leistungserstellung kann in Anlehnung an Porter/Millar 1985 anhand des Informations-Intensitäts-Protfolios dargestellt werden (vgl. Abb. 5). Die Informationsintensität von Geschäftsfeldern wird in zwei Dimensionen zerlegt. Die Informationsintensität der Wertkette als erste Dimension wird durch eine Positionierung der Rolle der Informationsverarbeitung für Planung, Koordination und Kontrolle der Leistungserstellung und -verwertung anhand einer zweistufigen Skala dargestellt. Die Informationsintensität in der Leistung als zweite Dimension ist durch eine ebenfalls zweistufige Positionierung dargestellt. Die Informationsintensität der Leistung zeigt sich beispielsweise in der erforderlichen Beratungs- und Schulungsintensität sowie in Dokumentationsunterlagen und Produktinformationen. In einer entsprechenden Portfoliomatrix lassen sich demnach in vier Feldern Geschäftsbereiche anhand der ihnen zugeschriebenen Informationsintensität von Leistung und Leistungserstellung positionieren (vgl. Abb. 5).

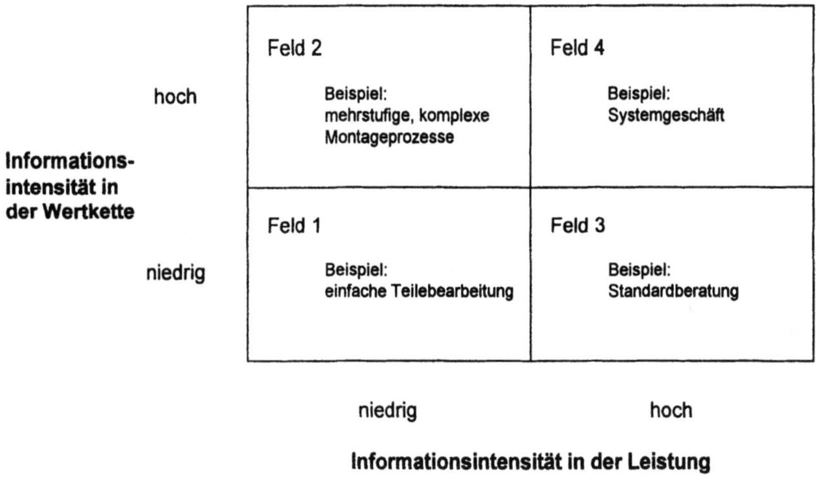

Informations-intensität in der Wertkette		Feld 2 Beispiel: mehrstufige, komplexe Montageprozesse	Feld 4 Beispiel: Systemgeschäft
	hoch		
	niedrig	Feld 1 Beispiel: einfache Teilebearbeitung	Feld 3 Beispiel: Standardberatung
		niedrig	hoch

Informationsintensität in der Leistung

Quelle: Picot/Maier 1993, S. 49
Abb.5: Informations-Intensitäts-Portfolio

Insbesondere Geschäftsfelder mit hoher Informationsintensität in der Wertkette (Leistungserstellung) und hoher Informationsintensität in den Leistungen (Feld 4 in Abb. 5) eröffnen für den Einsatz der Informationsverarbeitung ein hohes strategisches Potential. Eine Nischenstrategie erfordert Informationstechnologie zur Effektivitätssteigerung, während die Strategie der Kostenführerschaft mehr darauf abzielt, Informationstechnologie zur Steigerung der Effizienz von operativen Tätigkeiten einzusetzen.

2.4 Informations- und Kommunikationssysteme

Informations- und Kommunikationssysteme (IKS), synonym wird hier auch von Informationssystemen (Anwendungssystemen) gesprochen, sind von Menschen geschaffene, künstliche Systeme, die aus sozialen und technischen Komponenten bestehen. Sie dienen der Informationsversorgung und der Kommunikation und sind Elemente der betrieblichen Aufbau- und Ablauforganisation (Alpar u. a. 1998, S. 28 f.). IKS sind Instrumente zur Nutzung der Ressource Information. Ihnen kommt die Bedeutung eines Funktions- und Gestaltungsparameters im Rahmen der betrieblichen Gestaltungsaufgaben zu.

Beispiele für IKS sind mit der Fokussierung auf die Erfüllung betrieblicher Aufgaben Systeme für die Finanzbuchhaltung und das Controlling, Systeme zur Produktionsplanung und -steuerung (PPS), Lagerhaltungssysteme, Systeme für Einkauf und Vertrieb oder Warenwirtschaftssysteme im Handel.

Die Anwendungssysteme nutzen Basissysteme. Hier sind vor allem Betriebssysteme, Datenbankmanagementsysteme (DBMS), Workflowmanagementsysteme (WFMS), Data Warehouse- und OLAP-Systeme zu nennen. Letztere dienen als aktuell diskutierte Konzepte der Realisierung von Führungsinformationssystemen. WFMS und DBMS sind wichtige Komponenten bei der Entwicklung betrieblicher Anwendungssysteme. Workflowmanagementsysteme unterstützen Vorgänge, die aus über mehrere Arbeitsplätze verteilten Tätigkeiten bestehen. Aufgrund festgelegter Entscheidungen können WFMS Verzweigungen nach inhaltlichen Kriterien im Prozeßablauf durchführen. Sie unterstützen die Koordination von Prozessen, die zwischen verschiedenen Arbeitsplätzen ablaufen. Die Zusammenarbeit muß allerdings nach festen Regeln organisiert sein, so daß ein technisches System die Steuerung übernehmen kann. Datenbankmanagementsysteme ermöglichen die Nutzung eines einheitlichen Datenbestandes durch mehrere Benutzer und Anwendungssysteme. Sie sichern insbesondere die Konsistenz des Datenbestandes.

Als weltumspannender dezentraler Verbund von Rechnernetzen bietet das Internet verschiedene Dienste zum Nachrichten- und Datenaustausch. Die einzelnen Rechnernetze sind über feste Datenleitungen, die als Transkontinentalkabel oder Satellitenverbindung realisiert sind, miteinander verbunden. Ein sehr bekannter Dienst, der auch für die große Popularität des Internet verantwortlich ist, ist das World Wide Web (WWW). Das WWW ermöglicht ein Hypertext-basiertes, intuitives Blättern in weltweit verstreuten Dokumenten und bietet eine hoch entwikkelte graphische Oberfläche.

Genauso wie das Internet stellen DBMS und WFMS eine technische Infrastruktur bereit, die im Rahmen der Entwicklung betrieblicher Anwendungssysteme nutzbringend einzusetzen ist. Sämtliche technischen Komponenten gewinnen aus Sicht der Wirtschaftsinformatik erst dadurch an Bedeutung, daß sie die betriebliche Funktionserfüllung als Komponenten von komplexen Informationssystemen unterstützen können.

Informationssysteme lassen sich zunächst in technische Basissysteme und Anwendungssysteme aufteilen (vgl. Abb. 6). Anwendungssysteme existieren für verschiedene Branchen und Betriebe. Jeder Branche können spezifische Anwendungssysteme, die für das betriebliche Geschehen in der Branche charakteristisch sind, zugeordnet werden. So sind Systeme zur Produktionsplanung und -steuerung Industriebetrieben und Warenwirtschaftssysteme Handelsbetrieben zugeordnet. Betriebswirtschaftlich-administrative Systeme sind branchenübergreifend von Bedeutung.

Zur Entwicklung von Informationssystemen stellt die Wirtschaftsinformatik Methoden bereit. Insbesondere den Methoden des Daten- und Prozeßmanagements kommt dabei erhebliche Bedeutung zu.

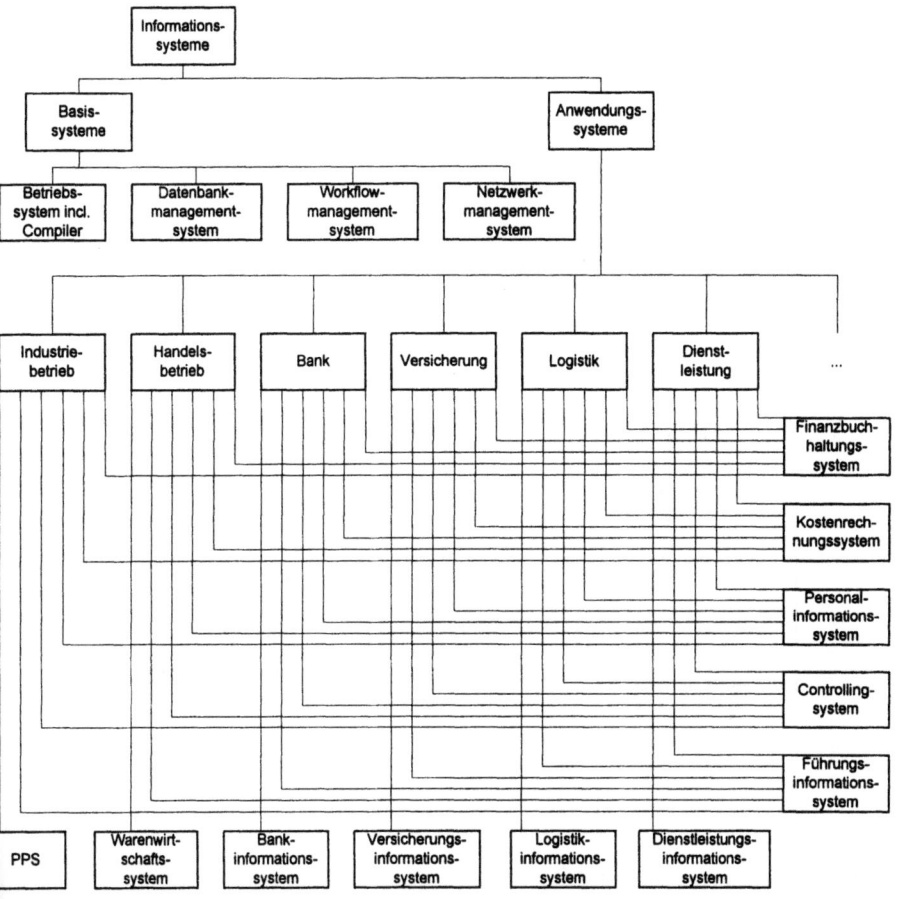

Abb.6: Klassifikation von Informationssystemen

3 Daten- und Prozeßmanagement

3.1 Informationsmodelle und Informationsmodellierung

Modellierung ist eine wesentliche Aufgabe der Wirtschaftsinformatik. Im Rahmen der Modellierung wird von einem Modellersteller, der einen realen Sachverhalt wahrnimmt, auf Basis dieser Wahrnehmung ein Abbild des realen Sachverhaltes konstruiert. Dieses Abbild stellt als Artefakt ein Modell des realen Sachverhaltes dar und ist in der Regel mittels einer künstlichen, formalisierten Sprache dargestellt. Das Modell erfüllt Zwecke für einen Modellnutzer. Die Modellierung erfolgt demnach immer zweckorientiert. Modellersteller und Modellnutzer können identisch sein, was durch die Überschneidung der Ellipsen in Abbildung 7 ausgedrückt wird.

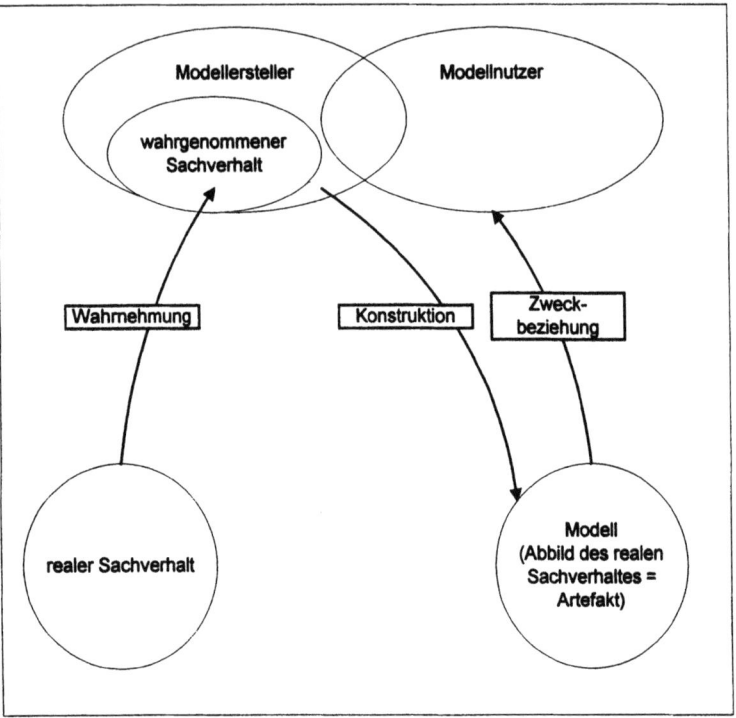

Abb.7: Modellierung und Modell

Der reale Sachverhalt wird durch eine gedankliche Vereinfachung bei der Modellkonstruktion mittels Abstraktion in ein Modell überführt. Als relevant empfundene Komponenten des Sachverhaltes werden in das Modell aufgenommen, als irrelevant empfundene Komponenten werden unterdrückt (Zelewski 1996, S. 51 ff.).

3.2 Datenmodellierung und Datenstrukturen

Datenmodellierung fokussiert die im Unternehmen benötigten und vorhandenen Daten. Die Bedeutung der Datenmodellierung wird durch die plakativen Ausführungen von Vetter erkennbar, der von der Überwindung des Jahrhundertproblems der Informatik spricht, welche „in der Bewältigung des Datenchaos, das infolge unkontrolliert gewachsener Datenbestände entstanden ist, und der Schaffung einer einheitlichen, zentrale und dezentrale Datenbestände umfassenden Datenbasis" (Vetter 1991, S. 5) besteht. Die Datenmodellierung zielt somit auf eine effiziente Organisation der Daten.

Primäres Ziel einer effizienten Datenorganisation ist ein konsistenter Datenbestand, der alle Anwendungsbereiche umfaßt. Dies ist zunächst durch den Benutzer selbst sicherzustellen, indem er die richtigen Daten richtig eingibt. Zusätzlich müssen Datenintegrität, Datenkonsistenz und Datenaktualität durch Mechanismen des Datenbankmanagementsystems sichergestellt werden. Die Datenintegrität wird durch Integritätsbedingungen unterstützt, die als Grundlage der automatischen Plausibilitätsprüfung von Benutzereingaben dienen (Vossen 1994, S. 37; Elmasri/Navathe 1994, S. 14, S. 638-643). Die gespeicherten Daten sollen richtig, im Sinne von wirklichkeitstreu und nicht verfälscht, sein. Weiterhin soll die Organisationsform der Daten effiziente Datenzugriffe und die Verknüpfung der Daten nach beliebigen Kriterien unterstützen und die Verständlichkeit der Daten fördern, indem auf eine sinnvolle Namensgebung der Datenstrukturen geachtet wird. Ein weiterer Aspekt der Konsistenz ist die Datenintegration über alle Anwendungsbereiche. Sie gewährleistet eine gemeinsame Nutzung von Daten durch unterschiedliche Unternehmensbereiche.

Die Forderungen an die Organisationsform der Daten werden durch die vorgelagerte Modellierung der Daten aus fachkonzeptueller, betriebswirtschaftlicher Sicht erreicht. Die Erstellung eines Datenmodells dient der redundanzfreien (zumindest redundanzarmen), vollständigen und funktionsunabhängigen Beschreibung der Daten. Datenmodelle auf der betriebswirtschaftlich-fachkonzeptuellen Ebene werden auch als semantische Datenmodelle bezeichnet. Ein semantisches Datenmodell beschreibt die realen Gegebenheiten aus Sicht der für den Betrachtungsbereich relevanten Objekte und deren Beziehungen. Das auf Chen 1976 zurückgehende Entity-Relationship-Modell (ERM) ist die Beschreibungssprache mit der größten Verbreitung zur Darstellung semantischer Datenmodelle. Das ERM unterscheidet zwischen Entities, die Gegenstände der realen Welt repräsentieren, die für das Unternehmen von Bedeutung sind, und Relationships, die für das Unternehmen relevante Beziehungen zwischen den Entities repräsentieren. Gleichartige Entities werden zu Entitytypen zusammengefaßt, gleichartige Relationships zu Relationshiptypen. Objekte und Beziehungen des modellierten Gegenstandsbereiches werden im ERM demnach zu Entities und Relationships, Objekttypen und Beziehungstypen der Realwelt entsprechend zu Entitytypen und Relationshiptypen. Beispielsweise werden die Firma Müller GmbH, die Firma Maier & Co. KG und die Firma Schmidt GmbH & Co. KG zu dem Entitytyp *Lieferant* im ERM zusammengefaßt. Für ein Handelsunternehmen werden weiterhin beispielsweise einzelne Artikel zum Entitytyp *Artikel*, der als Entities alle Artikel, die gehandelt werden, umfaßt, zusammengefaßt. Eigenschaften der Entities, wie z.B. die Bezeichnung, das Volumen oder die Farbe eines Artikels, werden im ERM durch Attribute repräsentiert, die den Entitytypen zugeordnet sind. Jede Attributausprägung ordnet dem Entity einen bestimmten Wert einer Domäne zu. Eine Domäne faßt alle Werte zusammen, die für eine Eigenschaft eines Objektes im ERM zugelassen sind. Bestimmte Attribute, die ein Entity eindeutig identifizieren, werden als Schlüsselattribute bezeichnet. Beispielsweise werden ein Lieferant durch eine *Lieferantennummer* und ein Artikel durch eine *Artikelnummer* eindeutig identifiziert. Eine Beziehung zwischen Lieferant und Artikel besteht darin, daß der Lieferant diesen Artikel liefert. Im ERM wird entsprechend ein Relationshiptyp *Bezugsnachweis* eingeführt, der alle relevanten Beziehungen zwischen Lieferanten und Artikeln umfaßt.

In einem ERM werden Entitytypen durch Rechtecke, Relationshiptypen durch Rauten und Attribute durch Ovale dargestellt. Verbindungen zwischen den Komponenten symbolisieren die entsprechenden Zuordnungen. Schlüsselattribute sind im ERM unterstrichen dargestellt (vgl. Abb. 8).

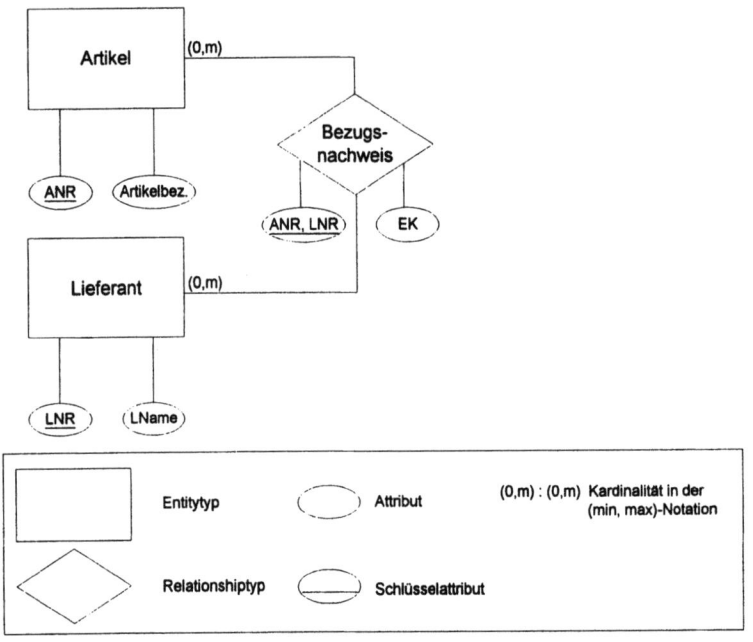

Quelle: In Anlehnung an Becker/Schütte 1996, S. 33
Abb.8: Einfaches Entity-Relationship-Modell

Relationshiptypen geben eine semantische Beziehung zwischen einem, zwei oder mehreren Entitytypen wieder. Sie werden entsprechend als unary, binary oder n-ary Relationshiptyp bezeichnet. Relationshiptypen sind von der Existenz der beteiligten Entitytypen abhängig. Entitytypen hingegen können aus sich selbst heraus existieren. Die Verbindung zwischen einem Entitytypen und einem Relationshiptypen ist durch eine Kardinalität, die auch als Komplexitätsgrad bezeichnet wird (Vossen 1994, S. 66 ff.; Fischer 1992, S. 98), charakterisiert. Die Kardinalität gibt an, wie oft ein Entity als Element eines Entitytypen in einen Relationshiptypen eingehen kann. Die Interpretation der Kardinalität ist abhängig von der Leserichtung. In der hier gewählten Leserichtung gibt die Kardinalität immer an, wie die Beteiligungshäufigkeit der Entities an einem Relationshiptypen ist. Im Beispiel von Abbildung 8 kann ein Artikel von keinem (z.B. im Falle eines selbsterstellten Produktes) oder mehreren Lieferanten geliefert werden. Ein Lieferant kann entsprechend keinen oder mehrere Artikel liefern. Der Relationshiptyp *Bezugsnachweis* wird daher mittels der Kardinalitäten als eine (0,m):(0,m)-Beziehung charakterisiert.

An den Kardinalitäten lassen sich generelle Eigenschaften der Beziehungstypen ablesen. Eine (1,1):(1,m)-Beziehung zwischen den Entitytypen A und B besagt, daß jedes Entity a aus A genau einmal in den Relationshiptypen eingeht und ihm genau ein b aus B zugeordnet ist, wohingegen jedes b aus B mindestens einmal in den Relationshiptypen eingehen muß, aber mehrmals eingehen darf. Einem b aus B können demnach im Relationshiptypen mehrere a aus A zugeordnet werden. Diese Schreibweise zur Angabe der Kardinalitäten wird als (min, max)-Notation bezeichnet (Schlageter/Stucky 1983, S. 50 f.). Mit der (min, max)-Notation lassen sich Beziehungstypen exakter charakterisieren als mit einer reinen max-Notation, die allerdings verbreiteter ist. Beispielsweise gibt die Minimalkardinalität 1 Hinweise auf eine Existenzabhängigkeit zwischen Entitytypen (Hars 1994, S. 70 ff.). Eine existentielle Abhängigkeit liegt vor, wenn jedes Entity eines untergeordneten (abhängigen) Entitytyps zwingend genau einem Entity eines übergeordneten Entitytyps zugeordnet wird. In Handelsunternehmen wird beispielsweise jeder Artikel zwingend genau einer Warengruppe zugeordnet. Der Relationshiptyp *WGR-Artikel-Zuo* (Warengruppen-Artikel-Zuordnung) ist entsprechend als eine (0,m):(1,1)-Beziehung charakterisiert (vgl. Abb. 9). Die zwingende Zuordnung eines Artikels zu einer Warengruppe, die mit der Anlage jedes Artikels in der Datenbank erfolgen muß, ist aus semantischer Sicht deshalb so bedeutend, da Funktionen, die mit dem übergeordneten Entitytyp (der Warengruppe) durchgeführt werden, alle Entities des existenzabhängigen Entitytyps Artikel genau einmal erfassen müssen. Beispielsweise muß bei der Summierung des Umsatzes einer Warengruppe der Umsatz jedes Artikels, der dieser Warengruppe zugeordnet ist, genau einmal erfaßt werden.

Bei der Datenmodellierung haben die Klassifizierung, die Generalisierung und die Aggregation als Abstraktionsprinzipien eine große Bedeutung (Vossen 1994, S. 53 ff.; Batini u. a. 1992, S. 15 f.; Lenzerini 1985, S. 271). Die Klassifizierung dient der Abstraktion von Klassen. Im mathematischen Sinne kann Klassifizierung als Mengenbildung von Objekten verstanden werden, die über die gleichen relevanten Eigenschaften verfügen (Vossen 1994, S. 54). Im Rahmen der Datenmodellierung wird unter Klassifizierung die Zuordnung von gleichartigen Entities zu einem übergeordneten Entitytypen verstanden (vgl. Abb. 9). Es wird von den Eigenschaften des einzelnen Entities abstrahiert, indem nur die Eigenschaften betrachtet werden, die allen Objekten des Entitytyps gemeinsam sind.

Wird zu zwei oder mehreren Objekttypen ein übergeordneter Objekttyp gefunden, liegt eine Generalisierung vor. Beispielsweise können die Objekttypen Großkunde und Kleinkunde zum Objekttypen Kunde generalisiert werden. Gemeinsame Eigenschaften gehen dabei auf den generalisierten Objekttypen Kunde über.

Dies gilt beispielsweise für die Kundennummer und die Korrespondenzadresse. Die Spezialisierung zerlegt einen generalisierten Objekttypen in spezialisierte Objekttypen und ist der zur Generalisierung komplementäre Fall. Großkunden können beispielsweise zusätzlich zu den generellen Eigenschaften des Kunden weitere Eigenschaften, wie eine von der Korrespondenzadresse abweichende Lieferadresse, zugeordnet werden. Im Falle der Generalisierung kann unterschieden werden in disjunkte versus nicht-disjunkte und vollständige versus partielle Generalisierung.

Disjunkte Generalisierung (Symbol d) bedeutet, daß ein Objekt genau einmal spezialisiert, d.h. einem spezialisierten Entitytyp zugeordnet wird. Nicht-disjunkte Generalisierung (Symbol n) bedeutet entsprechend, daß ein Objekt mehreren spezialisierten Entitytypen zugeordnet werden kann. Vollständige Generalisierung (Symbol v) bedeutet, daß jedes Objekt des generalisierten Entitytypen in einem spezialisierten Entitytypen vorkommt, partielle Generalisierung (Symbol p) bedeutet, daß es Entities des generalisierten Entitytypen geben kann, die nicht spezialisiert werden (Vossen 1994, S. 72 ff.; Elmasri/Navathe 1994, S. 617 ff.) (vgl. Abb. 9). Der generalisierte Entitytyp wird auch als Supertyp, der spezialisierte als Subtyp bezeichnet. Eigenschaften des Supertypen werden auf die Subtypen vererbt, so daß die Generalisierung bzw. Spezialisierung eine Vererbungseigenschaft besitzt (Vossen 1994, S. 54 f., S. 70 ff.; Elmasri/Navathe 1994, S. 617 ff.).

Eine Abstraktion, bei der aus der Kombination vorhandener Entitytypen ein neuer Objekttyp entsteht, wird als Aggregation bezeichnet (Scheer 1995, S. 38; Batini u. a. 1992, S. 17; Lenzerini 1985, S. 271). Eine Aggregation liegt beispielsweise vor, wenn durch die Kombination der Entitytypen *Artikel* und *Lieferant* ein Relationshiptyp *Bezugsnachweis* entsteht, der durch zusätzliche, eigene Eigenschaften, wie z.b. Einkaufspreis gekennzeichnet ist (vgl. Abb. 9). Der Relationshiptyp *Bezugsnachweis* entspricht damit einem neuen, betrieblich relevanten Objekttyp mit Eigenschaften, die nicht direkt aus den beteiligten Entitytypen gewonnen werden können, sondern dem neuen Objekttypen explizit zugewiesen werden müssen.

Die Uminterpretation von Relationshiptypen zu Entitytypen stellt eine besondere Form der Aggregation dar (Scheer 1995, S. 38 f.; Hars 1994, S. 70, S. 101). Die Uminterpretation wird im ERM durch ein Rechteck dargestellt, das die Raute des entsprechenden Relationshiptypen umgibt (vgl. Abb. 9). Sie ermöglicht es, Beziehungen zwischen Beziehungstypen und Objekttypen auszudrücken, was ohne Uminterpretation der Beziehungstypen nicht möglich wäre. Zwischen den Entitytypen *Kunde* und *Zeit* besteht beispielsweise die Beziehung *Rechnungskopf*, deren Elemente (die einzelnen Rechnungen) durch die Angabe des Datums und der Kundennummer (als zusammengestztem Schlüsselattribut) eindeutig identifiziert werden. Gegenstand der Rechnung sind aber vor allem die einzelnen Rechnungspositionen. Diese werden dem Relationshiptypen *Rechnungsposition* zugeordnet, der den Entitytypen *Artikel* und den zum Entitytypen uminterpretierten Relationshiptypen *Rechnungskopf* verbindet (vgl. Abb. 9).

An diesem Beispiel wird auch die Konstruktionsweise eines Datenmodells deutlich. Zunächst müssen die grundlegenden Begriffe (hier: Zeit, Kunde, Artikel) eingeführt werden. Danach kann die Rechnung aus dem Objekt Rechnungskopf und dem Beziehungstypen Rechnungsposition zusammengesetzt werden (Wedekind 1981, S. 44 ff., S. 50 ff.). Außerdem wird deutlich, daß nicht generell festgelegt werden kann, ob ein Gegenstand der Realwelt im ERM einem Entitytypen oder einem Relationshiptypen zugeordnet wird. Die Darstellung im Modell hängt entscheidend von dem verfolgten Modellierungszweck ab (vgl. Abschnitt 3.1).

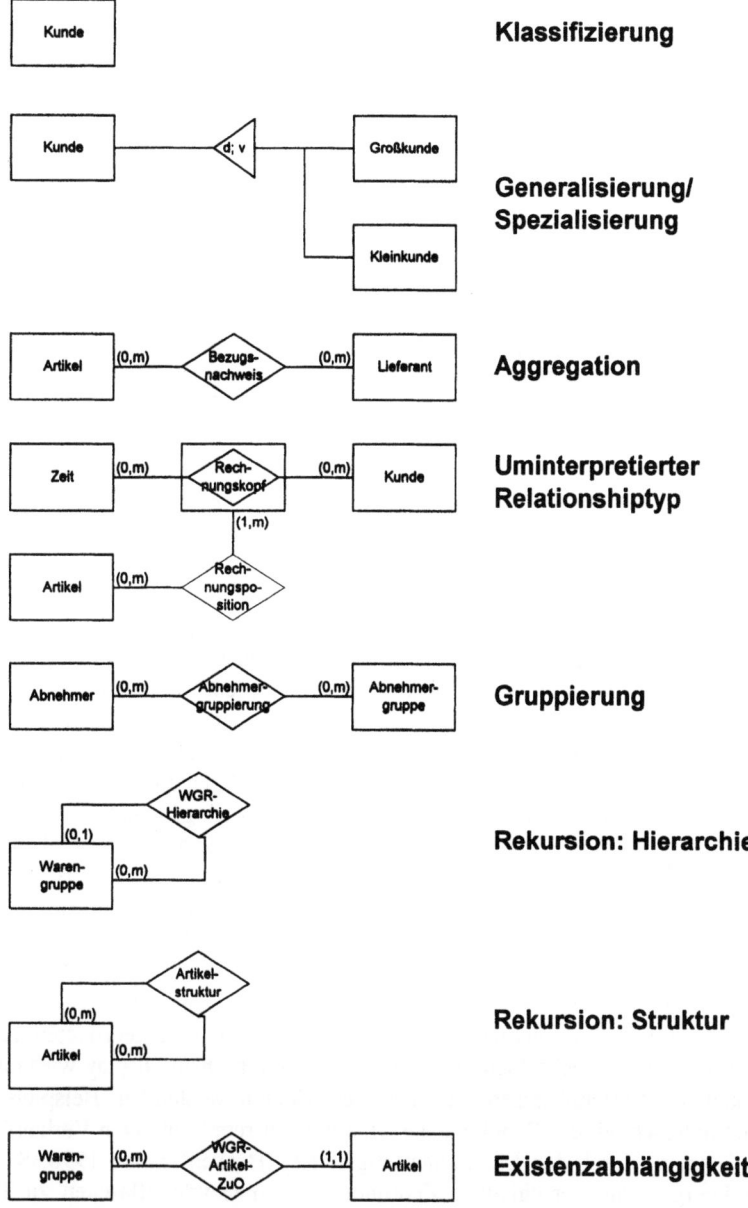

In Anlehnung an: Becker/Schütte 1996, S. 36
Abb.9: Beispiele zum ERM und den Konstruktionsoperatoren

Hierin liegt auch die besondere Schwierigkeit bei der Modellierung begründet. Die Gruppierung wird zusätzlich zu den grundlegenden Konzepten als weiteres Abstraktionskonzept genannt (Becker/Schütte 1996, S. 35). Die Gruppierung faßt Entities eines Entitytypen nach bestimmten Kriterien zusammen. Durch die Gruppierung entsteht ein neuer Objekttyp, der sich auf einem höheren Abstraktionsniveau befindet, da nur noch die Gruppe betrachtet wird und von den Entities der Gruppe abstrahiert wird. Im ERM wird die Gruppierung als ein spezieller Relationshiptyp dargestellt (vgl. Abb. 9). Über die Kardinalität der Gruppierung können keine generellen Aussagen gemacht werden, da ein Objekt auch zu mehreren Gruppen gehören kann. Im Beispiel von Abbildung 9 können einzelne Abnehmer zu mehreren Abnehmergruppen gehören, und eine Abnehmergruppe besteht selbstverständlich aus mehreren Abnehmern. Dies führt zu einer (0:m):(0:m)-Beziehung. Im ERM besteht somit syntaktisch zwischen Gruppierung und Aggregation kein Unterschied (Hars 1994, S. 73). Semantisch liegt jedoch ein anderer Sachverhalt vor, da bei der Gruppierung Entities eines Entitytypen (hier: Abnehmer) nach bestimmten Kriterien zu Gruppen (Abnehmergruppen) zusammengefaßt werden. Bei der Aggregation hingegen gehen zwei oder mehrere unabhängige Entitytypen eine Beziehung ein, aus der ein neuer Sachverhalt (z.B. Bezugsnachweis oder Rechnungskopf) entsteht. Im klassischen ERM-Ansatz lassen sich Gruppierungen lediglich durch die Verwendung von Namenskonventionen wie *Gruppe* oder *Gruppierung* kennzeichnen, da keine eigenen Symbole existieren.

Geht ein Objekt eine Beziehung mit sich selbst ein, spricht man von Rekursion. Typischer weise werden Rekursionen im ERM herangezogen, um Hierarchien oder netzwerkartige Strukturen darzustellen (Becker/Schütte 1996, S. 37). Der Objekttyp Warengruppe in einem Handelsunternehmen geht beispielsweise eine Beziehung mit sich selbst ein, die als *Warengruppenhierarchie* bezeichnet wird (vgl. Abb. 9). Hierarchien sind dadurch gekennzeichnet, daß jedes übergeordnete Objekt mehrere untergeordnete Objekte haben kann, jedes untergeordnete Objekt aber höchstens ein übergeordnetes. Dies führt entsprechend zu einer (0,1):(0,m)-Kardinalität, wobei die Leserichtung vom untergeordneten zum übergeordneten Objekt festgelegt wird. Im ERM wird eine Hierarchie durch die Kardinalitäten und durch die Verwendung von Namenskonventionen deutlich gemacht.

Eine netzwerkartige Struktur liegt vor, wenn jedes untergeordnete Objekt mehreren übergeordneten Objekten zugeordnet sein kann und jedem übergeordneten Objekt mehrere Objekte untergeordnet sein können. Im ERM wird diese Situation durch (0,m):(0,m)-Kardinalitäten und durch die Verwendung von Namenskonventionen („Struktur") dargestellt (vgl. Abb. 9). Im Handel findet sich beispielsweise häufig eine *Artikelstruktur*, da zum Zweck der Darstellung von Displays und Leergut mehrere übergeordnete Artikel zu einem untergeordneten Artikel existieren können (Becker/Schütte 1996, S. 37). Unter einem Display wird eine zu Zwecken der Verkaufspräsentation gebildete Einheit verstanden. Beispielsweise werden unterschiedliche Schokoladensorten in einer repräsentativen Verkaufsform (dem Display) durch den Lieferanten angeliefert (Becker/Schütte 1996, S. 460). Beim Leergut sind verschiedene Zuordnungen von Getränkeflaschen zu Transportbehältnissen denkbar.

Im Handel ist das Artikelmodell das zentrale Konstrukt der Warenwirtschaft (Becker/Schütte 1996, S. 135 ff.). Im Mittelpunkt des Artikelmodells steht der

Objekttyp *Artikel* (vgl. zu den folgenden Ausführungen Abb. 10). Ein Artikel kann mit vielen Attributen beschrieben werden. Wie schon erläutert, ist jeder Artikel im Handel eindeutig einer Warengruppe zugeordnet. Eine *Warengruppe* dient der Strukturierung und Verdichtung des Sortiments in Tiefe und Breite. Die Sortimentsbreite wird durch die Anzahl der Warengruppen bestimmt, die Sortimentstiefe durch die Anzahl an Warengruppen auf einer Hierarchiestufe der Warengruppenhierarchie (*WGR-Hierarchie*). Ein Beispiel für die Stufen einer Warengruppenhierarchie ist die Unterordnung der Warengruppe Auslaufarmaturen unter die Warengruppe Armaturen, die wiederum der Warengruppe für Wasserinstallationen untergeordnet ist.

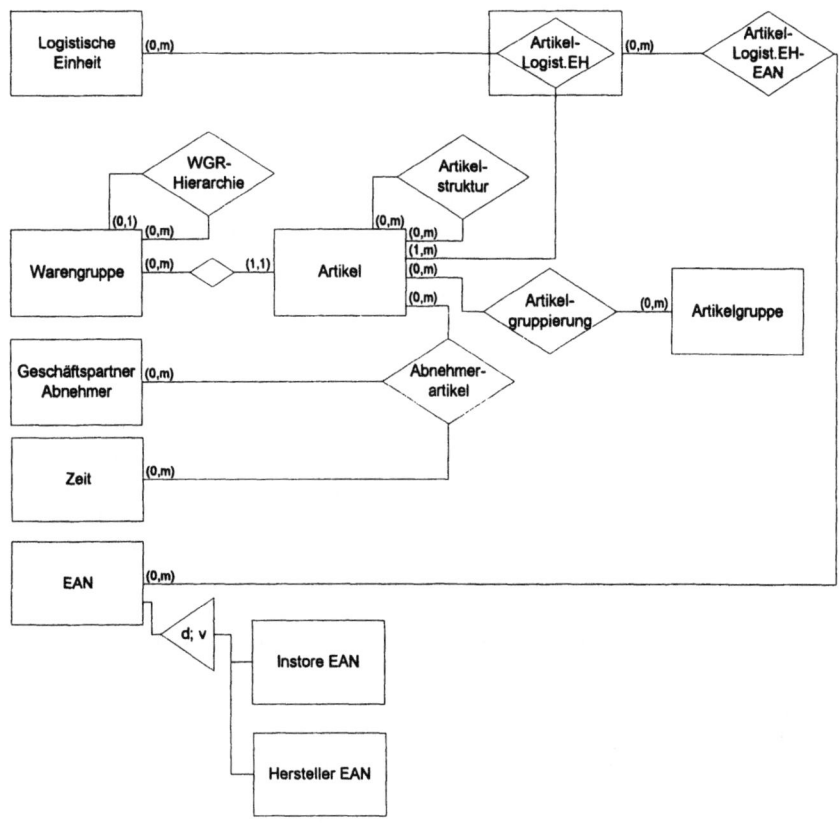

Quelle: Becker/Schütte 1996, S. 135
Abb.10: Datenmodell Artikel

Im Datenmodell Artikel besitzt die Beziehung *Abnehmerartikel* eine den Artikelstamm charakterisierende Eigenschaft, die Zeitsteuerung. Diese Beziehung zur Zeit bildet die Grundlage für viele Funktionen, die im Handel benötigt werden. Beispielsweise wird die Zeitsteuerung für die Artikellistung benötigt. Im Rahmen der Artikellistung werden einzelne Artikel für genau definierte Zeiträume in das

Sortiment aufgenommen. Zwischen *Artikel* und *Zeit* besteht eine (0,m):(0,m)-Beziehung.

Einem Artikel können eine oder mehrere *Logistische Einheiten* zugeordnet werden, eine (1,m):(0,m)-Beziehung aus Sicht des Artikels. Diese Beziehung hat den Namen *Artikel-Logist.EH*. Aus der (1,m)-Kardinalität ist ersichtlich, daß jeder Artikel in der Beziehung mindestens einmal vorkommen muß. Ein Artikel muß demnach mindestens einer Logistischen Einheit zugeordnet sein. Typische Logistische Einheiten sind die Palette, der Umkarton, die Lage, das Stück usw. Logistische Einheiten können hierarchisch zueinander angeordnet sein. So kann beispielsweise ein Einzelstück einem 6-er-Karton zugeordnet werden, der wiederum zu einer Lage gehört, wobei eine Palette aus mehreren Lagen besteht. Eine strenge Hierarchie ist aber in der Handelspraxis nicht gegeben. Artikel werden z.B. im 6-er und im 8-er-Karton gleichzeitig geführt. Deshalb wurde bei der Modellierung darauf verzichtet, eine Hierarchie auf den Logistischen Einheiten zu bilden (wie das bei den Warengruppen geschehen ist). Dieses Beispiel macht deutlich, daß bei jedem Konstrukt, das in ein Modell aufgenommen wird, eine Entscheidung des Modellierers zugrunde liegt.

Die Beziehung zwischen Artikeln und Logistischen Einheiten (*Artikel-Logist.EH*) ist in der Regel einer oder mehreren Europäischen Artikelnummern (EAN) zugeordnet. Daher muß diese Beziehung zunächst in einen Entitytyp uminterpretiert werden. Eine Zuordnung der uminterpretierten Beziehung *Artikel-Logist.EH* zu mehreren EANs ist dann gegeben, wenn der Artikel von unterschiedlichen Produzenten oder in unterschiedlichen Ländern hergestellt wird. Die EAN wird im Handel für unterschiedliche Zwecke eingesetzt. Im Wareneingang wird sie zur Identifizierung mittels Scanning herangezogen, um die Erfassung der Wareneingänge zu beschleunigen. Das Haupteinsatzgebiet der EAN ist jedoch die Erfassung der Verkaufsvorgänge mit Scannerkassen. Durch die Scannerkassen wird eine detaillierte Analyse der Verkaufsvorgänge sowie der Zu- und Abgänge der Artikelbestände geschaffen. Zusätzlich wird die EAN vermehrt im Rahmen einer Mobilen Datenerfassung (MDE) z.B. im Rahmen der durchzuführenden Inventuren genutzt.

Der einzelnen Zuordnung von Artikeln zu Logistischen Einheiten (*Artikel-Logist.EH*) können theoretisch mehrere EANs zugeordnet sein, da im Schlüssel der EAN bereits Informationen über unterschiedliche Produktionsstandorte enthalten sein können. Dieser Fall wird in der Praxis jedoch meist vermieden, da ansonsten keine eindeutigen Auswertungen über Abverkäufe und Bestände möglich sind. Im Datenmodell ist er jedoch berücksichtigt, da der Entitytyp EAN eine Generalisierung ist, dessen Spezialisierungen die *Instore EAN* und die *Hersteller EAN* sind. Die Instore EAN kann willkürlich für beliebige Zwecke vergeben werden. Deshalb müssen EANs innerhalb eines Unternehmens auch nicht eindeutig sein. Die interne EAN wird in der Regel vergeben, wenn der Artikel keine EAN vom Lieferanten erhalten hat. Dies ist im Lebensmittelhandel beispielsweise bei Obst, Gemüse und Fleisch der Fall. Auch bei Importware fehlt häufig die EAN.

Artikelgruppen unterstützen eine Vielzahl von Funktionen im Handel. So werden im Falle von Sonderangeboten, die im Handel als Aktionen bezeichnet werden, bestimmte Artikel zu speziellen Aktionsgruppen zugeordnet. Weitere Gruppierungen betreffen beispielsweise die Preislage oder den Bezugsweg der Artikel.

3.3 Prozeßmodellierung und Prozeßmanagement

Unter einem Prozeß wird eine inhaltlich abgeschlossene, zeitliche und sachlogische Abfolge der Funktionen, die zur Bearbeitung eines betriebswirtschaftlich relevanten Objektes notwendig sind, verstanden (Becker/Schütte 1996, S. 52 f.). Dieses eine Objekt prägt den Prozeß, weitere Objekte können in ihn einfließen. Zur Identifikation eines Prozesses sind sein Anfang und sein Ende zu ermitteln, was durch die Zuordnung eines betriebswirtschaftlichen Objektes erleichtert wird. Das Objekt kann ein Informationsobjekt, wie etwa eine Rechnung oder ein Lieferschein, oder ein materielles Objekt, wie die Ware in einem Handelsunternehmen, sein. Der Prozeß des Wareneingangs im Handel wird beispielsweise durch das Objekt Lieferschein konstituiert. Das bedeutet, daß der Lieferschein aus Sicht des Prozeßmodellierers wesentlich zur Ausgestaltung des Prozeßmodells beiträgt.

Ein Geschäftsprozeß stellt einen besonderen Prozeß dar. Geschäftsprozesse bilden allgemein eine Untermenge der Prozesse. Sie repräsentieren die Geschäftsarten eines Unternehmens, ergeben sich aus den obersten Sachzielen und weisen zwingend Schnittstellen zu externen Marktpartnern auf (Frese 1994, S. 130; von Eiff 1991, S. 60). Der elektronische Datenaustausch (Electronic Data Interchange - EDI) zur effizienteren Gestaltung von zwischenbetrieblichen Geschäftsprozessen und zur stärkeren Einbindung der Endkunden in die betrieblichen Prozesse wird basierend auf neuen Technologien wie z.B. Internet und WWW sowie Datenaustauschstandards wie „Electronic Data Interchange For Administration, Commerce and Transport" (EDIFACT) realisiert. EDIFACT legt als internationale Norm das Nachrichtenformat, die Struktur des Nachrichteninhaltes und Protokolle für den Informationsaustausch fest. Internationale Normen erleichtern die Kooperation zwischen einem Unternehmen und seinen Zulieferern, indem z.B. feste Formate für Bestellungen einen automatisierten, überbetrieblichen Nachschubprozeß ermöglichen. Auf der Abnehmerseite können Kunden durch bedienfreundliche, WWW-gestützte Schnittstellen Bestellungen direkt eingeben. Insbesondere Konzepte wie Electronic Commerce (EC) und Efficient Consumer Response (ECR) werden durch die genannten Technologien besser realisierbar (siehe Abschnitt 4.4).

Die Prozeßmodellierung dient der Darstellung der betrieblichen Ablauforganisation. Prozeßmodelle sind gekennzeichnet durch die logische Abfolge betrieblicher Funktionen, die Zuordnung von Daten zu Funktionen sowie die Zuordnung von Aufgabenträgern und Informationssystemkomponenten zu Funktionen. Die Prozeßmodellierung beschreibt demnach das integrative Zusammenwirken von Funktionen, Daten und Organisationseinheiten, indem aufgezeigt wird, was mit welchen Informationen von wem gemacht wird (Becker/Schütte 1996, S. 52). Prozeßmodelle werden der Prozeßsicht zugeordnet. Für die logische Abfolge betrieblicher Funktionen, die in Prozeßmodellen dargestellt wird, findet sich auch die Bezeichnung Kontrollfluß. Der Kontrollfluß zeigt die Zustandsänderungen von Daten auf, die für den weiteren betrieblichen Ablauf im Rahmen des Prozesses erforderlich sind (Becker/Schütte 1996, S. 53). Die Prozeßsicht ordnet weiterhin Daten zu Funktionen zu, zu deren Ausführung sie benötigt werden, klärt, welche Organisationseinheiten welche Daten benötigen und welche Informationen sie manipulieren dürfen, und ordnet Funktionen zu Organisationseinheiten zu.

Zur Prozeßmodellierung aus betriebswirtschaftlich-fachkonzeptueller Sicht werden gemeinhin gerichtete Graphen verwendet. Im folgenden wird die Methode der Ereignisgesteuerten Prozeßketten (EPKs) vorgestellt. EPKs verfolgen das Ziel, durch hohe Anschaulichkeit sowohl den Informationssystem-, als auch den Organisationsgestalter bei entsprechenden Fragestellungen zu unterstützen. Die Methode der EPKs wurde auf Basis von Petri-Netzen in Form von Bedingungs-Ereignis-Netzen und stochastischen Netzplanverfahren, speziell der GERT-Methode, aus der die Idee der Verknüpfungsoperatoren entliehen wurde (Becker/Schütte 1996, S. 55), am Institut für Wirtschaftsinformatik der Universität des Saarlandes in Zusammenarbeit mit der SAP AG entwickelt (Scheer 1998b, S. 125). Konkrete Ausführungen zu den EPKs in ihrer aktuellen Form können einer Vielzahl von Veröffentlichungen entnommen werden (Scheer 1998b, S. 125 ff.; Becker/Schütte 1996, S. 55 ff.; Scheer 1995, S. 49-54; Keller/Meinhardt 1994, S. 10 ff.; Hoffmann u. a. 1993; Keller u. a. 1992). Ereignisgesteuerte Prozeßketten setzen sich aus zwei elementaren Informationsobjekten, den Ereignissen und den Funktionen, zusammen. Ereignisse werden durch Sechsecke dargestellt, Funktionen durch abgerundete Rechtecke. Da nur Informationsobjekte unterschiedlichen Typs miteinander in Beziehung stehen dürfen, handelt es sich bei EPKs um bipartite Graphen. Ereignisse dürfen demnach nicht auf Ereignisse folgen. Gleiches gilt für Funktionen entsprechend. Eine Ereignisgesteuerte Prozeßkette beschreibt, welche Funktionen durch welche Ereignisse ausgelöst werden, und welche Ereignisse von Funktionen erzeugt werden.

Ereignisse sind die passiven Komponenten der EPK. Sie besitzen keine Entscheidungskompetenz. Sie stellen für Prozesse ablaufrelevante Umweltzustände dar, auf die durch bestimmte Aktionen, die als Funktionen dargestellt sind, reagiert wird. Ereignisse können in Auslöse- und Bereitstellungsereignisse unterschieden werden. Im allgemeinen, außer im Fall von Start- und Endereignissen, haben Ereignisse den Charakter von auslösenden *und* bereitstellenden Ereignissen gleichzeitig. In einem Großhandelsunternehmen hat das Ereignis „Kundenauftrag ist kommissioniert" beispielsweise sowohl auslösenden Charakter für die Funktionen des Versands, die sich an die Kommissionierung anschließen, als auch bereitstellenden Charakter, da es den Status der Auftragsbearbeitung (Ware ist für den Versand bereitgestellt) darstellt. Ereignisse stellen auch die Verbindung zur Datensicht her, da sie die Ausprägung von Attributen der Objekte repräsentieren.

Funktionen bilden die aktive Komponente der EPK. Sie reagieren auf einzelne oder mehrere Ereignisse. Das Ergebnis einer Funktion sind wiederum ein oder mehrere Ereignisse. Funktionen nehmen als aktive Komponenten die Transformation von Input- in Outputdaten vor.

Komplexe betriebliche Abläufe lassen sich durch das Aneinanderreihen von Funktionen und Ereignissen darstellen. Die entsprechenden zeitlichen und sachlogischen Funktionsabfolgen bilden einen Prozeß, da sie die zur Bearbeitung eines betriebswirtschaftlichen Objektes erforderlichen Schritte aufzeigen.

Der Kontrollfluß als logische Abfolge der Funktionen wird bei nicht sequentiellen Abläufen durch spezielle Verknüpfungsoperatoren, sogenannte Konnektoren, modelliert. Konnektoren erlauben die Abbildung komplexer Bedingungen, die die Steuerung der betrieblichen Abläufe betreffen. Verknüpfungsoperatoren finden als Eingangs- und Ausgangsverknüpfungen Anwendung. Eine Ausgangsverknüpfung nimmt innerhalb eines Prozesses eine Aufspaltung in mehrere Teilprozesse vor, während eine Eingangsverknüpfung unterschiedliche Teilprozesse zusammenführt. In der Grundform der Ereignisgesteuerten Prozeßketten können drei Verknüpfungsoperatoren auftreten.

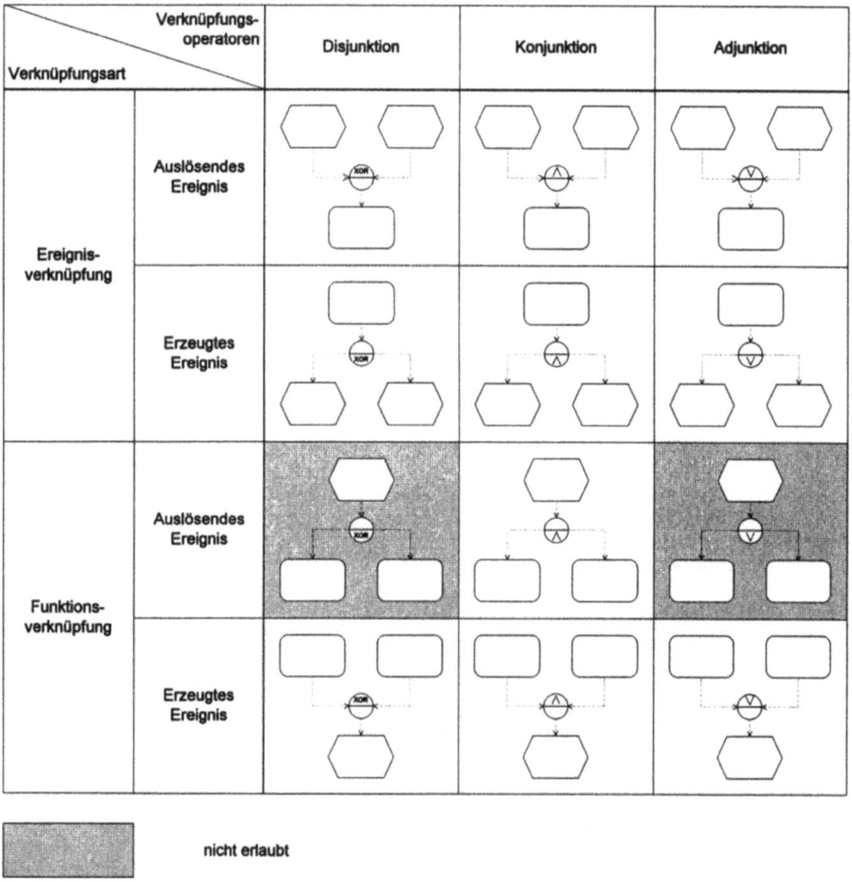

Verknüpfungsart \ Verknüpfungsoperatoren	Disjunktion	Konjunktion	Adjunktion
Ereignisverknüpfung — Auslösendes Ereignis			
Ereignisverknüpfung — Erzeugtes Ereignis			
Funktionsverknüpfung — Auslösendes Ereignis	*(nicht erlaubt)*		*(nicht erlaubt)*
Funktionsverknüpfung — Erzeugtes Ereignis			

nicht erlaubt

Quelle: In Anlehnung an Keller/Meinhardt 1994, S. 13
Abb.11: Zulässige Verknüpfungsoperatoren bei der Modellierung mit EPKs

- Die Konjunktion (a und b), das „logische UND", wird mit dem Symbol ∧ dargestellt.
- Die Disjunktion (entweder a oder b, aber nicht beide), das „exklusive ODER" wird durch das Symbol ⊗ dargestellt.
- Die Adjunktion (a oder b oder (a und b)), das „inklusive ODER" wird durch das Symbol ∨ repräsentiert.

Werden mehrere Prozeßstränge mit einem Konnektor zusammengefügt, wird dieser Konnektor als Eingangsverknüpfung bezeichnet und der Verknüpfungoperator wird in der oberen Hälfte des Kreises angeordnet. Folgen auf einen Konnektor mehrere Prozeßstränge, wird der Konnektor als Ausgangsverknüpfung bezeichnet und der Verknüpfungsoperator wird in der unteren Hälfte des Kreises angeordnet (vgl. Abb. 11).

Verknüpfungsoperatoren können in einer EPK aufeinanderfolgen, um komplexe Bedingungen zu beschreiben. Zu beachten sind bei der Modellierung die zulässigen Verknüpfungsoperatoren, die sich an Ereignisse anschließen dürfen. Als Ausgangsverknüpfung im Anschluß an ein Ereignis ist nur das „logische UND" zulässig, da ein Ereignis keine Entscheidungskompetenz darüber besitzt, welcher der Teilprozeßstränge auf das Ereignis folgen soll (vgl. Abb. 11) (Keller/Meinhardt 1994, S. 13).

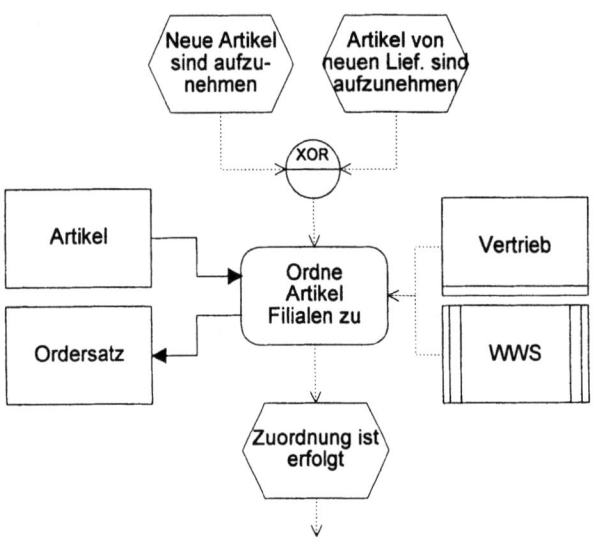

Quelle: Becker/Schütte 1996, S. 58
Abb.12: Beispiel einer angereicherten EPK

Eine Ereignisgesteuerte Prozeßkette kann um weitere Symbole angereichert werden, die insbesondere Anwendungssysteme (also Softwareprogramme für spezifische betriebliche Anwendungen), zuständige Organisationseinheiten und benötigte Daten für die Durchführung einer Funktion darstellen. Abbildung 12 zeigt ein Beispiel einer um diese Symbole angereicherten EPK. In diesem Beispiel symbolisieren Rechtecke mit einem Pfeil zur Funktion hin Inputdaten, die zur Ausführung der Funktion erforderlich sind. Outputdaten werden ebenfalls durch Rechtecke dargestellt, wobei die Pfeile jedoch von der Funktion hin zum Rechteck weisen. Das Symbol für die zuständige Organisationseinheit ist ein Rechteck mit einem Doppelstrich als Boden. Benötigte Anwendungssysteme (hier ein Warenwirtschaftssystem) werden durch Rechtecke mit drei Strichen an jeder Seite dargestellt.

Das Beispiel der Artikelstammdatenpflege soll die Prozeßmodellierung mit EPKs verdeutlichen (vgl. auch zum folgenden Becker/Schütte 1996, S. 165 f.). Der Prozeß der Artikelstammdatenpflege wird durch das Startereignis „Artikel ist ins Sortiment aufzunehmen" ausgelöst (vgl. Abb. 13). Zunächst ist zu prüfen, ob es sich um einen Stücklistenartikel wie z.b. ein Set, ein Lot, ein Display oder Leergut handelt (erste Funktion). Die erste Ausgangsverknüpfung (der XOR-Operator symbolisiert das „exklusive ODER") erzwingt eine Verzweigung entsprechend des Prüfungsergebnisses in der ersten Funktion. Der erste Fall, „ein Einzelartikel ist anzulegen", mündet direkt in der entsprechenden Eingangsverknüpfung. Der zweite Fall, „ein Stücklistenartikel ist anzulegen", führt zu einer weiteren Prüffunktion. Die Funktion „Prüfe, ob Einzelartikel vorhanden sind" soll ermitteln, ob die für den Stücklistenartikel benötigten Einzelartikel schon im Sortiment vorhanden sind. Ist dies für alle Artikel der Fall (rechtes Ereignis nach dem XOR-Eingangsoperator), ist der Teilprozeß abgearbeitet. Andernfalls müssen die benötigten Einzelartikel angelegt werden.

Nachdem alle Einzelartikel, die für den Stücklistenartikel benötigt werden, im System angelegt sind (Zusammenführung der Teilprozesse im XOR-Eingangsoperator), können die Mengen der Einzelartikel für den Stücklistenartikel angegeben werden. Der nächste XOR-Eingangsoperator fügt die Teilprozesse zusammen, so daß die weitere Bearbeitung unabhängig von der früheren Unterscheidung zwischen Einzel- und Stücklistenartikel jeweils in gleicher Form erfolgen kann.

Im nächsten Schritt sind die Grunddaten des Artikels anzulegen. Zu den Grunddaten gehören in erster Linie die Identifikationsdaten des Artikels, etwa die Artikelnummer und -bezeichnung. Nachdem die Grunddaten eingepflegt sind, werden weitere Daten des Artikels angegeben. Die Aufnahme weiterer Artikeldaten wird jedoch nicht nur durch eine Neuaufnahme des Artrikels in das Sortiment ausgelöst (dieser Fall wurde im bisherigen Teilprozeß betrachtet), sondern kann auch durch weitere Ereignisse angestoßen werden. Daher wird im Prozeßmodell der bisherige Teilprozeß mit einem anderen Ereignis („Artikelpflege ist erforderlich") in einem XOR-Eingangsoperator zusammengeführt. Eine Artikelpflege kann beispielsweise erforderlich werden, wenn bestimmte Fehler bei einer früheren Bearbeitung aufgetreten sind oder sich eine der im folgenden zu behandelnden Artikelangaben geändert hat, z.B. wenn sich der Verkaufspreis ändern soll.

Die erste Funktion zur Pflege der weiteren Artikelstammdaten besteht in der Bestimmung der Sichten, die zu pflegen sind. Es ist üblich, die benötigten Daten bei umfangreichen Stammdatenpflegen nach inhaltlichen Kriterien zu gruppieren. Die dabei entstehenden Gruppen werden als Sichten bezeichnet. Sie definieren einen Ausschnitt aus der gesamten Datenmenge, der für einen bestimmten Zweck relevant ist. Für die Artikelstammdatenpflege sind drei Sichten relevant: Einkaufsdaten, Logistikdaten und Verkaufsdaten. Da nicht grundsätzlich klar ist, aus welchem vorgelagerten Teilprozeß die Pflege der Artikelstammdaten angestoßen wird, sind die drei zu pflegenden Sichten mit einem inklusiven ODER als Ausgangsoperator auszulösen. Das inklusive ODER erlaubt das Durchlaufen jedes einzelnen Teilprozesses, ohne eine Reihenfolge festzulegen. Letztlich kann hier nur im konkreten Fall entschieden werden, welche Kombination von Teilprozessen zu durchlaufen ist, daher muß im Prozeßmodell das inklusive ODER gewählt werden.

Die Pflege der Stammdaten schließt mit dem Ereignis „Artikeldaten sind gepflegt". Anschließend ist zu prüfen, ob in einen weiteren Prozeß zu verzweigen ist. Die mit dem Ereignissymbol unterlegten Funktionen verweisen auf weitere Teilprozesse, die gegebenenfalls zu durchlaufen sind.

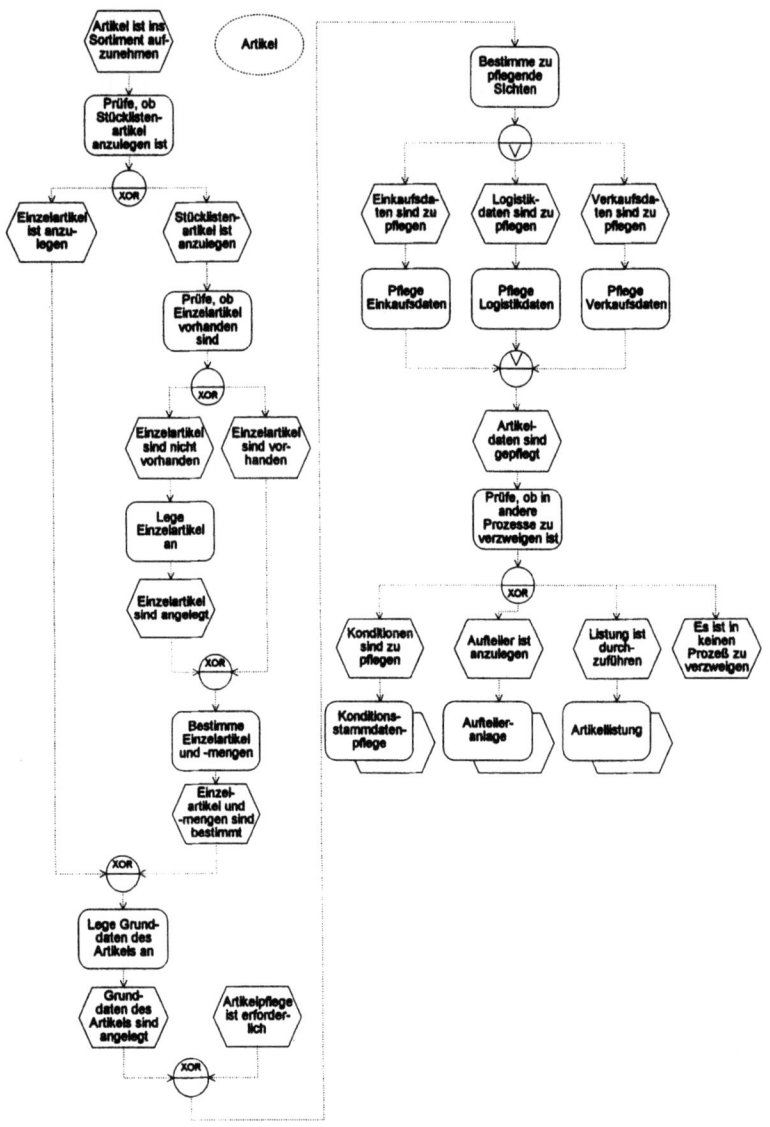

Quelle: Becker/Schütte 1996, S. 165
Abb.13: Prozeßmodell zur Artikelstammdatenpflege

Das Beispiel macht deutlich, daß Prozeßmodelle sowohl für die übersichtliche Darstellung organisatorischer Abläufe geeignet sind, als auch im Sinne eines Übersichtsplans für komplexe Softwaresysteme eingesetzt werden können. So dokumentiert die SAP AG ihre umfangreiche Standardsoftware R/3 mit EPKs. Organisationsentwicklung und Informationssystemgestaltung sind, wenn auch die wichtigsten, so doch nicht die einzigen Anwendungen der Informationsmodellierung. Schulung von Mitarbeitern, sei es für Abläufe oder für EDV-Systeme, Dokumentation für die ISO-9000-Qualitätszertifizierung, Darstellung von Prozessen zur Umsetzung in Workflowmanagementsystemen und Requirements Engineering-Unterstützung zur Weiterverarbeitung in CASE-Tools sind weitere Einsatzbereiche der Informationsmodellierung. Dabei ist darauf zu achten, daß die Modelle in Architekturen (vgl. Abschnitt 4), die die Navigationsstruktur bieten, eingebunden sind.

3.4 Referenzmodelle

Referenzmodelle stellen eine besondere Modellklasse dar. Sie bilden den Ausgangspunkt für den Entwurf spezifischer Modelle und können zum einen aus bestehenden Unternehmens-Informationsmodellen induktiv erstellt, zum anderen aus theoretischen Erkenntnissen abgeleitet, also deduktiv gewonnen werden (Hars 1994, S. 15). Referenzmodelle haben normativen Charakter, da sie für die abgebildete Klasse von Unternehmen Gestaltungsempfehlungen bieten. Damit Referenzmodelle als Ausgangslösung für die Erstellung individueller Unternehmensmodelle dienen können, müssen sie allgemeingültig sein, d.h. sie müssen Strukturen und Abläufe so abbilden, daß sie für eine Vielzahl von Unternehmen verwendbar sind. Entsprechend muß ein adäquater Abstraktionsgrad gewählt werden.

Da Referenzmodelle als Ausgangspunkt für die Entwicklung unterschiedlicher unternehmensspezifischer Modelle dienen sollen, kommt der Robustheit der Modelle gegenüber Änderungen der Realwelt eine hohe Bedeutung zu. Unter der Robustheit eines Modells werden diejenigen Eigenschaften subsumiert, die die Übernahme des Referenzmodells ohne Anpassungen erlauben. Im Gegensatz dazu charakterisiert die Flexibilität die Eigenschaft eines Modells, Änderungen mit geringem Aufwand durchführen zu können. Schließlich gilt für Referenzmodelle wie für jedes Modell die Konsistenzforderung, nach der die dargestellten Strukturen und Abläufe widerspruchsfrei sein müssen.

Bei der Umsetzung von Referenzmodellen in unternehmensspezifische Modelle kann es zur Reduzierung der Anzahl der Informationsobjekte oder zu deren Erweiterung kommen. Eine Reduzierung von Informationsobjekten ist in Abbildung 14 im Datencluster Verkauf und im Prozeßmodell Wareneingang angedeutet. Im Datencluster Verkauf fallen im unternehmensspezifischen Modell beispielsweise die Spezialisierung und eine Beziehung weg. Im Prozeßmodell Wareneingang entfällt ein Teilprozeß. Eine Erweiterung ist im Beispiel von Abbildung 14 im Datencluster Marketing, wo eine Spezialisierung und eine Beziehung zusätzlich eingefügt werden, und im Prozeßmodell zur Rechnungsprüfung, wo ein Teilprozeß hinzugefügt wird, angedeutet.

Der Nutzen von Referenzmodellen kann aus der generellen unternehmerischen Maxime der Gewinnmaximierung abgeleitet werden. Da unternehmerische Entscheidungen unter Unsicherheit getroffen werden, ist zusätzlich zur Gewinnmaximierung die Unsicherheit der Entscheidung zu betrachten. Bezogen auf die Ziele Kostenminimierung, Erlösmaximierung und Risikominimierung ergeben sich folgende Nutzeffekte von Referenzmodellen (Becker/Schütte 1996, S. 27 f.).

Referenzmodelle wirken in mehrfacher Hinsicht kostenminimierend. Zunächst erleichtern Referenzmodelle die schwierige Aufgabe der Strukturierung in Projekten. Beispielsweise erleichtern Referenzprozeßmodelle die Identifikation von relevanten Prozessen, indem sie vorgeben, welche unternehmensindividuellen Abläufe zu diskutieren sind. Allgemein beschleunigen Referenzmodelle aufgrund der in ihnen enthaltenen Vorleistungen den Prozeß der Modellerstellung. Schließlich fördern sie das schnellere Erlernen von Modellierungsmethoden durch die in den Referenzmodellen dargestellten Beispiele.

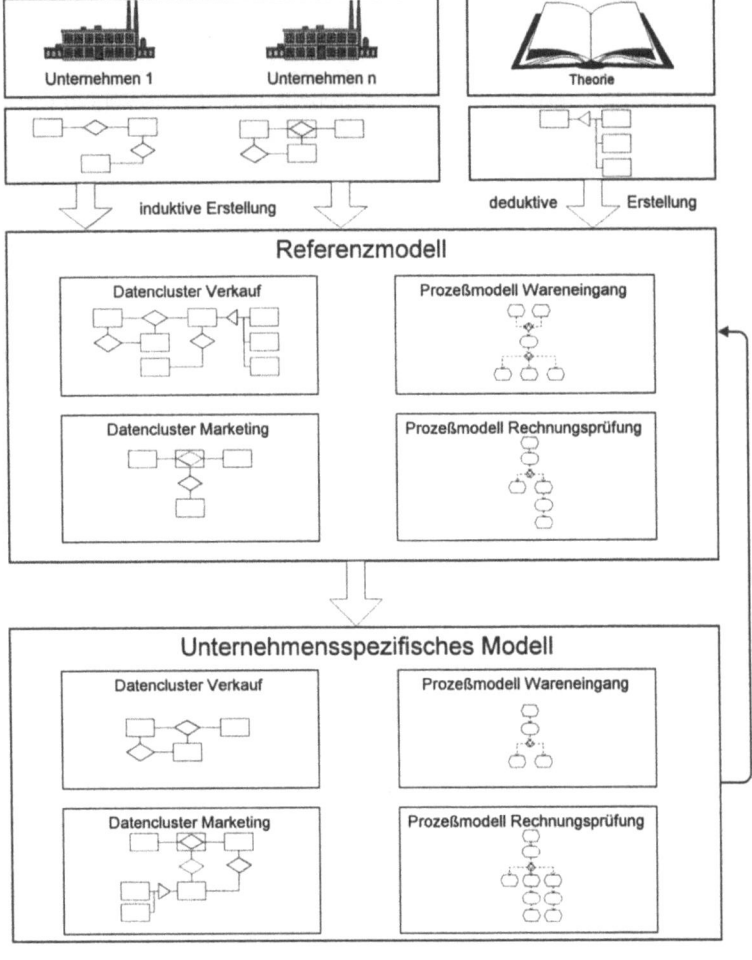

Quelle: Becker/Schütte 1996, S. 26
Abb.14: Umsetzung von Referenzmodellen in unternehmensspezifische Modelle

Referenzmodelle fördern die begriffliche Klarheit, da sie einheitliche Termini vorgeben. Sie beschleunigen damit die Einigung auf einen einheitlichen Sparchgebrauch. Dies ist insbesondere beim Design von Informationssystemen und Organisationen von Bedeutung, da in diesen Fällen häufig die Vielfalt der nebeneinander bestehenden Begriffswelten zu Kommunikationsproblemen innerhalb des Projektes führt. Je heterogener die Unternehmensstruktur wird und je unabhängiger die einzelnen Firmen von einer Konzernführung sind, desto größer sind im Regelfall die Begriffsvielfalt und die damit verbundene Begriffsunklarheit. Der Nutzen der Referenzmodelle steigt entsprechend mit der Größe des Problems.

Referenzmodelle fördern zusätzlich die Einigung unterschiedlicher Interessengruppen, die an einem Projekt beteiligt sind, und tragen so ebenfalls zur Kostenminimierung bei. Da Referenzmodelle die unternehmerischen Sachverhalte aus einer übergeordneten Perspektive darstellen, üben sie eine normative Wirkung zur Einigung unterschiedlicher Interessengruppen, wie z.B. Einkauf und Logistik, aus (Hars 1994, S. 32).

Kostenreduktionen können weiterhin durch die Nutzung betriebswirtschaftlicher Konzepte, die in Referenzmodellen enthalten sind, entstehen. Die in einem Referenzmodell enthaltenen Konzepte für eine effiziente Organisation eines Handelslagers können z.B. ohne großen technischen Umstellungsaufwand übernommen werden. Verringerte Fehlkommissionierungen führen z.B. relativ zügig zur Kostenreduktion im operativen Geschäft. Auch durch Effizienzsteigerungen der dispositiven und abrechnungsbezogenen Aufgaben, wie Ermittlung und Abwicklung nachträglicher Vergütungen im Handel, können Kostenreduktionen erwartet werden, wenn sich ein Handelsunternehmen bei der Gestaltung der Abläufe an den Konzepten eines Referenzmodells orientiert. Allgemein erhöht der Umgang mit Referenzmodellen bei den beteiligten Mitarbeitern das Verständnis für die abteilungsübergreifenden Zusammenhänge und führt zu entsprechenden Lerneffekten. Allerdings stehen den Kostenminderungseffekten, die auf den Einsatz von Referenzmodellen zurückzuführen sind, die Kosten für die Anschaffung und Nutzung selbst gegenüber. Nutzungskosten setzen sich hauptsächlich aus den Schulungskosten, die im Zusammenhang mit dem Erlernen einer neuen Methode entstehen, und den Kosten für die Anpassung der Referenzmodelle zusammen.

Die Nutzung von Referenzmodellen erhöht die Qualität der im Unternehmen selbst erstellten Modelle und reduziert somit das Risiko, das mit einem großen Projekt, was die Erstellung eines unternehmensindividuellen Informationsmodells zweifellos ist, stets verbunden ist (Hars 1994, S. 33). Das Risiko besteht zunächst in einer nicht zweckadäquaten Darstellung der bestehenden oder gewünschten Gegebenheiten des Unternehmens. Dieses Risiko wird durch die Verwendung einer Ausgangslösung, von der Kernbestandteile übernommen werden können, erheblich reduziert. Durch die mehrfache Validierung der Referenzmodelle in ähnlichen Situationen besteht zusätzlich die Gewähr, daß es sich bei der gewählten Ausgangslösung um erprobte Konzepte handelt. Die Gefahr einer Fehlentwicklung reduziert sich somit erheblich.

Den Vorteilen des Einsatzes von Referenzmodellen kann entgegengehalten werden, daß die Orientierung an Referenzmodellen zu einer Standardisierung betrieblicher Abläufe über Unternehmensgrenzen hinweg führt mit der Folge des Verlustes strategischer Wettbewerbsvorteile. Dieses Argument wird auch gegen die Verwendung betrieblicher Standardsoftware vorgebracht (Österle 1990, S. 21; Krcmar 1986). Die Gefahr des Verlustes von strategischen Wettbewerbsvorteilen oder Kernkompetenzen durch den Einsatz von Referenzmodellen ist allerdings nur dann gegeben, wenn die Anpassung der Referenzmodelle an die unternehmensspezifischen Belange oder die Erstellung individueller Modelle in den Bereichen, die strategische Wettbewerbsvorteile beinhalten, unterbleiben. In allen anderen Bereichen, für die keine strategische Bedeutung existiert, führt der auch weitgehend ohne Anpassung mögliche Einsatz von Referenzmodellen zu Qualitätsverbesserungen und Kostenreduktionen und somit insgesamt zur Stärkung der Wettbewerbsposition.

3.5 Grundsätze ordnungsmäßiger Modellierung (GoM)

Die Grundsätze ordnungsmäßiger Modellierung (GoM) verfolgen die Zielsetzung, Gestaltungsempfehlungen zu entwickeln, die die Modellqualität über die Erfüllung syntaktischer Regeln hinaus erhöhen (vgl. zu den GoM Becker u. a. 1995; Becker/Schütte 1996, S. 65-92; Rosemann 1996, S. 85-152). Der Begriff der GoM wurde bewußt als Analogie zu den Grundsätzen ordnungsmäßiger Buchführung (GoB) gewählt (Leffson 1987; Baetge 1996). Die GoM stellen einen Ordnungsrahmen dar, der eine Struktur für konkrete Modellierungsempfehlungen bietet. Der Ordnungsrahmen der GoM wird durch sechs allgemeine Grundsätze vorgegeben, die Richtigkeit, die Relevanz, die Wirtschaftlichkeit, die Klarheit, die Vergleichbarkeit und den systematischen Aufbau. Die wesentlichen Elemente und Beziehungen des Ordnungsrahmens sind in Abbildung 15 als ERM gezeigt. Die Orientierung an den GoB sowie die Orientierung an bestehenden Ansätzen für die Bewertung von Datenmodellen (Moody/Shanks 1994; Batini u. a. 1992, S. 139 ff.) bilden die theoretische Grundlage für die Grundsätze ordnungsmäßiger Modellierung. Während die Beachtung der Grundsätze der Richtigkeit, der Relevanz und der Witschaftlichkeit eine notwendige Voraussetzung für die Erstellung und Nutzung der Modelle darstellt, haben die Grundsätze der Klarheit, der Vergleichbarkeit und des systematischen Aufbaus ergänzenden Charakter. Die sechs allgemeinen Grundsätze sind durch vielfältige Beziehungen untereinander gekennzeichnet.

Grundsatz der Richtigkeit

Der Grundsatz der Richtigkeit besitzt eine syntaktische und eine semantische Ausprägung. Syntaktisch ist ein Modell korrekt, wenn es vollständig und konsistent gegenüber dem ihm zugrundeliegenden Metamodell ist. Das Metamodell wird in diesem Sinne als die Definition der Modellierungssprache verstanden, die sämtliche verwendbaren Komponenten und deren Beziehungen untereinander sowie die Regeln zu deren Verwendung festlegt (Ferstl/Sinz 1998, S. 120). Vollständigkeit eines Modells bedeutet, daß die verwendeten Modellierungskonstrukte im Metamodell enthalten sind, also keine Konstrukte verwendet werden, die nicht im Metamodell definiert sind. Ein Modell ist konsistent, wenn die Informationsobjekte und deren Beziehungen den Notationsregeln des Metamodells entsprechen. Die syntaktische Richtigkeit betrifft demnach den Umgang mit der Modellierungssprache (beispielsweise dem ERM oder der EPK). Sie sagt nichts darüber aus, ob das Modell den betrachteten Sachverhalt so, wie er wahrgenommen wird, wiedergibt.

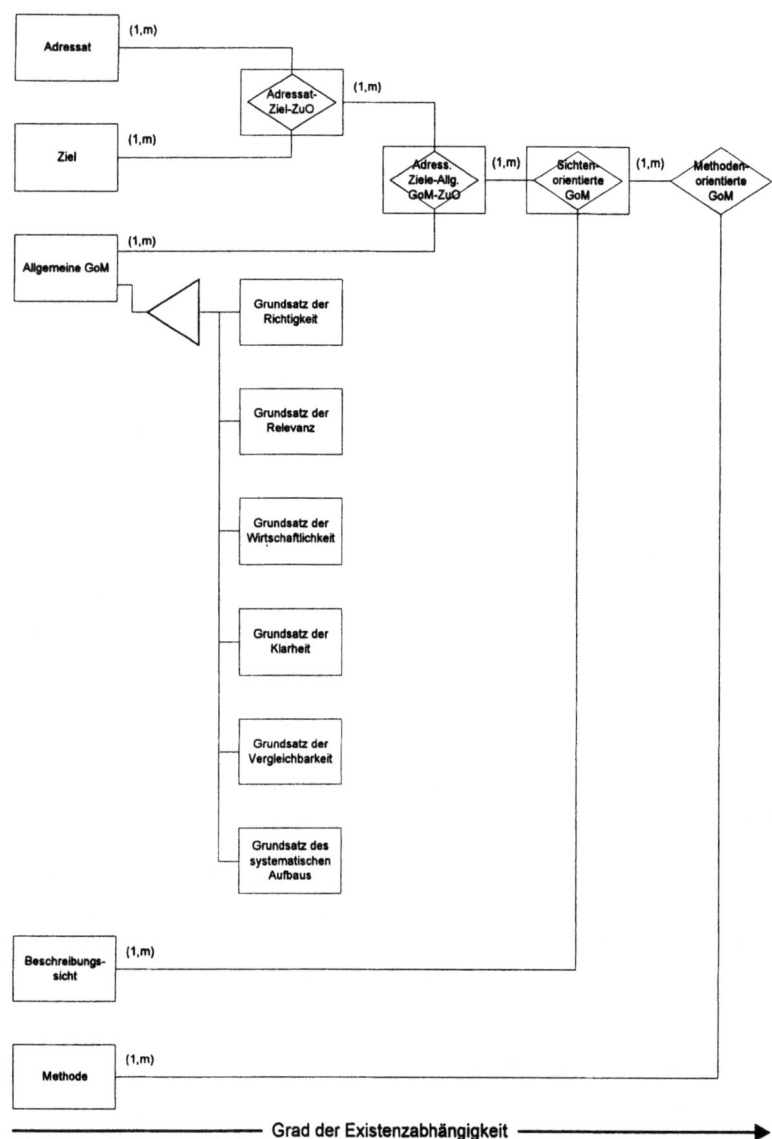

Quelle: Becker u. a. 1995, S. 436
Abb.15: Das Modell der GoM

Dies ist Gegenstand der semantischen Richtigkeit. Die semantische Richtigkeit des Modells gegenüber dem dargestellten Sachverhalt läßt sich an der Wahrnehmung der Struktur und des Verhaltens des realen Sachverhalts und deren Umsetzung im Modell bemessen. Die Struktur und das Verhalten, die im Modell beispielsweise durch ERMs und EPKs repräsentiert sind, müssen so, wie sie repräsentiert sind, auch vom Modellersteller und Modellnutzer bei der Betrachtung des realen Sachverhaltes wahrgenommen werden. Die semantische Richtigkeit des Modells gegenüber dem repräsentierten Sachverhalt kann mittels eines Konsenses, der zwischen Modellnutzern und Modellerstellern herzustellen ist, ermittelt werden. Objektive Kriterien können für die semantische Richtigkeit nur angegeben werden, wenn das zu Modellierende selbst eine formale Struktur hat (Schütte 1998, S. 90 ff.).

Namenskonventionen, die die eindeutige Benennung der zu modellierenden Objekte zum Ziel haben, sind Gegenstand der syntaktischen und der semantischen Richtigkeit. Hierzu ist die Entwicklung eines eindeutigen Begriffssystems erforderlich, in dem insbesondere Homonyme und Synonyme eliminiert sind. Unter Synonymie wird die semantische Relation der Bedeutungsidentität oder Bedeutungsähnlichkeit zwischen verschiedenen sprachlichen Ausdrücken verstanden. Beispiele für Synonyme sind Bezeichnungen wie Markt und Filiale, die im Handel jeweils eine Niederlassung bezeichnen, in der ein Geschäft (z.B. ein Supermarkt) betrieben wird. Unter Homonymie wird die Mehrdeutigkeit einer Bezeichnung verstanden. Beispielsweise kann mit dem Wort Bild sowohl ein Foto als auch ein Gemälde gemeint sein.

Grundsatz der Relevanz

Angesichts der vielfältigen Bereiche eines Unternehmens, die Gegenstand der Modellierung sein können, und der vielen Aspekte, die bei jedem Gegenstand zu beachten sind, versucht der Grundsatz der Relevanz Hilfestellung bei der zweckadäquaten Modellierung zu leisten. Es sollen nur die Bereiche und deren Aspekte Gegenstand der Modellierung werden, die für den zugrundeliegenden Modellierungszweck relevant sind. Der Grundsatz der Relevanz besitzt zwei Ausprägungen. Zum einen ist festzulegen, wie umfassend der zu betrachtende Realweltausschnitt sein muß. Für diese Festlegung müssen die Ziele oder Zwecke, die mit der Modellierung verfolgt werden, expliziert werden.

Zusätzlich zur Auswahl des Realweltausschnittes sind die relevanten Modellbestandteile zu bestimmen. Die in einem Modell enthaltenen Elemente und Beziehungen sind genau dann relevant, wenn der Nutzen der Modellverwendung sinken würde, falls das Modell weniger Information, also weniger Elemente und Beziehungen, enthalten würde.

Grundsatz der Wirtschaftlichkeit

Der Grundsatz der Relevanz determiniert mit seinem Zweckbezug den inhaltlichen Umfang der Modellierung und erzwingt gleichzeitig die Beachtung des Grundsatzes der Wirtschaftlichkeit. Der Grundsatz der Wirtschaftlichkeit unterwirft die Modellerstellung und die Modellnutzung wirtschaftlichen Kriterien. Er wirkt damit für alle anderen Grundsätze als Restriktion und kann in vielen Fällen konfliktär zu anderen Grundsätzen sein. Bezüglich der Granularität der Modelle fordert der Grundsatz der Wirtschaftlichkeit, ein Modell so weit zu verfeinern, daß die Grenzkosten der zusätzlichen Detaillierung (steigende Grenzkosten unterstellt) genau deren Grenznutzen (fallender Grenznutzen unterstellt) entsprechen.

Die Dynamik der insbesondere Prozeßmodellen zugrundeliegenden Realität verlangt nach Persistenz und Adaptionsfähigkeit der Modelle. Die Persistenz des

Modells wird durch die Veränderungsgeschwindigkeit des dem Modell zugundeliegenden Sachverhaltes beeinflußt. Die Persistenz der Modelle ist umso höher, je abstrakter ein Modell ist. Ein adaptives Modell fördert die Wirtschaftlichkeit, weil es mit geringem Aufwand modifiziert werden kann. Durch den Grundsatz der Wirtschaftlichkeit wird der Modellierungsintensität eine obere Grenze gesetzt.

GoM	Ausprägungen der GoM für Entity-Relationship-Modelle
Richtigkeit	• Auflistung und Definition der verwendeten Konstrukte (z. B. durch ein Metamodell) • Namenskonventionen • Nutzung der (min, max)-Notation für Kardinalitäten • Explizierung der Spezialisierung nach Vollständigkeit und Disjunktheit • Begriffsbausteine
Relevanz	• Modellierung der für den intendierten Zweck notwendigen Entity- und Relationshiptypen • Vollständigkeit für den Zweck, aber keine „überflüssigen" Objekte • Aufnahme der für den intendierten Zweck notwendigen Attribute
Wirtschaftlichkeit	• Nutzung von Referenzdatenmodellen • Nutzung von Strukturbausteinen • Tooleinsatz
Klarheit	• Anordnung der Informationsobjekte von links nach rechts entsprechend des Existenzabhängigkeitsgrads • Minimierung der Anzahl an Kreuzungen der Kanten • Clusterbildung von Datenmodellen • Nutzung von Begriffsbausteinen • Nutzung von Strukturbausteinen
Vergleichbarkeit	• Nutzung von Metamodellen zur Integration nicht mit der ERM-Methode erstellter Datenmodelle
Systematischer Aufbau	• Sicherstellung der sichtenübergreifenden Konsistenz • Referenzierung der Informationsobjekte der Prozeßsicht in ERMs

Tab.1: Exemplarische GoM für Entity-Relationship-Modelle

Grundsatz der Klarheit

Die Beurteilung der Klarheit eines Modells ist ähnlich wie bei der Relevanz adressatenindividuell. Generell werden unter dem Grundsatz der Klarheit nichtdisjunkte Aspekte wie Strukturiertheit, Übersichtlichkeit und Lesbarkeit subsumiert. Die Klarheit eines Modells wird z.B. durch die Anordnung der Symbole einer graphischen Modellierungssprache determiniert. Daher ist zu fordern, daß es Vorschriften gibt, die die Anordnungsbeziehungen von Informationsobjekten zueinander regeln. Ferner ist auch der Entwurf von neuen Informationsobjekten, d.h. die Erweiterung des Metamodells, das eine Modellierungssprache definiert, hinsichtlich der Konformität mit dem Grundsatz der Klarheit zu bewerten. Im Grundsatz der Klarheit wird die Anschaulichkeit des Modells berücksichtigt. Der Grundsatz der Klarheit kann sich konfliktär zum Grundsatz der Richtigkeit verhalten, wenn methodische Erweiterungen eine semantisch mächtigere Darstellung des realen Sachverhaltes erlauben, und damit dem Grundsatz der Richtigkeit Rechnung tragen, aber das Modell an Transparenz verliert, was dem Grundsatz der Klarheit zuwiderläuft.

Die im Rahmen des Grundsatzes der Richtigkeit diskutierten Namenskonventionen sind andererseits ein Beleg für eine harmonische Beziehung zum Grundsatz der Klarheit. Sie tragen zur Vermeidung von Homonymen bei, die eine nichtexistente Identität suggerieren. Zudem ist die anschauliche Erläuterung der methodischen Konstrukte zum Grundsatz der Klarheit zu zählen.

GoM	Ausprägungen der GoM für EPK
Richtigkeit	• Explizierung der verwendeten Informationsobjekte • Verbot der Verwendung von Adjunktionen und Disjunktionen nach einem Ereignis • Konsistenz der Semantik des Prozeßmodells mit dem Daten- und Funktionsmodell • Namenskonventionen
Relevanz	• Verzicht auf Organisations- und Anwendungssystemsymbole • Explizierung der prozeßprägenden Objekte
Wirtschaftlichkeit	• Nutzung von Referenzprozeßmodellen • Nutzung von Prozeßbausteinen • Tooleinsatz
Klarheit	• Anordnung der Informationsobjekte des Prozesses entsprechend des Durchlaufes von oben nach unten • Anordnung der Informationsobjekte von links nach rechts in Abhängigkeit von der Durchlaufhäufigkeit • Verdeutlichung von Verdichtungen in Prozeßmodellen durch die Nutzung semantischer Verfeinerungen • Kopplung von Prozessen gleicher Abstraktionsebene durch Prozeßwegweiser
Vergleichbarkeit	• Namenskonventionen • Funktionsklassifikation (Transportiere, Erstelle, Kontrolliere, Korrigiere, Buche und Benachrichtige) • Strukturbausteine (Prozeßstrukturintegration)
Systematischer Aufbau	• Referenzierung der Datenobjekte des ERMs in der Prozeßsicht

Quelle: Becker/Schütte 1996, S. 92
Tab.2: Exemplarische GoM für EPK

Grundsatz der Vergleichbarkeit

Der Grundsatz der Vergleichbarkeit hat ebenfalls eine syntaktische und eine semantische Komponente. Mit der syntaktischen Vergleichbarkeit wird die Kompatibilität von mit unterschiedlichen Methoden erstellten Modellen bezeichnet. Der Grundsatz der syntaktischen Vergleichbarkeit lehnt sich an den Grundsatz der syntaktischen Richtigkeit an. Für die syntaktische Vergleichbarkeit ist zu fordern, daß die den Methoden zugrundeliegenden Metamodelle über ein Beziehungs-Metamodell integrierbar sind, damit die Konsistenz der Modelle gewährleistet werden kann, wenn die Modelle mit verschiedenen Methoden erstellt wurden.

Die semantische Vergleichbarkeit diskutiert die inhaltliche Modellvergleichbarkeit, die in vielen Situationen erforderlich ist. Beispielsweise müssen in einem Entwicklungsprojekt Istmodelle mit Sollmodellen oder, bei der Integration verschiedener Tochterunternehmen, zunächst Ist- mit Istmodellen vergleichbar sein. Bei der Anwendung von Referenzmodellen muß das Referenzmodell mit dem unternehmensspezifischen Sollmodell vergleichbar sein.

Grundsatz des systematischen Aufbaus

Allgemein üblich ist die getrennte Modellierung verschiedener Sichten, wie z.B. der Datensicht und der Prozeßsicht. Allerdings müssen die Sichten integrierbar sein, um ein Gesamtbild des modellierten Sachverhaltes zu erhalten. Der Grundsatz des systematischen Aufbaus fordert daher die Existenz einer auf einem sichtenübergreifenden Metamodell basierenden Informationssystem-Architektur, die einen strukturierenden Rahmen für die Beschreibungssichten bildet und deren Beziehungen zueinander definiert.

Der Dekomposition in Beschreibungssichten muß stets eine Komposition des Gesamtmodells folgen. Diese kann nur gelingen, wenn bereits bei der isolierten Modellierung innerhalb einer Sicht die Konsequenzen für die anderen Sichten beachtet werden. Informationsobjekte, die in mehreren Sichten Verwendung finden, sind demnach konsistent zu verwenden.

In Tabelle 1 und Tabelle 2 sind exemplarische Ausprägungen der GoM für die Datensicht und die Prozeßsicht und die entsprechenden hier vorgestellten Modellierungsmethoden ERM und EPK gezeigt.

4 Informationssystem-Architekturen

4.1 Informationssystem-Architekturen als Ordnungsrahmen

Eine Informationssystem-Architektur, die auch als Generalbebauungsplan bezeichnet wird, wird in Anlehnung an den Architekturbegriff im Bauwesen als Rahmenplan verstanden, der die Bestandteile und ihre Beziehungen von Informationssystemen zueinander verdeutlicht. Einige Autoren versuchen die Übertragung des Architekturbegriffes auf Informationssysteme etymologisch zu begründen (Krcmar 1990, S. 395; Strunz 1990, S. 440 f.). Andere Autoren folgen lediglich einem umgangssprachlichen Verständnis des Architekturbegriffes bei der Übertragung auf Informationssysteme. Mit dem Begriff Architektur werden nach der Ansicht von Scheer Begriffe wie Planung, Verfolgung von Regeln, Strukturierung oder Koordination mehrerer Partner assoziiert (Scheer 1998a, S. 1). Die Architektur eines Informationssystems beschreibt demnach die Bestandteile des Informationssystems hinsichtlich ihrer Art, ihrer funktionalen Eigenschaften und ihres Zusammenwirkens (Scheer 1998a, S. 1).

Hier wird vor allem die Ansicht vertreten, daß eine Architektur ein Modell auf einem hohen Abstraktionsniveau darstellt (Becker/Schütte 1996, S. 10). Eine Informationssystem-Architektur ist demnach als Modell eine Ordnung der konstituierenden Bestandteile von Informationssystemen. Welche Bestandteile konstituierend sind und welche Beziehungen zwischen ihnen als wesentlich betrachtet werden, entscheidet der Modellersteller unter Berücksichtigung der Zwecke, die bei der Entwicklung der Architektur verfolgt werden (vgl. die Ausführungen zum Modellbegriff in Abschnitt 3.1 in diesem Beitrag).

Eine Architektur kann verschiedene Beschreibungssichten umfassen. Beispiele sind die Datensicht, die Prozeßsicht oder die Organisationssicht. Ein anderes Kriterium zur Charakterisierung einer Architektur ist die Nähe zur Informationstechnik, die im Rahmen der Architektur dargestellt wird. Unterschieden werden die fachkonzeptuell-betriebswirtschaftliche Ebene, die die fachlichen Anforderungen an ein Informationssystem definiert, die Ebene des DV-Konzeptes, die die einzelnen Softwarebausteine und ihr Zusammenwirken darstellt, und die Implementierungsebene, auf der die Umsetzung des Informationssystems mittels Programmiersprachen anzuordnen ist.

Architekturen können als methodischer Ordnungsrahmen mit dem Anspruch, die Entwicklung von Informationssystemen darzustellen, entwickelt worden sein, wie z.B. die Architektur integrierter Informationssysteme – ARIS von Scheer (Scheer 1998a, 1998b), oder als inhaltlich-funktionaler Ordnungsrahmen für spezielle Anwendungsdomänen, die Beziehungen wesentlicher Bestandteile und Sichten fokussieren, wie die Architektur für CIM-Systeme (Scheer 1990; Becker 1991) oder das Handels-H-Modell als Architektur für Handelsinformationssysteme (Becker/Schütte 1996).

4.2 Architektur integrierter Informationssysteme

Die Architektur integrierter Informationssysteme (ARIS) von Scheer vorgeschlagen (Scheer 1998a, 1998b), trennt in Beschreibungssichten und Beschreibungsebenen und führt so zu einer zweidimensionalen Architektur, dem ARIS-Haus (vgl. Abb. 16).

In ARIS werden die Sichten nach der Ähnlichkeit des semantischen Zusammenhangs gebildet (vgl. zum folgenden Scheer 1998a S. 33 ff.). Es werden die Funktionssicht, die Organisationssicht, die Datensicht, die Leistungssicht und die Steuerungssicht, die im engeren Sinne auch als Prozeßsicht bezeichnet wird, unterschieden.

Vorgänge, die Input-Leistungen zu Output-Leistungen transformieren, werden zur Funktionssicht zusammengefaßt. Funktionen unterstützen Ziele, die ebenfalls der Funktionssicht zugeordnet werden. Anwendungssysteme, wie spezielle Softwareprogramme zur Unterstützung betrieblicher Funktionen, enthalten Bearbeitungsregeln im Programmcode. Sie besitzen daher einen engen Bezug zum Funktionsbegriff und werden ebenfalls der Funktionssicht zugeordnet.

Die Organisationssicht wird durch Organisationseinheiten und deren Anordnung in einer Aufbauorganisation gebildet. Organisationseinheiten fassen Aufgabenträger, die gleiche Funktionen ausführen oder gleiche Arbeitsobjekte bearbeiten, zusammen. Der Organisationssicht werden daher die Aufgabenträger menschliche Arbeitsleistung und maschinelle Aufgabenträger, zu denen Scheer Betriebsmittel und Computerhardware zählt, zugeordnet.

Die Datensicht umfaßt Umfelddaten der Vorgangsbearbeitung und Nachrichten, die Funktionen auslösen oder von Funktionen erzeugt werden.

Die Leistungssicht enthält alle materiellen und immateriellen Input- und Output-Leistungen einschließlich der Geldflüsse.

Die Beziehungen zwischen den bisher beschriebenen Sichten werden in der Steuerungssicht hergestellt. Sie bildet den Rahmen für die systematische Betrachtung aller bilateralen und multilateralen Beziehungen der Sichten. Die Prozesse als zeitlich-sachlogische Abfolge von Funktionen mit Darstellung der Aufgabenträger und der benötigten Daten („Wer macht was mit welchen Daten?") findet sich in der Steuerungssicht. Die Verbindung der drei anderen Sichten wird um den Zeitaspekt (*zeitliche* Abfolge) ergänzt, der nicht explizit in den anderen Sichten auftaucht.

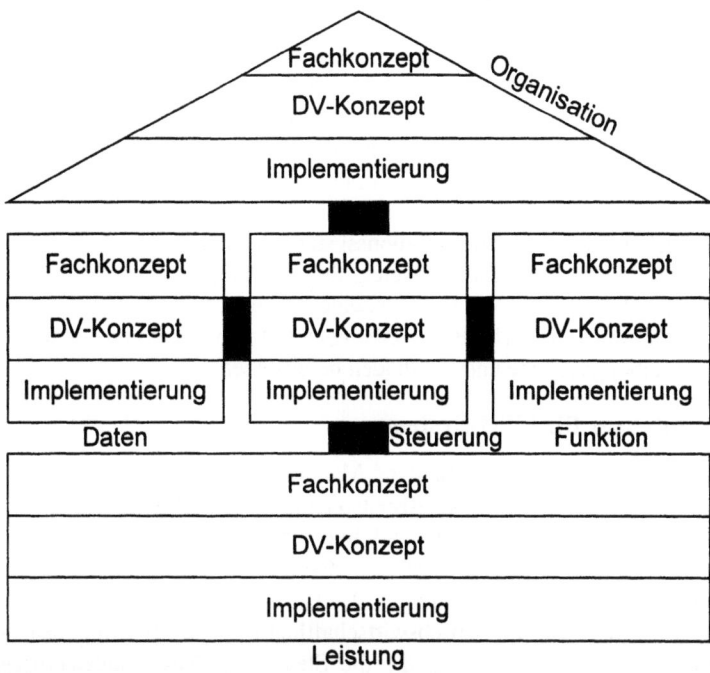

Quelle: Scheer 1998a, S. 41
Abb.16: ARIS-Haus

Funktions-, Organisations-, Daten- und Leistungssicht beschreiben die Struktur des Informationssystems. Das Verhalten des Informationssystems wird im Sinne seiner Ablauflogik in der Prozeßsicht beschrieben.

Die Nähe zur Informationstechnik, die sich in der zweiten Dimension des ARIS-Hauses, den Ebenen Fachkonzept, DV-Konzept und Implementierung, widerspiegelt, entspricht den Phasen, die im Rahmen der Entwicklung von Informationssystemen unterschieden werden. Die Phasen werden üblicherweise in einem Phasenmodell angeordnet, welches unterschiedliche Beschreibungsstufen zur Umsetzung betriebswirtschaftlicher Problemstellungen in Computersysteme definiert.

Im Falle von ARIS werden auf der Ebene des Fachkonzepts, der noch eine strategische Konzeptionsphase vorgelagert ist und die häufig unter der Bezeichnung Requirements Definition anzutreffen ist, die einzelnen Sichten des Anwendungssystems detailliert modelliert. Zu diesem Zweck werden beispielsweise ERMs oder EPKs eingesetzt. Es dominieren die betriebswirtschaftlich-organisatorischen Inhalte.

Die Ebene des DV-Konzeptes, die auch als DV-Specification bezeichnet wird, beinhaltet Tätigkeiten zur Überführung des Fachkonzeptes in Darstellungen, die den Anforderungen der Schnittstellen von Implementierungswerkzeugen wie etwa Datenbanksystemen, Netzwerkarchitekturen oder Programmiersprachen angemessen sind. Es wird festgehalten, über welche Schnittstellen die einzelnen Komponenten interagieren sollen. Allerdings wird noch kein Bezug zu konkreten Produkten der Informationstechnik hergestellt. Dies ist der Ebene der Implementierung vorbehalten.

Die Ebene der Implementierung, die auch als Implementation Description bezeichnet wird, umfaßt Aktivitäten zur technischen Umsetzung des im DV-Konzept festgehaltenen Systems. Es werden physische Datenstrukturen, Hardware-Komponenten und Programme implementiert. Dabei kommen konkrete Produkte der Informationstechnik, wie z.B. Compiler, Datenbankmanagementsysteme und Rechnernetze, zum Einsatz.

Die einzelnen Phasen der Informationssystementwicklung werden üblicherweise evolutionär durchlaufen. Das bedeutet, daß beliebige Rücksprünge in logisch vorgelagerte Phasen erfolgen. Eine einzelne Phase ist vor allem dadurch gekennzeichnet, daß sie einheitliche Beschreibungsmittel verwendet und für sie einheitliche Beschreibungsobjekte und -methoden bereitstehen.

4.3 Architektur für CIM-Systeme

Das Konzept des Computer Integrated Manufacturing (CIM) stellte ursprünglich die Kopplung von Konstruktion, Arbeitsplanung und Fertigung aus Sicht der Informationssysteme in den Vordergrund. In einer erweiterten Form umfaßt CIM die technischen Aufgaben der Konstruktion (CAD), der Arbeitsplanung (CAP), der NC-Programmierung, der Fertigung (CAM), der Instandhaltung und Qualitätssicherung (CAQ) sowie die betriebswirtschaftlich-dispositiven Aufgaben der Produktionsplanung und -steuerung, die die Steuerung eines Kundenauftrags vom Vertriebssystem über die Material- und Kapazitätswirtschaft bis hin zur prozeßbegleitenden, kurzfristigen Produktions- und Versandsteuerung umfaßt (vgl. zum folgenden Scheer 1990; Becker 1991; Becker/Rosemann 1993, S. 12 ff.).

Die Anordnung der genannten Funktionsbereiche führen, wenn sie um die Stammdatenhaltung, insbesondere in Form von Stücklisten, Arbeitsplänen und Betriebsmitteldaten, ergänzt werden, zum Y-CIM-Modell, das von Scheer vorgeschlagen wurde (Scheer 1990) und in obigem Sinne eine Architektur darstellt.

Konstituierend für das Y-CIM-Modell ist die vertikale Anordnung der Funktionen, die in Industriebetrieben aus informationstechnischer Sicht erforderlich sind, nach ihrem logischen Ablauf unter Berücksichtigung einer relativen inhaltlichen Nähe zwischen technischen und betriebswirtschaftlichen Funktionen bei der horizontalen Anordnung (vgl. Abb. 17).

Ein umfassenderes CIM-Verständnis schließt auch die Gestaltung der zwischen- und überbetrieblichen Informationsflüsse mit ein. Dies umfaßt sowohl den Aufbau von DV-Verbindungen zu Lieferanten als auch die informationstechnische Durchdringung des Absatzbereiches. CIM definiert somit eine Leitlinie zum Ausschöpfen von Rationalisierungspotential, das sich entlang der gesamten Logistikkette durch informationstechnische Integration ergibt.

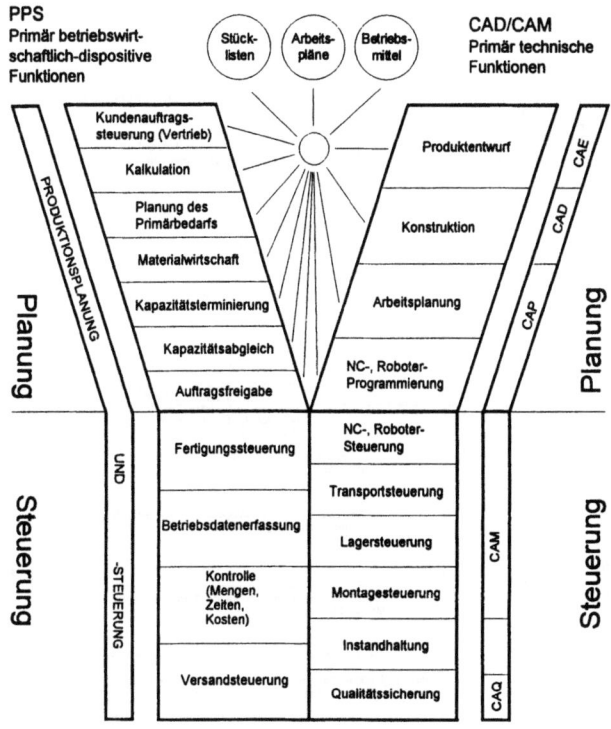

Quelle: Scheer 1990, S. 2
Abb.17: Y-CIM-Modell

CIM stellt weniger Einzelfunktionen in den Vordergrund als vielmehr deren geordnetes Zusammenwirken. Die Umsetzung von CIM erfordert die Definition von Schnittstellen aus organisatorischer und informationstechnischer Sicht. Bei der Gestaltung von CIM-Systemen müssen daher Ingenieurwissenschaften, Betriebswirtschaftslehre und Wirtschaftsinformatik zusammenwirken. Die inhaltlich-funktionalen Anforderungen an die informationsfluß-technische Integration der betrieblichen Bereiche sind von der Betriebswirtschaftslehre aufzustellen. Sie ist die verantwortliche Teildisziplin zur Definition des Integrationsbedarfes von Fertigungssteuerung und administrativen Funktionen wie Finanzbuchhaltung, Kostenrechnung und Personalwirtschaft.

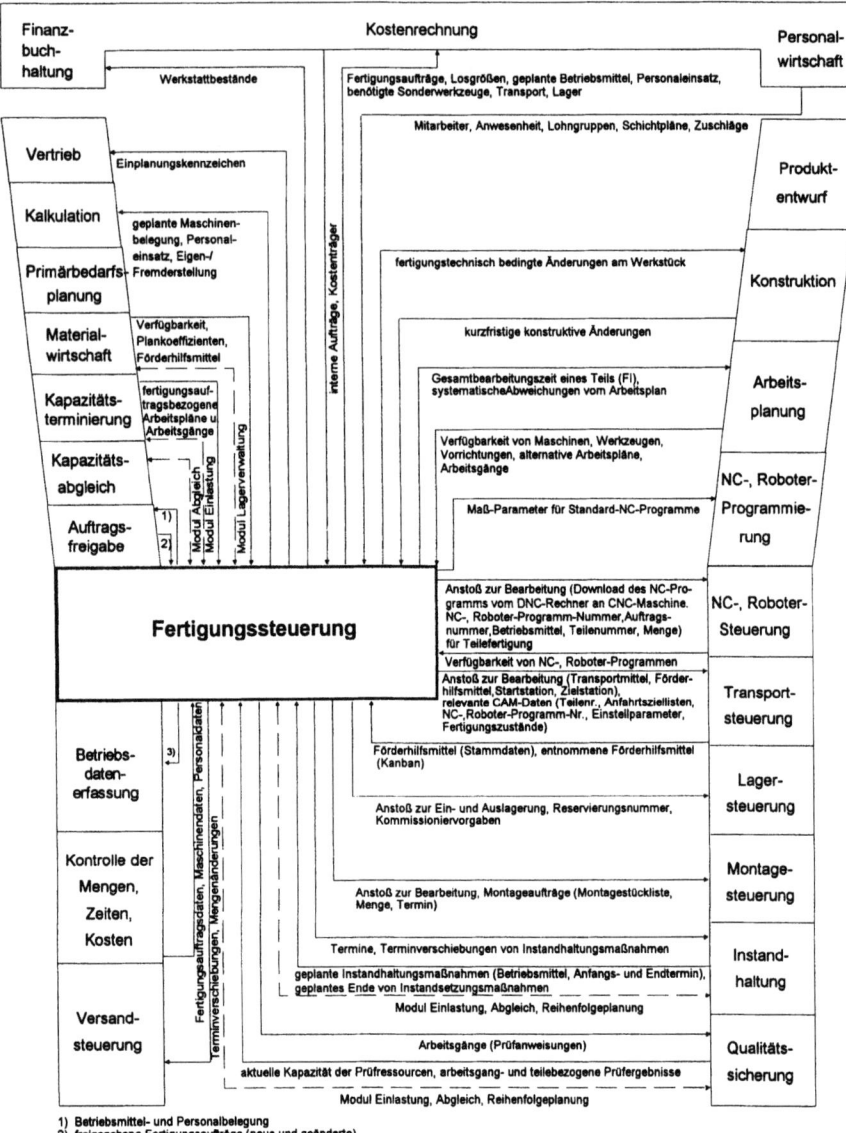

Quelle: Becker 1991, S. 106
Abb.18: Interdependenzen der Fertigungssteuerung

Abbildung 18 zeigt ein Beispiel eines Informationsflußmodells, das für die Integration der Fertigungssteuerung verdeutlicht, welche Informationsflüsse die Integration determinieren. Innerhalb der technischen Bereiche des CIM-Konzeptes, den sogenannten CAx-Komponenten, übernehmen die Ingenieurwissenschaften die Spezifikation der Informationsflußbeziehungen. Die Basistechnologien zur Realisierung der spezifizierten Anforderungen werden von der Informatik bereitgestellt. Als integrierende Disziplin ist die Wirtschaftsinformatik gefordert, die beste Strategie zur Umsetzung der Konzepte zu entwickeln. Insbesondere der Abgleich der betriebswirtschaftlichen und ingenieurwissenschaftlichen Anforderungen mit der vorhandenen Informationstechnik sowie die methodische Unterstützung durch Modellierung stellen wesentliche Aufgabenbereiche der Wirtschaftsinformatik dar.

Die Integration der CIM-Funktionen kann in vier Komponenten zerlegt werden (Becker 1991, S. 166 ff.; Becker/Rosemann 1993, S. 14 ff.). Datenintegration bezeichnet die gemeinsame Nutzung derselben Daten durch verschiedene Anwendungssysteme. Der Teile-Stammsatz wird beispielsweise im Vertrieb, in der Materialwirtschaft, in der Kapazitätsterminierung, in der Fertigungssteuerung, in der Konstruktion und auch in der Instandhaltung und Qualitätssicherung benötigt. Im Rahmen der Datenintegration werden die entsprechenden Daten in der Regel durch ein Datenbanksystem verwaltet, welches auch die Konsistenzsicherung beim Zugriff durch mehrere Anwendungsprogramme übernimmt.

Die zweite Integrationskomponente ist die Datenstrukturintegration. Sie betrifft zunächst den einheitlichen Aufbau von Datenstrukturen, beispielsweise bei verschiedenen Stammsätzen. Der zweite Aspekt betrifft den einheitlichen Aufbau von Datenmodellen, die strukturell ähnliche Sachverhalte darstellen. Beispiele für strukturell ähnliche Sachverhalte sind Stücklisten, die als einheitliche Strukturen bei Produktionsteilen, Ersatzteilen und Fertigungshilfsmitteln zum Einsatz kommen können. Der Vorteil der Datenstrukturintegration liegt in der Verringerung des Entwicklungsaufwandes für Datenverwaltungssysteme und ist Voraussetzung für die Modulintegration. Datenstrukturintegration ist ein wichtiger Bestandteil der Referenzmodellierung.

Modulintegration bezeichnet die gemeinsame Nutzung von Programm-Modulen durch mehrere CIM-Bereiche. Ein Modul zur Lagerverwaltung wird beispielsweise im Rahmen der Materialwirtschaft bei Entnahmen oder Zugängen von Roh-, Hilfs- und Betriebsstoffen benötigt genauso wie bei der Auftragsabwicklung zur Verwaltung der Fertigprodukte und bei der Fertigungssteuerung zur Verwaltung der Werkstattbestände. Dasselbe Modul wird zusätzlich von der Instandhaltung eingesetzt, wenn entsprechende Materialien zu verwalten sind, von der Arbeitsplanung, wenn dieser das Werkzeugwesen zugeordnet ist, und im Rahmen der Qualitätssicherung zur Verwaltung der Prüfmittel. Die Modulintegration stellt einen wichtigen Aufgabenbereich im Rahmen der Entwicklung von Anwendungssoftware dar. Ebenso unterstützt sie eine Prozeßstrukturintegration, d.h. daß strukturell gleiche Aufgaben auch durch identische Prozesse abgewickelt werden.

Als vierte Integrationskomponente betrachtet die Funktionsintegration das Verhältnis betrieblicher Funktionen. Zum einen liegt eine Funktionsintegration vor, wenn das Ergebnis einer Bearbeitung in einem Bereich die Bearbeitung in einem anderen Bereich anstößt, wenn bestimmte Schwellenwerte überschritten werden. Diese Integration wird über das Triggern von Anwendungssystemfunktionen realisiert. Zum zweiten besteht die Möglichkeit, daß vormals getrennte Funktionen zusammenwachsen.

4.4 Architektur für Handelsinformationssysteme

Handelsinformationssysteme unterstützen Aufgaben, die bei der Durchführung der Handelsfunktion anfallen (vgl. zum folgenden Becker/Schütte 1996, S. 9 ff.). Eine Architektur von Handelsinformationssystemen ordnet die zum Beschaffungsbereich gehörenden Teilsysteme Einkauf, Disposition, Wareneingang, Rechnungsprüfung, Kreditorenbuchhaltung und die zum Vertriebsbereich gehörenden Systeme Marketing, Verkauf, Warenausgang, Fakturierung und Debitorenbuchhaltung zueinander an. Beide Bereiche werden gekoppelt durch das Lager, das die Überbrückungsfunktion zwischen Beschaffung und Distribution ausübt. Weiterhin sind die betriebswirtschaftlich-administrativen Funktionen, die die Aufgaben Haupt- und Anlagenbuchhaltung, Kostenrechnung und Personalwirtschaft umfassen, in der Architektur anzuordnen. Auswertungssysteme verdichten die Daten der operativen Systeme für Entscheidungsträger. Zu ihnen zählen Controllingsysteme, Executive Information Systems (EIS) und Systeme zur Unterstützung der Unternehmensplanung.

Aufgrund ihrer optischen Darstellungsform wird die Architektur als Handels-H-Modell bezeichnet (vgl. Abb. 19). Konstituierend für das Handels-H-Modell ist als erste Dimension die Anordnung der Funktionen von Handelsinformationssystemen, die Funktionsbereiche, und als zweite Dimension die Anordnung der Beschreibungssichten. Beim Handels-H-Modell werden die Funktionssicht, die Datensicht und die Prozeßsicht betrachtet.

Die Anordnung der Funktionscluster im Handels-H-Modell repräsentiert die wesentlichen Beziehungszusammenhänge der Funktionen zueinander. Der Beziehungszusammenhang ist bei den operativ-dispositiven Aufgaben prozeßorientiert, was durch die beiden Schenkel des Handels-H-Modells zum Ausdruck kommt. Sie charakterisieren die beiden zentralen Prozesse, die Beschaffung und die Distribution der Ware. Die Orientierung an den Prozessen spiegelt sich in der vertikalen Funktionsanordnung innerhalb der Schenkel wider. Die weiter unten liegenden Funktionen setzen das Durchlaufen der weiter oben liegenden Funktionen voraus.

Funktionen, die sich in beiden Schenkeln des Handels-H-Modells gegenüberliegen, deuten auf strukturanaloge Sachverhalte hin. Die Funktionen des Einkaufs sind in gewissem Umfang strukturanalog zu den Funktionen der Distribution. Der Unterschied zwischen den beiden Bereichen besteht in den ihnen zugrundeliegenden Objekten. Besonders deutlich tritt die Strukturanalogie in den Bereichen Rechnungsprüfung auf der Beschaffungsseite und Fakturierung auf der Distributionsseite zutage. Die Prüfung der Rechnung des Lieferanten erfolgt anhand des bewerteten Lieferscheins, wobei das Mengengerüst des Wareneingangs anhand des Preis- und Konditionengefüges aus dem Einkauf in ein Wertgerüst transformiert wird. Die Fakturierung bewertet strukturanalog das Mengengerüst im Warenausgang anhand des Preis- und Konditionengefüges, das mit dem Abnehmer vereinbart wurde. Während der linke Schenkel alle Funktionen umfaßt, die zum Lieferanten hin gerichtet sind, und der rechte die, die sich am Kunden orientieren, repräsentiert der „Balken" mit Wareneingang, Lager und Warenausgang die Warenlogistik im Handelsunternehmen.

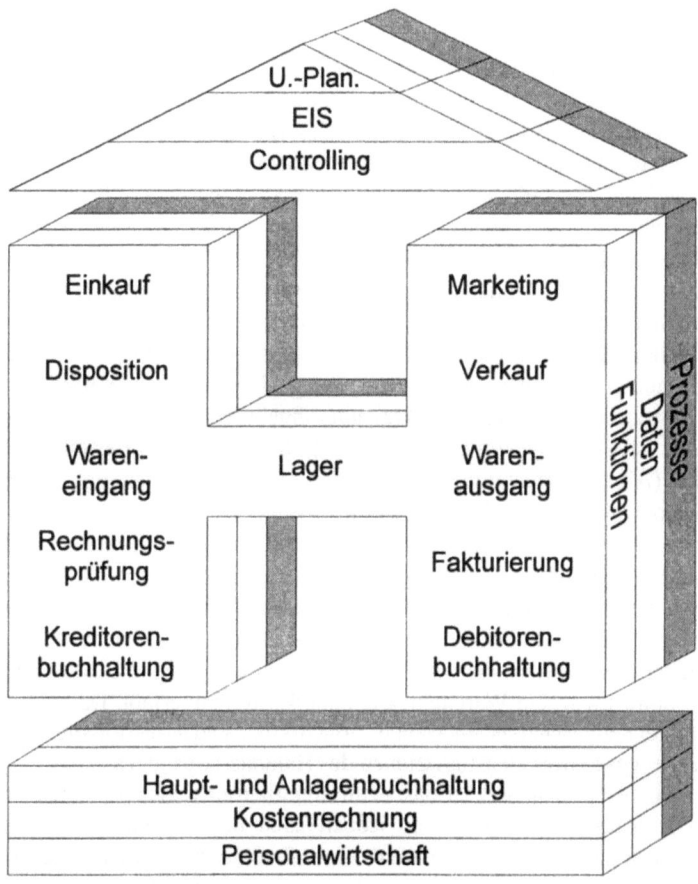

Quelle: Becker/Schütte 1996, S. 11
Abb.19: Handels-H-Modell

Die für die Beschreibung von Informationssystemen relevanten Sichten, die Funktionssicht, die Prozeßsicht und die Datensicht, bilden die zweite Dimension des Handels-H-Modells. Die Organisationssicht wird im Gegensatz zu ARIS nicht berücksichtigt, da das Handels-H-Modell die architektonische Grundlage für die Entwicklung handelsspezifischer Referenzmodelle darstellt. Empfehlungen für die Organisationsgestaltung, insbesondere die Gestaltung der Aufbauorganisation, können jedoch kaum in allgemeiner, unternehmensunabhängiger Form gegeben werden.

Das Warenwirtschaftssystem ragt als zentrales Informationssystem im Handel aufgrund seiner Bedeutung heraus. Es ist, entsprechend dem Produktionsplanungs- und -steuerungssystem in der Industrie, das wichtigste Informationssystem im

Handel. Unter einem Warenwirtschaftssystem wird das immaterielle und abstrakte Abbild der warenorientierten dispositiven, logistischen und abrechnungsbezogenen Prozesse für die Durchführung der Geschäftsprozesse eines Handelsunternehmens verstanden (Becker/Schütte 1996, S. 13). Im Rahmen des Handels-H-Modells wird das Warenwirtschaftssystem durch das „H" charakterisiert. Der Begriff Handelsinformationssysteme umfaßt demgegenüber alle Informationssysteme, also zusätzlich zum Warenwirtschaftssystem auch die betriebswirtschaftlich-administrativen Systeme (den Boden des Handels-H-Modells) und die Auswertungssysteme (das Dach des Handels-H-Modells).

Das Handels-H-Modell ist ein Ordnungsrahmen insbesondere für das klassische Lagergeschäft mit den Handelsfunktionen Beschaffen, Lagern, Distribuieren. Weitere Geschäftsprozesse des Handels, die jeweils eine Untermenge der Funktionen des Handels-H-Modells enthalten, führen auch auf der Ebene dieses Ordnungsrahmens zu Modifikationen. Beim Streckenprozeß entfallen für das betrachtete Handelsunternehmen die Prozesse mit materiellen Prozeßobjekten, nämlich Wareneingang, Lager und Warenausgang, da der Streckenprozeß durch die direkte physische Lieferung der Ware zum Abnehmer durch den Lieferanten charakterisiert ist. Der dispositive Informationsfluß (Auftrag und Bestellung) und der Werteflüß (Abnehmerrechnung und -zahlung respektive Lieferantenrechnung und -zahlung) bewegen sich jedoch weiterhin zwischen Kunde und Handelsunternehmen bzw. zwischen Lieferant und Handelsunternehmen. Im Streckengeschäft des Großhandels sind nur die Bestellungen des Kunden bekannt. Ob die Ware tatsächlich beim Kunden ankommt, ist dem Handelsunternehmen nicht bekannt. Im mehrstufigen Handel, in der Regel sind dort Groß- und Einzelhandelsunternehmen beteiligt, ist der Zentrale des Handelsunternehmens häufig die Bestellung nicht bekannt, und es wird ein Wareneingang ohne Bestellung erfaßt. Da beide Spielarten des Streckengeschäftes im Handel üblich sind, bedarf es für die Darstellung des Streckengeschäftes aller Funktionen des Handels-H-Modells.

Eine weitere Geschäftsart ist das Zentralregulierungsgeschäft. Es ist vornehmlich bei Einkaufsgenossenschaften, jedoch auch bei Großhändlern anzutreffen. Das Handelsunternehmen übernimmt eine finanzwirtschaftliche Leistung, die darin besteht, daß es zentral die Regulierung und optional das Delkredere (den Schuldbeitritt) für die Kunden, die im Falle der Genossenschaft die Mitglieder des Einkaufsverbundes sind, übernimmt. Im Falle der Zentralregulierung vereinfachen sich die warenwirtschaftlichen Funktionsbereiche des Handels-H-Modells auf die Rechnungsprüfung, die Fakturierung sowie die Kreditoren- und Debitorenbuchhaltung. Die Zentralregulierung stellt eine Zusammenführung von Rechnungsprüfung und Fakturierung dar, weshalb die vier Funktionsbereiche der Zentralregulierung nicht unabhängig voneinander betrachtet werden können. Rechnungsprüfung und Fakturierung werden durch dasselbe Ereignis, den Eingang der Rechnung für den Kunden beim Handelsunternehmen, angestoßen. Das Handelsunternehmen reguliert die Rechnung des Lieferanten an den Kunden und belastet sie in einer Abrechnung dem Kunden. Es wird also eine direkte Kopplung zwischen kreditorischer und debitorischer Seite realisiert, die für das klassische Lagergeschäft untypisch ist. Der warenwirtschaftliche Teil des Handels-H-Modells ist entsprechend an diese Geschäftsart anzupassen (vgl. Abb. 20). Diese Anpassung wird auch als Customizing bezeichnet.

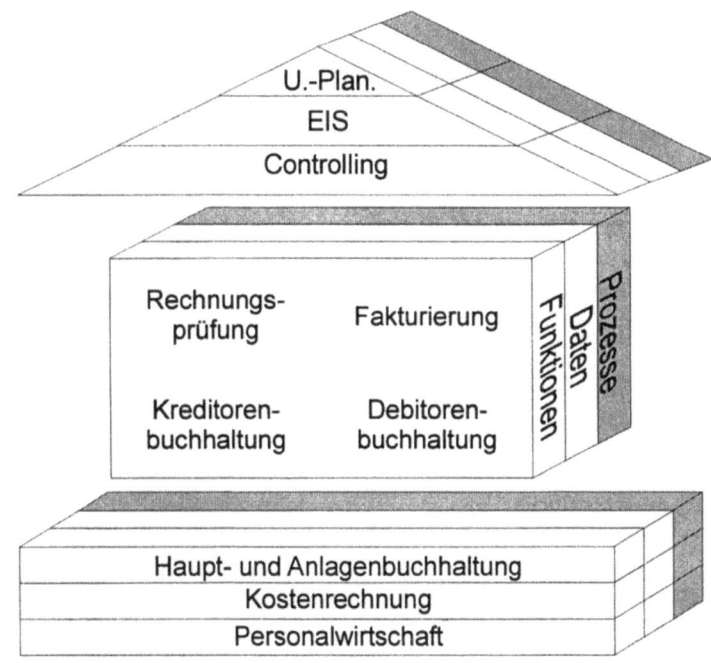

Abb.20: Customizing des Handels-H-Modells - Zentralregulierungsgeschäft

Eine weitere, den Handel besonders charakterisierende Geschäftsart ist die der Aktion. Eine Aktion ist eine wesentliche Maßnahme zur Verkaufsförderung. Insbesondere in preisaggressiven Handelsunternehmen bildet das Aktionsgeschäft eine Sondergeschäftsform, so daß im Handel generell zwischen Normal- und Aktionsgeschäft differenziert wird. Das Aktionsgeschäft kann sowohl über Lager als auch ohne logistische Auswirkungen, also über die Geschäftsarten Strecke oder Zentralregulierung, erfolgen. Beim Aktionsgeschäft werden Marketing- und Einkaufsmaßnahmen interdependent geplant und durchgeführt. Vorhandene Aktionsaufträge, d.h. die Bestätigung der Teilnahme an der Aktion und die Festlegung der Ordermenge durch die Kunden oder Filialen, führen direkt, also ohne zeitliche Entkopplung durch das Lager, zu Dispositionsaufträgen an die Lieferanten. Im Lager erfolgt nach dem Wareneingang keine Einlagerung auf die üblichen Reserveplätze, sondern die Waren werden sofort entsprechend der schon bekannten Kundenorders aufgeteilt und der Warenausgangszone zugeführt. Dies wird als aktiver Bypass bezeichnet.

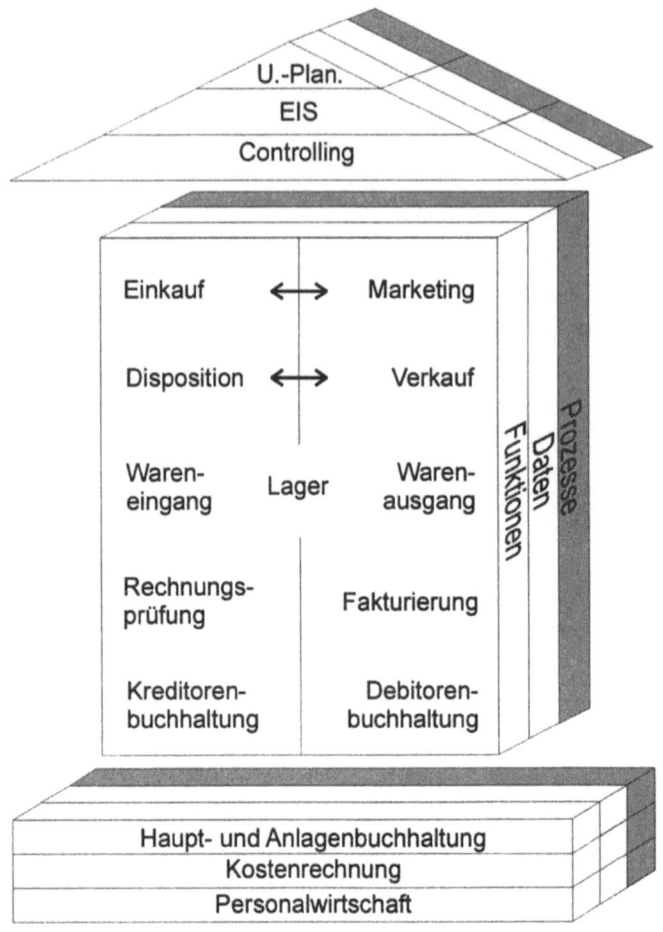

Abb.21: Customizing des Handels-H-Modells – Aktionsgeschäft

Der Wertefluß, Rechnungsprüfung und Kreditorenbuchhaltung sowie Fakturierung und Debitorenbuchhaltung, wird durch die Aktionskonditionen, die mit den Lieferanten auf der einen und mit den Kunden auf der anderen Seite vereinbart wurden, gesteuert. Die Aktion zieht sich schließlich als betriebswirtschaftlich relevantes Objekt durch die Kostenrechnung und die Auswertungssysteme durch. Das Customizing des Handels-H-Modells führt zu der in Abbildung 21 gezeigten Architektur. Die Schenkel des „H" rücken entsprechend nah zusammen und die besonders enge Kopplung von Einkauf und Marketing einerseits und Disposition und Verkauf andererseits wird durch Doppelpfeile dargestellt.

Grundlegende strukturelle Unterschiede zu den bisherigen Geschäftsprozessen weist der Dienstleistungsprozeß auf. Zum Dienstleistungsprozeß zählen z.B. der Marketing-Support, die Wirtschaftsprüfung, Beratung in Steuer-, Personal- und EDV-Fragen sowie die Dienstleistungsvermittlung, die von einer Handelszentrale für Kunden (Einzelhändler) oder Mitglieder einer Genossenschaft angeboten werden. Hier entfallen die logistischen Funktionen weitgehend. Aufgrund der individuellen Ausgestaltung des Dienstleistungsprozesses in jedem Unternehmen können Referenzmodelle nicht angeboten werden. Der Dienstleistungsprozeß wird entsprechend im Handels-H-Modell nicht berücksichtigt.

Neue betriebswirtschaftliche Konzepte wie Electronic Commerce (EC) und Efficient Consumer Response (ECR) haben aufgrund neuer Technologien wie Internet und WWW zur Zeit eine große Bedeutung für die Gestaltung der Geschäftsprozesse im Handel. Electronic Commerce bezeichnet entweder jegliche elektronische Unterstützung des wirtschaftlichen Geschehens oder in einer engeren Begriffsauffassung die elektronische Unterstützung von Handelstransaktionen. Für den Handel sind insbesondere die Nutzung elektronischer Kataloge im WWW, die von vielen großen Handelsunternehmen angeboten werden, und die elektronische Abwicklung des Zahlungsverkehrs im Internet von Bedeutung. Efficient Consumer Response fokussiert als Kooperationsform zwischen Industrie und Handel den Austausch von sensiblen internen und externen Informationen sowie die gemeinsame Gestaltung von Geschäfts- und Entscheidungsprozessen. Insbesondere Daten über das Kaufverhalten der Kunden, die dem Handel vorliegen, werden der Industrie zur detaillierten Planung und Produktgestaltung verfügbar gemacht. Die Kooperation kann so weit gehen, daß die Daten nicht mehr nur übertragen werden, sondern ein gemeinsamer Zugriff auf einen physischen Datenbestand durch zwei getrennte Unternehmen erfolgt. Unternehmensübergreifende Kooperationen wie ECR können durch die integrierte Darstellung von Architekturen dargestellt werden.

4.5 Architektur für Führungsinformationssysteme

Die aktuelle Diskussion um Führungsinformationssysteme (FIS) ist geprägt durch die neuen technischen Konzepte des Data Warehouse (DWH) und des Online Analytical Processing (OLAP) (vgl. zum folgenden auch den Überblick bei Alpar u. a. 1998, S. 167 ff.; Chamoni/Zeschau 1996).

Das Data-Warehouse-Konzept wurde in den 80er Jahren zur entscheidungsorientierten Datenverarbeitung entwickelt. Unter einem Data Warehouse wird eine themenorientierte, integrierte, nicht flüchtige, zeitbezogene Kollektion von Daten zur Unterstützung von Managemententscheidungen verstanden (Inmon 1996, S. 33; Holthuis 1998). Daten in einem Data Warehouse sind nach Themengesichtspunkten, die für Managemententscheidungen relevant sind, organisiert. Typische Themen sind Umsatzanalysen nach Produkten, Regionen oder Kundengruppen. Diese Informationen sind üblicherweise in mehreren operativen Systemen verteilt. Beispielsweise werden in Vertriebssystemen die Einzelposten des Verkaufs von Produkten an Kunden gesammelt. Eine Aggregation nach Kundengruppen oder Regionen dieser Einzelposten wird jedoch in den funktionsorientierten Systemen nicht vorgenommen. Zur Beantwortung von Managementanfragen wären daher in den operativen Systemen aufwendige und zeitintensive Berechnungen erforderlich. Im Data Warehouse werden diese Daten daher unabhängig von der funktionsorientierten Anwendungsarchitektur speziell für den Bedarf des Managements zusammengestellt und aggregiert.

Aufgrund der heterogen, gewachsenen EDV-Struktur in vielen Unternehmen ist es nicht realistisch, diese Integration von Daten in verschiedenen funktionsorientierten Anwendungssystemen umzusetzen. Diese als Legacy Systems bezeichneten Systeme, die häufig die Kernkompetenzen des Unternehmens DV-technisch unterstützen, können in der Regel nicht einfach ersetzt und in komplett neu entwickelte Systeme integriert werden. Realistischer ist die Extraktion der benötigten Daten für das Management aus verschiedenen Legacy Systems und deren Integration in einem Data Warehouse. Das Management erhält mittels der Daten im Data Warehouse eine einheitliche Sicht auf den benötigten Unternehmensdatenbestand.

Ein weiteres wichtiges Kennzeichen des Data-Warehouse-Konzeptes ist die Dauerhaftigkeit, also der nicht flüchtige Charakter, der einzelnen Datensätze. In operativen Anwendungssystemen spiegeln die Datensätze zu jedem Zeitpunkt den dann aktuellen Zustand des Geschäftes wider. Beispielsweise sind in einem Lagerverwaltungssystem oder in der Materialwirtschaft die zu einem Zeitpunkt aktuellen Bestände eines bestimmten Produktes auf bestimmten Lagerplätzen ersichtlich. Werden Zu- und Abgänge des Produktes gebucht, sind die entsprechend geänderten Bestände in den operativen Systemen abrufbar. Die historischen Produktbestände zu früheren Zeitpunkten können in der Regel nicht mehr abgefragt werden, weil diese Daten einen flüchtigen Charakter haben und durch Transaktionen im Rahmen der normalen Geschäftsprozesse überschrieben werden.

Im Gegensatz dazu bleiben die Datensätze in einem Data Warehouse langfristig erhalten, sie sind also nicht flüchtig. Daten im Data Warehouse werden in der Regel nicht überschrieben. Dies ist für Managementanfragen besonders wichtig, da das Management üblicherweise größere Zeiträume, etwa Monate, Quartale oder sogar mehrere Jahre, bei seinen Datenanfragen im Visier hat, und somit ein erheblicher Bedarf an historischen Daten besteht. Das Data Warehouse ist das Medium, in dem historische Daten langfristig bereitgehalten werden. Daten gelangen aus den operativen Systemen im Sinne einer Einbahnstraße in das Data Warehouse. Mit Ausnahme dieser periodischen Updates erfolgen ausschließlich lesende Zugriffe auf die Daten im Data Warehouse.

Jeder Datensatz im Data Warehouse wird mit einem Zeitstempel versehen. Der explizite Zeitbezug jedes Datensatzes ermöglicht die Betrachtung beliebiger Aggregationen über Zeiträume. Das Management ist normalerweise an zeitbezogenen Entwicklungen oder an Aussagen über große Zeiträume interessiert. Für das Management relevante Fragen sind beispielsweise: „Wie war der Umsatz von Produktgruppe X im ersten Quartal 1998 in den einzelnen Regionen unseres Absatzgebietes?" oder „Wie hat sich der Umsatz der Produktgruppe X in den letzten sechs Quartalen in den Regionen unseres Absatzgebietes entwickelt?" Im Data Warehouse können diese Informationen aufgrund des Zeitbezugs aller Datensätze flexibel bereitgestellt werden. Wichtig ist, daß die kürzesten Zeitintervalle, die vom Management benötigt werden, als niedrigste Aggregationsstufe der Dimension Zeit im Data Warehouse enthalten sind. Die benötigten höheren Verdichtungen dieser Daten werden im Data Warehouse entsprechend als redundante Daten bereitgehalten, sofern ein Bedarf nach diesen Informationen im voraus bekannt ist.

Die Data Warehouse Management-Software ist für die Transformation der Daten aus den operativen Systemen in das DWH verantwortlich. Zur DWH Management-Software werden Tools gerechnet, die die Extraktion der Daten aus den operativen Systemen und deren syntaktische Vereinheitlichung vornehmen. So müssen die Transformationswerkzeuge beispielsweise in der Lage sein, unterschiedliche Schreibweisen verwendeter Maßeinheiten (etwa „m" und „Meter" für dasselbe Längenmaß) zu erkennen und die Daten im DWH einer einheitlichen Form zuzuordnen. Dasselbe gilt für die Schreibweise von Kundennamen, die durchaus für ein und denselben Kunden in verschiedenen operativen Systemen unterschiedlich sein kann. Zusätzlich werden im Data Warehouse benötigte Aggregationen vorgenommen (etwa die Verdichtung von Monatsumsätzen zu Quartalsumsätzen) und in verschiedenen Verdichtungsstufen für unterschiedliche Empfängergruppen bereitgehalten. Die kontrollierte Redundanz der Daten ist ein wichtiges Charakteristikum des DWH.

Führungskräfte benötigen des weiteren Möglichkeiten, verdichtete Daten für genauere Analysen zu disaggregieren (Drill-Down) sowie mehrdimensionale Daten aus verschiedenen Blickwinkeln betrachten zu können. Ein Beispiel für mehrdimensionale Daten ist etwa der Umsatz einer Produktgruppe in einer Region in einer Periode. Dieser Umsatz kann für eine Periode (etwa den Monat Mai) als Tabelle geordnet nach Regionen für die Produktgruppe angezeigt werden. Eine weitere Tabelle kann die entsprechenden Daten für den Monat Juni anzeigen. Schließlich wird es noch eine Tabelle für den Monat April geben. Dieselben Daten können aber auch von einer anderen Führungskraft (oder derselben Führungskraft bei einer anderen Fragestellung) für die Region Nord nach Monaten geordnet in einer Tabelle angezeigt werden. Entsprechend wird es Tabellen für die Regionen Süd, Ost und West geben, die jeweils die Umsätze dieser Regionen nach Monaten geordnet anzeigen.

Derartige Sichten auf die Daten werden für Analysen im Management häufig benötigt. Sie werden von speziellen Systemen, sogenannten Online Analytical Processing (OLAP) Systemen, unterstützt. OLAP-Systeme erlauben es, die benötigten Sichten auf dieselben Daten schnell und flexibel (online) bereitzustellen. OLAP-Systeme organisieren die Daten in vieldimensionalen Würfeln, die als Hyperwürfel bezeichnet werden. Im obigen Beispiel sind drei Dimensionen (Produkt, Region, Zeit) relevant (vgl. Abb. 22). Die verschiedenen Sichten auf die Daten werden durch Drehen des dreidimensionalen Würfels erzeugt. Je nach benötigter Sicht wird eine Tabelle als zweidimensionale Darstellung der Daten erzeugt. Die dritte Dimension führt zu den verschiedenen, gleichartig aufgebauten Tabellen. Das Drehen des Würfels, um jeweils die gewünschte Sicht zu erzeugen (bzw. die gewünschte Tabellenform anzusehen), wird als „Rotation" bezeichnet (OLAP Council 1998). Das Auswählen einer bestimmten Scheibe der unterdrückten (dritten) Dimension, das in dem obigen Beispiel jeweils einer anderen Tabelle entspricht, wird als „Slicing" bezeichnet (OLAP Council 1998). Mit Rotation und Slicing kann ein Anwender also beliebige Ansichten der mehrdimensionalen Struktur erzeugen.

Falls nicht alle Einträge einer Dimension relevant sind, kann die betreffende Dimension auch eingeschränkt werden. Beispielsweise können für eine Führungskraft aufgrund ihres Aufgabenbereiches die Umsätze in den Regionen Nord und West interessant, der Umsätze der beiden anderen Regionen aber belanglos sein. Das Einschränken einer Dimension wird als „Ranging" bezeichnet. Ranging führt immer zur Definition von Teilwürfeln, daher findet sich auch die Bezeichnung „Dicing" für diese Operation. Die Operation ist wichtig, um Informationen bedarfsgerecht auswählen zu können und eine Informationsüberflutung der Führungskräfte zu verhindern.

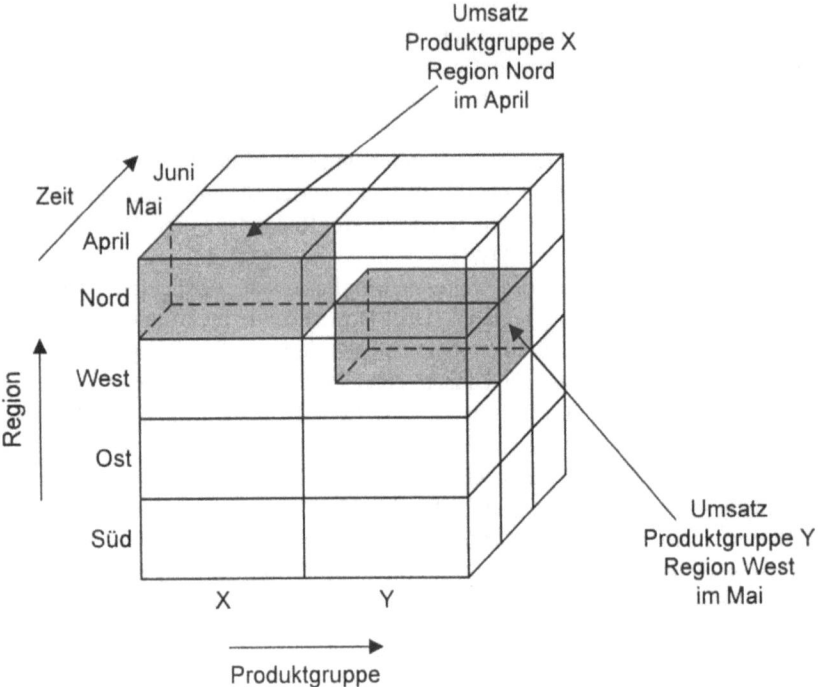

Abb.22: Beispiel eines dreidimensionalen OLAP-Würfels

Beispielsweise werden im Rahmen des Drill-Down Quartalsumsätze in Monatsumsätze aufgesplittet, wenn dies im Rahmen einer Analyse notwendig ist. Drill-Down wird von DWH und OLAP-Sytsemen unterstützt (Inmon 1996, S. 252 ff.). Diese Funktionalität ist aber auch schon für frühere Konzepte, insbesondere Executive Information Systems (EIS) charakteristisch. Die Präsentation der Daten erfolgt in der Regel mittels Tabellenkalkulationssystemen, die als Standardtools in weitverbreiteten Office-Paketen angeboten werden. Diese ermöglichen auch eine graphische Darstellung des Zahlenmaterials, eine Funktion, die häufig auch den EIS zugeschrieben wird. EIS bieten entsprechend Präsentationsmöglichkeiten, die denen der Tabellenkalkulationssysteme sehr ähnlich sind.

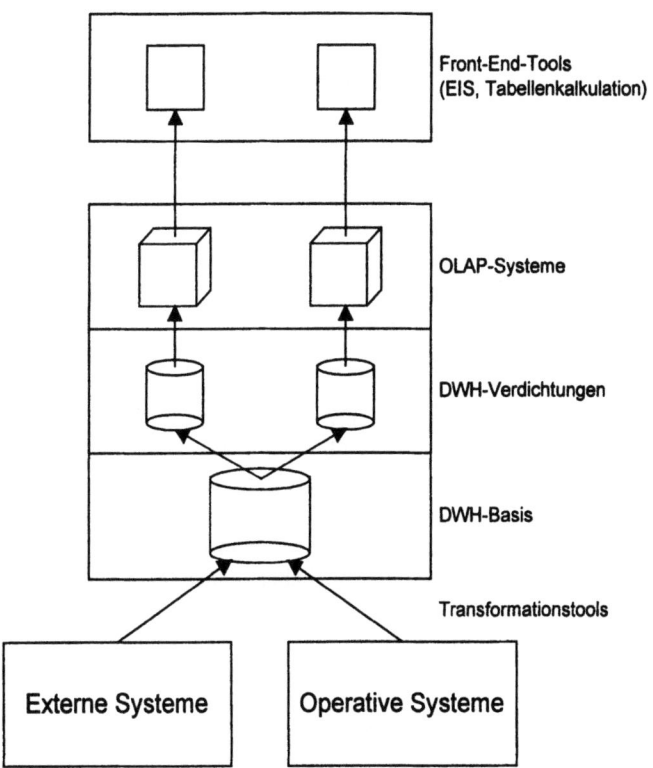

Abb.23: Technische FIS-Architektur

Führungsinformationssysteme (FIS) können heute mittels der dargestellten Konzepte umgesetzt werden. Es gibt auf dem Markt derzeit noch kein FIS-System, das alle Komponenten integriert anbietet. Dennoch ist die Technik verfügbar, um FIS zu realisieren. Hier wird entsprechend der obigen Ausführungen eine technische Architektur vorgeschlagen, die die vorgestellten Konzepte zur Umsetzung von FIS zusammenführt (Abb. 23) (vgl. zu einer FIS-Architektur auch Inmon 1996, S. 37 f., S. 176 ff., insbesondere S. 249 ff.). Die operativen Systeme sind wichtige Datenquellen für das DWH. Sie gelangen über Transformationswerkzeuge in den DWH-Basisdatenbestand. Zusätzlich kann auf externe Datenquellen, die von Marktforschungsinstituten wie A. C. Nielsen oder durch das Statistische Bundesamt verfügbar gemacht werden, zugegriffen werden. Benötigte Verdichtungen werden innerhalb des DWH bereitgestellt. Sie sind die Basis für OLAP-Systeme, die entsprechend die Operationen Rotation, Slicing und Ranging unterstützen. Zusätzlich unterstützen DWH und OLAP-System das Drill-Down. Die Präsentation der Daten in Form zweidimensionaler Tabellen und die graphische Aufbereitung erfolgt mittels EIS oder verbreiteten Tabellenkalkulationsprogrammen.

5 Entwicklung und Einführung von Anwendungssystemen

5.1 Phasenmodelle zur Entwicklung

Phasenmodelle dienen dazu, den Prozeß der Systementwicklung zu systematisieren. Sie werden auch als Vorgehensmodelle bezeichnet und beschäftigen sich mit der Frage: „Welche Aktivitäten sind in welcher Reihenfolge auszuführen?" (vgl. auch zum folgenden Stahlknecht/Hasenkamp 1997, S. 252 ff.). Übliche Phasenmodelle unterscheiden eine Analysephase, der eine Vorphase zur Projektbegründung vorausgeht. Auf die Analysephase folgt die Entwurfsphase, der wiederum die Realisierungsphase folgt. Der Phase Realisierung folgt die Einführung und daran schließt sich der Betrieb an. Zu beachten ist, daß Phasenmodelle eine logische Reihenfolge der Phasen aufzeigen. Dies bedeutet, daß die Phasen inhaltlich sinnvoll aufeinander aufbauen. Sie werden daher im Sinne eines Wasserfallmodells aneinandergereiht. Bei der Ausführung eines Phasenmodells sind jedoch Rücksprünge zu vorgelagerten Phasen notwendig und sinnvoll, wenn in früheren Phasen nicht alle Grundlagen für die Tätigkeiten in späteren Phasen geschaffen wurden. Entsprechende Nacharbeiten werden dann im Rahmen dieser Rücksprünge durchgeführt. Entwicklungsprozesse haben daher stets einen iterativen oder evolutionären Charakter.

In einem ersten Teilschritt ist in der Analysephase der Ist-Zustand des Anwendungsgebietes, für das ein Anwendungssystem entwickelt werden soll, zu erheben und zu dokumentieren. Diese Teilphase wird als Ist-Analyse bezeichnet (vgl. zu den folgenden Ausführungen Abb. 24). Im Rahmen der Ist-Analyse werden insbesondere Schwachstellen bewertet. Auf Basis dieser Ergebnisse wird ein Soll-Konzept entwickelt. Die Soll-Konzeption stellt die Anforderungen an das neue System zusammen. Diese Anforderungen werden in ihrer Gesamtheit auch als Fachkonzept bezeichnet. Sie definieren den fachlichen Leistungsumfang des Systems.

In der Entwurfsphase werden die Dokumente der Analysephase analysiert. Es schließt sich der detaillierte technische Entwurf des Anwendungssystems an. Dieser umfaßt die Erstellung der Datenmodelle, den Funktionsentwurf und die Festlegung der Prozeßabläufe. Der Systementwurf schafft die Grundlagen für die anschließende Programmentwicklung.

In der Phase der Realisierung erfolgt die Programmierung. Zu ihr gehören das Design der Softwarearchitektur, das festlegt, welche Programmteile (Module) wie interagieren sollen, die eigentliche Codierung in geeigneten Programmiersprachen sowie ausführliche Programmtests. Sinnvollerweise werden für die Anwendung benötigte Dokumentationen, insbesondere für Anwender, aber auch für die technische Wartung des Systems, gleichzeitig mit der Codierung erstellt.

Die Computerunterstützung der Systementwicklung wird als Computer Aided Software Engineering (CASE) bezeichnet (Balzert 1998, S. 592 ff.). Mit CASE werden alle computerunterstützten Hilfsmittel beschrieben, die dazu beitragen, die Software-Produktivität und die Software-Qualität zu verbessern sowie das Software-Management zu erleichtern. Es werden CASE-Werkzeuge und CASE-Plattformen unterschieden. CASE-Werkzeuge sind Softwareprodukte, die zumindest einzelne bei der Erstellung von Software benötigte Funktionen anbieten. Hierzu zählen z.B. Modellierungswerkzeuge. CASE-Plattformen stellen Dienstleistungen für die Integration verschiedener CASE-Werkzeuge zur Verfügung. Eine CASE-Plattform unterstützt beispielsweise die automatische Überführung von Datenmodellen in Implementierungssprachen von Datenbankmanagementsystemen.

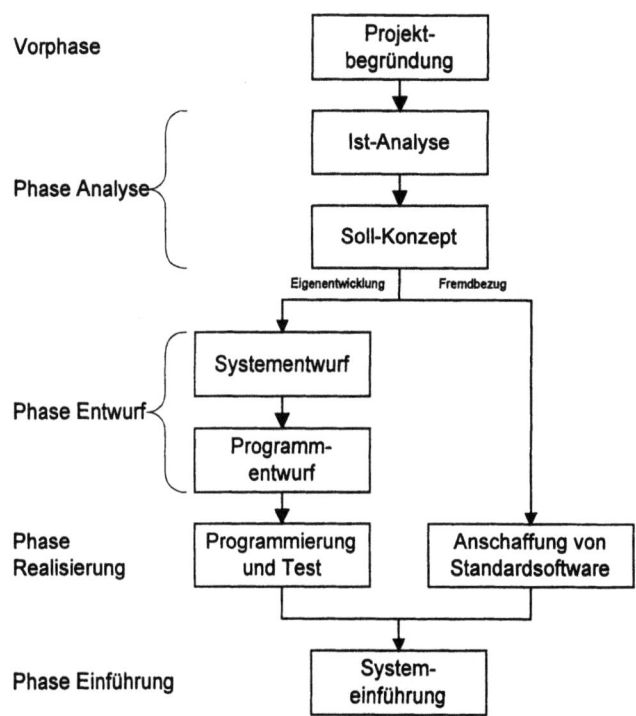

Quelle: Stahlknecht/Hasenkamp 1997, S. 255
Abb.24: Vorgehensmodell der Systementwicklung

Die vorgestellten Architekturen helfen, den Prozeß der Systementwicklung zu strukturieren. ARIS ordnet entsprechend Entwicklungsmethoden einzelnen Phasen zu. Die CIM-Architektur und das Handels-H-Modell leisten Hilfe bei der Konzeption benötigter Funktionen und zeigen die Interaktion dieser Funktionsbereiche aus fachkonzeptueller Sicht auf. Die vorgestellte Architektur für Führungsinformationssysteme zeigt die Interaktion benötigter technischer Komponenten für die Realisierung von FIS.

5.2 Systemauswahl

Falls die benötigten Anwendungssysteme ganz oder in Teilen nicht selbst entwickelt werden, müssen geeignete Systeme oder Komponenten ausgewählt und am Markt beschafft werden. Die vorgestellten Architekturen geben hier Hilfen, indem sie benötigte Funktionalitäten systematisieren und deren Interaktion aufzeigen. Dies ist für die Erstellung entsprechender Anfragen an die Hersteller eine große

Hilfe. Softwaresysteme, die standardmäßig ganze Geschäftsprozesse unterstützen oder Komplettlösungen für bestimmte Branchen bereitstellen, werden als Standardsoftware bezeichnet. Bekannte Hersteller für betriebliche Standardsoftware sind die deutsche SAP AG und die niederländische Firma BAAN.

Einer sorgfältigen Analyse der am Markt angebotenen Softwaresysteme kommt eine hohe Bedeutung zu, da eine falsche Auswahl hohe Folgekosten aufgrund mangelnder Unterstützung der wichtigen Geschäftsprozesse durch die Systeme nach sich ziehen kann. Weitere wichtige Kriterien sind der Einführungsaufwand und erforderliche Anpassungen der Standardsoftware, um sie für das Unternehmen passend zu machen. Die Auswahl muß auf Basis der Dokumente der Analysephase erfolgen (vgl. Abb. 24). Ohne eine gründliche Analyse sind die Anforderungen, die die zu beschaffenden Systeme erfüllen sollen, nicht in ausreichendem Maße bekannt (Stahlknecht/Hasenkamp 1997, S. 325 ff.). Die Anforderungen an die zu beschaffende Software werden in der Ausschreibung dokumentiert, die den Anbietern als Grundlage zur Abgabe eines Angebotes dient.

Auf Basis der Angebote wird im nächsten Schritt eine Grobbewertung der verfügbaren Systeme vorgenommen. Dieser sollte eine Liste von absoluten Ausschlußkriterien (K.O.-Kriterien) zugrundeliegen. Ausschlußkriterien sind gegeben durch Überschreitung einer Preisobergrenze, erheblichen Mangel beim Leistungsumfang, zu hohen Anpassungsaufwand, der ein vorher definiertes Niveau überschreitet, mangelndes Vertrauen in die Wartung durch den Anbieter, nicht geeignete Hardwareplattformen oder mangelhafte Dokumentationen.

Schließlich folgt eine Feinbewertung und die Endauswahl. Diese kann beispielsweise durch eine Nutzwertanalyse unterstützt werden. Im Rahmen der Nutzwertanalyse werden die relevanten Kriterien zunächst geordnet und gewichtet. Die verschiedenen Systeme werden anhand der Kriterien bewertet. Aus den Bewertungen und den Gewichten wird die Eignung jedes Systems für die Kriterienerfüllung berechnet. Die verschiedenen Systeme werden so in eine Ordnung (Reihenfolge der Eignung) gebracht.

5.3 Einführungsstrategien

Die Systemeinführung besteht in der Übergabe eines Anwendungssystems an den Auftraggeber. Dies kann eine Fachabteilung oder ein ganzes Unternehmen sein. Die Systemeinführung erfolgt, nachdem umfassende Tests des neuen Systems abgeschlossen sind. Der Systemeinführung geht die formale Systemfreigabe voraus, in der auch die Vollständigkeit der Systemdokumentation überprüft wird. Adressaten der Dokumentationen sind die Anwender und die für den Systembetrieb verantwortlichen DV-Fachkräfte.

Die Systemeinführung erfordert eine sorgfältige Analyse des betrieblichen Umfeldes. Sie kann in einem Schritt erfolgen (Big Bang) oder schrittweise (step-by-step). Ein wesentlicher Schritt ist die Übertragung der Daten aus den Altsystemen in das neue System, die sogenannte Datenmigration. Außerdem muß ein geeigneter Zeitraum für die Systemumstellung gefunden werden. Üblicherweise werden bei größeren Systemumstellungen arbeitsfreie Feiertage, an denen im Wirtschaftsleben wenig Aktivität herrscht, gewählt. Schließlich muß ein geeigneter Fall-back-Mechanismus definiert werden, der im Falle einer fehlerhaften Einführung den Weiterbetrieb des Altsystems ermöglicht. Auf keinen Fall dürfen aufgrund einer Fehlplanung bei der Einführung finanzielle Schäden im laufenden Geschäftsbetrieb entstehen. Große Systemumstellungen sind grundsätzlich als kritische Projektschritte zu betrachten.

Beim Festlegen einer geeigneten Einführungsstrategie sind die vorgestellten Architekturen hilfreich. Insbesondere das Handels-H-Modell und das Y-CIM-Modell lassen die Interaktionen der Funktionsbereiche deutlich werden. Bei schrittweisen Einführungen kann den Architekturen entnommen werden, welche Schnittstellen zwischen Altsystemen und Neusystemen für welche Zeiträume benötigt werden. Schnittstellen sind ein weiterer kritischer Faktor bei Systemumstellungen.

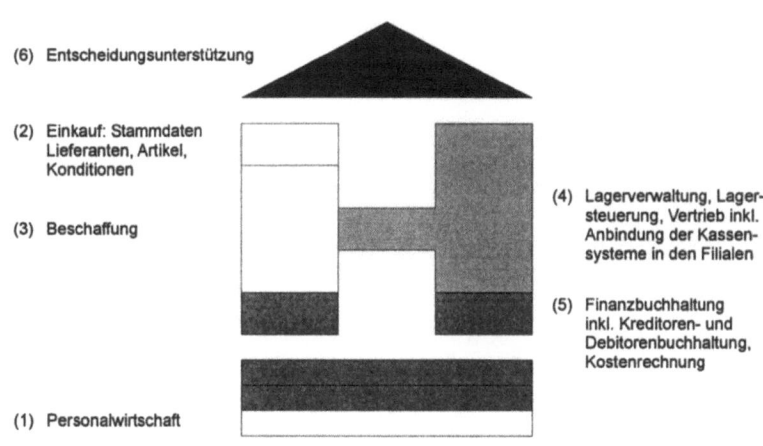

Quelle: Becker/Schütte 1996, S. 106
Abb.25: Anwendung der Handels-H-Architektur zur Ableitung einer Einführungsstrategie

Am Beispiel integrierter Handelsinformationssysteme wird demonstriert, wie eine Informationssystem-Architektur zur Ableitung einer Einführungsstrategie genutzt werden kann (vgl. Abb. 25). Die Einführung eines integrierten Standardanwendungssystems für die Warenwirtschaft und die betriebswirtschaftlich-administrativen Aufgaben durch die Ablösung des selbst entwickelten Warenwirtschaftssystems sowie mehrerer alter Standardsysteme für betriebswirtschaftlich-administrative Aufgaben erfolgt in sechs Schritten. Die Umstellung der Personalwirtschaft als relativ isoliertem System wird zu Beginn des mehrjährigen Projektes vorgenommen. Sie hat das Ziel, die Mitarbeiter mit der neuen Hard- und Softwarearchitektur, der spezifischen Art der Parametrierung und der Softwareentwicklungsumgebung des neuen Systems vertraut zu machen. Die nächsten Schritte dienen der Umstellung der Bereiche Einkauf und Beschaffung. Im Einkauf wird zunächst die Pflege der Stammdaten für Artikel, Lieferanten und Konditionen eingeführt. Dieser zweite Schritt erfordert mehrere Schnittstellen zu den weiterlaufenden Altsystemen. Diese Schnittstellen bleiben bis zur Einführung der jeweiligen neuen Teilsysteme in Betrieb. Im Rahmen der Umstellung der Beschaffung werden die Teilsysteme zur Abwicklung der Disposition, des Wareneingangs und der Rechnungsprüfung eingeführt. Im vierten Schritt werden insbesondere die logistischen Systeme der Lagerverwaltung und Lagersteuerung, aber auch der

Vertrieb inklusive der Anbindung der Kassensysteme in den Filialen eingeführt. Die Kombination von logistischen und Vertriebssystemen in einem Einführungsschritt erspart mehrere kritische Schnittstellen, stellt aber im Gegenzug eine sehr komplexe Teilaufgabe dar. Schließlich werden im fünften Schritt die Finanzbuchhaltung mit der Debitoren- und Kreditorenbuchhaltung und die Kostenrechnung und im sechsten Schritt die Entscheidungsunterstützungssysteme eingeführt. Die Architekturen erlauben somit eine Systematisierung verschiedener Einführungsstrategien.

Literaturverzeichnis

Alpar, P.; Grob, H. L.; Weimann, P.; Winter, R. (1998), Unternehmensorientierte Wirtschaftsinformatik. Eine Einführung in die Strategie und Realisierung erfolgreicher IuK-Systeme, Braunschweig, Wiesbaden 1998

Baetge, J. (1996), Bilanzen, 4. Aufl., Düsseldorf 1996

Balzert, H. (1998), Lehrbuch der Software-Technik. Software-Management, Software-Qualitätssicherung, Unternehmensmodellierung, Heidelberg, Berlin 1998

Batini, C.; Ceri, S.; Navathe, S. B. (1992), Conceptual Database Design, Redwood City 1992

Becker, J. (1991), CIM-Integrationsmodell. Die EDV-gestützte Verbindung betrieblicher Bereiche, Berlin u. a. 1991

Becker, J.; Schütte, R. (1996), Handelsinformationssysteme, Landsberg/Lech 1996

Becker, J.; Rosemann, M. (1993), Logistik und CIM. Die effiziente Material- und Informationsflußgestaltung im Industrieunternehmen, Berlin u. a. 1993

Becker, J.; Rosemann, M.; Schütte, R. (1995), Grundsätze ordnungsmäßiger Modellierung, in: Wirtschaftsinformatik, 37. Jg. (1995) Nr. 4, S. 435-445

Bode, J. (1997), Der Informationsbegriff in der Betriebswirtschaftslehre, in: ZfbF 49. Jg. (1997), Nr. 5, S. 449-468

Bode, J. (1993), Betriebliche Produktion von Information, Wiesbaden 1993

Chamoni, P.; Zeschau, D. (1996), Management-Support-Systems und Data-Warehousing, in: Mucksch, H.; Behme, W. (Hrsg.), Das Data-Warehouse-Konzept, Wiesbaden 1996, S. 47-83

Chen, P. P.-S. (1976), The Entity-Relationship Model – Towards a Unified View of Data, in: ACM Transactions on Database-Systems, 1. Jg. (1976) 1, S. 9-36

Von Eiff, W. (1991), Organisation – Unternehmerische Gestaltungsaufgaben im gesellschaftlichen und marktwirtschaftlichen Spannungsfeld, in: von Eiff, W. (Hrsg.), Organisation – Erfolgsfaktor der Unternehmensführung, Landsberg/Lech 1991, S. 19-78

Elmasri, R.; Navathe, S. B. (1994), Fundamentals of Database Systems, 2. Aufl., Redwood City u. a. 1994

Ferstl, O. K.; Sinz E. J. (1998), Grundlagen der Wirtschaftsinformatik. Band 1, 3. Aufl., München, Wien 1998

Fischer, J. (1992), Datenmanagement, München, Wien 1992

Frese, E. (1994), Aktuelle Informationskonzepte und Informationstechnologien, in: m&c, 2. Jg. (1994) Nr. 2, S. 129-134

Greschner, J.; Zahn, E. (1992), Strategischer Erfolgsfaktor Information, in: Krallmann, H. (Hrsg.), Rechnergestützte Werkzeuge für das Management, Grundlagen, Methoden, Anwendungen, Berlin 1992, S. 9-28

Hars, A. (1994), Referenzdatenmodelle. Grundlagen effizienter Datenmodellierung, Wiesbaden 1994

Heinrich, L. J (1995), Informationsmanagement, 4. Aufl., München-Wien 1995

Hoffmann, W.; Kirsch, J.; Scheer, A.-W. (1993), Modellierung mit ereignisgesteuerten Prozeßketten, in: Scheer, A.-W. (Hrsg.), Veröffentlichungen des Instituts für Wirtschaftsinformatik, Saarbrücken (1993), Nr. 101

Holthuis, J. (1998), Der Aufbau von Data Warehouse-Systemen. Konzeption, Datenmodellierung, Vorgehen, Wiesbaden 1998

Holthuis, J. (1996), Multidimensionale Datenstrukturen. Grundkonzepte, Funktionalität, Implementierungsaspekte, in: Mucksch, H.; Behme, W. (Hrsg.), Das Data-Warehouse-Konzept, Wiesbaden 1996, S. 165-204

Inmon, W. H. (1996), Building the Data Warehouse, 2. Aufl., New York u. a. 1996
Keller, G; Meinhardt, S. (1994), SAP R/3-Analyzer − Optimierung von Geschäftsprozessen auf Basis des R/3-Referenzmodells, SAP AG (Hrsg.), Walldorf 1994
Keller, G.; Nüttgens, M.; Scheer, A.-W. (1992), Semantische Prozeßmodellierung auf der Basis „Ereignisgesteuerter Prozeßketten (EPK)", in: Scheer, A.-W. (Hrsg.), Veröffentlichungen des Instituts für Wirtschaftsinformatik, Saarbrücken (1992), Nr. 89
Krcmar, H. (1997), Informationsmanagement, Berlin u. a. 1997
Krcmar, H. (1990), Bedeutung und Ziel von Informationssystem-Architekturen, in: Wirtschaftsinformatik, 32. Jg. (1990), Nr. 5, S. 395-402
Krcmar H. A. O. (1986), Innovationen durch strategische Informationssysteme. Working Paper des Center for Research on IS der New York University, New York 1986
Leffson, U (1987), Die Grundsätze ordnungsmäßiger Buchführung, 7. Aufl., Düsseldorf 1987
Lenzerini, M. (1985), SERM-Semantic Entity-Relationship Model, in: Chen, P. P.-S. (Hrsg.), Entity-Relationship-Approach − The Use of ER Concept in Knowledge Representation, Amsterdam 1985, S. 270-278
Mertens, P. (1995), Integrierte Informationsverarbeitung 1. Administrations- und Dispositionssysteme in der Industrie, 10. Aufl., Wiesbaden 1995
Mertens, P.; Griese, J. (1993), Integrierte Informationsverarbeitung 2. Planungs- und Kontrollsysteme in der Industrie, 7. Aufl., Wiesbaden 1993
Mertens, P.; Bodendorf, F.; König, W.; Picot, A.; Schuhmann, M. (1995), Grundzüge der Wirtschaftsinformatik, 3. Aufl., Berlin u. a. 1995
Moody, D. L.; Shanks, S. (1994), What makes a Good Data Model? Evaluating the Quality of Entity Relationship Models, in: Locopoulos, P. (Hrsg.), Entity-Relationship Approach − ER '94. Business Modelling and Re-Engineering. 13th International Conference on the Entity-Relationship Approach. Proceedings, Berlin u. a. S. 94-111
OLAP Council (1998), OLAP and OLAP Server Definitions, http://www.olapcouncil.org/research/glossary.htm, 30.3.1998
Österle, H. (1990), Unternehmensstrategie und Standardsoftware: Schlüsselentscheidungen für die 90er Jahre, in: Österle, H. (Hrsg.), Integrierte Standardsoftware: Entscheidungshilfen für den Einsatz von Softwarepaketen. Bd. 1: Managemententscheidungen, Hallbergmoos 1990
Picot, A. (1990), Der Produktionsfaktor Information in der Unternehmensführung, in: IM (1990) Nr. 1, S. 6-14
Picot, A.; Maier, M. (1993), Information als Wettbewerbsfaktor, in: SzU (1993) Nr. 49, S. 31-53
Picot, A.; Franck, E. (1988) Die Planung der Unternehmensressource Information (I u. II), in: WISU (1988) Nr. 10 und 11, S. 544-549 und 608-614
Porter, M. E.; Millar, V. E. (1985), How information gives you competitive advantage, in: Harvard Business Review (1985) Nr. 5, S. 149-160
Rockart, J. F. (1979), Chief executives define their own data needs, in: Harvard Business Review (1979) Nr. 4, S. 149-160
Rosemann, M. (1996), Komplexitätsmanagement in Prozeßmodellen. Methodenspezifische Gestaltungsempfehlungen für die Informationsmodellierung, Wiesbaden 1996
Scheer, A.-W. (1998a), ARIS − Vom Geschäftsprozeß zum Anwendungssystem, 3. Aufl., Berlin u. a. 1998
Scheer, A.-W. (1998b), ARIS − Modellierungsmethoden, Metamodelle, Anwendungen, 3. Aufl., Berlin u. a. 1998
Scheer, A.-W. (1995), Wirtschaftsinformatik. Referenzmodelle für industrielle Geschäftsprozesse, 6. Aufl., Berlin u. a. 1995
Scheer, A.-W. (1990), CIM − Computer Integrated Manufacturing. Der computergesteuerte Industriebetrieb, 4. Aufl., Berlin u. a. 1990

Schlageter, G.; Stucky, W. (1983), Datenbanksysteme – Konzepte und Modelle, 2. Aufl., Stuttgart 1983

Schütte, R. (1998), Grundsätze ordnungsmäßiger Referenzmodellierung. Konstruktion konfigurations- und anpassungsorientierter Modelle, Wiesbaden 1998

Stahlknecht, P.; Hasenkamp, U. (1997), Einführung in die Wirtschaftsinformatik, 7. Aufl., Berlin u. a. 1997

Strunz, H. (1990), Zur Begründung einer Lehre von der Architektur informationstechnikgestützter Informations- und Kommunikationssysteme, in: Wirtschaftsinformatik, 32. Jg. (1990), Nr. 5, S. 439-445

Szyperski, N. (1980), Informationsbedarf, in: Grochla, E. (Hrsg.), Handwörterbuch der Organisation, 2. Aufl., Stuttgart 1980, Sp. 904-913

Vetter, M. (1991), Aufbau betrieblicher Informationssysteme – mittels objektorientierter, konzeptioneller Datenmodellierung, 7. Aufl., Stuttgart 1991

Vossen, G. (1994), Datenmodelle, Datenbanksprachen und Datenbank-Management-Systeme, 2. Aufl., Bonn u. a. 1994

Wedekind, H. (1981), Datenbanksysteme I. Eine konstruktive Einführung in die Datenverarbeitung in Wirtschaft und Verwaltung, Mannheim u. a. 1981

Wissenschaftliche Kommission Wirtschaftsinformatik (WKWI) (1996), Profil der Wirtschaftsinformatik, in: Wirtschaftsinformatik, 36. Jg. (1996) Nr. 1, S. 80-81

Wittmann, W. (1959), Unternehmung und unvollkommene Information. Köln, Opladen 1959

Zelewski, S. (1996), Grundlagen, in: Corsten, H.; Reiß, M. (Hrsg.), Betriebswirtschaftslehre, 2. Aufl., München, Wien 1996, S. 1-140

17 Umwelt- und Marktinformationen

Claudia Fantapié Altobelli

Inhaltsverzeichnis

1 Der Informationsbedarf in der Betriebswirtschaftslehre	306
2 Die Erhebung von Umwelt- und Marktinformationen	308
2.1 Sekundärstatistische Datenerhebung	308
2.2 Primärstatistische Datenerhebung	311
2.2.1 Ablauf einer primärstatistischen Datenerhebung	311
2.2.2 Festlegung des Auswahlplans	311
2.2.3 Bestimmung der Erhebungsmethode	314
3 Die Verarbeitung von Umwelt- und Marktinformationen	327
3.1 Überblick	327
3.2 Verfahren der Datenreduktion	327
3.2.1 Univariate Verfahren der Datenreduktion	327
3.2.2 Faktorenanalyse	327
3.3 Verfahren der Klassifikation	330
3.3.1 Clusteranalyse	330
3.3.2 Diskriminanzanalyse	331
3.3.3 Multidimensionale Skalierung	333
3.4 Verfahren zur Messung von Beziehungen	335
3.4.1 Verfahren der Dependenzanalyse	335
3.4.2 Verfahren der Interdependenzanalyse	339
3.5 Verfahren zur Messung von Präferenzen	341
4 Die Vorhersage von Umwelt- und Marktentwicklungen	343
4.1 Prognoseverfahren	343
4.1.1 Überblick	343
4.1.2 Prognosen auf der Grundlage von Zeitreihen	343
4.1.3 Prognosen auf der Grundlage von Indikatoren	346
4.1.4 Prognosen auf der Grundlage von Primärerhebungen	346
4.2 Projektionsverfahren	347
4.2.1 Szenario-Analyse	347
4.2.2 Früherkennungssysteme	348
Literaturverzeichnis	352

1 Der Informationsbedarf in der Betriebswirtschaftslehre

Rationales betriebswirtschaftliches Handeln setzt das Treffen von Entscheidungen voraus; diese wiederum erfordern die Berücksichtigung entscheidungsrelevanter Informationen. Damit wird deutlich, daß der betrieblichen Informationswirtschaft innerhalb der Unternehmensführung eine entscheidende Rolle zukommt. Zu beachten ist, daß sich der Informationsbedarf in zweifacher Hinsicht stellt (vgl. Hammann/Erichson 1994, S. 1):

- Zum einen werden Informationen bereits zur Erkennung und Formulierung von Problemen benötigt;
- zum anderen sind Informationen zur Beurteilung der mit den Entscheidungsalternativen verbundenen Konsequenzen erforderlich.

Das Spektrum der in der Betriebswirtschaftslehre benötigten Informationen ist sehr vielfältig; ihre Entscheidungsrelevanz hängt jedoch sehr stark vom konkreten betriebswirtschaftlichen Teilbereich ab, in welchem die Entscheidungen jeweils getroffen werden. Während etwa Informationen über das Konsumentenverhalten für Marketing-Entscheidungen von zentraler Bedeutung sind, sind sie für Finanzierungsentscheidungen eher irrelevant. Die verschiedenen in der Betriebswirtschaftslehre benötigten Informationen können dabei wie folgt klassifiziert werden (vgl. Abbildung 1):
- Informationen über die globale Umwelt
- Informationen über die Unternehmensmärkte
- Informationen über das Unternehmen selbst

(eine detaillierte Betrachtung der einzelnen Informationsbereiche und Rahmenbedingungen der BWL erfolgt im Beitrag Nr. 2).

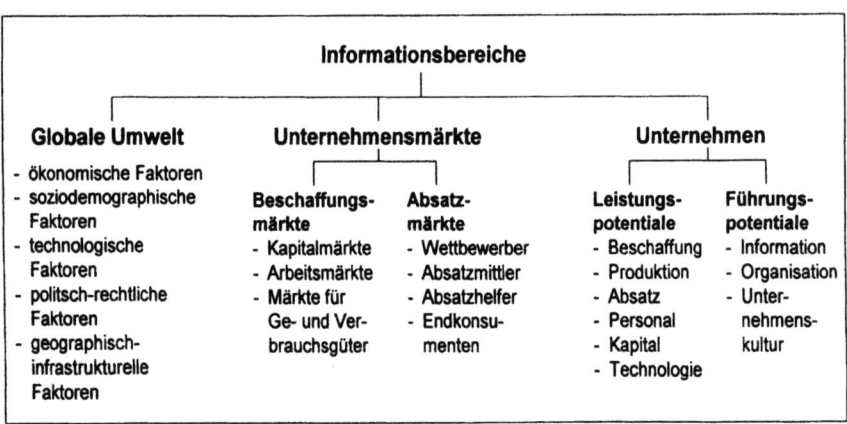

Abb. 1: Der Informationsbedarf in der Betriebswirtschaftslehre

Informationen über die *globale Umwelt* (Makroumwelt) betreffen die verschiedenen ökonomischen, soziodemographischen, technologischen, politisch-rechtlichen und geographisch-infrastrukturellen Rahmenbedingungen und beschreiben damit die allgemeine Situation einer Volkswirtschaft. Globale Umweltdaten betreffen daher alle Unternehmen unabhängig von ihrer Branchenzugehörigkeit. Informationen über die *Unternehmensmärkte* (Mikroumwelt) umfassen Informationen sowohl über die Beschaffungsmärkte als auch über die Absatzmärkte. Solche Faktoren betreffen jeweils Unternehmen einer bestimmten Branche und können daher branchenabhängig grundverschieden sein. Schließlich beruhen betriebliche Entscheidungen auf Informationen über das *Unternehmen* selbst. Dem Ansatz des strategischen Managements folgend lassen sich dabei Leistungs- und Führungspotentiale unterscheiden (vgl. Bea/Haas 1997, S. 99 ff.). Aus der Erfassung und Bewertung der einzelnen Faktoren können die Stärken und Schwächen einen Unternehmens abgeleitet werden, während die Analyse und Prognose von Umwelt- und Marktentwicklungen die Chancen und Risiken für ein Unternehmen kennzeichnen. Zu beachten ist, daß die Stärken und Schwächen eines Unternehmens stets in Relation zur Konkurrenz zu sehen sind.

	Primärstatistisch		Sekundärstatistisch
	Erhebungs-methoden	Erhebungs-einheiten	- Rechnungswesen und Controlling - Produktions- und Lagerstatistik - Kundenkarteien
intern		- Mitarbeiter - interne Experten - Niederlassungen - Reisende	- Database-Management - Absatz-/Umsatzstatistik - eigene Archive, frühere Primärerhebungen - Kundendienstberichte
extern	- Befragung - Beobachtung - Experiment	- Kunden - Konkurrenten - Handel - Handelsvertreter	- amtliche/halbamtliche, nationale und internationale Statistiken - Wirtschaftsverbände und -organisationen - Datenbanken, Auskunfteien, Archive - Studien von Marktforschungsinstituten - Verlage, Presse, Fachpublikationen - Unternehmensveröffentlichungen - Adreßbücher, Kataloge, Preislisten

Quelle: In Anlehnung an Kamenz 1997, S. 59 ff.
Abb. 2: Möglichkeiten der Datenerhebung

Im folgenden wird ausschließlich auf die Beschaffung von Umwelt- und Marktinformationen eingegangen, da zum einen der Beschaffung von Unternehmensinformationen gesonderte Beiträge gewidmet sind, zum anderen unternehmensinterne Informationen in vielen Fällen den Unternehmen bereits vorliegen und nicht gesondert beschafft werden müssen. Im Zusammenhang mit der Beschaffung von Umwelt- und Marktinformationen muß dabei folgendes beachtet werden:
– Im Rahmen der *Erhebung* von Informationen erhält man in der Regel eine Fülle unstrukturierter Einzeldaten; ihre Verdichtung zu brauchbaren Entscheidungsgrundlagen erfordert eine geeignete *Verarbeitung* des gewonnenen Datenmaterials.

– Betriebliche Entscheidungen sind zukunftsgerichtet; die Beschaffung entscheidungsrelevanter Informationen umfaßt daher auch die *Prognose* künftiger Entwicklungen in den einzelnen Informationsfeldern.

2 Die Erhebung von Umwelt- und Marktinformationen

Unter Erhebung soll im folgenden die systematische, planvolle Suche nach entscheidungsrelevanten Daten verstanden werden. Die vielfältigen Möglichkeiten der Datenerhebung lassen sich danach klassifizieren (vgl. Abbildung 2)
– ob sie unternehmensintern oder unternehmensextern, und
– ob sie sekundärstatistisch oder primärstatistisch gewonnen werden;
letztere Klassifikation soll im folgenden zugrunde gelegt werden.

2.1 Sekundärstatistische Datenerhebung

Unter einer sekundärstatistischen Datenerhebung wird die Analyse und Auswertung von Informationsmaterial verstanden, welches zu einem früheren Zeitpunkt, ggf. zu einem anderen Zweck erhoben wurde (vgl. Berndt 1996, S. 165). Damit wird auf bereits vorhandenes Datenmaterial zurückgegriffen, das für das aktuelle Entscheidungsproblem ausgewertet wird.

Interne Quellen der Sekundärforschung sind insbesondere im Zusammenhang mit der Unternehmensanalyse heranzuziehen. Rechnungswesen und Controlling liefern beispielsweise kontinuierliche Informationen über betriebswirtschaftliche Eckdaten (Kostenstruktur/Kostenentwicklung, Bilanzkennzahlen, Deckungsbeiträge usw.). Die Absatz- und Umsatzstatistik ermöglicht Einblicke in die Leistungstiefe des Unternehmens, seiner Geschäftsbereiche, Märkte und Produkte. Eine wichtige Quelle sind darüber hinaus frühere Erhebungen des Unternehmens.

Externe Quellen sind insbesondere für die Erhebung von Informationen über die globale Umwelt von Bedeutung, da gesamtwirtschaftliche Rahmendaten in der Regel von diversen Institutionen regelmäßig erhoben und veröffentlicht werden (Statistisches Bundesamt, Statistische Landesämter, wissenschaftliche Institute wie das Institut für Weltwirtschaft in Kiel, HWWA in Hamburg, Ifo-Institut in München). Informationen über einzelne Branchen lassen sich insbesondere aus Veröffentlichungen von Handelskammern und Verbänden gewinnen, wie z.B. IHK, DIHT, VDA. Auch Geschäftsbanken veröffentlichen Berichte über einzelne Branchen und/oder Wirtschaftsräume.

Spezielle Informationen zu bestimmten Fragestellungen lassen sich aus Veröffentlichungen von Marktforschungsinstituten gewinnen (z.B. GfK, Nielsen, Institut für Demoskopie Allensbach). Eine wichtige Quelle für Wettbewerberinformationen liefern schließlich Unternehmensveröffentlichungen (Imagebroschüren, Kataloge, Geschäftsberichte).

Eine steigende Bedeutung für die Beschaffung sekundärstatistischer Daten kommt *Datenbanken* zu. Die Fortschritte in der Telekommunikation haben gerade in den letzten Jahren dazu geführt, daß eine Vielzahl externer Datenbanken einem wachsenden Kreis von Nutzern zu akzeptablen Kosten zur Verfügung steht. Dadurch werden Recherchen zum einen erheblich beschleunigt, zum anderen bieten solche Datenbanken erhebliche Vorteile im Hinblick auf Qualität, Quantität und Aktualität der Daten (vgl. Hammann/Erichson 1994, S. 62). Zu den bekanntesten deutschen Datenbanken gehören die GENIOS Wirtschaftsdatenbank, die ECONIS-Datenbank und die BDI-Datenbank (Bundesverband der deutschen Industrie). Zudem kann insbesondere über das Internet auf eine ganze Reihe internationaler Datenbanken zurückgegriffen werden (einen erschöpfenden Überblick über die verschiedenen weltweit abrufbaren Online-Datenbanken liefert Horváth 1996).

Was \ Woher	Verbandsberichte	Verbandsauskünfte	Verbandsstatistik	Verbandsmitgliederverzeichnis	Handelskammerberichte u. Informationen	Handelskammerauskünfte	Produktionsstatistik	Preis- und Lohnstatistik	Umsatzsteuerstatistik	Außenhandelsstatistik	Aus- und Einfuhrpreise	Industrieberichte	Statistisches Jahrbuch	Fachzeitschriften	Fachdokumentation (vorwiegend techn.)	Wirtschaftszeitschriften	Tageszeitungen und Wirtschaftspresse	Zeitungsausschnitt-Dienste	Firmen- und Branchenhandbücher	Einkaufsführer, Bezugsquellennachweis	Messekataloge	Kataloge und Preislisten	Prospekte	Bankauskünfte	Auskunfteien	Wirtschaftswissenschaftl. Institute	Geschäftsberichte
Abnehmer/Verwender	●		●		●									●		●	●	●	●	●	●		●	●	●		●
Absatzlage	●																●		●								●
Absatzorganisation																	●		●	●	●	●			●	●	
Absatzwege																	●		●	●	●	●			●	●	
Anbieter							●							●			●		●	●	●	●	●		●	●	
Auftragslage																	●	●	●						●	●	●
Auslandskonjunktur										●							●										●
Bankverbindungen																						●		●	●		●
Beschäftigung/Beschäftigte	●	●						●	●	●							●	●	●								●
Branchenkonjunktur	●	●		●													●	●	●						●		● ●
Branchenstruktur		●					●			●								●	●	●							●
Fertigungsstätten und Verfahren																	●		●	●	●		●				●
Finanzierung																									●	●	●
Forschung und Entwicklung	●		●		●									●	●		●	●	●						●	●	●
Geschäftsleitung																	●	●	●	●							●
Gewinn/Rentabilität																	●	●	●							●	●
Großhandelspreise								●		●																	
Inlandsumsatz								●		●																	
Investitionen											●						●	●	●								●
Jahresabschluß																	●	●	●								●
Kapitalstruktur																	●	●	●						●	●	●
Konkurrenz	●																●		●	●	●				●		●
Liquiditätsstatus																									●	●	●
Marktstellung																	●	●	●								●
Preise																	●	●	●		●	●	●	●			●
Preisentwicklung								●		●																	●
Produktionsprogramm			●		●	●											●	●	●	●	●	●	●		●		●
Regionale Schwerpunkte	●																					●	●				
Rechtsform																	●	●	●	●					●		●
Umsatz		●						●									●	●	●	●							●

Quelle: Schwarz 1987, S. 92
Abb. 3: Informationsbeschaffung aus Sekundärliteratur

Vorteile der sekundärstatistischen Datengewinnung sind insbesondere
- Schnelligkeit und
- Kostengünstigkeit der Informationsbeschaffung;

allerdings dürfen die *Nachteile* nicht übersehen werden (vgl. Berndt 1996, S. 166 f.):
- mangelnde Aktualität der Daten,
- mangelnde Vergleichbarkeit der Daten aus unterschiedlichen Quellen,
- mangelnde Detailliertheit der Daten,
- mangelnder Umfang der Daten.

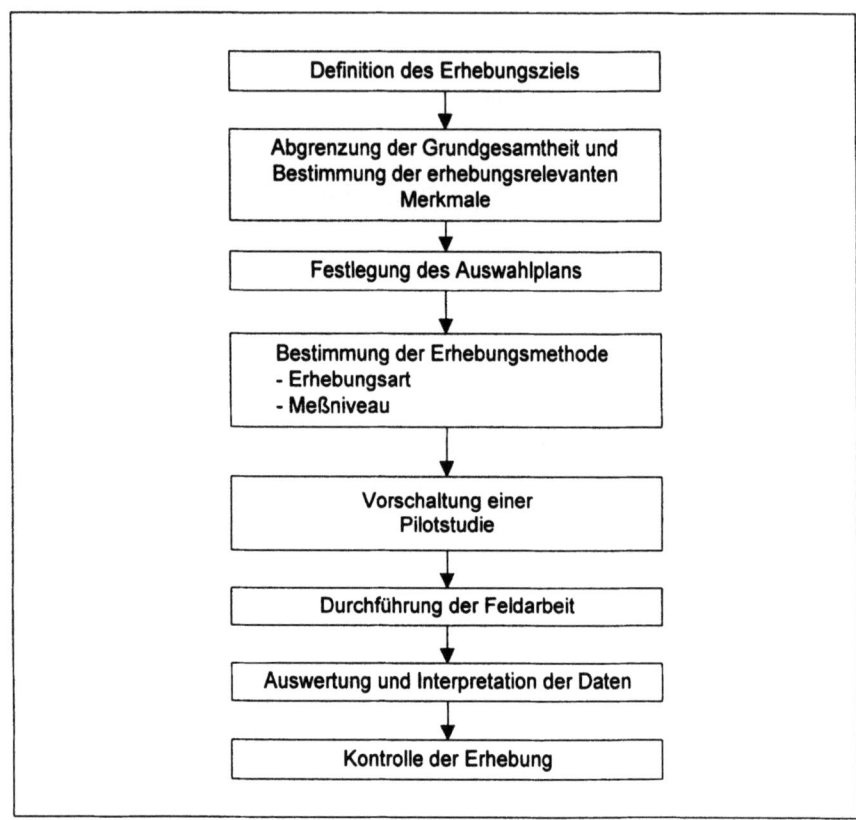

Abb. 4: Ablauf einer primärstatistischen Datengewinnung

Trotz der angegebenen Nachteile sollten bei einem konkreten betrieblichen Informationsbedarf zunächst die verfügbaren Quellen der Sekundärforschung ausgeschöpft werden; kann der Informationsbedarf nicht befriedigt werden, so ist ggf. eine primärstatistische Datenerhebung durchzuführen. Abbildung 3 gibt abschließend einen Überblick über die Eignung verschiedener Quellen der sekundärstatistischen Datenerhebung für verschiedene betriebliche Informationsfelder.

2.2 Primärstatistische Datenerhebung

2.2.1 Ablauf einer primärstatistischen Datenerhebung

Unter einer primärstatistischen Datenerhebung wird die Gewinnung originärer Daten zum spezifischen Informationsproblem durch das Unternehmen selbst oder ein von ihm beauftragtes Marktforschungsinstitut verstanden. Der Ablauf einer primärstatistischen Datenerhebung ist aus Abbildung 4 ersichtlich.

Am Anfang jeder primärstatistischen Erhebung steht die exakte Formulierung des jeweiligen Forschungsziels. Nachdem anschließend festgelegt wurde, bei welcher Grundgesamtheit (z.B. Personen, Geschäfte, Unternehmen) die gesuchten Informationen zu beschaffen sind und welche Merkmale der Untersuchungseinheiten relevant sind, erfolgt die Festlegung des Auswahlplans, d.h. die Entscheidung darüber, welche Elemente der Grundgesamtheit nach welchem Verfahren in die Untersuchung gelangen (z.B. Stichprobenbildung). Im Anschluß daran ist über die Erhebungsmethode (Befragung, Beobachtung oder Experiment) zu befinden; gleichzeitig ist das Meßniveau der zu erhebenden Daten festzulegen.

Im Rahmen einer ggf. vorzuschaltenden Pilotstudie wird die Erhebungsmethode getestet (z.B. Test des Fragebogens im Hinblick auf Eindeutigkeit, Verständlichkeit usw.); anschließend erfolgt die eigentliche Feldarbeit, d.h. die konkrete Erhebung. Die hierdurch gewonnenen Daten werden in einem nächsten Schritt ausgewertet und interpretiert; schließlich erfolgt eine Kontrolle der Erhebung, um festzustellen, ob die Forschungsziele erfüllt wurden. Im folgenden werden die wichtigsten Phasen einer primärstatistischen Datengewinnung einer näheren Betrachtung unterzogen.

2.2.2 Festlegung des Auswahlplans

Unter einem Auswahlplan versteht man die Methode, welche zur Auswahl der Erhebungseinheiten herangezogen wird. Einen Überblick über die einzelnen Elemente eines Auswahlplans liefert Abbildung 5.

In einem ersten Schritt ist darüber zu befinden, ob eine Vollerhebung oder eine Teilerhebung durchzuführen ist. Während im Rahmen einer *Vollerhebung* grundsätzlich alle Elemente der Grundgesamtheit in die Erhebung gelangen, wird bei einer Teilerhebung aus der Grundgesamtheit eine Stichprobe gezogen; aus den Untersuchungsergebnissen der Stichprobe wird auf die Verhältnisse in der Grundgesamtheit geschlossen. In der Regel scheidet aus finanziellen, organisatorischen und zeitlichen Gründen eine Vollerhebung von vornherein aus, so daß die meisten Primäruntersuchungen auf Stichprobenbasis erfolgen.

Grundsätzlich unterscheidet man im Rahmen einer Teilerhebung zwischen Verfahren der Zufallsauswahl und Verfahren der bewußten Auswahl. Eine *Zufallsauswahl* ist dadurch charakterisiert, daß die Auswahl der Untersuchungseinheiten durch einen Zufallsprozeß gesteuert wird (vgl. Hammann/Erichson 1994, S. 166). Jedes Element der Grundgesamtheit hat dieselbe Wahrscheinlichkeit, in die Stichprobe zu gelangen; dadurch kann der Zufallsfehler (Stichprobenfehler) berechnet werden. Je größer der Stichprobenumfang ist, um so wahrscheinlicher ist ihre Repräsentativität, d.h. die Wahrscheinlichkeit zufälliger Unterschiede zwischen Grundgesamtheit und Stichprobe wird geringer. Bei der *bewußten Auswahl* fehlt hingegen das Zufallsprinzip bei der Stichprobenbildung; dadurch ist eine statistische Fehlerberechnung nicht möglich. Die Stichprobe wird gezielt unter Berücksichtigung sachrelevanter Merkmale konstruiert, wodurch eine Repräsentativität der Stichprobe für die Grundgesamtheit angestrebt wird.

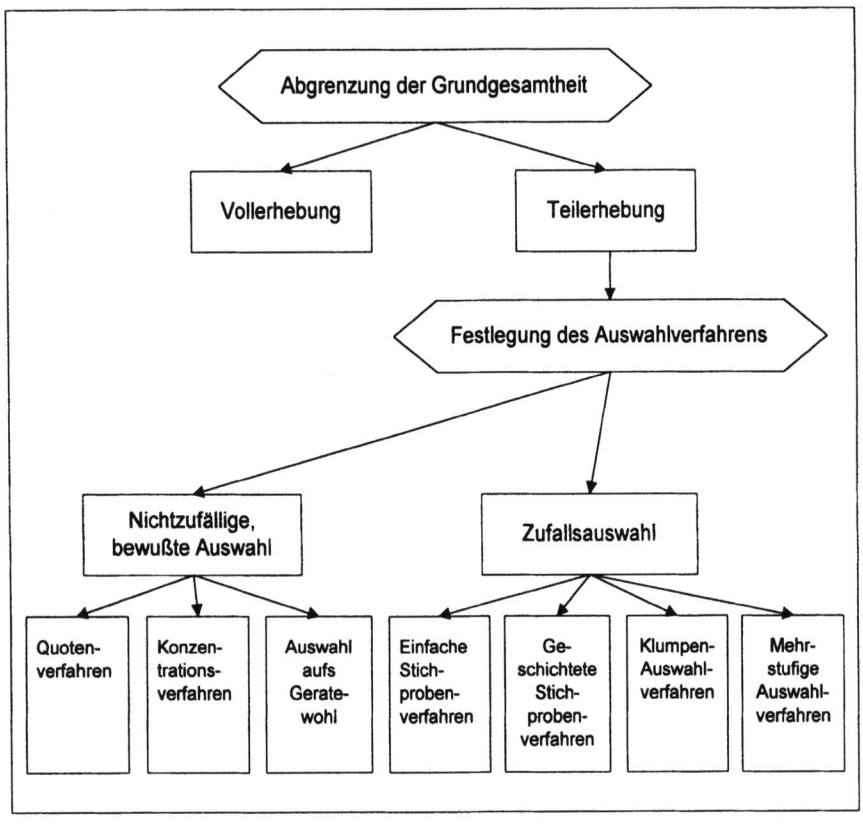

Quelle: Meffert 1992, S. 190
Abb. 5: Elemente des Auswahlplans

Im Rahmen der Zufallsauswahl kann unterschieden werden zwischen (vgl. Meffert 1992, S. 190):
- einfacher Zufallsstichprobe,
- geschichteter Zufallsstichprobe,
- Klumpenstichprobe und
- mehrstufiger Stichprobe;

Verfahren der bewußten Auswahl sind:
- Auswahl aufs Geratewohl
- Quotenauswahl und
- Auswahl nach dem Konzentrationsprinzip.

		Merkmale	Beispiele	Beurteilung
Bewußte Auswahl	*Auswahl aufs Geratewohl*	• Wahl solcher Elemente aus der Grundgesamtheit, die besonders leicht zu erreichen sind	• Befragung von Passanten einer bestimmten Straße zu einer bestimmten Tageszeit • Befragung von Freunden/Bekannten	+ sehr einfach + sehr kostengünstig - in der Regel nicht repräsentativ
	Quotenauswahl	• Verteilung bestimmter Merkmale in der Grundgesamtheit soll mit der Merkmalsverteilung in der Stichprobe (Quoten) übereinstimmen • jeder einzelne Interviewer erhält Quotenanweisungen • innerhalb der Quotenanweisungen ist der Interviewer bei der Auswahl konkreter Erhebungseinheiten frei	• Erhebung einer Stichprobe von Studenten, deren Verteilung im Hinblick auf Geschlecht, Staatsangehörigkeit, Studiengang und Alter der Verteilung der gesamten Studentenschaft an einer bestimmten Universität entspricht	+ relativ einfach + relativ kostengünstig + liefert in der Regel gute Ergebnisse - Auswahl der Quotenmerkmale schwierig - Gefahr der Willkür bei der Auswahl der Erhebungseinheiten durch den Interviewer - es können nur wenige Merkmale quotiert werden
	Konzentrationsprinzip	• *Cut-off-Verfahren:* Beschränkung der Erhebung auf solche Elemente, die für den Untersuchungsgegenstand eine besondere Bedeutung haben • *Typische Auswahl* Herausgreifen jener Elemente aus der Grundgesamtheit, die als besonders charakteristisch erscheinen	• Befragung von Kundenunternehmen, die zusammen einen Marktanteil von 80% haben • Befragung typischer Hausfrauen über bevorzugte Reinigungsmittel	+ kostengünstig - Ergebnisse sind stark vom subjektiven Urteil des Untersuchers geprägt - Repräsentativität fraglich
Zufallsauswahl	*Einfache Zufallsstichprobe*	• unmittelbare Ziehung einer Stichprobe aus der Grundgesamtheit • Grundlage: Urnenmodell	• zufällige Ziehung von 100 Käufern aus der Gesamtheit der Käufer eines Produktes	+ einfache Durchführung - im Vergleich zu den anderen Verfahren der Zufallsauswahl: Bei gleichem Stichprobenfehler ist ein größerer Stichprobenumfang erforderlich - sämtliche Elemente der Grundgesamtheit müssen erfaßt und zugänglich sein
	Geschichtete Zufallsstichprobe	• Grundgesamtheit wird in mehrere Schichten aufgeteilt • aus jeder Schicht wird eine einfache Zufallsstichprobe gezogen • *proportionale Aufteilung:* Aufteilung des Stichprobenumfangs proportional zum Umfang der Schichten • *optimale Aufteilung:* Aufteilung proportional zu den Streuungen innerhalb der Schichten	• Aufteilung der Kunden in gewerbliche und Privatkunden • Ziehung je einer Zufallsstichprobe aus den gewerblichen und den Privatkunden	+ Im Vergleich zur einfachen Zufallsstichprobe Reduzierung des Stichprobenfehlers (bei gleichem Stichprobenumfang) - Verteilung der interessierenden Merkmalsdimensionen muß bekannt sein
	Klumpenauswahl	• Aufteilung der Grundgesamtheit in Klumpen (meist natürliche Gruppierungen von Untersuchungseinheiten) • aus der Gesamtheit der Klumpen wird zufällig eine Stichprobe gezogen • alle Elemente der gezogenen Klumpen gehen in die Stichprobe ein	• Ziehung einer Stichprobe von Einzelhandelsgeschäften aus der Gesamtheit der Läden, die das Produkt führen • Beobachtung des Markenwahlverhaltens aller Käufer der betrachteten Läden während eines vorgegebenen Zeitraumes	+ Struktur der Grundgesamtheit braucht nicht im einzelnen bekannt zu sein + Durchführung der Erhebung in der Regel weniger aufwendig - Repräsentation der Grundgesamtheit durch die Klumpen ist fraglich
	Mehrstufige Stichprobe	• Aufteilung der Grundgesamtheit in Teilmengen (Primäreinheiten) • Zufallsauswahl aus der Menge der Primäreinheiten • Zufallsauswahl von Untersuchungseinheiten aus jeder ausgewählten Primäreinheit (Sekundäreinheiten)	• Aufteilung der Grundgesamtheit in Gemeinden • zufällige Auswahl einer Stichprobe von Gemeinden • aus den gewählten Gemeinden Zufallsauswahl von Personen	+ Vereinfachung der Durchführung der Erhebung, wenn die Grundgesamtheit hierarchisch gegliedert ist + geeignet, wenn keine Auswahlbasis für eine einfache Zufallswahl verfügbar ist

Abb. 6: Überblick über Verfahren der Stichprobenauswahl

Abbildung 6 enthält die wesentlichen Merkmale sowie Vor- und Nachteile der einzelnen Auswahlverfahren. Ausführliche Erörterungen der einzelnen Auswahlverfahren finden sich beispielsweise bei Cochran 1972 und Pokropp 1996.

2.2.3 Bestimmung der Erhebungsmethode

Mit der Festlegung des Auswahlplans wird bestimmt, welche Untersuchungseinheiten in der Untersuchung berücksichtigt werden. Im Rahmen der Bestimmung der Erhebungsmethode wird anschließend festgelegt, in welcher Art und Weise die Merkmalsausprägungen der Untersuchungseinheiten zu messen sind. Ergebnis der *Messung* ist die systematische Zuordnung von Werten zu beobachteten Merkmalsausprägungen auf den zu untersuchenden Merkmalsdimensionen (vgl. Berekoven/Eckert/Ellenrieder 1996, S. 69).

	zulässige Rechenoperation	empirische Aussage	zulässige Maßzahlen u. Verfahren	Beispiel
Nominalskala	jede eineindeutige Operation	Feststellung von Identitäten	Modus, Kontingenzmaße	Geschlecht des Probanden: 1 = männlich 2 = weiblich
Ordinalskala	jede monotone, rangerhaltende Operation	Feststellung von größeren oder kleineren Werten	Median, Centile, Rangkorrelation	Rangreihe von Produkten nach ihrer Präferierung durch einen Probanden: Produkt B = Rang 1 Produkt C = Rang 2 Produkt A = Rang 3
Intervallskala	lineare Transformation	Feststellung der Gleichheit von Intervallen oder Differenzen	arithmetisches Mittel, Varianz, Produkt-Moment-Korrelation, t-Test, F-Test	Einstellung eines Probanden zu einem Produkt: [1] 1 2 3 4 5 6 7 sehr gut — sehr schlecht
Verhältnisskala	Ähnlichkeitstransformation	Feststellung eines Verhältnisses zweier Werte	geometrisches Mittel, harmonisches Mittel	Einkommen in DM

[1] Die Antwortskala hat zunächst ordinales Niveau. Sie nimmt die Eigenschaft einer Intervallskala an, wenn die Hypothese zugrunde gelegt werden kann, daß die semantischen Abstände zwischen den Skalenwerten als gleich eingeschätzt werden

Quelle: Zentes 1984, S. 318
Abb. 7: Meßniveaus und ihre Eigenschaften

Im Hinblick auf die spätere Auswertung und Analyse des zu erhebenden Datenmaterials ist damit in einem ersten Schritt das *Meßniveau* der Daten zu bestimmen, welches zur Erfassung der unterschiedlichen Merkmalsausprägungen bei den einzelnen Untersuchungseinheiten herangezogen wird. Abbildung 7 zeigt die einzelnen Meßniveaus und ihre Eigenschaften.

Die Qualität der durch die Messung erzeugten Daten hängt in hohem Maße von der Güte das Meßvorganges ab. *Anforderungen an Meßmethoden* sind (vgl. Berndt 1996, S. 162. ff.)
- Objektivität,
- Reliabilität,
- Validität.

Objektivität bedeutet, daß die Meßergebnisse frei von subjektiven Einflüssen des Untersuchungsleiters sind. Objektiv ist eine Messung damit dann, wenn unterschiedliche Forscher mit derselben Methode und unter denselben Meßbedingungen zum selben Ergebnis gelangen.

Reliabilität impliziert, daß erneute Messungen unter gleichen Meßbedigungen dieselben Meßwerte erzeugen, d.h. daß die Meßergebnisse reproduzierbar sind. Die Reliabilität stellt eine Voraussetzung für die Validität dar.

Validität bedeutet schließlich, daß die gemessenen Sachverhalte dem entsprechen, was nach der begrifflichen Abgrenzung gemessen werden soll. Die numerischen Werte einer Messung sollen in angemessener Weise die Relationen zwischen den Objekten abbilden.

Die konkrete Datenerhebung kann dabei mit folgenden Erhebungsverfahren erfolgen:
- Befragung
- Beobachtung
- Experiment.

Befragung

Die Befragung ist die am weitesten verbreitete Form der Primärforschung; sie beruht darauf, daß die Testpersonen selbst Auskünfte über den Befragungsgegenstand geben. Mit Hilfe von Befragungen lassen sich insbesondere Marktinformationen gewinnen. Sehr unterschiedlich sind dabei die einzelnen *Befragungsarten*, welche nach einer Vielzahl von Kriterien klassifiziert werden können.

Nach dem Kriterium „*Art der Kommunikation*" kann grundsätzlich zwischen einer schriftlichen, mündlichen und Computerbefragung unterschieden werden. Im Rahmen einer *schriftlichen Befragung* werden die Fragen den Auskunftspersonen in schriftlicher Form vorgelegt und von diesen schriftlich beantwortet. In der Regel werden hierzu standardisierte Fragebögen eingesetzt, welche ausgelegt, ausgehändigt oder postalisch bzw. per Telefax zugestellt werden.

Bei einer *mündlichen Befragung* wird hingegen ein Interviewer eingesetzt, d.h. die Äußerungen werden im Wege persönlicher Kommunikation mit den Erhebungspersonen erfaßt und mit Hilfe eines Speichermediums in schriftlicher oder akustischer Form festgehalten (vgl. Hammann/Erichson 1994, S. 78). Grundsätzlich kann eine mündliche Befragung face-to-face oder telefonisch erfolgen; gerade Telefoninterviews werden dabei in zunehmendem Maße computergestützt durchgeführt.

Nicht zu verwechseln mit der computergestützten Befragung ist die *Computerbefragung* i.e.S. Hier handelt es sich um eine Form der unpersönlichen Kommunikation, bei welcher der Befragte den Fragebogen direkt am Computer beantwortet. Häufig erfolgen Computerbefragungen dabei im Online-Betrieb, d.h. in ständiger Verbindung mit einem Zentralcomputer, welcher die eingehenden Fragebögen ohne Zwischenspeicherung erfaßt und verarbeitet. Die Vor- und Nachteile der einzelnen Befragungsmethoden sind in Abbildung 8 enthalten.

	Schriftliche Befragung	Persönliche Befragung	Telefonische Befragung	Computer-Befragung
Datengenauigkeit	sehr gut	mittel bis sehr gut	mittel bis sehr gut	sehr gut
Erhebbare Datenmenge	groß	sehr groß	mittel bis sehr groß	sehr groß
Flexibilität	gering	sehr hoch	mittel bis sehr hoch	sehr hoch
Externe Validität	gering bis hoch	sehr hoch	hoch	potentiell hoch
Kosten pro Erhebungsfall	sehr gering	hoch bis mittel	gering	hoch
Zeitbedarf pro Erhebungsfall	mittel	hoch bis mittel	niedrig bis sehr niedrig	niedrig bis sehr niedrig
Durchführungsprobleme	sehr gering	zahlreich	gering	zahlreich

Quelle: Hammann/Erichson 1994, S. 89
Abb. 8: Vor- und Nachteile von Befragungsmethoden

Nach dem Kriterium „*Standardisierungsgrad der Fragen*" unterscheidet man zwischen den standardisierten und dem nichtstandardisierten, freien Interview. Im Rahmen eines *standardisierten Interviews* werden die Fragen vorab festgelegt und sämtlichen Auskunftspersonen mit dem gleichen Wortlaut und in derselben Reihenfolge gestellt. Hingegen erhält der Interviewer im Rahmen eines *freien Interviews* lediglich einen Leitfaden; Ablauf und Fragenwortlaut werden nach freiem Ermessen des Interviewers in Abhängigkeit der konkreten Befragungssituation fallweise bestimmt. Während standardisierte Interviews Vorteile im Hinblick auf Vergleichbarkeit und Auswertbarkeit der Antworten haben, bieten freie Interviews bessere Anpassungsmöglichkeiten an individuelle Situationen; allerdings erfordern sie einen gut geschulten Interviewerstab und bergen darüber hinaus die Gefahr von Verzerrungen aufgrund des hohen Interviewereinflusses.

Nach dem Merkmal „*Anzahl der Teilnehmer an ein und demselben Interview*" kann zwischen Einzel- und Gruppeninterviews differenziert werden. Während bei *Einzelinterviews* jeweils nur eine Auskunftsperson befragt wird, werden bei *Gruppeninterviews* mehrere Personen gleichzeitig interviewt. Ziel von Gruppeninterviews ist die Gewinnung eines möglichst breiten Spektrums von Meinungen und Ideen in relativ kurzer Zeit; Anwendungsbereiche sind u.a. die Motiv- bzw. Einstellungsforschung sowie die Ideengewinnung. Durch Effekte der Gruppendynamik erhofft man sich den Abbau von Antworthemmungen sowie die Auslösung spontaner Reaktionen und Assoziationen.

Im Hinblick auf das Kriterium „*Häufigkeit der Befragung*" lassen sich einmalige und mehrmalige Befragungen unterscheiden. Im Rahmen einer *einmaligen Befragung* wird der interessierende Sachverhalt nur einmal erhoben, wohingegen bei *mehrmaligen Befragungen* derselbe Sachverhalt im Zeitablauf mehrfach erhoben wird. Dadurch eignen sich mehrmalige Befragungen insbesondere zur Erfassung von Entwicklungen im Zeitablauf. Eine Sonderform mehrmaliger Befragungen stellen dabei *Panelbefragungen* dar, im Rahmen derer derselbe Personenkreis wiederholt zum selben Sachverhalt befragt wird. Panelerhebungen werden insbesondere in der Markenartikelindustrie zur Erfassung von Absatz- und Marktanteilsentwicklungen angewendet; im einzelnen werden folgende Daten erfaßt (vgl. Hammann/Erichson 1994, S. 140):
– Datum des Einkaufs,
– Einkaufsstätte,
– eingekaufte Produkte (Art, Marke, Packungsgröße, Menge, Preis).

Aus diesen Daten können folgende Informationen gewonnen werden:
– Käuferzahlen,
– Einkaufsmengen,
– Durchschnittspreise und Verbrauchsangaben,
– Marktanteile.

Die Registrierung der Einkäufe der Panelmitglieder kann zum einen über Erhebungsbögen erfolgen; üblicher ist jedoch mittlerweile die automatische Erfassung mit Hilfe von Scannerkassen. Panelerhebungen werden vorwiegend von Marktforschungsinstituten durchgeführt, in Deutschland u.a. von der GfK (Nürnberg) und von A.C. Nielsen (Frankfurt). (Zu den einzelnen Varianten von Panels vgl. ausführlich z.B. Broder 1980, Parfitt 1972, Stern 1974.)

Nach dem Kriterium „*Befragungsgegenstand*" lassen sich Einthemen- und Mehrthemenbefragungen unterscheiden. Eine *Einthemenbefragung* erfolgt zu einem einzigen Befragungsgegenstand; hingegen werden die Auskunftpersonen im Rahmen einer *Mehrthemenbefragung* (Omnibusbefragung) zu unterschiedlichen Erhebungsgegenständen befragt. Eine Omnibusbefragung wird meist im Auftrag mehrerer Auftraggeber durchgeführt, weswegen die auf das einzelne Unternehmen anfallenden Kosten relativ gering sind. Allerdings ist die Zahl der Fragen pro Thema eingeschränkt; des weiteren muß auf Zielgruppenkongruenz

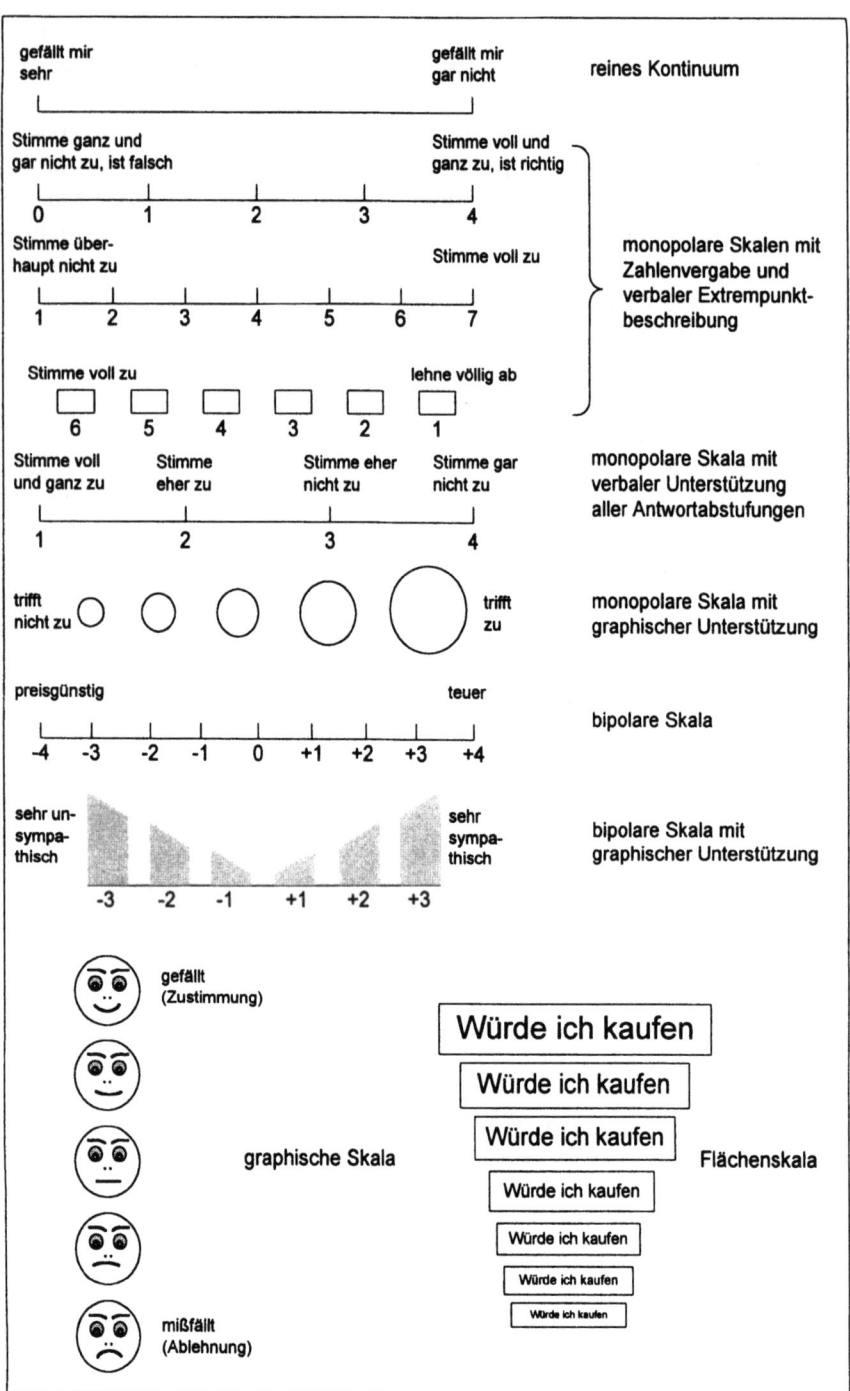

Quelle: Berekoven/Eckert/Ellenrieder 1996, S. 75
Abb. 9: Beispiele für Skalafragen

wie auch auf Überschneidungsfreiheit der einzelnen Befragungsthemen geachtet werden.

Im Hinblick auf das Kriterium „*Frageart*" lassen sich u.a. offene und geschlossene Fragen unterscheiden (zu den verschiedenen Arten von Fragen vgl. ausführlich z.B. Hüttner 1989, S. 65 ff.). Im Rahmen *offener Fragen* existieren keine festen Antwortkategorien, d.h. die Antwort der Auskunftsperson wird im Wortlaut notiert. Anwendung finden offene Fragen insbesondere bei persönlichen, freien Interviews. Bei *geschlossenen Fragen* werden hingegen die möglichen Antwortkategorien vorgegeben; die Auskunftsperson muß aus den vorgegebenen Antwortkategorien eine oder mehrere auswählen. Eine Sonderform geschlossener Fragen stellen dabei *Skalafragen* dar, bei welchen die Befragten ihre Urteile anhand einer Skala abgeben können. Einen Überblick über mögliche Skalafragen liefert Abbildung 9. Vorteilhaft ist an offenen Fragen die Möglichkeit der Gewinnung eines breiten Spektrums an Meinungen; im Hinblick auf die Auswertbarkeit der Antworten sind allerdings geschlossene Fragen vorzuziehen. Offene Fragen werden häufig im Vorfeld einer Befragung durchgeführt, um Hinweise für die Entwicklung des Fragebogens zu gewinnen.

Im Zusammenhang mit der Frageart ist des weiteren auf *Indikatoren* einzugehen. Gerade für heikle oder tabuisierte Sachverhalte empfiehlt sich eine indirekte Befragung, um möglichen Antwortverweigerungen – oder bewußt falschen Antworten – entgegen zu wirken. Anstelle der direkten Frage „Verhalten Sie sich bei Ihren Einkäufen preisbewußt?", bei welcher zu erwarten ist, daß ein Teil der Befragten aus „Imagegründen" fälschlicherweise mit „Ja" antwortet, kann etwa die Frage gestellt werden „Haben Sie bei Ihrem letzten Einkauf eine Marke im Sonderangebot erworben, die Sie sonst nicht kaufen?".

Beobachtung

Unter einer Beobachtung versteht man die zielgerichtete, planmäßige Erfassung von sinnlich wahrnehmbaren Sachverhalten im Zeitpunkt ihres Auftretens (vgl. Berndt 1996, S. 187). Grundsätzlich eignet sie sich dabei zur Gewinnung sowohl von Umwelt- als auch von Marktinformationen. Auch Beobachtungen lassen sich nach einer Vielzahl von Kriterien klassifizieren.

Nach der *Person des Beobachters* lassen sich die Selbst- und die Fremdbeobachtung unterscheiden. Den Regelfall bildet die *Fremdbeobachtung*, im Rahmen derer die Beobachtung durch unabhängige Dritte erfolgt, ggf. unter Verwendung technischer Hilfsmittel. Im Rahmen der *Selbstbeobachtung* erfolgt die Beobachtung durch die Auskunftsperson selbst; aufgrund der mangelnden Objektivität der Ergebnisse stellt die Selbstbeobachtung jedoch den Ausnahmefall dar.

Nach dem *Bewußtseinsgrad des Beobachteten* lassen sich die offene, die nicht durchschaubare, die quasi-biotische und die biotische Situation unterscheiden. Die wesentlichen Merkmale der einzelnen Beobachtungssituationen sind in Abbildung 10 enthalten. Mit Ausnahme der biotischen und – in Grenzen – der quasi-biotischen Situation ist in der Regel ein Beobachtungseffekt zu erwarten, d.h. eine Verhaltensänderung der Probanden aufgrund des Wissens um die Beobachtung.

In engem Zusammenhang mit dem Bewußtseinsgrad des Beobachteten steht das Kriterium *Partizipationsgrad des Beobachters*. Bei der *teilnehmenden Beobachtung* wirkt der Beobachter am Geschehen mit. Soll dabei seine Rolle als Beobachter unbekannt bleiben, ist eine Tarnung erforderlich, was die zeitgleiche Erfassung der zu beobachtenden Sachverhalte erschwert (vgl. Berekoven/Eckert/ Ellenrieder 1996, S. 147). Im Rahmen einer *nichtteilnehmenden Beobachtung* wird der Beobachter hingegen nicht aktiv in das Geschehen mit einbezogen; diese Variante hat Vorteile im Hinblick auf Objektivität der Messung sowie Nicht-Durchschaubarkeit der Beobachtungssituation.

Beobachtungssituationen			
(1) Offene Situation	**(2) Nicht durchschaubare Situation**	**(3) Quasi-biotische Situation**	**(4) Biotische Situation**
• Der Beobachtete weiß von der Beobachtung • er kennt deren Zweck und deren eigentliche Aufgabe • Beispiel: Beobachtung der Handhabung von Produkten in einer häuslichen Situation	• Der Beobachtete weiß von der Beobachtung • er kennt deren Zweck, nicht aber deren eigentliche Aufgabe • Beispiel: Beobachtung des Markenwahlverhaltens im Rahmen eines Store-Tests, wenn der Beobachtete nicht weiß, um welche Produktkategorie es sich handelt	• Der Beobachtete weiß von der Beobachtung • er kennt weder deren Zweck, noch deren eigentliche Aufgabe • Beispiel: Blickregistrierungsverfahren beim Werbemitteltest	• Der Beobachtete weiß nicht von der Beobachtung • er kennt weder deren Zweck, noch deren eigentliche Aufgabe • Beispiel: Wartezimmertest

Abb. 10: Beobachtungssituationen

Nach dem Kriterium der *Wahrnehmungs- bzw. Registrierungsform* kann zwischen manueller, apparativer und automatischer Erfassung unterschieden werden. Einen Überblick über die einzelnen Aufzeichnungsverfahren liefert Abbildung 11. Im Zuge der Fortschritte der Mikroelektronik haben elektronische Beobachtungsverfahren an Bedeutung gewonnen; zu den wichtigsten zählen folgende (vgl. ausführlich Hammann/Erichson 1994, S. 99 ff):
- *Telemeter*: Hierbei handelt es sich um ein Zusatzgerät, das an einen herkömmlichen Fernseher angeschlossen wird. Mit dessen Hilfe werden Einschaltdauer und Programmwahl von Personen bzw. Haushalten registriert.
- *Film- und Videoaufzeichnungen*: Hierbei wird das Verhalten der Probanden mit Hilfe einer Kamera aufgezeichnet; damit sind Beobachter nicht erforderlich.
- *Blickaufzeichnung*: Mit Hilfe einer brillenähnlichen Vorrichtung werden die Augenbewegungen der Versuchspersonen bei der Wahrnehmung von Objekten registriert und mit Hilfe einer Videokamera registriert.
- *Hautwiderstandsmessung* (elektrodermale Reaktion): hierbei werden mittels Sensoren Veränderungen des elektrischen Hautwiderstandes gemessen, welche als Folge unterschiedlicher Aktivierungsniveaus auftreten. Dadurch können Aufmerksamkeit und Interesse des Probanden bezüglich des Untersuchungsobjektes erfaßt werden.

- *Scanning*: Automatische Erfassung von Kassiervorgängen mit Hilfe eines Strichcodes, der am Produkt angebracht ist, sowie eines Lesegeräts. Insbesondere im Einzelhandel sind daran auch Warenwirtschaftssysteme gekoppelt.
- *Schnellgreifbühne*: Es handelt sich hierbei um einen Kasten, in dem mehrere Gegenstände rotieren. Bei kurzer Öffnung einer Klappe muß der Proband zu dem Objekt greifen, das ihm spontan am besten gefällt.

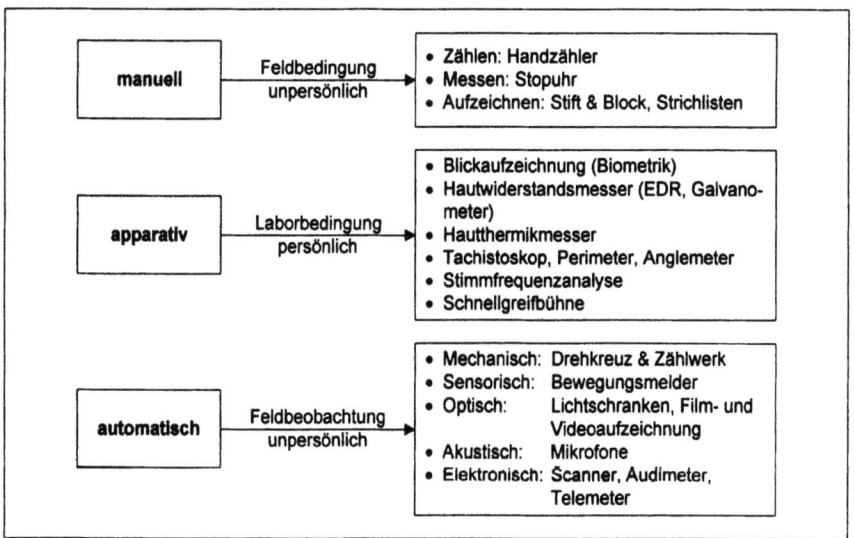

Quelle: Kamenz 1997, S. 75
Abb. 11: Wichtige Aufzeichnungsverfahren der Beobachtung

Vorteile einer Beobachtung liegen in deren vergleichsweisen Einfachheit und Kostengünstigkeit; darüber hinaus kann sie unabhängig von der Auskunftsbereitschaft der Testpersonen erfolgen – was allerdings ggf. rechtliche Probleme zur Folge haben kann, wenn die Aufzeichnung ohne Einverständnis des Beobachteten erfolgt. *Nachteilig* ist insbesondere die Tatsache, daß nur das äußere Verhalten erfaßt werden kann; psychologische Größen wie Motive und Einstellungen sind durch eine Beobachtung nicht meßbar.

Experiment

Im Rahmen eines Experiments wird der interessierende Sachverhalt – analog zu den Naturwissenschaften – mit Hilfe eines Versuchs analysiert. Anwendungsgebiet von Experimenten ist dabei der empirische Test von Reaktionshypothesen mit dem Ziel, Ursache-Wirkungs-Beziehungen zu gewinnen; damit eignen sich Experimente insbesondere für die Gewinnung von Informationen über die Absatzmärkte.

Im Rahmen eines Experiments werden folgende *Elemente* unterschieden (vgl. Meffert 1992, S. 207 f.):

	Testverfahren	Regionaler Testmarkt	Store-Test	Mini-Testmarkt	Labor-Testmarkt
	Charakterisierung	• Feldexperiment • Probeweiser Verkauf von Produkten unter kontrollierten Bedingungen in einem räumlich abgegrenzten Markt bei Einsatz ausgewählter oder aller Marketinginstrumente	• Feldexperiment • Probeweiser Verkauf von Produkten unter kontrollierten Bedingungen in ausgewählten Handelsgeschäften	• Feldexperiment • Kombination aus regionaler Testmarktuntersuchung und elektronischem Panel • Test- und Kontrollgruppe werden mit unterschiedlichen Werbemaßnahmen konfrontiert • Käufe per Scannerkasse erfaßt	• Laborexperiment • nach Vorführung von Werbemaßnahmen werden Käufe der Testpersonen in einem künstlich aufgebauten Supermarkt registriert • i.d.R. anschließend Nachkaufinterviews
Beurteilung	Testdauer	längerer Zeitraum	kurzer Zeitraum	kurzer Zeitraum	kurzer Zeitraum
	Kosten	relativ hoch	relativ gering	relativ gering	gering
	Kontrollmöglichkeiten	gering; Gefahr von Störeinflüssen hoch	relativ gering; Gefahr von Störeinflüssen hoch	gut; geringe Störeinflüsse	sehr gut; kaum Störeinflüsse
	Möglichkeit der Geheimhaltung	nicht gegeben	in Grenzen gegeben	i.d.R. gegeben	uneingeschränkt gegeben
	Prognosemöglichkeiten	i.d.R. hohe Repräsentativität und große Realitätsnähe	Realitätsnähe hoch, aber Repräsentativität aufgrund der geringen Anzahl einbezogener Läden gering	eingeschränkte Realitätsnähe; geringe Repräsentativität	eingeschränkte Realitätsnähe; Repräsentativität abhängig vom Auswahlverfahren
	Isolierbarkeit der Wirkung einzelner Maßnahmen	gering	gering	hoch	hoch

Quelle: In Anlehnung an Meffert 1992, S. 241
Abb. 12: Testmarktalternativen im Vergleich

- Experimenteller Input (die zu testenden unabhängigen Variablen, z.B. alternative Verpackungen),
- kontrollierte Variablen (z.B. Konstanthaltung des Preises und der Regalplazierung),
- Störvariablen (nicht kontrollierbare Umwelteinflüsse, z.B. Konkurrenzmaßnahmen),
- Testelemente (die Personen oder Geschäfte, die am Experiment teilnehmen),
- Output (abhängige Variablen, z.B. Absatzmengen bei alternativen Verpackungen).

In der Regel erfolgt die *Messung* im Rahmen eines Experiments mit Hilfe von Befragungen und/oder Beobachtungen. Experimente lassen sich unterscheiden nach:
- experimentellem Umfeld,
- zeitlichem Einsatz der Messung sowie
- Versuchsanordnung.

Nach dem *experimentellem Umfeld* kann zwischen Feld- und Laborexperimenten unterschieden werden. Im Rahmen eines *Feldexperiments* wird der Versuch unter realen Bedingungen durchgeführt. Vorteilhaft ist hier das Vorhandensein eines realen Umfelds; auch brauchen die Testpersonen nicht zu erfahren, daß sie an einem Experiment teilnehmen. Nachteilig sind in der Regel die hohen Kosten, der hohe Zeitaufwand sowie die Tatsache, daß Umwelteinflüsse nicht kontrollierbar sind. Bedeutende Varianten eines Feldexperiments sind
- regionaler Testmarkt
- Store-Test
- Mini-Testmarkt.

Laborexperimente werden in einem eigens dafür ausgestatteten Studio durchgeführt; dadurch läßt sich der Test unter kontrollierten Bedingungen durchführen. Als nachteilig erweisen sich die häufig geringe Realitätsnähe wie auch der in der Regel eintretende Beobachtungseffekt. Eine Kurzbeschreibung der einzelnen Testverfahren mit den jeweiligen Vor- und Nachteilen ist in Abbildung 12 enthalten. Ausführliche Beschreibungen der einzelnen Testmarktalternativen finden sich z.B. in Meffert 1992, S. 236 ff.; Kamenz 1997, S. 99 ff.; Hammann/Erichson 1994, S. 174 ff.

Im Hinblick auf den *zeitlichen Einsatz der Messung* kann zwischen projektiven und Ex-post-facto-Experimenten unterschieden werden (vgl. Berekoven/Eckert/ Ellenrieder 1996, S. 153). Bei einem *projektiven Experiment* wird ein Vorgang vom Zeitpunkt der Änderung einer unabhängigen Variablen bis auf die erfolgte Wirkung auf die abhängige Variable untersucht. Beispiel: Einer Testgruppe wird ein Werbespot für ein bestimmtes Produkt gezeigt, einer Kontrollgruppe nicht. Anschließend werden im Rahmen eines Labor-Tests die Kaufmengen beider Gruppen registriert. Im Rahmen eines *Ex-post-facto-Experiments* werden selbständig zustande gekommene Experimentalbedingungen ausgesucht, d.h. die unabhängigen Variablen sind bereits eingetreten, deren Wirkung (abhängige Variable) wird jedoch in der Gegenwart gemessen. Beispiel: Per Befragung wird zunächst festgestellt, welche Personen mit einem Werbespot Kontakt hatten und welche nicht. Anschließend werden die Kaufmengen der beiden Personengruppen getrennt erfaßt. Offensichtlich ist bei Ex-post-facto-Experimenten die Ermittlung von Ursache und Wirkung problematisch, zumal Störeinflüsse unbekannt sind.

Typ	Beschreibung	Beispiel	Faktorwirkung	Beurteilung
EBA	Messung der Werte der abhängigen Variablen zeitlich vor und nach Einsatz der unabhängigen Variablen in einer Testgruppe	Messung und Vergleich der Umsätze für ein bestimmtes Produkt in ausgewählten Einzelhandelsgeschäften vor und nach einer Preissenkung für das betreffende Produkt; Paneluntersuchungen, Store-Tests	$X_1 - X_0$ Differenz in der Experimentiergruppe zwischen zwei Zeitpunkten	Vernachlässigung von Störvariablen; Kontrollgruppe fehlt; Zeitliche Entwicklungseffekte nicht meßbar
EB-CA	Messung der Werte der abhängigen Variablen zeitlich vor Einsatz der unabhängigen Variablen in einer Testgruppe und zeitlich nach dem Einsatz in einer anderen Testgruppe (bei zwei repräsentativen Querschnitten)	Tendenzumfrage, d.h. die Befragung eines unterschiedlichen repräsentativen Querschnitts der der Bundesbürger mit gleichem Fragenwortlaut; z.B. die Frage der Parteienpräferenz vor und nach einer Fernsehdiskussion führender Politiker aller Parteien	$Y_1 - X_0$ Differenz zwischen der Kontrollgruppe im Zeitpunkt 1 und der Experimentiergruppe im Zeitpunkt 0	Vernachlässigung von Störvariablen; Zeitliche Entwicklungseffekte nicht meßbar; Keine echte Kontrollgruppe
EA-CA	Messung der Werte der abhängigen Variablen in Test- und Kontrollgruppe nur nach Einsatz der unabhängigen Variablen	Probe-Aktion in ausgewählten Testgeschäften und Vergleich der Umsatzzahlen mit Geschäften, die nicht in die Aktion einbezogen waren	$X_1 - Y_1$ Differenz zwischen der Experimentier- und der Kontrollgruppe im Zeitpunkt 1	Vernachlässigung von Störvariablen; Unterstellung gleicher Ausgangslage
EBA-CBA	Messung der Werte der abhängigen Variablen vor und nach Einsatz der unabhängigen Variablen in der Testgruppe und Vor- und Nachher-Messung in der Kontrollgruppe, die nicht dem Einfluß der unabhängigen Variablen ausgesetzt wird	Wie beim EBA-Typ, jedoch wird zusätzlich eine weitere Gruppe von Geschäften ausgewählt, in der keine Preisaktion erfolgt	$(X_1 - X_0) - (Y_1 - Y_0)$ Differenz zwischen den gemeinsamen Unterschieden in der Experimentier- und der Kontrollgruppe	Wirkung der unabhängigen Variablen in der Experimentiergruppe wird bereinigt um Entwicklungseffekte, die sich in der Kontrollgruppe zeigen; Keine Erfassung von Störvariablen

Quelle: Meffert 1992, S. 211
Abb. 13: Typen informaler Versuchsanlagen

Nach dem Kriterium „*Versuchsanordnung*" wird schließlich zwischen informalen und formalen Experimenten unterschieden. Im Rahmen *informaler Experimente* wird darauf verzichtet, Zufallseinflüsse durch Anwendung statistischer Verfahren zu erfassen; die Wirkung einer unabhängigen Variablen auf eine abhängige Variable wird lediglich durch Differenzbildung ermittelt (vgl. Berndt 1996, S. 191). In Abhängigkeit davon, ob neben der Testgruppe auch eine Kon-

trollgruppe herangezogen wird und zu welchen Zeitpunkten die Messungen erfolgen, lassen sich unterschiedliche Versuchsanordnungen konstruieren (vgl. Abbildung 13). Dabei gelten folgende Bezeichnungen:
- E: Testgruppe (Experimental Group)
- C: Kontrollgruppe (Control Group)
- B: Messung vor (Before) Einsatz der unabhängigen Variable
- A: Messung nach (After) Einsatz der unabhängigen Variable
- X: Meßwert in der Testgruppe
- Y: Meßwert in der Kontrollgruppe.

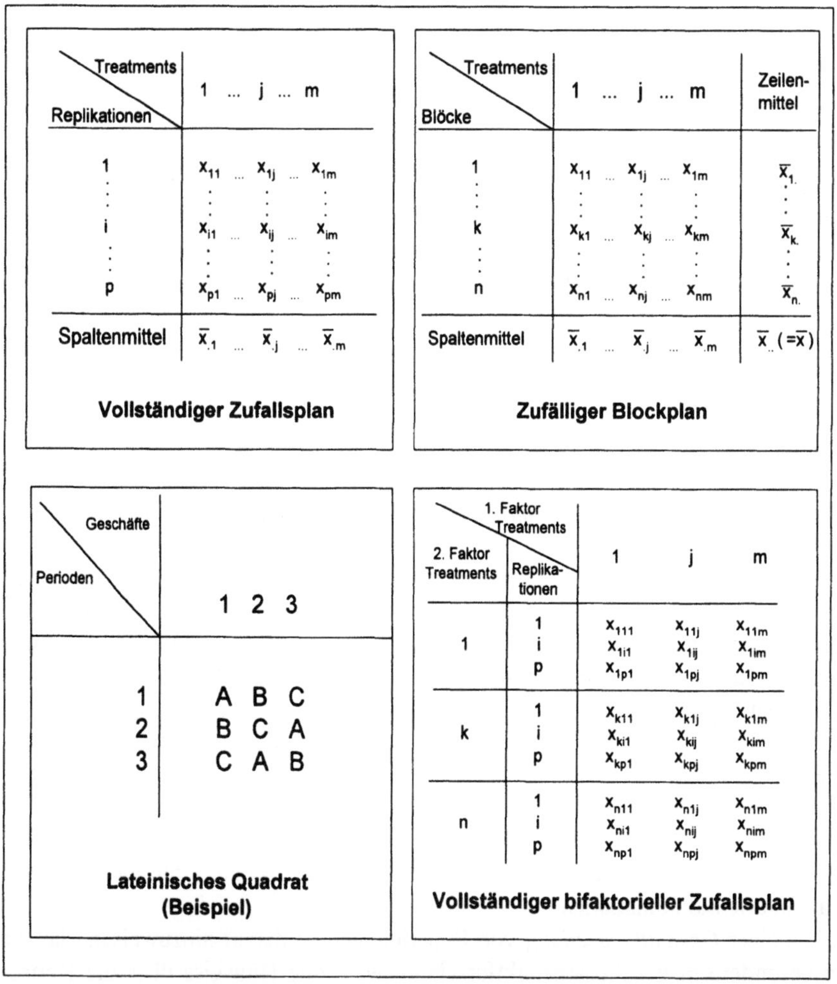

Quelle: Hüttner 1989, S. 130 ff.
Abb. 14: Typen formaler Versuchsanlagen

Bei *formalen Experimenten* werden Störgrößen explizit erfaßt, d.h. das Ergebnis des Experiments wird nach Wirkung der Versuchsanordnung und Wirkung von

Störeinflüssen differenziert. Die Auswertung erfolgt nicht durch Differenzbildung, sondern mittels Varianzanalyse (vgl. Abschnitt 3.4.1). Der Vorteil formaler Experimente liegt darin, daß mehr als ein Testfaktor berücksichtigt werden kann; des weiteren können die Wirkungen auf ein bestimmtes Signifikanzniveau abgesichert werden. Die gebräuchlichsten Versuchsanordnungen formaler Experimente sind dabei (vgl. ausführlich Hüttner 1989, S. 129 ff.):
- vollständiger Zufallsplan,
- zufälliger Blockplan,
- lateinisches Quadrat und
- mehrfaktorielle Pläne;

Abbildung 14 zeigt die einzelnen Versuchsanordnungen im Überblick.

Beim *vollständigen Zufallsplan* wird nur ein Testfaktor in verschiedenen Ausprägungen („Treatments", „Faktorstufen") untersucht. Der Störfaktor wird indirekt dadurch berücksichtigt, daß für die verschiedenen Treatments wiederholte Messungen („Replikationen") erfolgen, z.B. an unterschiedlichen Testelementen (Personen, Geschäfte, Zeitpunkte). Dabei werden die Testobjekte zufällig den verschiedenen Treatments zugeordnet („Randomisierung"). Als Beispiel kann man die Messung der Absatzmenge eines Produkts bei drei verschiedenen Plazierungen in zehn aufeinanderfolgenden Tagen anführen. Im Gegensatz zum vollständigen Zufallsplan wird beim *zufälligen Blockplan* ein Störfaktor explizit berücksichtigt. Nach den verschiedenen Ausprägungen des Störfaktors (z.B. Geschlecht der Testperson; Art des Geschäfts) werden Blöcke gebildet. Auf Replikationen kann somit verzichtet werden, da der Störfaktor explizit in der Versuchsanordnung berücksichtigt wird. Dabei werden in jedem Block sämtliche Treatments durchgeführt, d.h. es erfolgt keine Randomisierung. Beispielsweise können die Umsätze bei alternativen Plazierungen getrennt nach Ladentyp (Kaufhaus, Fachhandel) erfaßt werden.

Beim *lateinischen Quadrat* können zwei Störfaktoren gleichzeitig berücksichtigt werden (z.B. Art des Geschäfts, Saison). Beispielsweise können die Umsätze bei alternativen Plazierungen in verschiedenen Ladentypen zu Haupt- und Nebensaison erfaßt werden. Die Treatments – mit lateinischen Großbuchstaben bezeichnet – werden dabei so zugeteilt, daß sie in jeder Zeile und in jeder Spalte nur einmal vorkommen; damit kann der erforderliche Stichprobenumfang in Grenzen gehalten werden.

Mehrfaktorielle Pläne erlauben die Untersuchung von mindestens zwei Testfaktoren (z.B. Plazierung und Preishöhe) sowie der Interaktionen zwischen ihnen. Voraussetzung sind verschiedene Messungen (Replikationen) für die einzelnen Faktorstufenkombinationen.

Bei einer *Gesamtbeurteilung* von Experimenten ist darauf hinzuweisen, daß sie insbesondere in der Absatzmarktforschung wertvolle Hinweise über die Konsumentenreaktionen auf Marketingmaßnahmen liefern; als nachteilig erweisen sich die häufig hohen Kosten und der zum Teil erhebliche Zeitaufwand.

3 Die Verarbeitung von Umwelt- und Marktinformationen

3.1 Überblick

Die mit Hilfe primär- oder sekundärstatistischer Datengewinnung erhobenen Daten sind in geeigneter Weise zu verarbeiten, um einer Interpretation zugänglich zu werden. Hierfür stehen eine ganze Reihe von Verfahren der Datenanalyse zur Verfügung, welche sich nach verschiedenen Kriterien einteilen lassen:
- Nach der *Anzahl der berücksichtigten Variablen* unterscheidet man zwischen univariater, bivariater und multivariater Analyse;
- nach dem *Ziel der Auswertung* kann differenziert werden nach Verfahren zur Datenreduktion, Verfahren zur Klassifikation, Verfahren zur Messung von Beziehungen und Verfahren zur Messung von Präferenzen. Diese Einteilung wird im folgenden zugrunde gelegt.

3.2 Verfahren der Datenreduktion

Verfahren der Datenreduktion haben die Aufgabe, die Vielzahl an Rohdaten zu komprimieren, um das Datenmaterial auf einige wenige überschaubare Größen zu reduzieren; dadurch können Strukturen erkannt werden. *Univariate Verfahren* der Datenreduktion erfassen u.a.:
- die Bildung von Häufigkeitsverteilungen sowie
- Lokalisations- und Streuungsmaße;
zu den *multivariaten Verfahren* der Datenreduktion zählt die Faktorenanalyse.

3.2.1 Univariate Verfahren der Datenreduktion

Ausgangspunkt der Datenreduktion ist die Bildung einer Häufigkeitsverteilung der interessierenden Variablen. Die typische Fragestellung lautet: „Wie häufig treten bestimmte Ausprägungen der Variable in der Stichprobe (bzw. in der Grundgesamtheit) auf?".

Häufigkeitsverteilungen können bei jedem Skalenniveau ermittelt werden; bei einer großen Zahl an Ausprägungen (z.B. Einkommen der Auskunftsperson) empfiehlt sich dabei die Bildung von *Klassen*, um überschaubare Ergebnisse zu erhalten. Ein Beispiel findet sich in Abbildung 15.

Häufig ist es empfehlenswert, die Verteilung anhand von Lokalisations- und Streuungsmaßen zu charakterisieren. *Lokalisationsmaße* geben die mittlere Lage einer Verteilung an, während *Streuungsmaße* angeben, wie stark die Beobachtungswerte von ihrem Mittelwert abweichen. Abbildung 16 gibt einen Überblick über die gebräuchlichsten Maßzahlen bei unterschiedlichen Skalenniveaus.

3.2.2 Faktorenanalyse

Das Grundprinzip der Faktorenanalyse besteht darin, aus einer Vielzahl von – teilweise miteinander korrelierenden – Variablen eine begrenzte Anzahl unkorrelierter Variablen zu ermitteln, sogenannte *Faktoren*, welche als solche nicht direkt beobachtbar sind, jedoch latent den einzelnen Variablen zugrunde liegen. Folgendes Beispiel soll die Zusammenhänge verdeutlichen:

Altersklassen	unter 20	20 - 39	40 - 59	60 und mehr	Σ
Absolute Häufigkeit	30	50	70	50	200
Relative Häufigkeit	0,15	0,25	0,35	0,25	1
Kumulierte relative Häufigkeit	0,15	0,40	0,75	1,00	1

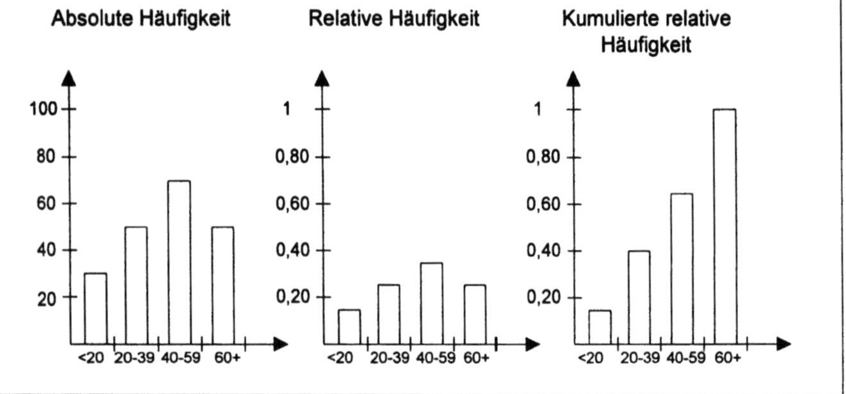

Abb. 15: Exemplarische Häufigkeitsverteilung der Variable „Alter"

Im Rahmen eines Produkttests werden die Probanden gebeten, mit Hilfe einer Rating-Skala zwei verschiedene Säfte zu bewerten. Es werden folgende Variablen herangezogen:
- Farbe,
- Verpackung,
- Handling,
- Geschmack,
- Kaloriengehalt,
- Vitamingehalt,
- Haltbarkeit,
- Verwendbarkeit für Mixgetränke.

Mit Hilfe der Faktorenanalyse können latente Merkmale identifiziert werden, welche den einzelnen Variablen zugrunde liegen. Beispielsweise kann als Ergeb-

Lokalisationsmaße

Meßniveau	Charakterisierung	Beispiele
Nominal	*Modus* Beobachtungswert, der am häufigsten vorkommt	am häufigsten gekaufte Marke eines bestimmten Produkts
Ordinal	*Median* Beobachtungswert, welcher die Reihe der (nach ihrer Größe angeordneten) Beobachtungswerte halbiert (50%-Quantil)	Note, welche die 50% besseren von den 50% schlechteren Schülern trennt
Metrisch	*Arithmetisches Mittel* (Durchschnittlicher Beobachtungswert) $$\bar{x} = \frac{1}{n}\sum_{i=1}^{n} x_i$$	Durchschnittliche Kinderzahl in der Stichprobe
	Geometrisches Mittel (Durchschnittliche Entwicklung der Beobachtungswerte) $$\bar{x}_g = \sqrt[n]{\prod_{i=1}^{n} x_i}$$	Durchschnittliches Wachstum des BSP im Betrachtungszeitraum

Streuungsmaße

Meßniveau	Charakterisierung	Beispiele
Ordinal	*Variationsbreite* (Differenz zwischen dem größten und dem kleinsten Beobachtungswert) $$V = x^{max} - x^{min}$$	Spanne, innerhalb welcher sich die Notenergebnisse einer bestimmten Klausur bewegen
	Quartilsabstand (Differenz zwischen dem dritten und dem ersten Quartil) $$\alpha = x_{75} - x_{25}$$	Notenspanne, innerhalb welcher 50% der Schüler fallen; die 25% besten und 25% schlechtesten sind nicht enthalten
Metrisch	*Mittlere Absolute Abweichung* $$e = \frac{1}{n}\sum_{i=1}^{n} |x_i - \bar{x}|$$	Durchschnitt der absoluten Abweichungen der Kinderzahl vom Durchschnittswert in der Stichprobe
	Varianz $$s^2 = \frac{1}{n}\sum_{i=1}^{n}(x_i - \bar{x})^2$$	Durchschnittliche quadratische Abweichung der Kinderzahl vom Durchschnittswert in der Stichprobe
	Standardabweichung $$s = \sqrt{\frac{1}{n}\sum_{i=1}^{n}(x_i - \bar{x})^2}$$	Deren positive Quadratwurzel
	Variationskoeffizient $$VK = \frac{s}{\bar{x}}$$	Standardabweichung der Kinderzahl bezogen auf die durchschnittliche Kinderzahl in der Stichprobe

Abb. 16: Die gebräuchlichsten Lokalisations- und Streuungsmaße

nis der Faktorenanalyse resultieren, daß die Bewertung der Produktentwürfe von drei Faktoren abhängt:
- „Design" als Stellvertreter für die Variablen Farbe, Verpackung, Geschmack;
- „Produktverwendung" mit den Variablen Handling, Haltbarkeit, Verwendbarkeit für Mixgetränke, und
- „Gesundheit" mit den Variablen Kaloriengehalt und Vitamingehalt.

Da man als Ergebnis der Faktorenanalyse u.a. auch die Varianzerklärungsanteile der extrahierten Faktoren erhält, können Aussagen über die relative Bedeutung der einzelnen Faktoren für die untersuchte Fragestellung getroffen werden. Auf eine Darstellung der methodischen Vorgehensweisen im Rahmen der Faktorenanalyse muß an dieser Stelle verzichtet werden. Ausführliche Darstellungen finden sich z.B. bei Backhaus u.a. 1996, S. 189 ff. und Überla 1972.

3.3 Verfahren der Klassifikation

Verfahren der Klassifikation dienen dem Zweck, eine Gesamtheit von Objekten in Gruppen aufzuteilen; insofern dienen sie in gewisser Weise ebenfalls der Datenreduktion, da eine Vielzahl von Aussagen über Einzelobjekte auf Aussagen über Gruppen von Objekten komprimiert wird. Zu den gebräuchlichsten Verfahren der Klassifikation zählen die multivariaten Verfahren Clusteranalyse, Diskriminanzanalyse und Multidimensionale Skalierung.

3.3.1 Clusteranalyse

Ziel der Clusteranalyse ist es, eine heterogene Gesamtheit von Objekten (z.B. Konsumenten, Produkte) anhand geeigneter Merkmale in – in sich möglichst homogene, untereinander aber heterogene – Gruppen (Cluster) einzuteilen. Die Ausgangssituation der Clusteranalyse bei zwei Merkmalen ist in Abbildung 17 dargestellt. In einem ersten Schritt sind die relevanten Merkmale nach Inhalt, Art und Skalierung festzuhalten (z.B. Alter, Einkommen und Geschlecht von Konsumenten); anschließend sind für die einzelnen Objekte in der Stichprobe die einzelnen Merkmalsausprägungen zu erheben.

Anhand der Merkmalsausprägungen der Objekte können die Ähnlichkeiten zwischen den Objekten mit Hilfe sogenannter *Proximitätsmaße* ermittelt werden. Die Wahl des Proximitätsmaßes ist abhängig von der Skalierung der Merkmale (Variablen). Für metrisch skalierte Merkmale ist die Euklid-Distanz gebräuchlich:

$$d_{ij} = \sqrt{\sum_{k=1}^{r}(x_{ik} - x_{jk})^2}$$

mit
d_{ij} = Distanz zwischen Objekt i und Objekt j,
x_{ik} = Merkmalsausprägung des Objekts i bezüglich Merkmal k (k = 1...r),
x_{jk} = Merkmalsausprägung des Objekts j bezüglich Merkmal k (k = 1...r).

Für nominal skalierte Merkmale findet u.a. der Tanimoto-Koeffizient Anwendung:

$$s_{ij} = \frac{\text{Zahl der Merkmale, die beide Objekte gemeinsam besitzen}}{\text{Zahl der Merkmale, die eines oder beide Objekte besitzen}}$$

mit s_{ij} = Ähnlichkeitsmaß zwischen den Objekten i und j.

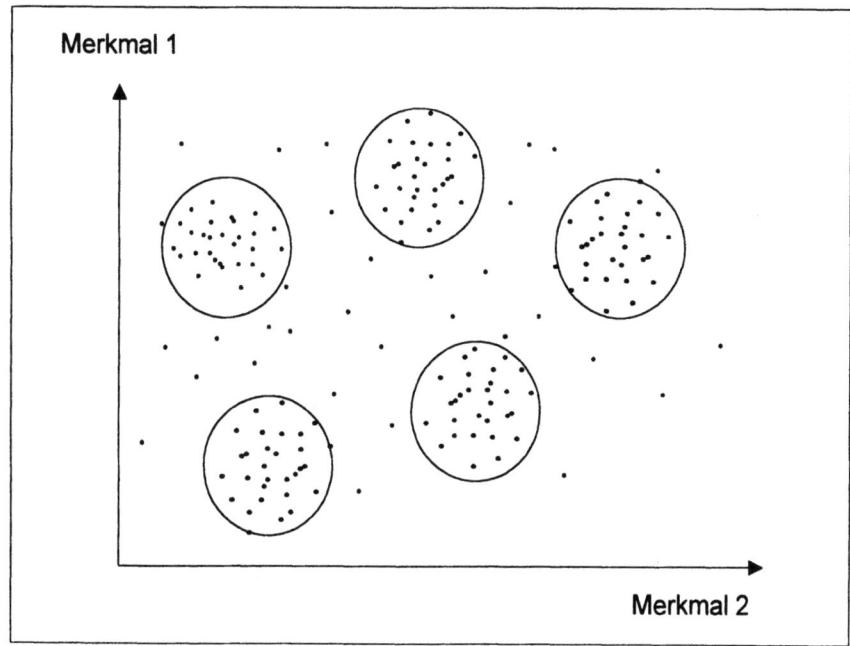

Abb. 17: Ausgangssituation der Cluster-Analyse bei zwei Merkmalen

Die Ähnlichkeit bzw. Distanz zwischen den Objekten bildet das Kriterium zur Gruppenbildung, d.h. innerhalb der einzelnen Gruppen sollen die Objekte möglichst geringe Distanzen (bzw. möglichst große Ähnlichkeiten) zueinander aufweisen. Abbildung 18 liefert einen kurzen Überblick über die einzelnen Verfahren zur Gruppenbildung.

In einem letzten Schritt sind schließlich die einzelnen Cluster zu beschreiben und zu interpretieren. Ausführliche Darstellungen der Clusteranalyse finden sich z.B. bei Späth 1976, Backhaus u.a. 1996, S. 261 ff. und Bock 1974.

3.3.2 Diskriminanzanalyse

Auch die Diskriminanzanalyse dient der Klassifikation von Objekten; während aber die Clusteranalyse auf Ähnlichkeiten zwischen Objekten beruht, basiert die Diskriminanzanalyse auf Abhängigkeiten einer nominalskalierten Variablen von zwei oder mehr metrisch skalierten unabhängigen Variablen.

Eine exemplarische Fragestellung könnte lauten: „Anhand welcher Merkmale können erfolgreiche und nicht erfolgreiche Unternehmen am besten klassifiziert werden?". Wird vereinfachend von zwei Gruppen A und B ausgegangen, deren

Hierarchische Verfahren	
Divisive Verfahren (von oben nach unten)	*Agglomerative Verfahren* (von unten nach oben)
• alle Elemente werden zunächst derart in zwei Gruppen aufgeteilt, daß die durchschnittliche Entfernung der Elemente innerhalb der Gruppen minimiert wird • die Gruppe mit der höheren durchschnittlichen Entfernung wird als nächste unterteilt • usw., bis die gewünschte optimale Zahl an Clustern erreicht ist	• es werden zunächst die beiden Objekte zusammengefaßt, die die geringste Distanz zueinander aufweisen • es wird dann entweder eine zweite Zweiergruppe gebildet, oder es wird der ersten Gruppe ein neues Element hinzugefügt, bis alle Elemente zugeordnet sind • diese Basiscluster werden zu jeweils größeren Gruppen zusammengefaßt • usw., bis die gewünschte optimale Zahl an Clustern erreicht ist
Nicht-hierarchische Verfahren	
Distanzschwellen-Verfahren	*Teilungsverfahren*
• ausgehend von einem (*sequentielles Distanzschwellen-Verfahren*) oder von mehreren Clusterzentren (*paralleles Distanzschwellen-Verfahren*) werden Objekte den einzelnen Clustern dann zugeordnet, wenn sie eine bestimmte Distanzschwelle nicht überschreiten	• Objekte werden nach Vorgabe von Cluster-Zentren nach Maßgabe der geringsten Distanz zugeordnet (*parallele Teilung*) • wird nach erfolgter Zuordnung ein Austausch von Elementen zugelassen (z.B. nach dem Kriterium der Minimierung der durchschnittlichen gruppeninternen Distanz), liegt eine *optimale Teilung* vor

Quelle: In Anlehnung an Berndt 1996, S. 315 f.
Abb. 18: Verfahren zur Gruppenbildung

Mitglieder anhand der Ausprägungen von jeweils zwei Variablen x_1 und x_2 charakterisiert werden können, und sind Überschneidungen der Gruppen bezüglich beider Variablen vorhanden, so versucht die Diskriminanzanalyse, eine Diskriminanzachse zu bestimmen, die beide Gruppen vollständig trennt (vgl. Abbildung 19).

$$(2) \quad Z = \frac{(\overline{Y}_A - \overline{Y}_B)^2}{\sum_{j=1}^{m}(Y_{Aj} - \overline{Y}_A)^2 + \sum_{k=1}^{s}(Y_{Bk} - \overline{Y}_B)^2}$$

mit
Y_{aj} (Y_{bk}) = Diskriminanzwert für Objekt j (k) aus Gruppe A (B),
j = Index der Mitglieder der Gruppe A (j = 1,..., m),
k = Index der Mitglieder der Gruppe B (k = 1,..., s),
i = Index aller Mitglieder (i = 1,...,n) mit n = m + s.

Einsetzen der Diskriminanzfunktion (1) in die Zielfunktion (2) – jeweils für die Y_{aj} und Y_{bk} –, partielles Ableiten nach b_1 und b_2 und Nullsetzen führt zu den gesuchten Diskriminanzkoeffizienten. Schließlich läßt sich der *kritische Diskriminanzwert* errechnen als

$$Y^* = \frac{\overline{Y}_A - \overline{Y}_B}{2}.$$

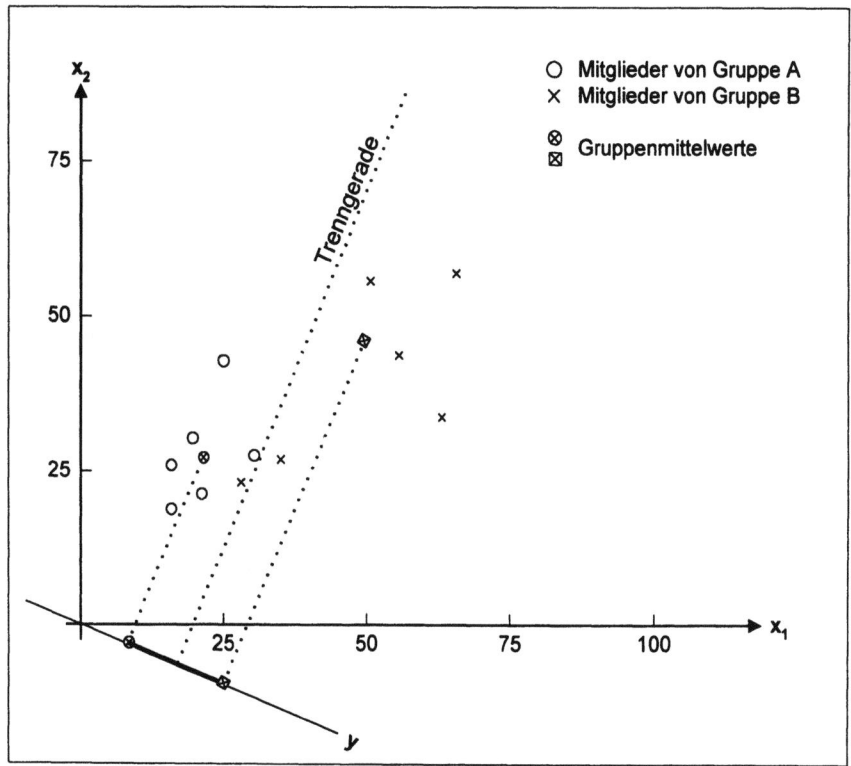

Quelle: Nach Böhler 1992, S. 215
Abb. 19: Streuwerte und Diskriminanzachse im 2-Gruppen-2-Variablen-Fall

Dieser erlaubt eine Zuordnung der Objekte zu den Gruppen A und B. Objekte, die den kritischen Diskriminanzwert unterschreiten, werden der einen Gruppe, Objekte, die ihn überschreiten, der anderen Gruppe zugeordnet. Eine ausführliche Darstellung der Diskriminanzanalyse findet sich z.B. bei Böhler 1992, S. 214 ff. und Hüttner 1989, S. 207 ff.

3.3.3 Multidimensionale Skalierung

Die typische Fragestellung im Rahmen der Multidimensionalen Skalierung ist die Beurteilung der Ähnlichkeiten von Objekten, z.B. die von Konsumenten subjektiv wahrgenommene Ähnlichkeit von Marken derselben Produktklasse. Ziel ist die Positionierung der wahrgenommenen Relationen zwischen den Objekten in einen möglichst niedrig dimensionierten metrischen Raum. Dabei sollen die Objekte so

auf die Punkte des Raumes abgebildet werden, daß die Distanz zwischen je zwei Punkten gerade der Ähnlichkeit zwischen den zugehörigen Objekten entspricht.
In einem ersten Schritt haben die Testpersonen die verschiedenen Objektpaare in eine *Rangfolge* gemäß ihrer wahrgenommenen Ähnlichkeit zu bringen. Im Anschluß daran ist das *Distanzmaß* festzulegen; gebräuchlich ist dabei die Euklid-Distanz

$$d_{ij} = \sqrt{\sum_{k=1}^{r}(y_{ik} - y_{jk})^2}$$

mit y_{ik} (y_{jk}) = Koordinate des Objekts i (j) auf der Dimension k (i, j = 1,..., n; k = 1,..., r).

In einem weiteren Schritt wird die *Zahl der Dimensionen* des Wahrnehmungsraums festgelegt (üblich sind der zwei- oder dreidimensionale Raum). Anschließend werden die Ähnlichkeitsdaten so in Distanzen transformiert, daß die Rangfolge der Ähnlichkeiten durch die Rangfolge der Distanzen möglichst genau wiedergegeben wird. Hierbei wird von einer Ausgangskonfiguration ausgegangen, in welcher die einzelnen Objekte gemäß der gewählten Dimensionen des Wahrnehmungsraums anhand einer Skala beurteilt werden (z.B. wahrgenommenes Ausmaß an Sportlichkeit und Prestige bei den einzelnen zu bewertenden Objekten); diese Ausgangskonfiguration wird dann solange iterativ verändert, bis die *Monotoniebedingung* erfüllt ist, d.h. bis höheren Ähnlichkeits-Rangplätzen auch höhere Distanz-Rangplätze zugeordnet werden. Als Monotoniekriterium wird dabei der Kruskall'sche Streßwert verwendet:

$$L = \sqrt{\frac{\sum_{i,j}(d_{ij} - \hat{d}_{ij})^2}{\sum_{i,j}(d_{ij} - \bar{d})^2}}$$

mit

d_{ij} = tatsächliche Distanz der Objekte i und j,

$\hat{d}_{ij}$ = hypothetische Distanz zwischen i und j, welche eine perfekte Repräsentation der Objekte zur Folge hätte,

$\bar{d}$ = arithmetisches Mittel der Distanzen.

Je kleiner der Wert von L ist, um so besser werden die wahrgenommenen Ähnlichkeiten durch die Distanzen abgebildet; bei perfekter Anpassung ist L = 0. In einem letzten Schritt kann die *Ergebniskonfiguration* graphisch abgebildet werden. Abbildung 20 zeigt exemplarisch eine Positionierung von Uhrenmarken gemäß der Dimensionen „Sportlichkeit" und „Prestige".

Ausführliche Darstellungen der verschiedenen Verfahren und Anwendungsbereiche der Multidimensionalen Skalierung finden sich z.B. bei Green/Carmone 1972, Kruskal/Wish 1981 und Borg 1981.

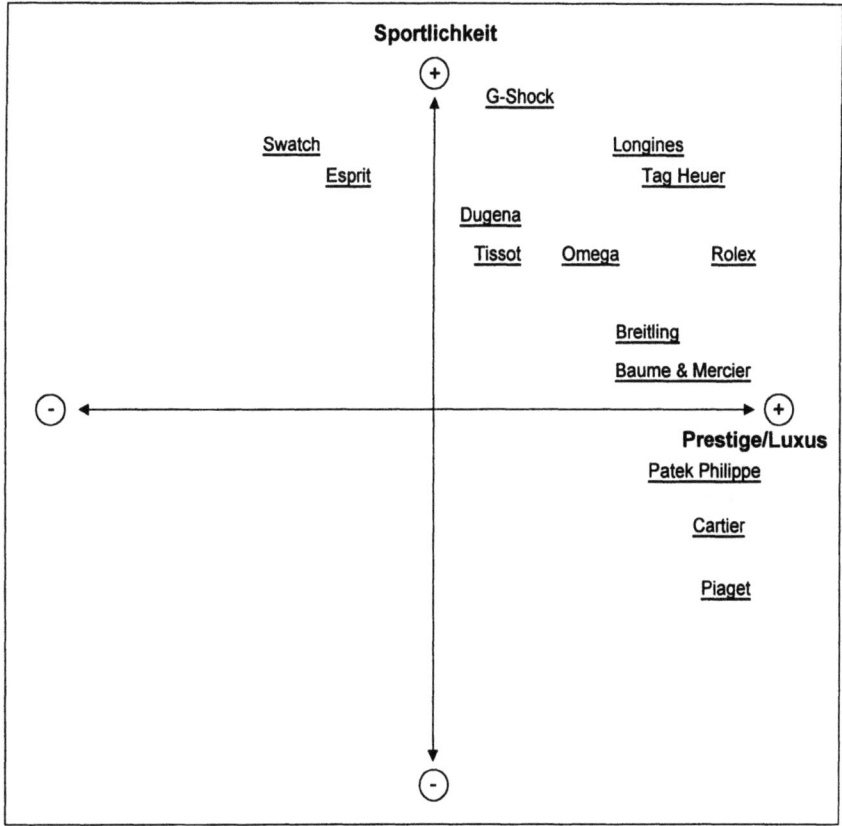

Abb. 20: Positionierung verschiedener Uhrenmarken im zweidimensionalen Raum

3.4 Verfahren zur Messung von Beziehungen

Verfahren zur Messung von Beziehungen versuchen, Zusammenhänge zwischen den Variablen festzustellen; bei einseitigen Zusammenhängen spricht man von Dependenzanalyse, bei wechselseitigen Zusammenhängen von Interdependenzanalyse.

3.4.1 Verfahren der Dependenzanalyse

Verfahren der Dependenzanalyse messen die Abhängigkeit einer oder mehrerer abhängiger Variablen von einer oder mehreren unabhängigen Variablen; insofern kann die oben beschriebene Diskriminanzanalyse auch den Verfahren der Dependenzanalyse zugeordnet werden (bei einer nominalskalierten abhängigen Variablen und zwei oder mehr metrisch skalierten unabhängigen Variablen). Weitere gebräuchliche Verfahren sind:
- Regressionsanalyse (bei metrisch skalierten abhängigen und unabhängigen Variablen) sowie

– Varianzanalyse (bei einer metrisch skalierten unabhängigen Variable und einer oder mehreren nominalskalierten unabhängigen Variablen).

Regressionsanalyse

Mit Hilfe der Regressionsanalyse werden Art und Richtung des Zusammenhangs zwischen metrisch skalierten Variablen untersucht; speziell am Modell der *einfachen linearen Regressionsanalyse* wird die lineare Abhängigkeit zwischen einer abhängigen und einer unabhängigen Variablen analysiert, z.B. die Abhängigkeit der Absatzmenge vom Produktpreis; das Grundmodell der linearen Einfachregression lautet:

$$y = a + b \cdot x + u$$

mit
y   = abhängige Variable,
x   = unabhängige Variable,
a,b = Regressionskoeffizienten (Ordinatenabschnitt und Steigung der Funktion),
u   = Störgröße.

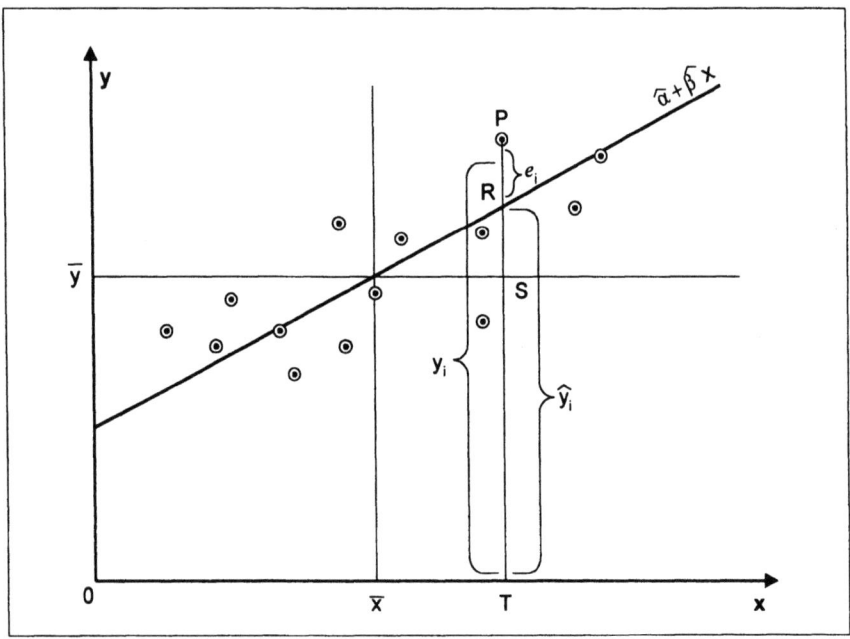

Quelle: Johnston 1963, S. 10
Abb. 21: Ausgangssituation der einfachen, linearen Regressionsanalyse

Die Ausgangssituation der linearen Einfachregression in Abbildung 21 dargestellt. Gegeben sind n Stichprobenwerte x_i, y_i, die sich um die – noch unbekannte – Regressionsgerade scharen:

$\hat{y} = \hat{a} + \hat{b} \cdot x$;

für die einzelnen Werte auf der Regressionsgerade gilt entsprechend:

$\hat{y}_i = \hat{a} + \hat{b} \cdot x_i$.

Die Schätzung der Parameter $\hat{a}, \hat{b}$ hat dergestalt zu erfolgen, daß die Summe der quadrierten Abweichungen der Beobachtungswerte y_i von den Werten auf der Regressionsgeraden $\hat{y}_i$ minimal wird; zu minimieren ist also folgende Zielfunktion:

$$Z = \sum_{i=1}^{n} e_i^2 = \sum_i (y_i - \hat{y}_i) = \sum_i (y_i - \hat{a} - \hat{b} \cdot x_i)^2 \to \text{Min!}$$

Partielles Ableiten der Zielfunktion nach $\hat{a}, \hat{b}$ und Nullsetzen führt nach einigen Umformungen zu den gesuchten Schätzwerten für die Parameter:

$$\hat{a} = \bar{y} - \hat{b} \cdot \bar{x}$$

$$\hat{b} = \frac{\sum_i (x_i - \bar{x})(y_i - \bar{y})}{\sum_i (x_i - \bar{x})^2}$$

mit $\bar{x} = \dfrac{1}{n} \sum_i x_i$

$\bar{y} = \dfrac{1}{n} \sum_i y_i$.

Die Güte der Anpassung der Regressionsfunktion an die empirischen Werte kann mit Hilfe des *Bestimmtheitsmaßes* r^2 gemessen werden:

$$r^2 = \frac{\dfrac{1}{n} \sum_i (\hat{y}_i - \bar{y})^2}{\dfrac{1}{n} \sum_i (y_i - \bar{y})^2} .$$

Das Bestimmtheitsmaß gibt an, welcher Anteil der Streuung der Beobachtungswerte durch die Regressionsgerade erklärt wird; der Wertebereich des Bestimmtheitsmaßes liegt zwischen 0 und 1, wobei für $r^2 = 0$ überhaupt keine, für $r^2 = 1$ eine vollständige Erklärung der Streuung der empirischen Werte durch die Regressionsgerade erfolgt.

Varianzanalyse

Im Rahmen der Varianzanalyse wird die Abhängigkeit einer metrisch skalierten Variable (z.B. Umsatzrentabilität) von einer oder mehreren nominalskalierten unabhängigen Variablen geprüft (z.B. Organisationsstruktur); ein typisches Anwendungsgebiet der Varianzanalyse ist die Auswertung von Experimenten.

Im Rahmen der einfaktoriellen Varianzanalyse wird die Wirkung einer einzigen unabhängigen Variable (Faktor) mit k = 1,...,s Ausprägungen (Faktorstufen) geprüft. Das Ausgangstableau der einfaktoriellen Varianzanalyse wird in Abbildung 22 dargestellt.

Faktorstufen k Beobachtungen i	1	...	k	...	s
1 2	y_{11}	...	y_{1k}	...	y_{1s}
i	y_{i1}	...	y_{ik}	...	y_{is}
n	y_{n1}	...	y_{nk}	...	y_{ns}
Gruppenmittelwerte $\bar{y}_k$	$\bar{y}_1$		$\bar{y}_k$		$\bar{y}_s$
Gesamtmittelwert	$\bar{y}$				

Abb. 22: Ausgangstableau einer einfaktoriellen Varianzanalyse

Die Gruppenmittelwerte $\bar{y}_k$, d.h. die Mittelwerte bei den einzelnen Faktorstufen (z.B. unterschiedliche durchschnittliche Umsatzrentabilität bei verschiedenen Organisationsstrukturen der betrachteten Unternehmen) streuen um den Gesamtmittelwert $\bar{y}$. Mit Hilfe der Varianzanalyse kann festgestellt werden, ob sich die Gruppenmittelwerte signifikant voneinander unterscheiden. Ausgangspunkt der Überlegungen ist die Tatsache, daß sich die Summe der quadrierten Abweichungen der Beobachtungswerte $\bar{y}_{ik}$ vom Gesamtmittelwert $\bar{y}$ additiv aus der Streuung innerhalb der Gruppen (SQ$_F$) und der Streuung zwischen den Gruppen (SQ$_Z$) zusammensetzt (vgl. Böhler 1992, S. 194 ff.):

$$SQ_G = SQ_F + SQ_Z$$

$$SQ_G = \sum_{i=1}^{n}\sum_{k=1}^{s}(y_{ik} - \bar{y})^2$$

$$SQ_F = \sum_{i=1}^{n}\sum_{k=1}^{s}(y_{ik} - \bar{y}_k)^2$$

$$SQ_Z = n \cdot \sum_{k=1}^{s}(\bar{y}_k - \bar{y})^2 = SQ_G - SQ_F.$$

Die Streuung zwischen den Gruppen, SQ_G, ist dabei auf die verschiedenen Treatmentstufen zurückzuführen, wohingegen die Streuung innerhalb der Gruppen, SQ_F (Fehlerstreuung), aus zufälligen Schwankungen resultiert. Dividiert man die Abweichungsquadratsummen durch die jeweilige Zahl der Freiheitsgrade, erhält man die empirischen Varianzen als (vgl. Bortz 1993, S. 228 f):

$$MQ_G = \frac{SQ_G}{n \cdot s - 1}$$

$$MQ_Z = \frac{SQ_Z}{s - 1}$$

$$MQ_F = \frac{SQ_F}{n \cdot s - s}.$$

Je größer die Varianz zwischen den Gruppen MQ_Z im Vergleich zur Varianz innerhalb der Gruppen MQ_F ist, um so größer ist der Einfluß des Testfaktors im Vergleich zum Zufall. Als Prüfgröße verwendet man

$$F_{emp} = \frac{MQ_Z}{MQ_F}.$$

Der empirische F-Wert wird mit dem theoretischen Wert der F-Verteilung bei s–1 Freiheitsgraden im Zähler, $n \cdot s - s$ Freiheitsgraden im Nenner und einem bestimmten Signifikanzniveau α verglichen. Ist $F_{emp} > F_{theor}$, so ist von einem signifikanten Einfluß des Testfaktors auf die abhängige Variable auszugehen.

3.4.2 Verfahren der Interdependenzanalyse

Verfahren der Interdependenzanalyse untersuchen die wechselseitigen Beziehungen zwischen Variablen; insofern lassen sich auch die Clusteranalyse, die Faktorenanalyse, die Multidimensionale Skalierung und die Conjoint-Analyse dieser Klasse von Verfahren zuordnen (zu dieser Einteilung vgl. z.B. Berekoven/Eckert/Ellenrieder 1996, S. 208 f.). Da die typische Fragestellungen der o.g. Verfahren jedoch nicht vorrangig bzw. nicht nur auf die Untersuchung wechselseitiger Beziehungen i.e.S. ausgerichtet sind, sollen an dieser Stelle lediglich die Kontingenzanalyse und die Korrelationsanalyse als „typische" Verfahren der Interdependenzanalyse dargestellt werden.

Kontingenzanalyse

Im Rahmen der Kontingenzanalyse wird die wechselseitige Abhängigkeit zweier oder mehrerer nominalskalierter Variablen untersucht, wie z.B. Geschlecht und Führungsverhalten (zur Kontingenzanalyse vgl. z.B. Mayntz et al. 1978, S. 192 ff.). Ausgangspunkt der Analyse ist die Häufigkeitstabelle der Abbildung 23 mit:

n_{ij} = Absolute Häufigkeit der Merkmalskombination ij (i = 1,...,l; j = 1,...,k),

$n_{\bullet j} = \sum_i n_{ij}$ = Häufigkeit des Auftretens der Merkmalsausprägung j (über alle i),

$n_{i\bullet} = \sum_j n_{ij}$ = Häufigkeit des Auftretens der Merkmalsausprägung i (über alle j),

$n = \sum_i \sum_j n_{ij}$ = Gesamtzahl der Fälle.

Variable 1 \ Variable 2	1	...	j	...	k	Σ
1	n_{11}	...	n_{1j}	...	n_{1k}	$n_{1\bullet}$
.	.		.		.	.
i	n_{i1}	...	n_{ij}	...	n_{ik}	$n_{i\bullet}$
.	.		.		.	.
l	n_{l1}	...	n_{lj}	...	n_{lk}	$n_{l\bullet}$
Σ	$n_{\bullet 1}$	...	$n_{\bullet j}$	...	$n_{\bullet k}$	n

Quelle: Berndt 1996, S. 199
Abb. 23: Häufigkeitstabelle für die Kontingenzanalyse

Die H_0-Hypothese lautet: Beide Variablen treten unabhängig voneinander auf. Als Prüfgröße wird der empirische χ^2-Wert

$$\chi^2_{emp} = \sum_i \sum_j \frac{\left(n_{ij} - \frac{n_{i\bullet} \cdot n_{\bullet j}}{n}\right)^2}{\frac{n_{i\bullet} \cdot n_{\bullet j}}{n}}$$

verwendet; dieser wird mit dem theoretischen Wert der χ^2-Verteilung bei einem vorgegebenen Signifikanzniveau α und (k − 1)(l − 1) Freiheitsgraden verglichen; ist $\chi^2_{emp} > \chi^2_{theor}$, ist die H_0-Hypothese abzulehnen, d.h. zwischen beiden Variablen besteht ein signifikanter Zusammenhang. Allerdings liefert die Kontingenzanalyse keine Aussagen über die *Richtung* des Zusammenhangs; diese ist mit Hilfe von Plausibilitätsüberlegungen festzustellen. Bei den Variablen „Geschlecht" und „Führungsverhalten" wäre etwa davon auszugehen, daß das Geschlecht das Führungsverhalten beeinflußt, nicht jedoch umgekehrt.

Korrelationsanalyse

Verfahren der Korrelationsanalyse sind grundsätzlich für verschiedene Skalenniveaus einsetzbar (vgl. ausführlich Bortz 1993); am gebräuchlichsten sind
- der Produkt-Moment-Korrelationskoeffizient (bei metrisch skalierten Variablen) sowie
- der Spearman'sche Rangkorrelationskoeffizient (bei ordinal skalierten Variablen).

Der *Produkt-Moment-Korrelationskoeffizient* ist definiert als

$$r = \frac{\sum_{i=1}^{n}(x_i - \bar{x})(y_i - \bar{y})}{\sqrt{\sum_i (x_i - \bar{x})^2 \cdot \sum_i (y_i - \bar{y})^2}}.$$

Dabei gilt: $-1 \leq r \leq +1$. Während die Größe des Korrelationskoeffizienten die Stärke des Zusammenhangs aufzeigt, gibt das Vorzeichen von r die Richtung des Zusammenhangs an. Für r = +1 (-1) besteht z.B. ein vollständiger positiver (negativer) Zusammenhang zwischen den Variablen. Zu beachten ist allerdings, daß der Produkt-Moment-Korrelationskoeffizient lediglich einen *linearen Zusammenhang* abbilden kann; auch gibt er nicht an, welche Variable von der anderen abhängig ist. Dies muß aufgrund einer sachlogischen Beurteilung entschieden werden.

Liegen ordinal skalierte Variablen vor, kann der *Spearman'sche Rangkorrelationskoeffizient* gebildet werden. Seien x und y die zu untersuchenden Variablen (z.B. Beurteilung von i = 1,..,n Produkten durch 2 Konsumenten x und y). Dann sind x_i und y_i die Rangplätze, die die Konsumenten x und y einem bestimmten Produkt i vergeben. Für jede Untersuchungseinheit i ist zunächst die Differenz aus den Rangplätzen zu bilden, die ihr die zwei Befragten x und y vergeben haben, d_i; diese Differenz wird anschließend quadriert. Der Rangkorrelationskoeffizient berechnet sich als

$$r_s = 1 - \frac{6 \cdot \sum_{i=1}^{n} d_i^2}{n \cdot (n^2 - 1)}.$$

Liegen verbundene Ränge vor, d.h. wird derselbe Rangplatz mehreren Untersuchungseinheiten vergeben, dann kann o.g. Formel allerdings nur dann verwendet werden, wenn der Anteil verbundener Ränge nicht mehr als 20% aller Rangplätze ausmacht; andernfalls ist eine modifizierte Formel heranzuziehen (vgl. Bortz 1993, S. 215).

3.5 Verfahren zur Messung von Präferenzen

Unter den Verfahren zur Präferenzforschung hat die *Conjoint-Analyse* große Bedeutung erlangt (Präferenzen können darüber hinaus auch mit Hilfe der multidimensionalen Skalierung wie auch des Analytic Hierarchy Process ermittelt werden). Der Grundgedanke der Conjoint-Analyse besteht darin, aus Gesamtnutzenurteilen bezüglich zu bewertender Objekte auf die relative Bedeutung einzelner Objekteigenschaften zu schließen (ausführliche Darstellungen der Conjoint-Analyse finden sich z.b. bei Backhaus u.a. 1996, S. 496 ff. und Green/Srinivasan 1990). Beispielsweise können Testpersonen gebeten werden, alternative Produktentwürfe in eine Rangfolge zu bringen; aus den globalen Urteilen wird auf die relative Bedeutung einzelner Produkteigenschaften geschlossen.

In einem ersten Schritt sind die einzelnen relevanten *Merkmale* und deren Ausprägungen festzulegen. Anschließend ist das Präferenzmodell auszuwählen; gebräuchlich ist dabei das *additive Teilnutzenwertmodell*:

$$N^k = \sum_i \sum_j \beta_{ij} \cdot X_{ij}^k$$

mit
k = 1,..,s = Objekte,
j = 1,...,m = Merkmale,
β_{ij} = Teilnutzen der Ausprägung i bei Merkmal j,
X_{ij}^k = Binärvariable mit $X_{ij}^k = \begin{cases} 1, & \text{wenn Ausprägung i bei Merkmal j} \\ & \text{vorhanden,} \\ 0 & \text{sonst.} \end{cases}$

Damit resultiert der Gesamtnutzen eines Objekts aus der Summe der Teilnutzen der einzelnen beim jeweiligen Objekt vorhandenen Merkmalsausprägungen.

In einem weiteren Schritt ist das *Datenerhebungsverfahren* festzulegen. Ein gebräuchliches Verfahren ist dabei die Profilmethode: Aus allen möglichen Kombinationen von Merkmalsausprägungen werden die verschiedenen Objekte (z.B. Produktentwürfe) konstruiert; diese sind anschließend von den Testpersonen in eine Rangfolge zu bringen. Daraus resultieren die empirischen Rangwerte der Objekte p^k. Schließlich sollen im Rahmen der Datenauswertung die einzelnen Teilnutzenwerte β_{ij} bestimmt werden. Ziel ist, daß die aus den Teilnutzenwerten resultierenden Gesamtnutzenwerte N^k möglichst genau die empirischen Rangwerte p^k der Objekte abbilden. Hierzu können verschiedene Verfahren eingesetzt werden, z.B. die Monotone Varianzanalyse (MONANOVA). Dabei werden die empirischen Rangwerte p^k mittels einer monotonen Funktion in metrische Werte Z^k transformiert; im einfachsten Fall wird bei n Objekten dem am meisten präferierten Objekt der Wert n, dem am wenigsten präferierten Objekt der Wert 1 zugeordnet; diese Werte werden als metrisch skaliert angenommen. Formal soll gelten:

$$Z^k \cong N^k = \sum_i \sum_j \beta_{ij} \cdot X_{ij}^k \ .$$

Ausgehend von einer beliebigen Ausgangskonfiguration der β_{ij}-Werte erfolgt eine iterative Veränderung der β_{ij} solange, bis eine Verbesserung der Lösung nicht mehr möglich ist. Als Gütekriterium wird dabei der *Monotone Streß* herangezogen:

$$L = \sqrt{\frac{\sum_k (Z^k - N^k)^2}{\sum_k (N^k - \overline{N}^k)^2}}$$

mit $\overline{N}^k$ = Mittelwert der Gesamtnutzenwerte der Objekte.

Je kleiner L ist, um so besser wird die empirische Rangordnung der Objekte durch die aus den β_{ij}-Werten resultierenden Gesamtnutzenwerten N^k abgebildet.

Die relative Bedeutung der einzelnen Merkmale resultiert bei jedem Merkmal aus der Differenz zwischen dem jeweils maximalen und dem minimalen Teilnutzenwert über alle betrachteten Objekte, d.h.

$$w_j = \text{Max}_i(\beta_{ij}) - \text{Min}_i(\beta_{ij}).$$

4 Die Vorhersage von Umwelt- und Marktentwicklungen

Betriebliche Entscheidungen sind zukunftsgerichtet. Neben der Erfassung des status quo mit Hilfe primär- oder sekundärstatistischer Datengewinnung ist es daher erforderlich, Umwelt- und Marktentwicklungen zu prognostizieren – dies insbesondere in Zeiten steigender Umweltdynamik. Zur Vorhersage von Umwelt- und Marktentwicklungen sind dabei folgende Verfahren von Bedeutung:
- Prognoseverfahren und
- Projektionsverfahren.

Während Prognoseverfahren insbesondere zur Vorhersage von Marktentwicklungen geeignet sind, bieten sich Projektionsverfahren zur Vorhersage von (langfristigen) Entwicklungen der globalen Umwelt an.

4.1 Prognoseverfahren

4.1.1 Überblick

Prognosen i.w.S. sind Aussagen über künftige Ereignisse, welche auf bewußte bzw. unbewußte systematische Verarbeitung von Vergangenheitsdaten, Erfahrungen und/oder subjektiven Urteilen beruhen (vgl. Berndt 1996, S. 247). Prognoseverfahren können nach verschiedenen Kriterien systematisiert werden; die wichtigsten sind in Abbildung 24 enthalten. Im folgenden wird die letzte Einteilung zugrunde gelegt, wobei hier nur die gebräuchlichsten Verfahren dargestellt werden sollen. Ausführliche Darstellungen von Prognoseverfahren finden sich u.a. bei Hansmann 1983, Mertens 1994, Scheer 1983, Makridakis/Wheelwright 1989.

4.1.2 Prognosen auf der Grundlage von Zeitreihen

Prognoseverfahren auf der Grundlage von Zeitreihen lassen sich in Abhängigkeit des Datenverlaufs in der Vergangenheit differenzieren. Bei *konstantem Datenverlauf* sind zum einen Verfahren zur Mittelwertbildung heranzuziehen, d.h. der Vorhersagewert für die Folgeperiode ist ein – wie auch immer berechneter – Mittelwert aus der Datenreihe. Daneben kann auch die Exponentielle Glättung 1.

Ordnung herangezogen werden. Abbildung 25 enthält einen Überblick über die einzelnen Prognoseverfahren bei konstantem Datenverlauf.

Kriterium	Verfahren
Art der unabhängigen Variablen	• Wirkungsprognosen: unabhängige Variablen sind ökonomische Instrumentalvariablen (z.B. Preis) • Entwicklungsprognosen: unabhängige Variable ist die Zeit
Fristigkeit	• kurzfristige Prognosen: Zeithorizont unter 1 Jahr • mittelfristige Prognosen: Zeithorizont 1 - 3 Jahre • langfristige Prognosen: Zeithorizont 3 Jahre und länger
Art der Variablenverknüpfung	• quantitative Prognosen: Verknüpfung mittels mathematischer Operationen • qualitative Prognosen: verbal-argumentative Verknüpfung
Herkunft der Daten	• Prognosen auf der Grundlage von Zeitreihen • Prognosen auf der Grundlage von Indikatoren • Prognosen auf der Grundlage von Primärerhebungen

Abb. 24: Systematisierung der Prognoseverfahren

Bei *trendförmigem Datenverlauf* können die exponentielle Glättung 2. Ordnung (vgl. hierzu Schröder 1994, S. 31 ff.) sowie die Trendextrapolation herangezogen werden.

Im Rahmen der *Trendextrapolation* wird der bisherige Datenverlauf mit Hilfe einer linearen Funktion abgebildet, deren Verlauf auch für die Zukunft fortgeschrieben wird. Die Trendgerade

$$x_T^* = \hat{\alpha} + \hat{\beta} \cdot t$$

wird so bestimmt, daß die Summe der quadrierten Abweichungen zwischen den Beobachtungswerten und den Werten der Trendgeraden minimiert wird (die Methode der Kleinsten Quadrate kann auch zur Erstellung von Wirkungsprognosen verwendet werden; vgl. hierzu Abschnitt 3.4.1). Zu minimieren ist die Zielfunktion

$$Z = \sum_{t=1}^{n}(x_t - x_t^*)^2 = \sum_{t=1}^{n}(x_t - \hat{\alpha} - \hat{\beta} \cdot t)^2 \rightarrow \text{Min!}$$

Partielles Ableiten der Zielfunktion nach $\hat{\alpha}$ und $\hat{\beta}$ und Nullsetzen führt nach einigen Umformungen zu

$$\hat{\alpha} = \bar{x} - \hat{\beta} \cdot \bar{t} \text{ und}$$

$$\hat{\beta} = \frac{\frac{1}{n} \cdot \sum_t t \cdot x_t - \bar{x} \cdot \bar{t}}{\frac{1}{n} \cdot \sum_t t^2 - (\bar{t})^2}$$

Methode	Berechnung	Charakterisierung	Beurteilung
Arithmetisches Mittel	$x_T^* = \frac{1}{n} \sum_{T-n}^{T-1} x_t$	Prognosewert = Mittelwert aller n Vergangenheitswerte	Auch veraltetes Datenmaterial geht (mit demselben Gewicht $\frac{1}{n}$) in die Prognose ein
Gleitende Durchschnitte	$x_T^* = \frac{1}{m} \sum_{T-m}^{T-1} x_t$	Prognosewert = Mittelwert der letzten m Vergangenheitswerte	Ausschaltung älteren Datenmaterials, jedoch nach wie vor gleiche Gewichtung der Vergangenheitswerte
Gewogene gleitende Durchschnitte	$x_T^* = \sum_{T-m}^{T-1} g_t \cdot x_t$	Prognosewert = gewogener Mittelwert der letzten m Vergangenheitswerte	Jüngere Daten können stärker gewichtet werden
Exponentielle Glättung 1. Ordnung	$x_T^* = x_{T-1}^* + \alpha(x_{T-1} - x_{T-1}^*)$	Prognosewert setzt sich aus Prognosewert der Vorperiode und (mit α gewichtetem) Prognosefehler der Vorperiode zusammen	Jüngere Daten werden stärker gewichtet: Verfahren entspricht dem Verfahren "gewogene Durchschnitte" mit exponentiell abnehmenden Gewichten bei zunehmendem Alter der Daten

x_t = Beobachtungswert der Periode t
x_T^* = Prognosewert für die Periode T
g_t = Gewichtungsfaktor
α = Glättungsparameter

Abb. 25: Prognoseverfahren bei konstantem Datenverlauf

Im Falle eines *saisonal schwankenden Datenverlaufs* sind die dargestellten Verfahren in geeigneter Weise zu modifizieren; gebräuchlich sind dabei die Methode der Kleinsten Quadrate sowie die Verfahren von *Winters* und *Harrison*. Eine ausführliche Darstellung der genannten Verfahren findet sich u.a. bei Schläger 1994, S. 41 ff. und Scheer 1983, S. 113.

4.1.3 Prognosen auf der Grundlage von Indikatoren

Indikatoren sind beobachtbare Größen, welche vorzeitig Hinweise auf den interessierenden Sachverhalt liefern; das Verfahren der Indikatorprognose versucht damit, zeitliche Strukturen im Sinne von lead-lag-Beziehungen zwischen ökonomischen Variablen aufzudecken und mittels statistischer Methoden eine Vorhersage der zukünftigen Entwicklung der interessierenden Variable abzuleiten:

$$x_1^* = f(y_t)$$

mit
x = interessierende Variable,
y = Indikatorvariable.

Eine Indikatorprognose vollzieht sich dabei in folgenden *Schritten*:
- Wahl einer geeigneten Indikatorvariable;
- Bestimmung der Vorlauflänge (Time-lag) zwischen der Indikatorvariable und der abhängigen Variable;
- Ermittlung der Prognosefunktion, welche den funktionalen Zusammenhang zwischen den Variablen beschreibt (in der Regel mittels Regressionsanalyse).

Eine ausführliche Darstellung des Verfahrens findet sich bei Niederhübner 1994, S. 205 ff.

4.1.4 Prognosen auf der Grundlage von Primärerhebungen

Prognosen auf der Grundlage von Primärerhebungen beruhen auf Befragungen, Beobachtungen oder Experimenten (vgl. hierzu Kapitel 2); Untersuchungseinheiten sind dabei solche, von denen qualifizierte Aufschlüsse über den Prognosegegenstand zu erwarten sind (Konsumenten, Absatzmittler und Absatzhelfer, Buying-Center-Mitglieder und Experten im weitesten Sinn). Zu den Verfahren gehören im einzelnen:
- Prognosen auf der Grundlage von Befragungen,
- Prognosen auf der Grundlage von Marktexperimenten,
- Prognosen auf der Grundlage von Panel-Erhebungen

(zu den einzelnen Verfahren vgl. ausführlich Berndt 1996, S. 269 ff.).

Alle Verfahren eignen sich zur Wirkungsprognose; mittels Befragungen und Panel-Erhebungen können aber auch Entwicklungsprognosen erstellt werden.

Eine zentrale Rolle innerhalb diese Gruppe von Verfahren spielen *Expertenbefragungen*. Neben einmaligen Expertenbefragungen hat sich in der Praxis dabei die *Delphi-Methode* als Verfahren der mehrmaligen Expertenbefragung etabliert (vgl. hierzu Becker 1974; Gisholt 1976). Im Rahmen der Delphi-Befragung werden mehrere Personen wiederholt zum selben Gegenstand unter Verwendung eines standardisierten Fragebogens befragt; die Antworten der Experten werden mit Hilfe statistischer Methoden ausgewertet (in der Regel durch Errechnen des Medians als „durchschnittliche Gruppenantwort" sowie des Quartilabstandes als Maß für die Übereinstimmung der Experten). In der nachfolgenden Befragungsrunde werden die Auswertungsergebnisse den Experten mitgeteilt mit der Bitte, ihre Aussagen anhand dieser Werte zu überprüfen und ggf. zu revidieren. Experten, deren Antworten außerhalb des Quartilabstandes liegen, werden darüber hinaus gebeten, ihre Aussagen zu begründen. In analoger Weise erfolgt die Auswertung für die Folgerunde; üblich sind in der Praxis 3 – 4 Befragungsdurchläufe. Mit dieser Vorgehensweise wird eine Konvergenz der Expertenurteile angestrebt; der Erfolg der Methode hängt jedoch in hohem Maße von der Teilnahmebereitschaft der Experten sowie von deren Fähigkeit, zukünftige Entwicklungen vorherzusehen, ab. Darüber hinaus konvergieren die Expertenmeinungen in Richtung Median; liegt der „wahre Wert" jedoch außerhalb des Quartilabstandes der ersten Befragungsrunde, entfernt sich der Prognosewert mit jeder zusätzlichen Befragungsrunde vom wahren Wert, d.h. die Prognoseergebnisse verschlechtern sich (vgl. Berndt 1996, S. 306).

4.2 Projektionsverfahren

Projektionsverfahren sind dadurch von Prognoseverfahren abzugrenzen, daß sie stärker losgelöst von Vergangenheitsentwicklungen sind; insbesondere wird hier die den meisten Prognoseverfahren innewohnende Zeitstabilitätshypothese fallengelassen (vgl. Bea/Haas 1997, S. 264). Die einzelnen unter 4.1. beschriebenen Prognosemethoden können jedoch durchaus Inputs für Projektionsverfahren liefern. Grundlegende Verfahren der Projektion sind dabei:
– die Szenario-Analyse sowie
– Früherkennungssysteme.

4.2.1 Szenario-Analyse

Im Gegensatz zu herkömmlichen Prognoseverfahren wird im Rahmen der Szenario-Analyse keine eindimensionale Vorhersage, sondern ein mehrdimensionales Spektrum alternativer Umweltentwicklungen erstellt (Szenarien). Grundlage für die Szenario-Erstellung sind dabei Expertenbefragungen (zur Szenario-Technik vgl. ausführlich z.B. Reibnitz 1987; Geschka/Hammer 1986).
Abbildung 26 zeigt graphisch alternative Szenarien. Der sich öffnende Trichter symbolisiert alle denkbaren Umweltentwicklungen, wobei sich die möglichen Szenarien im Zeitablauf immer stärker auseinanderentwickeln. Im Zentrum des Trichters befindet sich ein Trendszenario, das die bisherige Entwicklung fortschreibt (z.B. mit Hilfe der Trendextrapolation). Begrenzt wird das Spektrum möglicher Entwicklungen durch sogenannte Extremszenarien. Szenario A repräsentiert eine denkbare störungsfreie Entwicklung; bei Szenario A´ wird hingegen berücksichtigt, daß im Zeitpunkt t_1 ein Störereignis eintreten kann, auf welches in t_2 mit Gegenmaßnahmen reagiert wird, um die Entwicklung in die alte Richtung zu korrigieren.
Eine Szenario-Erstellung vollzieht sich in mehreren Phasen, welche grob in
– Analyse,
– Projektion und
– Auswertung unterteilt werden können (vgl. Abbildung 27).
Die verschiedenen bislang entwickelten Szenario-Ansätze unterscheiden sich insbesondere im Hinblick auf die bei der Szenario-Erstellung angewandte Me-

thode: Sie reichen von rein verbalen Ansätzen bis hin zu anspruchsvollen Konzepten auf der Grundlage mathematischer Methoden wie z.B. der Cross-Impact-Analyse.

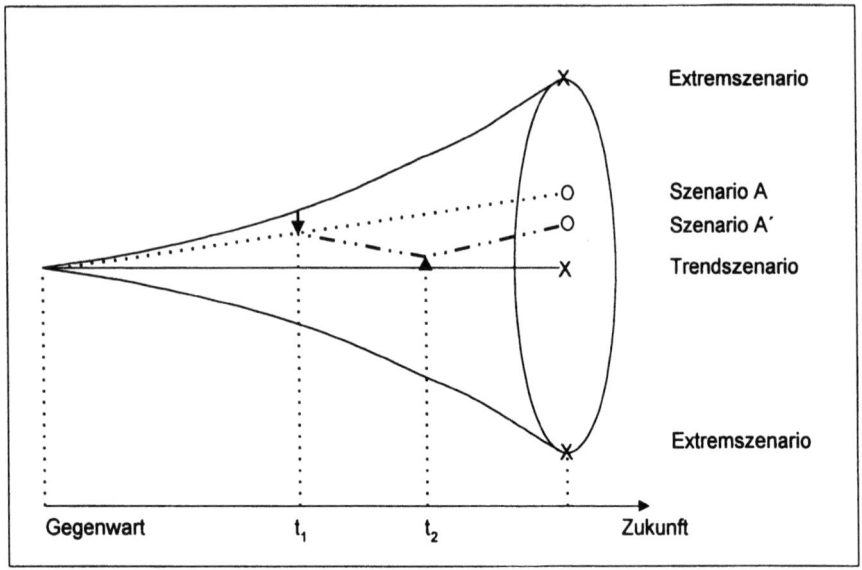

Quelle: Bea/Haas 1997, S. 266
Abb. 26: Szenario-Analyse

Vorteilhaft an der Szenario-Analyse ist die Berücksichtigung mehrerer Einflußfaktoren auf den Prognosegegenstand; auch wird das Prognoseproblem systematisch durchdacht, eine Einbeziehung von Störereignissen ist ebenfalls möglich. *Problematisch* ist jedoch zum einen die Notwendigkeit der Abgrenzung der relevanten Umwelt zur Reduktion der Komplexität, da hierdurch Bereiche ausgeklammert werden, deren Relevanz evtl. zu einem späteren Zeitpunkt erkannt wird. Zum anderen erfordert die Szenario-Analyse eine hohe Qualifikation der beteiligten Personen, u.a. im Hinblick auf Kreativität und vernetztes Denken. Des weiteren ist das Top-Management an der Szenario-Erstellung zu beteiligen, um Akzeptanzprobleme zu vermeiden (vgl. Bea/Haas 1997, S. 269 f.).

4.2.2 Früherkennungssysteme

Früherkennungssysteme (FES) sind spezielle Informationssysteme, deren Ziel die möglichst frühzeitige Erkennung, Diagnose und Weitergabe von führungsrelevantem Wissen ist (Bea/Haas 1997, S. 271).

Früherkennungssysteme der 1. Generation (etwa zu Beginn der 70er Jahre) basierten auf dem traditionellen Rechnungswesen. Kern solcher FES waren Kennzahlensysteme, welche Abweichungen zwischen Ist-Größen bzw. hochgerechneten Wird-Größen und Plan-Größen erfaßten (vgl. Bea/Haas 1997, S. 272). Dem Vorteil der vergleichsweisen Einfachheit der Entwicklung steht jedoch der Nach-

Phasen	Teilaufgaben
(1) Analyse	• Abgrenzung des Untersuchungsgegenstands (sachlich, zeitlich, räumlich) • Umfeldanalyse: Identifizierung, Strukturierung, Bewertung der wichtigsten Einflußbereiche auf das Untersuchungsfeld (z.b. gesamtwirtschaftliche, technologische, politische Umwelt)
(2) Projektion	• Erfassung aller wichtigen Einflußfaktoren (Deskriptoren) der relevanten Umfelder (z.B. Entwicklung des BIP für die gesamtwirtschaftliche Entwicklung) • Ermittlung von Ist-Werten und Prognose der Entwicklung der einzelnen Deskriptoren • Bildung konsistenter Annahmenbündel für sog. kritische Deskriptoren, welche sich nicht mit einwertigen Prognosen erfassen lassen • Ergänzung der gebildeten Annahmenbündel durch die Trends der unkritischen Deskriptoren und Zusammenfassung zu Szenarien • Störfallanalyse (Analyse der Auswirkungen möglicher Störereignisse auf die Szenarien und ggf. Modifikation/Ergänzung der bisherigen Szenarien)
(3) Auswertung	• Analyse der Konsequenzen der ermittelten Szenarien auf den Untersuchungsgegenstand • Entwicklung von Maßnahmen für alternative Szenarien

Quellen: Geschka/Hammer 1986, S. 246 ff.; Bea/Haas 1997, S. 267 ff.; Berndt 1996, S. 287 ff.; Berndt 1995, S. 40 ff.
Abb. 27: Phasen der Szenarioerstellung

teil gegenüber, daß sie für die Vorhersage langfristiger Umweltentwicklungen zuwenig Anhaltspunkte liefern, insbesondere für ein Management strategischer Überraschungen.

Früherkennungssysteme der 2. Generation beruhen auf der Indikatormethode. Im einzelnen umfassen sie folgende Schritte (vgl. Schmidt 1994, S. 75 ff.; Hahn/Krystek 1979, S. 80 ff.):
– Definition und Abgrenzung von Beobachtungsbereichen,
– Identifikation und Auswahl von Indikatoren mit guten Frühwarneigenschaften,
– Ermittlung von Soll-Werten und Toleranzgrenzen für die einzelnen Indikatoren,
– Erhebung der Ausprägungen der Indikatoren,
– Auswertung und Verarbeitung der Ergebnisse.

Problematisch an FES der 2. Generation ist zum einen die Auswahl von Beobachtungsfeldern und Indikatoren; dadurch wird das Untersuchungsfeld unter Umständen viel zu stark eingegrenzt. Des weiteren ist die Vorab-Festellung von Toleranzbereichen schwierig; auch dominieren in der Praxis – wie bei FES der 1. Generation – quantitative Einflußgrößen (vgl. Bea/Haas 1997, S. 275 f.).

Früherkennungssysteme der 3. Generation weisen eine verstärkte strategische Ausrichtung auf; Ziel ist die Entwicklung eines „strategischen Radars", durch welchen die Unternehmensumwelt (und die Unternehmung selbst) permanent auf Anzeichen von Veränderungen hin überwacht werden; dies soll durch rechtzeitige Aufnahme und Verarbeitung sogenannter „schwacher Signale" erfolgen, welche solche Veränderungen frühzeitig ankündigen. Grundlegend für FES der 3. Generation ist dabei das von Ansoff entwickelte *Konzept der schwachen Signale* (vgl. Ansoff 1981), welches auf folgenden Überlegungen basiert:

(1) Strategische Überraschungen kündigen sich durch schwache Signale an.
(2) Schwache Signale müssen erkannt und verarbeitet werden.
(3) Auf schwache Signale ist mit abgestuften strategischen Reaktionen zu reagieren.

Eine strategische Überraschung (Diskontinuität) ist eine plötzliche, unvorhergesehene Veränderung der Unternehmensperspektive, welche eine Bedrohung oder Chance darstellen kann. Solche Diskontinuitäten werden in der Regel durch schwache Signale angekündigt, welche Indikatorcharakter aufweisen und in der Regel qualitativer Natur sind. Gelingt es, solche schwachen Signale frühzeitig zu erkennen und zu verarbeiten, kann Zeit gewonnen werden, um potentielle Bedrohungen abzuwehren oder Chancen zu nutzen. Die wahrgenommenen Signale sind dabei um so schwächer, je frühzeitiger das Signal beobachtet wird. Ansoff (1981, S. 238 ff.) unterscheidet dabei fünf *Ungewißheitsgrade*:

(1) Anzeichen der Bedrohung oder Chance: Der Informationsstand ist noch sehr vage, die Quelle der Bedrohung ist noch unbekannt.
(2) Ursachen der Bedrohung oder Chance: Die Bedrohung selbst ist noch nicht bekannt, wohl aber deren Quelle.
(3) Konkrete Bedrohung oder Chance: Die Merkmale der Bedrohung oder Chance wie auch Art, Ausmaß und Zeitpunkt der Wirkung sind bekannt; konkrete Maßnahmen können jedoch noch nicht eingeleitet werden.
(4) Konkrete Reaktion: Es können erste Reaktionen stattfinden, deren Wirkungen können jedoch noch nicht exakt prognostiziert werden.
(5) Konkretes Ergebnis: Eine Abschätzung der konkreten Folgen der strategischen Überraschung auf den Gewinn sowie Wirkungsprognosen bezüglich der Reaktionen sind möglich.

In Abhängigkeit des Ungewißheitsgrades der strategischen Überraschung sind abgestufte *Reaktionsstrategien* einzusetzen; Ansoff unterscheidet dabei (Ansoff 1981, S. 242 ff.):

– Strategie der Selbstwahrnehmung (Prüfung kritischer Ressourcen, Stärken-Schwächen-Analyse, Kennzahlenanalyse u.a.).
– Strategie der Umweltwahrnehmung (Umweltanalyse und -prognose, Einsatz von FES);
– Strategie der internen Flexibilität (Schaffung von Reaktionsbereitschaft beim Management und im Realgüterprozeß, flexible Planung, Bereitstellung flexibler Kapazitäten);
– Strategie der externen Flexibilität (Positionierung des Unternehmens zur Sicherung einer langfristig angemessenen Rentabilität, ausreichende Diversifikation zu Risikostreuung);
– Strategie der unternehmensinternen Bereitschaft (Anpassung von Leistungspotential, Struktur und Ressourcen des Unternehmens an die Erfordernisse der Bedrohung oder Chance);
– Strategie des externen Handelns (konkrete Wahl der Strategie, ihre taktisch-operative Umsetzung und Realisation);

Der Zusammenhang zwischen Ungewißheitsgrad und Reaktionsstrategie ist aus Abbildung 28 ersichtlich.

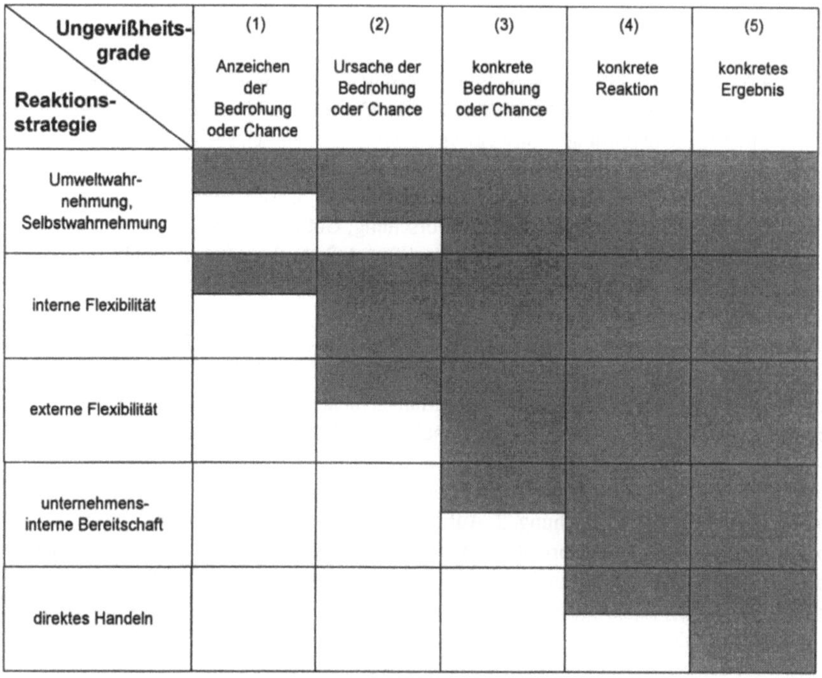

Reaktions-strategie \ Ungewißheitsgrade	(1) Anzeichen der Bedrohung oder Chance	(2) Ursache der Bedrohung oder Chance	(3) konkrete Bedrohung oder Chance	(4) konkrete Reaktion	(5) konkretes Ergebnis
Umweltwahrnehmung, Selbstwahrnehmung					
interne Flexibilität					
externe Flexibilität					
unternehmensinterne Bereitschaft					
direktes Handeln					

Quelle: Ansoff 1981, S. 248
Abb. 28: Reaktionsstrategien bei unterschiedlichen Graden der Ungewißheit

Positiv am Konzept der schwachen Signale ist die Tatsache, daß die Notwendigkeit herausgestellt wird, künftige Umweltentwicklungen zu antizipieren und ihnen bereits in einem frühen Stadium zu begegnen. Als *problematisch* erweist sich, daß eine genaue allgemeine Charakterisierung schwacher Signale nicht möglich ist; auch deren Erfassung, Operationalisierung und Bewertung ist mit Schwierigkeiten verbunden. Die Implementierung des Konzepts im Sinne eines Diskontinuitätenmanagements ist ebenfalls nicht ganz unproblematisch (ein diesbezüglicher Ansatz findet sich bei Bea/Haas 1997, S. 286 ff.).

Literaturverzeichnis

Aaker, D.A., Day, G.S. (1983), Marketing Research, 2nd ed., New York u.a. 1983

Ansoff, H.I. (1981), Die Bewältigung von Überraschungen und Diskontinuitäten durch die Unternehmensführung – Strategische Reaktionen auf schwache Signale, in: Steinmann, H. (Hrsg.), Planung und Kontrolle, München 1981, S. 233–265

Backhaus, K. u.a. (1996), Multivariate Analysemethoden, 8. Aufl., Berlin u.a. 1996

Bauer, E. (1981), Produkttests in der Marktforschung, Göttingen 1981

Bea, F.X., Haas, J. (1997), Strategisches Management, 2. Aufl., Stuttgart 1997

Becker, D. (1974), Analyse der Delphi-Methode und Ansätze zu ihrer optimalen Gestaltung, Frankfurt, Zürich 1974

Berekoven, L., Eckert, W., Ellenrieder, P. (1996), Marktforschung, 7. Aufl., Wiesbaden 1996

Berndt, R. (1995), Marketing 3. Marketing-Management, 2. Aufl., Berlin u.a. 1995

Berndt, R. (1996), Marketing 1. Käuferverhalten, Marktforschung und Marketing-Prognosen, 3. Aufl., Berlin u.a. 1996

Bock, H.H. (1974), Automatische Klassifikation, Göttingen 1974

Böhler, H. (1992), Marktforschung, 2. Aufl., Stuttgart 1992

Borg, I. (1981), Anwendungsorientierte Multidimensionale Skalierung, Berlin u.a. 1981

Bortz, J. (1993), Statistik für Sozialwissenschaftler, 4. Aufl., Berlin u.a. 1993

Broder, M. (1980), Haushaltspanel, in: Poth, L. (Hrsg.), Marketing, Bd. 1, Neuwied 1980, Kap. 2.1.3

Clauss, G., Ebner, H. (1972), Grundlagen der Statistik für Psychologen, Pädagogen und Soziologen, Frankfurt, Zürich 1972

Cochran, W.G. (1972), Stichprobenverfahren, Berlin, New York 1972

Geschka, H., Hammer, R. (1986), Die Szenario-Technik in der strategischen Unternehmensplanung, in: Hahn, D., Taylor, B. (Hrsg.), Strategische Unternehmensplanung, Würzburg, Wien 1986, S. 238–263

Gisholt, O. (1976), Marketing-Prognosen unter besonderer Berücksichtigung der Delphi-Methode, Bern, Stuttgart 1976

Green, P.E., Carmone, F.J. (1972), Multidimensional Scaling and Related Techniques in Marketing Analysis, 2nd ed., Boston 1972

Green, P.E., Srinivasan, V. (1990), Conjoint Analysis in Marketing: New Developments with Implications for Research and Practice, in: Journal of Marketing, 1990, Nr. 10, S. 3–19

Green, P.E., Tull, D.S. (1982), Methoden und Techniken der Marketingforschung, 4. Aufl., Stuttgart 1982

Hahn, D., Krystek, V. (1979), Betriebliche und überbetriebliche Frühwarnsysteme, in: Zeitschrift für betriebswirtschaftliche Forschung, 1979, S. 76–88

Hammann, B., Erichson, P. (1994), Marktforschung, 3. Aufl., Stuttgart, Jena 1994

Hansmann, K.W. (1983), Kurzlehrbuch Prognoseverfahren, Wiesbaden 1983

Hartung, J., Elpelt, B., Klösener, K.H. (1987), Lehr- und Handbuch der angewandten Statistik, München, Wien 1987

Horvath, P. (1996), Online Recherche. Neue Wege zum Wissen der Welt, Wiesbaden 1996

Hüttner, M. (1989), Grundzüge der Marktforschung, 4. Aufl., Berlin, New York 1989

Johnston, J. (1963), Econometric Methods, New York u.a. 1963

Kamenz, U. (1997), Marktforschung, Stuttgart 1997

Kruskal, J.B., Wish, M. (1981), Multidimensional Scaling, Beverly Hills, London 1981

Makridakis, S., Wheelwright, S.C. (1989), Forecasting Methods for Management, 4th ed., New York u.a. 1989

Mayntz, R. u.a. (1978), Einführung in die Methoden der empirischen Sozialforschung, 5. Aufl., Opladen 1978

Meffert, H. (1992), Marketingforschung und Käuferverhalten, 2. Aufl., Wiesbaden 1992

Mertens, P. (Hrsg.) (1994), Prognoserechnung, 5. Aufl., Heidelberg 1994

Niederhübner, N. (1994), Indikatorprognose, in: Mertens, P. (Hrsg.), Prognoserechnung, 5. Aufl., Heidelberg 1994, S. 205–212

Parfitt, J. (1972), Panel Research, in: Worcester, R.M. (ed.), Consumer Marketing Research Handbook, London 1972, S. 143–177

Pepels, W. (1995), Käuferverhalten und Marktforschung, Stuttgart 1995

Pokropp, F. (1996), Stichproben: Theorie und Verfahren, 2. Aufl., München, Wien 1996

Reibnitz, U.v. (1987), Szenarien. Optionen für die Zukunft, Hamburg 1987

Scheer, A.W. (1983), Absatzprognosen, Berlin u.a. 1983

Schläger, W. (1994), Einführung in die Zeitreihenprognose bei saisonalen Bedarfsschwankungen und Vergleich der Verfahren von Winters und Harrison, in: Mertens, P. (Hrsg.), Prognoserechnung, 5. Aufl., Heidelberg 1994, S. 41–56

Schmidt, R. (1994), Frühwarnsysteme für das Krisenmanagement, in: Berndt, R. (Hrsg.), Management-Qualität contra Rezession und Krise, Berlin u.a. 1994, S. 73–85

Schröder, M. (1994), Einführung in die kurzfristige Zeitreihenprognose und Vergleich der einzelnen Verfahren, in: Mertens, P. (Hrsg.), Prognoserechnung, 5. Aufl., Heidelberg 1994, S. 7–40

Schwarz, H.J. (1987), Diversifikation: Abenteuer oder Existenzsicherung?, in: Absatzwirtschaft, 1987, Nr. 4, S. 86–93

Späth, H. (Hrsg.) (1976), Fallstudien Cluster-Analyse, München, Wien 1976

Stern, H.W.E. (1974), Handelspanels als Instrument der Marktbeobachtung, in: Behrens, K.Chr. (Hrsg.), Handbuch der Marktforschung, Band I, Wiesbaden 1974, S. 463–475

Überla, K. (1972), Faktorenanalyse, 2. Aufl., Berlin u.a. 1972

Zentes, J. (1984), Marketing, in: Baetge, J. u.a. (Hrsg.), Vahlens Kompendium der Betriebswirtschaftslehre, München 1984, S. 299–365

18 Innovationsmanagement

Erich Staudt und Bernd Kriegesmann

Inhaltsverzeichnis

1 Begriffliche Grundlagen	356
1.1 Der Innovationsbegriff	356
1.2 Der Innovationsprozeß im Unternehmen	359
1.3 Träger von Innovationen	362
2 Das Management von Innovationen	363
2.1 „Planungsansätze" für Innovationen	364
2.2 Implementierung und Systematisierung von Lernprozessen	366
2.2.1 Innovationswiderstände: Pflichtenheft für das Innovationsmanagement	367
2.2.2 Überwindung von Innovationswiderständen	370
2.2.3 Beeinflußbarkeit von Innovationswiderständen	374
2.2.4 Innovationspotentiale: Ansatzpunkte zur Steigerung der (Re-)Aktionsfähigkeit	376
3 Bewertung von Innovationen	381
Literaturverzeichnis	386

1 Begriffliche Grundlagen

Im letzten Jahrzehnt hat sich die Stellung vieler Unternehmen auf den nationalen und internationalen Märkten erheblich verändert. Sie kamen in Wettbewerb mit Unternehmen, die kostengünstiger produzieren und die Ergebnisse technischer und organisatorischer Entwicklungen effektiver und effizienter nutzen. Diese Entwicklungsdynamik nimmt weiter zu. Der marktwirtschaftlich orientierte Strukturwandel ehemaliger zentralverwalteter Wirtschaftssysteme und die Entwicklung von Schwellenländern zu leistungs- und innovationsfähigen Industriegesellschaften verschärfen den Wettbewerbsdruck für scheinbar etablierte Unternehmen.

Vor diesem Hintergrund hat sich die Rolle von Innovationen erheblich gewandelt. Galten Innovationen vor zwanzig Jahren noch als Ausnahme, werden sie heute als Garant für Wettbewerbsfähigkeit und Wachstum angesehen. Innovationsmanagement wird zum Modebegriff ohne genau sagen zu können, was Innovation ist und wie man Innovationen plant, umsetzt und bewertet. Begriffseingrenzungen auf technische Sachverhalte, Reflektion von Erfolgsstories, Leerformeln wie „time to market" und modische Konzepte von vitalen bis lernenden Unternehmen als Basis ständiger Erneuerung dominieren die Szene. Um hier Transparenz zu schaffen,

– ist ein operationales Begriffsverständnis von Innovation erforderlich,
– werden aus der Systematisierung betrieblicher Innovationsprozesse der Rahmen für Aufgaben des Innovationsmanagements abgeleitet und
– Beiträge der Innovationsforschung zum Innovationsmanagement eingeordnet sowie
– ein Rahmen zur Bewertung von Innovationen vorgestellt.

1.1 Der Innovationsbegriff

Um zu klären, was Innovation ist, muß man zunächst die Betrachtungsperspektive festlegen. Maßgeblich ist nicht die objektive Innovation im Sinne einer (Welt-)Neuheit, sondern die Erstmaligkeit für das innovierende Subjekt (Pfeiffer/Staudt 1975, Sp. 1948; Staudt 1985, S. 486). Das kann eine einzelne Person, ein Unternehmen, eine Branche, eine Volkswirtschaft oder die gesamte Menschheit (in diesem Fall handelt es sich um eine objektive Innovation) sein.

Im betriebswirtschaftlichen Kontext ist das Unternehmen Orientierungsrahmen für die Bestimmung von Innovationen. Um Innovation bzw. Innovationsobjekte bestimmen zu können, braucht man eine Modellvorstellung von Unternehmen. In systemtheoretischer Sicht sind Unternehmen offene soziotechnische Systeme. Systemelemente sind dabei im Kern die Produktionsfaktoren Personal sowie Betriebsmittel, die über formelle und informelle organisatorische Strukturen und Prozesse (Beziehungen) verknüpft sind. Innerhalb von Unternehmen vollzieht sich ein Transformationsprozeß, durch den input in output, d.h. in Sach- und Dienstleistungen umgewandelt wird (Abb. 1). Über in- bzw. output-Beziehungen ist das Unternehmen in eine Umwelt aus Zulieferern, Kunden, Regelungen etc. eingebunden (Staudt 1974).

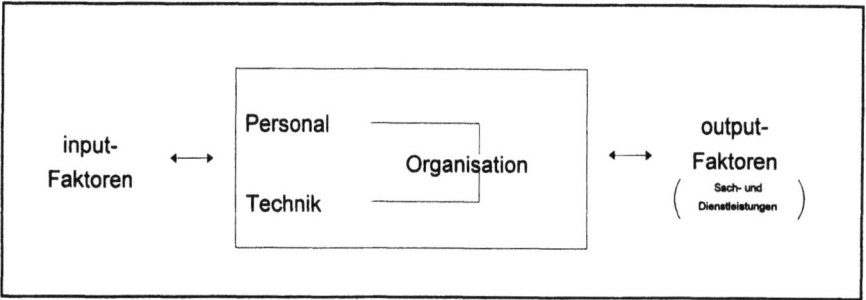

Abb. 1: Einfaches Modell des Systems „Unternehmen"

Autonome oder durch die Unternehmensumwelt induzierte Änderungen im System „stören" den Systemzustand. Das Unternehmen muß Dynamik entfalten bzw. innovieren. Alle
- Systemelemente (Personal, Betriebsmittel) und
- Beziehungen (Organisation) im Unternehmen sowie
- alle Systemelemente an der Schnittstelle zur Unternehmensumwelt (Sach- und Dienstleistungen) und
- Beziehungen zur Unternehmensumwelt

können dabei Gegenstand von Innovationen sein.

In der Literatur dominiert eine Fokussierung dieser potentiellen Innovationsobjekte auf Produkt- und Prozeß- bzw. Verfahrensinnovationen (Johnston 1966, S. 160). Während unter Produktinnovationen diejenigen Innovationen zusammenzufassen sind, die für den Vermarktungsprozeß hergestellt werden und bisher nicht zum Bestandteil des Produktionsprogramms des Unternehmens zählen (Kieser 1973, S. 9), strebt der Einsatz von Prozeß- bzw. Verfahrensinnovationen eine effizientere Gestaltung von Produktionsabläufen und organisatorischen Prozessen an (Zörgiebel 1983, S. 154). Erst in zweiter Linie werden neben technischen Neuerungen auch Veränderungen im humanen Bereich und Neuorganisation genannt.

Ergebnis des Innovierens ist eine neue Systemstruktur mit neuen oder modifizierten Elementen sowie mit neuen oder modifizierten Beziehungen. D.h. einzelne Systemelemente bzw. Beziehungen „durchlaufen" einen Transformationsprozeß. Die Art der Veränderung kann dabei variieren vom „Wegfall" oder „Hinzufügen" einzelner Elemente oder Beziehungen bis zu deren „Modifikation" (Abb. 2).

In diesem Prozeß werden bestehende Konfigurationen von Elementen und Beziehungen geändert und in eine neue Systemstruktur überführt. Die Implementation einer vollautomatischen Verpackungsmaschine (hinzufügen) führt beispielsweise zum Abbau von Arbeitskräften (Wegfall) und der Modifikation bestehender Strukturen und Abläufe. Von einer Innovation kann man dabei erst dann reden, wenn die neuen bzw. geänderten Systemelemente und Beziehungen in ihrem jeweiligen unternehmensinternen oder -externen Umfeld umgesetzt werden.

Veränderung der ... \ Art der Veränderung	Wegfall	Hinzufügen	Modifikation
Systemelemente (Personal, Werkstoffe, Betriebsmittel)			
Beziehungen im System (Organisation)			
Systemelemente an der Schnittstelle zur Unternehmensumwelt (input, output)			
Beziehungen zur Systemumwelt (Liefer-/Absatzbeziehungen)			

Abb. 2: Systematisierung von Ansatzpunkten zur Systemveränderung durch Innovationen

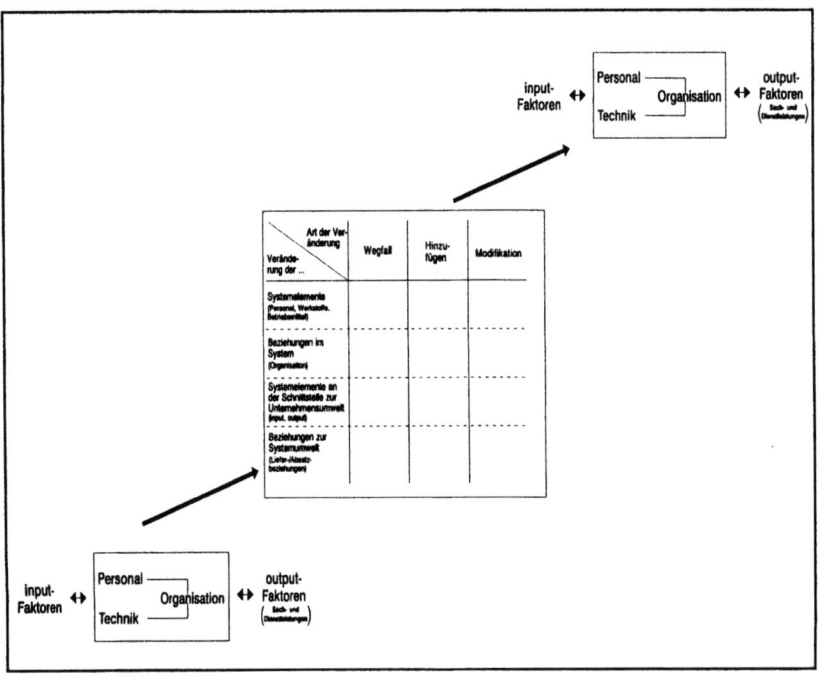

Abb. 3: Innovation als Systemveränderung

Dieser Übergangsprozeß ist dabei gleichsam Rahmen für die Aufgaben des Innovationsmanagements. Damit stellt sich die Frage, wie Innovationen verlaufen.

1.2 Der Innovationsprozeß im Unternehmen

Innovationsprozesse umfassen die Entstehung und Umsetzung neuer Ideen in den o.g. Innovationsbereichen. Prozeßmodelle strukturieren Innovationsprozesse dabei i.d.R. nach Phasen bzw. Aufgaben (vgl. zu einer Bestandsaufnahme Staudt/Auffermann 1996).

Exemplarisch für die Darstellung von Innovationsprozessen sind hier Lebenszykluskonzepte, die sich auf das Innovationsobjekt „Produkt" fokussieren, zu nennen. Idealtypisch entwickelt sich im Rahmen von klassischen Marktzyklusbetrachtungen ein Produkt nach seiner Einführung in den Phasen des Wachstums und der Reife zu einem Umsatzträger, wird dann aber durch andere (neue) Produkte verdrängt. Die ausschließliche Betrachtung des Marktzyklus lenkt die Aktivitäten einseitig auf Durchsetzungsaspekte und die Ausschöpfung von Marktpotentialen. Offen bleibt in diesem Zusammenhang, wie die neuen Produkte entstehen. Die Schaffung von Änderungspotentialen wird bei dieser Marktorientierung meist negiert; sie sind als „tote Möglichkeiten" vorgegeben und brauchen vom Unternehmen nur aufgegriffen und durchgesetzt zu werden (Staudt 1985; Strebel 1990).

Das integrierte (Produkt-) Lebenszykluskonzept (Pfeiffer/Metze/Schneider/Amler 1991) bezieht mit dem Beobachtungs- und Entstehungszyklus die Tätigkeiten ein, die zur Invention führen.

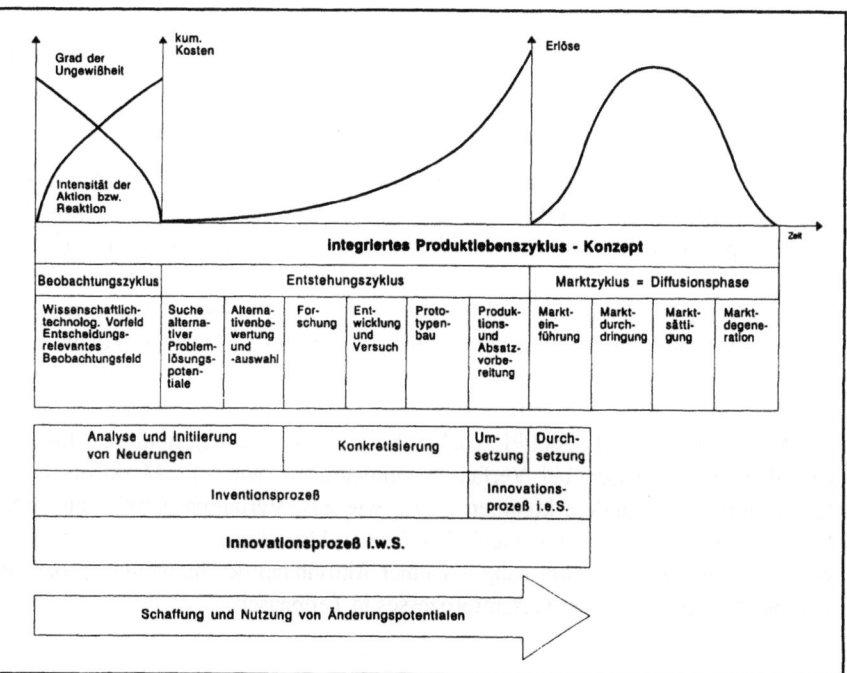

Abb. 4: Prozeßmodelle (Quelle: In Anlehnung an Pfeiffer/Metze/Schneider/Amler 1991)

Im Beobachtungszyklus werden strategische Informationen aus der Unternehmensumwelt gewonnen, die einen Einfluß auf die Unternehmensentwicklung haben. Zur Analyse des gesellschaftlichen und wissenschaftlich-technischen Umfeldes sowie des Unternehmens werden Konzepte zur Früherkennung und Instrumente der strategischen Planung (wie z.B. Chancen-/Risiken-, Stärken-/Schwächen-, Gap-Analysen etc.) verwendet (Hinterhuber 1992; Welge 1992).

Zur Analyse und Initiierung von Neuerungen gehören im Rahmen des Entstehungszyklus die Suche alternativer Problemlösungspotentiale (unterstützt durch z.B. Kreativitätstechniken) sowie die Alternativenbewertung und -auswahl (z.B. mittels Scoring-Verfahren oder Nutzwertanalysen). Der Konkretisierung mit Forschung und Entwicklung, Prototypenbau etc. schließt sich die Umsetzungsphase an, die durch Aktivitäten der Produktions- und Absatzvorbereitung sowie Maßnahmen der Personal- und Organisationsentwicklung gekennzeichnet ist. Darauf folgt die Durchsetzungsphase mit der Erschließung neuer Absatzmärkte, neuer Bezugsquellen, aber auch der Durchführung von Neuorganisationen.

Mit der Markteinführungsphase ist der Produktinnovationsprozeß abgeschlossen. Die sich anschließenden Phasen der Marktdurchdringung, Marktsättigung und Marktdegeneration können noch um den Nachsorgezyklus ergänzt werden, der alle Aufgabenbereiche umfaßt, die nach dem Verkauf eines Produktes anfallen. Dazu gehören neben Wartung und Reparatur, Produkthaftungsverpflichtungen sowie in zunehmendem Maße auch Entsorgungsaufgaben (Staudt/Kriegesmann/Fischer 1992).

Insgesamt weisen Prozeßmodelle eine starke Konzentration auf Produktinnovationen auf. Die möglichen Innovationsobjekte im betrieblichen Kontext erstrecken sich jedoch auf alle Elemente und Beziehungen von Unternehmen. Dabei bleiben Innovationen im Sinne einer signifikanten Veränderung in einem der Bereiche selten ohne Auswirkungen in den anderen Gebieten. So erfordern einerseits Produktinnovationen andere Fertigungsorganisationen mit neuen Betriebsmitteln und Verschiebungen im Personal-Know-how, eventuell auch neue Absatzwege oder Servicefunktionen. Andererseits bilden z.B. neue Betriebsmittel den Ausgangspunkt für neue Produktquantitäten und -qualitäten, aber auch ein geändertes Personalkompetenzprofil bis hin zu Verschiebungen der Marktkonstellationen (Staudt 1985).

Unabhängig vom Innovationsobjekt sind allerdings die Phasen von ihren Problem- und Aufgabenstellungen her durchaus zu vergleichen mit der Veränderung anderer Elemente und Beziehungen im Unternehmen. Getrennte Darstellungen für Produkt- und Verfahrensinnovationen finden sich z.B. bei Heyde/Laudel/Pleschak/Sabisch (Heyde/Laudel/Pleschak/Sabisch 1991, S. 29ff.). In diesem Beispiel entfallen einige Phasen bei Verfahrensinnovationen, wie z.B. Marktforschung, Ideenfindung etc.; andere kommen hinzu, wie z.B. Verfahrensentwicklung oder klein- und großtechnischer Versuch. Die Konstruktionslogik ist jeweils gleich und basiert auf der Zusammenfassung einzelner Aktivitäten des Innovationsprozesses und der Aufgliederung des Gesamtprozesses in Teilphasen.

Die einzelnen Phasen sind durch spezifische Aktivitäts-, Informations- und Koordinationsschwerpunkte gekennzeichnet (Olschowy 1990, S. 14), mit denen innerbetriebliche und externe Einflüsse, Innovationsbarrieren sowie Anforderungen und Gestaltungsempfehlungen an das Innovationsmanagement variieren. Viele Modelle suggerieren dabei eine linear-sequentielle Abfolge der Phasen und Aufgabenbearbeitung, die das Innovationsobjekt nacheinander durchläuft. Littler bezeichnet eine solche sequentielle Reihe von Phasen, die oft die verschiedenen funktionalen Aktivitäten des Unternehmens repräsentieren, als „Verzögerungsmodell", in dem jede Aufgabe abgeschlossen sein müsse, bevor die nächste Hauptaktivität beginnt. Diese Sichtweise sei ineffektiv und ineffizient und führe nicht nur zu einer Verlängerung des Innovationsprozesses, sondern wegen der Isolierung der einzelnen Funktionsbereiche darüber hinaus zu nicht marktgerechten Produkten (Littler 1994, S. 297). Die verschiedenen Teilentscheidungen und Aktivitäten im Innovationsprozeß verlaufen „keineswegs nur chronologisch-linear [...]. Teils erfolgen Einzelaktivitäten parallel, teils sequentiell, wobei immer wieder Rückkopplungsschleifen auftreten" (Thom 1992, S. 7) oder Stufen übersprungen werden und über Schlagworte wie simultaneous engineering aufgefangen werden sollen.

Trotz dieser Einschränkungen erscheinen Systematisierungshilfen geeignet, Innovationsprozesse als mehrstufige Problemlösungsprozesse darzustellen (Corsten 1989, S. 4). Innovationsprozeßmodelle unterscheiden sich teilweise nur in Nuancen voneinander. Aus der Analyse von über 90 Innovationsprozeßmodellen haben Staudt/Auffermann eine grobe Struktur des Innovationsprozesses mit seinen Kernphasen sowie den dazugehörigen Aufgabenschwerpunkten abgeleitet (Staudt/Auffermann 1996):

– *Phasenübergreifend* und zunächst losgelöst vom konkreten Innovationsvorhaben sind die strategische Ausrichtung des Unternehmens sowie die laufende Beobachtung von Markt- und Technologieentwicklung, Konkurrenten, Gesetzgebung, politischen und gesellschaftlichen Strömungen etc. zu nennen.
– Der eigentliche Innovationsprozeß für ein konkretes Vorhaben beginnt mit einem beliebig gearteten *Impuls*; z.B. einer neuen technologischen Entwicklung, einem neuen (Zufalls-)Produkt, neuen Bedürfnissen, einer Idee (dann entfällt die folgende Phase der Ideensuche), geänderten rechtlichen Rahmenbedingungen, unbefriedigender Umsatzentwicklung etc.
– Die Phase der *Ideensuche* beinhaltet nicht nur die Generierung eigener Ideen mittels Kreativitätstechniken, betrieblichem Vorschlagswesen, Qualitätszirkeln o.ä., sondern auch die Einbeziehung externer Ideen, z.B. über Technologietransfer etc. sowie alle Formen der Imitation der Konkurrenz. Begleitend erfolgen mehrstufige *Bewertungs- und Auswahlverfahren* (z.B. Scoring-Verfahren, Nutzwertanalysen), die letztlich in die *Entscheidung* für eine bestimmte Idee münden.
– Es folgt eine je nach Innovationshöhe mehr oder weniger ausgeprägte *Konkretisierungsphase*, die Tätigkeiten wie angewandte Forschung, Entwicklung, Konstruktion, Prototypenbau und Versuche etc. beinhaltet.

- Die *Umsetzungsphase* umschließt Aufgaben wie Produktion, Absatzvorbereitung, Personal- und Organisationsentwicklungsmaßnahmen, Beschaffung neuer Materialien und/oder Erschließung neuer Distributionskanäle und Absatzmärkte etc.
- An die Umsetzungsphase schließt sich eine *Durchsetzungsphase* an, d.h. im wesentlichen die Markteinführung von neuen Produkten bzw. die Implementation von neuen Prozessen oder Strukturen in Organisationen. Viele der mit der Innovation verbundenen Probleme treten erst in diesem Stadium zutage.

Die wichtigsten Bestandteile betrieblicher Innovationsprozesse werden in folgender Abbildung zusammengefaßt:

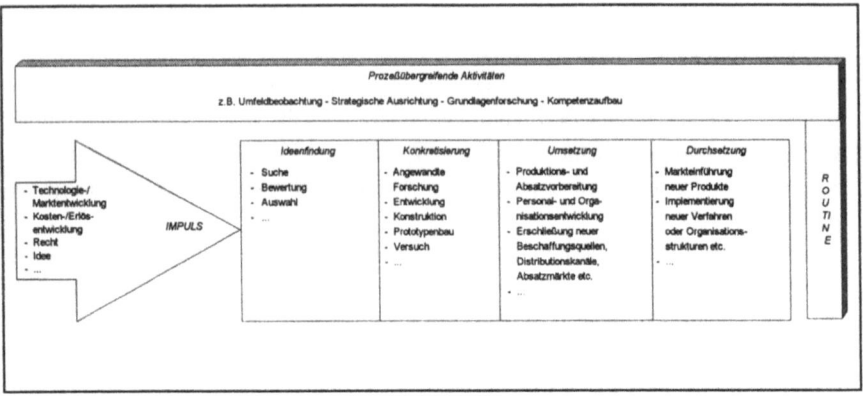

Abb. 5: Die Kernphasen des betrieblichen Innovationsprozesses

Das dargestellte Modell ist als Raster von Handlungssituationen zu verstehen, in denen jeweils unterschiedliche Innovationsaufgaben zu erfüllen sind (vgl. auch Staudt/Kerka 1997).

1.3 Träger von Innovationen

Der Entwicklungsprozeß zu neuen Systemstrukturen folgt keinem naturgesetzlichen Verlauf, sondern wird – aber nicht in einem deterministischen Sinne – gesteuert bzw. geregelt. Durch Menschen bewußt geschaffene Systeme – wie Unternehmen – verhalten sich zielgerichtet gegenüber ihrer Umwelt (Ulrich 1968, S. 114). Die Steuerung bzw. Regelung vollzieht sich dabei auf zwei Ebenen:
- Auf der Ebene der Systemelemente „ausführendes und Leitungspersonal" steuern und regeln persönliche Bedürfnisse, Erwartungen und Ziele das individuelle Verhalten und beeinflussen damit die Unternehmensentwicklung (Heckhausen 1980; Rosenstiel, von 1975).
- Auf der Ebene des Systems „Unternehmen" übernimmt das Leitungspersonal in unterschiedlichen (hierarchisch verknüpften) Regelkreisen Steuerungs- und Regelungsfunktionen und beeinflußt über Zielsetzungen die Entwicklung des Gesamtsystems (Bandura 1986; Latham/Locke1991).

Träger von Innovationen ist damit ausführendes und Leitungspersonal, das selbst Entwicklungsprozesse im Sinne einer Systemänderung ansteuern kann. Die Aufgaben und Rollen in Innovationsprozessen variieren dabei. Idealtypisch lassen sich zwei Arten von Rollen unterscheiden (Böhnisch 1991, S. 708):
1. Der aktiv Innovierende (Change Agent) initiiert und führt Innovationsvorhaben durch. „Im einzelnen kann diese Funktion das Entwickeln und Vertreten einer Idee, die Suche nach Konsens, die Autorisierung eines Innovationsplanes und schließlich die Realisierung und Kontrolle der innovativen Lösung bedeuten." (Böhnisch 1991, S. 708; vgl. auch Rogers/Shoemaker 1971, S. 248). Eine weitere Differenzierung dieses Personenkreises bietet das Promotoren-Konzept von Witte, der eine Aufschlüsselung von Typen nach ihrer Stellung im Innovationsprozeß vornimmt (Fach-, Machtpromotor) (Witte 1973, S. 21ff.).
2. Passiv Innovierende (Client System) dagegen lassen sich als Objekt der Innovation charakterisieren. Sie sind im Rahmen betrieblicher Innovationsprozesse von den durch Neuerungen induzierten Änderungen betroffen und damit in eine Anpassungssituation gedrängt. Bei der Um- und Durchsetzung von Innovationen ist gerade bei den von Innovationen betroffenen mit erheblichen Änderungswiderständen zu rechnen. Individuen möchten innerhalb einer Organisation ihren sozialen Status, der sich oftmals aus der auf „alte" Strukturen ausgerichteten Kompetenz ergibt, bewahren und betrachten Änderungen als Störungen (Staudt 1989, S. 364).

Als verhaltensbestimmend für die initiative Gestaltung von bzw. Anpassung an Innovationsprozesse(n) werden motivationale Aspekte auf der einen Seite und Kenntnisse, Fertigkeiten und Fähigkeiten auf der anderen Seite angesehen. In anderen Kategorisierungen lassen sich die personenbezogenen Determinanten von Innovationen nach Aspekten des „Wollens" und „Könnens" oder nach „Innovationsbereitschaft und -fähigkeit" systematisieren (Corsten 1989).

Die Veränderung des Gesamtsystems hängt damit von der Veränderungsbereitschaft und -fähigkeit der ausführenden und leitenden Personen ab (Staudt/Kailer/Kriegesmann/Meier/Stephan/Ziegler 1997). Während Willensbarrieren emotionale Widerstände, individuelle Zielkonflikte und die Angst vor unabsehbaren Konsequenzen von Neuerungen beinhalten, ist unter Fähigkeitsbarrieren die mangelnde kognitive Kompetenz, Veränderungen zu realisieren und umzusetzen, zu subsumieren (Gussmann 1988, S. 82ff.).

2 Das Management von Innovationen

Die Gestaltung von Innovationsprozessen ist Anliegen des Innovationsmanagements. Dabei lassen sich zwei Richtungen unterscheiden:
- Technokratische Versuche, über Stärken-/Schwächen-Analysen, Frühwarnsysteme oder Erfolgsfaktoren Innovationsprozesse planend zu bewältigen und
- die Implementation bzw. Systematisierung von Lernprozessen zur formativen Gestaltung von zukunftsoffenen Entwicklungen.

Um deutlich zu machen, was wir unter einem solchen formativen Lernprozeß verstehen, gebrauchen wir das Bild eines Schiffes, das durch ein Meeresgebiet mit Eisbergen fährt. Auf der einen Seite steht der technokratische Versuch, durch informatorisch-prognostische Höchstleistungen eine Art planerische Landkarte sich bewegender Eisberge zu erstellen, um dann den optimalen Weg durch die Eisberge hindurch zu finden. Es ist ziemlich sicher, daß das so „innovierende" Unternehmen vor Abschluß des Planungsprozesses mit einem Eisberg zusammenstößt.

Wenn wir sagen, man muß sich intensiver mit den Versuchen und Irrtümern befassen, denn am besten lernt man aus Fehlern und am billigsten aus Fehlern anderer, dann meinen auf der anderen Seite wir, um im Bild zu bleiben, so etwas wie die Beschäftigung mit einem Radarsystem, das es dem Schiff ermöglicht, seinen Kurs um den jeweils nächsten Eisberg herumzusteuern. Freilich zeigt dieses Bild auch: Der formative Prozeß gibt keine Sicherheit – die ist in entwicklungsoffenen Systemen auch nicht möglich –, aber er erlaubt doch das Überleben bzw. das Umgehen des nächsten Zusammenstoßes und führt von der Konzentration auf informatorisch planerische Gigantomanie hin zu einer stärkeren Beschäftigung mit der Funktion von Radarsystemen und hinreichender Manövrierfähigkeit oder Flexibilität des Schiffes, um mit den gegebenen Umständen innovativer Prozesse wirklich fertig zu werden.

2.1 „Planungsansätze" für Innovationen

In den letzten Jahren sind zahlreiche Versuche unternommen worden, die Planung, Umsetzung und Kontrolle von Innovationsprozessen methodisch zu unterstützen. Verschiedene Ansätze haben sich bemüht, konkrete Empfehlungen für das Innovationsmanagement abzuleiten. Mit dem Ballast der Rationalitätsutopie versucht man mit Planungsansätzen quasi aus der Vogelperspektive eine ideale „Zukunftslandschaft" zu entwerfen.

Besondere Bedeutung für die Innovationsmanagementpraxis hat die Erfolgsfaktorenforschung als Versuch, Patentrezepte für die Gestaltung von Innovationsprozessen abzuleiten, erlangt. Die „Success-Failure-Forschung" machte es sich zur Aufgabe, „[...] to determine which characteristics discriminate between commercially successful and unsuccessful industrial new products" (Cooper 1979, S. 124). Dabei analysiert man in der Vergangenheit erfolgreiche Unternehmen und führt deren Erfolg auf einige wenige typische Merkmale zurück.

Voraussetzung für die Analyse von Erfolgs- und Mißerfolgsfaktoren ist ein eindeutiges Begriffsverständnis. Doch schon im Definitorischen beginnen angesichts der Subjektivität von Innovationen die Unterschiede: So wird bei dem gängigen Erfolgsbeleg „Anteil neuer Produkte am Umsatz" nicht hinterfragt, was sich im einzelnen hinter diesen „neuen Produkten" verbirgt. Um den Ansprüchen an ein „innovatives Unternehmen" entsprechen zu können, kommt es daher zu einer sehr weiten Begriffsauslegung. Jede kleine Änderung im Design oder jede marginale Produktverbesserung wird als Innovationserfolg eingestuft.

Neben definitorischen Defiziten der Erfolgsfaktorforschung bleibt häufig unklar, welcher Maßstab von „Erfolg" der Analyse von Erfolgsfaktoren zugrunde gelegt wird: Während der Innovationsförderer Erfolge an steigenden FuE-Aufwendungen festmacht, entscheidet der Marketingmanager nach Marktanteilen und der Entwickler nach technischer Perfektion. Unterschiedliche Ziele, Wertschätzungen und Erfahrungshintergründe sowie die Vermischung von Effizienz und Effektivität verhindern eine einheitliche Sicht von Erfolgen bzw. Mißerfolgen. Im Grenzfall werden Projekte mit Prestigecharakter nicht abgebrochen, obwohl eine Vermarktung unrealistisch erscheint, während abgebrochene Vorhaben „im Verborgenen" erfolgreich zu Ende gebracht werden.

Seit Mitte der sechziger Jahre konzentrieren sich zahlreiche empirische Untersuchungen auf die Analyse von Einflußfaktoren auf erfolgreiche Innovationen sowie auf Mißerfolge (Isenson 1968; Thompson 1969; Center for the Study of Industrial Innovation 1972; Gerstenfeld 1976; Cooper 1979; Albach 1989; Lilien/Yoon 1989; Tebbe 1990; Kotzbauer 1992).

Trotz unterschiedlicher methodischer Ansätze der einzelnen Untersuchungen (Lilien/Yoon 1989) ist die Logik der abgeleiteten Aussagen immer identisch: Man führt den Innovationserfolg auf einige typische Merkmale zurück und macht dann nicht nur glauben, daß derartige Merkmale beliebig reproduzierbar und damit Mißerfolge vermeidbar seien, sondern auch, daß immer dann wenn dies gelänge, ein ähnlicher Erfolg wieder eintrete bzw. Mißerfolg ausgeschlossen werde.

Die Erfolgsfaktorforschung basiert somit auf der Annahme eines gesetzmäßigen Zusammenhangs zwischen Unternehmens- und Umfeldfaktoren einerseits und dem Erfolg bzw. Mißerfolg eines neuen Produktes bzw. Verfahrens andererseits. Besondere Beachtung hat dabei die empirische Untersuchung von Cooper gefunden (Cooper 1979). Von Managern aus 103 Unternehmen wurden insgesamt 77 vorgegebene Einflußfaktoren hinsichtlich eines Zusammenhangs mit konkreten Erfolgen bzw. Mißerfolgen von Produktinnovationen beurteilt. Der Untersuchung lag zur Strukturierung der Einflußfaktoren ein Modell zugrunde, das zwischen Faktoren, die sich einerseits auf den Produktinnovationsprozeß und seinen Output (Elements of the commercial entity, proficiencies of process activities, nature of information acquired) und andererseits auf Umgebungsfaktoren, in denen sich die Produktentwicklung vollzieht (The product's marketplace, the firm's resource base, the venture), unterscheidet.

Im Ergebnis zeigte sich in der Untersuchung, daß die Umgebungsfaktoren für Produktinnovationserfolge von vergleichsweise untergeordneter Bedeutung sind. Insbesondere hinsichtlich Marktgegebenheiten und Charakteristika des Neuprodukt-Geschäfts bestehen kaum signifikante Korrelationen zu Erfolg bzw. Mißerfolg von Produktinnovationen. Allein Unternehmensressourcen wie FuE-Personal, Marktforschungspersonal oder Managementfähigkeiten wird im Bereich der Umgebungsfaktoren eine hohe Bedeutung beigemessen.

Sehr starken Einfluß auf den Erfolg von Produktinnovationen haben hingegen „kontrollierbare" Faktoren, die sich auf die Art der Marktbearbeitung, auf die Professionalität der Aktivitäten im Innovationsprozeß und den Informationsstand beziehen. Cooper kommt daher zu dem Schluß: „[...] it matters not what situation you face; it matters more what you do about it!" (Cooper 1979, S. 135).

Zahlreiche weitere empirische Untersuchungen haben nach ähnlichem Muster Erfolgs- und Mißerfolgsfaktoren von Innovationen untersucht. Einen Überblick geben die Synopsen von Lilien/Yoon und Kotzbauer (Lilien/Yoon 1989; Kotzbauer 1992), in denen die Untersuchungen nach zentralen Einflußfaktoren systematisiert wurden. Insgesamt bleiben die Aussagen der Erfolgsfaktorforschung unscharf, pauschal und bewegen sich in einem weichen, wenig operationalen Bereich (Managementfähigkeit, technologisches Niveau eines Produktes, vom Innovationserfolg überzeugt etc.).

Die Erfolgsfaktorforschung will so sehr technokratisch die Ursachen für Innovationserfolge aufdecken und daraus allgemeingültige Implikationen für das Innovationsmanagement ableiten. Allzu oft wird übersehen, daß die dabei gesetzte Prämisse eines gesetzmäßigen Zusammenhangs zwischen spezifischen Einflußfaktoren und Innovationserfolg die Erfüllung zweier Bedingungen voraussetzt: Zum einen müssen die vergangenen Erfolgsbedingungen eindeutig sowie vollständig erfaßbar und zum anderen auf der Zeitachse stabil sein (Staudt 1979). In einer dynamischen Wirtschaft sind beide Voraussetzungen nicht zu erfüllen. Die Komplexität von Erfolgsbedingungen verhindert eindeutige und quantifizierbare Aussagen über Ursachen von Erfolg. Die Wahrscheinlichkeit, alle für den Erfolg eines neuen Produktes kausalen Faktoren zu identifizieren, ist gering, und wenn dies gelingt, sind sie nicht annähernd vollständig beeinflußbar. Die zeitliche Dynamik führt zudem dazu, daß sich die Erfolgsursachen verschieben und Erfolgsfaktoren von gestern nicht mehr die von morgen sein müssen.

Spiegelt man den Anspruch der Erfolgsfaktorforschung an diesen Restriktionen, zeigen sich sehr schnell die Grenzen: Auf der einen Seite will die Erfolgsfaktorforschung allgemeingültige Aussagen als Hilfestellung für Einzelfallentscheidungen liefern, auf der anderen Seite schließt gerade diese Allgemeingültigkeit die Übertragbarkeit auf singuläre Situationen, um die es sich bei Innovationen handelt, aus. Gleiche und zeitstabile Ausgangsbedingungen im Unternehmen selbst sowie im betrieblichen Umfeld sind die Voraussetzung, daß Faktoren, die in der Vergangenheit zum Erfolg führten, auch bei anderen Unternehmen bzw. in unterschiedlichen Phasen des Innovationsprozesses wieder erfolgbringend wirken.

2.2 Implementierung und Systematisierung von Lernprozessen

Insgesamt zeigt sich, daß Innovationen über Erfolgsfaktoren nicht planbar sind. Der Rückgriff auf vergangene Erfolge bzw. Mißerfolge und daraus abgeleitete imitierende Strategien kann
– ohne Kenntnis des Ergebnisses entwicklungsoffener Innovationsprozesse,
– ohne Beherrschung der zukünftigen Anwendungssituation der unbekannten Neuentwicklung,
– ohne Wissen über die Marktreaktion auf Neuentwicklungen in zukünftigen Anwendungssituationen
keine Lösung für Innovationsprobleme liefern. Für zukunftsoffene Innovationsprozesse kann man lediglich Innovationspotentiale aufbauen, Lernprozesse installieren und systematisieren: Man muß sich also intensiver mit den Problemen beschäftigen, die im Rahmen des Prozesses von Neuerungen auftreten und viele Innovationen verhindert bzw. zu Mißerfolgen geführt haben.

Der Weg von der Idee zur wirtschaftlichen Verwertung einer Neuerung gleicht angesichts der hohen Komplexität einem Hindernislauf, und wenn man die Aufgaben eines sinnvollen Innovationsmanagements erfassen will, muß man entsprechend in die Problematik der jeweiligen Entstehungs- und Diffusionsprozesse von Innovationen eindringen.

Die Beschäftigung mit Innovationsbarrieren wird so zum Pflichtenheft. Insofern ist nicht die Frage, welches sind die richtigen Techniken, die idealen Vorbilder, und welches sind die erfolgreichen oder exzellenten Unternehmen von Relevanz für die Gestaltung von Neuerungsprozessen, sondern vor allem die Frage, „was behindert eigentlich meine Innovation?", wird von zentraler Bedeutung für operationale Ansätze eines Managements, das zu Innovationen führt (Staudt 1992).

Die differenzierte Kenntnis von praktisch wirksamen Innovationsbarrieren ist Grundlage für

– die *Überwindung von Innovationsbarrieren durch flankierende Maßnahmen*: Die Analyse und Identifikation der Ursachen von Innovationswiderständen ist die Voraussetzung für eine Flankierung von geplanten Innovationen (durch Maßnahmen im personellen und organisatorischen Bereich) und kann verhindern, daß Innovationsprozesse einseitig (an der technischen Machbarkeit) ausgerichtet werden.

– den *Aufbau und die Sicherung von Innovationspotentialen*: Mit der Analyse der (längerfristigen) Beeinflußbarkeit von Innovationswiderständen erhält man Ansatzpunkte für die Schaffung innovationsfördernder Rahmenbedingungen und damit eine Erweiterung des zukünftigen Handlungsspielraumes des Unternehmens.

Die Frage nach der Behinderung von Innovationen wird damit zum Leitfaden für eine Strukturierung der Aktivitäten des Innovationsmanagements (Staudt 1987; Staudt/Kerka/Krause 1996).

2.2.1 Innovationswiderstände: Pflichtenheft für das Innovationsmanagement

Zur Untersuchung von Innovationsbarrieren geht man davon aus, daß die erfolgreiche Umsetzung einer Neuerung im wesentlichen abhängt (Staudt 1992):
– vom Zustand des die Neuerung aufnehmenden Systems und wie die Aktivitäten und Fähigkeiten dieses Aufnahmesystems beschaffen sind,
– vom Zustand, der Art und dem Ausmaß der Aktivitäten des jeweiligen Innovationsanbieters sowie seiner Fähigkeit, die potentiellen Abnehmer von Neuerungen zu überzeugen und
– von den spezifischen Eigenschaften bzw. der Einschätzung der spezifischen Eigenschaften der jeweiligen Neuerungen (vgl. hierzu auch Ergebnisse der Diffusionsforschung z.B. Mansfield 1961; Rogers 1962; Romeo 1975; Bock 1987).

Neben den Merkmalen der Neuerungen sind also bspw. bei Produktinnovationen zusätzlich die Kommunikations- und Distributionssituationen zu analysieren und darüber hinaus die Aktivitäten der im Umfeld tätigen Konkurrenten einzubeziehen. Die Analyse der Beziehungen zwischen Herstellern und Anwendern ist zu ergänzen um die Einflüsse aus den Um-systemen – das sind die rechtlichen, sozialen, technischen und institutionellen Tatbestände, die im einzelbetr. Fall den

Umsetzungsvorgang beeinflussen – und den Verknüpfungen zu den vor- und nachgelagerten Beschaffungs- und Absatzmärkten.

Rückt man in den Mittelpunkt der Analyse das Anwendersystem selbst, dann können – ausgehend von den internen Gegebenheiten des Unternehmens und seinen Verflechtungen zur Umwelt – Einflußgrößen von Innovationen systematisch erfaßt und in Form von Checklisten aufgearbeitet werden. Im praktischen Einzelfall kann man durch Anwendung dieser Checklisten die unternehmensinternen und -externen Einflußgrößen von Innovationen in ihrer jeweiligen Ausprägung situativ erheben und ein problemspezifisches Profil der Innovationswiderstände erstellen.

D.h. die Anbieter müssen sich in den jeweiligen Anwendungsfeldern kompetent machen, welche Probleme und Anwendungsbedingungen beim Kunden vorliegen und mit welchen alternativen Entwicklungen die Konkurrenz darauf reagiert. Kompatibilität zu den Leistungen anderer Zulieferer, Integrationsfähigkeit der eigenen Angebote in den personellen, organisatorischen und technischen Konfigurationen des Kunden und die Substitutionsmöglichkeiten alternativer Anbieter stellen den Entscheidungsrahmen für die Gestaltung von Produktinnovationen dar. Die Kundenprobleme werden dabei i.d.R. noch von nachgelagerten Wertschöpfungsstufen des Kunden bestimmt, die damit zusätzliche Orientierungsmarke für die Konzipierung und Beurteilung von Innovationen sind.

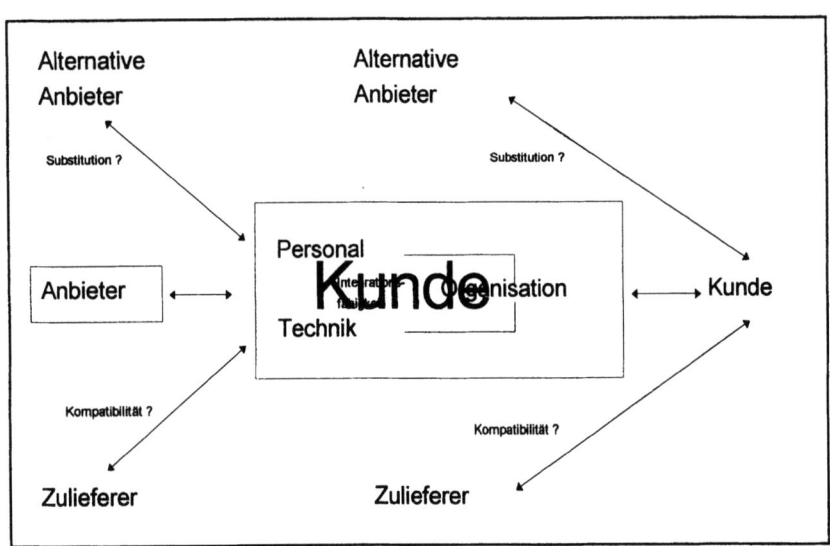

Abb. 6: Orientierungsrahmen für die Anbieter von Produktinnovationen

Neben dieser statischen Betrachtung ist gerade in innovativen Feldern die Entwicklungsdynamik in der Wertschöpfungskette einzubeziehen. Unter dynamischen Bedingungen verändern sich die Anforderungen an Produkte:
- Aktuelle Kunden erbringen Teilleistungen selbst, lagern andere Bereiche wieder aus, verändern ihre technischen Konfigurationen oder steuern selbst andere Absatzbeziehungen an,

- neue Kundengruppen mit anderen Kompatibilitätsproblemen tauchen auf,
- Anbieter aus völlig anderen Branchen dringen aufgrund neuer technischer Optionen als Konkurrenten in angestammte Märkte ein
- oder es werden aktiv neue Kundengruppen mit anderen Anforderungen angesteuert.

Die Vermarktungsfähigkeit von Produktinnovationen wird dabei dadurch bestimmt, inwiefern sie zukünftige Probleme beim Kunden lösen bzw. geänderte Anforderungen erfüllen können. D.h. der Anbieter muß vorwegnehmen, welche Probleme in der nachgelagerten Wertschöpfungskette virulent werden und welche alternativen Problemlösungen die Konkurrenz zukünftig anbietet bzw. wer zukünftig überhaupt Konkurrent ist. Dabei ist zu beachten, daß die Entwicklungen des Kunden und der Konkurrenz teilweise „außengesteuert" sind und teilweise von internen Potentialen und Zielen abhängen: Sie orientieren sich an den Arbeiten von Forschungsinstituten in ihrem Umfeld, verfolgen eigene Forschung und Entwicklung, sind abhängig von Entwicklungsabsichten ihrer Key-Accounts oder den Ambitionen der eigenen Konkurrenz.

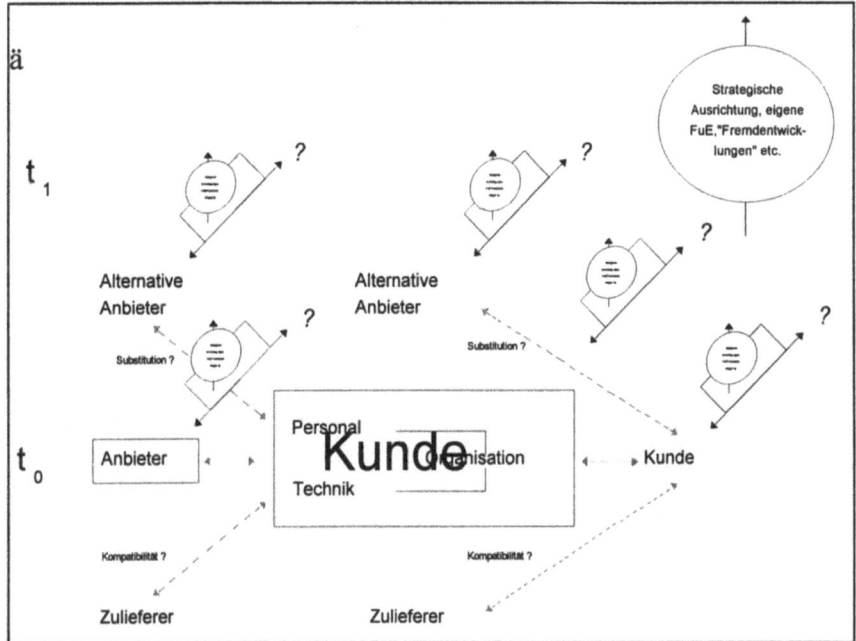

Abb. 7: Zukünftige Kundenkonfiguration und seine Einbindung in der Wertschöpfungskette

Die Ableitung kundenorientierter Leistungsanforderungen ist mit einer Reihe von Problemen behaftet, die bei der Abbildung aktueller Anforderungen beginnen und bei der Prognose zukünftiger Erfordernisse eskalieren.

Abbildungsprobleme unter statischen Bedingungen „t_0-Betrachtung"

Schon beim statischen Abgleich der Leistungsangebote mit den Kundenanforderungen stößt man auf grundsätzliche Abbildungsprobleme bezogen auf die Unternehmenskonfiguration des Kunden und seine Einbindung in der Wertschöpfungskette:
- Die Anwendungsbedingungen des Kunden werden durch seine internen Strukturen und Prozesse bestimmt. Der Anbieter muß daher eine Vorstellung darüber entwickeln, ob seine Leistungen in das technische, personale und organisatorische „Aufnahmesystem Kunde" integrationsfähig sind: Reicht die Kompetenz der Mitarbeiter im Umgang mit neuen Techniken aus, sind Systemleistungen mit Anschlußtechniken und organisatorischen Abläufen kompatibel etc. Aber schon bei der Funktionsbeschreibung der eigenen Systemleistungen stößt man an Grenzen: Wie sie sich unter unterschiedlichsten Anwendungsbedingungen außerhalb des eigenen „Labors" verhalten, welche Anpassungsentwicklungen beim Kunden zur Sicherung der Integrationsfähigkeit noch ablaufen müssen etc., ist oft unklar.
- Noch komplexer wird das Abbildungsproblem, wenn das Kundenumfeld und damit auch mögliche Rückwirkungen auf die eigenen Systemleistungen abgebildet werden sollen. Neben der kundeninternen Konfiguration sind die Konzipierung und Beurteilung von Innovationsideen in den Zusammenhang von Zuliefer- und Abnehmerbeziehungen, Konkurrenzbeziehungen etc. zu stellen. So begrenzt bspw. die Kompatibilität der eigenen Sach- und Dienstleistungssysteme mit sonstigen Zulieferteilen des Kunden wiederum die Integrationsfähigkeit.

„Prognoseprobleme" bei dynamischen Bedingungen „t_1-Betrachtung"

Zu diesen Abbildungsproblemen kommen Probleme bei der Abschätzung zukünftiger Anforderungen. Detaillierte Kundenanforderungen können nur aus einer tatsächlich vorliegenden Anwendungssituation ermittelt werden. Um ohne Verzögerungen Problemlösungen anbieten zu können, sind zukünftige Anwendungsprobleme und -bedingungen vorwegzunehmen, die die Betroffenen selbst noch nicht kennen. D.h. der Anbieter muß für den Kunden „Vordenken" und das Konkurrenzverhalten antizipieren. Die Unternehmensumwelt ist dabei nicht in ihrer Gesamtheit relevant und a priori gegeben, sondern muß aus Sicht des Systemleistungsanbieters entdeckt und definiert werden.

2.2.2 Überwindung von Innovationswiderständen

Innovationen lösen Reaktionen, Entwicklungen, Engpässe und Inkompatibilitäten aus. Orientiert sich das innovierende Unternehmenssystem nicht an den sich wandelnden Anforderungen bei Innovationen, d.h. bleibt das Unternehmenssystem im Innovationsprozeß in Teilbereichen auf dem Stand von t_0, führt dies in den einzelnen Phasen des Innovationsprozesses zu unterschiedlichen, teilweise sich verstärkenden Barrieren und behindert letztlich die mit Innovationen intendierten

Entwicklungen bzw. läßt bestehende Optionen ungenutzt. Je nach der Phase im Innovationsprozeß treten dabei sehr spezifische Problemlagen auf.
- In der Phase der Forschung und Entwicklung werden im Fall von Produktinnovationen die Grundlagen für Innovationen geschaffen und damit ein Wandel der Anforderungen an das innovierende Unternehmen eingeleitet. Eine von Produktions- und Markterfordernissen abgekoppelte Forschung und Entwicklung führt in den weiteren Phasen des Innovationsprozesses zu Fehlqualifikationen bei den Mitarbeitern in der Produktion und im Vertrieb, zu inkompatiblen Organisationsstrukturen und im Extremfall zu nicht vermarktungsfähigen Produkten und damit zu Flops. Die hohe Sterblichkeitsrate von Produktinnovationen in der Vermarktungsphase zeigt dabei, daß in der FuE-Phase nicht die Technik das Hauptproblem darstellt, sondern die reine Technikzentrierung mit einer Abschottung vom übrigen Unternehmens- sowie Marktgeschehen (Schelker 1978).
- In der Phase der Produktionsvorbereitung bzw. Produktion scheitert die Umsetzung von Produktinnovationen neben mangelnden Qualifikationspotentialen oftmals an inkompatiblen Fertigungstechnologien. Die vielfach geforderte, aber erst unter Begriffen wie Simultaneous Engineering oder Lean Management populär gewordene parallele Entwicklung von Produkt- und Fertigungstechnologie stellt im betrieblichen Alltag noch lange keine Selbstverständlichkeit dar. Die verspätete Auseinandersetzung mit nachgelagerten Produktionsproblemen führt unter Zeitdruck und vorgegebenen technischen Restriktionen zu suboptimalen Lösungen im Produktionsbereich. So bemängeln auch annähernd 40 % der Forscher in deutschen FuE-Abteilungen eine mangelnde Zusammenarbeit mit der Produktionsabteilung (Mühlemeyer 1992).
- Die Schwierigkeiten in den einzelnen Phasen des Innovationsprozesses pflanzen sich jeweils fort und eskalieren in vielen Betrieben in der Phase der Markteinführung. Da in den ersten beiden Phasen der Entwicklung und der Umstellung der Produktion der Umgang mit Innovationen eine Domäne von Entwicklungs- und Konstruktionsfachleuten ist und häufig bis zur Markteinführung auch bleibt, wird der gesamte Prozeß der Entwicklung wesentlich durch die technische Machbarkeit bestimmt und oft erst zu spät auf wirtschaftliche und Marktgegebenheiten ausgerichtet. Eine überstürzte Markteinführung ohne ausreichende begleitende Marketingmaßnahmen führt dann in der dritten Phase zu folgenschweren Flops, weil Innovationen die Bedürfnisse der Nachfrage nicht treffen bzw. diese kapitalmäßig und von der Kompetenz überfordern oder weil sie über bestehende Vertriebswege mit überkommenen Marketing-Strategien nicht abzusetzen sind.

Will man derartige Auswirkungen bei Innovationen verhindern, ist nach den Ursachen von Innovationsbarrieren zu fragen (Staudt 1983). Die Ursachenanalyse legt Defizite des innovierenden Unternehmenssystems offen und liefert somit Hinweise auf Maßnahmen zur Überwindung von Innovationsbarrieren. Hinterfragt man die Ursachen von Innovationsbarrieren, lassen sich diese immer wieder auf vier Hauptdeterminanten zurückführen (Staudt 1983):
- Technisch bedingte Innovationswiderstände
- Personell bedingte Innovationswiderstände

- Organisatorisch bedingte Innovationswiderstände
- Extern bedingte Innovationswiderstände

Technisch bedingte Innovationswiderstände

Technisch bedingte Innovationsbarrieren beruhen im wesentlichen auf der Vielzahl und der Komplexität von Innovationen, die Hersteller und Nachfrager vor ein fast unlösbares Auswahlproblem stellen. Im Vordergrund steht dabei die technische Kompatibilität mit bestehenden Anschlußtechniken, aber auch mit zukünftigen Techniken. Dieses Problem eskaliert, wenn es aufgrund zunehmenden Wettbewerbsdrucks zu einem schnelleren Modellwechsel kommt: Für den Anwender bedeutet dies, seine Investitionsentscheidung immer wieder aufzuschieben, um nicht Gefahr zu laufen, reihenweise Investitionsruinen zu produzieren, da die ausgewählte Technik bereits in zwei Jahren veraltet bzw. mit Neuentwicklungen in diesem Bereich inkompatibel ist. Für den Innovationsanbieter ist die Amortisation der FuE-Aufwendungen nicht mehr gesichert, da kurze Produktlebenszyklen keinen Übergang in stabile Produktionsverhältnisse erlauben. Das daraus resultierende Risiko erklärt die Verunsicherung gegenüber neuen Techniken.

An erster Stelle zur Überwindung technisch bedingter Innovationsbarrieren steht daher die Sicherung von hinreichendem Orientierungswissen: Wer bietet überhaupt welche in Frage kommenden Produkt- oder Verfahrenstechniken für den jeweiligen Betrieb an? Hinzu kommt dann noch die Lösung des Auswahlproblems der betriebsgeeigneten Technologie sowie die Sicherung der horizontalen und vertikalen Kompatibilität. Mit der horizontalen Kompatibilität ist abzuklären, inwieweit sich die jeweilige Produkt- oder Fertigungstechnik für die Integration in das vorhandene Technik- und Organisationssystem eignet. Und mit der vertikalen Kompatibilität ist abzusichern, daß nicht durch übereilte Entschlüsse einseitige Abhängigkeiten auftreten, die den weiteren Entwicklungsprozeß behindern.

Personell bedingte Innovationswiderstände

Innovation ohne die Lösung betriebsspezifischer Kompetenzentwicklungsprobleme ist unsinnig. Oft werden technische Entwicklungen vorangetrieben, die heute noch nicht vorhandene Kompetenzen bei den Anwendern voraussetzen, und gleichzeitig werden Personalentwicklungsmaßnahmen an der Technik von gestern ausgerichtet. Der vorbeugenden bzw. flankierenden Personalanpassung an Innovationen kommt damit eine Schlüsselrolle zu (Staudt/Rehbein 1988; Staudt/Kailer/Kriegesmann/Meier/Stephan/Ziegler 1997).

Nur wenn es gelingt, wirklich präventive Personalentwicklung zu betreiben, d.h. das mit der jeweiligen Technik befaßte Personal sowohl auf der ausführenden als auch auf der Führungsebene rechtzeitig auf entsprechende Neuerungen vorzubereiten, ergibt es einen ökonomischen Sinn, sich überhaupt mit der Innovation zu befassen. Dies ist einer der größten Fehler, der leider auch in sehr vielen deutschen Betrieben in den letzten Jahren gemacht wurde, daß man sich nämlich zunächst über Weltmarktphantasien und den Entwicklungsbereich auf ein neues

Innovationsfeld begeben hat, aber dann in der Folge sehr leidvoll feststellen mußte, daß mit dem vorhandenen Fach- und Führungspersonal die jeweilige Innovation nicht zu bewältigen war. Dabei ist der primäre Engpaß nicht das frei konvertierbare explizite Wissen, sondern das an Personen gebundene und durch eigenes Handeln aufgebaute implizite Wissen (Erfahrung) (Staudt/Kailer/ Kriegesmann/Meier/Stephan/Ziegler 1997).

Ähnlich innovationsfeindlich wirken bestehende Anreizsysteme: Die Motivation zur Innovation wird niedrig gehalten, indem gewohnte Verhaltens-muster und Routineleistungen belohnt, Mißerfolge bei komplexen und unsicheren Innovationsvorhaben jedoch sanktioniert werden. In der Konsequenz bedeutet dies häufig, daß innovative Leistungen bei individueller Chance-/Risiko-Betrach-tung nicht lohnen (Kriegesmann 1993).

Da Innovationen für ihr Umsystem eine Veränderung des Status quo implizieren, führen Akzeptanzprobleme zudem häufig dazu, daß eine Neuerung nur bei einem Generationenwechsel zu bewältigen ist. Die bestehende Fach- und Führungsgeneration ist häufig nicht willens oder fähig, die Optionen von Innovationen zu nutzen und verschließt sich daher der Entwicklung zur Absicherung der eigenen Position.

Organisatorisch bedingte Innovationswiderstände

Organisatorisch bedingte Widerstände ergeben sich aus der Betroffenheit des gesamten innovierenden Systems von Änderungen. Oftmals wird Innovation begrenzt auf FuE-Aktivitäten ohne zu reflektieren, daß sich Innovation in einem Prozeß vollzieht, an dem eine Vielzahl unterschiedlicher Akteure mit unterschiedlichen Aufgabenstellungen und Zielsetzungen beteiligt ist (Corsten 1989). Sowohl die Entwicklung, Umsetzung und Vermarktung beim Innovationsanbieter als auch die Entscheidung, Einführung und Nutzung beim Anwender erfordern in hohem Maße die Abstimmung innerhalb des jeweilig innovierenden Systems sowie mit dem Umfeld (Staudt/Bock/Mühlemeyer 1990). Das gerade bei kleinen und mittleren Unternehmen schmale Produktspektrum und die engen Produktionsverhältnisse verlangen eine Anpassung bzw. eine Entwicklung des innovierenden Systems im Gleichschritt mit der Innovation im technischen Sinne. So erfordert beispielsweise ein Wechsel von Mechanik auf Elektronik einen Wandel des Kompetenzprofils von der Facharbeiterebene bis in die Führungsspitze, neue Fertigungstechnologien, Änderungen im Maschinenpark und in den Lieferantenbeziehungen und oft auch eine Umorientierung auf dem Absatzmarkt.

Jede größere Innovation in der Produkt-, Fertigungs-, Verfahrens- oder Materialtechnik ist mit erheblichen organisatorischen Veränderungen verbunden. Dies setzt voraus, daß zum einen die Organisationsgestaltungsgsprobleme selbst gelöst werden, zum anderen, daß die entsprechenden Führungskompetenzen zur Lösung der Organisationsentwicklungsprobleme zur Verfügung stehen bzw. durch Außenberatung unterstützt werden.

Mit diesem Aufgabenbündel ist aber – neben dem genannten Kompetenzproblem – zugleich ein Selektionsproblem angesprochen. Es ist nicht zu erwarten, daß – gleichgültig von welchem Ausgangsniveau – jede Fach- oder

Führungsperson auf diese neuen Aufgaben hin „geschult" werden kann. Insofern sind auch sozial-strukturelle Probleme zu lösen, was nämlich mit für die neuen Aufgabenstellungen nicht mehr geeignetem Fach- und Führungspersonal zu geschehen hat bzw. wie der jeweilige Betrieb durch Hinzuziehung von neuem Personal das jeweilige Personalkompetenzprofil auf den neuen Anforderungsstand bringt.

Extern bedingte Innovationswiderstände

Komplexitätsdruck und Kompatibilitätserfordernisse nehmen aus der Sicht der Einzelunternehmen weiter zu, wenn man das Umfeld in die Betrachtung einbezieht.

Jeder innovierende Betrieb ist gezwungen, seine Organisation und Marktverhältnisse mit der jeweiligen Innovation neu zu ordnen. Auf der Input-Seite wurde der Arbeitsmarkt schon angesprochen. Hinzu kommen erhebliche Veränderungen im Bereich der Material- und Halbzeugbeschaffung, aber auch geänderte Betriebsmittel, Lieferantenbeziehungen und Änderungen des jeweilig dazugehörigen Service- und Wartungssystems. Auf der Output-Seite ist nicht nur das Marketing neu zu gestalten, sondern auch darauf zu achten, daß geeignete Service- und Wartungssysteme die Integration der eigenen Innovation in die Abnehmerfelder gewährleisten und darüber hinaus auch die Entsorgung gesichert ist.

Da mit den intendierten Innovationen erhebliche Anstrengungen verbunden sind, sind die finanzierenden Institutionen einzubeziehen, aber auch öffentliche Förderungsprogramme, Beratungen und Hilfen in Betracht zu ziehen, damit der einzelne Betrieb nicht von den mit der Finanzierung verbundenen Verwaltungsproblemen überfordert wird.

Hinzu kommt dann beim Innovator ein erhebliches Abstimmungsproblem mit allen Regelungsgebern, das sind lokale und regionale, aber auch überregionale Behörden, die auf den Innovationsprozeß Einfluß nehmen (Staudt 1992).

Die beschriebenen Barrieren behindern den einzelbetrieblichen Entstehungs- und Diffusionsprozeß von Innovationen. Die Ursachenanalyse von Innovationswiderständen legt entsprechende Defizite offen. Da die Überwindung von Innovationswiderständen Voraussetzung einer erfolgreichen Innovation ist, stellen diese eine Art Regulativ für die Aufgaben des Managements von Innovationen dar.

2.2.3 Beeinflußbarkeit von Innovationswiderständen

Die einzelwirtschaftliche Beeinflußbarkeit von Innovationsbarrieren ist eine wesentliche Einflußgröße bei der Überwindung von Widerständen und stellt zudem eine Grundlage für die Entwicklung von Strategien des Potentialaufbaus und der Potentialsicherung dar; setzen diese doch an Faktoren an, die durch das jeweilige Unternehmen (langfristig) gestaltbar sind.

Macht man zu diesem Zweck einen Schnitt durch die vielfältigen Innovationsbarrieren nach dem Kriterium der Beeinflußbarkeit, dann lassen sich drei Gruppen unterscheiden (Staudt 1987):

Nicht beeinflußbare Innovationswiderstände

Historisch gewachsene, überbetriebliche, regionale, nationale und internationale Regelungen sind aus einzelwirtschaftlicher Sicht nicht zu beeinflussen. Doch bedürfen diese gesellschaftlichen und wirtschaftlichen Rahmenbedingungen für konkrete Innovationsfelder durchaus der Überprüfung. Die zukünftige Innovationsdynamik hängt wesentlich davon ab, daß entsprechende Regelungsbarrieren abgebaut werden. Aus einzelbetrieblicher Perspektive ist es erforderlich, sich bei beabsichtigten Innovationen hinreichend früh über entsprechende Widerstandsbereiche zu informieren. Regelungsmanagement wird zum Überlebensproblem, denn die Nichtbeachtung extern gesetzter Grenzwerte und die Nichtanpassung der Innovation an entsprechende Regelungen wirken über das Verursacherprinzip auf den jeweiligen Innovator zurück. Sie stören und verteuern bei Nichtbeachtung den Innovationsprozeß.

Bedingt beeinflußbare Innovationsbarrieren

Externe Innovationsbarrieren, die aus Arbeitsteilung und Marktabhängigkeit resultieren, sind aus einzelwirtschaftlicher Sicht nur teilweise beeinflußbar. Hier wirken Größen wie Marktmacht, Planungs- und Koordinierungsfähigkeit und intensiver Mitteleinsatz. Da die inhaltliche, räumliche und zeitliche Reichweite eine besondere Rolle spielt, bewähren sich auf diesem Feld besonders Großunternehmen, während kleine und mittlere Unternehmen zur Überwindung dieser Barrieren, wenn nicht staatlicher Flankierung, dann besonderer Kooperationsformen bedürfen. Dieser Teil des Managements von Innovationsprozessen erfordert dann aber eine Sensibilität des Innovators zur Erschließung möglicher Kooperationsformen und entsprechende Vorbeugemaßnahmen, damit die dabei zu installierenden neuen Abhängigkeiten nicht gegen die Interessen des agierenden Unternehmens wirken (Staudt/Toberg/Linné/Bock/Thielemann 1992; Staudt/Kriegesmann/Thielemann/ Behrendt 1996).

Beeinflußbare Innovationswiderstände

Im dritten Bereich der einzelwirtschaftlich prinzipiell beeinflußbaren Innovationsbarrieren tun sich dagegen gut geregelte und damit vor allem große oder in starken Kooperationsbeziehungen stehende Unternehmen besonders schwer. Die geforderte „schöpferische Zerstörung" ist im Substitutionsfall oft nur bei krisenhafter Zuspitzung möglich. Die Beeinflussung fällt in expandierenden neuen Bereichen ohne fixierte Strukturen oder in schlecht geregelten Bereichen mit hohem Freiheitsgrad wesentlich leichter. In diesem Bereich sind also dezentrale Innovationspotentiale mit der Fähigkeit, Nichtroutineprozesse zu beherrschen, am höchsten gefordert. Hier wirken nicht die großen Strategen und die intelligenten Planungsstäbe, sondern die hochkompetenten Mitarbeiter und die sich sehr geschickt „durchwurstelnden" Manager, die den Hindernislauf über die zahlreichen einzelnen Innovationsbarrieren erfolgreich bewältigen können. Das gut planende Unternehmen mit seinem Hang zur Risikovermeidung hat angesichts der hohen Komplexität der Innovationsbarrieren in seinem angestammten

Nischenbereich zwar hohe Durchsetzungserfolge. Der Preis für diesen Erfolg besteht jedoch einerseits in einem erheblichen Innovationsverzicht, weil riskante Versuchs- und Irrtumsprozesse vermieden werden und andererseits in erhöhtem Wettbewerbsdruck, weil nur solche Innovationsprozesse angegangen werden, die aufgrund der Homogenität „rationaler" bzw. „geplanter" Innovationsvorgänge sehr viele ähnliche Betriebe auf gleiche Betätigungsfelder führt und eine Art Lemminge-Effekt zur Folge hat (Staudt 1986).

Hier wirkt nun aber die Stärke von schlecht planenden Klein- und Mittelunternehmen, aber auch Existenzgründern, die in ihrer Summe weit mehr „Versuche und Irrtümer" produzieren, als Großbetriebe oder dirigistische Lösungsformen zulassen würden. Sie forcieren damit entsprechende Änderungsprozesse. Dadurch werden Routinen, d.h. ausgetretene und wissenschaftlich scheinbar abgesicherte Pfade verlassen. Sie betreten oft „planlos" Neuland, das bei extremer Risikovermeidungsstrategie großer Apparate gar nicht mehr entdeckt werden kann. Damit solche Innovationen auch in Altorganisationen auftreten können, ist eine Personifizierung im Verbund mit neuen organisatorischen Freiräumen erforderlich.

2.2.4 Innovationspotentiale: Ansatzpunkte zur Steigerung der (Re-) Aktionsfähigkeit

Anstatt vergangene Erfolgsfaktoren für singuläre Situationen als Garant für aktuelle Innovationserfolge imitieren zu wollen, müssen in einem innovierenden Unternehmen zunächst das Innovationspotential im technischen, personellen und organisatorischen Bereich aufgebaut und gesichert sowie die Chancen am Markt analysiert werden.

Innovationen können im Unternehmen oftmals nicht realisiert bzw. genutzt werden, weil es an kompetentem Personal von der gewerblich-technischen Ebene bis in die Führungsspitze fehlt, weil das Forschungs- und Entwicklungspotential auf Alttechnologien ausgerichtet ist oder weil das Führungspersonal an obsolet werdenden Marktfeldern festhält, da es hier seine höchste Sachkompetenz sieht. Die durch die Erfolgsfaktorforschung implizierte Frage „was man soll" muß dementsprechend durch die Frage „was man kann" abgelöst werden. Ausgangssituation und Entwicklungspotentiale sind deshalb die Schlüsselgrößen für den Übergang.

Veraltete Strukturen bremsen die Entwicklung, sie verschieben und vertagen Innovationen; Änderungen werden erst durch Krisen erzwungen. Leider ist das sachzwanghafte Reagieren auf Krisen anstelle einer schöpferischen Zerstörung durch Neuerung der Normalfall. Erst Wettbewerbsdruck und Krisen lösen Reformen aus. Innovationsmanagement wird dann als Krisenmanagement mißverstanden, das zu spät, zu aufwendig, mit erheblichen Friktionsverlusten und oft erst in hoffnungsloser Position tätig wird (Staudt/Kriegesmann 1994).

Exemplarisch für derartige Verhaltensmuster von Unternehmen in sich wandelnden Strukturen sind die Reaktionen von Betrieben der Druckindustrie (Staudt/Kriegesmann/Thielemann/Schaffner 1997, S. 75ff.). Zahlreiche technologische und marktliche Veränderungen auf dem Weg in ein Multimedia-Zeitalter stehen der Druckindustrie bevor und führen nicht nur zur Veränderung der bisherigen Arbeitsteilung innerhalb der druckindustriellen Wertschöpfungskette, sondern zu einer Neudefinition einer multimedialen Wertschöpfungskette mit nur einer Teilgröße „Druck". Führungskräfte der Druckindustrie sehen die Zukunft ihrer Betriebe in der Summe eher konservativ bis resignativ: Nur 19 % der Unternehmen in der Druckindustrie realisieren aktiv die Chancen einer sich neu formierenden Wertschöpfungskette und streben offensiv die Entwicklung zum Multimedia-Dienstleister an. Die Mehrheit der Druckbetriebe hält an ihrer alten technologischen Kompetenz fest und kuriert vorwiegend an den Symptomen des Strukturwandels.

Anstatt sich offensiv neue Optionen zu erschließen – so zeigen auch Erfahrungen aus anderen Branchen – verharren Großteile klassischer Anbieter in solchen Entwicklungsprozessen eher resignativ in schrumpfenden Marktnischen. Häufig klafft eine erhebliche Lücke zwischen den tatsächlichen Reaktionsmustern vieler Unternehmen und den hochdynamischen Veränderungen, in denen traditionell klar abgegrenzte Aufgabenverteilungen innerhalb von Teilbereichen der Wirtschaft aber auch die Begrenzung von tradierten Wertschöpfungsketten selbst unter Druck geraten.

Nur „reagierende" Betriebe leiden darunter, daß sie in der Vergangenheit durch eine verwissenschaftlichte, optimierende und rationalisierende Betriebsführung und durch eine Dominanz von Verwaltung und technokratischen Allüren ihr innovatorisches Potential zerwaltet haben. Ihr zentrales Innovationsproblem ist der Mangel an kompetentem Personal, von der gewerblich-technischen Ebene bis in die Führungsspitze.

Die an den Entscheidungsprozessen in alten Strukturen Beteiligten sind meist spezifischen Disziplinen oder Erfahrungsbereichen besonders verhaftet. Ein guter Teil ihrer Machtstellung resultiert aus der vorhandenen Kompetenzstellung. Da sie in aller Regel gerade durch diese Altkompetenzen groß geworden sind und darüber hinaus nur dem eigenen Hintergrund entsprechend Informationskanäle nach außen bestehen, ist auch der Zustrom von außen gering. Die Gewohnheitsmuster werden entsprechend verstärkt. Das eigene Denkmal steht im Wege. Indem sie, erkauft durch aufwendige Stäbe, mittels eines aufgeblähten Informations- und Kontrollsystems sich selbst rückversicherten, verfügen sie auch an der Basis, und das ist das Absurde an dieser Entwicklung, nur noch über den Sachverstand, der ihrer eigenen Kontrollfähigkeit entspricht.

Aus solchen Bahnen auszubrechen erfordert Mut oder neue Köpfe. Beim Aufbau und zur Sicherung des Innovationspotentials spielen also „Ermutigung" und „Kompetenz zur Innovation" eine Schlüsselrolle (Staudt/Rehbein 1988; Staudt/Kailer/Kriegesmann/Meier/Stephan/Ziegler 1997). Kostenmanagement, Rationalisierung, Lean-Management, Prozeßorientierung oder Wissensmanagement reichen nicht aus. Man muß Veränderungen im Denken vollziehen und eine neue Führungskultur etablieren. Man muß den Glauben an den Plan und die Planbarkeit des Wandels ersetzen durch das Vertrauen auf den kreativen Mitarbeiter, denn Vertrauen ist billiger als Kontrolle.

Unternehmensentwicklung beginnt mit der Potentialanalyse und -förderung der innovativen Kräfte. D.h. anstatt wie im autoritären Kommandosystem Menschen zu versorgen, zu beschäftigen und zu kontrollieren, muß man den Mitarbeitern zutrauen, daß sie mit Freiheit auch verantwortungsvoll umgehen. Damit sie das können, muß man sie ermutigen und befähigen, das auch zu tun.

Diese Ermutigungen und Befähigungen, selbständig zu handeln, d.h. ohne Planvorgaben neue Kombinationen zu probieren, Märkte zu testen, veraltete Strukturen wegzurationalisieren, zu reorganisieren oder neue Unternehmen zu gründen, schließt auch den Mut zu Fehlern ein, die zwangsläufig in solchen entwicklungsoffenen Prozessen geschehen, wobei es natürlich von zentraler Bedeutung ist, aus diesen Fehlern möglichst schnell zu lernen und die innovativen Übergangsprozesse entsprechend zu formieren.

Diese Potentialorientierung des Innovationsmanagements wird konsequent fortgeführt, indem man die personellen Potentiale zu einem zusätzlichen Ausgangspunkt der Unternehmensentwicklung macht (Staudt/Kröll/von Hören 1993; Staudt/Kerka/Krause 1996).

Diese Vorgehensweise kehrt den marktorientierten Ablauf der Planung um, der vereinfacht nach folgendem Schema verläuft: Ausgehend von bestimmten Marktsituationen werden Absatzmöglichkeiten untersucht und Entscheidungen über Produkte (Sach- und Dienstleistungen) und Absatzmengen gefällt. Danach werden Produktionsverfahren und dabei einzusetzende Techniken festgelegt, aus denen die erforderlichen organisatorischen Strukturen und Abläufe resultieren. Dies manifestiert sich in zu besetzenden Stellen, also einem bestimmten quantitativen und qualitativen Bedarf an Personal. Im Innovationsfall entsteht eine Differenz, die entweder Beschaffungsaktivitäten auf dem externen Arbeitsmarkt oder Personalentwicklungsmaßnahmen notwendig macht.

Mitarbeiter sind in dieser traditionellen (technokratischen) Planungskette der Endpunkt und nicht die notwendige Grundlage von Entwicklungsstrategien. Sollen die personellen Potentiale
– aber nicht nur eine limitierende Rolle ausüben, indem sie ursprünglich angestrebte Pläne relativieren, sondern
– eine initiierende Funktion erfüllen, indem sie neue Möglichkeiten erschließen,
dann ist die traditionelle Kette „Markt - Technik - Organisation - Personal" umzukehren. In dieser umgekehrten Betrachtungsweise wird gefragt, welche organisatorischen Varianten und technischen Lösungen mit den vorhandenen und entwickelbaren Kompetenzen überhaupt möglich sind. Die Frage „Wie und was kann das Unternehmen überhaupt produzieren?" führt zu entsprechenden Planrevisionen. Von hier aus liegt die Frage „Was kann noch (und wie kann es) erstellt werden?" nahe (Staudt/Kröll/von Hören 1993).

Dieses Verfahren ersetzt nicht die traditionellen vom Markt induzierten Planungsschritte, sondern ergänzt und modifiziert die bisherige Form der strategischen Unternehmensplanung. Die Sichtweise und Vorgehensweise des technokratischen Planungsmodells werden damit relativiert, die Organisations- und Personalentwicklung wird integriert. Dazu ist es aber notwendig, ein neues Verständnis der Vorbereitung und Durchsetzung von Personal- und Organisationsentwicklungsmaßnahmen zu schaffen, in dem den alten Zentralinstanzen (der Personal- und Organisationsentwicklung) bestenfalls noch eine Servicefunktion zukommt, die eigentlichen Entwicklungsaufgaben aber dezentral in die Fachabteilungen verlagert werden.

Während in konventionellen Modellen die Transformation von Organisation und Personal bei Neuorientierung des Unternehmens klar geregelt ist und mit Hilfe von Personalabteilungen und Weiterbildungseinrichtungen praktiziert wird, ist dieses bei dezentral gesteuerten potentialorientierten Änderungsprozessen nicht mehr möglich (Staudt 1995).

Die revidierte Aufgabenstellung im Bereich Personalentwicklung schafft zwar die organisatorischen Voraussetzungen dafür, daß sowohl betriebliche Leistungserstellung als auch Kompetenzentwicklung erfolgreicher vollzogen werden können. Das ermöglicht auch eine strategische Unternehmensplanung, für die vorhandene Potentiale einen zusätzlichen Ausgangspunkt unternehmerischer Entwicklungen darstellen. Die aufgezeigte Umorientierung wirft aber neue Fragen für die Planung, Gestaltung und Kontrolle des gesamten betrieblichen Geschehens auf.

Die Etablierung von „lernenden Organisationseinheiten" setzt Entwicklungen in Gang, deren Verlauf im voraus kaum zu bestimmen ist und deren Ergebnisse nicht determiniert werden können. Die Verknüpfung der einzelnen Einheiten zu größeren organisatorischen Gebilden bleibt meist vage und die Wirkungen auf die Außenbeziehungen letztlich im Dunkeln.

Schlagworte, wie „Lean-Management" kennzeichnen dann eher schmalspuriges Denken. Auch die gar nicht so neue Orientierung an Prozeßketten hilft nicht über das Prognoseproblem hinweg, erhöht aber die Innovationsbarrieren bei gravierenden Veränderungen. Die Verknüpfung von „Lernen im Prozeß der Arbeit" mit diesen kurzlebigen Schlagworten zum „Lernenden Unternehmen" vermag nicht über die eigentlichen Defizite in der organisatorischen Verknüpfung zu Gesamtleistungsprozessen hinwegzutäuschen.

Wenn Arbeiter in der Produktion nicht nur ihre „anforderungsbedingten" Aufgaben erfüllen, sondern sich selbst weiterentwickeln und darüber letztlich Organisationsentwicklung betreiben, beeinflussen sie schließlich auch Produktprogramm und Verfahrensentwicklung. Das ist dann nicht mehr nur Mitbestimmung, sondern Mitgestaltung im technisch-organisatorischen Bereich. Das ist dann auch nicht mehr nur Ergänzung oder Sozialtechnologie, sondern in den Augen konventioneller Unternehmensführungen eine Revolution.

Es ist daher naiv, wenn viele Betriebe, zur Zeit dem Wettbewerbsdruck gehorchend, glauben, sie könnten mit Hilfe von modischen Konzepten dezentral Entwicklungskräfte freisetzen und solche Ansätze vorsichtig dosiert einführen, ohne die eigene Position und Führungsphilosophie in Frage zu stellen. Dies reicht zwar, wie die derzeit ventilierten Ergebnisse zeigen, für ein paar Anfangserfolge aus. Die künstliche Begrenzung auf dann auszuwählende Gruppierungen (das widerspricht schon der intendierten Freiwilligkeit und dem Versuch, die Betroffenen gerade selbst aktiv werden zu lassen) schafft dann neue Eliten mit ähnlichen technokratischen Begrenzungen wie in den alten Führungsmustern. Und der Abbruch des Bemühens hat Friktionen und soziale Konflikte zur Folge, so daß selbst eine Rückkehr auf das Ausgangsniveau unwahrscheinlich ist.

Der Wandel von der beiderseitigen Kontrolle hin zu mehr Vertrauen fordert deshalb die Bereitschaft des ganzen Unternehmens, entsprechende Konsequenzen zu ziehen, wenn man wirklich zu einem Konzept der „Lernenden Organisation" übergehen will (Staudt 1995).

Das verlangt vor allem auch die Bereitschaft zum Wandel auf allen Ebenen der Führung. Denn nicht nur die beteiligten Arbeitnehmer müssen dazulernen, sondern vor allem das Leitungspersonal muß liebgewordene Philosophien und Führungsstile aufgeben, wenn derartige Konzepte Erfolg haben und das qualitative Potential erschlossen werden sollen. Das Führungspersonal muß darüber hinaus teilweise selbst in Frage gestellt werden, denn wenn der arbeitsteilige Prozeß zwischen Kontrolle und Ausführung partiell aufgehoben ist, d.h. die jeweils ausführende Ebene Kontrollfunktionen übernimmt, erübrigen sich auch Leitungsebenen und Leitungspersonal (und nur auf diesem Weg führt „Lean-Management" zu einem konstruktiven Ergebnis). Nur in dieser Konsequenz ergibt die Neuorganisation von Anpassungsprozessen einen ökonomischen Sinn. Es wird deutlich, daß in vielen Fällen (insbesondere bei Nichtroutineprozessen) Vertrauen billiger ist als Kontrolle. Es ist deshalb zu einfach, nur die ausführende Ebene umzuorganisieren und dort die Vision des „Lernenden Unternehmens" zu implantieren. Eine Stabilisierung innerhalb der Organisation setzt eine Neudefinition der Rolle und Neubestimmung der Volumina des unteren und mittleren Managements beim Übergang zur Potentialsicherung voraus.

Weitere Probleme kommen hinzu. Viele Promotoren betonen immer noch, daß der Schwerpunkt des Einsatzes der arbeitsintegrierten Lernprozesse vorwiegend auf dem Gebiet der Produktion stattzufinden hat, d.h. auf der unteren Ausführungsebene zu suchen ist und nur Themen zugelassen werden sollen, die sich direkt mit den Arbeitsplätzen der dort Beschäftigten befassen. Erstes entspricht schon nicht mehr dem praktischen Bedarf, dafür aber der technokratischen Führungsphilosophie und dem Bestreben, diese neuen Konzepte unter Beibehaltung der alten Kontroll- und Sicherungsstruktur einzusetzen.

Die Begrenzung des Lernens im Prozeß der Arbeit auf den eigenen Arbeitsbereich erscheint dagegen durchaus plausibel. Denn Probleme können am besten dort erkannt und gelöst werden, wo sie entstehen (Staudt 1995). Die Begrenzung vermeidet Konflikte, die bei Eingriffen oder Verlagerungen in Nachbarbereiche entstehen. Außerdem bezieht sich der in der Lern- und Arbeitsgruppe verfügbare Sachverstand auf eben diesen Erfahrungsbereich. Es bestätigt sich auch in vielen Experimenten, daß in der ersten Zeit hier die größten Erfolge eintreten. Weniger Erfahrung hat man allerdings bisher darin, was geschieht, wenn dieser aus gesamtorganisatorischer Sicht lediglich suboptimal zu gestaltende Bereich ausgereift ist. Offen ist immer noch, wie man in einem von den Betroffenen weiterentwickelten Bereich Änderungsnotwendigkeiten aus übergeordneter Sicht vermittelt.

Die Diskussionen über flachere Hierarchien und Ansätze wie „Lean-Production" spiegeln nur Teile dieser Problematik wider. Wenn die traditionelle

Unternehmensführung ihren naivtechnokratischen „anforderungsorientierten" Bezugspunkt verliert, wird dies zu erheblichen Irritationen führen. Um brachliegendes oder nur rudimentär genutztes qualitatives Potential der Betriebe wirklich zu erschließen, sind auf allen Ebenen Konsequenzen zu ziehen. Erst diese erlauben es, nicht nur das qualitative Potential über die Hierarchie-Ebenen hinweg von unten nach oben wirksam werden zu lassen, sondern auch die Planungslogik umzukehren und aus dem verfügbaren personellen Potential Rückschlüsse zu ziehen auf die realisierbaren und zweckmäßigen Organisationsformen, Fertigungsverfahren und bearbeitbaren Marktfelder.

Die Integration von Organisations- und Personalentwicklung ist dann eine Option für Wissenschaft und Praxis, nicht mehr nur statische Verhältnisse zu optimieren, sondern dynamische Umbrüche zu bewältigen.

3 Bewertung von Innovationen

Die durch Innovationen ausgelösten Entwicklungen und Inkompatibilitäten führen im technischen, personellen, organisatorischen sowie externen Bereich zu einer Lücke zwischen Optionen, die die Innovation bietet, und tatsächlichem Umsetzungserfolg. Der Druckbetrieb etwa, der sich von seinen klassischen Printprodukten ausgehend zum Multimedia-Dienstleister mit CD-ROM-Angeboten, Video-Animationen etc. entwickeln will, kann dabei nicht in alten Strukturen verharren. Technische Kompatibilität, verändertes Kompetenzprofil, Reorganisation bestehender Abläufe und Neugestaltung von Absatzbeziehungen sind nur Beispiele für mögliche Entwicklungsbarrieren.

Die Umsetzung von Innovationen und die zur Überwindung von Innovationsbarrieren erforderlichen flankierenden Maßnahmen setzen eine Wirkungs- und Konsequenzanalyse voraus. Ein entsprechendes Bewertungsprocedere kann dabei nicht als Vergleich alternativer Innovationen angelegt sein, sondern vielmehr als Bewertung alternativer Entwicklungen, die den Entscheidungsträgern im Innovationsprozeß
- auf der strategischen Ebene bei Einstiegsentscheidungen in neue Produkte, Verfahren, Organisationsmuster vor dem Hintergrund der spezifischen Wettbewerbssituation des Unternehmens hilft,
- auf der dispositiven Ebene eine Evaluation von Maßnahmenbündeln zur technischen, personellen und organisatorischen Umsetzung unterstützt,
- und auf der operativen Ebene ein formatives Controlling der mit der Entwicklung verbundenen Einzelprojekte im Unternehmen ermöglicht.

Um einen derartigen ganzheitlichen ökonomischen Ansatz der Innovationsbewertung zu entwickeln, müssen explizit zwei Dimensionen miteinander verknüpft werden:
- zum einen der Grad der Ungewißheit, der die Entscheidungssituation des Managementsystems prägt,
- zum anderen der Zeithorizont, mit dem nicht nur die Datensituation, sondern auch der Stand der Technik variiert.

Die drei Beurteilungsebenen sind in der folgenden Abbildung nach dem Grad der Ungewißheit über Daten und Informationen, die als Beurteilungsgrundlage dienen, und nach dem Zeithorizont der Beurteilung dargestellt.

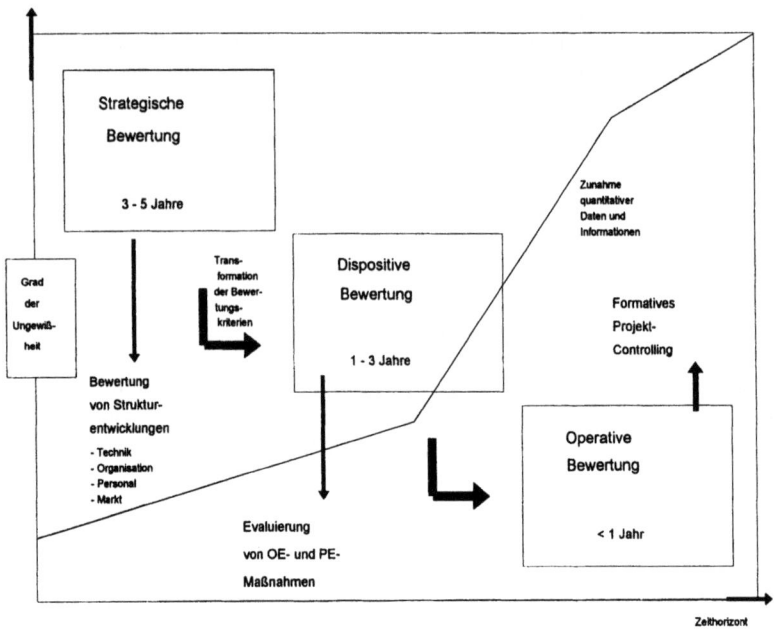

Abb. 8: Beurteilungshilfen für Innovationen im Spannungsfeld von Ungewißheit und Zeithorizont

Beurteilung auf der strategischen Ebene

Auf der Ebene der strategischen Beurteilung unterstützen insbesondere morphologische Instrumententeile die Orientierung. Vorhandene Kriteriensammlungen (vgl. zu einem Überblick bei Staudt/Groeters/Hafkesbrink/Treichel 1985) bieten Entscheidungsträgern die Möglichkeit, anhand ihrer betriebsspezifischen Situation ein grundsätzliches Auswirkungsprofil von Innovationen zu erstellen.

Darüber hinaus werden „strategische Matrizen" eingesetzt, die in Ergänzung zu der Morphologie eine strategische Technik-, Organisations- und Personal-Ressourcenanalyse ermöglichen sowie den Zusammenhang zur Wettbewerbssituation des Unternehmens herstellen. Als Beurteilungsmaßstab werden dabei Entscheidungskriterien aus Anwendersicht zugrunde gelegt.

Ziel ist es, auf dieser Basis eine Beurteilung der Bedeutung der Innovation für die Verbesserung der Wettbewerbssituation herbeizuführen und das Potential des Unternehmens in bezug auf die jeweiligen Innovationen zu untersuchen.

Die Beurteilungshilfsmittel auf der strategischen Ebene ermöglichen den Entscheidungsträgern eine Chance-/Risiko-Bewertung von Innovationen. Damit werden auf dieser Ebene bereits Richtungsentscheidungen vorstrukturiert.

Beurteilung auf der dispositiven Ebene

Auf der dispositiven Ebene werden Innovationen vor dem Hintergrund der betriebsspezifischen Anforderungen beurteilt. Sie werden dabei mit Hilfe geeigneter Matrixdarstellungen den Entscheidungskriterien aus Anwendersicht gegenübergestellt, mit dem Ziel, das Potential der Innovation abzuschätzen.

Dazu ist es notwendig, die hinter den Entscheidungskriterien aus Anwendersicht stehenden Teilziele (z.B. personal-soziale Ziele, Zeit-, Flexibilitäts-, Organisations-, Technik-, Qualitäts-, Kosten- und Wirtschaftlichkeitsziele) weiter aufzugliedern und den Zusammenhang mit Innovationen deutlich zu machen.

In einem zweiten Schritt werden auf dieser Beurteilungsebene die hinter den einzelnen Innovationen stehenden Anforderungsprofile hinsichtlich
– technischer Kompatibilität,
– der Organisationsentwicklung und Arbeitsstrukturierung und
– der notwendigen Personalentwicklungsmaßnahmen etc.
beurteilt. Dabei ist die Bedeutung einzelner Gestaltungsmaßnahmen für die jeweilige Innovation herauszuarbeiten und zu evaluieren.

Beurteilung auf der operativen Ebene

Auf der operativen Ebene werden geeignete Bewertungsmodule für ein formatives Projekt-Controlling bereitgestellt. In Weiterführung der auf der strategischen und dispositiven Ebene entwickelten Bewertungshilfen kommen auf dieser Beurteilungsebene insbesondere Kennzahlen- und Indikatorensysteme (Staudt/Groeters/Hafkesbrink/Treichel 1985) zum Einsatz, die zur weiteren Operationalisierung der Bewertungskriterien eingesetzt werden.

Das Kennzahlen- und Indikatorensystem (KIS) ist als Mehr-Ebenen-Modell zu konzipieren, das die unterschiedlichen Ebenen der Vernetzung und Koppelung innerhalb
– bestehender Prozeßketten und
– der übergreifenden Informationsinfrastruktur
beinhaltet.

Das Rahmenkonzept für das KIS enthält in der Grobstruktur folgende Elemente:
1. Deskriptive Systemelemente zur Beschreibung des Systemzustandes:
– externe Bedingungsgrößen (Kennzahlen und Indikatoren zur Beschreibung von Marktstrukturen sowie Umfeldfaktoren)
– interne Gestaltungsgrößen (Kennzahlen und Indikatoren zur Beschreibung der Technik, der Organisation und der Personal-Ressourcen)
– Die Kennzahlen auf dieser Ebene werden zu Kennzahlensystemen gruppiert, die dann Grundlage für ein projektbegleitendes Controlling darstellen.
2. Wertbehaftete Systemelemente zur Beurteilung der Leistungswirksamkeit:
– Effektivitätskriterien (Kennzahlen und Indikatoren zur Beurteilung strategischer Zielkriterien wie z.B. Transparenz, Wirtschaftlichkeit, Flexibilität, Verbesserung der Absatzchancen, Technologieanschluß)
– Effizienzkriterien (Kennzahlen und Indikatoren zur Beurteilung von z.B. personal-sozialen Zielen, Zeit-, Kosten-, Qualitätszielen)

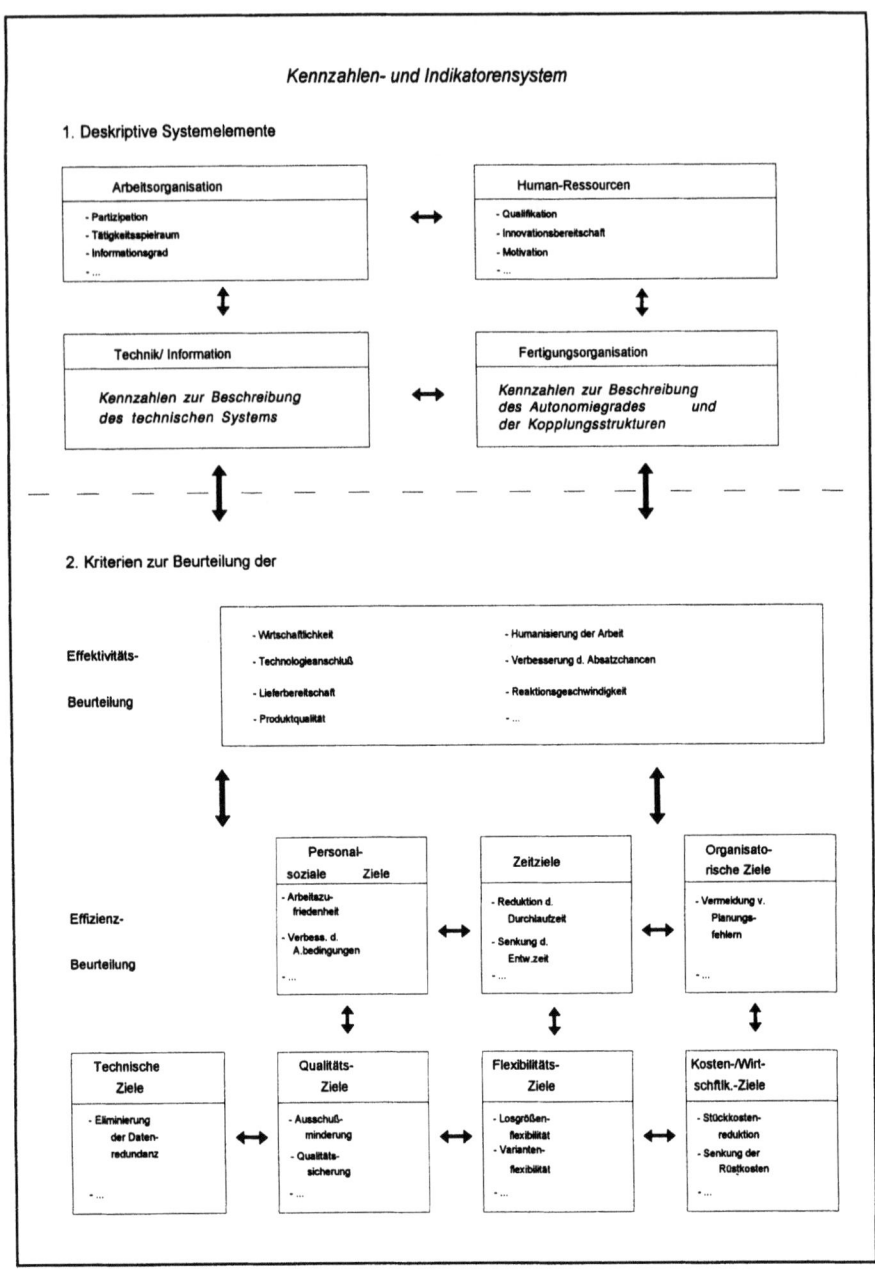

Abb. 9: Konzeptioneller Aufbau des Kennzahlen- und Indikatorensystems

Die Ganzheitlichkeit des hier vorgestellten Ansatzes besteht in der Einbeziehung und konzeptionellen Verbindung
– strategischer, dispositiver und operativer Beurteilungsebenen,

- monetärer, quantitativer und qualitativer Beurteilungskriterien sowie
- modular aufgebauter Instrumententeile, die je nach Informationsbedarf der Entscheidungsträger die verschiedenen Aufgaben im Zeitablauf des Innovationsprozesses unterstützen.

Das Verfahren ist als systemorientiertes, situatives Konzept angelegt, um den Gestaltungsanforderungen der Unternehmen in unterschiedlichen Wettbewerbsumwelten Rechnung tragen zu können. Auf jeder angesprochenen Beurteilungsebene (strategisch, dispositiv, operativ) wird eine mehrdimensionale Wirkungsanalyse der wesentlichen Nah- und Fernwirkungen von Innovationen mit Hilfe monetärer, quantitativer und qualitativer Beurteilungskriterien ermöglicht. Ein derartiger Bewertungsprozeß wird somit gleichsam zum Lern- und Organisationsentwicklungsprozeß.

Literaturverzeichnis

Albach, H. (1989), Determinanten des Erfolgs technischer Innovationen im internationalen Vergleich, in: Bosch AG (Hrsg.), Tagungsband Betriebswirtschaftliches Kolloquium der Fa. Bosch am 3.4.1989 in Ludwigsburg, Schwieberdingen 1989, S. 96-116

Bandura, A. (1986), Social Foundations of Thought and Action, Englewood Cliffs/New York 1986

Bock, J. (1987), Die innerbetriebliche Diffusion neuer Technologien, Berlin 1987

Böhnisch, W. (1991), Anreize für passiv Innovierende, in: Schanz, G. (Hrsg.), Handbuch Anreizsysteme in Wirtschaft und Verwaltung, Stuttgart 1991, S. 705-731

Center for the Study of Industrial Innovation (Hrsg.) (1972), Success and Failure in Industrial Innovation - Report on Project SAPPHO by the Science Policy Research Unit, University of Sussex, London 1972

Cooper, R. G. (1979), Identifying Industrial New Product Success: Project NewProd, in: Industrial Marketing Management, Vol. 8 (1979), pp. 124-135

Corsten, H. (1989), Überlegungen zu einem Innovationsmanagement - organisationale und personale Aspekte, in: Corsten, H. (Hrsg.), Die Gestaltung von Innovationsprozessen, Berlin 1989, S. 1-56

Gerstenfeld, A. (1976), A Study of Successful Projects, Unsuccessful Projects and Projects in Process in West Germany, in: IEEE Transactions on Engineering Management, Vol. 23 (1976), No. 3, pp. 116-123

Gussmann, B. (1988), Innovationsfördernde Unternehmenskultur. Die Steigerung der Innovationsbereitschaft als Aufgabe der Organisationsentwicklung, Berlin 1988

Heckhausen, H. (1980), Motivation und Handeln, Berlin 1980

Heyde, W.; Laudel, G.; Pleschak, F.; Sabisch, H. (1991), Innovationen in Industrieunternehmen - Prozesse, Entscheidungen und Methoden, Wiesbaden 1991

Hinterhuber, H. H. (1992), Strategische Unternehmensführung, 5. Aufl., Berlin/New York 1992

Isenson, R. S. (1968), Technological Forecasting Lessons from Project Hindsight, in: Bright, J. R. (ed.), Technological Forecasting for Industry and Government - Methods and Applications, Englewood Cliffs 1968, pp. 35-54

Johnston, R. E. (1966), Technical Progress and Innovation, in: Oxford Economic Papers, New Series, Vol. 18 (1966), No. 2, pp. 158-176

Kieser, A. (1973), Voraussetzungen erfolgreicher Produktinnovationen, in: Grochla, E.; Kieser, A.; Göhre, H. (Hrsg.), Produktinnovation als Instrument des Unternehmerwachstums, Dortmund 1973, S. 9-22

Kotzbauer, N. (1992), Erfolgsfaktoren neuer Produkte - Synopsis der empirischen Forschung, Teile 1 und 2, in: Jahrbuch der Absatz- und Verbrauchsforschung, 38. Jg. (1992), S. 4-22 und S. 108-128

Kriegesmann, B. (1993), Innovationsorientierte Anreizsysteme - Ein empirisch fundierter Beitrag zur Gestaltung und Umsetzung typenspezifischer Anreizstrukturen für innovative Mitarbeiter, Bochum 1993

Lantham, G. P.; Locke, E. A. (1991), Self-regulation through Goal Setting, in: Organizational Behavior and Human Decision Processes, Vol. 50 (1991), pp. 212-247

Lilien, G. L.; Yoon, E. (1989), Determinants of New Industrial Product Performance: A Strategic Reexamination of the Empirical Literature, in: IEEE Transactions on Engineering Management, Vol. 36 (1989), No. 1, pp. 3-9

Littler, D. (1994), Marketing and Innovation, in: Dodgson, M.; Rothwell, R. (ed.), The Handbook of Industrial Innovation, Aldershot 1994, pp. 293-300

Mansfield, E. (1961), Technical Change and the Rate of Imitation, in: Econometrica, Vol. 29 (1961), No. 4, pp. 741-766

Mühlemeyer, P. (1992), Personalmanagement in der betrieblichen Forschung und Entwicklung (F&E), Bochum 1992

Olschowski, W. (1990), Externe Einflußfaktoren im strategischen Innovationsmanagement, Berlin 1990

Pfeiffer, W.; Staudt, E. (1975), Innovation, in: Grochla, E.; Wittmann, W. (Hrsg.), Handwörterbuch der Betriebswirtschaftslehre, 4. Aufl., Stuttgart 1975, Sp. 1943-1953

Pfeiffer, W.; Metze, G.; Schneider, G.; Amler, R. (1991), Technologie-Portfolio zum Management strategischer Zukunftsgeschäftsfelder, 6. Aufl., Göttingen 1991

Rogers, E. M. (1962), Diffusion of Innovations, New York 1962

Rogers, E. M.; Shoemaker, F. F. (1971), Communication of Innovations, A Cross-Cultural Approach, 2. ed., New York/London 1971

Romeo, A. A. (1975), Interindustry and Interfirm Differences in the Rate of Diffusion of an Innovation, in: The Review of Economics and Statistics, Vol. 57 (1975), No. 3, pp. 311-319

Rosenstiel, L. von (1975), Die motivationalen Grundlagen des Verhaltens in Organisationen, Berlin 1975

Schelker, Th. (1978), Methodik der Produkt-Innovation, Bern 1978

Staudt, E. (1974), Struktur und Methoden technologischer Voraussagen, Göttingen 1974

Staudt, E. (1979), Planung als Stückwerktechnologie, Göttingen 1979

Staudt, E. (1983), Mißverständnisse über das Innovieren, in: DBW, 43. Jg. (1983), Nr. 3, S. 341-356

Staudt, E. (1985), Innovation, in: DBW, 45. Jg. (1985), Nr. 4, S. 486-487

Staudt, E.; Groeters, U; Hafkesbrink, J.; Treichel, H. - R. (1985), Kennzahlen und Kennzahlensysteme. Grundlagen zur Entwicklung und Anwendung, Berlin 1985

Staudt, E. (1986), Das Management von Nicht-Routineprozessen, in: Staudt, E. (Hrsg.), Das Management von Innovationen, Frankfurt/Main 1986, S. 11-20

Staudt, E. (1987), Innovation, in: DABEI (Hrsg.), DABEI-Handbuch für Erfinder und Unternehmer: Von der Idee zum Produkt und zur Vollbeschäftigung, Düsseldorf 1987, S. 221-235

Staudt, E.; Rehbein, M. (1988), Innovation durch Qualifikation - Personalentwicklung und neue Technik, Frankfurt/Main 1988

Staudt, E. (1989), Die innerbetriebliche Förderung von Innovation, in: Personal, 41. Jg. (1989), Nr. 9, S. 364-369

Staudt, E.; Bock, J.; Mühlemeyer, P. (1990), Information und Kommunikation als Erfolgsfaktoren für die betriebliche Forschung und Entwicklung, in: DBW, 50. Jg. (1990), Nr. 6, S. 759-773

Staudt, E. (1992), Wie Sie Nicht-Routine managen, in: Gablers Magazin, 6. Jg. (1992), Nr. 10, S. 12-16

Staudt, E.; Kriegesmann, B.; Fischer, A. (1992), Umweltschutz und Innovationsmanagement, in: Steger, U. (Hrsg.), Handbuch des Umweltmanagements, München 1992, S. 329-341

Staudt, E.; Toberg, M.; Linné, H.; Bock, J.; Thielemann, F. (1992), Kooperationshandbuch - Ein Leitfaden für die Unternehmenspraxis, Stuttgart 1992

Staudt, E.; Kröll, M.; von Hören, M. (1993), Potentialorientierung der strategischen Unternehmensplanung: Unternehmens- und Personalentwicklung als iterativer Prozeß, in: DBW, 53. Jg. (1993), Nr. 1, S. 57-75

Staudt, E.; Kriegesmann, B. (1994), Erfolgs- und Mißerfolgsfaktoren von Produktinnovationen, in: Corsten, H. (Hrsg.), Handbuch Produktionsmanagement - Führung - Technologie - Schnittstellen, Wiesbaden 1994, S. 133-150

Staudt, E. (1995), Integration von Personal- und Organisationsentwicklung in der beruflichen Weiterbildung, in: Arnold, R.; Lipsmeier, A. (Hrsg.), Handbuch der Berufsbildung, Opladen 1995, S. 183-199

Staudt E.; Auffermann, S. (1996), Der Innovationsprozeß im Unternehmen - Eine erste Analyse des derzeitigen Stands der Forschung, in: Staudt, E. (Hrsg.), Berichte aus der angewandten Innovationsforschung, No. 151, Bochum 1996

Staudt, E.; Kerka, F.; Krause, M. (1996), Innovationsmanagement, in: Franz, O. (Hrsg.), RKW-Handbuch Führungstechnik und Organisation, II/1996, Kennzahl 2603

Staudt, E.; Kriegesmann, B.; Thielemann, F.; Behrendt, S. (1996), Kooperationsleitfaden, Planungshilfen und Checklisten zum Management zwischenbetrieblicher Kooperationen, Stuttgart u. a. 1996

Staudt, E.; Kailer, N.; Kriegesmann, B.; Meier, A. J.; Stephan, H.; Ziegler, A. (1997), Kompetenz und Innovation - Eine Bestandsaufnahme jenseits von Personalentwicklung und Wissensmanagement, in: Staudt, E. (Hrsg.), Innovation: Forschung und Management, Bd. 10, Bochum 1997

Staudt, E.; Kerka, F. (1997), Von der Idee zur wirtschaftlichen Verwertung - Leitfaden zur Bewertung und Umsetzung von Neuproduktstrategien, in: Staudt, E. (Hrsg.), Berichte aus der angewandten Innovationsforschung, No. 169, Bochum 1997

Staudt, E; Kriegesmann, B.; Thielemann, F.; Schaffner, M. (1997), Neuformierung von Wertschöpfungsketten - Das Beispiel Druckindustrie, in: ZfO, 66. Jg. (1997), Nr. 2, S. 75-81

Strebel, H. (1990), Innovation und Innovationsmanagement als Gegenstand der Betriebswirtschaftslehre, in: BFuP, 42. Jg. (1990), Nr. 2, S. 161-173

Tebbe, K. (1990), Die Organisation von Produktinnovationsprozessen, Stuttgart 1990

Thom, N. (1992), Innovationsmanagement, in: Schweizerische Volksbank (Hrsg.), Die Orientierung, Heft 100, Bern 1992

Thompson, P. (1969), TRACES: Basic Research Links to Technology Appraised, in: Science, Vol. 163 (1969), pp. 374-375

Ulrich, H. (1968), Das Unternehmen als produktives soziales System, Bern/Stuttgart 1968

Welge, M. K. (1992), Planung: Prozesse - Strategien - Maßnahmen, Wiesbaden 1992

Witte, E. (1973), Organisation für Innovationsentscheidungen: Das Promotorenmodell, Göttingen 1973

Zörgiebel, W. W. (1983), Technologie in der Wettbewerbsstrategie, Berlin 1983

19 Umweltmanagement

Harald Dyckhoff

Inhaltsverzeichnis

1 Umweltmanagement als Teil der Betriebswirtschaft	390
1.1 Betriebliche Umweltökonomie und Umweltmanagement	390
1.2 Perspektiven umweltorientierter Unternehmensführung	391
1.3 Aufgaben und Strukturen des betrieblichen Umweltmanagement	395
1.3.1 Träger, Funktionen und Prozeß	396
1.3.2 Ebenen, Bereiche und Systeme	397
2 Grundlagen des betrieblichen Umweltmanagement	399
2.1 Natürliche Grundlagen und Rahmenbedingungen	399
2.2 Künstliche Grundlagen und Rahmenbedingungen	403
3 Umweltorientierung der Unternehmenspolitik	407
3.1 Grundhaltungen betrieblicher Umweltpolitik	408
3.2 Offensive Umweltpolitik	409
3.2.1 Prinzipien und Bezugsgruppen	409
3.2.2 Unternehmensethischer Entscheidungsprozeß	411
4 Strategisches Umweltmanagement des Unternehmens	413
4.1 Typen umweltbezogener Unternehmensstrategien	414
4.2 Aufgaben und Dimensionen des strategischen Umweltmanagement	417
4.2.1 Analyse und Gestaltung der Umfeldentwicklungen und -beziehungen	417
4.2.2 Entwicklung von Programmen, Strukturen und Verhaltensweisen	418
4.3 Strategieadäquate Ausrichtung der Managementfunktionen	419
4.3.1 Organisation des betrieblichen Umweltschutzes	419
4.3.2 Umweltorientiertes Personalmanagement	420
4.3.3 Öko-Controlling	421
5 Taktisches und operatives Umweltmanagement der Bereiche	422
5.1 Umweltorientiertes F&E-Management	422
5.2 Umweltorientiertes Marketingmanagement	423
5.3 Umweltorientiertes Produktions- und Reduktionsmanagement	425
5.4 Umweltorientiertes Logistikmanagement	427
Literaturverzeichnis	428

1 Umweltmanagement als Teil der Betriebswirtschaft

Die Erkenntnis der 'Grenzen des Wachstums' zu Beginn der 1970er Jahre hat in den entwickelten Industrienationen zu einer breiten Aufmerksamkeit für den Schutz der natürlichen Umwelt vor ungezügelter Ausbeutung ihrer Ressourcen und vor unkontrolliertem Ausstoß schädlicher Emissionen und Reststoffe geführt. In Westdeutschland wurde seitdem zur Bewältigung der dringenden Umweltprobleme eine große Zahl gesetzlicher Regelungen erlassen, die – vornehmlich mit Bezug auf die Umweltmedien Boden, Wasser und Luft – die gesellschaftlichen Akteure zu einem umweltverträglicheren Verhalten anleiten sollen. Da Unternehmen in die natürliche Umwelt eingebettet sind und auf diese in vielfältiger Weise einwirken, sind sie unmittelbar von den Veränderungen des Umweltrechts betroffen. Darüber hinaus haben aber in der Zwischenzeit in manchen konsumnahen oder besonders im Blickpunkt der Öffentlichkeit stehenden Branchen andere Einflüsse zum Teil eine noch größere Bedeutung gewonnen. Zum einen bietet das gestiegene Umweltbewußtsein der Verbraucher wichtige Ansatzpunkte, um über das Angebot umweltfreundlicher Produkte und ein gezieltes, umweltorientiertes Marketing die Wettbewerbsfähigkeit zu steigern. Zum anderen werden Unternehmen mit den Ansprüchen von Umwelt- und Naturschutzverbänden konfrontiert, die über die Öffentlichkeit und die Kommunikationsmedien Druck auf sie ausüben. Nicht unterschätzt werden darf außerdem der Einfluß einer umweltorientierten Einstellung der Unternehmensleitung, die besonders bei solchen Unternehmen anzutreffen ist, in denen ein einzelner Haupteigentümer als Unternehmer eine langfristig orientierte, umweltverträgliche Vision verfolgt.

1.1 Betriebliche Umweltökonomie und Umweltmanagement

Um die aus dem Umweltschutz erwachsenden Anforderungen in geeigneter Weise zu bewältigen, bedarf es einer umweltorientierten Unternehmensführung bzw. eines betrieblichen Umweltmanagement. Beide Begriffe werden oft synonym verwendet. Will man jedoch einen Unterschied machen, so kennzeichnet die *umweltorientierte Unternehmensführung* ein offensives Umweltmanagement, das die an das Unternehmen herangetragenen bzw. auf sie zukommenden Umweltprobleme durch geeignete Abwehr- oder Anpassungsaktivitäten nicht nur bewältigt, sondern die Schonung der natürlichen Umwelt aktiv in das unternehmerische Zielsystem aufnimmt und Umweltaspekte möglichst frühzeitig und umfassend in alle betriebliche Bereiche integriert (Töpfer 1993; zu verwandten Begriffen und Konzepten vgl. Meffert/Kirchgeorg 1998, S. 16f.).

Management im allgemeinen sowie Umweltmanagement im besonderen umfassen neben den eigentlich ökonomischen, d.h. auf die Einkommenserzielung ausgerichteten, auch juristische, psychologische, technische und andere nicht ökonomische, insbesondere auch ökologische Aspekte der Unternehmensführung. Es gibt verschiedene Auffassungen darüber, inwieweit die Betriebswirtschaftslehre als wissenschaftliche Disziplin sich auf eine spezifisch ökonomisch geprägte Perspektive beschränken oder aber auch andere Gesichtspunkte in ihren ursprünglichen Erkenntnisgegenstand integrieren soll. Die engere Sichtweise kann als betriebswirtschaftliche oder (verkürzt) *betriebliche Umweltökonomie* bezeichnet werden. Sie beinhaltet „die konzeptionelle wissenschaftliche wie praktische Durchdringung des Verhältnisses zwischen unternehmerischem, d.h. vom Wirtschaftlichkeitsprinzip geleiteten Denken, Entscheiden und Handeln auf der einen sowie ökologischen Bedingungen und Herausforderungen dieses Denkens, Entscheidens und Handelns auf der anderen Seite. Im Zentrum des Interesses stehen dabei die umweltbezogenen Wirkungen des unternehmerischen Entscheidens und Handelns mit ihren effektiven und potentiellen einzelökonomischen Rückwirkungen" (Wagner 1997, S. 11). Innerhalb dieses Konzepts wird der Terminus 'Betriebswirtschaftliches Umweltmanagement' dann lediglich zur besonderen Betonung umweltbezogener unternehmerischer Dispositionsweisen verwendet und hat damit keine besondere Bedeutung. In Abgrenzung zur betrieblichen Umweltökonomie wird *(betriebliches) Umweltmanagement* deshalb hier weiter verstanden, um so noch andere relevante Aspekte erfassen zu können. Auch wenn damit betriebswirtschaftliches Terrain im engeren Sinn verlassen wird, erweist sich eine solche Öffnung als notwendig, weil Umweltprobleme sich nur in einer engen 'transdisziplinären' Zusammenarbeit lösen lassen. In der Lehre ist ein breiteres Verständnis, das über die engeren Disziplingrenzen hinausgeht, für die zukünftige Berufsfähigkeit der Studierenden ohnehin förderlich (Dyckhoff 1995). In der Forschung erfordert dies neben Wissenschaftlern, die nach wie vor im Kernbereich ihrer Disziplin arbeiten, außerdem solche, die ihren Schwerpunkt in den Grenzbereichen verschiedener Disziplinen besitzen, gleichzeitig jedoch ausreichend in einer traditionellen Disziplin verwurzelt sind.

Die – großenteils noch ausstehende – Diskussion in der Betriebswirtschaftslehre über die fachlichen Begrenzungen bei der Beschäftigung mit Fragen des Umweltschutzes findet ihr Pendant in der Volkswirtschaftslehre. Die volkswirtschaftliche Umweltökonomie (vgl. Weimann 1996) übernimmt theoretisch und methodologisch die Grundsätze und Ziele der traditionellen Ökonomie und unterstellt, daß der Selbststeuerungsmechanismus des ökonomischen Systems im Prinzip funktioniert. Korrekturbedarf bei Vorliegen von Marktversagen wird durch gezielte Umweltschutzpolitik befriedigt. Weil dieser Ansatz aber in mehrfacher Hinsicht zu kurz greift, ist seit etwa Mitte der 1980er Jahre als Ergänzung oder auch als Neuorientierung der traditionellen Umwelt- und Ressourcenökonomie eine neue Wissenschaftsrichtung unter dem Titel 'Ökologische Ökonomie' entstanden, die sich gegenüber den Natur- und Sozialwissenschaften sowie den ethischen Grundlagen stärker öffnet. Ihr Paradigma läßt sich ganz allgemein als überdisziplinäres, systemtheoretisches und evolutorisches Entwicklungsmodell zur Analyse der Interdependenzen zwischen den ökonomischen, ökologischen und sozialen Systemen kennzeichnen (Bartmann 1998; ein ökonomisches Verständnis der Ökologie vermitteln dagegen Stephan/Ahlheim 1996).

1.2 Perspektiven umweltorientierter Unternehmensführung

Nach ersten Anfängen in den 1970er Jahren gilt 1988 als das „Jahr, in dem die Betriebswirtschaftslehre sich dem Ökologiethema so richtig zugewandt hat" (Stitzel 1994, S. 96). Seitdem ist in Wissenschaft und Praxis eine stark wachsende

Zahl an Publikationen erschienen, die es schwierig macht, die Übersicht zu bewahren und die einzelnen Beiträge richtig einzuordnen. Gab es zum betrieblichen Umweltmanagement bis 1995 nur wenige, inzwischen zum Teil schon wiederholt aufgelegte Lehrbücher (Meffert/Kirchgeorg 1998, Schreiner 1996, Stahlmann 1994, Steger 1993, Wicke et al. 1992), so scheint sich dies in jüngster Zeit zu ändern; allein 1996/97 sind vier neue herausgekommen (Freimann 1996, Haasis 1996, Matschke/ Jaeckel/Lemser 1996, Wagner 1997). Lehrbücher stellen in der Regel die Teile eines Fachgebietes dar, die als gefestigter Erkenntnisstand gelten, was gewisse Schwerpunktsetzungen oder Unterschiede in der Präsentation nicht ausschließt. Vergleicht man jedoch die bisher existierenden Werke, so gehen die bestehenden Unterschiede über solche normalen Differenzierungen bei weitem hinaus. Dabei sind es nicht nur die sich meistens in der Sache kaum überschneidenden Inhalte, sondern viel mehr noch die verschiedenen eingenommenen Perspektiven und Auffassungen über den zu behandelnden Gegenstand, welche deutlich werden lassen, daß es so etwas wie einen Fundus an gesicherter, breit akzeptierter Erkenntnis für das – noch sehr junge – Fachgebiet der betrieblichen Umweltökonomie bzw. des betrieblichen Umweltmanagement bislang nicht zu geben scheint (Dyckhoff 1998b, S. 62).

Die Unterschiede in den Konzeptionen zum Umweltmanagement lassen sich zu einem großen Teil mit der fachlichen Herkunft ihrer Autoren erklären. Der gewählte Zugang gründet regelmäßig auf den inhaltlichen und methodischen Kenntnissen und Erfahrungen des Autors in seinem früheren Fachgebiet. Die Mehrheit der wissenschaftlichen Publikationen zum Umweltmanagement muß sogar als eine bloße Erweiterung des 'business as usual' des jeweiligen traditionellen Fachgebietes auf aktuelle Fragen des Umweltschutzes angesehen werden. Es gibt vergleichsweise wenige Ansätze, die darüber hinaus reichen und so mithelfen, die Grundlagen für ein eigenständiges Fachgebiet Umweltökonomie oder Umweltmanagement zu schaffen. Abgesehen von einigen jüngsten Entwicklungen lassen sich grob vier Zugänge zum Umweltschutz unterscheiden, drei traditionell betriebswirtschaftliche und ein ethisch-normativer (Pfriem 1995; stärker differenzieren Meffert/Kirchgeorg 1998, S. 37ff.):
– der produktionswirtschaftliche (PROD)
– der marketingorientierte (MARK)
– der managementorientierte (MGMT) und
– der sozial-ökologische (ÖKOS) Ansatz.

Der Versuch, unter diesen Ansätzen den allein 'richtigen' zu bestimmen, ist unangemessen. Vielmehr ergänzen und befruchten sie sich gegenseitig, weil sie verschiedene Schwerpunkte setzen und jeder für sich das gesamte Spektrum des betrieblichen Umweltmanagement nicht komplett abzudecken vermag. Die Abbildung 1 ordnet die vier Ansätze systematisch in ein grobes zweidimensionales Schema ein. Die Kreise beschreiben den Schwerpunktbereich des jeweiligen Ansatzes. Das schließt eine Behandlung von Fragestellungen auch außerhalb des Schwerpunktbereiches nicht aus; nur sind diese dann nicht mehr charakteristisch für den betreffenden Ansatz.

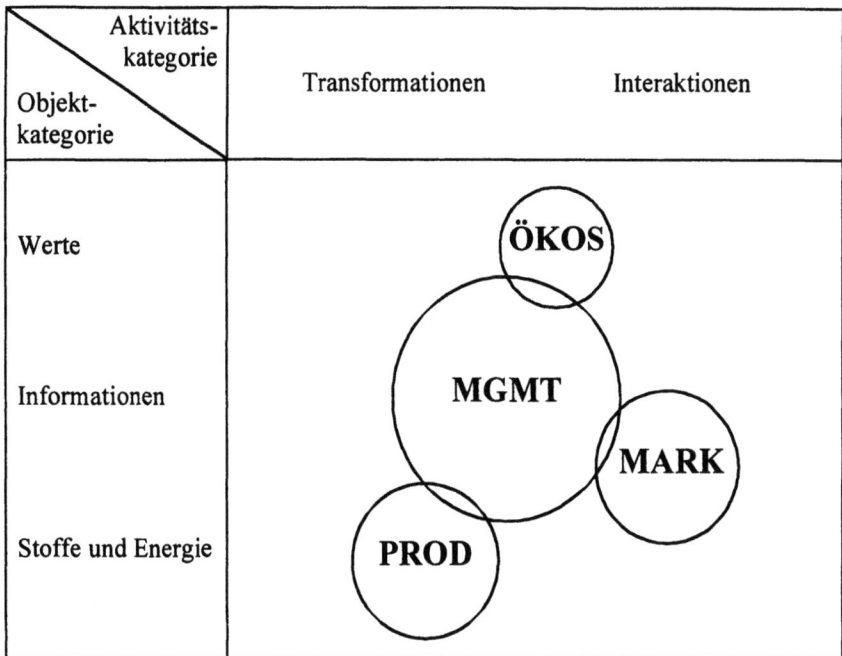

Abb. 1: Systematik der Schwerpunkte verschiedener Ansätze des Umweltmanagement

In der Abbildung 1 sind senkrecht drei Schichten bzw. Ebenen von Objektkategorien unterschieden (ausführlicher dazu Dyckhoff 1998b, S. 72f.). Wirtschaftliche Aktivitäten von Unternehmen haben in der Regel Beziehungen zu bzw. Auswirkungen auf alle drei Ebenen. Die unterste Schicht kennzeichnet die *materielle Ebene*. Alle Aktivitäten beruhen physisch auf Stoffwechsel und Energieumwandlung, nicht nur die einzelner Lebewesen, sondern auch die von Organisationen wie Unternehmen. Im Hinblick auf den Umweltschutz bildet die materielle Ebene a priori die Basis für alle weitergehenden Überlegungen. Auch die *Informationsebene* als mittlere Schicht baut darauf auf. Sie ist durch den Informationsaustausch zwischen Lebewesen bzw. zwischen Wirtschaftssubjekten gekennzeichnet. Informationen wiederum bilden eine unverzichtbare Grundlage für die *Wertebene*, wobei unter Werten hier umfassend alle Bedürfnisse, Motive, Interessen, Einstellungen, Regeln, Normen, Rechte oder Pflichten verstanden werden.

Waagerecht sind in der Abbildung 1 zwei Hauptkategorien wirtschaftlicher Aktivitäten unterschieden (Dyckhoff 1998a, S. 2f.). Mit *Transformationen* sind solche Aktivitäten gemeint, die durch eine qualitative, räumliche oder zeitliche Veränderung von Objekten gekennzeichnet sind. Aus Inputobjekten entstehen Outputobjekte durch Stoffwechsel und Energieumwandlung, Informationsverarbeitung oder 'Wertewandel'. Diese Vorgänge dienen der Versorgung der Gesellschaft mit nützlichen Objekten (Güterproduktion) sowie ihrer anschließenden Entsorgung von schädlichen und störenden Objekten (Übelreduktion), welche bei der Nutzung oder dem Verbrauch der Güter als Abfälle oder Altprodukte regelmäßig unvermeidbar anfallen (Güterkonsumtion *und* Übelentstehung). Auch logistische Prozesse wie Transport, Lagerung, Sortierung und Umschlag sind – speziell als Transfers bezeichnete, raum-zeitliche – Transformationen. Wirtschaftlich relevante Transformationen finden immer im Verfügungsbereich einer verantwortlichen Wirtschaftseinheit statt. Davon zu unterscheiden sind die *Interaktionen*, bei denen Objekte materieller oder immaterieller Art wie Sachen, Dienste, Rechte und Informationen den Verfügungsbereich von Wirtschaftseinheiten wechseln (Kauf, Miete, Schenkung, Raub) bzw. aus der Umwelt in ihn gelangen (Ressourcenabbau) oder ihn in Richtung Natur verlassen (Emission). Interaktionen verändern die Objekte an sich nicht, d.h. weder ihre Qualität noch ihre räumliche oder zeitliche Verfügbarkeit, sondern lediglich die Verfügungsmacht über sie. Der Prozeß der Klärung und Vereinbarung eines Austausches von Leistungen zwischen Wirtschaftssubjekten wird üblicherweise als *Transaktion* bezeichnet (Picot 1993, Sp. 4195).

Wie die Abbildung 1 zeigt, legt der produktionswirtschaftliche Zugang zum Thema „Umwelt und Betriebswirtschaft" (Strebel 1980) seinen Schwerpunkt eindeutig auf die Analyse und Gestaltung der stofflich-energetischen Transformationsprozesse. Daß die damit in Verbindung stehenden Informationsverarbeitungsprozesse selbstverständlich auch Gegenstand des produktionswirtschaftlichen Ansatzes sind, wird in der Abbildung nur angedeutet. Analog ist bei den drei anderen Zugängen jeweils ebenso nur der gedankliche Ansatzpunkt dargestellt, um die Prägnanz des Bildes nicht zu beeinträchtigen. In diesem Sinn bezieht sich das marketing- oder „marktorientierte Umweltmanagement" (Meffert/Kirchgeorg 1998) in erster Linie auf Interaktionen zwischen Wirtschaftssubjekten, wobei die Information und Kommunikation im Zentrum stehen. Es wird aber auch die Gestaltung von Stoffkreisläufen aus Sicht der beteiligten Akteure thematisiert, so daß sich der – stärker die Objektsicht herausstellende – produktionswirtschaftliche (z.B. Schwarz 1994) und der marketingorientierte Ansatz (z.B. Kirchgeorg 1997) diesbezüglich gegenseitig ergänzen. Die beiden anderen Ansätze gehen dagegen nicht von der materiellen Ebene aus, verlegen sich dafür aber auch nicht so einseitig auf die Transformations- oder die Interaktionsperspektive. Der Bezugsschwerpunkt des eigentlichen „Umweltmanagement" (Steger 1993) liegt in der Informationsebene, mit einem größeren Gewicht auf der Informationsverarbeitung bei der Planung, Kontrolle, Organisation und Personalleitung innerhalb des Unternehmens als auf dem Informationsaustausch zwischen dem Unternehmen und anderen Akteuren. In der erweiterten Sicht eines „integrierten Umweltmanagement im Rahmen des St. Galler Management-Konzeptes" (Dyllick/Hummel 1997) erstreckt sich der Ansatz allerdings originär auch auf die Wertebene. Dort findet die „Unternehmenspolitik in sozial-ökologischen Perspektiven" (Pfriem 1995) ihren Zugang, indem sie die Notwendigkeit einer Abkehr von engen ökonomischen Wertmaßstäben betont, die zu sehr auf monetäre Aspekte abstellen und zu wenig „realökonomisch" (Freimann 1996) sind. In der realökonomischen Sicht trifft sich der von den Werten ausgehende sozial-ökologische Ansatz mit dem auf die stofflich-energetische Basis konzentrierten produktionswirtschaftlichen Zugang (Dyckhoff 1993) in dem Bemühen, die materiellen Umweltschäden nicht allein in Geldeinheiten aufzurechnen. Konzepte betrieblicher Umweltkostenrechnungen (Kloock 1993) sind so gesehen zwar von diesen beiden Ansätzen beeinflußt. Man kann sie aber auch als Ausdruck weiterer Ansätze ansehen, welche im Unterschied zu den vier zuvor genannten erst in den 1990er Jahren entstanden sind. Diese lassen sich im wesentlichen als informationsökonomisch und risikobezogen charakterisieren (Wagner 1997).

Grundlage eines Zusammenwachsens der verschiedenen Ansätze ist eine konzeptionelle Gesamtsicht, wie sie ähnlich zu dem hier vorgestellten Integrationskonzept (nach Dyckhoff 1998b, S. 71ff.) auch von Meffert und Kirchgeorg (1998, S. 72ff.) mit ihrer Grundkonzeption einer „fortschrittsfähigen und evolutionären Managementlehre" vorgeschlagen wird. Nach ihrer Auffassung erfordert die Sicherstellung einer relativen Verbesserung der Umweltverträglichkeit unternehmerische Betätigung (ebenda, S. 76)
– eine längerfristige, strategische Ausrichtung unter Markt- und Wettbewerbsaspekten
– eine prozeßorientierte und vernetzte Betrachtungsweise
– die ganzheitliche Erfassung der durch stofflich-energetische Umwandlungsprozesse in der Produktions-, Konsum- und Re(pro)duktionsphase hervorgerufenen Umwelteinwirkungen
– die Bezugnahme auf interdisziplinäre Erkenntnisse
– eine Synthese instrumenteller und wertorientierter Betrachtungsweisen
– Innovationen unter ökologischer und gesellschaftlicher Verantwortung
– lernfähige bzw. evolutionäre Konzepte als Grundlage.

1.3 Aufgaben und Strukturen des betrieblichen Umweltmanagement

Betriebliches Umweltmanagement bezieht sich auf alle für die Schonung der natürlichen Umwelt relevanten Aspekte der Führung eines Unternehmens. *Führung* kann dabei verstanden werden als „zielorientierte soziale Einflußnahme zur Erfüllung gemeinsamer Aufgaben" (Wunderer/Grunwald 1980, S. 62). Durch geeignete Spezifizierung der allgemeinen Aussagen zur Unternehmensführung im Hinblick auf ihre umweltrelevanten Aspekte kann gemäß der linken Hälfte der Abbildung 2 das betriebliche Umweltmanagement gedanklich als umweltbezogenes Subsystem des allgemeinen Führungs- bzw. Managementsystems ausgegrenzt werden. Auf diese Weise lassen sich Träger, Funktionen, Prozeß, Ebenen und Bereiche des Umweltmanagement grundsätzlich analog zu denen der generellen Unternehmensführung strukturieren. Sie werden deshalb hier allgemein skizziert.

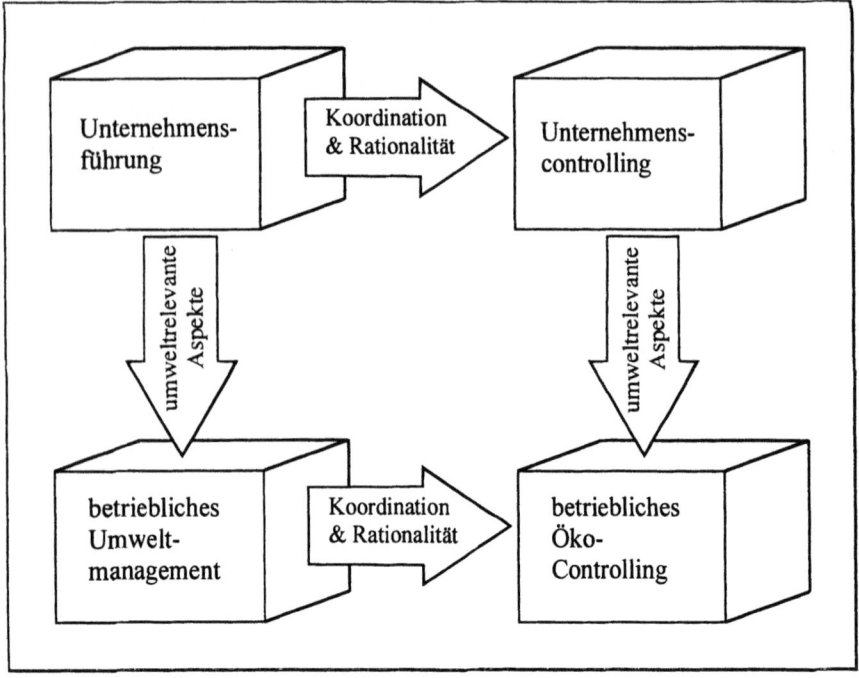

Quelle: abgewandelt nach Rüdiger 1998, S. 282
Abb. 2: Zweistufige Ableitung des Öko-Controlling

1.3.1 Träger, Funktionen und Prozeß

Institutioneller Träger der Führung sind alle mit Führungsaufgaben betrauten und dementsprechend autorisierten und verantwortlichen Personen auf den verschiedenen Hierarchieebenen, an der Spitze die Geschäftsführung oder der Vorstand des Unternehmens. Als wesentliche Führungsaufgaben oder *Managementfunktionen* gelten (vgl. die entsprechenden Kapitel dieses Handbuches):
- Planung (einschließlich Wertenormierung, Zielsetzung und Entscheidung)
- Kontrolle
- Organisation
- Personalleitung (Führung i.e.S.)
- Informationsversorgung.

Die Festlegung autorisierter Wertvorstellungen (Wertenormierung), das Setzen von Zielen für die Unternehmensmitglieder sowie das Treffen einer Entscheidung werden teilweise als eigenständige Funktionen genannt, hier aber vereinfachend der Planung zugeordnet. Dagegen wird die Versorgung mit führungsrelevanten Informationen wegen ihrer zunehmenden Bedeutung erst neuerdings explizit zu den Managementfunktionen gezählt. Im Hinblick auf das Zusammenspiel und die Ausrichtung der verschiedenen Führungsträger und Managementfunktionen auf die gesamthafte Gestaltung und Lenkung des Wertschöpfungsprozesses des Unternehmens kommt darüber hinaus dem Controlling eine unterstützende Aufgabe bei der Koordination der Führungsteilsysteme zu, um so der Sicherstellung einer angemessenen Rationalität der Führung zu dienen (Küpper 1997, Weber 1998). *Öko-Controlling* kann gemäß Abbildung 2 somit sowohl als umweltbezogener Teil des Unternehmenscontrolling als auch als koordinationsgerichtete und rationalitätssichernde Unterstützungsfunktion des Umweltmanagement aufgefaßt werden (Rüdiger 1998).

Das Zusammenspiel der Managementfunktionen im *Führungsprozeß* ist in der Realität äußerst komplex. Im Falle des stark vereinfachenden Idealtyps der „plandeterminierten Unternehmensführung" (Steinmann/Schreyögg 1997, S. 123) haben die anderen Managementfunktionen nachrangige Bedeutung, indem sie für die Umsetzung und Realisation der Pläne sorgen müssen. Planung bedeutet dabei die Willensbildung durch Setzung zu verfolgender Ziele, Aufdeckung von Handlungsalternativen, Prognose ihrer zielbezogenen Wirkungen und vergleichende Bewertung der Alternativen. Sie mündet in einen Planentscheid durch Auswahl einer umzusetzenden Alternative als Sollvorgabe. Der Vollzug des Planentscheids wird durch eine entsprechende Steuerung realisiert, d.h. durch die Festlegung und Initiierung der Aufgabendurchführung veranlaßt, durch die Überprüfung der Aufgabenerfüllung überwacht und durch das Ergreifen geeigneter Maßnahmen bei Planabweichungen gesichert. Dabei sorgen die Organisation durch die Aufstellung genereller Regeln und die Personalleitung durch laufende Anweisungen für ein zieladäquates Verhalten der Unternehmensmitglieder, während die Kontrolle das tatsächliche oder absehbare Geschehen über die Rückmeldung erreichter Ergebnisse mit dem Plan vergleicht und bei größeren Planabweichungen im Falle einer unvorhersehbaren Störung eine Plankorrektur und im Falle eines systematischen Planungsfehlers eine Revision des gesamten Planungs- und Steuerungssystems auslöst. Die anderen Managementfunktionen sind so über die Kontrolle mit dem Wertschöpfungsprozeß rückgekoppelt und bilden Komponenten (Phasen) eines sich ständig wiederholenden Managementprozesses.

1.3.2 Ebenen, Bereiche und Systeme

Der Führungs- oder Managementprozeß verläuft parallel zum eigentlichen Wertschöpfungs- oder Leistungsprozeß und soll diesen ganzheitlich gestalten und lenken. Beide Prozesse sind Ausdruck einer groben Einteilung des Systems Unternehmen in zwei wesensmäßig verschiedene Hauptsubsysteme, das Führungssystem einerseits und das Ausführungs- oder Leistungssystem andererseits (vergleichbar dem Regler und der Regelungsstrecke in der Regelungstechnik). Im Führungssystem werden zielorientiert sämtliche Freiheitsgrade des Leistungsprozesses festgelegt, so daß dieser im Ausführungssystem planmäßig vollständig determiniert abläuft, sofern keine unerwarteten Störungen eintreten. Einer solchen Unterscheidung kommt in der Realität am ehesten eine vollautomatische Produktionsanlage nahe. Menschliche Arbeitskräfte haben jedoch anders als Industrieroboter stets noch einen gewissen Handlungsspielraum, so daß eine eindeutige Zuordnung von Personen zum Führungs- bzw. Ausführungssystem letztlich nur graduell nach dem Ausmaß ihres Entscheidungsspielraums erfolgen kann.

Entsprechend handelt es sich bei der weitergehenden Einteilung des Führungssystems in verschiedene Führungs- oder *Managementebenen* ebenfalls um eine idealtypische Vorstellung. Die Abbildung 3 zeigt eine Hierarchie von vier aufeinander aufbauenden Managementebenen, deren Inhalte und inneren Zusammenhang man plakativ durch die folgenden vier Grundfragen der Unternehmensführung kennzeichnen kann, welche sich die jeweiligen Entscheidungsträger zu stellen und zu beantworten haben (Dyckhoff 1998b, S. 88):
- *normativ*: Was sind die Gründe unseres Tuns?
- *strategisch*: In welche Richtung führen uns diese Gründe?
- *taktisch*: Welchen Weg dahin wollen wir gehen?
- *operativ*: Welche einzelnen Schritte sind auf diesem Weg vorzunehmen?

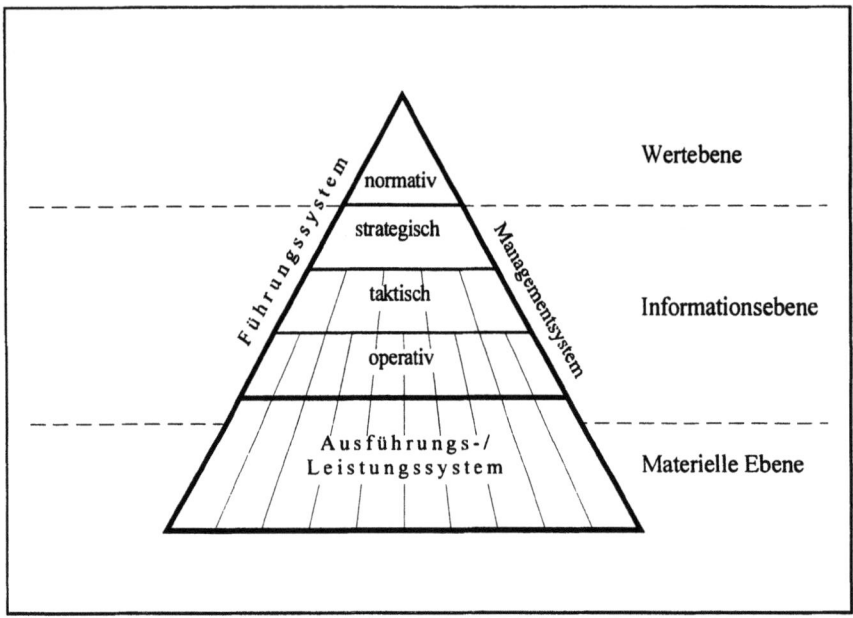

Quelle: Dyckhoff 1998b, S. 87
Abb. 3: Hierarchie der Managementebenen

Üblich in der Betriebswirtschaftslehre ist die Unterscheidung in strategisches und operatives Management. Eine taktische Ebene wird seltener gesondert hervorgehoben (wohl regelmäßig beim Produktionsmanagement). Die Einführung der normativen Ebene ist angelehnt an das St. Galler Modell eines „integrierten Management" (Bleicher 1996). Ihre Hauptaufgabe wird in der Entwicklung von Nutzenpotentialen gesehen, die sinnstiftend und wertsteigernd für die Bezugsgruppen des Unternehmens sind. Auf dieser Ebene ist festzulegen, inwieweit das Unternehmenshandeln nicht nur legal, sondern auch legitim ist und berechtigten Ansprüchen sogenannter Stakeholder genügt. Aufgrund von Visionen werden die Grundsätze der Unternehmenspolitik bestimmt. Im Hinblick auf die Umweltorientierung der Unternehmensführung ist insbesondere zu klären, welchen Stellenwert der

Umweltschutz im Rahmen des Zielsystems des Unternehmens genießt. Auf der Basis der so autorisierten Wertvorstellungen werden vom strategischen Management Grundsatzentscheide über die Gestaltung des Wertschöpfungsprozesses und der Umfeldbeziehungen getroffen. Die Strategien haben den Zweck, die Wettbewerbsfähigkeit des Unternehmens zu entwickeln und zu sichern. Dazu sind Erfolgspotentiale aufzubauen und zu pflegen sowie umgekehrt Schadenspotentiale abzubauen und zu vermeiden.

Während die normative und die strategische Ebene sich auf das Unternehmen als Ganzes beziehen, setzen die beiden unteren Ebenen die Unternehmensstrategien in konkretisierte und spezifizierte Teilentscheide und Maßnahmenbündel für die einzelnen Unternehmensbereiche um. In der Abbildung 3 ist dies durch vertikale, quer zu den horizontalen Ebenen verlaufende Segmente angedeutet. Je nach dem organisatorischen Gliederungsprinzip handelt es sich dabei beispielsweise (objektorientiert) um Regionen oder Sparten für verschiedene Geschäftsfelder bzw. (verrichtungsorientiert) um die Geschäftsbereiche (vgl. die entsprechenden Kapitel dieses Handbuches):
– Forschung und Entwicklung (F&E)
– Beschaffung und Absatz bzw. Marketing
– Produktion und Reduktion bzw. Entsorgung
– Logistik.

Im Hinblick auf die Objektkategorien der Abbildung 1 gehört die normative Führung zur Werteebene. Das Ausführungssystem bezieht sich außer auf Informationen hauptsächlich auf Stoffe und Energie. Die in Abbildung 3 dazwischenliegenden drei Managementebenen sind im wesentlichen der Informationsebene zuzuordnen und bilden zusammen das *Managementsystem* des Unternehmens. Dabei sinken von der strategischen über die taktische und die operative bis hin zur konkreten Ausführungsebene sukzessiv die Ausdehnung des zugeordneten Unternehmensbereichs, die Tragweite der Entscheidungen und die Weisungsbefugnis der Personen. Mit der Hierarchie der Managementebenen geht von oben nach unten ein abnehmender Planungshorizont einher, verbunden mit einer wachsenden Vollständigkeit, Detailliertheit und Sicherheit der Informationen.

2 Grundlagen des betrieblichen Umweltmanagement

Bevor in den späteren Abschnitten 3 bis 5 nacheinander die normative, die strategische sowie die taktische und die operative Ebene behandelt werden, ist es notwendig, einige für den Umweltschutz essentielle Grundlagen der Unternehmensführung vorzustellen.

2.1 Natürliche Grundlagen und Rahmenbedingungen

Die natürlichen Grundlagen haben für die Unternehmensführung lange Zeit eine unbedeutende Rolle gespielt. Nur dort, wo Ressourcen knapp zu werden drohten oder Emissionen die Menschen in der Umgebung zu sehr schädigten, wurden sie zu einem nicht vernachlässigbaren (Produktions-)Faktor. Mit der Produktion und der Konsumtion von Gütern ist aber regelmäßig eine Vielzahl *externer Effekte* verbunden; das sind Nebenwirkungen bei Unbeteiligten, welche nicht in der Preisbildung der Güter auf den Märkten berücksichtigt werden. Besonders deutlich wird es beim Verbrauch erschöpfbarer Energieträger wie Mineralöl oder Kohle. Einerseits werden irdische Vorräte, die in Hunderten von Jahrmillionen entstanden sind, innerhalb weniger Jahrzehnte oder Jahrhunderte weitgehend ausgebeutet, so daß sie zukünftigen Generationen nicht mehr zur Verfügung stehen. Andererseits wird bei der Verbrennung fossiler Energieträger – neben anderen schädlichen Gasen – unvermeidlich Kohlendioxid als Kuppelprodukt erzeugt, das wegen der anfallenden Mengen das Erdklima möglicherweise dramatisch verändern kann. Weil die externen Effekte nicht in den Preisen *internalisiert* sind und diese somit nicht 'die ökologische Wahrheit sagen', bleiben die nachteiligen Wirkungen auf die Umwelt als externe Kosten im Rahmen einzelwirtschaftlicher Kalküle unberücksichtigt (siehe dazu die Kapitel zur Unternehmensrechnung in diesem Band). Aus dieser Diskrepanz resultiert ein grundlegender Konflikt zwischen Ökonomie und Ökologie.

Beide Begriffe gehen aus dem griechischen Wort 'oikos' für Haus oder Haushaltung hervor. Im ursprünglichen Sinn bedeutet *Ökologie* „die Lehre vom Haushalt der Natur. Um diesen analysieren und verstehen zu können, müssen die gegenseitigen Beziehungen und Abhängigkeiten zwischen den Organismen untereinander und zu ihrer unbelebten Umwelt bekannt sein. Die Ökologie wird daher häufig auch als die Wissenschaft von den Wechselwirkungen der Organismen untereinander und mit ihrer Umwelt bezeichnet" (Wittig 1993, S. 233).

Ökologische Systeme bestehen aus weitgehend geschlossenen Stoffkreisläufen, bei denen die Stoffe nahezu vollständig rezykliert sowie Sonnenenergie genutzt und Abwärme an die Umgebung abgegeben werden. Erreicht wird die Schließung der Stoffkreisläufe dadurch, daß im Prinzip drei Gruppen von Lebewesen existieren, denen jeweils eine andere Rolle zukommt: die Produzenten, die Konsumenten und die Reduzenten (oder Destruenten). Stark vereinfacht handelt es sich bei den Produzenten um die grünen Pflanzen, welche mit Hilfe des Sonnenlichtes bei der Photosynthese organische Substanzen erzeugen. Diese werden dann von den Tieren und Menschen in einer Nahrungskette konsumiert. Die bei der 'Produktion' und 'Konsumtion' anfallenden, abgestorbenen organischen Stoffe pflanzlicher oder tierischer Herkunft werden von Mikroorganismen in ihre Grundsubstanzen abgebaut, welche den Pflanzen nach dieser 'Reduktion' wieder als Baumaterial für einen erneuten Zyklus zur Verfügung stehen (vgl. Abbildung 1 bei Haber 1995, S. 194).

In frühen Zeiten seiner Entwicklung war der Mensch noch Teil solch geschlossener Öko-Systeme. Spätestens seit Beginn der Industrialisierung – und in Zukunft noch verstärkt durch die Globalisierung – ist er es aber nicht mehr. Aufgrund der mit der Arbeitsteilung verbundenen lokalen Spezialisierung und Massenproduktion sowie durch das Entstehen von Ballungsräumen fallen die Emissionen menschlicher Produktion und Konsumtion örtlich und zeitlich konzentriert an. Die Natur ist von sich aus immer weniger in der Lage, die daraus resultierenden Immissionen zu verkraften. Aber auch bisherige Entsorgungskonzepte, zum einen die gezielte Deponierung im Boden an abgelegenen Orten (Konzentration) und zum anderen die gezielte Verteilung in Luft und Wasser (Verdünnung), stoßen an ihre Grenzen. Damit wird deutlich, daß es nicht genügt, nur die Produktion von Gütern für den Konsum industriell zu organisieren und den Abbau der Rückstände allein der Natur zu überlassen. Vielmehr erscheint es notwendig, auch die *Reduktion* bewußt in das Wirtschaftssystem zu integrieren und den Wirtschaftskreislauf durch den Übergang von Beseitigungs- zu Verwertungskonzepten nicht nur monetär, sondern auch real so weit wie möglich in Richtung auf eine *Kreislaufwirtschaft* zu schließen (Dyckhoff 1993).

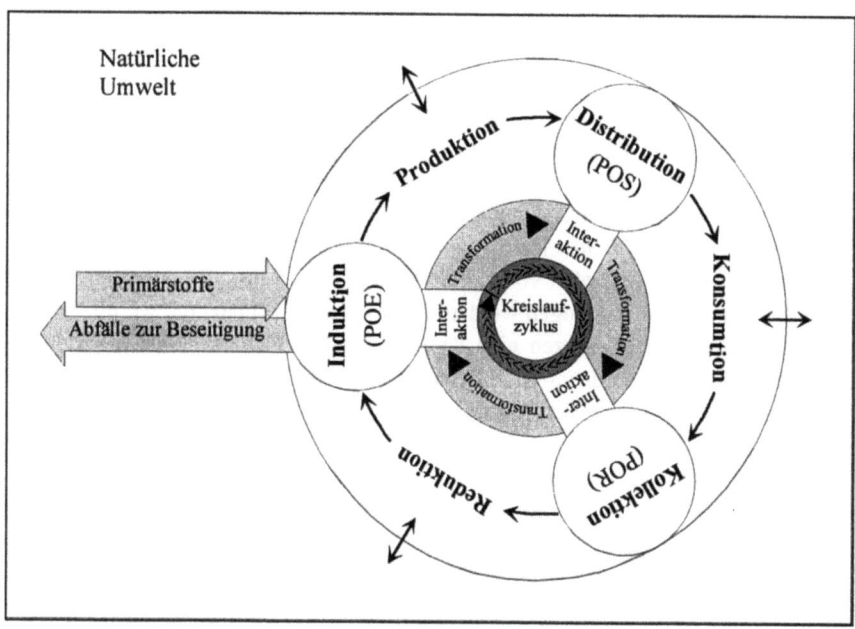

Quelle: in Anlehnung an Dyckhoff 1993, S. 90, und Kirchgeorg 1997, S. 211
Abb. 4: Ein einfaches Stoffkreislaufmodell

Die Abbildung 4 skizziert diesen Gedanken anhand eines einfachen Kreislaufmodells, das idealtypisch den Stofffluß von der Ressourcenentnahme aus der Natur über die gegebenenfalls mehrfache Erzeugung, Nutzung und Verwertung von Produkten und Abfällen mittels dieser Primär- bzw. dann Sekundärrohstoffe bis hin zur Beseitigung nicht weiter verwertbarer Reste durch Rückgabe an die Natur darstellt. Gemäß der vorgenommenen Einteilung handelt es sich bei Produktion, Konsumtion und Reduktion um Transformationsprozesse. Sie werden miteinander durch Interaktionen zwischen Wirtschaftssubjekten zu einem oder mehreren Kreislaufzyklen verbunden. Die drei Schnitt- bzw. Nahtstellen kennzeichnen die Distribution der Produkte (POS: point of sale), die Kollektion oder Retrodistribution der Altprodukte und Abfälle (POR: point of return) sowie die (Re-)Induktion der Primär- oder Sekundärstoffe (POE: point of entry, reentry or exit). Letztere ist damit gleichzeitig die Schnittstelle zur Natur: Es werden nicht nur Primärstoffe dem Wirtschaftssystem als Input zugeführt (Induktion), sondern darüber hinaus Abfälle zur Beseitigung als Output des Wirtschaftssystems abgegeben (Abduktion).

Eine vollständige Kreislaufführung ist aus naturgesetzlichen Gründen praktisch ausgeschlossen. Dem stehen weniger die Gesetze der Physik als biologische Erkenntnisse entgegen. Zwar sind mit dem ersten und dem zweiten Hauptsatz der Thermodynamik klare Grenzen gesetzt: Sie besagen, daß in einem isolierten System zum einen die Energie weder zu- noch abnimmt (Energieerhaltungssatz) und zum anderen die Entropie, d.h. der Gehalt an arbeitsfähiger und damit nutzbarer Energie, grundsätzlich zunimmt (Entropiegesetz). Sämtliches Leben beruht auf der Umwandlung hochwertiger in geringwertige Energie, ist also auf Energie mit niedrigem Entropiegehalt angewiesen. Allerdings ist der Planet Erde kein isoliertes System: Er erhält mit dem Sonnenlicht hochwertige Energie (niedriger Entropiegehalt) und gibt über die Wärmeabstrahlung in den Weltraum geringwertige Energie ab (hoher Entropiegehalt). Die Energiebilanz ist dabei ausgeglichen, nicht jedoch die Entropiebilanz. Der Entropiesaldo bildet somit auf lange Sicht eine *Grenze des wirtschaftlichen Wachstums*. Durch die momentane Ausbeutung fossiler Energievorräte in Gestalt von Kohle, Mineralöl und Erdgas kann diese Grenze lediglich kurzfristig umgangen werden. Die Kernenergie bietet derzeit nur um den Preis katastrophaler Gefahren eine längerfristige Perspektive. Aber selbst wenn die Entwicklung einer dauerhaft nutzbaren, ungefährlichen Energietechnik gelänge (Kernfusion?), würde sich mit der Überwindung der Entropiegrenze ein neues irdisches Energiegleichgewicht einstellen, das voraussichtlich mit gravierenden Klimaveränderungen verbunden wäre.

Da die Erde mit dem sie umgebenden Weltraum Stoffe nur in vernachlässigbaren Mengen austauscht, bilden Wirtschaft und Natur weltweit gesehen ein (stofflich nahezu) geschlossenes System. Von daher ist eine Kreislaufführung im Rahmen der Entropiegrenze unter Einschluß der Natur grundsätzlich nicht ausgeschlossen. Bislang wird eine 'Durchflußwirtschaft' praktiziert, welche die Natur als hauptsächliche Quelle und Senke für die materiellen Objekte ihrer Aktivitäten nutzt. Probleme resultieren dabei aus den unterschiedlichen zeitlichen Dimensionen: Während seit Beginn der Industrialisierung innerhalb von zweihundert Jahren das Wirtschaftssystem sich hinsichtlich Umfang, Qualität und Dynamik drastisch verändert hat, finden natürliche Veränderungen im Rahmen der Evolution meist kontinuierlich innerhalb großer Zeiträume statt. Viele irdische Kreisläufe dauern Tausende oder Millionen von Jahren. Ein ökologisch kompatibles Wirtschaftssystem verlangt deshalb eine Harmonisierung wirtschaftlicher Aktivitäten und natürlicher Reaktionen. Eine mangelhafte Anpassung der Wirtschaft an die Natur kann umgekehrt zu Anpassungsreaktionen der Natur führen, die buchstäblich katastrophale Ausmaße annehmen.

Aus diesem Grunde wird die Forderung nach einer *nachhaltigen* Bewirtschaftung der Natur erhoben (sustainable development; Harborth 1993). Kriterien der Nachhaltigkeit sind:
- Abbau erschöpfbarer Rohstoffe nur soweit, wie sie zukünftig durch andere ersetzt werden können
- Nutzung erneuerbarer Ressourcen nur bis zu ihrer Regenerationsrate

– Emissionen nur unterhalb der Aufnahmekapazität der Natur.

Unterschiedliche Auffassungen bestehen insbesondere darüber, inwieweit natürliche Bestände (Naturkapital) durch (künstliches) Kapital substituiert werden dürfen (strong versus weak sustainability). Einigkeit besteht dahingehend, daß Nachhaltigkeit kein rein ökologisches Konzept ist, sondern untrennbar mit ökonomischen und sozialen Gesichtspunkten verknüpft ist und darüber hinaus ethische und philosophische Überlegungen erfordert (Manstetten 1996).

2.2 Künstliche Grundlagen und Rahmenbedingungen

Versucht man die Frage, was Umweltschutz eigentlich bedeutet, nicht nur anhand konkreter und breit als solcher anerkannter Umweltprobleme, sondern grundsätzlich zu beantworten, so wird schnell klar, daß hierfür außer natürlichen Kategorien auch subjektive Wertmaßstäbe eine fundamentale Rolle spielen. Insbesondere sind folgende Teilfragen zu klären (Dyckhoff 1995):
– Wessen Umwelt soll geschützt werden?
– Was alles gehört zu der Umwelt, die geschützt werden soll?
– Wovor soll die Umwelt geschützt werden?

Je nachdem, wie die Antworten auf diese Fragen ausfallen, stellen sich die Probleme anders dar oder sind gar keine: Gehören (höher entwickelte) Tiere zu den Geschöpfen der 'Mitwelt', deren Umwelt es zu schützen gilt, oder wird ein rein anthropozentrischer Standpunkt eingenommen? Wie weit dehnt sich die Umwelt sachlich, räumlich und zeitlich aus? Gehören dazu alle Regionen der Erde sowie alle zukünftigen Generationen? Soll der 'status quo' erhalten werden? Welche Veränderungen der Umwelt sind erlaubt? Wer entscheidet darüber?

Die Entscheidungsträger eines Unternehmens wären überfordert, wenn sie im täglichen Geschäft diese Fragen immer wieder neu bedenken müßten. Es bedarf eines weitgehenden Konsenses über gültige gesellschaftliche Werte und Rahmenbedingungen, bei deren Berücksichtigung das Unternehmen nach vornehmlich ökonomischen Kriterien geführt werden kann. Durch den Wettbewerb der Unternehmen innerhalb des – geeignet zu gestaltenden! – Rahmens einer (gegebenenfalls weltweiten 'öko-sozialen') Marktwirtschaft werden die Verschwendung knapper Ressourcen vermieden und Innovationskräfte freigesetzt. Die eigennützigen Motive der Wirtschaftssubjekte sollen so kanalisiert werden, daß sie über ihr eigenes Erfolgsstreben zum Nutzen aller beitragen: „Nicht vom Wohlwollen des Metzgers, Brauers und Bäckers erwarten wir das, was wir zum Essen brauchen, sondern davon, daß sie ihre eigenen Interessen wahrnehmen" (Adam Smith 1776, S. 17). Der systemimmanente Selektionsmechanismus der Marktwirtschaft ist so beschaffen, daß Unternehmen, um selbständig zu überleben, langfristig Gewinne erzielen müssen. Andernfalls gehen sie in Konkurs oder müssen subventioniert werden: „Unternehmungen werden nicht gegründet, um Umweltschutzpreise zu erringen, sondern um nachhaltig ökonomische Erträge zu erwirtschaften" (Staehle/Nork 1992, S. 80). Der hierdurch zum Ausdruck kommende wirtschaftsethische Standpunkt lautet: „*Der systematische Ort der Moral in einer Marktwirtschaft ist die Rahmenordnung*" (Homann/Blome-Drees 1992, S. 35). Ziel ist es, den Wettbewerb zum Wohle aller zu instrumentalisieren, indem moralische Motivationen für Unternehmen überflüssig gemacht werden. Dazu sind die 'Spielregeln' so zu gestalten, daß Gewinnerzielung automatisch auch zu umweltfreundlichem Verhalten führt.

Zunächst stellt sich allerdings die umgekehrte Frage, ob nicht schon durch umweltfreundliches Verhalten an sich Gewinne erzielt werden können. In der Tat findet man in der Literatur zur Praxis des Umweltmanagement eine Fülle von Beispielen, in denen Unternehmen erhebliche Kosten eingespart haben – z.B. beim Wasser- oder Energieverbrauch im Zusammenhang mit der Aufstellung von Stoff- und Energiebilanzen oder der Durchführung eines Öko-Audit – oder neue Marktanteile mit umweltfreundlichen Produkten gewinnen konnten. Umweltschutz hilft also, vorhandene ökonomische Schwachstellen und ökologische Marktnischen aufzudecken. Aber spätestens dann, wenn alle Schwachstellen beseitigt sind und die Konkurrenz mit eigenen Öko-Produkten nachgezogen hat, „sind die Gratiseffekte ökonomisch-ökologischer Schnittmengen ... abgegriffen, gerade bei jenen Unternehmen, die mit gutem Recht als ökologische Pioniere charakterisiert werden können" (Gellrich/Karczmarzyk/Pfriem 1998, S. 30). Ein darüber hinausgehendes umweltfreundliches Verhalten hat dann regelmäßig höhere Kosten zur Folge, eben deshalb weil bislang externalisierte Kosten nunmehr internalisiert werden (Dyckhoff 1995, S. 125). Die internalisierten Kosten schmälern den Gewinn und damit die Ausschüttung an die Eigenkapitalgeber, falls sie nicht an andere überwälzt werden können. Es ist aber zumindest fraglich, ob die Kunden, die Lieferanten, die Arbeitnehmer, die Kreditgeber, der Staat oder andere gesellschaftliche Gruppen bereit sind, für das umweltfreundliche Verhalten des Unternehmens finanziell aufzukommen.

Wenn sich allerdings alle Bürger umweltfreundlicher verhalten, beispielsweise vom privaten PKW in öffentliche Transportmittel umsteigen würden, könnten die damit verbundenen persönlichen Nachteile (private Kosten) durch die allgemeinen Vorteile einer besseren Umwelt (öffentlicher Nutzen) unter Umständen – insbesondere einen entsprechenden Ausbau des öffentlichen Transportnetzes vorausgesetzt – mehr als ausgeglichen werden. Die Forderung nach einem solchermaßen freiwilligen umweltfreundlichen Verhalten sieht sich dem sogenannten *sozialen Dilemma* ausgesetzt, auch Schmarotzerdilemma genannt. Es stellt eine Verallgemeinerung des Gefangenendilemmas der Spieltheorie dar (Poundstone 1992). Das Dilemma besteht darin, daß die für alle beste, d.h. kollektiv rationale Lösung, und die für den jeweils Einzelnen beste, d.h. individuell rationale Lösung, auseinanderfallen. Dabei ist unterstellt, daß jeder sich selbstsüchtig verhält sowie keiner das Verhalten der anderen unmittelbar beeinflussen und vorhersehen kann. Um die Spieler unter diesen Voraussetzungen doch zu einem kollektiv rationalen Verhalten zu veranlassen, bedarf es einer Änderung der Spielregeln, d.h. der Rahmenordnung (Homann/Pies 1991).

Soweit die Umwelt ein *öffentliches Gut* ist, d.h. keiner von ihrer kostenlosen Nutzung ausgeschlossen werden kann, kommt jeder einzelne in den Genuß einer besseren Umweltqualität, wenn (fast) alle anderen sich umweltfreundlich verhalten, ohne daß er selbst dazu beitragen muß (Trittbrettfahrer). Der Beitrag des einzelnen für oder gegen die Umwelt ist in der Regel so gering, daß er nicht ins Gewicht fällt. Dennoch finden sich in der Realität Beispiele freiwilligen sozialen Verhaltens ohne private Vorteile, die sich unter anderem mit historisch erlernten und über Generationen vererbten Verhaltensweisen (Frank 1992) oder mit bestimmten gruppendynamischen Effekten (Glance/Huberman 1994) erklären lassen. Sie treten am ehesten innerhalb kleiner, homogener Gruppen mit engen sozialen Kontakten und Transparenz über das Verhalten der Gruppenmitglieder auf. Solche Voraussetzungen sind aber in den heutigen großen, anonymen Gesellschaften nicht gegeben. Die Alltagserfahrung sowie empirische Untersuchungen zeigen, daß viele Mitbürger freiwillig höchstens dann zu umweltfreundlicherem Verhalten bereit sind, wenn es sie nicht viel kostet (low cost-Hypothese; Diekmann 1998). Selbst wenn sie grundsätzlich bereit wären, größere persönliche Nachteile in Kauf zu nehmen, so wollen sie doch sicher sein, daß auch alle anderen mitmachen, damit der Effekt einer besseren Umweltqualität tatsächlich eintritt.

Um alle Mitglieder einer Gruppe oder Gesellschaft zu einem bestimmten Verhalten zu veranlassen, gibt es direkte und indirekte Ansatzpunkte, nämlich *Vorschriften* in Form von Ver- und Geboten einerseits sowie *Anreize* extrinsischer oder intrinsischer Art andererseits. Beispiel für ein Gebot ist die Einbaupflicht für Katalysatoren in PKWs. Beispiel für einen extrinsischen Anreiz ist die Erhöhung des Mineralölpreises über Öko-Steuern. Die Gesamtheit aller Vorschriften und Anreize eines Wirtschaftssystems bestimmt seine Rahmenordnung. Sie wird festgelegt durch allgemeine Grundsätze, Gesetze, Verordnungen, aber auch ungeschriebene Regeln (z.B. über 'ehrbares Verhalten von Kaufleuten'). Eine Rahmenordnung ist unverzichtbar für jegliches Wirtschaften in einer Gemeinschaft, insbesondere um Vertragstreue zu garantieren und Anarchie zu vermeiden. Sie ist eingebettet in die allgemeinen Normen und Sitten der jeweiligen Gesellschaft.

In Deutschland ist der Umweltschutz 1994 als *Staatsziel* in das Grundgesetz aufgenommen worden (Art. 20a): „Der Staat schützt auch in Verantwortung für die künftigen Generationen die natürlichen Lebensgrundlagen im Rahmen der verfassungsmäßigen Ordnung durch die Gesetzgebung und nach Maßgabe von Gesetz und Recht durch die vollziehende Gewalt und die Rechtsprechung." Die öffentliche Umweltpolitik folgt dazu bestimmten *Handlungsprinzipien*, in erster Linie dem Verursacherprinzip, das die Kosten des Umweltschutzes nach Möglichkeit dem Schädiger aufbürdet. In Fällen, in denen kein Schädiger zur Verantwortung gezogen werden kann, etwa bei Altlasten, kommt ergänzend das Gemeinlastprinzip zum Tragen. In Sonderfällen greift das Nutznießerprinzip, bei dem der (potentielle) Schädiger durch finanzielle Entschädigung von seinem Tun abgehalten werden soll, etwa bei Grundwasserverunreinigungen durch die Landwirtschaft oder bei der Lösung internationaler Umweltprobleme. Konkretisiert wird die staatliche Umweltpolitik in der Wahl geeigneter *Instrumente*. Sie reichen vom Ordnungsrecht über Subventionen, Abgaben, handelbare Emissionszertifikate und Haftungsregeln bis hin zu 'moral persuasion' in Form freiwilliger Selbstverpflichtungen und Branchenabkommen (Weimann 1996; Rennings u.a. 1997). Seit dem Umweltprogramm der Bundesregierung von 1971 dominiert nach wie vor das Ordnungsrecht mit einer Vielzahl an Gesetzen, Verordnungen und

Ausführungsbestimmungen (nach Angaben des Umweltbundesamtes 1993 insgesamt ca. 9000 umweltrelevante Regelungen). In jüngerer Zeit wird weniger auf Vorschriften als auf Anreize gesetzt (Kloepfer 1996), so etwa beim Umwelthaftungsgesetz, das eine Gefährdungs- anstelle einer Verschuldenshaftung eingeführt und die Beweislast im Schadensfall bei Auflagenverstoß praktisch umgekehrt hat. Im Kreislaufwirtschafts- und Abfallgesetz kommt außerdem der Gedanke der Schaffung von Stoffkreisläufen gemäß Abbildung 4 in Prioritätsvorgaben wie 'Vermeiden vor Verwerten vor Beseitigen' und in der Forderung nach Produktverantwortung zum Ausdruck. Für die Zukunft ist beabsichtigt, den Wildwuchs umweltrelevanter Regelungen durch ein einheitliches, schlankes 'Umweltgesetzbuch' auf eine gemeinsame systematische Basis zu stellen.

Die Gratwanderung einer marktwirtschaftlichen Ordnung in einer Demokratie besteht darin, einerseits möglichst wenig in den Wettbewerb einzugreifen, um die freie Entfaltung der Kräfte im Hinblick auf Produktivität, Effizienz, Qualität und Innovation zu fördern, andererseits doch den Wettbewerb im Sinne gesellschaftlicher Ziele wie soziale Gerechtigkeit und Umweltschutz zu beeinflussen und wenn nötig zu reglementieren, ohne ihn jedoch durch ein verstricktes 'soziales Netz' zu strangulieren. Eine solche Gratwanderung hat zwangsläufig Defizite in der Rahmenordnung zur Folge. Zum Teil sind es mangelndes Wissen über die nachteiligen Folgen wirtschaftlicher Aktivitäten (z.B. Asbest, FCKW, CO_2) oder überraschende dynamische Entwicklungen (z.B. Gentechnik). Selbst wenn die Notwendigkeit einer Anpassung der Rahmenordnung erkannt ist, erfordert dies einigen Aufwand (Transaktionskosten), wenn nicht sogar der Einfluß mächtiger Interessenverbände eine Anpassung verhindert. Besonders solche Änderungen, von denen erst zukünftige Generationen, die meisten lebenden Mitglieder einer Gesellschaft aber nur wenig profitieren und durch die eine mehr oder minder kleine Gruppe sogar starke Nachteile in Kauf nehmen muß, sind in einer parlamentarischen Demokratie oft kaum durchsetzbar. Das ist ein Hauptgrund dafür, daß die Rahmenordnung nie vollständig und lückenlos ist. Im Zeitalter der Globalisierung wird die Problematik noch dadurch verschärft, daß viele Umweltprobleme international abgestimmte Lösungen erfordern (Weimann 1996) und damit den Handlungsrahmen einer nationalen Umweltpolitik sprengen.

Vor diesem Hintergrund muß die frühere Feststellung über die moralische Motivation der Unternehmensführung relativiert werden. Bei Versagen der Rahmenordnung braucht ein rein ökonomisch motiviertes Unternehmensverhalten nicht mehr unbedingt ethisch begründet zu sein, d.h. die implizite 'ethische Richtigkeitsvermutung für gewinnmaximierendes Handeln' ist in Frage zu stellen. Wie die geplante Versenkung der Ölplattform Brent Spar in der Nordsee beispielhaft gezeigt hat, wird dann von der Unternehmensführung eine explizite Auseinandersetzung mit moralischen Ansprüchen erwartet: *„Die in der klassischen Konzeption an die Rahmenordnung delegierte Legitimationsverantwortung wirtschaftlichen Handelns fällt bei Defiziten in der Rahmenordnung an die Unternehmen zurück"* (Homann/Blome-Drees 1992, S. 126; zu etwas abweichenden unternehmensethischen Standpunkten siehe Steinmann/Löhr 1996 und Ulrich 1996; generell zum Verhältnis von Umweltschutz und Wirtschaftsethik vgl. Steinmann/Wagner 1998). Die Wahrnehmung der Legitimationsverantwortung im Rahmen der Unternehmensführung ist Aufgabe der normativen Ebene (vgl. Abbildung 3). Insbesondere ist hier die grundlegende Ausrichtung der Unternehmenspolitik im Hinblick auf den Umweltschutz zu bestimmen.

3 Umweltorientierung der Unternehmenspolitik

Das St. Galler Konzept eines integrierten Management stellt einen Bezugsrahmen mit darauf abgestimmtem Vorgehensmodell dar, um so insbesondere Managern „ein kontext- und situationsbezogenes Problemverständnis zu vermitteln und Wege zur Lösung zu weisen" (Bleicher 1996, S. 1.12; vgl. nachfolgend ebenda, S. 1.13). Ausgehend von einer unternehmerischen Vision beschäftigt sich die normative Ebene mit den generellen Zielen des Unternehmens sowie mit Prinzipien und Normen, die darauf ausgerichtet sind, die Lebens- und Entwicklungsfähigkeit des Unternehmens sicherzustellen, und die in ihrer Gesamtheit die *autorisierten Wertvorstellungen* als Führungsgröße für das nachgelagerte strategische Management bestimmen. Institutioneller Träger normativer Führung sind die Mitglieder des 'politischen Systems' des Unternehmens, im besonderen die von der Unternehmensverfassung bestimmten Personen (Kernorgane; vgl. dazu das Kapitel „Unternehmenskonstitution" im ersten Band dieses Handbuches). Unterstützung findet die normative Führung in einem die Unternehmenskultur prägenden adäquaten Verhalten aller Unternehmensmitglieder. Inhalt der Aktivitäten normativer Führung ist die *Unternehmenspolitik*. Dazu gehören die Formulierung von Leitsätzen zur Beschreibung der unternehmerischen Missionen ebenso wie alle Handlungen, die auf die Entwicklung von Nutzenpotentialen für Bezugsgruppen gerichtet sind. *Nutzenpotentiale* definieren die Zwecke des Unternehmens in bezug auf alle oder auch nur bestimmte – als relevant erachtete – Gruppen der Gesellschaft, einschließlich der Wirtschaft selber; sie vermitteln den Unternehmensangehörigen Sinn und Identität. Normative Führung wirkt so begründend und soll einem daraus abgeleiteten Unternehmensverhalten Legitimität verleihen.

Beim St. Galler Konzept eines integrierten Management (nach Bleicher 1996) wird nicht zwischen den Begriffen Bezugsgruppe und Anspruchsgruppe unterschieden. Versteht man unter einer *Anspruchsgruppe* oder einem Stakeholder jedoch „any group or individual who can affect or is affected by the achievement of a corporation's purpose" (Freeman 1984, S. 46), so ist es nicht selbstverständlich, daß jeder Anspruch eines Stakeholder unbedingt auch einen Zweck des Unternehmens im Sinne des oben genannten Nutzenpotentials darstellt. Darüber zu entscheiden, ist gerade eine Hauptaufgabe der normativen Führung. So gesehen sind unter den Anspruchsgruppen eines Unternehmens diejenigen als *Bezugsgruppe* zu kennzeichnen, deren Anspruch zu einem Zweck des Unternehmens erhoben wird.

Aus der Einbettung des betrieblichen Umweltmanagement in die allgemeine Unternehmensführung folgt, daß die *betriebliche Umweltpolitik* Ausdruck der Unternehmenspolitik in bezug auf alle für die Schonung der natürlichen Umwelt relevanten Aspekte ist. Je nachdem, welche Wertvorstellungen im Rahmen der normativen Führung autorisiert werden, welche Missionen formuliert werden und für welche Bezugsgruppen Nutzenpotentiale zu entwickeln sind, resultieren dementsprechend unterschiedliche Ausprägungen betrieblicher Umweltpolitik.

3.1 Grundhaltungen betrieblicher Umweltpolitik

Aus der in Abschnitt 2.2 dargestellten Rolle der Unternehmen in einer Marktwirtschaft ergibt sich eine prinzipiell zweistufige Legitimationsstruktur des Unternehmensverhaltens:
1. Legitimation der Wirtschaftsordnung (→ Ordnungspolitik)
2. Legitimation der Unternehmenshandlungen (→ Unternehmenspolitik)

Genügt die Rahmenordnung hinsichtlich des Umweltschutzes hohen Standards, ist diesbezüglich also nahezu vollkommen, so ist systemkonformes, d.h. legales Verhalten regelmäßig moralisch gerechtfertigt und damit auch legitim (*Legitimität = Legalität*). Umweltorientiertes Handeln hat gesetzestreu zu erfolgen, d.h. die Rahmenbedingungen zu beachten, und sieht sich keinem Konflikt mit dem Streben nach dauerhafter Gewinnerzielung ausgesetzt.

Allerdings ist die Rahmenordnung heute selten vollkommen und weist mehr oder minder große Defizite auf, wozu ein schwindendes ordnungspolitisches Bewußtsein und die Internationalisierung der Wirtschaft wesentlich beitragen. Legales Verhalten ist dann aber nicht mehr unbedingt auch moralisch (*Legitimität ≠ Legalität*). Um das Management zu entlasten, kann das Unternehmen dennoch – außer in offensichtlichen Situationen – von der *ethischen Richtigkeitsvermutung* gewinnmaximierenden Handelns als Normalfall ausgehen. Im Falle eines deutlich werdenden Konfliktes zwischen ökonomischen Zielen und moralischen Ansprüchen fällt die Legitimationsverantwortung jedoch wieder an das Unternehmen zurück.

Geht man davon aus, daß illegales Verhalten kaum legitim ist, können in bezug auf die Legalität und die Legitimität des Verhaltens drei *Grundhaltungen* betrieblicher Umweltpolitik unterschieden werden:
– kriminell: illegal (und illegitim)
– defensiv: legal, aber illegitim
– offensiv: (legal und) legitim.

Auf die kriminelle und die defensive Umweltpolitik wird hier nur kurz eingegangen. Allerdings dürfen beide nicht ignoriert werden, weil sie das in der Realität beobachtbare Verhalten vieler Unternehmen am ehesten erklären können.

Kriminelle Umweltpolitik

Kriminell ist eine (bewußt) systemwidrige Unternehmenspolitik, die auf ein illegales (und damit auch illegitimes) Verhalten abstellt. Für 1995 registriert die polizeiliche Kriminalstatistik ca. 36000 Umweltstraftaten in Deutschland, von denen die umweltgefährdende Abfallbeseitigung mit ca. 25000 den höchsten Anteil und den stärksten Anstieg in jüngerer Zeit aufweist. Man muß befürchten, daß die entdeckten Straftaten nur die 'Spitze eines Eisbergs' unentdeckt bleibender Umweltvergehen darstellen. Ein Großteil entdeckter Straftaten kann nicht aufgeklärt werden, und nicht alle aufgeklärten Delikte werden geahndet. Für den Zeitraum von 1978 bis 1982 wird die Wahrscheinlichkeit, daß ein Verstoß gegen Umweltauflagen entdeckt, aufgeklärt und auch sanktioniert worden ist, auf 5% bis 50% bei leichten und auf 4% bis 12% bei schweren Verstößen geschätzt; die Höhe der verhängten Sanktionen betrug dabei in ca. 90% der Fälle weniger als 3000 DM (Terhart 1986). Bei derart geringen Werten für die Sanktionswahrscheinlichkeiten und -höhen sind die zu erwartenden Sanktionskosten in vielen Fällen wohl deutlich niedriger als die Kosten einer Befolgung der Umweltauflagen. Selbst für risikoscheue Entscheider wäre es nach diesem Kostenkalkül optimal, gegen Auflagen zu verstoßen (Terhart 1986). Das mag erklären, warum es eher kleinere, unbekannte Unternehmen sind, vor allem solche im Entsorgungsbereich, deren Geschäftsleitung Umweltstraftaten begeht. Für größere, in der Öffentlichkeit 'sichtbare' Unternehmen kann nämlich schon die Entdeckung eines eventuellen Umweltvergehens, ohne daß es eindeutig aufgeklärt oder sogar gerichtlich sanktioniert werden muß, mit gravierenden Imageeinbußen verbunden sein (Prangerwirkung), deren ökonomische Folgen die umgangenen Umweltkosten bei weitem übersteigen. Außerdem tragen mehrere rechtliche Veränderungen der jüngeren Zeit dazu bei, daß die zu erwartenden Sanktionskosten gestiegen sind – hier vor allem die durch die Gefährdungshaftung bewirkte Umkehr der Beweislast – und daß bestimmte Mitglieder der Geschäftsleitung persönlich für die Einhaltung von Umweltschutzvorschriften verantwortlich gemacht werden können.

Defensive Umweltpolitik

Auch aufgrund dieser Entwicklungen dürfte ein legales Unternehmensverhalten die Regel sein. Ein derart systemkonformes Verhalten ist normalerweise darüber hinaus moralisch gerechtfertigt. Eine defensive Unternehmenspolitik ist dadurch gekennzeichnet, daß Gesetzestreue und Gewinnstreben auch dann noch die alleinigen Maximen unternehmerischen Handelns bilden, wenn an das Unternehmen berechtigte moralische Ansprüche erhoben werden. Durch Stakeholder formulierte moralische Ansprüche werden bei dieser Politik grundsätzlich ignoriert ('Vogel Strauß-Politik') und selbst dann, wenn sie berechtigt zu sein scheinen, abgewehrt, solange nicht die Legalität des Handelns in Frage gestellt und die Gewinnentwicklung wesentlich beeinträchtigt wird.

3.2 Offensive Umweltpolitik

Die Unternehmenspolitik ist offensiv, wenn sie über die Legalität hinaus bewußt ebenso die Legitimität unternehmerischen Handelns anstrebt. Dafür sind im Hinblick auf den Umweltschutz die Nutzenpotentiale der Bezugsgruppen sowie geeignete Verhaltensgrundsätze festzulegen.

3.2.1 Prinzipien und Bezugsgruppen

Jede offensive Umweltpolitik muß von der unternehmerischen Vision eines nachhaltigen Wirtschaftens ausgehen und sollte durch eine umweltorientiert erweiterte Unternehmensverfassung und eine ökologisch ausgerichtete Unternehmenskultur getragen sein (Dyllick/Hummel 1997). Nachhaltiges Wirtschaften (sustainable development) wird definiert als „Entwicklung, die die Bedürfnisse der Gegenwart befriedigt, ohne zu riskieren, daß zukünftige Generationen ihre eigenen Bedürfnisse nicht befriedigen können" (Hauff 1987, S. 46). Sich gegenseitig ergänzende Ansatzpunkte zur Erreichung von Nachhaltigkeit sind die Beschränkung auf genügsame Bedürfnisse (*Suffizienz*), die Vermeidung der Verschwendung der Natur durch Steigerung der Ressourcenproduktivität (*Öko-Effizienz*) sowie die Eröffnung neuer industrieller Entwicklungspfade durch ökologisch verträgliche Basisinnovationen (*Konsistenz*; Huber 1996). Die Idee des nachhaltigen Wirtschaftens vermittelt der Unternehmensführung allerdings noch kein einzigartiges Leitbild, sondern nur globale Prinzipien, wobei folgende drei Grundsätze als Kernelemente herauszustellen sind (Meffert/Kirchgeorg 1998, S. 448ff.):

– *Kreislaufprinzip*: Es knüpft an der Vorstellung einer Stoffkreislaufwirtschaft an, wie sie in der Abbildung 4 idealtypisch skizziert ist, und erfordert zur Umsetzung noch weitreichende technologische Fortschritte.

– *Verantwortungsprinzip*: Es stellt zum einen das Wohlstandsgefälle zwischen Industrie- und Entwicklungsländern in den Mittelpunkt (*intragenerative Gerechtigkeit*); zum anderen fordert es die Berücksichtigung der Bedürfnisse der zukünftigen Generationen (*intergenerative Gerechtigkeit*).

– *Kooperationsprinzip*: Es verdeutlicht die Notwendigkeit, den lokalen und globalen Umweltproblemen mit abgestimmten Verhaltensweisen aller Beteiligten zu begegnen, auch und gerade dann, wenn sich wegen externer Effekte keine marktwirtschaftlichen 'Anreiz/Beitrags-Gleichgewichte' ergeben.

Die Übernahme der Legitimationsverantwortung bei einer offensiven Unternehmenspolitik zeigt sich insbesondere dadurch, daß Frühinformationssysteme eingerichtet werden, um aktiv gegenwärtig oder zukünftig an das Unternehmen gerichtete moralische Anforderungen zu erkennen. Durch den Dialog mit kritischen Anspruchsgruppen öffnet sich die Unternehmensführung für moralische Argumente und einen moralischen Diskurs. Die Abbildung 5 zeigt eine grobe Typisierung verschiedener Stakeholder anhand zweier Merkmale mit je zwei Ausprägungen. Zum einen kommt mit dem umweltorientierten Beeinflussungspotential eine Einschätzung zum Ausdruck, die auf den jeweiligen ökologiebezogenen Gründen eines Stakeholder und den ihm zur Verfügung stehenden Beeinflussungsmitteln beruht. Zum anderen bezieht sich die Kooperationsbereitschaft auf die Motivation eines Stakeholder, seine jeweilige Macht auch tatsächlich einzusetzen. Die daraus resultierenden vier Typen sind im Anwendungsfall bei Bedarf situations- und problemspezifisch sowie unternehmensbezogen weiter zu konkretisieren (z.B. der Stakeholder Staat nach Bund, Land, Kommune zu differenzieren). Außerdem ist das Beziehungsgeflecht zwischen den verschiedenen Anspruchsgruppen zu analysieren und zu beachten (Gröner/Zapf 1998). Für die normative Führungsebene wesentlich ist zunächst nur der Punkt, inwieweit der an das Unternehmen herangetragene Anspruch zur eigenen Sache erklärt wird. Die Frage, wie mit den einzelnen Stakeholder umzugehen ist, betrifft eher die strategische Ebene.

		Umweltorientiertes Beeinflussungspotential	
		gering	hoch
Kooperationsbereitschaft	hoch	Typ A: „Supportive" • Mitarbeiter • Gewerkschaften • Lieferanten	Typ B: „Mixed Blessing" • Anteilseigner/Investoren • Management • Kunden • Banken • Versicherungen
	gering	Typ C: „Marginal" • Wettbewerber/ Branchenmitglieder • Nachbarn • Wissenschaft/Schulen	Typ D: „Nonsupportive" • Medien • Staat • spezielle Interessenverbände

Quelle: Gröner/Zapf 1998, S. 55 (modifiziert)
Abb. 5: Umweltbezogene Typologie wichtiger Stakeholder

3.2.2 Unternehmensethischer Entscheidungsprozeß

Gemäß der Logik einer marktwirtschaftlichen Rahmenordnung wird selbst bei einer offensiven Umweltpolitik im Vordergrund des Tagesgeschäfts eines privaten Unternehmens regelmäßig das Gewinnstreben stehen. Umweltorientierte Frühinformationssysteme und Dialoge mit kritischen Anspruchsgruppen dienen deshalb auch dazu, rechtzeitig zu erkennen, daß die 'ethische Richtigkeitsvermutung gewinnmaximierenden Handelns' nicht mehr zutrifft. Dann ist zu entscheiden, wie der erkannte moralische Anspruch proaktiv – gegebenenfalls aber auch reaktiv – zu behandeln ist. Dafür wird folgender unternehmensethischer Entscheidungsprozeß vorgeschlagen (Homann/Blome-Drees 1992, S. 156ff.):

1. *Prüfung der moralischen Berechtigung:* Hilfreich dazu ist die 'Universalisierbarkeit' als zentraler ethischer Grundsatz: Gibt es gute Gründe, den Anspruch zu einer allgemeinen Norm zu erheben (und nicht zu einer Forderung nur an das betreffende Unternehmen, etwa im Hinblick auf die Versenkung von Ölplattformen im Meer)? Welche ökologischen, sozialen, aber auch ökonomischen Konsequenzen hat die allgemeine Befolgung des erhobenen Anspruchs (z.B. alle Menschen als naturverbundene Einsiedler)? Falls die Prüfung negativ ausfällt, kann der Anspruch zurückgewiesen werden; andernfalls folgt als nächster Schritt die

2. *Prüfung der Legitimation durch die Rahmenordnung:* Ist die moralisch berechtigte Forderung (z.B. die Natur vor den negativen Folgen des Mineralöl-

verbrauchs zu schützen) schon durch die 'Spielregeln der Gesellschaft' hinreichend abgedeckt, die insbesondere für eine Internalisierung externer Kosten sorgen (z.B. über eine ausreichend hoch veranschlagte Ökosteuer auf den Einsatz fossiler Brennstoffe)? Falls die Prüfung positiv ausfällt, kann der Anspruch mit dem Hinweis auf die Rahmenordnung ebenfalls abgelehnt werden; andernfalls folgt als letzter Schritt die

3. *Situative Analyse und Auswahl legitimer Handlungsmöglichkeiten*: Als Konsequenz muß im Sinne des Konzepts eines integrierten Umweltmanagement der Anspruch zu einem Zweck des Unternehmens und damit der betreffende Stakeholder zu einer Bezugsgruppe erklärt werden. Um dem Zweck genügen zu können, werden die in der Abbildung 6 dargestellten *situativen Handlungsnormen* vorgeschlagen.

Die Abbildung 6 zeigt vier Handlungsfelder mit den ihnen zugeordneten Verhaltensnormen (nach Homann/Blome-Drees 1992, S. 131ff.): Die Quadranten I und III bilden die klassischen Fälle der Kompatibilität von Ökonomie und Moral ab, wie sie die theoretische Grundlegung der Marktwirtschaft nach Adam Smith vorsieht. Bei positiver Kompatibilität können ökonomische und ökologische Ziele simultan realisiert werden. Offensive Umweltpolitik eröffnet neue Chancen im Wettbewerb, wie dies zumindest für viele Umweltpioniere in den Anfangsjahren der Umweltbewegung der Fall war. Dagegen legen bei negativer Kompatibilität allein schon die wirtschaftlichen Aussichten den Marktaustritt nahe, so daß sich von daher auch keine Konflikte mit Umweltzielen mehr ergeben können. Die Quadranten II und IV stehen für die Konfliktmöglichkeiten, in denen Gewinnstreben und moralische Akzeptanz auseinanderfallen. Im moralischen Konfliktfall ist die Situation angesprochen, in der durch das Gewinnstreben berechtigte moralische Anforderungen unterschritten werden. Durch wettbewerbsorientiertes Verhalten mittels 'moralischer Innovationen' soll das Unternehmen zunächst versuchen, in den I. Quadranten zu gelangen. Dabei ist sogar zu erwägen, ob das Unternehmen zeitweise (!) bis zur Erreichung dieser Position wirtschaftliche Einbußen zugunsten moralischer Akzeptanz in Kauf nimmt, d.h. einen (produktiven) Umweg über den IV. Quadranten nimmt. Erweist sich die Erreichung positiver Kompatibilität durch wettbewerbsorientiertes Verhalten als unmöglich – sei es ausgehend vom moralischen oder auch vom ökonomischen Konfliktfall –, so bleiben nur ordnungspolitische Ansätze übrig. Durch eine Behebung der Defizite in der Rahmenordnung soll das Verhalten nicht nur des Unternehmens selber, sondern auch aller Wettbewerber verändert werden, entweder indem das Unternehmen im Rahmen ihrer Möglichkeiten unmittelbar auf eine Änderung der Rahmenordnung hinwirkt (politischer Lobbyismus, Verbandspolitik) oder indem sie durch Kooperation mit ihren Wettbewerbern eine kollektive Selbstbindung eingeht (Branchenabkommen). Letztlich zielen alle Handlungsnormen darauf ab, daß sich das Unternehmen mit allen ihren Produkten und Aktivitäten möglichst weit 'nordöstlich' im I. Quadranten befindet. Um die damit verbundenen Nutzenpotentiale tatsächlich entwickeln zu können, bedarf es geeigneter Strategien, die die Handlungsnormen konkretisieren.

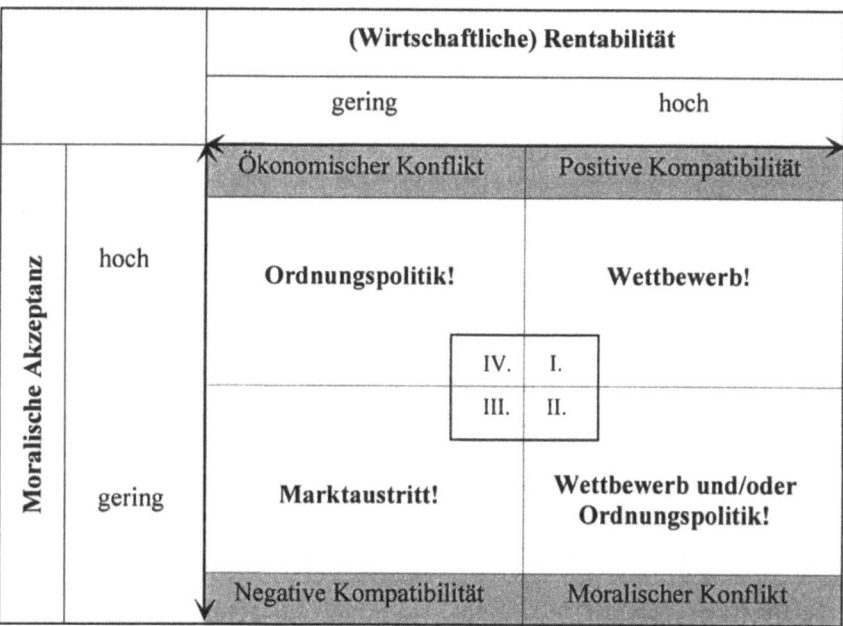

Quelle: in Anlehnung an Homann/Blome-Drees 1992, S. 133 und 141
Abb. 6: Handlungsfelder und Handlungsnormen offensiver Unternehmenspolitik

4 Strategisches Umweltmanagement des Unternehmens

Das strategische Management leitet sich auf der Grundlage der autorisierten Wertvorstellungen aus den Missionen und Handlungsnormen der Unternehmenspolitik ab. Die zu entwickelnden Nutzenpotentiale für die Bezugsgruppen begründen Strategien des Unternehmens als sachbezogene Grundsatzentscheide, durch welche die Handlungen aller Unternehmensmitglieder auf die angestrebten Unternehmensziele ausgerichtet werden sollen. Dazu sind über die Bereitstellung und den Einsatz geeigneter materieller, personeller, finanzieller und sonstiger Ressourcen Erfolgspotentiale aufzubauen, zu pflegen und zu nutzen sowie umgekehrt Schadens- oder Mißerfolgspotentiale zu vermeiden bzw. abzubauen. Versteht man unter Erfolg allgemein die Erreichung selbstgesteckter Ziele, so ist mit einem *Erfolgspotential* des Unternehmens eine bestimmte, zur Verwirklichung einer Unternehmensmission bedeutsame Fähigkeit des Unternehmens gemeint.

Für das Überleben eines in einer Marktwirtschaft agierenden Unternehmens sind ökonomische Erfolgspotentiale besonders bedeutsam; das sind solche Fähigkeiten, mit denen Wettbewerbsvorteile errungen werden können. Ein Wettbewerbsvorteil ist eine vergleichsweise überlegene Leistung, die ein für den Kunden wichtiges Leistungsmerkmal betrifft, vom Kunden als solche auch tatsächlich wahrgenommen wird und von der Konkurrenz nicht schnell einholbar ist (Simon

1988). Ökonomisch motivierte Unternehmensstrategien sind daher auf die Erlangung möglichst dauerhafter Wettbewerbsvorteile gerichtet.

Für ökologische – und analog auch für soziale – Unternehmensmissionen, die im Rahmen der normativen Führung formuliert werden, soll das strategische Management dementsprechend *ökologische* Erfolgspotentiale entwickeln. Darauf gerichtete Unternehmensstrategien sind ökologisch motiviert. Davon zu unterscheiden ist der Umweltbezug einer Strategie, womit alle Aspekte gemeint sind, die die Schonung der natürlichen Umwelt betreffen. Auch rein ökonomisch motivierte Strategien können (in Teilen) umweltbezogen sein.

4.1 Typen umweltbezogener Unternehmensstrategien

Zur Begegnung der Umweltprobleme in ihrer ökologischen, aber auch ihrer gesellschaftlichen und wettbewerbsbezogenen Relevanz ist eine Vielfalt an Strategietypologien vorgeschlagen worden, und zwar überwiegend in Analogie zu bekannten gesellschaftsbezogenen Einteilungen. Sie lassen sich anhand von fünf allgemein strategiebezogenen Merkmalen systematisieren und zu fünf Basistypen verdichten (Meffert/Kirchgeorg 1998, S. 195ff.), die durch 'Widerstand', 'Passivität', 'Rückzug', 'Anpassung' sowie 'Innovation (und Antizipation)' gekennzeichnet sind. Die ersten vier sind Ausdruck defensiver Umweltpolitik; die fünfte kann einer offensiven Umweltpolitik entsprechen.

Den folgenden Ausführungen wird eine andere (von Jacobs 1994 entwickelte) Typologie zugrunde gelegt, die explizit auf den Umweltschutz Bezug nimmt und folgende vier Basistypen umweltbezogener Unternehmensstrategien unterscheidet, kurz als *Umwelt(basis)strategien* bezeichnet:
- abwehrorientiert
- outputorientiert
- prozeßorientiert
- zyklusorientiert.

Die Typologie setzt unmittelbar an dem Ausmaß und der Intensität der Umweltschutzaktivitäten des Unternehmens an. Prinzipiell existiert diesbezüglich ein Kontinuum von Ausprägungen zwischen den beiden Extremen 'keine Maßnahmen für den Umweltschutz' und 'alle erdenklichen Maßnahmen für den Umweltschutz'. Aus diesem Kontinuum werden die vier Basisstrategien so herausgegriffen, daß sie die gesamte Spannweite in diskreten Stufen sukzessive zunehmender Umweltschutzaktivitäten repräsentieren, und zwar durch die Differenzierung nach zwei Merkmalen mit je zwei Ausprägungen:
1. *direkter versus indirekter Umweltschutz*: Im ersten Fall beziehen sich die Maßnahmen auf diejenigen Umweltbelastungen, welche unmittelbar vom Unternehmen ausgehen (z.B. Verminderung der Produktionsemissionen). Im zweiten Fall dienen die Maßnahmen zum Schutz vor Umweltschäden, welche nur mittelbar vom Unternehmen verursacht, aber von ihr wesentlich mit beeinflußt werden (z.B. Entwicklung von Produkten mit umweltverträglichen Gebrauchs- und Entsorgungseigenschaften).
2. *nachgeschalteter versus präventiver Umweltschutz*: Maßnahmen der ersten Art setzen an schon vorhandenen Umweltbelastungen an und können als Beseiti-

gungs- oder Verwertungsaktivitäten generell der Entsorgung zugeordnet werden (z.B. Einbau eines Schadstoffilters in einen Abgasschornstein). Die anderen Maßnahmen versuchen, Belastungen schon vor ihrem Entstehen zu vermeiden (z.b. Einsatz einer Anlage mit produktionsintegriertem Umweltschutz).

Abwehrorientierte Strategie

Durch den Grundgedanken: „Wir tun möglichst nichts!" repräsentiert dieser Basistyp das eine Ende des Kontinuums, in dem keine oder zumindest keine nennenswerten Maßnahmen für den Umweltschutz ergriffen werden. Er ist gekennzeichnet durch Ignoranz gegenüber umweltbezogenen moralischen Ansprüchen und durch ein Festhalten an gewohnten Verhaltensweisen, so daß unter Umständen sogar die Einhaltung gesetzlicher Auflagen nicht gewährleistet ist. Stattdessen werden von außen herangetragene Ansprüche abgewehrt, sei es durch Kommunikationsaktivitäten wie Lobbyismus und Verhandlungen mit Behörden oder durch die Überwälzung der Ansprüche an andere, also etwa an Zulieferer oder an Versicherungen. Dadurch können kurzfristig zwar umweltschutzbedingte Kosten vermieden werden. Längerfristig wird durch den möglichen Verlust sozialer Akzeptanz aber die Existenz des Unternehmens gefährdet, sei es durch Imageverlust gegenüber Öffentlichkeit und Marktpartnern aufgrund mangelnder Legitimität oder aber sogar wegen Betriebsverbotes durch die Behörden aufgrund mangelnder Legalität. Ein der abwehrorientierten Strategie entsprechendes Verhalten war bis in die 1970er Jahre in Deutschland noch weit verbreitet und kommt auch heute zumindest noch in Einzelfällen vor, wie die Erfahrung lehrt. Es ist Ausdruck einer defensiven, wenn nicht sogar kriminellen Umweltpolitik.

Outputorientierte Strategie

Einer defensiven Grundhaltung entspricht auch der Gedanke: „Wir tun nur so viel wie nötig!". Um die gesetzlichen Auflagen einhalten zu können, stellt dieser Strategietyp schwerpunktmäßig auf direkte, nachgeschaltete Umweltschutzmaßnahmen ab. Ansatzpunkt sind die bei der Produktion – und gegebenenfalls auch in anderen Unternehmensbereichen – anfallenden Rückstände und Emissionen. Sie sollen durch die Anwendung sogenannter additiver Techniken (end of pipe-technology) beherrscht und vorschriftsmäßig beseitigt werden. Bisherige Prozeßabläufe bleiben davon weitgehend unberührt. Durch die Überwachung und Wartung der additiven Techniken sowie durch die Prüfung und Dokumentation der Emissionslage ergeben sich zusätzlich umfangreiche Kontrollaufgaben. Die outputorientierte Strategie ist kurzfristig vorteilhaft, weil sie relativ einfach und schnell sowie ohne großen Änderungsaufwand implementiert werden kann und dabei kaum technische Risiken birgt. Langfristig sind aber Wettbewerbsnachteile möglich, wenn die Rahmenbedingungen oder die Konkurrenz zu stärkeren Umweltschutzanstrengungen zwingen. Vermutlich repräsentiert dieser Basistyp die Mehrheit umweltbezogener Unternehmensstrategien in der heutigen Praxis (noch?) am ehesten.

Prozeßorientierte Strategie

Der Grundgedanke: „Wir tun bei uns so viel wie möglich!" signalisiert den Übergang von einer defensiven zu einer offensiveren Umweltpolitik. Rechtsnormen werden freiwillig übererfüllt. Die prozeßorientierte Strategie ergreift dazu hauptsächlich direkte präventive Umweltschutzmaßnahmen, vor allem im Produktionsbereich. Zur Verminderung von Rückständen und Emissionen werden die überkommenen Prozeßabläufe durch den Einsatz sogenannter integrierter Techniken (clean technology) grundlegend modifiziert. Daraus resultieren kurzfristig ein großer Änderungsaufwand aufgrund umfangreicher Planungs- und Realisationsaufgaben sowie hohe Investitionsausgaben verbunden mit erheblichen technischen Risiken. Langfristig führen Prozeßinnovationen für den Umweltschutz dagegen zu größeren Wettbewerbschancen, unter anderem aufgrund von Kostenvorteilen gegenüber der Konkurrenz wegen eines geringeren Entsorgungsaufwandes bei sich verschärfenden Umweltschutzanforderungen. Nicht zuletzt wegen der veränderten gesetzlichen Rahmenbedingungen, hier besonders wegen des Umwelthaftungsgesetzes, scheint eine größere Zahl fortschrittlicher Industriebetriebe in Deutschland zu Strategien diesen Typs überzugehen.

Zyklusorientierte Strategie

Das Maximum an Umweltschutzanstrengungen im Sinne einer offensiven Umweltpolitik wird aber erst mit Unternehmensstrategien erreicht, die über die direkten Maßnahmen hinaus auch indirekte präventive Aktivitäten vorsehen: „Wir tun bei uns und bei anderen so viel wie möglich!" Die Grundsätze eines nachhaltigen Wirtschaftens erfordern nämlich die Kooperation mit allen beteiligten Akteuren zur Realisierung möglichst geschlossener Stoffkreisläufe (Zyklen). Umweltschutz bedeutet dann eine echte Querschnittsaufgabe, die sämtliche inner- und überbetrieblichen Prozesse betrifft, auf welche das Unternehmen durch ihr Verhalten Einfluß nimmt oder nehmen kann. Die Verwirklichung der zyklusorientierten Strategie hat somit umfangreiche Planungs- und Realisationsaufgaben in allen Unternehmensbereichen zur Folge und macht auch nach der Einführung eine enge Kooperation mit den 'Zykluspartnern' notwendig. Kurzfristig führt die Strategie zu sehr hohen Kosten und Änderungsrisiken und auch langfristig zu einer generellen Komplexitätssteigerung. Die Vorteile einer hohen ökologischen Qualität können diese Nachteile nur dann kompensieren oder übertreffen, wenn sie über große Wettbewerbschancen auf Dauer mit ökonomischem Erfolg verbunden sind, da andernfalls über Arbeitsplatzverluste auch die soziale Akzeptanz leidet. Auch wenn sich dieser Strategietyp in der Praxis in Einzelfällen ansatzweise andeutet, so hat er zukünftig nur in Verbindung mit einer adäquaten Rahmenordnung Aussichten auf Verbreitung. Erste Schritte in diese Richtung unternimmt das 1996 in Kraft getretene deutsche Kreislaufwirtschaftsgesetz, indem es von denjenigen, die Erzeugnisse entwickeln, herstellen, be- oder verarbeiten oder vertreiben, die 'Produktverantwortung' zur Erfüllung der Ziele der Kreislaufwirtschaft fordert. Danach sind Erzeugnisse im Hinblick auf ihren *ökologischen Produktlebenszyklus* so zu gestalten, daß bei Herstellung und Gebrauch das Entstehen von Abfällen vermindert wird und die umweltverträgliche Verwertung und Beseitigung der nach Gebrauch entstandenen Abfälle sichergestellt ist.

4.2 Aufgaben und Dimensionen des strategischen Umweltmanagement

Die vier skizzierten Umweltstrategien sind in der Realität kaum in Reinform vorzufinden, wohl näherungsweise als Mischtypen. Welche Strategie letztlich gewählt wird, hängt nicht nur von den Vorgaben der normativen Ebene ab, sondern auch von den situativen Gegebenheiten, in denen sich das Unternehmen gegenwärtig und zukünftig befindet. Um dies herauszufinden und die Unternehmensstrategie in ihren verschiedenen Dimensionen weiter konkretisieren zu können, bedarf es einer Umfeldanalyse zur frühzeitigen Erkennung zukünftiger Chancen und Risiken sowie einer Unternehmensanalyse zur Ermittlung der eigenen Stärken und Schwächen. Auf der Basis der so gewonnenen Erkenntnisse formuliert das strategische Management Handlungsprogramme, legt Strukturen aus und wirkt verhaltensleitend auf die Mitarbeiter. Institutionell verantwortlich dafür sind die Geschäftsführung (Vorstand) sowie die oberen Hierarchieebenen des Unternehmens.

4.2.1 Analyse und Gestaltung der Umfeldentwicklungen und -beziehungen

Bei der Umfeldanalyse gilt es vor allem jene dauerhaften Veränderungen in natürlichen, technologischen, sozialen, politischen, rechtlichen und wirtschaftlichen Umfeldern zu prognostizieren, welche gravierende Auswirkungen auf den wirtschaftlichen Erfolg, die soziale Akzeptanz oder die ökologische Qualität des Unternehmenshandelns haben (zur Antizipation ökologisch motivierter Marktveränderungen vgl. Steger/Winter 1996). Hilfreich und im Rahmen einer offensiven Umweltpolitik unabdingbar ist die Beachtung relevanter Anspruchsgruppen sowie die Klärung der Frage, wie mit ihnen umgegangen werden soll. Für die in der Abbildung 5 formulierten vier Stakeholdertypen werden typabhängig verschiedene Umgangsformen empfohlen (Gröner/Zäpf 1998):
- *Einbeziehung von Typ A* (z.B. Mitarbeiter bei Fragen des Umweltschutzes am Arbeitsplatz), um ihn durch Teilnahme an Unternehmensentscheidungen zu größtmöglicher Kooperationsbereitschaft zu ermuntern
- *Zusammenarbeit mit Typ B* (z.B. Banken bei wichtigen umweltrelevanten Investitionsentscheidungen), um die ohnehin hohe Kooperationsbereitschaft dieser über ein hohes Beeinflussungspotential verfügenden Stakeholder durch gemeinsames Erarbeiten von Problemlösungen zu stabilisieren oder noch zu erhöhen
- *Beobachtung von Typ C* mit geringem Aufwand, um ihn themenbezogen bei Bedarf näher zu analysieren und anzusprechen (z.B. Aufklärung von Nachbarn über Störfallrisiken)
- *'Verteidigung' gegenüber Typ D*, um die Abhängigkeit von seinem Verhalten durch Reduzierung der Basis für eine Auseinandersetzung zu vermindern (z.B. durch Vorwegnehmen gesetzlicher Entwicklungen oder durch Lösung ökologischer Probleme vor Aufdeckung durch Medien oder Umweltverbände).

Ziel dieser Normstrategien für den Umgang mit einem Stakeholder ist es zum einen, sein Verhalten vorhersehbar und somit eher kontrollierbar zu machen, um auf mögliche Aktionen und Beeinflussungsmöglichkeiten besser vorbereitet zu sein. Zum anderen wird durch die solchermaßen erhöhte Kooperationsbereitschaft die Gefahr einer unerwünschten Einflußnahme durch den Stakeholder verringert. Dabei beinhalten die Normstrategien nur eine Tendenzaussage, die im Einzelfall zu prüfen und gegebenenfalls zu modifizieren ist. Insbesondere sollte mit einem Stakeholder, der im Rahmen der normativen Führung zur Bezugsgruppe erklärt wird, stets eine Zusammenarbeit angestrebt werden (z.B. Kooperation eines pharmazeutischen Konzerns mit einem Öko-Institut für die ökologische Beurteilung ihrer Geschäftsfelder).

4.2.2 Entwicklung von Programmen, Strukturen und Verhaltensweisen

Entscheidend für eine rasche und zielstrebige Anpassung an wichtige Umfeldentwicklungen ist die Lernfähigkeit des Unternehmens als Gesamtsystem. Sie wird wesentlich durch die grundsätzliche Auslegung der organisatorischen Strukturen und Management(teil)systeme sowie durch das Problemlösungsverhalten der Unternehmensmitglieder bestimmt. Im Mittelpunkt strategischer Überlegungen steht die Entwicklung von Kernkompetenzen zu Erfolgspotentialen. Dazu wird die generelle Unternehmensstrategie in untereinander abgestimmte Bereichsstrategien und Handlungsprogramme 'heruntergebrochen' und dann einzelnen Bereichen bzw. Handlungsträgern des Unternehmens zugeordnet. Bereichsstrategien äußern sich in Geschäftsfeldstrategien (z.B. für Sparte X oder Produktgruppe Y) oder in Funktional- bzw. Geschäftsbereichsstrategien (für F&E, Marketing, Produktion u.a.).

Eine weitere, 'selbstbezügliche' Hauptaufgabe des strategischen Management besteht in der Gestaltung des (in Abbildung 3 abgegrenzten) Managementsystems des Unternehmens durch Bildung geeigneter Führungsteilsysteme und Strukturierung ihrer Wechselwirkungen. Dazu gehört auch das *Umweltmanagementsystem*. Analog zu Abbildung 2 kann es als das auf die Umweltaspekte bezogene Teilsystem verstanden werden, also als derjenige „Teil des übergreifenden Managementsystems, der die Organisationsstruktur, Planungstätigkeiten, Verantwortlichkeiten, Methoden, Verfahren, Prozesse und Ressourcen zur Entwicklung, Implementierung, Erfüllung, Bewertung und Aufrechterhaltung der Umweltpolitik umfaßt" (DIN EN ISO 14001 §3.5). Die Festlegung der Umweltpolitik selber gehört zur normativen Führung und ist damit der Bildung des Umweltmanagementsystems vorgelagert.

Der Begriff 'Managementsystem(e)' bezeichnet nicht nur im weiteren Sinn das gesamte Managementsystem eines Unternehmens, welches dann auch alle informalen, intuitiven Führungshandlungen umfaßt. Geläufiger in der Praxis ist die engere Fassung als spezifisches, 'herausgebildetes' und in der Regel stärker formalisiertes Führungs*teil*system, z.B. Planungs- oder Kontrollsystem bzw. Personal- oder eben Umweltmanagementsystem. Damit sind allerdings informale und intuitive Managementmechanismen, beispielsweise die Selbstabstimmung, weitgehend aus der Betrachtung ausgeklammert, wie sie schon heute – und zukünftig noch stärker – im Zusammenhang mit flachen Hierarchien, Teams und Netzwerkstrukturen die Unternehmenspraxis prägen. Von daher wird verständlich, daß Versuche, Umweltmanagementsysteme zu prüfen oder gar zu normieren, nur begrenzt sinnvoll sind, besonders dann, wenn sie einen hohen Grad an Formalismus zur Dokumentation des Systems voraussetzen und sich an überholten, starren Führungsstrukturen orientieren (vgl. die schwerwiegende Kritik an der EU-Öko-Audit-Verordnung (EMAS 1993) im Rahmen des Schwerpunktthemas „Umweltmanagement auf dem Prüfstand" in Heft 1/1998 der Zeitschrift UmweltWirtschaftsForum, insbesondere Hartmann 1998).

4.3 Strategieadäquate Ausrichtung der Managementfunktionen

Die angesprochenen Umweltmanagementsysteme orientieren sich außerdem hinsichtlich ihrer Annahmen über den Managementprozeß stark an dem üblichen – aber nicht immer geeigneten – Phasenschema einer plandeterminierten Unternehmensführung: Zielsetzung, Planung, Implementierung und Durchführung, Kontrolle und ggf. Korrektur (z.B. DIN EN ISO 14001; vgl. Abschn. 1.3.1). Unabhängig vom tatsächlichen Ablauf des Managementprozesses und der etwaigen Bildung eines (formalen) Umweltmanagementsystems hat das strategische Management für eine mit der umweltbezogenen Basisstrategie kompatible Ausrichtung der einzelnen Managementfunktionen zu sorgen.

4.3.1 Organisation des betrieblichen Umweltschutzes

Für die Implementierung und Durchführung einer Strategie sind vor allem die Organisation und die Personalleitung zuständig. *Organisation* wird als die Gesamtheit aller generellen Regelungen zur Steuerung des Verhaltens eines arbeitsteiligen Handlungssystems verstanden. Wesentliche Gestaltungselemente sind die Arbeitsteilung durch die Bildung von Aufgabenkomplexen und ihre Zuordnung zu organisatorischen Einheiten (Stellen, Abteilungen) sowie deren Verknüpfung über Weisungsrechte und Entscheidungsbefugnisse und eine geeignete hierarchische Einordnung (Aufbauorganisation). Neben dieser statischen Sichtweise hat in jüngerer Zeit mit dem (auf Nordsieck 1934 zurückgehenden) „Prinzip der Prozeßgliederung" die dynamische, raum-zeitliche Gestaltung stark an Bedeutung gewonnen (Ablauforganisation).

Daß die Organisation eines der wesentlichen Steuerungsinstrumente des betrieblichen Umweltmanagement darstellt, kommt auch in mehreren Gesetzen, Verordnungen und internationalen Normen zum Ausdruck (z.B. EMAS 1993, DIN EN ISO 14001). Mit gewissen Ausnahmen, etwa der Bestimmung eines für den Umweltschutz verantwortlichen Mitglieds der Geschäftsleitung und der Bestellung von Betriebsbeauftragten für Umweltschutz in bestimmten Fällen, werden allerdings im allgemeinen keine konkreten Vorschriften über die organisatorische Gestaltung des betrieblichen Umweltschutzes gemacht. Verlangt wird dagegen wohl Transparenz und Dokumentation gegenüber den Behörden. Vor diesem Hintergrund bestehen weitgehende Freiheitsgrade in der Ausgestaltung organisatorischer Lösungen. Entscheidend für ihre *Effektivität und Effizienz* ist die Frage, inwieweit sie helfen, die durch die Umweltpolitik angestrebten Missionen bzw. Umweltziele zu realisieren. Diesbezüglich liegen einige konzeptionelle Vorschläge und empirische Erkenntnisse vor (u.a. Antes 1996, Jacobs 1994, Matzel 1994, von Werder/

Nestler 1998), aus denen sich Organisationsstandards für das Umweltmanagement in der Praxis entnehmen lassen. Für das grundsätzliche Verständnis im Sinne eines groben Orientierungsmusters nützlich sind die von Jacobs (1994) entwickelten drei Gestaltungskonzepte passend zur jeweiligen Basisstrategie. Während für die outputorientierte Strategie lediglich spezielle Umweltschutzeinheiten zur bestehenden Organisationsstruktur ('additiv') hinzugefügt zu werden brauchen, verlangen die prozeß- und die zyklusorientierte Strategie die Integration des Umweltschutzes in die Produktionseinheiten bzw. die Durchdringung sämtlicher Unternehmensbereiche der (primären) Organisationsstruktur und darüber hinaus die Erweiterung um (sekundäre) interdisziplinäre, variable Teamstrukturen.

4.3.2 Umweltorientiertes Personalmanagement

Die unternehmenspolitische Grundhaltung und die gewählte Basisstrategie sollen sich auch im Personalmanagement widerspiegeln (vgl. grundlegend dazu Hopfenbeck/Willig 1995, Remer/Sandholzer 1992, Souren/Thyssen 1998). Die Wahrnehmung der Legitimationsverantwortung durch das Unternehmen wird getragen von der Unternehmenskultur. Auch wenn Umweltschutz strategisch gesehen 'Chefsache' ist, hängt sein Gelingen auf der operativen Ebene wesentlich von der Identifikation möglichst aller Mitarbeiter mit den angestrebten Umweltzielen ab, besonders im Falle einer zyklusorientierten Strategie. In engem Zusammenhang damit hat das Personalmanagement zwei Aufgabenbereiche. Zum einen ist es Aufgabe der *Personalleitung*, die Mitarbeiter durch einen adäquaten Führungsstil und geeignete Anreize für den Umweltschutz zu motivieren. Beachtet werden sollte, daß vorhandene intrinsische Motive nicht durch extrinsische Anreize verdrängt werden (Frey/Osterloh 1997). Über die allgemeine Managementfunktion der Personalleitung hinaus ist zum anderen auch die *Personalplanung* betroffen. Mit zunehmender Umweltorientierung wachsen die Anforderungen an die Planung des Bedarfs, der Beschaffung und Freisetzung, der Ausbildung und Entwicklung sowie des Einsatzes von Personal. Reicht hinsichtlich der Ausbildung und Entwicklung bei einer defensiven Umweltpolitik noch die Vermittlung von Faktenwissen für die Umweltschutzspezialisten aus, so erfordert eine offensive Politik im Hinblick auf ein verantwortliches, umweltverträgliches Handeln die Schärfung des Umweltbewußtseins und die Erweiterung der Umweltkompetenz möglichst aller Mitarbeiter.

Im Extremfall einer zyklusorientierten Strategie werden besonders durch die wachsende Komplexität sowie den disziplin- und funktionsübergreifenden Querschnittscharakter vieler neuer Aufgaben hohe Anforderungen an die Mitarbeiter gestellt. Viel verspricht als Lösungsansatz das Konzept der *lernenden Organisation*, welches Organisation und Personal gleichzeitig anspricht (Stitzel/Kirschten 1997). Wesentliches Kennzeichen einer lernenden Organisation ist die Speicherung sowohl individuellen als auch organisationalen Wissens. Ökologisch relevantes Wissen kann Prozeduren oder Fakten betreffen. Ziel ist die Befähigung zur interdisziplinären, umweltorientierten Problemlösung, vor allem dadurch, daß die umweltbezogenen Lernprozesse selber zum Gegenstand der Organisation und des Personalmanagement werden (Pfriem 1995, Kreikebaum 1996).

4.3.3 Öko-Controlling

Die Bildung geeigneter Führungsteilsysteme und die Strukturierung ihrer Wechselwirkungen sind allgemeine Aufgaben des (strategischen, aber auch taktischen und operativen) Management, die mit dem Controlling zur Herausbildung einer darauf spezialisierten Managementfunktion geführt haben. Ihre zentrale Aufgabe ist die *Koordination* der verschiedenen Führungsteilsysteme durch geeignete Struktur- und Ablaufgestaltung mit dem Ziel, eine angemessene *Rationalität* der Führung sicherzustellen (vgl. Abschn. 1.3.1). Vor allem werden die Teilsysteme auf die generellen Unternehmensziele ausgerichtet und ihre Anpassungs-, Reaktions- und Innovationsfähigkeit ausgebildet. Im Vordergrund der Betrachtung stehen typischerweise die Teilsysteme der Planung, der Kontrolle und der Informationsversorgung. Das Öko-Controlling konzentriert sich auf die relevanten Umweltschutzaspekte der Unternehmensführung und stellt damit sowohl ein Subsystem des Umweltmanagement als auch des Unternehmenscontrolling dar (Abbildung 2).

Zur ziel- und problemorientierten Unterstützung des Umweltmanagement entwickelt das Öko-Controlling geeignete Methoden und Instrumente, und zwar sowohl durch ökologiebezogene Anpassung und Weiterentwicklung schon bekannter allgemeiner Controllinginstrumente als auch durch die Schaffung vollkommen neuer Instrumente. Eine eindeutige Zuordnung zur strategischen, taktischen oder operativen Ebene ist oft nicht möglich, allenfalls nach ihrem Anwendungsschwerpunkt (vgl. die Übersichten bei Günther 1994, Janzen 1996 und Rüdiger 1998). Auch die Unterscheidung in isolierte und übergreifende Koordinationsinstrumente (nach Küpper 1997, S. 25) läßt keine klare Einteilung zu.

Isolierte Instrumente beziehen sich hauptsächlich auf ein bestimmtes Führungsteilsystem, also üblicherweise auf die Planung, Kontrolle, Organisation, Personalleitung oder Informationsversorgung. So wird die Kosten- und Leistungsrechnung zum Informationssystem gezählt, obwohl Kosteninformationen natürlich für Planungs-, Steuerungs- und Kontrollzwecke genutzt werden. Entsprechendes gilt für die Zuordnung der *Umweltkostenrechnung* als Instrument des Öko-Controlling zum internen Umweltinformationssystem (vgl. die Übersicht bei Kloock 1993). Ihr Adressatenkreis sind die Geschäftsleitung, die Umweltabteilung und andere Unternehmensmitglieder. Dagegen ist die *Umweltberichterstattung* (Keller 1996, Steven/Schwarz/Letmathe 1997) als Teil des externen Umweltinformationssystems an Kunden, Behörden, Öffentlichkeit und andere Außenstehende gerichtet und damit kein unmittelbarer Gegenstand des Öko-Controlling. Aber auch wenn Informationen zweckorientiertes Wissen sind, bestehen enge Verbindungen zwischen den nach innen und nach außen gerichteten Umweltinformationen, weil sie letztlich auf den gleichen Daten und Grundrechnungen beruhen. Eine solche Grundrechnung stellt die *Stoff- und Energiebilanz* mit der darauf aufbauenden *Ökobilanzierung* dar (Schmidt/Häuslein 1997, Souren/Rüdiger 1998). Aus ihr lassen sich Informationen für verschiedene Zwecke ableiten, unter anderem auch für die übergreifenden Koordinationsinstrumente. Dazu zählen *Umweltkennzahlensysteme* (Clausen 1998), die *Umwelt-Budget-Rechnung* (Janzen 1996) sowie *umweltorientierte Verrechnungs- und Lenkpreissysteme* (zu einer umfassenden kritischen Würdigung der Umweltorientierung unternehmerischer Rechnungsbereiche vgl. Wagner 1997, Kap. 6).

5 Taktisches und operatives Umweltmanagement der Bereiche

Ein Hauptzweck übergreifender Koordinationsinstrumente des Öko-Controlling im Rahmen des strategischen Umweltmanagement besteht darin, die verschiedenen Managementsysteme und Unternehmensbereiche auf die umweltbezogenen Unternehmensziele hin auszurichten, um so über untereinander abgestimmte Bereichsstrategien die angestrebte Umweltpolitik ganzheitlich verwirklichen zu können. Das taktische Umweltmanagement eines jeden Bereiches hat dann die betreffende Bereichsstrategie umweltbezogen umzusetzen und zu realisieren, insbesondere durch den Auf- und Ausbau ökologischer Erfolgspotentiale. Dazu wird die Strategie in Gestalt detaillierterer Maßnahmenbündel bereichsspezifisch konkretisiert. Das operative Umweltmanagement ist darauf aufbauend für die bereichsbezogene Ausschöpfung der vorhandenen Erfolgspotentiale zuständig, wobei die jeweiligen Zuständigkeitsbereiche in der Regel noch weiter untergliedert werden. Institutioneller Träger des taktischen und operativen Management sind die weisungs- und entscheidungsbefugten Personen auf den mittleren und unteren Hierarchieebenen.

Unternehmensbereiche, auf die sich das taktische Management bezieht, können aus einer objekt- oder verrichtungsbezogenen Gliederung resultieren. Üblich für eine objektbezogene Einteilung großer Konzerne sind nach Regionen und Produktgruppen unterschiedene Produkt/Markt-Kombinationen, die auf diese Weise bestimmte strategische Geschäftseinheiten definieren. Für das taktische Umweltmanagement einer strategischen Geschäftseinheit ergeben sich hinsichtlich der verschiedenen Managementfunktionen keine neuen Anforderungen, die grundsätzlich über die obigen Aussagen zur normativen und strategischen Ebene hinausgehen. Anders sieht es allerdings in bezug auf die verrichtungsorientierte Gliederung des Unternehmens nach den verschiedenen Geschäftsfunktionen in *Geschäftsbereiche* aus (vgl. Abschn. 1.3.2). In den Abschnitten 5.1 bis 5.4 werden spezifische Anforderungen an das taktische und operative Umweltmanagement verschiedener Geschäftsbereiche vorgestellt.

5.1 Umweltorientiertes F&E-Management

Der wichtigste Ansatzpunkt eines Herstellers, um seine Produktverantwortung wahrzunehmen, ist die *Produktdefinition* im Rahmen des Produktentstehungsprozesses. Gleichzeitig schafft das Unternehmen mit der Entwicklung neuer Produkte die Voraussetzung zum langfristigen Überleben am Markt. Ökologische Produktinnovationen ermöglichen es dem Unternehmen, einerseits ihre Legitimationsverantwortung wahrzunehmen und andererseits im Wettbewerb erfolgreich zu sein (positive Kompatibilität im I. Quadranten der Abbildung 6). Umweltschutz muß demnach bei einer offensiven Umweltpolitik für die Forschung und Entwicklung (F&E) ein gleichrangiges Ziel neben den traditionellen Zielen 'Zeit, Qualität, Kosten' sein (Ahn 1998; zu empirischen Erkenntnissen über die Stellung des Umweltschutzes im unternehmerischen Zielsystem vgl. u.a. Fritz 1995).

Produkte durchleben schon vor ihrer eigentlichen physischen Existenz bis nach ihrem 'Tod' unterschiedliche Phasen bzw. Funktionen. Je nach Sichtweise lassen sich ein technischer, ein ökonomischer und ein ökologischer Produktlebenszyklus unterscheiden, deren integrative Sicht für die Produktentstehung von besonderer Bedeutung ist (Dyckhoff/Gießler 1998; Wagner 1997, S. 145ff.). Neben den positiven, von den Kunden erwünschten Eigenschaften eines Produktes legt die Produktkonzeption auch einen Großteil aller negativen, insbesondere ökologisch unerwünschten Aspekte während des gesamten Lebenszyklus fest, und zwar sowohl den Verbrauch natürlicher Ressourcen als auch die Emissionen. Gründe für das Entstehen ökologisch schädlicher Ausbringungsstoffe können sein:
– keine Beachtung des Output infolge unzureichender Kenntnis der Schädlichkeit bzw. mangelnden Interesses am Umweltschutz (z.B. CO_2 als unbeachteter Output)
– direkte Erzeugungsabsicht wegen überwiegend anderer, besonders ökonomischer Interessen an dem Output (z.B. FCKW oder Asbest als Hauptprodukt)
– ohne direkte Erzeugungsabsicht anfallender und prinzipiell vermeidbarer, aber bei der Verfolgung eines bestimmten anderweitigen Zwecks aus wirtschaftlichen Gründen in Kauf genommener Output (z.B. Ausschuß)
– ohne direkte Erzeugungsabsicht bei der Verfolgung eines bestimmten Zwecks zwangsläufig anfallender, beachteter Output (z.B. CO_2 als unvermeidbares Nebenprodukt bei Kohlekraftwerken).

Die ersten drei Gründe haben sicherlich in der Vergangenheit eine große Rolle gespielt. In einer auf Umweltverträglichkeit ausgerichteten Kreislaufwirtschaft sollten sie aber gegenüber dem vierten Grund an Bedeutung verlieren. Ein umweltorientiertes F&E-Management hat sich deshalb nicht nur mit der Schaffung von Hauptprodukten, sondern zugleich mit der Entstehung von Kuppelprodukten zu befassen, die zwangsläufig während des gesamten Produktlebenszyklus anfallen (Gut- und Übelabwägung; Dyckhoff 1996). Hinsichtlich der Ansatzpunkte, Umsetzungsmöglichkeiten und Instrumente eines solchen F&E-Management liegen schon einige konzeptionelle und praktikable Vorschläge, allerdings noch kaum empirische Erkenntnisse vor (Behrendt u.a. 1996, Bennauer 1994, Brinkmann/Ehrenstein/Steinhilper 1996, Türck 1990). Ein Beispiel für *ökologische Produktkonzepte* sind die '*LPN*-Güter' (vgl. Hillemacher 1998): Das *L* steht dabei für Langzeitgüter (z.B. Energiesparlampen), das *P* für Produktdauerverlängerung (z.B. technisches Hochrüsten durch Modulaustausch) und das *N* für Nutzungsintensivierung (z.B. Sharing, Pooling).

5.2 Umweltorientiertes Marketingmanagement

Derartige ökologische Produktkonzepte sehen sich dem Problem ausgesetzt, daß sie nur dann ihr Ziel erreichen, wenn sie von den potentiellen Konsumenten bzw. Nutzern auch akzeptiert werden. So ist die Entwicklung eines Drei-Liter-Auto weder ökologisch noch ökonomisch erfolgversprechend, wenn es keine Käufer findet und über seinen Gebrauch keine anderen, umweltschädlicheren PKWs aus dem Markt verdrängt: Das Angebot umweltfreundlicher Produkte muß auch eine

Nachfrage finden, weil sich der 'moralische Innovator' ansonsten schnell im 'ökonomischen Konfliktfall' befindet (IV. Quadrant der Abbildung 6)!

Eine solche Nachfrage zu wecken, entsprechende Bedürfnisse zu ermitteln und die Umweltschutzmaßnahmen des Unternehmens dem Kunden transparent zu machen, sind wesentliche Aufgaben des umweltorientierten Marketing. Es umfaßt das „absatzmarktgerichtete, auf die Berücksichtigung direkter und indirekter Beziehungen zur natürlichen Umwelt fokussierte Anbieterverhalten eines Unternehmens bei der Informationsgewinnung, der Festlegung des Betätigungsfelds und der Beeinflussung von Marktteilnehmern im Rahmen kommerzieller Markttransaktionen" (Souren 1997 in Anlehnung an Steffenhagen 1994, S. 22). Um mit umweltfreundlichen Produkten neben ökologischen außerdem ökonomische Erfolgspotentiale zu erschließen, sind bestimmte Voraussetzungen zu beachten (Kaas 1992; vgl. nachfolgend Schmitz/Schmieden 1998). Das Kriterium der Dauerhaftigkeit eines Wettbewerbsvorteils verlangt, daß die ökologische Produktqualität durch die Konkurrenz nicht leicht imitierbar ist. Weiterhin müssen die ökologischen Produkteigenschaften dem Kunden wichtig sein, d.h. ihm einen subjektiven Nutzenzuwachs versprechen. Eine solche objektiv vorhandene und für den Kunden grundsätzlich wichtige Produkteigenschaft kann aber erst kaufwirksam werden, wenn sie von der anvisierten Zielgruppe auch wahrgenommen wird. Den Nachfragern fällt die Beurteilung der ökologischen Qualität oft schwer. Ursache dafür sind asymmetrische Informationsverteilungen zwischen den Marktseiten sowie die ihr immanenten Möglichkeiten für opportunistisches Verhalten unseriöser Anbieter (Kaas 1993, Hüser 1996). Nachfrager sind vielfach auf die nicht immer glaubhaften Informationen der Anbieter angewiesen, besonders wenn es jene Phasen des ökologischen Produktlebenszyklus betrifft, an denen sie selber nicht beteiligt sind. Nur wenn es seriösen Anbietern gelingt, die Informations- und Unsicherheitsprobleme zu überwinden und sich von Trittbrettfahrern glaubwürdig abzugrenzen, lassen sich durch eine umweltorientierte Produktpolitik ökonomische Vorteile erzielen. Außer dieser Informationsbarriere gibt es allerdings noch weitere psychisch bedingte oder situative Faktoren, z.B. Gewohnheiten oder Zeitdruck, welche die in der Praxis zu beobachtende große Diskrepanz zwischen vorhandenem *Umweltbewußtsein* und tatsächlichem *Umweltverhalten* bedingen. Durch entsprechende taktische Ansätze und ein geeignetes Instrumentenmix kann das Marketing zur Schließung dieser Lücke und damit zur Behebung des sozialen Dilemmas beitragen (Balderjahn/Will 1997). Dabei kommt dem Handel als Mittler zwischen Hersteller und Konsument die Schlüsselrolle eines 'Türöffners' zu (Hansen 1992).

In einer erweiterten Sichtweise befaßt sich das Marketing nicht nur mit den Transaktionsrelationen auf den Absatzmärkten, sondern auch mit denen auf anderen Märkten, hier besonders den Beschaffungs- und Entsorgungsmärkten. Mit Blick auf die Abbildung 4 versteht sich das umweltorientierte Marketing dann als „marktorientiertes Umweltmanagement" (Meffert/Kirchgeorg 1998), dessen Gegenstand die verschiedenen Interaktionen an den Schnittstellen der Transformationen der Stoffkreisläufe sind ('points of sale, return and reentry'). In dieser Perspektive bildet es Erklärungs- und Gestaltungsansätze für umweltschutzrelevante

Interaktions- bzw. Transaktionsrelationen, erforscht diesbezügliche Einstellungen und Verhaltensweisen von Marktteilnehmern und versteht sich als Realisator des Kreislauf- und des Kooperationsprinzips im Hinblick auf die *beteiligten Akteure* (gemäß Abschn. 3.2.1; vgl. Wagner 1997, Kap. 5).

5.3 Umweltorientiertes Produktions- und Reduktionsmanagement

Zur Realisation beider Prinzipien tragen auch das Produktions- und das Reduktions- sowie das Logistikmanagement bei. Sie betrachten die Stoffkreisläufe und Produktlebenszyklen im Hinblick auf die dabei vollzogenen *Transformationsprozesse*. Es sind die Transformationen (und nicht die sie gemäß Abbildung 4 verbindenden Interaktionen), in denen die Umweltbelastungen entstehen. Bis auf die Konsumtion bzw. Nutzung der Produkte durch Haushalte und Staat sind Unternehmen regelmäßig direkt an den verschiedenen Phasen bzw. Prozessen der Produktlebenszyklen bzw. Stoffkreisläufe beteiligt. Von *Erzeugung* oder Produktion (im engeren Sinn) kann man sprechen, wenn der wesentliche Zweck des Transformationsprozesses in der Hervorbringung bestimmter Güter als Outputobjekte (Hauptprodukte) liegt; bei der *Reduktion* handelt es sich um einen Prozeß, dessen Hauptzweck in der Vernichtung (Beseitigung, Entledigung, Umwandlung) bestimmter Übel als Inputobjekte (Redukte) besteht (Dyckhoff 1998a, S. 20). Verwertungs- und Recyclingprozesse haben den Zweck einer simultanen Reduktion und Erzeugung ('Reproduktion'), indem unerwünschte Redukte in erwünschte Produkte umgewandelt werden (z.B. bei einem Mehrwegflaschenreinigungsbetrieb oder einem Müllheizkraftwerk).

Einer vollständigen Umwandlung von Übeln nur in Güter ohne den Einsatz anderer Güter als Produktionsfaktoren und ohne den Anfall neuer Übel als Abprodukte stehen außer technischen und wirtschaftlichen Restriktionen letztlich die Naturgesetze, insbesondere das Entropiegesetz, entgegen, d.h. es gibt keinen Ertrag ohne Aufwand ('kein Schlaraffenland'). Dabei stellen der reale *Ertrag* und der reale *Aufwand* die als positiv bzw. als negativ beurteilten und regelmäßig mehrdimensional in ihren jeweiligen physikalischen Mengeneinheiten gemessenen Ergebnisse eines Transformationsprozesses dar. Die Abbildung 7 zeigt eine Systematik der verschiedenen Ergebniskategorien hinsichtlich ihres Prozeßbezuges und ihrer Zweckbedingtheit bzw. ihrer Erwünschtheit. Die Hauptprodukte und die Redukte bilden den Haupt- oder Zweckertrag. Nebenerträge resultieren aus Güterausbringung (gute Nebenprodukte) und Übelvernichtung (Reduktfaktoren), die nicht unmittelbar dem eigentlichen Prozeßzweck entsprechen. Reale Aufwendungen sind mit dem Einsatz von Gütern (Faktoren), aber auch mit der Entstehung von Übeln (Abprodukte) verbunden. Außerdem kann es noch aufwands- und ertragsneutrale Veränderungen geben (Beifaktoren und -produkte), die durch einen Transformationsprozeß bewirkt werden. Auf der Outputseite bilden sämtliche Erzeugnisse, die anfallen, ohne daß der Zweck der Handlung hierauf gerichtet ist, die Nebenprodukte. Im Falle beweglicher Sachen bezeichnet das deutsche Kreislaufwirtschafts- und Abfallgesetz sie als Abfall.

Ergebniskategorien \ Prozeßbezug		Input	Output
Realer Ertrag	Zweckertrag	(Haupt-)Redukt	(Haupt-)Produkt
	Nebenertrag	Reduktfaktor	gutes Nebenprodukt
Realer Aufwand		(Haupt-)Faktor	Abprodukt
Ergebnisneutraler Input bzw. Output		Beifaktor	Beiprodukt

Legende: ■ Gut   ▨ Übel   □ Neutrum

Quelle: Dyckhoff 1998a, Tabelle 4.1
Abb. 7: Ergebniskategorien von Transformationsprozessen

Für die Gestaltung und Lenkung von Erzeugungsprozessen ist das betriebliche Produktionsmanagement zuständig. Damit zusammenhängende Fragen einer umweltorientierten Produktion hat die Betriebswirtschaftslehre vergleichsweise früh (insbesondere Strebel 1980) und auch theoretisch fundiert (z.b. Dinkelbach/Rosenberg 1997; Dyckhoff 1993; Houtman 1998) behandelt. Trotz einer Fülle an Fortschritten zu Einzelfragen des umweltorientierten Produktionsmanagement mangelt es aber noch an einer umfassenden Einbeziehung in Konzepte für Produktionsplanungs- und -steuerungssysteme. Bestehende Vorschläge können nur als 'additiv' und nicht als 'integrativ' angesehen werden. Insbesondere die Problematik der Kuppelproduktion wird zu wenig aufgegriffen (Dyckhoff 1996, Oenning 1997). Dennoch ist das betriebliche Umweltmanagement in bezug auf die Produktion wohl am weitesten entwickelt.

Das läßt sich hinsichtlich der Reduktionsprozesse zur Aufbereitung, Verwertung und Beseitigung von Übeln im Rahmen der Entsorgung nicht behaupten. Hier gilt immer noch die Feststellung des derzeitigen US-amerikanischen Vizepräsidenten: „Im Grunde kann man sagen, daß die Technologie der Entsorgung von Müll sich mit jener zu seiner Herstellung noch lange nicht messen kann" (Gore 1992). Notwendig ist ein betriebliches Reduktionsmanagement, das erst in Grundzügen existiert (Souren 1996).

5.4 Umweltorientiertes Logistikmanagement

In der Regel werden die Begriffe Produktion (Erzeugung) und Reduktion enger gefaßt und nur auf solche Transformationsprozesse bezogen, in denen eine qualitative Veränderung der Zweckobjekte (Redukte oder Hauptprodukte) stattfindet. Die so ausgeklammerten Transformationen, deren Zweck in einer räumlichen oder zeitlichen Veränderung bestimmter Objekte besteht, werden speziell als Transferprozesse bezeichnet und der Logistik zugeordnet (vgl. Abschn. 1.2). Demnach ist es Aufgabe eines umweltorientierten Logistikmanagement, auf umweltverträgliche Objektflüsse hinzuwirken, insbesondere indem der Gegenstandsbereich der Logistik von den Versorgungs- auf die Entsorgungsprozesse erweitert wird (Stölzle 1993).

Möglichkeiten zur Einflußnahme auf Umweltbelastungen existieren sowohl bei der Gestaltung als auch bei der Lenkung der logistischen Subsysteme Transport, Lagerhaltung, Lagerhaus, Verpackung und Auftragsabwicklung. Beispielsweise beziehen sich beim Transport Gestaltungsmaßnahmen auf die Bereitstellung einer Verkehrsinfrastruktur sowie von Verkehrsmitteln und Antriebsenergien, Lenkungsmaßnahmen auf die Auswahl unter den vorhandenen Transportmitteln und Routen sowie deren optimale Nutzung. Charakteristisch für die Logistik ist dabei das Systemdenken, welches anstelle isolierter Teillösungen ganzheitliche Lösungen anstrebt, welche die Interdependenzen zwischen den verschiedenen logistischen Subsystemen berücksichtigen. So lassen sich etwa über eine integrierte Lagerbestands- und Tourenplanung nicht nur erhebliche Kosten einsparen, sondern ebenso die notwendigen Fahrleistungen und damit die zugehörigen Energieverbräuche und Emissionen deutlich reduzieren. Insofern gehen hier das ökonomische Ziel der Kostenminimierung und das ökologische Ziel der Umweltschonung 'Hand in Hand'. Das traditionelle Leistungsziel eines möglichst guten Lieferservice beinhaltet bei einer offensiven Umweltpolitik auch die ökologische Qualität der Versorgung und der Entsorgung. Abhängig von der gewählten Umweltstrategie (gemäß Abschn. 4.1) konzentriert sich das betriebliche Umweltmanagement bei Outputorientierung auf die Entsorgungslogistik und bei Prozeßorientierung auf die innerbetriebliche Logistik (Beschaffung, Produktion, Distribution, Entsorgung), während es bei Zyklusorientierung auch alle überbetrieblichen Transferprozesse entlang der Stoffkreisläufe der von dem Unternehmen zu verantwortenden Produkte in ihre Überlegungen einbezieht.

Das umweltorientierte Logistikmanagement ergänzt auf diese Weise die anderen Bereiche des taktischen und operativen Umweltmanagement: Während das F&E-Management über die Produktgestaltung den gesamten ökologischen Produktlebenszyklus und alle damit verbundenen Stoffkreisläufe mittelbar betrachtet – wenngleich dabei schon weitgehend festlegt –, legen das Marketing-, das Produktions- und Reduktions- sowie das Logistikmanagement ihr Augenmerk jeweils unmittelbar auf spezifische Aspekte der Stoffkreisläufe. Zusammen realisieren sie somit die gewählte Umweltstrategie im Sinne der Prinzipien einer offensiven Umweltpolitik.

Literaturverzeichnis

Ahn, H. (1998), Aufdeckung fundamentaler Oberziele als Controllingaufgabe, in: Dyckhoff/Ahn (1998), S. 125–142

Antes, R. (1996), Präventiver Umweltschutz und seine Organisation in Unternehmen, Wiesbaden 1996

Balderjahn, I.; Will, S. (1997), Umweltverträgliches Konsumentenverhalten – Wege aus einem sozialen Dilemma, in: Marktforschung & Management, 41. Jg. (1997) Heft 4, S. 140–145

Bartmann, H. (1998), Anliegen und Aspekte der Ökologischen Ökonomie, in: Das Wirtschaftsstudium, 27. Jg. (1998), S. 275–280

Behrendt, S.; Köplin, D.; Kreibich, R.; Rogall, H.; Seidemann, T. (1996), Umweltgerechte Produktgestaltung, Berlin u.a. 1996

Bennauer, U. (1994), Ökologieorientierte Produktentwicklung, Heidelberg 1994

Bleicher, K. (1996), Abschn. 1.2 'Integriertes Management als Bezugsrahmen', in: Eversheim, W.; Schuh, G. (Hrsg.), Produktion und Management ('Betriebshütte') Teil 1, 7. Aufl., Berlin, Heidelberg 1996, S. 1.11–1.19

Brinkmann, T.; Ehrenstein, G.W.; Steinhilper, R. (1996), Umwelt- und recyclinggerechte Produktentwicklung, 2 Bände, Augsburg 1996

Clausen, J. (1998), Umweltkennzahlen als Steuerungsinstrument für das nachhaltige Wirtschaften von Unternehmen, in: Seidel, E.; Clausen, J.; Seifert, E.K. (Hrsg.), Umweltkennzahlen, München 1998, S. 33–70

Diekmann, A. (1998), Moral oder Ökonomie? – Zum Verhalten in Niedrigkostensituationen, in: Steinmann/Wagner (1998), S. 233–247

DIN EN ISO 14001:1996-10, Umweltmanagementsysteme – Spezifikation mit Anleitung zur Anwendung, Berlin 1996

Dinkelbach, W.; Rosenberg, O. (1997), Erfolgs- und umweltorientierte Produktionstheorie, 2. Aufl., Berlin u.a. 1997

Dyckhoff, H. (1993), Theoretische Grundlagen einer umweltorientierten Produktionswirtschaft, in: Wagner (1993), S. 81–105

Dyckhoff, H. (1995), Umweltschutz – ein Thema für die Betriebswirtschaftslehre?, in: Daecke, S.M. (Hrsg.), Ökonomie contra Ökologie?, Stuttgart 1995, S. 108–130

Dyckhoff, H. (1996), Kuppelproduktion und Umwelt: Zur Bedeutung eines in der Ökonomik vernachlässigten Phänomens für die Kreislaufwirtschaft, in: Zeitschrift für angewandte Umweltforschung, 9. Jg. (1996), S. 173–187

Dyckhoff, H. (1998a), Grundzüge der Produktionswirtschaft, 2. Aufl., Berlin u.a. 1998

Dyckhoff, H. (1998b), Umweltschutz – Gedanken zu einer allgemeinen Theorie umweltorientierter Unternehmensführung, in: Dyckhoff/Ahn (1998), S. 61–94

Dyckhoff, H.; Ahn, H. (1998, Hrsg.), Produktentstehung, Controlling und Umweltschutz, Heidelberg 1998

Dyckhoff, H.; Gießler, T. (1998), Produktentstehung und Umweltschutz, in: Dyckhoff/Ahn (1998), S. 167–190

Dyllick, Th.; Hummel, J. (1997), Integriertes Umweltmanagement im Rahmen des St. Galler Management-Konzepts, in: Steger (1997), S. 137–154

EMAS (1993): „Verordnung (EWG) Nr. 1836/93 des Rates vom 29. Juni 1993 über die freiwillige Beteiligung gewerblicher Unternehmen an einem Gemeinschaftssystem für das Umweltmanagement und die Umweltbetriebsprüfung"

Frank, R.H. (1992), Die Strategie der Emotionen, München 1992

Freeman, R. (1984), Strategic Management – A Stakeholder Approach, Marshfield 1984

Freimann, J. (1996), Betriebliche Umweltpolitik, Bern u.a. 1996

Frey, B.S.; Osterloh, M. (1997), Sanktionen oder Seelenmassage? Motivationale Grundlagen der Unternehmensführung, in: Die Betriebswirtschaft, 57. Jg. (1997), S. 307–321

Fritz, W. (1995), Umweltschutz und Unternehmenserfolg, in: Die Betriebswirtschaft, 55. Jg. (1995), S. 347–357

Gellrich, C.; Karczmarzyk, A.; Pfriem, R. (1998), Vom starren Umweltmanagement zum Total Environmental Management (TEM), in: UmweltWirtschaftsForum, 6. Jg. (1998), Heft 1, S. 28–31

Glance, N.S.; Huberman, B.A. (1994), Das Schmarotzerdilemma, in: Spektrum der Wissenschaft, Mai 1994, S. 36–41

Gore, A. (1992), Wege zum Gleichgewicht: Ein Marshallplan für die Erde, Frankfurt 1992

Gröner, S.; Zapf, M. (1998), Unternehmen, Stakeholder und Umweltschutz, in: UmweltWirtschaftsForum, 6. Jg. (1998), S. 52–57

Günther, E. (1994), Ökologieorientiertes Controlling, München 1994

Haasis, H.-D. (1996), Betriebliche Umweltökonomie, Berlin u.a. 1996

Haber, W. (1995), Ökosystem, in: Junkernheinrich/Klemmer/Wagner (1995), S. 193–198

Hansen, U. (1992), Umweltmanagement im Handel, in: Steger (1992), S. 733–755

Harborth, H.-J. (1993), Dauerhafte Entwicklung statt globaler Selbstzerstörung, 2. Aufl., Berlin 1993

Hartmann, W.D. (1998), Öko-Audit: Ein Dutzend Erfahrungen aus der Unternehmenspraxis, in: UmweltWirtschaftsForum, 6. Jg. (1998), S. 32–36

Hauff, V. (1987, Hrsg.), Unsere gemeinsame Zukunft. Der Brundtland-Bericht der Weltkommission für Umwelt und Entwicklung, Greven 1987

Hillemacher, J. (1998), Auswirkungen des Kreislaufwirtschafts- und Abfallgesetzes (KrW-/AbfG) auf die Produktpolitik der Industriebetriebe, in: Dyckhoff/Ahn (1998), S. 243–270

Homann, K.; Blome-Drees, F. (1992), Wirtschafts- und Unternehmensethik, Göttingen 1992

Homann, K.; Pies, I. (1991), Wirtschaftsethik und Gefangenendilemma, in: Wirtschaftswissenschaftliches Studium, 20. Jg. (1991), S. 608–614

Hopfenbeck, W.; Willig, M. (1995), Umweltorientiertes Personalmanagement, Landsberg/Lech 1995

Houtman, J. (1998), Elemente einer umweltorientierten Produktionstheorie, Wiesbaden 1998

Huber, J. (1996), Nachhaltigkeit: Ein Entwicklungskonzept entwickelt sich ..., in: GAIA, 5. Jg. (1996), Heft 2, S. 63–65

Hüser, A. (1996), Marketing, Ökologie und ökonomische Theorie, Wiesbaden 1996

Jacobs, R. (1994), Organisation des Umweltschutzes in Industriebetrieben, Heidelberg 1994

Janzen, H. (1996), Ökologisches Controlling im Dienste von Umwelt- und Risikomanagement, Stuttgart 1996

Junkernheinrich, M.; Klemmer, P.; Wagner, G.R. (1995, Hrsg.), Handbuch zur Umweltökonomie, Berlin 1995

Kaas, K.P. (1992), Marketing für umweltfreundliche Produkte, in: Die Betriebswirtschaft, 52. Jg. (1992), S. 473–487

Kaas, K.P. (1993), Informationsprobleme auf Märkten für umweltfreundliche Produkte, in: Wagner (1993), S. 29–43

Keller, B. (1996), Unternehmensexterne ökologische Berichterstattung, München 1996

Kirchgeorg, M. (1997), Neue Perspektiven der marktorientierten Unternehmensführung in der Kreislaufwirtschaft, in: Bruhn, M.; Steffenhagen, H. (Hrsg.), Marktorientierte Unternehmensführung, Wiesbaden 1997, S. 205–228

Kloepfer, M. (1996), Umweltschutz zwischen Ordnungsrecht und Anreizpolitik: Konzeption, Ausgestaltung, Vollzug, in: Zeitschrift für angewandte Umweltforschung, 9. Jg. (1996), S. 56–66 und 200–209

Kloock, J. (1993), Neuere Entwicklungen betrieblicher Umweltkostenrechnungen, in: Wagner (1993), S. 179–206

Kreikebaum, H. (1996), Die Organisation ökologischer Lernprozesse im Unternehmen, in: UmweltWirtschaftsForum, 4. Jg. (1996), S. 4–8

Küpper, H.-U. (1997), Controlling, 2. Aufl. Stuttgart 1997

Manstetten, R. (1996), Zukunftsfähigkeit und Zukunftswürdigkeit – Philosophische Bemerkungen zum Konzept der Nachhaltigkeit, in: GAIA, 5. Jg. (1996), S. 291–298

Matschke, M.J.; Jaeckel, U.D.; Lemser, B. (1996), Betriebliche Umweltwirtschaft, Herne, Berlin 1996

Matzel, M. (1994), Die Organisation des betrieblichen Umweltschutzes, Berlin 1994

Meffert, H.; Kirchgeorg, M. (1998), Marktorientiertes Umweltmanagement, 3. Aufl., Stuttgart 1998

Nordsieck, F. (1934), Grundlagen der Organisationslehre, Stuttgart 1934

Oenning, A. (1997), Theorie betrieblicher Kuppelproduktion, Heidelberg 1997

Picot, A. (1993), Transaktionskostenansatz, in: Wittmann, W. u.a. (Hrsg.), Handwörterbuch der Betriebswirtschaft, 5. Aufl., Stuttgart 1993, Sp. 4194–4204

Pfriem, R. (1995), Unternehmenspolitik in sozial-ökologischen Perspektiven, Marburg 1995

Poundstone,W. (1992), Prisoner's Dilemma, New York et al. 1992

Remer, A.; Sandholzer, U. (1992), Ökologisches Management und Personalarbeit, in: Steger (1992), S. 511–536

Rennings, K.; Brockmann, K.L.; Koschel, H.; Bergmann, H.; Kühn; I. (1997), Nachhaltigkeit, Ordnungspolitik und freiwillige Selbstverpflichtung, Heidelberg 1997

Rüdiger, Chr. (1998), Controlling und Umweltschutz, in: Dyckhoff/Ahn (1998), S. 271–298

Schmidt, M.; Häuslein, A. (1997, Hrsg.), Ökobilanzierung mit Computerunterstützung, Berlin u.a. 1997

Schmitz, G.; Schmieden, U. (1998), Umweltorientierte Produktgestaltung und Qualitätsunsicherheit der Nachfrager, in: Dyckhoff/Ahn (1998), S. 211–241

Schreiner, M. (1996), Umweltmanagement in 22 Lektionen, 4. Aufl., Wiesbaden 1996

Schwarz, E.J. (1994), Unternehmensnetzwerke im Recycling-Bereich, Wiesbaden 1994

Simon, H. (1988), Management strategischer Wettbewerbsvorteile, in: Zeitschrift für Betriebswirtschaft, 58. Jg. (1988), S. 461–480

Smith, A. (1776), Der Wohlstand der Nationen, (deutsche Übertragung) München 1978

Souren, R. (1996), Theorie betrieblicher Reduktion, Heidelberg 1996

Souren, R. (1997), Umweltorientiertes Marketing, Arbeitsbericht 97/02 des Instituts für Wirtschaftswissenschaften der RWTH Aachen 1997

Souren, R.; Rüdiger, Chr. (1998), Produktionstheoretische Grundlagen der Stoff- und Energiebilanzierung, in: Dyckhoff/Ahn (1998), S. 299–326

Souren, R.; Thyssen, D. (1998), Umweltorientiertes Personalmanagement, Arbeitsbericht 98/03 des Instituts für Wirtschaftswissenschaften der RWTH Aachen 1998

Staehle, W.H.; Nork, M.E. (1992), Umweltschutz und Theorie der Unternehmung, in: Steger (1992), S. 67–82

Stahlmann, V. (1994), Umweltverantwortliche Unternehmensführung, München 1994

Steffenhagen, H. (1994), Marketing, 3. Aufl., Stuttgart u.a. 1994
Steger, U. (1992, Hrsg.), Handbuch des Umweltmanagements, München 1992
Steger, U. (1993), Umweltmanagement, 2. Aufl., Frankfurt u.a. 1993
Steger, U. (1997, Hrsg.), Handbuch des integrierten Umweltmanagements, München 1997
Steger, U.; Winter, M. (1996), Strategische Früherkennung zur Antizipation ökologisch motivierter Marktveränderungen, in: Die Betriebswirtschaft, 56. Jg. (1996), S. 607–629
Steinmann, H.; Löhr, A. (1995), Unternehmensethik als Ordnungselement in der Marktwirtschaft, in: Zeitschrift für betriebswirtschaftliche Forschung, 47. Jg. (1995), S. 143–174
Steinmann, H.; Schreyögg, G. (1997), Management, 4. Aufl., Wiesbaden 1997
Steinmann, H.; Wagner, G.R. (1998, Hrsg.), Umwelt und Wirtschaftsethik, Stuttgart 1998
Stephan, G.; Ahlheim, M. (1996), Ökonomische Ökologie, Berlin u.a. 1996
Steven, M.; Schwarz, E.J.; Letmathe, P. (1997), Umweltberichterstattung und Umwelterklärung nach der EG-Öko-Audit-Verordnung, Berlin u.a. 1997
Stitzel, M. (1994), Arglos in Utopia? – Die Literatur zum Umweltmanagement bzw. zur ökologisch orientierten Betriebswirtschaftslehre, in: Die Betriebswirtschaft, 54. Jg. (1994), S. 95–116
Stitzel, M.; Kirschten, C. (1997), Best practice-Organisationsgestaltung und Personalmanagement, in: Steger (1997), S. 179–195
Stölzle, W. (1993), Umweltschutz und Entsorgungslogistik, Berlin 1993
Strebel, H. (1980), Umwelt und Betriebswirtschaft, Berlin 1980
Terhart, K. (1986), Die Befolgung von Umweltschutzauflagen als betriebswirtschaftliches Entscheidungsproblem, Berlin, München 1986
Töpfer, K. (1993), Umweltschutz und Unternehmung, in: Wittmann, W. u.a. (Hrsg.), Handwörterbuch der Betriebswirtschaft, 5. Aufl., Stuttgart 1993, Sp. 4259–4271
Türck, R. (1990), Das ökologische Produkt, Ludwigsburg 1990
Ulrich, P. (1996), Unternehmensethik und „Gewinnprinzip", in: Nutzinger, H.G. (Hrsg.), Wirtschaftsethische Perspektiven III, Berlin 1996, S. 137–171
Wagner, G.R. (1993, Hrsg.), Betriebswirtschaft und Umweltschutz, Stuttgart 1993
Wagner, G.R. (1997), Betriebswirtschaftliche Umweltökonomie, Stuttgart 1997
Weber, J. (1998), Einführung in das Controlling, 7. Aufl., Stuttgart 1998
Weimann, J. (1996), Umweltökonomik, in: von Hagen, J.; Börsch-Supran, A.; Welfens, P.J.J. (Hrsg.), Springers Handbuch der Volkswirtschaftslehre, 1: Grundlagen, Berlin, Heidelberg 1996, S. 305–346
Werder, A.v.; Nestler, A. (1998), Organisation des Umweltschutzes im Mittelstand, Wiesbaden 1998
Wicke, L.; Haasis, H.-D.; Schafhausen, F.; Schulz, W. (1992), Betriebliche Umweltökonomie, München 1992
Wittig, R. (1993), Ökologie, in: Kuttler, W. (Hrsg.), Handbuch zur Ökologie, Berlin 1993, S. 233–235
Wunderer, R.; Grunwald, W. (1980), Führungslehre Band 1, Berlin, New York 1980

Autorenverzeichnis

Prof. Dr. Jörg Becker
Fachbereich Wirtschaftswissenschaften, Institut für Wirtschaftsinformatik,
Universität Münster

Prof. Dr. Ralph Berndt
Wirtschaftswissenschaftliche Fakultät, Lehrstuhl für Allgemeine Betriebswirtschaftslehre,
insbesondere Absatzwirtschaft, Universität Tübingen

Prof. Dr. Harald Dyckhoff
Fakultät für Wirtschaftswissenschaft, Lehrstuhl für Unternehmenstheorie, RWTH Aachen

Prof. Dr. Ralf Ewert
Fachbereich Wirtschaftswissenschaften, Lehrstuhl für Betriebswirtschaftslehre,
insbesondere Controlling, Universität Frankfurt

Prof. Dr. Claudia Fantapié Altobelli
Fachbereich Wirtschafts- und Organisationswissenschaften, Institut für Marketing,
Universität der Bundeswehr Hamburg

Prof. Dr. Rudolf Federmann
Fachbereich Wirtschafts- und Organisationswissenschaften, Institut für
betriebswirtschaftliche Steuerlehre, Universität der Bundeswehr Hamburg

Dr. Jetta Frost
Wirtschaftswissenschaftliche Fakultät, Institut für betriebswirtschaftliche Forschung,
Universität Zürich

Prof. Dr. Uwe Götze
Fakultät für Wirtschaftswissenschaften, Lehrstuhl für Unternehmensrechnung und
Controlling, TU Chemnitz-Zwickau

Prof. Dr. Hans-Otto Günther
Fachbereich Wirtschaft und Management, Fachgebiet Betriebswirtschaftslehre –
Produktionsmanagement, Technische Universität Berlin

Dr. Dirk Hachmeister
Fakultät für Betriebswirtschaft, Seminar für Rechnungswesen und Prüfung,
Universität München

Dipl.-Kfm. Dipl.-Inform. Roland Holten
Fachbereich Wirtschaftswissenschaften, Institut für Wirtschaftsinformatik,
Universität Münster

Prof. Dr. Udo Koppelmann
Wirtschafts- und Sozialwissenschaftliche Fakultät, Seminar für Allgemeine
Betriebswirtschaftslehre, Beschaffung und Produktpolitik, Universität zu Köln

Dr. Bernd Kriegesmann
Institut für Arbeitswissenschaften, Lehrstuhl für Arbeitsökonomie, Universität Bochum

Prof. Dr. Werner Neus
Wirtschaftswissenschaftliche Fakultät, Lehrstuhl für Betriebswirtschaftslehre,
insbesondere Bankwirtschaft, Universität Tübingen

Prof. Dr. Peter Nippel
Wirtschafts- und Sozialwissenschaftliche Fakultät, Institut für Betriebswirtschaftslehre,
Lehrstuhl für Finanzwirtschaft, Universität zu Kiel

Prof. Dr. Rüdiger von Nitzsch
Fakultät für Wirtschaftswissenschaften, Lehr- und Forschungsgebiet
Allgemeine Betriebswirtschaftslehre, RWTH Aachen

Prof. Dr. Walter A. Oechsler
Fakultät für Betriebswirtschaftslehre, Lehrstuhl und Seminar für Allgemeine
Betriebswirtschaftslehre, Personalwesen und Arbeitswissenschaft, Universität Mannheim

Prof. Dr. Margit Osterloh
Wirtschaftswissenschaftliche Fakultät, Institut für betriebswirtschaftliche Forschung,
Universität Zürich

PD Dr. Matthias Sander
Fakultät für Wirtschaftswissenschaften und Statistik, Fach D 130, Universität Konstanz

Dr. Gerald Schenk
Fachbereich Wirtschaftswissenschaften, Lehrstuhl für Betriebswirtschaftslehre,
insbesondere Controlling, Universität Frankfurt

Prof. Dr. Peter Schuster
Fachbereich Wirtschaft, Fachgebiet Allgemeine Betriebswirtschaftslehre,
insbesondere Kostenrechnung und Controlling, Fachhochschule Schmalkalden

Prof. Dr. Erich Staudt
Institut für Arbeitswissenschaften, Lehrstuhl für Arbeitsökonomie, Universität Bochum

Prof. Dr. Gerhard Wäscher
Wirtschaftswissenschaftliche Fakultät, Lehrstuhl für Produktion und Logistik,
Universität Halle-Wittenberg

Index

Ablauforganisation 254

Abschlußprüfung, risikoorientierte 226 ff.

Abschreibungen 183 ff.

Abschreibung, arithmetisch-degressive 108

Abschreibung, geometrisch-degressive 108

Abschreibung, lineare 107

Abschreibung, außerplanmäßige 184 ff.

Abschreibung, kalkulatorische 107

Abschreibung, planmäßige 183

Abschreibungsmethode 183

Abschreibungsmethode, digital-degressive 184

Abschreibungsmethode, geometrisch-degressive 183

Abschreibungsmethode, lineare 183

Abschreibungsplan 183

Abschreibungsverfahren, degressive 107 f.

Abstraktion 256; 260

Abstraktionsprinzipien 259

Abweichungen 137

Abweichungsanalyse, Methoden der 139

Activity Accounting 133

Activitybased Costing 133

Ad-hoc-Publizität 159

Adjunktion 267

Agency-Theorie 158

Agenten 202

Aggregation 259 f.

Aktion 289

Aktionsgeschäft 289
Aktionskonditionen 290
Aktivierungspflicht 182
Aktivierungsverbot 182
Aktivierungswahlrecht 182
Aktivitäten 134
Aktivseite 168 f.
Altsysteme 299
Amortisationsrechnung, dynamische 18 f.
Amortisationszeit 18 f.
Analysephase 296
Analytic Hierarchy Process 341
Anbauverfahren 113
Anderskosten 103
Andersleistungen 103
Anhang 158
Anlagevermögen 168 f.
Anleihen, Zero-bonds 62
Annuität 12 f.
Annuitätenmethode 12 f.
Anreize 101; 137; 405
Ansatzvorschriften, handelsrechtliche 171 ff.
Anschaffungskosten 181 f.
Anschaffungskosten, nachträgliche 181 f.
Anschaffungskostenprinzip 181 ff.
Anschaffungsnebenkosten 181
Anwendungssysteme 254 f.; 297 f.
Äquivalenzzifferkalkulation 117
Arbeitsleistung 281
Arbitrage 81

Arbitragefreiheit 81
Arbitragemöglichkeiten 81
Architektur integrierter Informationssysteme (ARIS) 280
Architekturbegriff 279 f.
ARIS-Haus 280
Arithmetisches Mittel 345
Artikeldaten 269
Artikelnummern, europäische (EAN) 264
Artikelstammdaten 269 f.
Artikelstruktur 262
Aufbauorganisation 254
Aufgabenträger 281
Aufsichtsrat 208; 214
Auftragsannahme 229 f.
Aufwand 102 f.
Aufwand, realer 425
Aufwendungen 101
Aufwendungen für die Ingangsetzung 174
Aufwendungen für Erweiterung des Geschäftsbetriebes 174
Ausgaben 101 f.
Ausschüttungen 154
Ausschüttungsbemessungsfunktion 155 ff.; 190
Ausschüttungspolitik 157
Ausschüttungssperre 157
Außenfinanzierung 55
Auswahl aufs Geratewohl 313
Auswahl, bewußte 237; 312 f.
Auswahlplan 311 f.
Auswertungssysteme 286
Auszahlungen 101 f.

Auszeichnungsverfahren der Beobachtung 321
Beeinflußbarkeit von Innovationswiderständen 374 ff.
Befragung 315 ff.
Befragung, mündliche 315
Befragung, schriftliche 315
Beobachtung 319 ff.
Beobachtungsverfahren 320 f.
Beratung 220 f.
Berufsgrundsätze 218 ff.
Beschaffungsbereich 286
Beschäftigung 104; 125
Beschäftigungsabweichungen 138
Beschreibungssichten 280
Bestätigungsvermerk 212 ff.
Bestätigungsvermerk, Einschränkung eines 213
Bestätigungsvermerk, rechtliche Wirkung 214
Bestätigungsvermerk, Versagung eines 213 f.
Bestellung 208
Bestimmtheitsmaße 337
Beteiligung, stille 64
Beteiligungsfinanzierung 58 ff.; 86 ff.
Beteiligungstitel 58 ff.
Betriebsabrechnungsbogen 111
Betriebsergebnisrechnung 121
Betriebswertrechnung 125
Bewertung von Innovationen 381 ff.
Bewertungsvorschriften, handelsrechtliche 178 ff.
Bewirtschaftung, nachhaltige 402 f.
Beziehungen 257
Beziehungen, Messung von 335 ff.

Beziehungstypen 257
Bezugsgruppen 408
Bezugsrecht 61
Big Bang 298
Bilanz 162
Bilanz, Gliederungsvorschriften für 168
Bilanzen, Funktionen von 151 ff.
Bilanzgewinn 189
Bilanzgliederungsschema 168 ff.
Bilanzierung 151
Bilanzierungshilfen 171 f.
Bilanzierungsregeln, handelsrechtliche 160 ff.
Bilanzlehre 160
Bilanzrichtliniengesetz 160 f.
Bilanzverlust 189
Blockkostenrechnung 125
Blockplan, zufälliger 325 f.
Blockverfahren 113
Börsenpreis 185
Bottom-Up-Budgetierung 141
Break-Even-Analyse 131 f.
Brutto-Substanzerhaltung 156
Buchführung, ordnungsmäßige 165
Buchhaltung 164
Buchprüfungsgesellschaften 218
Buchwertabschreibung 108
Buchwertmethode 183
Budgetierung 140 f.
Budgetierung im Gegenstromverfahren 141

Bypass 289
CAD 282
CAM 282
Cange Agent 363
CAP 282
Capital Asset Pricing Model 67 f.
CAQ 282
CAx-Komponenten 285
CIM 282
CIM-Konzept 285
Client System 363
Clusteranalyse 330 f.
Codierung 296
Computer Aided Software Engineering (CASE) 296
Computer Integrated Manufacturing (CIM) 282
Computerbefragung 316
Conjoint-Analyse 341 ff.
Control-Verhältnis 191
Controlling 100; 124
Controllinginstrument 122
Controllingsysteme 286
Cost Driver Accounting 133
Customizing 288
Data Warehouse (DWH) 291
Data Warehouse Management-Software 292 f.
Data Warehouse-Systeme 254
Data-Warehouse-Konzept 291
Daten, mehrdimensionale 293
Daten, verdichtete 293
Datenanalyse 327 ff.

Datenbankmanagement 257
Datenbankmanagementsysteme 254
Datenchaos 257
Datenerhebung 307 ff.
Datenerhebung, primärstatistische 311 ff.
Datenerhebung, sekundärstatistische 308 ff.
Datenerhebungsverfahren 342
Datenintegration 285
Datenintegrität 257
Datenmanagement 256 ff.
Datenmodell 257
Datenmodell, semantisches 257
Datenmodellierung 257 ff.
Datenorganisation 257
Datenreduktion 327 ff.
Datensicht 280
Datenstrukturen 257 ff.
Datenstrukturintegration 285
Deckungsbeiträge 128
Deckungsbeiträge, relative 129
Deckungsbeitragsrechnung 125
Delegationsbeziehung 203
Delphi-Methode 346 f.
Dependenzanalyse 335 ff.
Dicing 293
Dienstleistungskosten 106
Dienstleistungsprozeß 290 f.
Differenzierung 133
Differenzierungsstrategien 252
Differenzinvestitionen 18

Dilemma, soziales 404
Direct Costing 125
Disagio 176 f.
Disjunktion 267
Diskriminanzachse 332
Diskriminanzanalyse 331 ff.
Distanzmaß 334
Dividenden 59
Divisionskalkulation 116 ff.
Dokumentationsaufgaben 101; 122
Domäne 258
Drill-Down, disaggregieren 293
Durchschnitte, gewogene gleitende 345
Durchschnitte, gleitende 345
Durchschnittsprinzip 124
DV-Konzept 282
DV-Specification 282
Ebene der Implementierung 282
Ebene des DV-Konzeptes 282
Ebene des Fachkonzepts 282
Ebene, materielle 393
Effekt, externe 399 f.
Effektivverzinsung 17 f.
Efficient Consumer Response (ECR) 291
Eigenfertigung 129
Eigenfinanzierung, interne 69 f.
Eigenkapital 169; 175; 187 ff.
Eigentumsverhältnisse 205
Eigenverantwortlichkeit 221 f.
Eigner 153 ff.

Einbeziehungspflichten 193 f.
Einbeziehungsverbot 193
Einbeziehungswahlrechte 193
Einheiten, logistische 264
Einheitstheorie 190
Einlagen 60 f.
Einnahmen 101 f.
Einschränkungen der beruflichen Tätigkeit 221
Einzahlungen 101 f.
Einzelabschluß 161
Einzelabschluß, handelsrechtliche 161 ff.
Einzelbewertung 179 f.
Einzelfallprüfungen 234
Einzelfertigung 118
Einzelkosten 104
Einzelkostenbeitragsrechnung, relative 125
Einzelkostenrechnung, relative 126 f.
Einzelveräußerbarkeit 173
Electronic Commerce (EC) 291
Emissionszeitpunkt 95 ff.
Endkostenstellen 111
Endwert 19; 33 f.
Energiebilanz 421
Entdeckungsrisiko 226 f.
Entities 257 f.
Entity-Relationship-Modell 257
Entitytypen 257 f.
Entscheidungen, finanzwirtschaftliche 54 ff.
Entscheidungen, langfristig wirksame 132 f.
Entscheidungsbaumverfahren 40 ff.

Entscheidungsmodell 4 f.

Entscheidungsprozeß, unternehmensethischer 411 f.

Entsorgung 426

Entwicklungsprozesse 296

Entwurfsphase 296

Equity-Methode 196

Erfahrungskurveneffekt 130 f.

Erfolgsfaktoren, kritische - Methode der 252

Erfolgsfaktorenforschung 364 ff.

Erfolgspotential 413 f.

Erfolgspotentiale, ökologische 414

Ergebnismitteilung 212 ff.

Erhaltungsaufwendungen 182 f.

Erhebungsmethode 314 ff.

Erlösstellenrechnung 114 f.

Erlösträgerstückrechnung 120

Ersatzzeitpunkt, Bestimmung des optimalen 27 f.

Ersatzzeitpunkt, optimal 27 f.

Ersatzzeitpunktentscheidungen 24 ff.

Ertrag, realer 425

Erträge 101 f.

Erzeugung 425

Ex-post-facto-Experiment 323 f.

Executive Information Systems (EIS) 286

Experiment 321 ff.

Experiment, projektives 323

Experimente, formale 325 f.

Experimente, informale 324 f.

Expertenbefragungen 346

Exponentielle Glättung 343 f.

F&F-Management, umweltorientiertes 422 f.

Fachkonzept 282

Faktorenanalyse 327 ff.

Fehlanreiz, kreditfinanzierungsbedingter 92

Feldexperiment 323

Fertigungsgemeinkosten 119

Fertigungskosten 119

Fertigungslohn 119

Fertigungsmaterial 119

Fertigungsverfahren 128 f.

Festbewertung 180

Fifo-Methode 106

Finanzanlagen 169

Finanzierung 51 ff.

Finanzierung, externe 55 ff.

Finanzierung, interne 55; 68 ff.

Finanzierungsarten 58 ff.

Finanzierungsentscheidungen 55 ff.

Finanzierungspolitik 95 ff.

Finanzierungsprogramm, optimales 34

Finanzierungstitel 57

Finanzierungstitel, Emission von 57 f.

Finanzierungstitel, Typen von 58 ff.

Finanzierungsverträge, unvollständige 95

Finanzinvestition 53; 153

Finanzinvestitionsauszahlung 53

Finanzinvestitionseinzahlungen 53

Finanzpläne, vollständige 19 ff.

Finanzrechnungen 100

Firmenwert, derivative 174

First-best-Lösung 87 f.

FIS-Architektur 295

FIS-System 295

Fixkosten 128 f.

Fixkostendeckungsrechnung, stufenweise 125

Fixkostenproblematik 143

Forderungen 169

Forderungstitel 61 ff.

Forschung und Entwicklung 371

Fortführungsprämisse 210

Fortschreibungsrechnung 105

Fragen, geschlossene 319

Fragen, offene 319

Fremdbezug 129

Fremdfinanzierung, interne 70 f.

Fristentransformation 65

Fristigkeit 170

Früherkennungssysteme 348 ff.

Führungsinformationssysteme (FIS) 248; 291 f.

Führungsprozeß 397

Funktionen, betriebswirtschaftlich-administrative 286

Funktionscluster 286

Funktionsintegration 285

Funktionsprüfungen 212

Gemeinkosten 104; 110; 119; 134

Gemeinkostenproblematik 143

Gemeinkostenschlüsselung 118

Gemeinschaftsunternehmen 195

Generalisierung 259

Generalisierung, disjunkte 260

Generalisierung, nicht-disjunkte 260
Generalisierung, partielle 260
Generalisierung, vollständige 206
Genußscheine 64
Gesamtkostenverfahren 121; 171 f.
Geschäftsarten 265
Geschäftsprozesse 265
Gesetz zur Kontrolle und Transparenz im Unternehmensbereich (KonTraG) 151 f.
Gestaltungsempfehlungen 274
Gestaltungsparameter 254
Gewinn- und Verlustrechnung, Gliederungsvorschriften für 171
Gewinnausschüttungen 59
Gewinne 154 f.
Gewinnrechnung- u. Verlustrechnung (GuV) 162
Gewinnrücklagen 188
Gewinnrücklagen, andere 188
Gewinnschuldverschreibungen 64
Gewinnverwendung 96; 157
Gewinnvortrag 188
Gewissenhaftigkeit 222
Gläubiger 159
Gläubigerschutz 157; 165
Going Concern Prinzip 159; 179
Grenze des wirtschaftlichen Wachstums 402
Grenzplankostenrechnung 125 f.; 143
Grenzplankostenrechnung, flexible 125
Grunddaten 269
Grundsatz der Klarheit 277 f.
Grundsatz der Relevanz 276
Grundsatz der Richtigkeit 274 ff.

Grundsatz der Vergleichbarkeit 279

Grundsatz der Wirtschaftlichkeit 276 f.

Grundsatz des systematischen Aufbaus 279

Grundsätze ordnungsmäßiger Buchführung (Gob) 165; 274

Grundsätze ordnungsmäßiger Modellierung (GoM) 274

Gruppenbewertung 180

Gruppeninterviews 317

Gruppierung 262

Gut, öffentliches 404 f.

Gütererstellung 101

Güterverzehr 101

Haftung 61; 203; 224 f.

Haftung gegenüber Dritten 225

Handel, mehrstufiger 288

Handels-H-Modell 286

Handelsbilanz 177; 194

Handelsfunktion 286

Handelsinformationssysteme 286

Handelsinformationssyseme, Architektur von 286

Handelsunternehmen 265

Handlungsprinzipien 405

Häufigkeitsverteilung 328

Hauptkostenstellen 111

Hauptversammlung 208

Herstellkosten 119;

Herstellungskosten 182 f.

Hifo-Methode 106

Hilfskostenstellen 111

Hyperwürfel 293

Imparitätsprinzip 180 f.

Implementation Description 282

Implementierung 282

Indikatoren 346 f.

Indikatorprognose 346

Informatik 246 f.

Information 247 f.

Information, Bedeutung der 248 f.

Information, Wert von 248

Informations-Intensitäts-Portfolio 253 f.

Informationsangebot 250

Informationsasymmetrie vor Vertragsabschluß 84

Informationsasymmetrie, nachvertragliche 85 f.

Informationsasymmetrien 84 ff.; 137

Informationsbedarf 248 ff.; 306 ff.

Informationsbedarf, objektiver 250

Informationsbedarf, subjektiver 250

Informationsebene 393

Informationseffizienz des Kapitalmarkts 159

Informationseigenschaften 248

Informationsflußmodell 284 f.

Informationsfunktion 158 ff.

Informationsmodelle 256

Informationsmodellierung 256

Informationsnachfrage 251

Informationsobjekt 265

Informationsökonomie 160

Informationsprodukte 247

Informationsrechte 60

Informationsstand 249 f.

Informationssystem-Architektur 279 f.

Informationssysteme 246 f.; 254
Informationstechniken 246
Informationsteilmengen, Modell der 249 ff.
Informationsüberflutung 248
Informationsverteilung, asymmetrische 158; 202
Innenfinanzierung 55
Innenfinanzierungsvolumen 68 f.
Innovationsbarrieren 367
Innovationsbegriff 356 ff.
Innovationsmanagement 355 ff.
Innovationspotentiale 367; 376 ff.
Innovationsprozeß 359 ff.
Innovationswiderstände 367 ff.
Input-Leistungen 280
Inputvariationen, systematische 37
Insolvenz 54; 62
Institut der Wirtschaftsprüfer (IDW) 217
Integration der CIM-Funktionen 285
Integrationskomponente 285
Integritätsbedingungen 257
Interaktionen 394
Interdependenzananalyse 339 ff.
Interessenkonflikte 137
Internet 254
Interviews, standardisierte 316 f.
Inventar 164
Inventurmethode 105
Investitionen 1 ff.; 152
Investitionen, Erscheinungsformen von 2 ff.
Investitionen, isoliert durchführbare 14

Investitionen, strategische 3
Investitionen, Vorteilhaftigkeit von 6 ff.
Investitionen, zusammengesetzte 15 f.
Investitionprogramme, optimale 34 f.
Investitionsalternativen, zeitbezogene 24 ff.
Investitionsbegriff 2
Investitionscontrolling 46 f.
Investitionskontrolle 45
Investitionsmanagement 4 ff.; 42 ff.
Investitionsobjekt 2 f.
Investitionsplanung 44 f.
Investitionsprogramm, Bestimmung des optimalen 31 f.
Investitionsprozeß 4
Investitionsrechnung 4ff.; 100; 136 f.
Investitionszeitpunkte 28 f.
Investitionszeitpunkte, optimale 42
Investitionszeitpunktentscheidungen 28 ff.
Investoren 152 f.
Irrelevanztheorien 80
Ist-Analyse 296
Ist-Zustand 296
Istkostenrechnung 123
Jahresabschluß 149 ff.; 159
Jahresabschlußprüfungen 206 ff.
Jahresüberschuß 187
Jahrhundertproblem der Informatik 257
Kalkulationszinssatz 11 f.
Kapital, gezeichnetes 187
Kapitalaufnahmeerleichterungsgesetz (KapAEG) 151; 192 f.
Kapitalerhaltung 155

Kapitalerhaltung, reale 155
Kapitalgeber 53; 203
Kapitalgesellschaft 167
Kapitalkonsolidierung 194
Kapitalmarkt 152 f.
Kapitalmarkt, unvollkommener
Kapitalmarkt, vollkommener 9 ff.
Kapitalmarkttheorie 67 f.
Kapitalrücklagen 188
Kapitalwert 9; 31 f.
Kapitalwertkriterium 73 f.
Kapitalwertmethode 9 ff.;22 f.
Kapitalwertverlauf 15
Kardinalität 258 f.
Kennzahlen- und Indikatorensystem (KIS) 383 ff.
Kernkompetenzen 292
Ketteneffekt 27
Klassifikation 330 ff.
Klassifizierung 259
Klumpenauswahl 313
Kommanditisten 61
Kommunikationssysteme 254
Kompetenz zur Innovation 377
Kompetenzabgrenzungsfunktion 157
Komplementäre 61
Konditionenvielfalt 20 f.
Konjunktion 267
Konsistenz 257
Konsolidierung 195
Konsolidierungsmaßnahmen 190 f.

Konstruktionsoperatoren 261
Konsumplanungsprobleme 153
Konsumzahlungen 154
Konsumzahlungsstrom 152
Kontenprüfung 234 ff.
Kontext, intertemporaler 54
Kontingenzanalyse 339 f.
Kontrollaufgaben 101; 122
Kontrolle 137; 201; 397
Kontrollfluß 265
Kontrollrechnung 137 ff.
Kontrollrechte 60
Kontrollrisiko 226 f., 230 f.
Kontrollsystem, internes 232 ff.
Konzentrationsprinzip 313
Konzeptionsphase, strategische 282
Konzern 189 f.
Konzern-GuV 190
Konzernabschluß 159
Konzernabschluß, befreiender 192
Konzernabschluß, handelsrechtlicher 189 ff.
Konzernanhang 190
Konzernbilanz 190
Konzernlagebericht 190
Konzernrechnungslegung 159; 189 ff.
Kooperationsformen 375
Koopertionsprinzip 410
Koordination 157
Koordinationsrechnung 139 ff.
Korrekturverfahren 36

Korrelationsanalyse 341

Kosten 101 f.

Kosten für Abgaben - öffentliche Hand 107

Kosten, fixe 104; 125 f.

Kosten, pagatorische 103 f.

Kosten, variable 125; 104

Kosten, wertmäßige 103 f.

Kosten-Nutzen-Relation 247

Kostenabweichungen 138 f.

Kostenabweichungsinterdependenzen 139

Kostenartenrechnung 105 ff.

Kostenartenverfahren 113

Kostenführerschaft 133

Kostenmanagement, strategische 132 f.

Kostenrechnung 100 f.; 143 ff.

Kostenrechnung als Entscheidungsrechnung 127

Kostenrechnung in Krankenhäusern 127

Kostenrechnungssysteme 122 ff.

Kostenstellen 110

Kostenstellenausgleichsverfahren 114

Kostenstelleneinzelkosten 112

Kostenstellengemeinkosten 112 f.

Kostenstellenrechnung 110 ff.

Kostenstellenumlageverfahren 113 f.

Kostenträger 110

Kostenträger, Arten von 115

Kostenträgerrechnung 115 ff.

Kostenträgerstückrechnung 115

Kostenträgerstückrechnung - Kalkulation 115 f.

Kostenträgerzeitrechnung 121

Kostentreiber 134
Kostenvergleichsrechnung 6 f.
Kreativitätstechniken 360
Kredite, variabel verzinsliche 62
Kreditfinanzierung 61 ff.; 90 ff.
Kreditsicherheiten 62
Kreislaufprinzip 410
Kreislaufwirtschaft 401
Kruskall'sche Streßwert 334
Kuppelkalkulation 120
Kuppelprodukte 120
Laborexperimente 323
Lage, wirtschaftliche 215
Lagebericht 158 f.; 213
Lager 286
Lean-Management 379 ff.
Lebenszyklus 136
Lebenszykluskostenrechnung 136 f.
Leerkosten 138
Legacy-System 292
Leistungen 101 f.
Leistungen, innerbetriebliche 112
Leistungsabschreibung 108; 184
Leistungsauszahlungen 52
Leistungseinzahlungen 52
Leistungsrechnung 102 ff.; 143 ff.
Leistungssaldo 53
Leistungssicht 280
Leistungsverrechnung, simultane 114 f.
Leitung, einheitliche 191

Lemons-Problem 84 f.

Lenkpreissystem, umweltorientiertes 421

Lernprozesse 366 ff.

Leverage-Effekt 79 f.

Leveraged Buy-outs 71

Lieferschein 265

Life Cycle Costing 136 f.

Lifo-Methode 106

Liquidierbarkeit, Grad der 170

Logistikmanagement 427

Lokalisationsmaße 327 f.

low cost-Hypothese 405

Management von Innovationen 363 ff.

Managementebene, normativ 398

Managementebene, operativ 398

Managementebene, strategisch 398

Managementebene, taktisch 398

Managementfunktionen 396 f.

Managementlehre 395

Managementsystem 399

Mandantenumfeld 229 f.

Marketingmanagement, umweltorientiertes 423 ff.

Märkte für Finanzierungstitel 65

Marktentwicklungen 343 ff.

Marktinformationen 305 ff.

Marktpreis 185

Marktwert 67 f.

Marktwertkriterium 56

Marktwertrechnung 120

Marktwirtschaft 403

Massenfertigung 116
Maßgeblichkeit, formelle 167
Maßgeblichkeit, materielle 167
Maßgeblichkeit, umgekehrte 167 f.
Maßgeblichkeitsprinzip 151; 167
Materialgemeinkosten 119
Materialkosten 119
max-Notation 259
Mengenabweichung 139
Meßniveau 314 f.
Messung 314 ff.
Metamodell 274
Mini-Testmarkt 323
(min, max)-Notation 259
Mittelverwendung 159
Mitwirkungsrechte 60
Modell 33
Modell - Artefakt 256
Modelle, dynamische 5 f.
Modelle, statisch 5 f.
Modelle, unternehmensspezifische 271
Modellersteller 256
Modellierung 256
Modellierungsempfehlungen 274
Modellkonstruktion 256
Modellnutzer 256
Module 296
Modulintegration 285
Monotoniebedingung 334
Motivation 141

Nähe zur Informationstechnik 280

Namenskonventionen 262

Nebenkostenstellen 111

Netto-Substanzerhaltung 156

Neusysteme 299

Niederstwertprinzip 181 f.

Nischenstrategien 252 f.

Nominalkapitalerhaltung 155

Normalinvestition 14

Normalkostenrechnung 123 f.

Notationsregeln des Metamodells 274

Nutzen von Refernzmodellen 271 ff.

Nutzenpotentiale 407

Nutzungsdauer 24 ff.

Nutzungsdauer, wirtschaftliche 24 ff.

Nutzungsdauerbestimmung - Investition ohne Nachfolgeobjekt 25 f.

Nutzungsdauerbestimmung - Objekt mit Nachfolgeobjekten 26 f.

Nutzwertanalyse 298; 360

Objekte 257

Objektivität 315 f.

Objekttypen 257 f.

ODER, exklusive 267

ODER, inklusive 267

Offenlegung 161

Ökö-Controlling 396; 421 f.

Ökobilanzierung 421

Ökologie 400

Ökonomie, ökoligische 391

OLAP-Systeme 254; 293

Omnibusbefragung 317 f.

Online Analytical Processing (OLAP) 291 f.

Opportunität 19

Opportunitätskosten 126; 130

Optionsanleihe 64 f.

Ordnungsmäßigkeitsprüfung 210

Ordnungsrahmen 274

Organisation 397; 419 f.

Organisation, lernende 420

Organisationseinheiten 265

Organisationsentwicklung 378 f.

Organisationssicht 280

Organsiationseinheiten, lernende 379 ff.

Output-Leistungen 280

Panelbefragungen 317

Passivseite 169 f.

Perquisites 87

Personalentwicklung 378 f.

Personalkosten 106

Personalleitung 397; 420

Personalmanagement, umweltorientiertes 420

Personalplanung 420

Phase 282

Phasenmodelle 296

Pläne, mehrfaktorielle 326

Plankosten 124

Plankostenrechnung 124

Planung 211

Planung, personelle 232

Planung, sachliche 211; 231

Planung, zeitliche 211; 232

Planungsaufgaben 101;122
Plausibilitätsbeurteilungen 212; 234
Portefeuille 65 f.
Portefeuille-Theorie 67
Portefeuillebildung 65 f.
Portefeuilleproblem 153 f.
Portfoliomatrix 253
Präferenzen 56
Präferenzen, Messung von 341 ff.
Preis-Absatz-Funktion 130
Preisabweichung 139
Preisentscheidungen 129 ff.
Preisobergrenzen 129
Preisuntergrenze 129 f.
Primärkosten 111
Primärkostenrechnung 111 f.
Primärmarkt 65
Prinzipal 202
Produkt-Lebenszykluskonzept, integriertes 359 f.
Produkt-Moment-Korrelationskoeffizient 341
Produktdefinition 422
Produktinnovationen 357 f.
Produktionsprogramm, optimales 128 f.
Produktkalkulation 133 f.
Produktlebenszyklus, ökologischer 416 f.
Profit Center 140
Prognoseverfahren 343 ff.
Programmentscheidungen, Modelle für 30 ff.
Programmiersprachen 296
Projektionsverfahren 347 ff.

Promotoren-Konzept 363
Proximitätsmaße 330 f.
Prozesse 134; 265
Prozeß der Systementwicklung 296
Prozeßinnovationen 357 f.
Prozeßketten, ereignisgesteuerte (EPKs) 266
Prozeßkostenrechnung 119; 133 ff.
Prozeßmanagement 256 ff.
Prozeßmodellierung 265 ff.
Prozeßsicht 280
Prüffelder 231
Prüfung 161 f.; 201 f.; 220 f.
Prüfungsansatz, risikoorientierter 226 ff.
Prüfungsbericht 214 ff.
Prüfungshandlungen, analytische 234, 235 f.
Prüfungshandlungen, vorbereitende 229
Prüfungsobjekte 208 ff.
Prüfungspflicht 204 f.
Prüfungspflichten, größenabhängige 204
Prüfungsplanung 229 f., 230 ff.
Prüfungsplanung, Dokumentation der 232
Prüfungsplanung, intertemporale 232
Prüfungsprozeß 201
Prüfungsrechte 202
Prüfungsumfang 208 ff.
Prüfungsurteil 238 ff.
Prüfungsvorgehen 211 f.
Prüfungszeitrahmen 207
Publikationsaufgaben 101; 122
Quadrat, lateinisches 325 f.

Qualität einer Prüfungsleistung 203

Qualitätssicherung 216 ff.

Qualitätsunsicherheit 58; 84

Quality Control 223 f.

Quotenauswahl 313

Quotenkonsolidierung 195

Rahmenordnung 405

Ranging 293

Reaktionsstrategien 350 f.

Realisationsprinzip 180

Realisierungsphase 296

Rechenschaft 159

Rechnungsabgrenzungsposten 169; 176 f.

Rechnungsabgrenzungsposten, aktive 176

Rechnungsabgrenzungsposten, antizipative 176

Rechnungsabgrenzungsposten, passive 176

Rechnungsabgrenzungsposten, transitorische 176

Rechnungslegung 161; 202

Rechnungslegung, Funktionen der 155 ff.

Redepflicht 215

Reduktion 401; 425

Referenzmodelle 271 ff.

Regelungsmanagement 375

Regressionsanalyse 336 ff.

Reichtumsverlagerungen 157

Relationship 257

Relationshiptypen 257 f.

Reliabilität 315

Rentenverpflichtungen 186

Requirements Definition 282

Residualanspruchsberechtigte 154
Residuum 59
Ressource Information 248
Restwertrechnung 120
Revision 199 ff.
Richtigkeit, semantische 275 f.
Risiken, bestandsgefährdende 213
Risiko, inhärente 226 f.; 229 f.; 234 f.
Risikoabgeltung 63
Risikoanalyse 38 ff.
Risikoanreizproblem 92
Risikomanagementsystem 209 f.; 215 f.
Risikoteilung 74 ff.
Risikotransformation 74 ff.
Risikovermeidung 62
Rotation 293
Rücklage für eigene Anteile 188
Rücklage, gesetzliche 188
Rücklage, satzungsmäßige 188
Rücklagen 188
Rückrechnung 105
Rückstellungen 169 f.; 175 f.; 187
Sachanlagen 168
Schlüsselattribute 258
Schnittstellen 283 f.; 299
Schulden 175
Schuldenkonsolidierung 195
Scoring-Verfahren 360
Sekundärkosten 111
Sekundärkostenrechnung 112 f.

Sekundärmarkt 65
Sekundärmarkttransaktion 65
Selbstfinanzierung 69 f.
Selbstkosten 119
Sensitivitätsanalyse 36 ff.
Serienfertigung 118
Shareholder Value 154
Sicherheitskoeffizient 132
Sichtweise, zahlungsorientierte 52 ff.
Signale, schwache 349 ff.
Signalling 85
Simplexmethode 128
simultaneous engineering 361 f.
Simultanplanung von Investition und Finanzierung 32 ff.
Skalafragen 318 f.
Skalierung, multidimensionale 333 ff.
Slicing 293
Soll-Konzept 296
Sonderposten mit Rücklagenteil 177
Sortenfertigung 117
Spearman'sche Rangkorrelationskoeffizient 341
Spezialisierung 260
Sprache, künstlich, formalisiert 256
Stakeholder 410 f.
Stakeholdertypen 417 f.
Stammaktien 61
Standardsoftware 298
Standortsoftware, betriebliche 274
Standpunkt, wirtschaftsethischer 403 f.
step-by-step 298

Steuerbilanz 177
Steuern, Einbeziehung von 22 ff.
Steuern, latente 177 f.
Steuerungsaufgaben 101; 122
Steuerungssicht 280
Stichprobe, mehrstufige 313
Stichprobenauswahl 313
Stichprobeninventur 164
Stichprobenprüfungen 212; 237 f.
Stichtagsinventur 164
Stichtagsprinzip 179
Stoffbilanz 421
Stoffkreislaufmodell 401
Store-Test 323
Strategie einer Kostenführerschaft 252
Strategie, abwehrorientierte 415
Strategie, outputorientierte 415
Strategie, prozeßorientierte 416
Strategie, zyklusorientierte 416 f.
Streckenprozeß 288
Streß, monotoner 342 f.
Streuungsmaße 327 f.
Strukturanalogie 286
Stückaktiengesetz 187 f.
Stufenkonzept 195 f.
Stufenleiterverfahren 113
Substanzerhaltung 156
Summenbilanz 194
Systembetrieb 298
Systemdokumentation 298

Systeme, ökologische 400 f.
Systemeinführung 298
Systemfreigabe 298
Systemprüfungen 212
Szenario-Analyse 347 f.
Tannenbaumprinzip 191 f.
Target Costing 135 f.
Tausch, intertemporaler 72 ff.
Teilerhebung 311
Teilkonzernrechnungslegung 191 f.
Teilkostenrechnung 124
Teilnutzenwertmodell, additive 342
Testmarkt 322 f.
Testmarkt, regionaler 323
Top-Down-Budgetierung 141
Träger von Innovationen 362 f.
Tragfähigkeitsprinzip 124
Transaktion 394
Transaktionsrelationen 424
Transformationen 393 ff.
Transformationsprozesse 425
Trendextrapolation 344 f.
Trendextrapolation 347
Treppenverfahren 113
true and fair view 167
Übel 425
Überbrückungsfunktion 286
Überinvestitionsproblem 92
Überwachung 201
Überwindung von Innovationswiderständen 370 ff.

Uminterpretation von Relationshiptypen 260
Umlaufvermögen 169
Umsatzkostenverfahren 121 f.; 171 f.
Umschreibung, qualitative, wesentlicher Fehler 239
Umwelt-Budget-Rechnung 421
Umweltbasisstrategien 414
Umweltberichterstattung 421
Umweltbewußtsein 424
Umweltentwicklungen 343 ff.
Umweltinformation 305 ff.
Umweltkennzahlensysteme 421
Umweltkostenrechnung 421
Umweltmanagement 389 ff.
Umweltmanagement, betriebliches 391
Umweltmanagement, operatives 422 f.
Umweltmanagement, strategisches 413 ff.
Umweltmanagement, taktisches 422 f.
Umweltmanagementsystem 418 f.
Umweltökonomie 391
Umweltökonomie, betriebliche 391
Umweltorientierung 407 ff.
Umweltpolitik, defensive 409
Umweltpolitik, kriminelle 408 f.
Umweltpolitik, offensive 409 ff.
Umweltschutz 403
Umweltschutz als Staatsziel 405
Umweltschutz, direkter 414
Umweltschutz, indiriketer 414
Umweltschutz, nachgeschalteter 414 f.
Umweltschutz, präventiver 414 f.

Umweltverhalten 424
Unabhängigkeit 219
Unbefangenheit 219
UND, logische 267
Ungewißheitsgrade 350
Unsicherheit, Berücksichtigung der 35 ff.
Unterinvestitionsproblem 92
Unternehmen, assoziierte 196
Unternehmens-Informationsmodelle 271
Unternehmensentwicklung 378
Unternehmenserhaltung 154
Unternehmensführung, umweltorientierte 390 ff.
Unternehmensplanung, strategische 378
Unternehmenspolitik 153 ff.; 407
Unternehmenspolitik, Optimierung der 154
Unternehmenspublizität 158
Unternehmensrechnung 151
Unternehmensrechnung, externe 100; 149 ff.
Unternehmensrechnung, interne 98 ff.
Unternehmensstrategie 248
Unternehmensstrategien, umweltbezogene 414 ff.
Unternehmerlohn, kalkulatorischer 106
Unterschiedsbeträge 195
Unterschlagungen 210
Urteilsbildung 239 f.
Validität 315
Varianzanalyse 338 f.
Varianzanalyse, monotone 342
Varianzen 339
Verantwortungsprinzip 410

Verbindlichkeiten 170 f.
Verbrauchsabweichung 138 f.
Verbrauchsfolgeverfahren 180
Verdichtung 293
Verfahren zur Gruppenbildung 331
Verfahrensinnovationen 357 f.
Verhalten, berufswürdiges 222 f.
Verhalten, umweltfreundlich 404
Verhaltensunsicherheit 58
Verlustvortrag 188
Vermögensgegenstände 153; 173 f.
Vermögensgegenstände, immaterielle 173
Vermögensgegenstände, materielle 173
Vermögensumschichtung 70
Verrechnungspreise 141 ff.
Verrechnungspreise als Verhandlungsergebnis 143
Verrechnungspreise, kostenorientierte 142 f.
Verrechnungspreise, marktorientierte 142
Verrechnungspreissysteme, umweltorientierte 421
Verschwiegenheit 222
Vertragsunvollständigkeiten 84 ff.; 94 f.
Vertriebsbereich 286
Vertriebskosten 119
Verwaltungsgemeinkosten 119
Verwaltungskosten 119
VOFI-Methode 23 f.
Vollerhebung 311
Vollinventur 164
Vollkonsolidierung 195
Vollkostenrechnung 124

Vorgehensmodell der Systementwicklung 297
Vorgehensmodelle 296
Vorkostenstellen 111
Vorräte 169
Vorschriften 405
Vorsichtsprinzip 180
Vorteilhaftigkeit, absolute 6
Vorteilhaftigkeit, relative 6
Vorzugsaktien 61
Wagniskosten, kalkulatorische 109 f.
Wandelschuldverschreibung 64
Wareneingang 265
Warengruppenhierarchie 262
Warenwirtschafssystem 287 f.
Wartung 296
Wasserfallmodell 296
Weltabschlußprinzip 193
Werkstoffkosten 105 f.
Wert, beizulegender 185
Wertadditivität 74; 80
Wertaufhellung 179
Wertaufholungsgebot 186
Wertbeeinflussung 179
Wertbeibehaltungswahlrecht 186
Werte, kritische 37
Wertebene 393
Wertefluß 290
Wertpapiere 169
Wertschöpfungsaktivitäten 248
Wertschöpfungskette 369

Wertvorstellungen, autorisierte 407
Wesentlichkeit 238 f.
Wesentlichkeitsgrenzwerte, quantitative 239
Wettbewerbsstrategie 252
Wiederanlageprämisse 10 f.
Wirtschaften, nachhaltiges 409 f.
Wirtschaftsinformatik 245 ff.
Wirtschaftsprüferkammer (WPK) 216 f.
Wirtschaftsprüfung 199 ff.
Wirtschaftsprüfung, Nachfrage nach 202
Wirtschaftsprüfung, Systematisierung von 203 ff.
Wirtschaftsprüfungsgesellschaften 218
Workflowmanagementsysteme 254
World Wide Web (WWW) 254
Würfel, vieldimensionale 293
Y-CIM-Modell 282
Zahlungsströme 56
Zahlungsstromteilung 72 f.
Zeitreihen 343 ff.
Zentralregulierungsgeschäft 288
Zielkostenmanagement 135 f.
Zielkostenrechnung 135 f.
Zinsen, kalkulatorische 109
Zinssatz Methode, interne 13 f.
Zinssatz, endogener 34
Zinssatz, interne 13 f.
Zufallsauswahl 237 f.; 311 f.
Zufallsplan, vollständiger 325
Zufallsplan, vollständiger bifaktorieller 325
Zufallsstichprobe, einfache 313

Zufallsstichprobe, geschichtete 313
Zukunftswert, naher 185
Zulassungsvoraussetzungen 217 f.
Zusatzkosten 103
Zusatzleistungen 103
Zuschlagskalkulation 116 f.
Zuschreibungen 186
Zustandsbaum 75
Zwischenergebniselimierung 195

W. Domschke, A. Drexl

Einführung in Operations Research

4., verb. Aufl. 1998. XIII, 247 S. 80 Abb., 58 Tab. (Springer-Lehrbuch) Brosch. **DM 36,-**; öS 263,-; sFr 33,50 ISBN 3-540-64587-X

Im einzelnen behandelt der Text die lineare Optimierung, Graphentheorie, lineare Optimierungsprobleme mit spezieller Struktur, Netzplantechnik, ganzzahlige und kombinatorische Optimierung, dynamische Optimierung, nichtlineare Optimierung, Warteschlangentheorie, Simulation.

W. Domschke, A. Drexl,
B. Schildt, A. Scholl, S. Voß

Übungsbuch Operations Research

2., durchges. Aufl. 1997. IX, 182 S. (Springer-Lehrbuch) Brosch. **DM 25,-**; öS 183,-; sFr 23,- ISBN 3-540-62350-7

W. Domschke, A. Scholl, S. Voß

Produktionsplanung

Ablauforganisatorische Aspekte

2., überarb. u. erw. Aufl. 1997. XVI, 455 S. 134 Abb., 48 Tab. (Springer-Lehrbuch) Brosch. **DM 59,-**; öS 431,-; sFr 54,- ISBN 3-540-63560-2

Es werden quantitative Methoden für die drei wesentlichen Teilgebiete Lagerhaltung/Losgrößenplanung, Fließbandabstimmung und Maschinenbelegungsplanung behandelt. Das Buch soll als Grundlage für Vorlesungen in den Bereichen Produktionswirtschaft, Operations Research sowie angrenzender Fachgebiete der Betriebswirtschaftslehre, der Ingenieurwissenschaften und der Mathematik dienen.

H. Dyckhoff

Grundzüge der Produktionswirtschaft

Einführung in die Theorie betrieblicher Produktion

2., neubearb. Aufl. 1998. XII, 387 S. 98 Abb., 20 Tab. (Springer-Lehrbuch) Brosch. **DM 45,-**; öS 329,-; sFr 41,50 ISBN 3-540-63750-8

In einem einheitlichen Rahmen behandelt es sowohl wesentliche Modelle und Aussagen der traditionellen Produktions- und Kostentheorie als auch grundlegende Aspekte des Produktionsmanagement.

Ch. Schneeweiß

Einführung in die Produktionswirtschaft

6., neubearb. und erw. Aufl. 1997. XV, 363 S. 91 Abb., 3 Tab. (Springer-Lehrbuch) Brosch. **DM 36,-**; öS 263,-; sFr 33,50 ISBN 3-540-62585-2

H.-O. Günther, H. Tempelmeier

Produktion und Logistik

3. überarb. u. erw. Aufl. 1997. X, 316 S. 121 Abb., 61 Tab. (Springer-Lehrbuch) Brosch. **DM 36,-**; öS 263,-; sFr 33,50 ISBN 3-540-61960-7

„Zusammenfassend bietet das Buch ... eine didaktisch hervorragende Einführung in die Produktionsabläufe, wobei Logistik hier als integraler Bestandteil der Produktionsprozesse aufgefaßt wird."
(H.-P. Wiendahl, in: wf - Produktion und Management).

H.-O. Günther, H. Tempelmeier

Übungsbuch Produktion und Logistik

3. Aufl. 1998. XVIII, 242 S. 72 Abb., 150 Tab. (Springer-Lehrbuch) Brosch. **DM 29,80**; öS 218,-; sFr 27,50 ISBN 3-540-65020-2

A.-W. Scheer, J. Sander

PPS-Trainer CD-ROM

Das multimediale Lernsystem zu Produktionsplanungs- und -steuerungssystemen

1997. CD-ROM., Booklet mit 8 S. **DM 85,22***; (DM 98,85 inkl. MwSt.) ISBN 3-540-14611-3

Der PPS-Trainer ist ein multimediales Lernsystem zu Produktionsplanungs- und -steuerungssystemen. Basierend auf dem Y-CIM-Modell von Prof. Scheer werden die Grundlagen der Produktionsplanung und -steuerung erläutert und gezeigt, wie diese Grundlagen in PPS-Systemen umgesetzt werden. Dazu wird ein PPS-System mit seinen wichtigsten Funktionen simuliert.

* *unverbindliche Preisempfehlung zzgl. 16% MwSt. in der Bundesrepublik Deutschland. In anderen Ländern der EU zzgl. landesüblicher MwSt.*

Preisänderungen (auch bei Irrtümern) vorbehalten.

■ ■ ■ ■ ■ ■ ■ ■ ■

Springers Handbuch der Betriebswirtschaftslehre

vermittelt in insgesamt 20 Beiträgen einen Überblick über die wichtigsten Gebiete der Betriebswirtschaftslehre. Jeder Beitrag liefert eine verständliche Einführung in die Teilgebiete der Betriebswirtschaftslehre und eine Übersicht über aktuelle Entwicklungen. Die Beiträge stellen umfassendes, prüfungsrelevantes Wissen für Wirtschaftswissenschaftler dar.
Ziel des Buches ist es, dem Leser betriebswirtschaftliche Fragen, Methoden und Erkenntnisse zu erläutern; es wendet sich in erster Linie an alle, die im Rahmen ihres Studiums betriebswirtschaftliche Zusammenhänge erkennen und verstehen wollen sowie an alle, die sich für ihre praktische Tätigkeit einen Überblick über den Stand der Betriebswirtschaftslehre verschaffen wollen.

R. Berndt, C. Fantapié Altobelli,
P. Schuster (Hrsg.)
Springers Handbuch der Betriebswirtschaftslehre 1
1998. X, 478 S. 152 Abb., 9 Tab. Brosch. **DM 49,90**; öS 365,-; sFr 46,- ISBN 3-540-64828-3
Der erste Band stellt die Grundlagen der Betriebswirtschaftslehre dar und beschäftigt sich mit der Managementfunktion und der Realgüterwirtschaft.

R. Berndt, C. Fantapié Altobelli,
P. Schuster (Hrsg.)
Springers Handbuch der Betriebswirtschaftslehre 2
1998. Etwa 500 S. Brosch. **DM 49,90**; öS 365,-; sFr 46,- ISBN 3-540-64829-1
Der zweite Band erläutert die Kapital- sowie die Informationswirtschaft und schließt mit Fragen des Innovations- und Umweltmanagements ab.

W. Pfähler, H. Wiese
Unternehmensstrategien im Wettbewerb
Eine spieltheoretische Analyse
1998. XX, 396 S. 103 Abb. (Springer-Lehrbuch) Brosch. **DM 55,-**; öS 402,-; sFr 50,50 ISBN 3-540-64548-9

H. Laux
Entscheidungstheorie
4., neubearb. u. erw. Aufl. 1998. XXVII, 480 S. 95 Abb., 11 Tab. (Springer-Lehrbuch) Brosch. **DM 59,-**; öS 431,-; sFr 54,- ISBN 3-540-64094-0

H. Laux, F. Liermann
Grundlagen der Organisation
Die Steuerung von Entscheidungen als Grundproblem der Betriebswirtschaftslehre
4., vollst. überarb. Aufl. 1997. XXV, 624 S. 136 Abb., 13 Tab. (Springer-Lehrbuch) Brosch. **DM 75,-**; öS 548,-; sFr 68,50 ISBN 3-540-62948-3

T. Hartmann-Wendels,
A. Pfingsten, M. Weber
Bankbetriebslehre
1998. XXIX, 802 S. 150 Abb., 106 Tab. Brosch. **DM 65,-**; öS 475,-; sFr 59,50 ISBN 3-540-63755-9
Das Buch integriert Erkenntnisse der Informationsökonomik und Kapitalmarkttheorie in die traditionelle Bankbetriebslehre und bietet so eine solide Grundlage für Aussagen über die Rolle von Banken und der von ihnen betriebenen Geschäfte in einer sich wandelnden Umwelt.

G. Disterer
Studienarbeiten schreiben
Diplom-, Seminar- und Hausarbeiten in den Wirtschaftswissenschaften
1998. VIII, 170 S. 9 Abb. (Springer-Lehrbuch) Brosch. **DM 29,80**; öS 218,-; sFr 27,50 ISBN 3-540-64407-5

A. Jaros-Sturhahn, K. Schachtner
Business Computing
Arbeiten mit MS-Office und Internet
1998. XIV, 397 S. 276 Abb., (Springer-Lehrbuch) Brosch. **DM 45,-**; öS 329,-; sFr 41,50 ISBN 3-540-64184-X

→ *Weitere Informationen, Aufgaben und Musterlösungen unter: http://www.bwl.uni-muenchen.de/lehre/buscom/index.html*

Preisänderungen (auch bei Irrtümern) vorbehalten.

■ ■ ■ ■ ■ ■ ■ ■ ■ ■ ■

Springer

If you have any concerns about our products,
you can contact us on
ProductSafety@spin.nature.com

In case Point-Link is established outside the EU,
the EU authorized representative is:
Springer Nature Customer Service Center GmbH
Europaplatz 3, 69115 Heidelberg, Germany

Printed by LSC Nuremb GmbH
in Hamburg, Germany

MIX
Papier aus verantwortungsvollen Quellen
Paper from responsible sources
FSC® C105338

If you have any concerns about our products,
you can contact us on
ProductSafety@springernature.com

In case Publisher is established outside the EU,
the EU authorized representative is:
**Springer Nature Customer Service Center GmbH
Europaplatz 3, 69115 Heidelberg, Germany**

Printed by Libri Plureos GmbH
in Hamburg, Germany